U0873814

工商管理经典译丛 BUSINESS ADMINISTRATION CLASSICS

STRATEGIC MANAGEMENT
CONCEPTS AND CASES
THIRTEENTH EDITION

战略管理
概念与案例

第13版

[美] 迈克尔·希特（Michael A. Hitt）
杜安·爱尔兰（R. Duane Ireland） 著
罗伯特·霍斯基森（Robert E. Hoskisson）
刘 刚 张泠然 梁 晗 等 译

中国人民大学出版社
·北京·

工商管理经典译丛

出版说明

随着中国改革开放的深入发展，中国经济高速增长，为中国企业带来了勃勃生机，也为中国管理人才提供了成长和一显身手的广阔天地。时代呼唤能够在国际市场上搏击的中国企业家，时代呼唤谙熟国际市场规则的职业经理人。中国的工商管理教育事业也迎来了快速发展的良机。中国人民大学出版社正是为了适应这样一种时代的需要，从1997年开始就组织策划"工商管理经典译丛"，这是国内第一套与国际管理教育全面接轨的引进版工商管理类丛书，该套丛书凝聚着100多位管理学专家学者的心血，一经推出，立即受到了国内管理学界和企业界读者们的一致好评和普遍欢迎，并持续畅销数年。全国人民代表大会常务委员会副委员长、国家自然科学基金会管理科学部主任成思危先生，以及全国MBA教育指导委员会的专家们，都对这套丛书给予了很高的评价，认为这套译丛为中国工商管理教育事业做了开创性的工作，为国内管理专业教学首次系统地引进了优秀的范本，并为广大管理专业教师提高教材甄选和编写水平发挥了很大的作用。其中《人力资源管理》（第六版）获第十二届"中国图书奖"；《管理学》（第四版）获全国优秀畅销书奖。

进入21世纪后，随着经济全球化和信息化的发展，国际MBA教育在课程体系上进行了重大的改革，从20世纪80年代以行为科学为基础，注重营销管理、运营管理、财务管理到战略管理等方面的研究，到开始重视沟通、创业、公共关系和商业伦理等人文类内容，并且增加了基于网络的电子商务、技术管理、业务流程重组和统计学等技术类内容。另外，管理教育的国际化趋势也越来越明显，主要表现在师资的国际化、生源的国际化和教材的国际化方面。近年来，随着我国MBA和工商管理教育事业的快速发展，国内管理类引进版图书的品种越来越多，出版和更新的周期也在明显加快。为此，我们这套"工商管理经典译丛"也适时更新版本，增加新的内容，同时还将陆续推出新的系列和配套参考书，以顺应国际管理教育发展的大趋势。

本译丛选入的书目，都是世界著名的权威出版机构畅销全球的工商管理图书，被世界各国和地区的著名大学商学院和管理学院所普遍选用，是国际工商管理教育界最具影响力的教学用书。本丛书的作者，皆为管理学界享有盛誉的著名教授，他们的这些著作，经过了世界各地数千所大学和管理学院教学实践的检验，被证明是论述精辟、视野开阔、资料丰富、通俗易懂，又具有生动性、启发性和可操作性的经典之作。本译丛的译者，大多是国内各著名大学的优秀中青年学术骨干，他们不仅在长期的教学研究和社会实践中积累了丰富的经验，而且具有较高的翻译水平。

本丛书的引进和运作过程，从市场调研与选题策划、每本书的推荐与论证、对译者翻译水平的考察与甄选、翻译规程与交稿要求的制定、对翻译质量的严格把关和控制，到版式、封面和插图的设计等各方面，都坚持高水平和高标准的原则，力图奉献给读者一套译文准确、文字流畅、从内容到形式都保持原著风格的工商管理精品图书。

本丛书参考了国际上通行的 MBA 和工商管理专业核心课程的设置，充分兼顾了我国管理各专业现行通开课与专业课程设置，以及企业管理培训的要求，故适应面较广，既可用于管理各专业不同层次的教学参考，又可供各类管理人员培训和自学使用。

为了本丛书的出版，我们成立了由中国人民大学、北京大学、中国社会科学院等单位专家学者组成的编辑委员会，这些专家学者给了我们强有力的支持，使本丛书得以在管理学界和企业界产生较大的影响。许多我国留美学者和国内管理学界著名专家教授，参与了原著的推荐、论证和翻译工作，原我社编辑闻洁女士在这套书的总体策划中付出了很多心血。在此，谨向他们致以崇高的敬意并表示衷心的感谢。

愿这套丛书为我国 MBA 和工商管理教育事业的发展，为中国企业管理水平的不断提升继续做出应有的贡献。

中国人民大学出版社

译者序

管理大师彼得·德鲁克曾经说过这样一段话：我们走进一片丛林，开始清除矮灌木林。当我们千辛万苦，好不容易清除完这一片灌木林，直起腰来，准备享受一下成功的喜悦时，却猛然发现旁边的一片灌木林才是我们要去清除的！有多少企业在市场竞争中就如同这些清除灌木林的工人，常常只是埋头苦干，却没有意识到要清除的并非那片灌木林。当企业一味追求做大做强时，或许需要冷静下来反思一下是否迷失了方向，这正是我们学习战略管理的意义所在。

首先，战略管理关注企业发展的方向，追求企业的长期生存、发展和战略竞争力的提高，重视企业的长远利益和发展潜力。它为企业确定长期生存与发展的目标以及实现该目标的途径和手段提供了理论框架。在现代企业管理中，战略管理越来越成为最高层次的综合性管理学科，越来越成为企业成功的关键所在，企业高层管理者战略管理的水平和能力关系着企业的生死存亡。因此，战略管理不仅是现代企业管理者必须具备的管理知识和能力，更是企业建立和提高竞争优势、获得生存和发展的必备条件。

其次，战略管理从企业整体、全局的角度出发，综合运用相关学科和各种职能管理理论，服务于企业的可持续发展。日常经营管理中的生产管理、财务管理、市场营销管理等都属于职能性管理，是从企业局部的角度来进行管理。这种职能性管理尽管是企业必不可少的，但是由执行不同职能的部门所组成的统一整体，如何将企业的各个职能协调一致，有机地结合起来运作，就需要战略管理来发挥作用。

再次，战略管理以复杂多变的经营环境为前提，注重监测企业环境的动态变化，制订有效的战略规划，利用有限的资源，保证企业在动荡环境中的生存和发展。因此，战略管理强调对内外部环境的分析，并根据环境的变化以及战略实施结果的反馈信息等进行新一轮的战略管理。这是一个不断循环、不断调整和不断自我适应的过程。

最后，战略管理不仅涉及战略的制定过程，而且强调将制定出的战略付诸实施并进行有效的控制，因此是全过程的管理。在该过程中，战略的制定、实施和控制各环节前后衔接，密不可分，对任何一个环节的忽视都将导致整个战略的失败。因此，企业决策者应从全局的角度出发，着眼于企业的长期发展，在复杂多变的环境下，对企业战略实施全过程管理。

认识战略管理的地位和作用，重视企业的战略管理，有助于决策者从琐碎的日常事务中解脱出来，及时发现和解决有关企业生死存亡、前途命运的重大战略问题；有助于用战略眼光将企业经营管理活动的视野放在全方位的未来发展和广阔的市场竞争中，以获得更大、更快、更好的发展。企业要想打造自身的核心竞争力，更好地应对快速多变的外部环境和日趋激烈的竞争格局，对战略管理的学习至关重要。

正是在这样一个竞争白热化、国际化的大背景下，为了让国内商学院的学生、经理人更好地掌握战略管理的必备知识及新发展趋势并从中受益，我们决定翻译迈克尔·希特等人所著的第13版《战略管理：概念与案例》。第13版融合了以往版本的诸多优点，更能体现新的企业战略管理实践特征，具有更强的时代性和实践性。其具体特色主要体现在以下几个方面：

第一，整体结构清晰合理。本书以战略管理过程中的各个环节为主线，对战略管理领域的知识体系进行了系统完整的介绍。合理的结构与清晰的条理能够帮助读者更好地理解企业该如何更好地运用战略管理的工具、技术和思想。

第二，研究成果与企业实践有效平衡。本书通过引入众多的全新案例，实现了已有研究成果与全世界企业实践之间的完美对接及平衡。全书不仅涵盖了众多优秀的研究文献与理论成果，而且纳入了大量真实案例，从而帮助读者更好地理解企业为实现愿景、超越竞争对手所采取的不同类型的战略。书中所更新的案例均是新的时代环境下具有重要意义的话题，并且附有完整的业务、财务数据。

第三，经典理论与前沿成果完美结合。本书既有经典战略管理理论的论述，又涵盖了该领域新近学术研究成果。前者为我们学习企业战略管理的基础理论打开了方便之门，后者则能够帮助我们更好地掌握企业战略管理理论的发展动态，以便更好地指导企业在日益复杂多变的经营环境中确保战略管理落到实处。

第四，深入浅出、可读性更强。本书的语言简洁明快，行文轻松流畅，有助于提升读者的阅读体验，增加读者的阅读兴趣。对于广大商学院或管理学院的学生，尤其是 MBA、EMBA、EDP 学员来说，本书是学习战略管理知识的必备书籍。对于从事战略管理的商界精英来说，本书可以帮助他们了解战略管理的前沿理论、新发展以及运用现状，为战略决策提供理论依据和实践借鉴。

第 13 版的翻译工作历时约 9 个月。除了耿天成（波士顿咨询（上海）有限公司）、黄苏萍（首都经济贸易大学工商管理学院）、梁晗（首都经济贸易大学工商管理学院）、刘嘉颖（LUISS）、刘静（内蒙古大学经济管理学院）、吕文静（河北金融学院金融研究所）、邱雪峮（Rutgers University-New Brunswick）、宋鑫滟（清华大学五道口金融学院）、于晓东（中央财经大学商学院）之外，其他译者均来自中国人民大学商学院。具体分工如下：第 1 章由刘刚、梁晗翻译；第 2 章由刘刚、梁晗、邱雪峮翻译；第 3 章由刘刚、梁晗翻译；第 4~9 章由刘刚、张泠然翻译；第 10、11 章由刘刚、刘静、吕文静翻译；第 12 章由黄苏萍、于晓东翻译；第 13 章由于晓东、吕文静翻译；案例 1 由张泠然、宋鑫滟翻译；案例 2 由梁晗、宋鑫滟、刘嘉颖翻译；案例 3 由刘静、宋鑫滟翻译；案例 4 由刘刚、宋鑫滟翻译；案例 5 由黄苏萍、耿天成翻译；案例 6 由吕文静、耿天成翻译。全书由刘刚、张泠然统稿。

由我们翻译的本书第 10 版、第 12 版在出版之后，得到了广大读者的热烈响应和积极反馈。一些读者对书中的具体翻译问题提出了不少中肯的意见和建议。这些热心读者的支持与帮助为我们不断提高翻译质量、改进翻译工作提供了莫大的动力与保障，我们对他们充满感激之情！

本书的顺利出版得益于中国人民大学出版社各位编辑的大力支持，对于他们耐心、细致的编辑工作和认真、精心的出版组织工作，我们表示由衷的感谢！

由于译者水平所限，书中若有不妥之处，敬请读者批评指正！

刘 刚

于中国人民大学商学院

前 言

我们每次更新的目的在于：展现一种全新的、紧跟时代潮流的解释战略管理过程的方法。第13版也不例外，我们将再次向你展示睿智的、极具实用性的战略管理分析方法。

对于每一个新版本，我们都力求以具有可读性的方式来讲述战略管理知识。为此，我们仔细研究学术界的新成果，以保证展示给读者的内容是新的和准确的。此外，我们还阅读了大量不同商业出版物（如《华尔街日报》《商业周刊》《财富》《金融时报》《快公司》《福布斯》等，在此只列举了其中的一小部分）的文章。鉴于社交媒体（如博客）越来越多地成为发布信息的渠道，我们也对社交媒体上的帖子进行了研究。通过研究来源广泛的素材，我们能够识别出有价值的案例，这些案例都与公司如何运用（或不运用）战略管理过程相关。尽管本书涉及的上百家公司大家大多耳熟能详，但仍有一些公司会给你全新的感觉，这是因为我们从世界范围内选取案例，以阐述商业全球化是如何形成和发展的。其中一些公司规模庞大，被许多人所知，另一些则规模较小，知名度仅限于其所服务的客户。为了让读者在阅读和思考的过程中能更好地了解现实中的公司是如何使用战略管理的工具、技术和思想的（基于新近的研究），我们使用了一种生动的和友好的写作方式。为了帮助学习，我们采用了第1章所阐释的“分析—战略—绩效”框架，这一框架将贯穿全书。

本书的以下特点将有助于优化你的学习体验：

- 内容全面、详尽，涵盖了市场上所能见到的战略管理的内容。
- 研究内容既包括经典理论，又有战略管理的新成果。传统的经典理论为我们提供了理解战略管理的基础，新近研究成果则向我们揭示了在复杂的全球化商业环境中，应如何有效地运用战略管理过程。本书还向你展示了现实中的公司如何运用战略管理的工具、技术和思想，这些工具、技术和思想都是该领域的新研究成果。本书是以相关理论和新近研究成果为基础的，同时兼具很强的应用导向色彩，向读者展示了大量关于战略管理的思想、技术和工具的范例和应用。在这一版中，为了描述战略管理的运用，我们考察了600多家公司。总体来说，没有任何一本战略管理的书能够像本书这样，通过范围如此之广的组织实践来向你展现兼具实用性与深刻性的研究与应用的完美结合。

书中涉及的案例不仅包括美国的大型公司，如苹果、亚马逊、麦当劳、联邦快递、星巴克、沃尔玛、迪士尼、通用电气、英特尔、美国运通、可口可乐、网飞、谷歌、特斯拉、塔吉特、联合包裹、家乐氏、3M、杜邦以及万豪，还包括很多其他国家的公司，如安盛、空客、德意志银行、拉法基霍尔希姆、索尼、软银、开云、安邦保险、梯瓦、中国化工、拜耳、东京电力、雀巢、马恒达、法航荷航集团、丰田、阿尔迪、本田、阿霍德、塔塔咨询、阿里巴巴、宜家、联想、大众汽车以及三星。本书所考察的这些公司在各行各业中竞争，提供了一系列多样化的产品和服务。

- 我们引用了很多杰出学者的观点来探讨战略管理是什么。我们还描述了许多杰出的首席执行官和从业者的实践活动，以帮助我们理解战略管理在各种不同类型组织中的运用。

本书的作者都是非常活跃的学者。我们的研究涵盖了战略管理的不同领域。我们要为战略管理方面的著作做出贡献，并且为更好地理解战略管理的工具、技术和思想应如何有效地运用才能提高组织绩效提供帮助。为此，在一些章节中，我们将自己的研究成果与大量其他学者的研究成果进行了整合。

除了以上特点之外，第13版还具有以下独特之处：

- 全新的引例和“战略聚焦”专栏。我们延续了为读者提供引例和“战略聚焦”专栏的传统。绝大部分引例和“战略聚焦”专栏是全新的，剩余部分相对第12版进行了更新，因为这些案例具有相关性和重要性。这些以应用为导向的案例很多是关于北美以外的公司。此外，每一章都穿插了新的公司案例或者对原有案例进行了更新。通过这些案例，我们形象生动地展示了现实中的公司是如何运用战略管理过程来战胜竞争对手、提高公司绩效的，其中有很多是在国内和国际两个市场上竞争的公司。

- 全新的案例。本书的案例部分将美国和其他国家的组织的案例有效地组合在一起，其中有很多案例都涉及当今具有重要意义的话题，并且附有完整的财务数据。这些新案例为读者提供了应用战略管理过程、理解组织条件和背景以及对主要的关注点提出适当建议的机会。

- 全新的微案例。为了说明公司如何应对本书中所强调的主要问题，本书在章末增加了全新的微案例。微案例每章一篇，共 13 篇，不过，其中一些微案例可能与其他章节的内容有所重复。学生们会喜欢这些微案例，它们简明扼要，同时也提供了丰富的内容以供个人或小组分析和班级讨论。每个微案例后都有一组指导分析和讨论的问题。

- 超过 1 200 条注释。每章新增了 2017 年和 2018 年的参考文献。这些参考文献为本版本中新添加的内容或新的战略管理思想提供了有力的支撑。注释除了说明本书中汇集了经典的和新近的研究成果外，还可以证明一点，即本书在战略管理工具、技术和思想中融入了当今战略管理领域前沿的思想。

- 增加的新内容。例如，第 1 章讨论了数字化及其与战略形成和实施的关系；第 2 章讨论了新技术的发展、政府政策的变化以及全球竞争而引起的竞争格局的变化；第 3 章介绍了大数据分析和人工智能的重要性及其应用；第 4 章引例分析了数字化战略，正文描述了商业模式及其与业务层战略的关系；第 5 章、第 6 章等则对亚马逊收购全食超市的原因和对竞争产生的重大影响进行了讨论和分析。

- 更新的信息。我们还在许多章中提供了更新的信息。例如，技术扩散速度（第 1 章）；当前可用于描述经济环境的人口统计数据（例如地理分布）（第 2 章）；不同国家所采用的公司治理实践（第 10 章）；当前各个公司中，首席执行官的甄选来自外部和内部的数据（第 12 章）；最具创业性的国家排名（第 13 章）。

- 完美的平衡。本书保持了当前研究成果和世界范围内现实组织应用的完美平衡。本书的内容不仅涵盖了优秀的研究文献，而且包括大量真实世界的案例，以帮助读者更好地理解组织为了实现愿景和使命以及超越竞争对手所采取的不同类型的战略。

迈克尔·希特

杜安·爱尔兰

罗伯特·霍斯基森

目录

CONTENTS

第 1 篇　战略管理输入　1

第 1 章　战略管理和战略竞争力　2

竞争格局　7
超额利润的产业组织模型　12
超额利润的资源基础模型　13
愿景与使命　16
利益相关者　17
战略领导者　20
战略管理过程　23

第 2 章　外部环境：机会、威胁、行业竞争和竞争对手分析　28

总体环境、行业环境和竞争者环境　30
外部环境分析　32
总体环境因素　34
行业环境分析　42
解读行业分析　49
战略集团　50
竞争对手分析　52
道德思考　53

第 3 章　内部环境：资源、能力、核心竞争力和竞争优势　57

内部环境分析　60
资源、能力和核心竞争力　63
建立核心竞争力　69

外　包 74
竞争力、优势、劣势和战略决策 75

第2篇 战略行动：战略形成 81

第4章 业务层战略 82

顾客：与业务层战略的关系 85
业务层战略的目的 88
商业模式及其与业务层战略之间的关系 89
业务层战略的类型 91

第5章 竞争性对抗与竞争动态 112

竞争性对抗模型 117
竞争者分析 118
竞争性行为的驱动力 121
竞争性对抗 123
攻击的可能性 124
反击的可能性 127
竞争动态 129

第6章 公司层战略 139

多元化的层次 142
多元化的原因 145
创造价值的多元化：相关约束型多元化和相关联系型多元化 146
非相关多元化 151
价值不确定的多元化：动机与资源 154
降低价值的多元化：管理人员的多元化动机 158

第7章 合并与收购战略 164

合并和收购战略的流行 166
实施收购的原因 169
阻碍收购获得成功的因素 173
有效的收购 179
重　组 180

第 8 章 国际化战略 187

识别国际化机遇 189
国际化战略 193
环境趋势 199
国际市场进入模式的选择 200
国际环境中的风险 206
战略竞争力收益 209
国际化战略面临的挑战 210

第 9 章 合作战略 216

合作战略的主要类型——战略联盟 218
业务层合作战略 223
公司层合作战略 228
国际合作战略 230
网络合作战略 232
合作战略的竞争性风险 234
管理合作战略 235

第 3 篇 战略行动：战略实施 241

第 10 章 公司治理 242

所有权和经营权的分离 245
所有权集中 251
董事会 253
管理者报酬 255
公司控制权市场 258
国际公司治理 261
治理机制和道德行为 263

第 11 章 组织结构和控制 268

组织结构和控制 270
战略和结构之间的关系 272
战略和组织结构的发展模式 273

业务层合作战略的实施 289
公司层合作战略的实施 291
国际合作战略的实施 291

第 12 章 战略领导力 296

战略领导力及领导风格 299
高层管理者的角色 301
管理者的继任 305
关键的战略领导行动 308

第 13 章 战略性创业 321

创业和创业机会 323
创 新 324
创业者 325
国际化创业 326
内部创新 327
内部创新的实施 331
通过合作战略进行创新 334
通过收购获得创新 336
通过战略性创业创造价值 337

CONTENTS

第 4 篇 案例研究 343

案例 1 自动驾驶汽车的未来：宝马的战略 344

引 言 344
宝马简史 345
目前的自动驾驶生态系统 346
探索未来 354

案例 2 对美国长期医疗保健行业的考察 357

针对老年人健康的相关服务 358
行业参与者 358
收入来源 359
平价医疗法案 360

医疗保险和医疗补助的未来 361
医疗行业的未来 362

案例 3 电影放映业：2018 年及未来 363

电影价值链 368
电影放映业 374
大型连锁影院 379
吸引观众 382
放映商的近期计划 386
你光顾的影院会是最后一家影院吗？ 391

案例 4 辉 瑞 392

公司及行业背景 392
业务和战略 393
辉瑞内部 396
竞争格局 402
外部环境 403
展 望 405

案例 5 Publix 406

公司背景 406
商业与策略 407
Publix 内部 409
行 业 417
外部环境 / 趋势 419
展 望 421

案例 6 大众虚假废气排放丑闻 422

大众背景：德国工程的力量 422
大众公司的领导力和“2018 战略” 425
遵守法规与实现远大目标 426
清洁柴油汽车销售腾飞 428
丑闻曝光 429
严重后果 431

CONTENTS

第 1 篇

战略管理输入

1 战略管理和战略竞争力

学习目标

1. 定义战略竞争力、战略、竞争优势、超额利润以及战略管理过程
2. 描述竞争格局，解释全球化和技术变革对竞争格局的影响
3. 利用产业组织模型解释公司如何获取超额利润
4. 利用资源基础模型解释公司如何获取超额利润
5. 描述愿景和使命，讨论其价值
6. 定义利益相关者，描述其对组织的影响力
7. 描述战略领导者的工作
8. 解释战略管理过程

引例 Honest 会成为一个标志性的国际品牌吗？

Honest 成立于 2011 年，是一家标榜环保的日用品公司，由女演员杰西卡·阿尔芭（Jessica Alba）与他人联合创办。据阿尔芭所说，她决定创立 Honest 的初衷是，作为父母，她希望能够购买到与品牌承诺相符且安全有效的产品。该公司表示，这是一个“关于幸福的品牌，其价值根植于观念、社群、透明度和设计。我们的使命是让人们过上幸福、健康的生活”。

多年来，Honest 为消费者提供了一系列产品，包括纸尿裤、维生素、婴儿食品、个人护理用品、清洁产品等。总的来说，这家公司的战略是向那些看重产品独特性并愿意为其支付超过“主流”产品价格的消费者提供独特性产品。成功实施这一战略是企业实现战略竞争力的基础（本章

对战略和战略竞争力进行了界定)。

根据该公司首席执行官(CEO)的说法,至少在不久的将来,Honest 打算通过专注于婴儿和美容产品向成为一个标志性国际品牌的目标迈进。2019 年向欧洲扩张就是为实现该目标而采取的一项重要战略行动。为了避开竞争激烈、利润率低的纸尿裤类产品,公司在欧洲的扩张战略包括"与德国化妆品和香水连锁店道格拉斯(Douglas)合作,在德国、法国、西班牙、意大利、波兰、荷兰和奥地利销售其美容产品"。

Honest 通往战略竞争力的道路并不是没有挑战和失败的。在挑战方面,该公司有直接的竞争对手,比如 Zulily(一家致力于为新生儿家庭提供最新产品的公司,包括家居用品、服装、礼品等)和 Giggle(一家为寻求独特婴儿用品的新晋父母提供一站式服务的公司)。此外,像联合利华和宝洁这样的大型日用品公司会向消费者销售一些与 Honest 产品类似的商品,有时候甚至价格更低。另外,针对 Honest 的一系列诉讼说明了该公司曾犯下的错误。例如,在 2016 年,一起诉讼称,该公司清洁产品中的一些成分标签具有欺骗性。其他指控包括该公司的防晒产品不能有效地防晒。另外,Honest 不得不召回有潜在污染风险的有机婴儿爽身粉和生产模具被污染的婴儿湿巾。

最近,Honest 收到了来自阿拉斯加州的一家私募股权公司 L.Catterton 2 亿美元的少数股权投资。Honest 认为,这笔投资可以帮助其扩大供应链和全球影响力。Honest 认为,L.Catterton 公司是一个完美的投资伙伴,因为其在全球供应链方面具有专业知识。Honest 是 L.Catterton 公司进行投资的典型选择,它曾参与投资了美国著名的美容产品企业,比如 Bliss 公司、Elemis 公司和 Tula 公司。

展望未来,Honest 是否能够利用资源在竞争中击败竞争对手,通过向消费者提供环保和有效的产品来实现其成为一个标志性国际品牌的目标呢?尽管 Honest 致力于通过生产消费者想要购买的产品来重新赢得消费者的信任和信心,但要达到这一目标仍具有挑战性,尤其是考虑到公司面临的竞争。另外,一些分析家认为 Honest 会成功,因为该公司有三种极富价值的能力(我们在本章中定义了能力):"巨大的品牌资产,创新和优质的产品,以及忠实的追随客户。"时间会告诉我们,Honest 是否能够通过战略竞争力发挥这些能力,并最终获得成功。

资料来源:2018, The Honest Co., About us, www.honest.com, August, 8; 2018, Jessica Alba's Honest Co. gets $200 million investment from L. Catterton, *Fortune*, www.fortune.com, June 6; A. Black, 2018, The right way for food companies to buy their way to growth, *Wall Street Journal*, www.wsj.com, June 6; W. Colville, 2018, Jessica Alba's Honest Co. gets $200 million investment, *Wall Street Journal*, www.wsj.com, June 6; A. Gasparro & J. Bunge, 2018, Food companies churn through CEOs, desperate for fresh ideas, *Wall Street Journal*, www.wsj.com, May 29; A. Stych, 2018, Jessica Alba's Honest Company gets $200M investment, *bizwomen*, www.bizwomen.com, June 7; J. Valinsky, 2018, Jessica Alba's Honest Co. just got a $200 million lifeline, *CNNMoney*, www.cnnmoney.com, June 6; A. C. Wischhover, 2018, Jessica Alba's Honest Company is relaunching products and trying to put bad PR drama behind it, *Racked*, www.racked.com, June 7.

正如我们从引例中看到的,通过成功实施企业所选择的战略来获得战略竞争力是一个挑战。作为一个以观念、社群、透明度和设计等价值观为基础的健康品牌,Honest 正在努力实现其使命,并达到创始人期望的成功竞争水平。相对于那些具有标准特性和功能的日用产品,标榜环保的日用品公司 Honest 旨在为消费者提供使他们愿意支付更高价格的独特产品。Honest 的高层管理团队,包括杰西卡·阿尔芭,将战略管理过程(见

图 1－1）作为承诺、决策和行动的基础，以追求战略竞争力和超额利润。考虑到公司面临的挑战，公司未来的一些决策和行动可能会与之前的决策和行动有所不同。在本书中，我们会介绍 Honest 和许多其他公司所使用的战略管理过程，通过这个过程，这些公司成功实施了选择的战略并实现了战略竞争力。

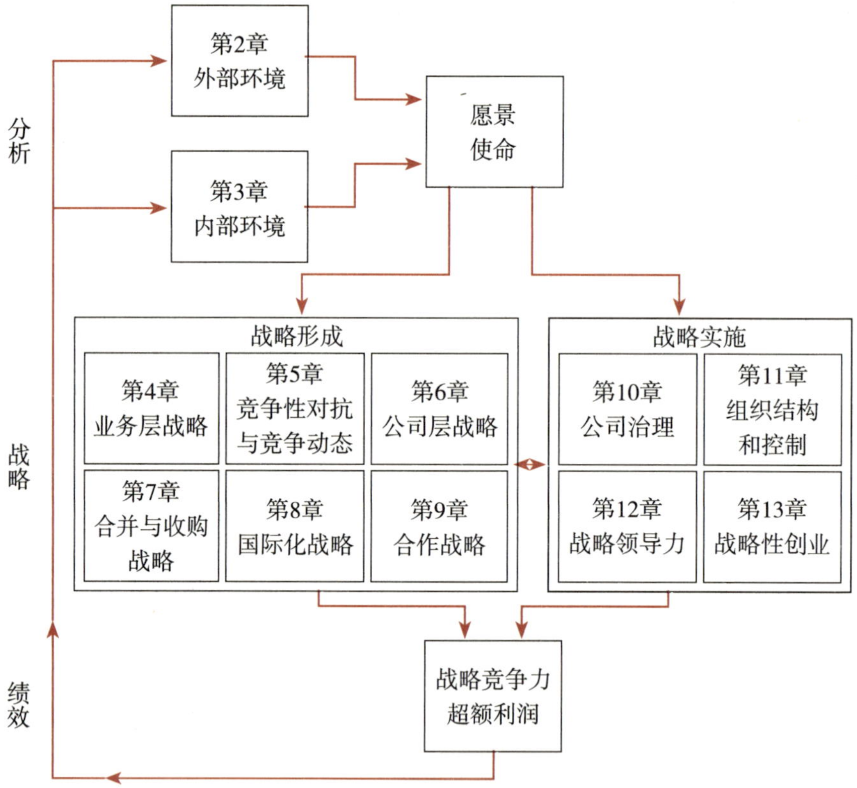

图 1－1　战略管理过程

当一个公司成功地制定并且执行价值创造战略时，它将获得**战略竞争力**（strategic competitiveness）。**战略**（strategy）就是用来发展核心竞争力，获得竞争优势的一系列综合的、协调性的约定和行动。进行战略选择时，公司可以选择不同的竞争方式，以指导其获得战略竞争力。从这个意义上说，战略的选择表明公司能做什么，不能做什么。

当一个公司具有**竞争优势**（competitive advantage）时，其战略的执行将给顾客带来更多的价值，竞争对手亦无法复制，并且高昂的成本也使对手难以模仿。[1]* 当竞争对手模仿的努力停止或失败后，一个组织才能确信已拥有一个或多个竞争优势。另外，公司还需清楚地认识到，没有一种竞争优势是持久不变的。[2] 竞争对手掌握复制该公司价值创造战略的技能的速度，决定了该公司竞争优势的持续时间。[3] 和所有公司一样，Honest 尝试去创造竞争优势，我们会讨论竞争优势并在“战略聚焦”专栏中提供一些公司的案例。

* 限于篇幅，本书注释放至中国人民大学出版社网站（www.crup.com.cn），读者可免费查阅。——译者

战略聚焦　作为战略竞争力来源的竞争优势

拥有竞争优势，并了解如何在市场竞争中有效地利用它，是所有企业努力实现战略竞争力和在此过程中超越竞争对手的基础。战略领导者会影响企业为发展竞争优势而做出的选择（我们将在本章后面定义战略领导者，并在第12章中详细讨论战略领导者）。从本质上讲，企业通过尽可能区别于竞争对手的方式创造竞争优势，这种差异需要使顾客觉得重要并令竞争对手无法复制。客户愿意为重要的差异付费。拥有并利用竞争优势可以使一个企业为其客户创造出众的价值，并为自己创造高额的利润。

企业所具有的竞争优势在不同行业和行业内不同企业之间存在着差异。迈克尔·波特（Michael Porter）这样解释：当企业以较低的成本向顾客提供与竞争对手相同的价值时，或者当企业向顾客提供他们愿意支付的、超过竞争对手的利益时，企业就具有了竞争优势。提高企业发展竞争优势的能力在于使其产品为客户提供的价值尽可能清晰、简明和易于识别。换句话说，在与竞争对手的产品相比较时，企业必须有效地向顾客传达它们产品的价值。企业和竞争对手的产品在为顾客创造价值之间的差距越大，企业的竞争优势就越大。

实际上，一个公司可以建立的竞争优势是无穷无尽的。在一般意义上，快速发展的技术进步可能是多个行业的竞争优势来源。广泛使用云计算的客户关系管理（customer relationship management，CRM）公司 Salesforce.com 最近“推出了一种 CRM 解决方案，它利用机器学习建立全面的、基于数据的客户档案，确定关键的接触点，以此发现额外的销售机会”。适应性和灵活性是企业如何迅速和成功地利用新开发技术的另一个潜在的竞争优势来源。网飞（Netflix）凭借其原创节目和为顾客带来独特体验的用户界面平台建立了竞争优势。一些分析人士认为，信任也是竞争优势的重要来源。在最近的一项调查中，一个团体报告这样写道：“与其他在线零售商不同，67% 的亚马逊用户相信公司会保护他们的隐私和个人数据。”家得宝公司（Home Depot）的管理人员将企业文化视为一种竞争优势。这种文化强调“优秀的客户服务、企业家精神、建立牢固的关系、关心员工以及做正确的事情”。在当今全球化的竞争环境中，学会如何在经济增长、生态平衡和社会发展之间取得有效平衡的公司可能具有可行的竞争优势。最后，一些人认为，归根结底，人才是一个企业的最重要的竞争优势来源。原因在于，一个公司的员工会想方设法在其公司和竞争对手之间创造差异；然后，他们又会通过执行策略实现这些差异。

没有任何竞争优势是永恒的。在某些情况下，公司的优势不能再创造客户愿意支付的价值。在其他情况下，竞争对手会学习如何在顾客愿意支付的、有价值的竞争维度上为顾客创造更多的价值。因此，为了实现能够持久的战略竞争力，企业必须专注于利用今天拥有的竞争优势，同时思考如何做出确保能够带来未来竞争优势的决定。

资料来源：A. Bylund, 2018, What is Netflix, Inc.'s competitive advantage? *The Motley Fool*, www.fool.com, July 21; I. Hunkeler, 2018, How to turn digital disruption into a competitive advantage, *Small Business Daily*, www.smallbizdaily.com, January 26; L. Lent, 2018, Strategic sustainability focus delivers competitive advantages, *PHYS.ORG*, www.phys.org, February 8; I. Linton, 2018, Strategic moves to build a competitive advantage, *Houston Chronicle*, www.smallbusiness.chron.com, June 29; G. Pickard-Whitehead, 2018, What is competitive advantage? *Small Business Trends*, www.smallbiztrends.com, April 10; A. Rogers, 2018, Innovation case studies: How companies use technology to solidify a competitive advantage, *Forbes*, www.forbes.com, April 13; J. Silver, 2018, Culture as a competitive advantage, *Hispanic Executive,* www.

hispanicexecutive.com, May 1; G. Sterling, 2018, Survey: Consumer trust may be Amazon's true competitive advantage, *Search Engine Land*, www.searchengineland.com, June 7; R. Wartzman & L. Crosby, 2018, A company's performance depends first of all on its people, *Wall Street Journal*, www.wsj.com, August 12.

超额利润（above-average returns）是指一项投资的利润超过投资者预期的能从其他相同风险投资项目所获得的利润。**风险**（risk）是指一项特定投资的盈亏的不确定性。大多数成功的公司都懂得如何有效地管理风险[4]，有效的风险管理可以降低投资者的不确定性。[5]利润通常通过财务数据来计量，如资产收益率、股本收益率、销售回报等。此外，利润也可以以股票市场收益为基础来进行衡量，如月盈利率（期末股价减期初股价，再除以期初股价得到的百分比）。新成立的规模较小的风险投资公司，有时也会用增长的规模和速度而非传统的指标来衡量利润（如年销售额）[6]，因为这样的公司需要一段时间才能获得对投资者而言可接受的利润（资产收益率或其他形式）。[7]

懂得如何开发竞争优势，对公司寻求超额利润是至关重要的。[8]对于那些不具备竞争优势，或者未能在有吸引力的行业开展竞争的公司来说，至多仅能获得平均利润。**平均利润**（average returns）是指该利润等同于投资者预期的从其他相同风险投资项目中所获得的利润。从长期来看，如果公司连平均利润都无法获得，那么公司的业绩会下滑，投资者会收回投资，最终导致公司失败。[9]

如上所述，没有永恒不变的成功。公司在蓬勃发展过程中必须避免变得过度自信。研究表明，过度自信可能会带来过度风险行为。[10]在本书中多次提到的一个例子，亚马逊网站（Amazon.com）在今天仍持续扩张，其销售收入也在增长。即使如此，这家公司也必须避免今天的成功会确保明天的成功这样的想法。使用战略管理过程能有效地促进公司实现持续的成功。

战略管理过程（strategic management process）是公司获得竞争优势和超额利润所必需的，由约定、决策和行动所组成的一套体系（见图 1－1）。[11]这一过程包括分析、战略和绩效（即 A-S-P 模型）。该过程中，第一步是对公司的外部环境和内部环境进行分析，以确定外部机会和威胁以及资源、能力和核心竞争力。这些分析的结果会影响公司战略的选择。该模型中的“战略”部分包含战略形成和战略实施。

在分析公司内外部环境的基础上，公司可以制定愿景、使命并形成一个或多个战略。执行战略的过程就是公司为获得战略竞争力和超额利润采取一系列行动的过程（绩效）。战略形成和战略实施的整合将有助于提高战略行动的有效性，并最终获得积极的绩效。这一动态的过程是可持续的，因为不断变化的市场和竞争结构与公司持续发展的战略输入是一致的。[12]

在本书后面的章节中，我们将利用战略管理过程来解释公司是如何获得战略竞争力和超额利润的，并说明为什么有的公司能够不断取得成功，有的公司却不能。全球竞争的现状是战略管理过程的一个关键部分，并深刻影响着公司的绩效。[13]事实上，学习如何在全球竞争中获得成功，是当代公司面临的一个巨大挑战。[14]

本章将讨论以下主题。首先，我们将描述当前的竞争格局。全球经济的出现，以及经济和技术的快速变化所导致的全球一体化，是形成当前激烈竞争格局的主要原因。其次，我们将研究公司为了有效地执行战略而用来收集信息和选择知识的两个模型。根据模型得出的结论也成为公司形成愿景和使命的基础。第一个模型——产业组织模型（I/O模型）表明，外部环境是影响公司战略行动的首要因素。根据这一模型，选择和识别一个有吸引力的（例如，有利可图的）行业，并在该行业中运营是获得竞争成功的关键。[15] 第二个模型——资源基础模型则表明，公司拥有的唯一资源和能力与战略竞争力的获得密切相关。[16] 因此，第一个模型主要关注公司的外部环境，第二个模型主要关注公司的内部环境。接下来，我们将讨论愿景、使命和影响战略选择和实施的方向性原则，然后介绍组织所服务的对象——利益相关者，利益相关者需求的满足程度将随着公司战略竞争力和超额利润的获取而不断提高。在本章的最后，我们将介绍战略领导者和战略管理过程的要素。

竞争格局

全球许多行业竞争的基本特征在不断变化。例如数字化，就是将某种东西转化为数字形式的过程，是一个新的竞争维度，正在影响全世界多个行业的竞争。苹果手表就展示了“数字化的最好状态：技术取代了普通的手表，并通过科技将电话、信息甚至互联网功能引入手表”[17]。

数字化作为公司之间的竞争手段，所产生的各种可能性仍然是未知的。然而，最近的证据表明，了解数字化及其能力的公司可能会比它们的竞争对手表现得更好。总部设在伦敦的普华永道（PricewaterhouseCoopers）是一家跨国专业服务公司。基于对来自 26 个国家的 1 155 名制造业高管的调查，普华永道得出结论，“与涉及单一机器和流程自动化的工业 3.0 不同，工业 4.0 包括端到端的数字化和价值链的数据整合：提供数字化产品和服务，管理相关的实体和虚拟资产，改造和整合所有业务和内部活动，建立伙伴关系，优化面向客户的活动”[18]。基于对这份调查结果的分析，普华永道得出结论，致力于成为数字化领先者的公司，能够通过推出具有独特客户群体价值的创新产品使自己与竞争对手区别开来。事实上，数字化的一个重大好处是，它使公司能够识别特定的客户群体，然后满足他们独特的个性化需求。[19]

作为产品开发及其后续使用来源的数字化引起了越来越多消费者的兴趣。“全球有 25 亿 25 岁以下的数字用户。这一群体的特点是‘总是在线’，这说明他们与传统‘模拟’出的消费者相比，在使用习惯上有着相当大的差异。”[20] 因此，在当今的竞争格局中，企业面临的一项挑战是了解与数字化有关的战略意义，并有效地将数字化融入其战略之中。

当前竞争格局的其他一些特征同样值得我们关注。规模经济、大规模的广告预算等传统竞争优势的来源，如今已经无法再有效地帮助公司获得超额利润（例如，由于社交媒体广告的影响），而且传统的管理思维模式也无法再帮助公司获得竞争优势。管理者必须建立一种新的思维模式，重视灵活性、速度、创新、整合，以及由不断变化的环境条件带来的挑战。[21] 竞争格局的现状使商业世界变得更加危险，在这个世界里，参与全球竞争的公司进行大规模的投资，当然，失败也是惨重的。[22] 对战略管理过程的有效利用将降低公司失败的可能性，因为这一过程可以使公司更好地适应当前的竞争格局。

超级竞争（hypercompetition）是指竞争者们进行激烈的竞争，市场变化迅速且频繁，同时进入壁垒很低的情况。在这样的环境中，企业会发现很难保持竞争优势。[23]超级竞争环境中的竞争对手往往发生在定期进行成功创新的全球竞争者之间。[24]超级竞争是一种迅速升级的竞争，它可以是基于价格－质量定位的竞争，可以是基于创造新技术并建立先动者优势的竞争，也可以是保护或进入现有产品市场或地域市场的竞争。在超级竞争市场中，公司经常会对竞争对手实施侵略性的挑战，以期改变其竞争地位以及业绩表现。[25]具体来说，超级竞争市场中的企业挑战彼此的方式会随着时间而改变。例如最近，中国互联网巨头腾讯已成为世界上最大的技术创新者之一。2013年至2018年年中，该公司持有277家初创企业的股份。分析人士认为，这是一种精心策划的战略，目的是排挤竞争对手从而增加利润。[26]

有多种因素均可导致形成当前的超级竞争环境与竞争格局，其中，全球经济的出现，特别是技术的飞速进步，是超级竞争环境的两个主要驱动因素，也是当今竞争格局的特征。

全球经济

全球经济（global economy）是指商品、服务、人员、技术和观念超越地理界限自由流通。由于在一定程度上摆脱了人为限制因素的约束，全球经济迅速扩张，公司的竞争环境也日趋复杂。[27]

全球经济瞬息万变[28]，这扩大了企业竞争环境的范围。正因为如此，企业必须仔细研究全球经济，以此作为学习如何为自己的竞争目标成功定位的基础。

在全球经济中，经济体的规模是研究这一竞争领域的一个重要方面。例如，2018年，美国是世界上最大的经济体，经济总量20.4万亿美元。当时，中国是世界第二大经济体，经济总量14万亿美元，而日本是世界第三大经济体，经济总量5.1万亿美元。紧随日本之后的是三个欧洲国家（德国4.2万亿美元，英国2.94万亿美元，法国2.93万亿美元）。世界经济论坛（World Economic Forum）在研究2018年各经济体的价值时注意到，美国的经济规模“大于名单上第四至第十位经济体的总和。总的来说，全球经济的预估总量约为79.98万亿美元，这意味着美国占世界经济总量的1/4以上”[29]。因此，2018年在全球经济中寻找机遇的企业可能会得出结论，美国、中国和日本的市场可能会为它们带来潜在的重大机遇。当然，这种分析还必须考虑各个经济体的进入壁垒，它们通常表现为关税。例如，世界经济论坛估计，到2050年，中国和印度的经济规模将超过美国。到那时，德国、英国和法国的经济规模也将缩小。企业应该仔细研究这类预测，比如未来几年，世界上哪些地区可能会存在增长机会以及对其全球竞争地位的威胁。

美国的网飞公司一直在研究全球经济，以便在其可以进入的国家和地区寻找机会。2018年年中，该公司的订阅用户持续增加，全球用户达到1.25亿。当时，分析师预测，到2030年该公司将拥有3.6亿用户。国际市场将成为其用户增长的主要来源。[30]这一预测的依据是，网飞预计将实现可观的国际市场渗透率，包括覆盖全球除中国以外

35% 的宽带家庭。[31] 为了推动其国际战略，网飞提供了其部分原创电影除英语之外的其他语言版本。仅在 2018 年，该公司就拨款 80 亿美元用于开发原创节目，其中一些节目是面向国际客户的。[32]

大约在 2007 年和 2008 年全球经济衰退期间，通用汽车（General Motors）认为中国市场存在重要的国际机遇。通用汽车及其中国合作伙伴目前已成为全球最大汽车市场的领先制造商，这一事实似乎印证了通用汽车的评估及其后续行动。通用汽车及其合作伙伴决定推出宝骏品牌，这是该公司在中国取得成功的基础。“宝骏是一个针对生活在（中国）小城市和农村地区消费者的入门品牌。”[33] 近年，通用汽车在中国采取的竞争行动使其在这个关键的全球市场上的表现超过了其竞争对手福特汽车（Ford Motor）。[34]

全球化进程

全球化（globalization）反映了不同国家间经济的相互依赖性，各种组织正不断跨越国界进行产品、服务、金融资本和知识的交流。[35] 全球化是大量公司在不断增长的全球经济中相互竞争的产物。

在全球化的市场和行业中，一个公司可以从一个国家获得金融资本，购买另一个国家的原材料，然后从第三个国家购买生产设备，将生产出来的产品再销售给第四个国家。因此，全球化为公司在当前格局下的竞争提供了更多的机会。[36]

当公司运用战略管理过程参与全球化运营时，必须制定高灵敏度的文化决策，正如星巴克在欧洲国家中运营的案例（我们将会在本章的微案例中讨论这家公司最近的决策及其行为的其他方面）。另外，全球化公司必须对产品、服务和人力等方面复杂性的提升做出预测，进而使其在不同地理区域和不同市场间自由流动。

总而言之，全球化已经对多个竞争维度提出了更高的业绩评估标准，包括质量、成本、产量、产品上市时间、运营效率等，这一点至关重要。除了参与全球竞争的公司，这些标准还对以国内竞争为主的公司具有影响。原因在于：当全球性厂商提供的产品和服务优于国内厂商时，顾客会选择购买国外更好的产品和服务。如今在全球经济中，员工可以自由地流动，员工也是竞争优势的一种关键资源。[37] 公司还需要掌握如何应对如今的竞争格局，因为只有那些能够达到甚至超越全球化标准的公司，才有能力获取超额利润。

虽然全球化给公司带来了潜在的利益，但也并非没有风险。“外来者劣势”（liability of foreignness）被用来描述公司在国外市场竞争中的风险。[38] 公司所面临的参与全球竞争的风险之一是，公司需要时间来学习如何在这个全新的市场上进行竞争。这些知识在通过当地实践积累起来之前，或者在从本国市场知识转化成能适应新市场的知识之前，公司的业绩会一直受到影响。[39] 另外，公司的业绩也会受到大规模全球化进程的影响。在这种情况下，公司有可能缺乏高效管理多元化的全球运营所需的技能。[40]

近年来，越来越多来自新兴经济体的机会是全球经济规模增长的主要驱动力。这些重要的新兴经济体不仅包括“金砖四国”（BRIC）（巴西、俄罗斯、印度和中国）[41]，而且包括 VISTA（越南、印度尼西亚、南非、土耳其和阿根廷）。[42] 墨西哥和泰国也逐渐成为重要的市场。2018 年就有人预言，鉴于这些经济体中一些国家经济增长的事实，到 2025 年，印度尼西亚、巴西、俄罗斯和墨西哥将分别成为世界第四至第七大经济体。如果这一预测成真，到2050年，这些新兴经济体的规模将超过日本、德国、英国和法国。[43]来自新兴经济体的企业现在也加入了全球市场的竞争，其中一些企业取得了惊人的成功。[44]的确，新兴市场跨国公司（multinational corporation，MNC）的出现迫使发达国家的跨国公司不断充实自身实力，以便在全球市场中更有效地进行竞争。[45]

因此，即便是对全球化经验比较丰富的公司来说，参与国际市场也需要有效地运用战略管理过程。我们还应意识到，虽然进入全球市场对公司而言是一个颇具吸引力的战略选择，但这并不是获得竞争优势的唯一选择。事实上，对于大多数公司，甚至是那些在全球竞争中能够获得成功的公司来说，通过协调创新所产生的技术机会和潜在的竞争冲突之间的关系，来保持在国内和国际两个市场上的竞争力，这一点才是至关重要的。正如本章微案例中所说的，除了国际扩张之外，星巴克还通过强调创新提高了每一家门店的利润。

技术和技术变革

技术正越来越多地影响企业运作的方方面面，以及企业选择实施的战略。波士顿咨询集团（Boston Consulting Group）的分析师这样描述技术的影响："没有哪家公司能够忽视技术对从供应链到客户参与等所有方面的影响，而更先进技术的出现，如人工智能（AI）和物联网（Internet of Things），预示着更深远的变化。"[46]

目前，影响当今企业的技术相关发展趋势和状况可以分为三类：技术扩散和突破性技术、信息时代、不断增加的知识密度。这些技术对多个行业的竞争特点有显著影响。

技术扩散和突破性技术

技术扩散的速度是指一项新技术从研发到能够实现和利用的时间，在过去的15～20年，这一速度得到了极大提升。我们可以看一下下面这一技术扩散：在美国，电话用了35年进入25%的美国家庭，电视用了26年，收音机用了22年，电脑用了16年，互联网只用了7年的时间。[47]

技术进步对每一家公司和每一个行业都产生了广泛而重要的影响。例如，不久以前，人们还在零售商店租借电影录像带，如今，影片租借几乎完全是电子形式的。出版行业（书籍、期刊、报纸）正非常快速地从传统的硬拷贝转向电子形式。在这些行业中，很多维持着传统商业运营模式的公司举步维艰。技术进步同样影响着其他一些行业，从货车运输业到邮政服务业。

"持续创新"一词就是用来描述信息密集型的新技术是如何快速和持续替代旧技术的。新技术的快速扩散缩短了产品的生命周期，把竞争优势赋予那些能够快速向市场推出新产品和新服务的公司。[48]

事实上，当技术的传播与扩散使得产品同质化时，或许只有新产品的开发速度才是获得竞争优势的主要来源（见第5章）。[49]有些人认为创新在不断推动全球经济的发展，全球经济以创新为中心不断运转。这不足为奇，因为这种创新必定来自对全球标准的理解和产品功能的预期。尽管有人提出某些大型企业在创新方面存在问题，但有资料显示，这些企业正在快速发展新技术、转变旧产业或创造新产业。[50] 例如，2018 年，波士顿咨询集团列出了世界上最具创新力的 50 家公司。排在前五位的是大公司——苹果（Apple）、谷歌（Google）、微软（Microsoft）、亚马逊（Amazon）和三星（Samsung）。[51] Airpods（无线耳机）、ARKit（增强现实框架）和 HomePod（智能音响）是苹果最近推出的一些创新产品，因此一些人认为苹果是世界上最具创新精神的公司。[52]

新技术扩散的另一个标志是公司可以更快收集到竞争对手研发和产品决策的信息，有时候甚至只需要十几天。[53] 这也就意味着，技术的扩散速度降低了专利的竞争优势。[54] 如今，只有少数几个行业（如医药）中的专利能够成为技术保护的有效手段。确实，一些在电子行业竞争的公司并不会去申请专利来阻止竞争对手获取相关的技术知识。

突破性技术是指能够摧毁原有技术并创造新市场的技术。[55] 在当今的竞争市场上，经常会出现突破性技术，例如竞争带来了 iPod、iPad、Wi-Fi 以及浏览器等产品，这些产品也被认为代表了全新的、突破性的技术（在第 13 章中我们将详细讨论突破性技术）。[56] 虽然一项突破性技术可以创造出一个新的产业，但同时它也会损害原有产业中的公司。原有产业中的公司可以在优势资源和经验的基础上进行调整，并借助多元化手段来获取新技术（如结成联盟、收购、进行内部研究）。[57]

信息时代

最近几年，信息技术（IT）发生了翻天覆地的变化，如个人电脑、手机、电话、人工智能、虚拟世界、大型数据库（“大数据”）、社交网站等，这些仅仅是其中几个由技术的发展所带来的信息使用多样化的例子。数据和信息对于今天的企业了解客户及其需求，并以满足客户需求以及所有利益相关者利益的方式实施战略至关重要。对于当今几乎所有行业的企业来说，信息技术是一种重要的能力，它为产品创新做出了积极的贡献[58]，也可能成为竞争优势的来源。与竞争对手相比，未能充分利用数据和信息力量的公司则显得逊色。[59]

信息技术的变化和扩散的速度在全球范围内还在持续加快。2018 年，世界上 36% 的人口拥有智能手机。个人电脑方面，市场预期个人电脑的年销量将由 2017 年的 2.588 亿台下降至 2023 年的 2.158 亿台。另外，有迹象表明，触摸式个人电脑、超薄和可转换型笔记本电脑以及混合动力电脑等技术革新将刺激技术公司的收入增长。[60] 基于技术的创新也在刺激其他市场。例如，有人预测，全球视频流媒体市场将在 2021 年达到 700 亿美元。促成这一市场增长的因素是，2018 年通过网络和手机观看直播视频的观众百分比在持续扩大。[61] 这些趋势为企业在全球经济中选择和实施战略提供了参考信息。最成功的公司将信息技术衍生的创新视为识别和服务于新市场的机会，而不是对其目前所处市场的威胁。[62]

不断增加的知识密度

知识（信息、智能、专长）是技术及技术应用的基础。当今，知识是一项关键的组织资源和获取竞争优势的价值来源。[63] 实际上，从 20 世纪 80 年代开始，竞争的基础已从有形资源转变为无形资源。例如，“沃尔玛通过其特有的供应链管理方法以及与顾客、供应商的信息联系，改变了整个零售行业”[64]。与顾客、供应商的关系是一种重要的无形资源，并且这种关系需要加以经营管理。[65]

知识是通过经验、观察和推理得到的一种无形资源（有形资源和无形资源将在第3章详细阐述）。在当今的竞争格局中，包括知识在内的无形资源日益成为利益相关者价值的一部分。[66]一些人认为，“无形资产已经从占企业资产负债表的20%增长到80%，这在很大程度上是由于无形资产的范围不断扩大以及重要性不断提高，这些无形资产包括相对于实体资本的智力资本、相对于资本支出的研发支出、相对于制造业的服务业等等”[67]。总的来说，美国企业的资产负债表上可能会有超过8万亿美元的无形资产。这个数字大约是组成标准普尔500指数公司市值的一半。[68]知识是企业的关键无形资产，知识在企业内部迅速扩散有助于企业超越竞争对手。[69]因此，公司必须培育（例如，通过培训项目）和获取（例如，通过雇用受过良好教育的、有经验的员工）知识，将知识与组织进行整合，以增强获取竞争优势的能力。[70]

进行创新必须拥有牢固的知识基础。如果缺乏必要的内部知识资源，公司不太可能在研发上投入大量资金。[71]由于知识外溢是普遍存在的，因此，公司必须不断学习（建立知识库）。知识外溢有多种途径，其中之一就是雇用竞争对手的专业员工和管理者。[72]知识外溢的潜在性使得公司必须迅速将知识运用于生产领域。另外，公司还必须建立畅通的知识传播渠道，使知识在公司内部的任何一个角落都能发挥价值。[73]公司的战略柔性将有助于完成这些工作。

战略柔性（strategic flexibility）是指在动态的不确定性环境中应对各种需求和机会的能力。战略柔性包括对不确定性及风险的处理。[74]公司应该在运营的各个领域都尽力发展战略柔性。然而，这并不是一项容易的工作，因为惯性的改变需要很长时间，并且公司的聚焦以及过去的核心竞争力也会阻碍变革并降低战略柔性。[75]

要想长期保持战略柔性并获得战略柔性所带来的竞争利益，公司必须发展学习的能力。持续学习可以使公司掌握最新的技巧，在面对环境变化时能迅速做出调整。[76]公司对所学知识快速和广泛的应用，显示了战略柔性和应变能力，增加了公司成功应对不确定性和超级竞争环境的可能性。

超额利润的产业组织模型

20世纪60—80年代，外部环境一直被视为公司获得成功的战略决定因素。[77]超额利润的产业组织（I/O）模型解释了外部环境对公司战略行动的决定性影响。该模型指出，与管理者做出的组织内部决定相比，公司选择进入的行业或细分行业对业绩产生的影响更大。公司的业绩被认为主要取决于行业的一系列特征，包括经济规模、市场进入壁垒、多元化、产品差异化、市场集中度以及市场摩擦。[78]我们将在第2章中解释行业的这些特征。

基于经济学，I/O模型有四个基本假设：第一，外部环境被认为能够对获得超额利润的战略产生压力和约束；第二，在行业或细分行业中进行竞争的公司被认为控制相似的资源，同时，基于这些资源采取相似的战略；第三，战略实施所需的资源被认为可以在公司间自由流动，因此，公司间所产生的任何资源差异都是暂时的；第四，公司的决策制定者被认为是完全理性的，并以公司的利益最大化为出发点。[79]

I/O 模型要求公司必须选择进入最具吸引力的行业。由于公司被认为拥有相似的、可自由流动的资源，因此，只有在具有最高潜在利润的行业中经营，学会如何利用资源来执行由行业结构特征决定的战略，才能使公司的业绩提升。为此，它们必须彼此相互模仿。[80]

五力竞争模型可以用来帮助公司寻找最具吸引力的行业。这一模型（详见第 2 章）包含了几个变量，并试图抓住竞争的复杂本质。该模型表明，行业的获利能力（比如资本投资收益与资本成本之比）是五种力量相互作用的结果，这五种力量分别为：供应商、顾客、行业内现有竞争者、替代产品和潜在竞争者。[81]

在已知行业特征的条件下，五力模型可以用来识别行业的吸引力，以及公司在行业中最有利的位置。[82]该模型表明，公司可以通过提供低于竞争者成本的产品或服务获得超额利润（成本领先战略），或者通过生产消费者愿意高价购买的差异化产品或服务来获取超额利润（差异化战略）。第 4 章将对成本领先战略和差异化战略进行更详细的讨论。

如图 1－2 所示，I/O 模型指出，只要公司能够有效地研究外部环境，以此为基础来识别有吸引力的行业，并执行适当的战略，公司是可以获得超额利润的。例如，在一些行业中，公司可以通过组建合资企业来减少竞争者，提高行业进入壁垒，因此，合资企业可以增加行业的获利能力。[83]公司掌握外部环境所需的战略执行技巧，就可以增大成功的可能性，反之，则更容易导致失败。[84]因此，该模型认为，决定公司能否盈利的首要因素是外部环境特征而非公司内部所特有的资源或能力。

相关研究发现，有 20% 的利润来自公司选择竞争的行业，这再次支持了 I/O 模型。然而，研究还表明，36% 的利润变化源于公司的特征及采取的行动。[85]因此，除了外部环境，管理者的战略行动也会影响公司的绩效，或者两者共同造成了影响。[86]这些研究结果表明，外部环境、公司的资源、能力、核心竞争力和竞争优势（见第 3 章），共同影响公司赢得战略竞争力和获取超额利润的能力。

如图 1－2 所示，I/O 模型认为，公司的战略是由行业特征决定的一系列约定和行动决定的，接下来要讨论的资源基础模型对于影响公司战略选择的因素则持不同的观点。

超额利润的资源基础模型

超额利润的资源基础模型认为，任何一个组织都是独特的资源和能力的组合体，这些资源和能力的独特性是公司战略和超额利润的基础。[87]

资源（resources）是指生产过程中的各种投入要素，如资本设备、员工技能、专利技术、资金以及有才能的管理者。一般而言，公司的资源分为三类：实物资源、人力资源和组织资本。资源的本质分为有形和无形两种，第 3 章将对此进行详细介绍。

单个资源或许无法创造竞争优势。事实上，资源组合成能力后，才更有可能成为创造竞争优势的资源。**能力**（capability）是指整合众多资源以完成一项任务或活动的才能。[88]**核心竞争力**（core competencies）是指可以作为战胜竞争对手的竞争优势来源的一系列能力。[89]核心竞争力通常体现为组织职能。例如，苹果公司的研发职能就是其核心竞争力之一。苹果公司生产新产品的能力具有极大的市场价值，是苹果公司取得成功的关键之一。亚马逊的分销功能是其核心竞争力，而信息技术则是沃尔玛的核心竞争力。

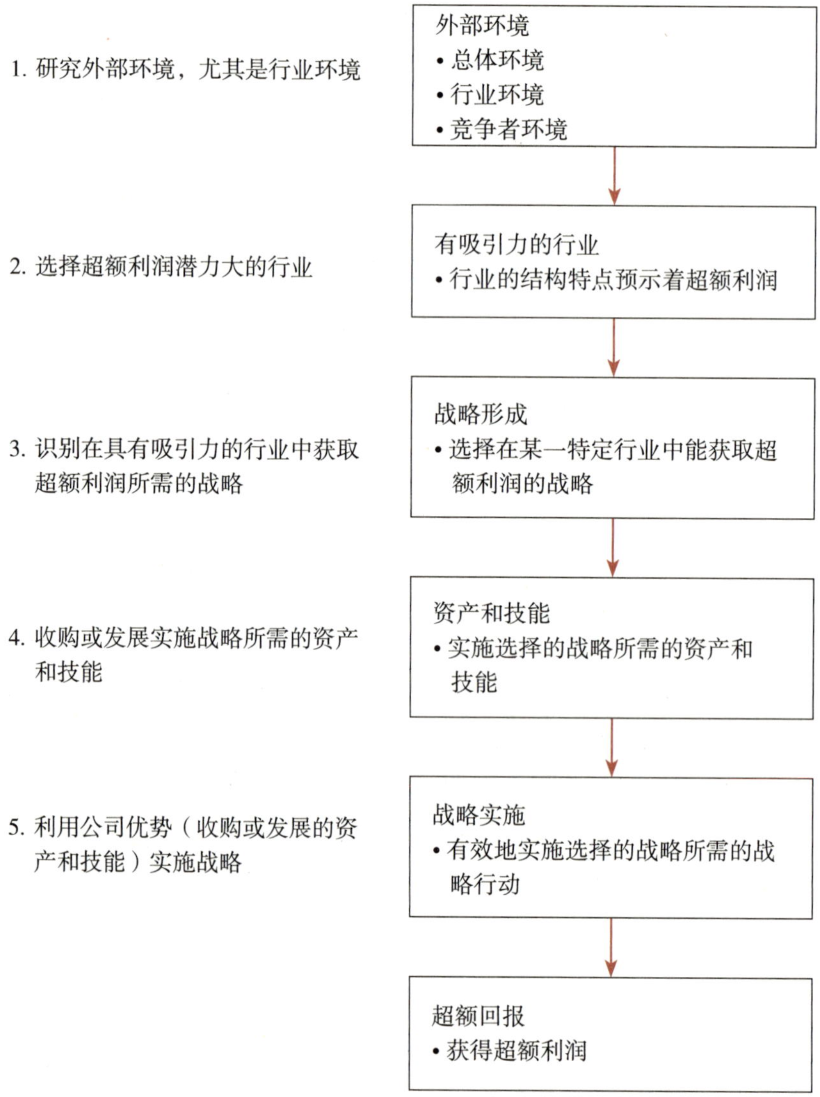

图 1－2　超额利润的产业组织模型

根据资源基础模型，随着时间的推移，不同公司所表现出来的业绩差异主要源于它们所拥有的独特资源和能力而不是行业结构特征。这一模型还假设，公司首先获取各种资源，然后以资源的整合和利用为基础来发展其独特的能力，这些资源和能力不能在公司间自由地流动，其差异性是获取竞争优势的基础。[90]通过持续运用，能力会变得更强，也更难被竞争对手掌握和复制。作为竞争优势的来源之一，能力既不能简单到易被竞争对手模仿，也不能复杂到难以在公司内部把握和管理。[91]

超额利润的资源基础模型如图 1－3 所示。该模型指出，公司选择的战略应该能让它在有吸引力的行业中发挥竞争优势（I/O 模型则通常用来识别有吸引力的行业）。

并非公司拥有的所有资源都有可能成为竞争优势的基础，只有当资源和能力是有价值的、稀缺的、难以模仿的和不可替代的，这种可能性才会成为现实。[92] 资源的价值性是指公司可以靠资源来获取外部环境中的机会，应对各种风险；资源的稀缺性是指资源只被少数现有的和潜在的竞争对手拥有；资源的难以模仿性是指与已经拥有该资源的公司相比，其他公司难以获取这种资源或者需要付出高昂的成本才能获得该资源；资源的不可替代性是指不存在结构类似的资源。随着时间的推移，许多资源都变得可以模仿或可以替代，因此，单纯依靠资源很难获得或者长期维持竞争优势。为了获得能力，单个资源经常整合在一起，整合后的能力才更有可能具备上述四个特征，成为公司的核心竞争力。[93]

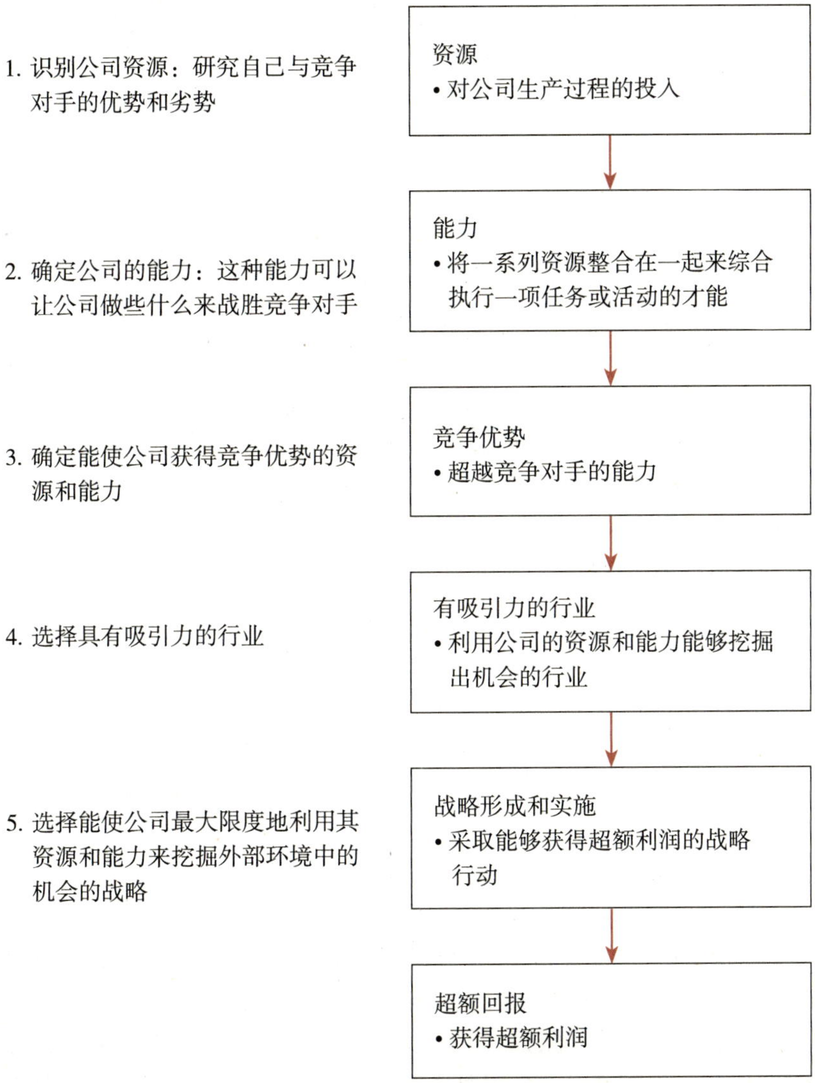

图 1－3　超额利润的资源基础模型

如前所述，随着时间的推移，行业环境和公司内部资产都会影响公司的业绩表现。[94] 因此，公司为了形成愿景和使命，在决定一个或多个战略以及如何实施战略时，必须同时运用产业组织模型和资源基础模型。事实上，这两个模型是相互补充的，前者关注的是公司外部环境，后者则聚焦于公司内部环境。在明确了外部环境（见第 2 章）和内部环境（见第 3 章）之后，接下来我们将讨论公司的愿景和使命的形成。

愿景与使命

通过对外部环境和内部组织的分析，公司可以获得形成愿景和使命所需的各种信息（见图 1 - 1）。利益相关者（那些能够影响公司业绩或被公司业绩影响的人，在本章后面的内容中进行讨论）从公司的愿景和使命中可以获得大量信息。事实上，对愿景和使命进行描述的主要目的之一就是告诉利益相关者，公司是干什么的，公司希望成为什么，公司为谁服务。

愿景

愿景（vision）是指公司希望成为什么，从广义上讲，是对公司希望最终成为什么所做的描绘。[95] 因此，愿景描述了组织的理想状态，勾勒出组织的未来。换言之，愿景指明了公司未来几年的前进方向。同时，有效的愿景还可以指引和激励员工。卡迈恩 · 加洛（Carmine Gallo）在所著的关于苹果公司最成功的 CEO 史蒂夫 · 乔布斯（Steve Jobs）的书中指出，苹果之所以能如此具有创新性，原因就在于乔布斯对公司愿景的描述。她认为乔布斯比大多数人的想法更多、更新颖。她解释说，要想具有创新性，就必须从不同的角度去看待顾客和产品——销售梦想而非产品，拥有与众不同的关于“创造伟大梦想”的想法。[96]

愿景还反映了一个公司的价值观和志向，公司希望以此来吸引每一位员工，甚至是其他利益相关者。公司的愿景一般保持不变，使命则会随着外部环境的变化而改变。对愿景的表述通常比较简洁，容易记忆。以下是几个有关愿景表述的例子：

- 我们的愿景是成为世界上最好的快捷服务餐厅。（麦当劳）
- 让每一个美国人都能拥有汽车。（亨利 · 福特（Henry Ford）成立福特汽车公司之初的愿景）
- 向客户、员工和销售商传递快乐。（美捷步网站（Zappos.com））

作为公司最重要的战略领导者，CEO 有责任与其他人一起制定公司的愿景。经验表明，大多数有效的愿景都是由 CEO 与其他利益相关者（如公司的其他高层管理者、来自不同部门的员工、供应商和顾客）共同制定的。简而言之，为了使公司获得成功，他们需要制定一个清晰的共享愿景。[97] 为了能让公司达到期望的状态，愿景的表述必须与公司的内外部环境紧密结合。另外，在愿景形成过程中，CEO 和其他高层管理者所做出的决定和行动，都必须与愿景保持一致。

使命

公司的愿景是使命的基础。**使命**（mission）指明了一个公司想要从事的业务以及所要服务的顾客。[98] 与愿景不同的是，公司的使命更加具体。与愿景相同的是，使命也需要塑造个性，鼓舞员工，照顾到所有的利益相关者。愿景和使命共同构成了公司选择和执行战略的基础。当员工能够强烈地意识到指引其行动并帮助公司实现愿景的道德标准时，公司才更有可能形成有效的使命。[99] 因此，公司在讨论想要成为什么（愿景），想要为谁提供服务，以及想要如何提供服务（使命）时，商业道德是至关重要的一部分。[100]

尽管 CEO 担负着制定公司使命的任务，但他和公司其他高层管理者经常会邀请其他有关人员共同制定公司的使命。这是因为使命与产品市场和顾客直接相关，中基层管理者和员工与所服务的顾客及市场也有着直接的联系。以下是几个公司对使命的表述：

> 在世界上的任何一个社区，我们都是员工最好的雇主；在每一家餐厅，我们都为顾客提供优质的服务。（麦当劳）
>
> 尽我们所能提供最好的顾客服务。通过服务传递惊喜。（美捷步网站）

麦当劳的使命宣言源于其成为世界上最好的快餐店的愿景。美捷步网站的使命宣言则表明，公司将通过提供服务为不同的利益相关者群体带来惊喜，从而实现其愿景。

显然，如果公司的愿景和使命不够明确，就难以引导公司采取正确的战略行动。如图 1－1 所示，公司的愿景和使命是分析的关键组成部分，分析与战略共同促成战略竞争力和获取超额利润。因此，公司必须具有有效的愿景和使命。

➡ 利益相关者

任何组织都包含一个用来建立和管理关系的利益相关者群体系统。[101] **利益相关者**（stakeholders）是指能够影响组织的愿景和使命，同时又被战略产出影响的，对公司的业绩拥有可实施的主张权的个人、群体和组织。[102] 利益相关者对公司业绩的主张权，可以通过收回关乎公司的生存、竞争优势和盈利能力的重要资源来实现。只有公司的业绩达到或超出利益相关者的要求，他们才会继续支持公司。有研究指出，那些能够很好地处理与利益相关者的关系的公司，通常拥有比其他公司更好的经营业绩。[103] 因此，与利益相关者的关系也可以成为竞争优势的来源。[104]

虽然公司与利益相关者之间是相互依存的，但公司不可能每时每刻与所有的利益相关者都保持同样的依存关系。因此，每一个利益相关者的影响力都不尽相同。[105] 利益相关者的参与越重要、价值越大，则公司对其依赖性就越强，反过来，利益相关者对公司的约定、决策和行动的潜在影响力也就越大。对于那些掌握关键资源的利益相关者，公司要么与之和谐共处，要么与之相分离。[106]

利益相关者分类

参与公司运作的利益相关者至少可以分为三类。[107] 如图 1－4 所示，包括资本市场利益相关者（股东及主要的资本供应者）、产品市场利益相关者（公司的主要顾客、供应商、社区、工会）和组织利益相关者（公司所有员工，包括管理人员和非管理人员）。

利益相关者 ⟶ 受公司业绩影响的同时又对业绩拥有主张权的人

资本市场利益相关者
- 股东
- 主要的资本供应者（如银行）

产品市场利益相关者
- 主要顾客
- 供应商
- 社区
- 工会

组织利益相关者
- 员工
  ——管理人员
  ——非管理人员

图1－4　三类利益相关者

为了实现价值目标，每一个利益相关者集团都希望在制定公司战略决策时能处于领导者地位。[108] 由于利益相关者集团的目标各不相同，在将其引入战略管理过程中时，必须进行权衡。至少对于美国公司来说，最显而易见的利益相关者就是股东，即那些向公司注入资本、期望获得积极的投资回报的个人或组织。这些股东的权益受到私人财产法和私人企业法的保护。

与股东形成鲜明对比的另一类利益相关者是顾客，他们希望股东获得最小的投资收益。当公司的产品质量和性能得到改进而价格保持不变时，他们的利益可以最大化。因此，顾客的高回报是以资本市场利益相关者的低回报为代价的。

由于存在潜在的利益冲突，公司必须谨慎对待各利益相关者。首先，公司必须识别所有重要的利益相关者。其次，如果无法满足所有利益相关者的要求，公司必须对其重要性进行排序，其中，实力是最重要的排序标准，还包括满足特定利益相关者需求的紧急程度以及他们对公司的重要性等标准。[109]

公司若能获得超额利润，就可以降低有效处理利益相关者关系的难度。超额利润所带来的能力和灵活性，使公司可以轻而易举地满足各利益相关者的需求。如果公司仅获得平均利润，则很难实现所有利益相关者利益的最大化，公司的目标也相应转变为最低限度地满足各利益相关者。

决策的权衡是以各利益相关者对公司的重要程度为依据的。例如，环境组织对能源行业中的公司非常重要，但对专业服务公司的重要性相对较小。如果公司连平均利润都赚不到，那么它就无法满足利益相关者的最低要求，管理的重心也就变为如何更好地减少利益相关者的损失。社会价值也会影响图 1－4 中所示的三大利益相关者集团的分配权重。尽管在主要的工业化国家，公司均会为这三大利益相关者集团提供服务并且这三大利益相关者集团也会反过来影响公司决策，但不同国家的文化差异和制度差异会导致提供服务的重要性和影响程度有所区别。接下来我们将详细探讨这三大利益相关者集团。

资本市场利益相关者

股东和债权人都希望公司能使自己拥有的财富保值增值。预期收益与风险往往是成正比的（即低风险带来低收益，高风险带来高收益）。如果债权人的收益要求得不到满足，他们会对以后的借贷更加苛刻。股东可以通过其他方式来表达不满，如抛售股票。机构投资者（养老金、共同基金）也会倾向于抛售股票。

或者，作为利益相关者，这些投资者可以采取行动来改善企业业绩，比如向公司董事会和高层管理人员清楚地表达他们对公司业绩的期望。[110] 管理者面对的一个难题是，一些掌握公司主要股权的机构往往对应采取的行动存在意见分歧，因为有些机构希望获取短期收益，另一些则更希望建立长期竞争优势。[111] 因此，管理者必须在不同股东间进行协调，或者根据不同的目标对这些机构的重要性进行排序。显然，拥有的股权越多（大股东，详见第 10 章），对公司资本结构（资本总额与债务总额）的影响力就越大。鉴于债务的风险和成本，以及股东违约时债权人享有的资产优先权，大股东往往倾向于减少公司的债务。[112] 由于他们在支持资本需求方面的重要性，公司通常会寻求更好地满足资本市场利益相关者期望的方法。

产品市场利益相关者

有些人或许认为，产品市场利益相关者（主要顾客、供应商、社区、工会）之间几乎不存在共同利益。然而，这四类利益相关者均能从公司的竞争中获得利益。例如，基于产品和行业特征，市场竞争可以使顾客得到物美价廉的产品，使供应商得到更高的支付价格（公司往往愿意给供应商支付较高的价格，以保证那些可以使公司获得竞争优势的产品和服务的原材料的供应）。[113]

作为利益相关者，顾客要求得到物美价廉的产品，供应商则希望获得愿意一直支付高价格的忠诚客户。尽管所有的产品市场利益相关者都是重要的，但是如果没有顾客，其他利益相关者的价值就会大打折扣，因此，公司必须分析和掌握现有的以及潜在的顾客。

社区包括国家（国内和国际）、州 / 省以及当地政府机构，这些都是公司需要应对的对象。政府希望公司能长期雇用本地劳动力，积极纳税，对社区服务不提过多的要求。这些利益相关者也可以通过法律法规影响公司。事实上，公司必须应对那些在国家层面、州 / 省层面和当地政府层面制定和实施的法律法规（这种影响是多中心的、多层次的）。[114] 工会组织则更加关注工作的稳定性与良好的工作条件。

总的来说，当公司的利润率在产品市场利益相关者和资本市场利益相关者之间达到平衡时（利润率至少让债权人和股东能够接受，并保持对公司的兴趣），产品市场利益相关者的需求就可以基本得到满足。

组织利益相关者

员工，作为公司的组织利益相关者，期望公司能够为他们提供充满活力的、激励性强的、报酬高的工作环境。一般而言，员工更倾向于为不断成长的公司工作，在这样的公司中，员工能够开发自己的技能，尤其是那些成为有效的团队成员所必需的技能，以及超出国际标准的技能。在这种公司中，员工对公司的满意度会大大提高。那些懂得如何有效利用新知识的员工，对公司的成功是至关重要的。总体而言，公司员工的受教育程度和工作技能是影响公司的战略执行和业绩表现的竞争性武器。[115]

在日常工作的基础上，公司的战略领导者对于满足组织利益相关者的需求负有最终责任。实际上，战略领导者要想获得成功，就必须有效地利用公司的人力资本。[116]在目前的全球竞争格局下，提高员工技能的一个有效手段是委派国际任务。“外派人员”是指为公司执行国际任务的人员。对外派员工进行管理，使他们在国际工作中掌握知识，并了解如何将这些知识应用到国内市场，这一过程有可能提高公司在国内和国际市场的业绩。[117]

战略领导者

战略领导者（strategic leaders）是指那些来自公司不同部门和不同层级，用战略管理过程来选择战略行动，并帮助公司实现愿景、履行使命的人。无论在公司的位置如何，成功的战略领导者都具有决断力，乐于培养人，乐于帮助公司为所有利益相关者创造价值。[118]有研究发现，如果员工认为公司的CEO是有远见的，那么他们自然也就相信，CEO会以所有利益相关者的价值为出发点来经营公司，而不是单纯强调股东利益最大化；反过来，有远见的领导者能够激励员工对公司额外付出，进而有助于提高公司的业绩。

在确定战略领导者时，大多数人倾向于CEO或其他高层管理者。显然，这些人的确是战略领导者。CEO对确保有效的公司战略管理过程负有责任，因此，其战略管理的压力比其他人都大。[119]此外，还有其他人也在帮助公司选择战略，决定成功实施战略应采取的行动。[120]21世纪的竞争现状（如全球经济、全球化、技术的快速发展、知识和人力作为竞争优势来源的重要性不断提高），使得一线人员有必要亲自参与制定决策，并决定采取何种行动。实际上，所有的管理者（作为战略领导者）都必须以国际化思维思考问题、以本土化视角实施行动。[121]因此，有效的CEO和高层管理者应懂得如何对那些能够影响组织资源使用的人进行授权。在允许进行自由裁量的情形下，授权还有助于避免高层的傲慢管理，以及由此引发的一系列问题。[122]

组织文化会影响战略领导者及其工作，反之，战略领导者的决策和行动也会影响组织文化的塑造。**组织文化**（organizational culture）是整个公司共有的复杂体系，由信念、标志和核心价值观构成，影响着公司开展业务的方式。无论成功与否，它都是推动组织前进的社会力量。[123] 例如，西南航空公司（Southwest Airlines）以其独特而富有价值的企业文化著称。它的文化鼓励员工努力工作，在工作中寻找乐趣。它的文化还崇尚尊重，无论是对员工还是顾客。公司还承诺为顾客提供最佳的非常服务（positively outrageous service），并为此设置了额外津贴。

卓有成效的战略领导者的工作

也许这不足为奇，勤奋工作、严谨分析、诚实守信、精益求精、坚持不懈，这些都是成为一位成功的战略领导者的先决条件。高层战略领导者的选拔是基于他们的能力（他们在过去对人力资本和技能的积累）。卓有成效的高层管理团队（那些拥有更好的人力资本、管理技能和认知能力的管理团队）能够制定更优的战略决策。[124] 另外，在我们讨论的动态竞争环境中，战略领导者还必须具备很强的战略方向感。[125] 为了有效地应对环境变化，战略领导者必须进行思维创新，并促使组织不断创新。[126] 高层管理团队应由不同专家组成，平衡外部集团间的关系，只有这种多样化的团队才能更好地促进组织创新。[127] 当组织陷入左右为难的境地时，战略领导者是最佳内外关系平衡者，无论是创新还是执行方面都能处置妥当。[128] 另外，战略领导者还要有全球化思维，也就是多文化管理思维。[129]

无论在组织中处于何种位置，战略领导者都经常需要长时间工作，在工作中还要面对各种不确定性决策。然而，这项工作也为他们提供了更多有吸引力的机会，以及更多追逐梦想和行动的机会。以下内容来自时代华纳公司（Time Warner）的主席兼 CEO 史蒂文·J. 罗斯（Steven J. Ross）的父亲给他的忠告，描述了战略领导者在工作中的状态：

> 世界上有三种人：第一种人，走进办公室，把脚跷到桌子上，然后在空想中度过 12 个小时；第二种人，早上 5 点到，持续工作 16 个小时，从不停下来思考；第三种人，跷起脚来做 1 个小时的梦，然后开始实现他的梦想。[130]

从经营角度不断挑战和激发的梦想，其实就是愿景。最卓有成效的战略管理者把愿景作为公司使命的基础，以及选择和实施一个或多个战略的基础。[131]

我们在战略聚焦中描述了一些战略领导者的工作。在阅读这些材料时，请注意本章关于战略领导者的这一部分中提到的要点与战略聚焦中强调的行动之间的关系。战略领导者在企业的各个部门工作；然而，在战略聚焦中，高层领导者是讨论的重点。

正如你将看到的，高层战略领导者的工作本质上确实具有挑战性、复杂性和模糊性。另外，这些个体在企业竞争决策中扮演着重要角色，他们的决策是其运用战略管理过程的一部分。

战略聚焦　使企业成功应对挑战的战略领导者决策

在当今全球化的商业环境中，企业及其领导者所面对的快速变化是我们在战略管理过程分析中反复出现的话题。简单来说，当今世界各个角落所面临的变革非常迅猛，这种快速变化使企业寻求战略竞争力的过程变得复杂。通常来说，变革会以不同顾客的期望的形式出现。以酒店行业为例，拥有 14 个品牌和 5 300 多个酒店的希尔顿酒店集团（Hilton Worldwide Holdings）认为，“其面临的最大挑战之一是跟上不断变化的顾客品位，尤其是‘千禧一代’，他们希望拥有高科技的设施，更大、更时髦的大堂和更干净、简约的外观”。对于希尔顿酒店集团的战略领导者来说，“最大的挑战仍然是变化的速度，以及在数字时代新功能呈现在消费者面前的速度”。

为了应对这些变化，顶级战略领导者通常会帮助他们的公司做出战略性行动和战略性反应。对于这些战略领导者来说，全球化思维模式和满足人们需求的热情决定了他们的决策。

第 5 章定义并讨论了战略性行动，它们帮助企业在市场竞争中战胜竞争对手。战略性行动和战略性反应需要企业投入大量的资源，也是企业一旦执行就难以逆转的决策。为了应对变化，希尔顿酒店集团正在采取的战略性行动包括更新旧品牌，建立新品牌，比如 Tru。相比于房间大小，该品牌更强调公共空间。

日用品巨头宝洁公司（Procter & Gamble，P&G）在其美国本土市场正面临着根本性的挑战，包括消费者偏好的转变，零售商争取更低的价格，以及消费者更能接触到作为替代品的商家自有品牌。作为回应，宝洁的高层战略领导者最近决定以 42 亿美元收购德国默克公司（Merck KGaA）的消费者健康业务。这家公司的产品组合包括一系列专业膳食补充剂以及鼻腔减充血剂。这次收购行为背后的一个原因是，宝洁的整体销售增长速度和至关重要的吉列剃须刀的销售收入正在下滑。由于收入增长停滞，辉瑞公司（Pfizer）的战略领导者正在考虑采取几项战略性行动，包括剥离其消费者保健业务，该业务销售止痛药、无色唇膏和善存维生素等产品。在与大众汽车（Volkswagen AG）和日产英菲尼迪（Nissan Infiniti）品牌合作取得成功后，约翰·德尼森（Johan de Nysschen）接受了通用汽车旗下凯迪拉克（Cadillac）总裁的职务。有迹象表明，他打算“按照宝马汽车和其他奢侈品牌的形象塑造凯迪拉克”，这表明他正在采取一系列战略性行动。全球啤酒消费的下降使荷兰喜力啤酒（Heineken NV）采取了一系列战略性行动，比如收购中国的啤酒制造商华润啤酒控股有限公司 20.67% 的股份，以及收购几家手工酿酒商，这些行动都体现了该公司想要拓展其客户基础的决策。

最近，成立于 2007 年，旨在推进彼得·德鲁克（Peter Drucker）所提倡的管理理念的德鲁克研究所（Drucker Institute）发布了 250 家管理效率最高的美国公司名单。亚马逊、苹果、谷歌母公司 Alphabet、IBM、微软和思科并列前五。相对于其他公司，这些公司在德鲁克所提出的五个方面的积极表现帮助它们在榜单上名列前茅，这五个对于公司成功至关重要的方面分别是客户满意度、员工的参与和发展、创新、社会责任和财务实力。

有人可能会认为，这些公司的战略领导者，包括高层领导者，在战略性行动方面做出的决定有助于公司取得卓越表现。除了本章中提到的战略领导者的特点，比如努力工作、详尽分析形势等，德鲁克研究所选出的 250 家公司中的前五名和名单中其他公司的领导者可能还有其他特点。例如，一些人认为，因扭转菲亚特（Fiat）和克莱斯勒（Chrysler）的颓势而受到赞誉的领导者塞尔吉奥·马尔基翁内（Sergio Marchionne）的成功，是“愿景、技术专长、严谨分析、开放思想和直率加在一起”的结果。与苹果前 CEO 史蒂夫·乔布斯一样，马尔基翁内的行为也为他赢得了一些古怪的评价。不管战略领导者的性格如何，他们所做的决策都为其公司运用战略管理过程指明了方向。

资料来源：A. Back, 2018, P&G needs a workout, not vitamins, *Wall Street Journal*, www.wsj.com, April 19; M. Colias, 2018, The 10-year plan to make Cadillac cool again, *Wall Street Journal*, www.wsj.com, October 25; K. Paul, 2018, What millennials want in hotel rooms, *Wall Street Journal*, www.wsj.com, August 12; J. D. Rockoff & W. Colville, 2018, Johnson & Johnson remakes top leadership, *Wall Street Journal*, www.wsj.com, June 22; J. D. Rockoff & C. Lombardo, 2018, Pfizer revenue growth stalls as company mulls OTC unit's future, *Wall Street Journal*, www.wsj.com, May 1; J. D. Rockoff & I. Moise, 2018, Johnson & Johnson raises sales outlook, *Wall Street Journal*, www.wsj.com, April 17; S. Terlap & A. Hufford, 2018, P&G slogs through ' difficult ' markets for sales growth, *Wall Street Journal*, www.wsj.com, April 19; S. Terlap & J. D. Rockoff, 2018, P&G to acquire Merck KGaA's consumer-health unit, *Wall Street Journal*, www.wsj.com, April 19; N. Trentmann, 2018, Heineken's strategy in a stagnate beer market, *Wall Street Journal*, www.wsj.com, August 9; S. Walker, 2018, Why the future belongs to ' challenge-driven leaders, ' *Wall Street Journal*, www.wsj.com, August 11; S. Walker, 2018, The leader of the future: Why Sergio Marchionne fit the profile, *Wall Street Journal*, www.wsj.com, August 11; V. Fuhrmans & Y. Koh, 2017, The 250 most effectively managed U.S. companies—and how they got that way, *Wall Street Journal*, www.wsj.com, December 6.

战略管理过程

如图 1－1 所示，战略管理过程是公司赢得战略竞争力、获取超额利润的理性途径。该图涵盖了本书所要阐述的所有主题，并展示了战略管理的全过程。

与本章开始时阐述的分析—战略—绩效（A-S-P）战略过程相匹配，本书第 1 篇讲述了制定战略所必要的分析（analyses，A）过程。我们阐述了公司应该如何分析外部环境（第 2 章）和内部环境（第 3 章）。这些分析完全可以用来识别市场机会和环境威胁，决定如何利用组织内部的资源、能力、核心竞争力和竞争优势来把握机会、消除威胁（第 3 章）。第 2 章和第 3 章的内容构成了 SWOT（优势、劣势、机会和威胁）分析的框架。[132] 利用内外环境的有关知识，公司可以形成包含愿景和使命的战略。

公司的分析过程（见图 1－1）为一个或多个战略（strategies，S）的选择和执行奠定了基础。如图 1－1 所示，公司要想成功地应用战略管理过程，战略形成和战略实施必须相互融合。也就是说，在战略选择过程中就要考虑战略实施的问题，在战略的实施过程中也要思考战略的可能变化。

在第 2 篇，我们将探讨不同的战略选择。首先介绍的是业务层战略（第 4 章）。业务层战略描述的是公司应采取何种行动来赢得竞争优势。在单一产品市场上竞争的公司（例如，一家只在本地区运营的百货店）只有一个业务层战略，多元化公司（如通用电气公司）则会对每一个业务单元都制定业务层战略。第 5 章阐述的是不同公司在面对竞争时采取的行动以及相互的反应。竞争者往往试图预测别人的行动并做出反应。动态的竞争会影响公司的战略选择与执行。[133] 例如，在亚马逊收购全食超市一年后，一些分析师认为，这一战略行动“促使食品行业重组向消费者销售新鲜食品的方式”[134]。你将会在第 5 章的引例中了解到更多关于亚马逊和全食超市的信息。

公司层战略（第 6 章）关注的是如何确定竞争领域以及如何管理不同的业务单元。

战略形成的其他重要主题，尤其是对多元化公司而言，主要包括：获取其他合适的业务单元、公司业务重组（第 7 章）以及国际化战略选择（第 8 章）。不同公司为了赢得竞争优势而进行战略合作（第 9 章），相互分享资源和能力。随着公司在全球不同市场展开竞争，战略合作越来越重要。

在本书的第 3 篇，我们将探讨几个关于战略实施的话题。首先，审视了公司不同的治理机制（第 10 章）。在当前的商业环境下，利益相关者不断要求改善公司治理，因此，公司不得不面对如何同时满足不同利益相关者利益的挑战。[135] 然后，依次介绍公司运营所需的组织结构和控制（第 11 章）、适合当前公司条件和环境状况的战略领导力（第 12 章）以及作为持续创新路径之一的战略性创业（第 13 章）。

几乎所有的战略管理过程决策都包含道德维度，对这一点的强调是至关重要的，因为它涉及公司与利益相关者之间如何互动。[136] 组织文化揭示了组织道德，也就是说，决策是公司所有员工遵循的核心价值观的产物。在当今全球经济如此动荡和多变的竞争格局下，那些在战略管理过程中做出决策的人所面临的挑战是，必须意识到他们的决策将不同程度地影响到资本市场的、产品市场的和组织的利益相关者，并且要估计决策的道德内涵。[137] 如果决策制定者没能意识到上述现实，公司将处于竞争劣势。[138]

本书研究的战略管理过程要求将规范的方法作为公司赢得竞争优势的基础。这对公司绩效（performance，P）也产生了重大影响。[139] 公司的绩效体现了公司创造战略竞争力和获取超额利润的能力。掌握战略管理过程可以有效地帮助读者及其所在的组织得到发展。

本章小结

公司利用战略管理过程获得战略竞争力和超额利润。公司对外部环境和内部环境进行分析，进而制定和实施战略，以实现一个令人满意的绩效（A-S-P）。公司的绩效体现了公司创造战略竞争力和获取超额利润的能力。当公司制定并实施价值创造战略时，它就可以获得战略竞争力。超额利润（超出投资者期望的、可以在其他相同风险投资项目中获取的利润）是公司满足各利益相关者需求的基础。

在当前的竞争格局下，竞争的本质特征已经发生了变化，因此，战略制定者必须转变思维模式，以便在动荡和混乱的环境中进行竞争。行业和市场的全球化，快速而重大的技术变革，是导致当今剧烈变动的竞争格局的两大主要因素。

为了获取战略竞争力和超额利润，公司可以利用两个主要模型来制定愿景、使命以及进行战略选择。产业组织模型的核心假设是，在进行战略选择时，公司的外部环境比公司的内部资源、能力和核心竞争力有更大的影响力。因此，该模型主要用来分析行业特征对战略选择的作用。按该模型的逻辑来分析，当公司处于有吸引力的行业并成功实施了由行业特征所决定的战略时，公司就可以获得超额利润。资源基础模型的核心假设是，与公司外部环境相比，公司所拥有的独特的资源、能力和核心竞争力对战略选择和实施有更大的影响力。当公司在一个或多个行业中利用有价值的、稀缺的、难以模仿的、不可替代的资源和能力展开竞争时，公司就可以获得超额利润。有证据表明，这两个模型的观点都与成功的战略选择和实施相联系。因此，公司应将独特的资源、能力和核心竞争力作为战略实施的基础，以有效地与行业中的竞争对手展开竞争。

在内外部环境分析的基础上可以形成愿景和使命，以指导公司的战略选择。愿景是公司期望成为什么，从广义上讲，是对公司期望最终成为什么所做的描绘。愿景形成后，使命则具体指明了公司现有的业务和想要参与竞争的业务，以及所要提供服务的顾客。愿景和使命指引着公司前进的方向，为利益相关者提供了重要的描述性信息。

利益相关者是指那些能够影响公司的战略产出，同时也受其影响的个人、群体或组织。由于公司依赖利益相关者（股东、主要顾客、供应商、员工、社区等）的不断支持，因此，利益相关者对公司的业绩表现有主张权。当公司获得超额利润时，它就拥有了能够满足全部利益相关者的资源。然而，如果获得平均利润，公司则要妥善应对利益相关者，以继续得到其支持。如果公司连平均利润都无法获得，就要把不满意的利益相关者减少支持所造成的损失降到最低。

战略领导者是指来自公司不同层级的、利用战略管理过程帮助公司达成愿景、使命的人。总体来说，CEO负有保证公司运用适当的战略管理过程的责任。当战略管理过程以道德的目的和行为为基础时，其有效性将会提高。当同时面对两个有吸引力的选择时，战略领导者在做决策时更需要权衡利弊。对战略领导者，尤其是CEO以及公司其他高层管理人员来说，对公司环境的全面分析，一以贯之的诚实，与他人一起选择并实施正确的战略，都是非常重要的。

关键术语

超额利润（above-average returns）
平均利润（average returns）
能力（capability）
竞争优势（competitive advantage）
核心竞争力（core competencies）
全球经济（global economy）
超级竞争（hypercompetition）
使命（mission）
组织文化（organizational culture）
资源（resources）
风险（risk）
利益相关者（stakeholders）
战略竞争力（strategic competitiveness）
战略柔性（strategic flexibility）
战略领导者（strategic leaders）
战略管理过程（strategic management process）
战略（strategy）
愿景（vision）

复习题

1. 什么是战略竞争力、战略、竞争优势、超额利润以及战略管理过程？
2. 当前竞争格局的特点是什么？导致这种格局的两个主要因素是什么？
3. 根据产业组织模型，公司应如何获得超额利润？
4. 资源基础模型认为公司应如何获得超额利润？
5. 什么是愿景和使命？它们对战略管理过程的价值是什么？
6. 什么是利益相关者？三大类主要利益相关者是如何影响组织的？
7. 应如何描述战略领导者的工作？
8. 战略管理过程的要素有哪些？它们之间的关系如何？

微案例

星巴克正在通过科技创新为每一家门店“榨取”利润

对于利益相关者来说，选任新 CEO 意味着公司可能要采取新的行动。在星巴克的大部分发展历程中，霍华德·舒尔茨（Howard Schultz）带领公司进行了成功的战略实施。2017 年 4 月，舒尔茨成为星巴克董事会的执行主席，而凯文·约翰逊（Kevin Johnson），瞻博网络公司（Juniper Networks）的前 CEO 和微软 16 年的资深员工，担任了这家咖啡巨头的 CEO。约翰逊的背景可能会让他专注于公司的数字化业务、信息技术和供应链运营，以此来提高星巴克的效率和效益。

由于网络业务的增长，美国很多实体店都经历了销售量的下降。有趣的是，2014 年第四季度星巴克的店面销售提高了 5%，这 5% 的增长中，2% 源于销售的增长，3% 源于票券的增长。销售量增长的驱动力主要来自技术应用的增长。

为了促进每一家门店的销量增长，星巴克正在增加电子手段的应用，例如电子支付平台。再者，星巴克也在提高礼物卡的在线销售，作为促进收入增长的一种方式。2014 年 12 月，星巴克允许顾客在线下单，在俄勒冈州波特兰地区的大约 150 家门店直接取咖啡。除了重视科技引领，星巴克也从员工那里获得建议、想法并进行试验。星巴克的咖啡师被视为公司的合伙人，在全世界超过 21 000 家门店制作精品咖啡。舒尔茨认为这些员工是帮助星巴克获取收入的主要力量。

为了进一步激励员工，星巴克是最先为兼职员工提供综合健康险和股票期权的公司之一。最近，通过股票期权项目，员工获得了价值超过 10 亿美元的财务收益。作为对美国员工的额外激励，舒尔茨新创了一个项目，为员工支付 100% 的学费资助他们在亚利桑那州立大学完成学业。到目前为止，已经有 1 000 名员工参与到这个项目中。

星巴克还因店面的创新而著称。例如，它在纽约尝试更小的门店以减少顾客的等待时间。正如前面提到的，星巴克强调在线支付，这种方式能够提高交易的速度。如今，移动支付应用为星巴克带来了 1 200 万活跃用户。非常有意思的一点是，这使得星巴克移动支付 App 的用户数量超过了 iTunes 和美国运通。

为了将这些创新进行公开展示，星巴克开了第一家“原生态咖啡烘焙体验馆”（Reserve Roastery and Tasting Room）。这是一个占地 15 000 平方英尺[①] 的咖啡烘焙场所，同时也是一家零售门店。根据舒尔茨的说法，这是一家“零售电影院”，在这里“你可以看到咖啡豆的烘焙过程，和咖啡研磨者交流，你的饮品可以在你面前以各种各样的方式调制出来，你还可以在咖啡图书馆里闲逛，点一系列美食”。舒尔茨将纽约的这一店面称为“欢乐咖啡屋”（Willie Wonka Factory of coffee）。受到这种一流烘焙概念的启发，星巴克在全纽约会开更小的“原生态”门店。

技术进步和与众不同的门店同样也出现在国际领域。例如，星巴克在印度开发了一种新的概念门店，并将新的概念门店引入更小的城镇和郊区。这种新的门店大约是印度已有星巴克门店的一半规模。在中国，星巴克大约每天开设一家门店，并推出烘焙和珍藏品牌，以进一步扩大中国市场。

资料来源：J. Jargon, 2018, Starbucks trying to woo afternoon customers, *Wall Street Journal*, www.wsj.com, May 8; S. Nassauer, 2018, Walmart to pay certain college costs for U.S. store workers, *Wall Street Journal*, www.wsj.com, May 30; I. Brat & T. Stynes, 2015, Earnings: Starbucks picks a president from

---

① 1 英尺 ≈ 30.48 厘米。——译者

technology industry, *Wall Street Journal*, www.wsj.com, January 23; A. Adamczyk, 2014, The next big caffeine craze? Starbucks testing cold-brewed coffee, *Forbes*, www.forbes .com, August 18; R. Foroohr, 2014, Go inside Starbucks ' wild new " Willie Wonka Factory of coffee ", *Time*, www.time.com, December 8; FRPT-Retail Snapshot, 2014, Starbucks' strategy of expansion with profitability: To debut in towns and suburbs with half the size of the new stores, *FRPTRetail Snapshot*, September 28, 9-10; L. Lorenzetti, 2014, Fortune's world most admired companies: Starbucks where innovation is always brewing, *Fortune*, www.fortune.com, October 30; P. Wahba, 2014, Starbucks to offer delivery in 2015 in some key markets, *Fortune*, www.fortune.com, November 4; V. Wong, 2014, Your boss will love the new Starbucks delivery service, *Bloomberg Businessweek*, www.businessweek.com, November 3.

案例讨论题

1. 你认为星巴克想要建立什么样的竞争优势？当公司试图保持你所说的优势时，它所面临的主要挑战是什么？

2. 指出三四个你认为星巴克所拥有的能力。其中有核心能力吗？如果有，请解释你的理由。

3. 星巴克的使命是“激发并孕育人文精神——每人，每杯，每个社区”。你建议公司采取什么行动来完成这一使命？

4. 作为星巴克的新任 CEO 和战略领导者，凯文·约翰逊和星巴克面临着什么样的关键挑战？

2 外部环境：机会、威胁、行业竞争和竞争对手分析

学习目标

1. 分析和理解公司外部环境的重要性
2. 定义和描述总体环境与行业环境
3. 讨论外部环境分析的四个步骤
4. 描述总体环境的七个要素
5. 识别五种竞争力量，并解释它们如何决定行业的潜在盈利能力
6. 定义战略集团并描述它们对公司的影响
7. 说明公司应了解竞争对手的哪些情况，以及在收集竞争对手情报时可采用的不同方法（包括道德标准）

引例 麦当劳的“金色拱门”是否出现了裂缝

麦当劳是世界上最大的连锁餐厅，在美国拥有 14 155 家餐厅，在全球超过 100 个国家总共拥有 36 899 家餐厅。麦当劳雇用了 150 万名员工，每天为大约 6 900 万顾客提供服务，每天销售 900 万磅[①]炸薯条，每年销售 5.5 亿个巨无霸。在过去的这些年里，麦当劳一直是领先者，不仅是在市场份额方面，在快餐市场推出新菜单方面也是如此。例如，麦当劳最早在这个市场中推出早餐产品，如今它的早餐产品占据了其销售额的 25%。麦当劳成功地在市场中推出了麦乐鸡，

① 1 磅≈ 0.45 千克。——译者

并且成功地推出了精品咖啡，开始了与星巴克的竞争。如此成功的麦当劳，还能有什么问题呢？

问题主要围绕竞争和不断变化的消费者口味。消费者越来越关注健康，竞争者也越来越能满足消费者的需求。结果，麦当劳的总销售收入从2013年的高点281亿美元下降到2017年的228亿美元，下降了18.9%。在分析自身所处的环境，尤其是它的顾客和竞争者方面，麦当劳似乎做得很不到位。同一时期，麦当劳的一些竞争者却得到了繁荣发展。例如，Sonic和Chipotle的年销售收入得到了大幅提高。其他一些专门的汉堡餐厅，例如Smashburger从麦当劳的市场中抢到了一杯羹，即使它的汉堡包价格要略高于麦当劳的汉堡包。市场认为，这些竞争者的产品质量更高，并且许多都是“按订单生产”的，实现了根据顾客需求的定制化。还有部分原因在于麦当劳菜单品项变得更多和更复杂，服务所需的时间也增加了。

由于对不断变化的市场和竞争格局缺乏了解，麦当劳无法主动出击，处于一种被动的状态。由于这些问题，2015年麦当劳雇佣了一位新的CEO，希望能走出这一困境。通过对客户、竞争对手以及其产品和服务全面的分析，麦当劳制定了一项战略，希望在几年内实现好转。它在菜单里增加了新产品，并在提高产品质量的同时增强了产品的健康性。例如，麦当劳宣布，为了保持对人类健康的敏锐关注，它现在只使用无抗生素鸡；改变开心乐园餐中的蔬菜（例如，添加小胡萝卜）并在卷饼中加入额外的（新的）蔬菜（例如黄瓜），以此来提升麦当劳食品的健康性。麦当劳还推出了招牌三明治、只使用新鲜肉类（非冷冻）的足三两汉堡包、新的浓缩咖啡饮品以及其他高品质食品。

麦当劳多年战略的其他部分包括翻新餐厅、数字化点餐和新的外卖服务。麦当劳曾经是一位领先者，如今正在奋起反击，努力阻止自己的衰退。它不得不快速地对其外部环境做出有效反应，尤其是关于它的顾客和竞争者。麦当劳的销售额在2017年下半年开始回升。在接下来的几年里，我们将见证这些改变是否成功。

资料来源：C. Smith, 2018, 40 Interesting McDonald’s facts and statistics, *DMR Business Statistics*, https://expanded ramblings .com/index.php/mcdonalds-statistics/, February 19; J. Wohl, 2018, McDonald’s makes happy meals (slightly) healthier, *AdAge*, http://adage.com, February 15; J. Wohl, 2018, McDonald’s CMO bullish on tiered value menu amid competition, *AdAge*, http://adage.com, January 5; K. Taylor, 2017, McDonald’s makes 6 major changes that totally turned business around, *Business Insider*, www.businessinsider.com, October 24; S. Whitten, 2017, 4 ways McDonald’s is about to change, CNBC, www.cnbc.com; A. Gasparro, 2015, McDonald’s new chief plots counter attack, *Wall Street Journal*, www.wsj.com, March 1; D. Shanker, 2015, Dear McDonald’s new CEO: Happy first day. Here’s some (unsolicited) advice, *Fortune*, www.Fortune.com, March 2; S. Strom, 2015, McDonald’s seeks its fast-food soul, *New York Times*, www.nytimes.com, March 7; S. Strom, 2015, McDonald’s tests custom burgers and other new concepts as sales drop, *New York Times*, www.nytimes.com, January 23; B. Kowitt, 2014, Fallen Arches, *Fortune*, December, 106-116.

正如引例所表明的，外部环境（包括公司开展竞争以及竞争者所在的行业）影响着公司超越竞争对手和获取超额利润所采取的竞争行动和反应。[1] 例如，最近，由于消费者口味的不断变化和竞争的不断加剧，麦当劳的收入出现了下滑。麦当劳正试图通过改变菜单和供应商类型、重新装修餐厅、实施电子销售和上门送餐等方式，来应对环境带来的威胁。总体环境的社会文化因素（将在这一章中讨论）是社会价值观不断发生改变的来源，给予了健康食品高度的关注。正如引例中所描述的，麦当劳正在对这些不断变化的价值观做出回应，例如，只使用不含抗生素的鸡肉，并使其开心乐园餐更加健康。

如第 1 章所述，当前外部环境的特征与以往已大不相同。例如，技术的不断变革，信息收集与处理能力的不断提高，使得公司必须采取快速、有效的竞争行为。[2]（我们将在第 5 章全面地讨论竞争行动和竞争反应。）此外，在许多国家，社会环境的快速变化影响着劳动力状况以及消费者需求日益多样化的产品特征。政府的政策和法律影响着公司在何地、如何开展竞争。[3]2008—2009 年金融危机之后，许多国家金融监管体系发生了变化，增加了组织间财务交易的复杂性。[4]（然而，2018 年，特朗普政府削弱并取消了美国的一些监管。）

另外，公司可以通过获取竞争者、顾客和其他利益相关者的信息来了解外部环境，形成自己的知识和能力。[5]在这些新信息的基础上，公司可以采取行动，如培养新能力和核心竞争力，远离战略环境的消极影响，寻求机会以作为更好地满足利益相关者需求的基础。[6]

总的来说，一个公司的竞争行动和竞争反应受到公司所在外部环境状况以及对这些状况的了解程度的影响。外部环境包括三个部分（总体环境、行业环境和竞争者环境）（见图 2－1）。接下来，我们将对公司所处的每一种外部环境进行详细描述。

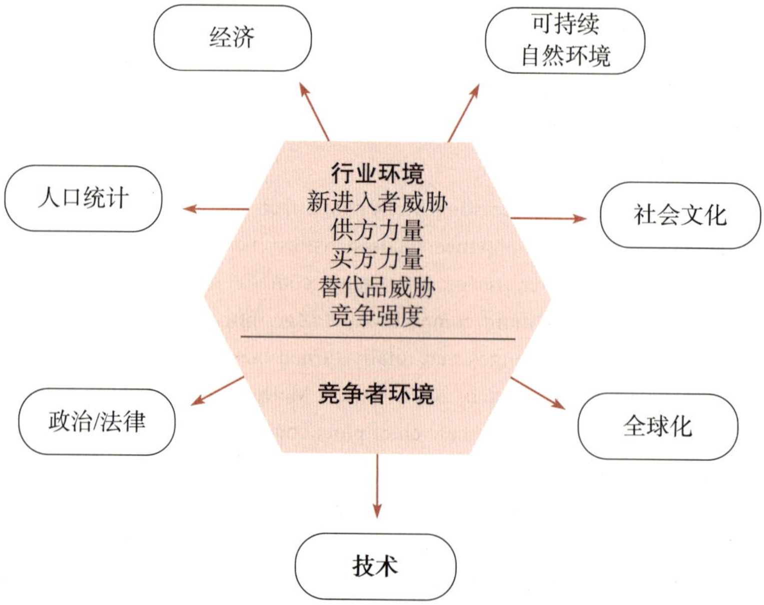

图 2－1 外部环境

➡ 总体环境、行业环境和竞争者环境

总体环境（general environment）由社会中影响行业和公司的所有因素组成。[7]我们将这些因素分为七类——人口统计、经济、政治 / 法律、社会文化、技术、全球化和可持续自然环境，如表 2－1 所示。

表 2-1 总体环境：细分与要素

人口统计因素	• 人口数量 • 年龄结构 • 地理分布	• 种族构成 • 收入分布
经济因素	• 通货膨胀率 • 利率 • 贸易赤字或盈余 • 预算赤字或盈余	• 个人存款率 • 商业存款率 • 国内生产总值
政治 / 法律因素	• 反托拉斯法 • 税法 • 放松管制的态度	• 劳动力培训法 • 教育理念和政策
社会文化因素	• 劳动力中的女性 • 劳动力的多样性 • 对工作生活质量的态度	• 工作和职业偏好的转变 • 对产品和服务特点的偏好的转变
技术因素	• 产品创新 • 知识运用	• 私人和政府支持的研发支出的重点 • 新的沟通技术
全球化因素	• 重要政治事件 • 关键的全球市场	• 新兴工业化国家 • 不同文化和制度的属性
可持续自然环境因素	• 能源消耗 • 开发能源的政策 • 对可再生能源的利用 • 最小化公司对环境的影响	• 水资源的可获得性 • 生产环境友好型产品 • 对自然或人为灾害的反应

公司通常无法直接控制总体环境。因此，公司追求的是识别总体环境中每一种因素的趋势，并预测每一种趋势对公司的影响。例如，可以预料到，在接下来的 10 ～ 20 年，那些新兴市场国家中有数百万人将步入中产阶层。事实上，预计到 2030 年，全球大约 5.25 亿中产阶层中有 2/3 将居住在亚太地区。[8] 当然，这并不奇怪，因为世界约 60% 的人口在亚洲。[9] 当然，包括大型跨国企业在内，没有任何一家公司能够控制接下来 10 年或 20 年将在哪里出现潜在客户的增长。尽管如此，公司仍必须以研究这种预期趋势为基础，预测对自身能力所带来的影响，从而确定采用什么战略以使它们在市场条件改变的情况下也能够保持成功。

行业环境（industry environment）是指一系列可以直接影响公司及其竞争行动和反应的因素：新进入者威胁、供方议价能力、买方议价能力、替代品威胁、竞争对手间的竞争强度。[10] 总体来说，这五种力量的相互作用决定了行业的潜在盈利能力；反过来，行业的盈利能力又影响着公司竞争行动和反应的选择。公司所面临的挑战是，如何在行业中确定一个位置，使公司能够影响这五种力量，或者能有效地防御这五种力量的影响。公司对这五种力量的影响力越大，获取超额利润的可能性就越大。

公司对竞争对手信息的收集和解释称为**竞争对手分析**（competitor analysis）。对竞争者环境的了解是研究总体环境和行业环境的必要补充。[11] 例如，这意味着麦当劳需要做好总体环境和行业环境的分析和了解工作。

总体环境分析关注的是环境的变化趋势及影响，行业环境分析的重点在于了解影响公司潜在盈利能力的要素和条件，对竞争对手的分析主要是为了预测竞争对手的行动、反应和意图。总体来说，这三种分析结果将影响公司的愿景、使命、战略选择、实施这些战略将带来的竞争行动和反应。我们将分别对这三类环境进行讨论，但是只有将这三类分析的结果有效地整合起来，公司才能制定和实施更具成效的战略。

外部环境分析

外部环境的动荡、复杂化和全球化，使公司对环境的理解更加困难。[12] 为了处理模糊和复杂的环境数据，增加对环境的认识，公司必须进行环境分析，主要包括四部分：扫描、监测、预测和评估（见表 2－2）。

表 2－2　外部环境分析的构成

扫描	• 识别环境变化和趋势的早期信号
监测	• 通过对环境变化和趋势的持续观察来探索其中的含义
预测	• 根据监测到的变化和趋势推断预期的结果
评估	• 判断环境变化和趋势对公司的战略和管理的影响时间与影响程度

识别机会和威胁是环境分析的主要目的之一。**机会**（opportunity）是指只要进行有效开发，就可以帮助公司获得战略竞争力的一系列条件。大多数公司，当然也包括大型公司，一直面临着多种多样的机会和威胁。

在可能的机会方面，文化、政治和经济因素的共同影响为非洲、亚洲和拉丁美洲部分地区的零售业带来了快速发展。因此，世界上最大的零售商沃尔玛以及居于之后的三大国际零售业巨头（法国的家乐福（Carrefour）、英国的特易购（Tesco）、德国的麦德龙（Metro））正在推进对这些地区的扩张进程。沃尔玛正在扩张它在智利（404 个）、印度（20 个）和南非（360 个）的零售单位数量。有意思的是，在进驻印度四年之后，家乐福退出了印度市场，同一年（2014 年），特易购在印度开了商店。麦德龙关掉了在埃及的运营业务，但除了很多东欧国家，它在中国、俄罗斯、日本、越南和印度也拥有商店。[13]

威胁（threat）是指总体环境中妨碍公司获得竞争优势的一系列条件。[14] 知识产权保护不仅是一个国家内部的话题，也是跨越国界的重大问题。例如，2018 年，美国对从中国出口到美国的商品加征关税。正如在这些案例中常见的那样，中国也做出了回应，对大量出口到中国的美国产品加征关税。这种威胁显然是关于政治 / 法律因素的。

公司利用各种来源，通过扫描、监测、预测和评估来分析总体环境。这些来源包括：各种形式的印刷材料（如贸易出版物、报纸、商业出版物、学术研究成果和公众调查结果）、贸易展览、供应商、顾客以及公共组织的员工。当然，对于一家公司研究总体环境来说，通过互联网获取信息越来越重要。

扫描

扫描包括对所有总体环境要素的研究。尽管环境扫描具有一定的挑战性，但对于公司了解总体环境中的趋势和预测其影响而言，扫描至关重要。对于在高度变化的环境中竞争的公司而言，尤为如此。[15]

通过扫描，公司可以及时发现环境中潜在变化的信号，以及那些正在发生的环境变化。[16]环境扫描应与组织背景相结合，为多变环境设计的扫描系统，就不太适合稳定的环境。[17]通过谨慎分析，扫描通常可以揭示模糊的、不完整的、无关联的数据和信息。

许多公司利用专门的软件，来帮助自己识别正在发生的和已公开发布的事件。例如，公司在对新闻事件的分析中可以使用信息系统进行文本分类，以减少权衡是遗漏的重大事件还是虚假情报的次数。这些系统越来越多地用于研究社交媒体，并以此为信息来源。[18]

一般来说，互联网为环境扫描提供了大量的机会。例如，亚马逊网站记录个人访问网站的重要信息，尤其是交易信息，于是，当顾客再次访问该网站时，它可以显示用户名以表示对顾客的欢迎。网站也会向顾客发送与其之前所购产品相关的新产品信息。其他一些公司，如网飞，则收集顾客的人口统计信息，以识别其特殊偏好（人口统计信息是总体环境因素之一）。超过 40 亿人通过某种方式使用互联网，包括中国的 7.38 亿人口和美国的 2.87 亿人口。因此，互联网代表着一种收集用户信息的合理方式。[19]

监测

在进行监测时，分析师通过观察环境的变化，来分析扫描结果是否显示了重要的变化趋势。[20]公司对各种事件和趋势的理解能力是成功监测的关键。例如，针对美国退休趋势的监测了解到，美国工人的退休储蓄中位数只有 5 000 美元。对于那些年龄在 56 ～ 61 岁的人来说，退休储蓄中位数只有 17 000 美元。为了拥有舒适的退休生活，富达公司（Fidelity）估计，人们应当存下相当于年薪 10 倍的钱作为储蓄。[21]那些致力于服务退休人员经济需求的公司将继续对员工存款和投资模式的这种变化进行监测，以发现是否正在形成某种趋势。一旦他们发现退休人员存款变少了（或者其他需求）确实是一种趋势，那么这些公司将会进一步去了解这种趋势所带来的竞争性影响。

有效的监测要求公司能够明确重要的利益相关者，以及公司对利益相关者的信誉，并以此为基础来满足利益相关者的特殊需求。[22]（利益相关者的需求见第 1 章。）监测重要利益相关者的一种方法是利用一些同时服务于其他董事会的董事（也就是联合董事），他们能够促进外部来源信息和知识的传递。[23]对于处在技术高度不稳定的环境中的公司而言，环境的扫描和监测十分重要。[24]这些活动不仅给公司提供了信息，而且可以作为引入新知识和成功进行新技术的商业运作的手段之一。[25]

预测

扫描和监测关注的是某个时间点上总体环境中的事件和趋势。在进行预测时，分析师通过对扫描和监测得到的变化和趋势的分析，推断出未来可能发生的事情及其发展速度。[26]例如，分析师可能会预测新技术进入市场的时间，或者劳动力市场的可能变化所导致的不同公司培训程序的周期变化，或者政府税收政策在改变多久后会影响顾客的购买方式。

准确地预测事件及其结果是具有挑战性的。由于技术的发展使产品生命周期不断缩短，因此，对新技术产品的预测越来越困难。像英特尔这样的公司尤其如此，因为技术产品在不断地更新。随着预测难度的增加，英特尔为生产每一代芯片产品而投资的每一个制造晶圆和硅芯片的工厂的成本越来越大。在这种情况下，当英特尔研究其外部环境状况时，拥有能够更好地对电子产品进行预测的工具非常重要。[27]

评估

进行评估的主要目的是，判断已经识别出来的环境变化和趋势对公司的影响时间和影响程度。[28]通过扫描、监测和预测，分析师对总体环境有了初步的认识，评估就是要明确这些认识对公司有何具体意义。如果没有评估，公司拥有的只是一些或许有趣的数据，但与公司的竞争力毫无关系。甚至即使正式的评估不够充分，对信息的适当解读也是非常重要的。

准确评估公司所处总体环境中各种因素的预期趋势是重要的，不过，准确地解读这些趋势的含义更加重要。以略微不同的方式进行表述，即尽管收集和组织信息很重要，但恰当地解读收集到的信息更是至关重要，因为它可以帮助公司识别环境中的趋势能否成为一个机会或威胁。[29]

总体环境因素

总体环境由公司外部的多个因素组成（见表2-1）。虽然影响的程度不尽相同，但是每一个行业及公司都会受到这些因素的影响。公司面临的挑战是，如何对每一个因素都进行扫描、监测、预测和评估，以明确它们对公司的影响。有效的扫描、监测、预测和评估对识别机会和威胁有很大的帮助。

人口统计因素

人口统计因素（demographic segment）与人口数量、年龄结构、地理分布、种族构成以及收入分布有关。[30]人口统计因素的分析应立足于全球，因为人口统计因素的潜在影响已经跨域了国界，并且许多公司是在全球市场开展竞争的。

人口数量

1959—1999年，世界人口翻了一番（从30亿人增长到60亿人）。按照目前状况，

21世纪人口还会增加，但速度有所放缓。2018年，世界人口为76亿，预计到2040年将达到92亿，到2055年将达到约100亿。[31] 2018年，中国是世界上人口最多的国家，人口略超过14亿。然而，到2050年，印度有望成为世界上人口最多的国家，其次是中国、美国、印度尼西亚和巴基斯坦。[32] 公司在寻找潜在产品和服务市场时，应该意识到这五个国家的市场潜力。

公司也希望对世界上各个国家和地区正在发生的人口变化情况加以研究，以评估其战略内涵。例如，28%的日本人是65岁以上的老人，而这个数字在美国是15%。然而，美国的人口正在迅速老龄化，到2040年这一数字可能赶上日本。[33] 人口老龄化是各国面临的一个显著问题，因为它涉及劳动力的需求和退休金的负担问题。日本和其他一些国家为了克服这一问题，鼓励员工工作更长时间。

年龄结构

人口统计因素中最值得一提的是世界人口正在快速老龄化。例如，根据预测，全球百岁老人的数量到2023年将翻一番，到2035年将再翻一番。预测显示，到21世纪下半叶，一些工业化国家的人口预期寿命将超过100岁，约是整个人类历史人口普遍寿命的三倍。[34] 20世纪50年代，日本是世界上人口最年轻的国家之一。然而，现在日本人的平均年龄是45岁，预计到2040年将达到55岁。由于生育率低于替代率，另一个预测是，到2040年，日本超过100岁的人口数量几乎会和新生儿一样多。[35] 到2050年，全世界约有25%的人口将达到或超过65岁。这些人口年龄结构的改变对获得合格劳动力、退休医疗政策和商业机会都造成了显著影响。[36]

这种人口老龄化威胁到公司雇用和维持满足其需求的劳动力的能力。因此，公司面临的挑战是提高其工人的生产力，或在其他国家开展业务，以便接触到潜在的工作年龄人口。另一个潜在的机会是延迟退休；有较长预期寿命的老年工人可能需要工作更长的时间，以负担得起退休后的生活开支。延迟退休可以帮助公司留住经验丰富、知识渊博的员工。从这个意义上说，“各组织现在拥有一个新的机会，来解决市场关键技能的短缺所造成的人才缺口问题以及过去十年来多次精简裁员所带来的经验上的断层”[37]。公司也可以通过更有经验的资深员工将知识传递给年轻员工，帮助他们更快地获得有价值的技能。这也是一个机会，使公司能够更有效地利用劳动力市场的人才。例如，让女性承担更高层次的专业和管理工作能够抵消总体人才市场上人才短缺带来的挑战，并且，基于研究，这甚至会强化总体结果。[38]

地理分布

国家和地区的人口分布具有随着时间不断变迁的倾向。例如，过去几十年来，美国人口不断从东北部和五大湖地区迁向西部（加利福尼亚州）、南部（佛罗里达州）和西南部（得克萨斯州）。根据2018年的数据，自2010年以来，加利福尼亚州的人口增长了大约230万，同期得克萨斯州的人口增长了320万。[39] 这些变迁被描述为从“霜冻地带”向“阳光地带”转移。这些迁徙导致的结果包括加利福尼亚州2017年的生产总值略高于2.75万亿美元，这一数字使加利福尼亚州成为世界第六大经济体。同年，得克萨斯州以1.6万亿美元的生产总值居于加利福尼亚州之后，位居美国第二。[40]

美国最不受欢迎的州包括伊利诺伊州、佛蒙特州和西弗吉尼亚，它们在2010年至2018年间经历了人口下降。同一时期，康涅狄格州、缅因州、密歇根州、密西西比州、宾夕法尼亚州和罗得岛州的人口增长不到1%。未来几年，加利福尼亚州、佛罗里达州和得克萨斯州预计将是人口增长最快的地区。[41]

公司希望对各个国家和地区的人口分布模式进行认真研究，以识别其中的机会和威胁。美国当前的格局表明美国西海岸、南部以及西南部的一些州存在着潜在的机会。相对来说，那些在东北部和五大湖区域开展竞争的公司可能关注的是对威胁的识别，这些威胁会影响它们在这些地区盈利的能力。

当然，世界各地人口的地理分布特征都不尽相同。比如，在过去，中国大部分人口生活在农村，然而，人口不断向上海和北京这些城市转移呈现增长趋势。事实上，2006年，中国农村人口比城镇人口多1.487亿。然而，到2016年，中国城镇人口比农村人口多出2.462亿，仅仅十年时间就发生了重大变化。[42]最近欧洲的人口迁移显示，法国、德国和英国等的人口增长较小，而希腊的人口则略有下降。总的来说，欧洲的人口分布格局已经相当稳定。[43]

种族构成

各国人口中的种族构成也在不断发生变化，对于很多公司而言，这也创造了机会和威胁。例如，西班牙裔成为美国最大的少数族裔。[44]事实上，美国的西班牙裔市场是仅次于巴西和墨西哥的第三大拉丁美洲经济体。在美国的一些州，如得克萨斯州、加利福尼亚州、佛罗里达州和新墨西哥州，西班牙语是主流语言。基于这些事实，公司应该评估如何调整它们的产品和服务，以更好地满足西班牙裔顾客的特殊需求。有趣的是，到2020年，美国将会有超过50%的孩子属于少数族裔，据预计，到2044年，美国人口中将会有大部分人属于少数族裔。到2060年，白人预计将占美国人口的44%。[45]人口的种族多元化之所以重要，不仅仅在于客户需求，还在于劳动力构成。有意思的是，研究表明，公司管理团队的种族多元化程度越高，越有可能带来更高的绩效。[46]

当公司考察这一要素时，其他的一些迹象也会引起公司的关注。例如，非洲国家种族最为多元化，乌干达是世界上种族多元化程度最高的国家，利比里亚排名第二。与之相反，日本和韩国的人口种族多元化程度最低。欧洲国家很大程度上都是种族同质化的，美国则更加多元化。“从美国穿过中美洲各国，再往下到巴西，这些国家往往相当多元化，也许某种程度上是因为它们相对开放的移民历史（并且，在某些情况下，发生了本土人口和外来新人口的结合）。”[47]

收入分布

了解收入在不同人群中是如何分配的，有助于公司了解不同人群的购买能力和可支配收入情况。公司感兴趣的是家庭平均收入和个人平均收入情况。例如，对于双职工家庭，人均收入的提高更明显，在一些国家，尽管总体上实际收入在减少，但这种家庭的收入却在增加，尤其是在美国。这些数据为公司提供了与战略相关的信息。比如，有研究表明，员工是否来自双职工家庭，将影响其接受外派任务的意愿。据估计，2017年全世界约有5 700万外派者，其中沙特阿拉伯、阿拉伯联合酋长国和美国是前三大派遣目的地。[48]

中国经济的增长之所以能带动许多公司的发展，原因不仅在于制造成本低，还在于以人口为基础形成的大量的潜在产品需求。然而，在国内生产总值的构成中，中国国内消费比例低于其他主要经济体，占不到1/3的比例。相比而言，印度的国内消费占经济总量的比例是2/3，是中国的两倍。因此，随着印度中产阶层的不断扩大，许多西方跨国公司对印度产生了浓厚的兴趣。由于这种状况，以收入分布为基础，关注不同市场间的差异是非常重要的。[49]不同国家的这些差异表明，对于大多数公司而言，识别出那些最可能产生最多收入增长和市场机会的经济体非常重要。[50]因此，经济因素是公司环境分析至关重要的一个聚焦点。

经济因素

经济因素（economic environment）是指公司参与竞争的或可能参与竞争的经济体的特征和发展方向。[51]一般来说，公司更愿意在稳定的、增长潜力大的经济条件下进行竞争。经济的全球化使得国家间的依赖程度增加，因此，公司必须对本国及其他国家的经济状况进行扫描、监测、预测和评估。

对于公司而言，对经济环境进行研究以预测可能出现的经济趋势及对它们的影响具有挑战性，这至少源于两方面的原因。第一，2008年和2009年的全球经济衰退给全世界的公司带来了很多问题，包括消费者需求的减少、公司库存水平的提高、新的政府法规的出台以及可获得财务资源的紧缩。第二，与之前的经济复苏相比，经历了2008年和2009年的经济冲击之后的全球经济复苏缓慢而且相对疲弱。公司不得不调整以适应经济冲击，试图恢复过来。尽管2018年世界的经济前景看起来不错，但各国的复苏并不均衡。例如，一些欧洲国家的经济仍然处于严重的衰退中（例如希腊、西班牙）。而且，也许出于政治不确定性（例如美国）的部分因素，人们仍然担心经济上的不确定性。同样，一些研究表明，"很明显，最近（经济）的不确定性有所增加"[52]。目前经济的不确定性使得制定有效的战略具有挑战性。

当面临经济不确定性时，公司更需要对全世界各个地区和国家的经济环境进行研究。欧洲经济的增长仍然相对疲弱，经济的不确定性也相对较大，最近，美国的经济增长要好于欧洲。例如，欧洲2018—2020年的预计平均年增长率为1.75%，而美国为2.25%。另外，中国2018—2020年的预计平均年增长率为6.3%，印度为7.45%，巴西为2.25%，墨西哥为2.45%。[53]在理想的情况下，公司将在它们所在的地区和国家寻找发展机会，避免缓慢增长的威胁。

政治 / 法律因素

政治 / 法律因素（political/legal segment）是指在某一领域，不同组织和利益集团相互竞争，争夺注意力，控制某些资源，寻求监督法律法规的权利。这些因素决定了国家间以及各种公司和当地政府间如何相互影响。[54]从本质上讲，这些因素反映了组织如何影响政府以及组织如何试图理解政府对竞争行动和反应的影响（当前和预期）。通常来说，公司会制定一项政治战略，详细说明公司将如何研究政治 / 法律因素，以及它们可能会采取什么措施（例如游说行动）以成功应对不同时间点这一因素所带来的机会和威胁。[55]

为了应对新的国家、区域、州 / 省和当地法律——这些法律通常会影响一个公司的竞争行动和反应，公司会形成一些规章制度。[56]例如，美国加利福尼亚州最近将大麻销售合法化。此前，科罗拉多州和华盛顿州也通过了类似大麻销售合法化的法律。眼下的问题是，公司在这项业务上进行投资还具有很大风险，因为不清楚美国司法部（U.S. Department of Justice）是否会允许各州在联邦法律不允许销售的情况下继续销售这种产品。因此，国家、地区和地方层面的法律法规间的关系创造了一个高度复杂的环境，企业必须在其中找准方向。[57]

对于脸书、谷歌和亚马逊这样的互动型技术公司来说，欧洲通过的世界上最强有力的数据保护法使它们面临着重大挑战。高度保护客户隐私的法律会威胁到这些公司在欧盟各国开展业务。另外，公司在正式制度不完善的国家经营时，必须应对完全不同的挑战（例如，对知识产权的法律保护较差）。法律法规提供了指导战略行动和竞争行动的结构，没有这种结构，就难以确定最佳的战略行动。[58]

社会文化因素

社会文化因素（sociocultural segment）与社会态度和价值观有关。由于态度和价值观是构建社会的基石，因此，社会文化因素是推动人口、经济、政治 / 法律、技术和其他因素变化的动力。

个体的社会态度和文化取向是相对稳定的，但也会随着时间变化。因此公司必须认真地对它们进行扫描、监测、预测和评估，以辨别和研究与之相关的机会和威胁。成功的企业还必须认识到它们所参与竞争的社会以及相关的文化领域所发生的变化。确实，社会文化因素的改变对公司提出了挑战，公司需要想方设法“调整自身以抢在竞争者之前保持在消费者心中的重要地位”[59]。研究表明，社会文化因素会影响新进入者进入新市场以及新公司在一个国家中的发展。[60]

全世界的各个国家和地区都在评估关于医疗保健的态度和措施。欧盟委员会针对所有的欧盟成员制定了一项医疗保健战略，该项战略定位于预防疾病，同时，消除影响健康的生活方式的不利因素，例如关注营养、工作条件和身体活动。欧盟委员会提倡关注健康的态度，这在欧洲人口老龄化的背景下尤为重要，正如预测所显示的那样，生活在欧洲和全世界大多数发达国家的65岁以上人口比例将继续增长。[61]对于公司来说，现在的问题是关于健康医疗保健的态度和价值观会影响它们，因此，它们不得不仔细地观察这方面的趋势，预测可能对它们的业务产生的影响。

随着劳动力规模的增大，以及越来越多的女性和来自不同文化的少数族裔加入劳动力大军，美国劳动力市场日趋多元化。例如，2014年，女性占劳动力的比重为46.8%，预计到2024年将增长到47.2%。到2024年，拉丁裔劳动力预计将占劳动力总数的20%左右。2005年，美国劳动力总数略高于1.48亿，预计到2024年将增长到约1.64亿。[62]

然而，过去的20年里，美国劳动力的增长率有所下降，这在很大程度上是因为美国人口增长缓慢以及劳动人口参与率下降。具体而言，数据表明，总体劳动人口参与率（经济活动人口在劳动力中所占比例）在2000年达到峰值，年平均率为67.1%。自那以后，这一比例一直下降，预计到2050年将降至58.5%。预计2010年至2050年美国劳动力市场还将出现其他变化。在此期间，劳动力市场中亚裔人总数预计将增加一倍以上，而白种人预计增长将会缓慢得多。预计西班牙裔劳动人口的增长将占劳动力市场总体增长的80%。[63]

劳动力的高度多元化带来了机遇和挑战，包括男性和女性传统领导风格的融合。尽管文化的多元化为业绩的改善带来了潜力，但研究表明，为了获得这些优势，必须成功地进行多元化管理。

上面提到的生活方式和劳动力的变化反映了美国人口的态度和价值观，每一个国家都有自己独特的社会文化指标。国家的文化会影响组织的行为，进而影响组织的产出，如领导者管理风格的差异。国家的文化还会影响公司在本土形成的国际化战略。[64]知识的共享对于组织内新知识的传播以及变革执行速度的提高，都是非常重要的。人际关系（私人关系或良好联系）在中国尤为重要，它已成为在中国这个更加开放的市场上做生意和谋求个人职业晋升的重要方式。对关系重要性的理解，是每一个在中国做生意的外国公司都必须重视的问题。[65]

技术因素

技术变革从不同深度和广度影响着社会的方方面面。这些影响主要源于新产品、新流程和新材料。**技术因素**（technological segment）包括所有能创造新知识，并将知识转化为新产出、新产品、新过程和新材料的制度和行为。

由于技术变革的速度很快，公司必须全面研究技术因素。[66]有研究发现，越早采用新技术，公司越可能获得更高的市场份额和更高的回报。因此，不论公司大小，都应持续进行环境扫描，识别当前技术的潜在替代品以及能给公司带来竞争优势的新技术。[67]

新技术和创新正在改变许多行业。[68]这些变化体现在数字出版（如电子书）以及零售业从实体店转向线上销售。因此，所有行业的公司为了生存必须更具创新精神，必须开发新的或至少是类似的技术，且需不断改进这种技术。[69]在这个过程中，大多数公司必须拥有一个先进的信息系统来支撑其新产品的开发工作。[70]事实上，由于采用并有效利用新技术对大多数行业的全球竞争至关重要，各国已开始提供特殊形式的扶持，例如发展科技企业孵化器。这些孵化器会提供若干类型的帮助，以提高新技术企业的成功率。[71]

互联网作为一项重要的技术进步，为公司提供了一种卓越的能力，得以扫描、监测、预测和评估它们所在的总体环境中的各种状况。公司应持续不断地对互联网的功能进行研究，预测未来的发展趋势，利用它为顾客创造更多的价值。此外，对于全世界的公司来说，互联网带来了非常多的机会和威胁。如前所述，全球目前约有40亿互联网用户。

互联网影响深远，带来了许多潜在的机会和威胁，无线通信技术已成为公司所追求的一个明显的技术机会。手提装置和其他无线通信设备已运用于获取各种基于网络的服务。具有无线网络功能的手提电脑（多种类型）已成为沟通和贸易的主要形式。实际上，这些产品每一个新版本的推出，附加的一些功能和软件应用都为各类公司带来了许多机会和潜在威胁。

全球化因素

全球化因素（global segment）包括新兴的全球市场、不断变化的现有市场、重要的国际事件，以及全球市场重要的文化和制度特征。[72]例如，在汽车行业中竞争的公司就必须对全球化因素进行研究。越来越多的人认为，由于生活在“地球村”，无论汽车和卡车产自何处，各国的消费者都愿意购买[73]，这一事实支持了上述观点。

研究全球化因素时，公司应该意识到，商业市场的全球化为公司创造了进入新市场的机遇，同时企业也要面对来自其他经济体的新竞争对手的威胁。[74]对于汽车制造商来说，有机会在本土市场以外的市场销售产品似乎很具有吸引力。公司可能会选择进入什么市场？当前，汽车和卡车的销售在巴西、俄罗斯、印度、中国和东欧预计会继续增长。与此相反，美国、西欧和日本的销售额预计至少在短期内会有所下滑。在国内市场之外，这两类市场分别是汽车制造商最希望销往的最具吸引力的市场和最不具吸引力的市场。从威胁的角度来看，日本、德国、韩国、西班牙、法国和美国的汽车制造行业似乎出现了产能过剩。产能过剩也发出了一些信号，处于这种市场中的公司可能会同时提高出口和国内市场销售额。[75]因此，为了准确识别出所有的机会和威胁，全球汽车制造商应该认真考察全球化因素。

鉴于参与国际市场带来的威胁，许多公司采用更谨慎的方式在国际市场中进行竞争。例如，家族企业，甚至是一些大型的家族企业，通常也会采取一种比较保守的方式进入国际市场，这与它们开发和引进新技术的方式非常相似。它们试图管理自己的风险。[76]这些公司采用的是一种称为全球聚焦的方式。全球聚焦经常被具有中等国际运营水平的公司采用，主要通过聚焦全球利基市场来提高公司的国际化程度。[77]这种方式使公司可以建立和利用其核心竞争力，来控制利基市场中的风险。另一种控制国际市场风险的方式是将自己的运营和销售聚焦于全球市场中的某一地区。[78]这种方式的成功运用可以使公司与当地市场建立联系，并获取关于当地市场的知识。一旦建立了这种优势，会给其他竞争对手进入该市场造成很大的障碍。

公司参与全球竞争时，都应了解各种社会文化和制度特征。[79]例如，韩国的意识形态强调集体观念，这也是亚洲其他国家的共同特点。[80]中国政府鼓励企业与国外拥有先进技术的公司进行合作，以此来不断积累知识、引入新技术。[81]因此，在与国外公司合作或合资的过程中，尤其是当本土公司获得技术，并且从长期来看可能会削弱国外公司的竞争优势时，对国外公司的战略进行分析显得格外重要。[82]

非正式经济在世界范围内的存在使其逐渐成为全球化因素分析的另一个方面。非正式经济的规模正在不断增大，对公司的竞争行动和反应带来了影响，在正式经济中开展竞争的公司逐渐发现，它们正在与非正式经济中的公司进行竞争。

可持续自然环境因素

可持续自然环境因素（sustainable physical environment segment）是指自然环境中潜在的和实际的变化，商业活动就是要积极应对和处理这些变化，并以创造一个可持续环境为目的。[83] 考虑到全球自然环境保护的大趋势，公司应该意识到，生态、社会和经济系统中发生的变化是相互影响的，这些因素是相互联系的全球社会的一部分。[84]

全球的公司都关注着自然环境，许多报告中记录它们采取的行动都以如“可持续”和“公司社会责任”命名。综合而言，越来越多的公司开始投资可持续发展。

在识别自然环境因素的趋势时，有许多自然环境特征是值得公司注意的。[85] 由于可持续对公司具有重要性，因此形成了一些认证项目以帮助它们明白如何成为可持续性的组织。[86] 作为世界上最大的零售商，沃尔玛的环境足迹相当大，这意味着自然环境趋势对其选择如何运营会造成显著影响。可能由于自然环境中发生的一些趋势，沃尔玛宣称它的目标是实现零废弃和利用100%的可再生能源来实现运作。[87] 环境的可持续对所有社会公民都很重要，也因为它的重要性，顾客对例如沃尔玛这样的公司采取行动有着积极的反应。[88] 对于直接为零售客户服务的公司，建立和维持可持续的运营需要可持续的供应链管理行为。[89] 因此，高管团队必须专注于管理任何对环境产生影响的行为。如果这样做，他们不仅会对一个清洁的环境有所贡献，而且由于顾客的积极反应，他们还能成为一个有力的竞争对手，并从中获得经济回报。[90]

正如我们对总体环境的讨论所表明的那样，总体环境分析的关键目标之一是识别各个环节及其因素之间的预期变化和趋势。总体环境分析对未来的关注，使公司可以识别机会和威胁。拥有一个有经验、有知识、敏感的高层管理团队，对于有效地分析公司所处的总体环境、行业环境、竞争者环境是非常必要的。[91] 事实上，正如在“战略聚焦”专栏中关于塔吉特的案例所指出的，缺乏对环境的深入分析可能会产生严重的、波及全公司的严重后果。

战略聚焦　塔吉特正试图在迅速变化的全新竞争格局中寻找方向

塔吉特（Target）因为Tar-zhey而为消费者所知，Tar-zhey是主打便宜又时髦产品的零售商。该公司提供的优质产品价格稍微高于折扣零售商，如沃尔玛，但低于重要的一线零售商，如梅西百货（Macy's）和诺德斯特龙百货（Nordstrom）。此外，该公司宣扬其零售店提供一站式的购物服务，包括服饰、玩具、健康产品、食品以及其他产品。多年来，Tar-zhey一直“正中消费者下怀”，并且在服务于利润可观的大市场中表现优异。但当该公司将它的目光从这一聚焦点移开时，它开始失去市场份额（伴随着其他糟糕的战略行动）。

塔吉特计算机系统遭遇大规模网络黑客攻击并泄露其顾客私人信息这一消息的公布成为这艘大船的第一个重大裂缝。这不仅仅是一次公共关系的灾难，也导致了对塔吉特其他问题的关注。比如，详细的分析结果表明，面对一些大公司竞争者和新的竞争者，尤其是互联网零售商（如亚马逊），塔吉特正在逐渐失去忠实顾客。

塔吉特的市场总监表示："不是我们变得封闭，而是我们过去就是封闭的。"这表明该公司并没有分析它所处的环境。容许对手招揽该公司的顾客，尤其是面对新的互联网竞争者，塔吉特失去了部分销售额、市场份额和利润。显而易见，它没有预测到并为来自互联网竞争者的强大竞争做好准备。竞争者为顾客提供了更好的价值（也许是通过在线销售提供更好的多样性和便捷性）。因此，其声誉和市场份额同时遭到了重创。

由于遇到了这些问题，塔吉特在2014年聘请布莱恩·康奈尔（Brian Cornell）担任CEO，他开始做出一些改变。但是在亚马逊的推动下，这个行业的持续变革持续蚕食着塔吉特的年销售额。塔吉特的年销售额在2017年下降了约5%，其股价也因此受到影响。塔吉特被迫制定了新的战略，其中包括品牌重塑。该公司在2017年年末推出了4个新品牌，包括时尚女装品牌A New Day和现代男装品牌Goodfellow & Co，其目的是与消费者建立情感纽带。该公司还计划对100家门店进行改造，并更换店内装潢以提升顾客体验。为了与亚马逊竞争，塔吉特还将增加30家提供创新设计的小商店，这些小商店更强调数字销售和产品运送。到目前为止，塔吉特的数字化战略还没有取得很大的成功，所以它正集中精力以提升战略的有效性。

塔吉特计划在2019年前停产几个主要品牌，并将继续推出新品牌（计划总共推出12个品牌）。其目的是增加塔吉特及其产品对"千禧一代"的吸引力。这些行动本身表明，收集和分析有关市场和竞争对手行动的数据具有重要意义。未来几年，塔吉特改革的成果将慢慢显现。如果成功，塔吉特仍将面临来自亚马逊和沃尔玛的激烈竞争；如果失败，塔吉特将遭遇许多曾经成功而现在已不复存在的大型零售商的命运。

资料来源：A. Pasquarelli, 2017, Our strategy is working: Target plows into the holidays, *AdAge*, http://adage.com, October 19; S. Heller, 2017, Target's biggest brands are about to disappear from stores, *The Insider*, www.theinsider.com, July 6; 2017, Rebranding its wheel: Target's new strategy, *Seeking Alpha*, http://seeking alpha.com, July 4;K. Safdar, 2017, Target's new online strategy: Less is more, *Wall Street Journal*, www.wsj.com, May 15; 2015, What your new CEO is reading: Smell ya later; Target's new CEO, *CIO Journal/Wall Street Journal*, www.wsj.com/cio, March 6; J. Reingold, 2014, Can Target's new CEO get the struggling retailer back on target? *Fortune*, www.fortune.com, July 31; G. Smith, 2014, Target turns to PepsiCo's Brian Cornell to restore its fortunes, *Fortune*, www.fortune.com, July 31; P. Ziobro, M. Langley, & J. S. Lublin, 2014, Target's problem: Tar-zhey isn't working. *Wall Street Journal*, www.wsj.com, May 5.

如同"战略聚焦"专栏所述，塔吉特缺乏对所处行业的理解，因此，它的市场份额输给了一些新的互联网公司和其他一些知名公司竞争者。我们得出结论，对于一家公司的战略选择以及相应的竞争行动和反应来说，关键是对其所处的行业环境和竞争对手的了解。此外，一个国家的总体环境会影响其行业环境和竞争环境。[92]接下来，我们将对公司竞争所处的环境进行讨论以获得这样一种了解。

行业环境分析

行业（industry）由许多生产可相互替代的产品的公司组成。在竞争中，这些公司相互影响。一般来说，当公司在某一特定的行业中竞争时，通常会采用不同的竞争战略组合来获取高额利润。一个行业的结构特征将会影响一个公司的战略选择。[93]

与总体环境相比，行业环境（主要以特征的形式进行衡量）对公司获取成功所采用的竞争行动和反应有更直接的影响。[94] 研究一个行业，公司通常会考察五种力量，在给定的一个行业中，这五种力量会影响行业中所有企业获得利润的能力。如图 2-2 所示，这五种力量分别是：新进入者威胁、供方议价能力、买方议价能力、替代品威胁以及竞争对手间的竞争强度。

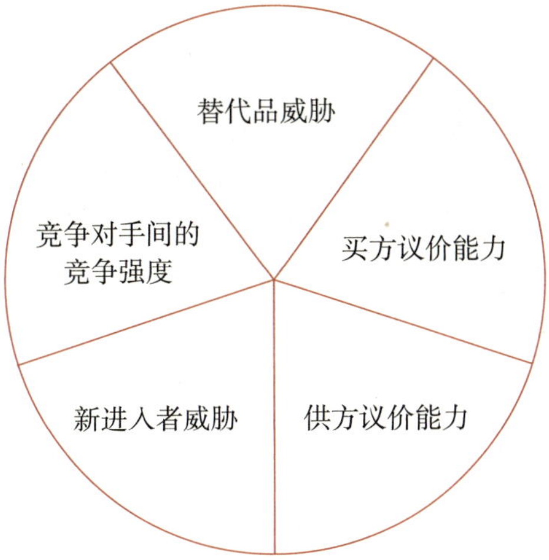

图 2-2　五力竞争模型

图 2-2 所描述的五力竞争模型扩展了竞争分析的范围。过去，公司在分析竞争环境时，往往只关注与其直接竞争的公司。然而，公司需要从更广范围识别现有的和潜在的顾客，从而辨别现有的和潜在的竞争对手。例如，从广义上讲，通信行业包括媒体公司、电信公司、娱乐公司以及一些生产诸如智能手机等设备的公司。在这种环境下，公司必须对其他行业进行研究，确认自己已经具备了相应的能力（尤其是以技术为基础的能力），这是公司的产品和服务进行竞争的基础。

在研究行业环境时，公司还要意识到，供方（通过前向整合）和买方（通过后向整合）都有可能变成竞争对手。例如在制药行业，一些公司通过并购分销商和批发商而实现前向整合。另外，新进入市场的公司以及生产替代品的公司也可能成为竞争对手。

接下来，我们研究企业需要分析的五种力量，以了解其在参与竞争或在可能选择竞争的行业（或一个行业的一部分）的盈利能力。

新进入者威胁

识别新的进入者对公司是非常重要的，因为它们可能威胁到现有竞争者的市场份额。[95] 新进入者造成威胁的原因之一是，它们带来了额外的生产能力。除非产品或服务的需求增加，否则额外的产能会降低消费者的成本，从而导致竞争公司的收入和回报下降，而且新进入者往往对占有更大的市场份额有浓厚的兴趣，因此，新的竞争对手将迫使现有公司提高效率，并学习如何在新的领域进行竞争（例如，使用网络分销渠道）。

公司进入新行业的可能性主要取决于两个因素：进入壁垒和行业内现有公司的报复行为。行业壁垒增加了新公司的进入难度，即使进入，也会使新公司处于竞争的劣势。高进入壁垒增加了行业中现有竞争者的利润，也使一些公司能够垄断整个行业。[96]因此，在行业竞争中获得成功的公司都希望能维持高进入壁垒，以打消潜在竞争者的进入企图。

进入壁垒

行业中的现有公司（尤其是获得超额利润的公司）会设法增加进入壁垒来阻挠潜在的进入者。总的来说，那些北美和西欧的工业化国家对于进入壁垒（关于公司如何建立进入壁垒，以及可以通过哪些路径克服这些壁垒）的了解更多。与之相反，像中国这样发展快速的新兴市场对于进入壁垒的了解相对较少。

当考察一个行业的环境时，可以考虑到有多种不同的市场进入壁垒。在一个特定行业中开展竞争的公司会对这些壁垒进行研究，以确定它们的竞争位置在多大程度上能够降低新竞争者进入行业并与之竞争的可能性。那些考虑进入某一行业的公司也会对进入壁垒进行研究，以确定识别出行业中具有吸引力的竞争位置的可能性。接下来，我们将讨论几种重要的进入壁垒，这些进入壁垒可能会阻止竞争者进入市场，也可能会促使一个公司在现有竞争市场中维持竞争力。

规模经济 规模经济是指随着规模的不断扩大，公司通过经验的积累而使效率不断提高。因此，一定时期内随着产品产量的不断增加，单位产品的成本不断下降。新进入者不太可能快速地达到能使其发挥规模经济效益的产品需求水平。

规模经济可以通过许多商业功能来实现，如营销、制造、研发和采购等。[97]有时，公司会形成战略联盟或建立合资企业以获得规模经济。另外，其他公司也会通过兼并对手来建立规模经济，并提升市场份额。

在满足消费者不断变化的需求方面变得更加灵活是行业中现有企业的一项优势，也是对于考虑进入该行业的公司的一项潜在进入壁垒。例如，一个公司可能会选择降低价格，以达到获得更大市场份额的目的。另外，它也可能保持恒定的价格以提高利润。这样做，它可能会提高自由现金流，这在经济挑战时期非常有帮助。

某些条件会削弱公司通过规模经济形成进入壁垒的能力。[98]有许多公司为大量的小客户定制产品，在这种情况下，定制产品无须进行大规模生产，可以通过如柔性制造系统来实现。事实上，先进的信息系统带来的新制造技术，使得大规模定制在越来越多的行业成为可能。另外，在线订购增加了顾客购买定制产品的可能性。目前，生产定制产品的公司能够对顾客需求做出快速反应而不是发展规模经济。

产品差异化 随着时间的推移，顾客可能会认为公司的产品是独特的。这种认知可能来自公司对顾客的服务、有效的广告、率先提供某种产品或服务的行为。[99]消费者认为产品的独特性越高，越可能持续地购买公司的产品。为了战胜独特性，新进入者经常低价销售产品，但这种做法会导致公司的利润下降，甚至是亏损。

可口可乐公司和百事公司都在软饮料市场建立了强大的品牌，并在世界范围内开展竞争。由于每个公司都耗费了大量的资源来建立品牌，因此顾客具有很高的忠诚度。在考虑进入软饮料市场时，潜在的进入者需要好好想一想，如何才能战胜该行业两大巨头塑造的品牌形象和顾客忠诚。

资本要求 进入新行业竞争，需要公司投入足够的资源。除了实体设施，资本也是库存、市场营销活动以及其他重要职能的基础。即使新行业具有吸引力，公司也可能由于缺乏成功进入该行业所必需的资本而放弃该市场机会。[100] 例如，进入国防行业就很难，因为公司必须投入大量的资源才能获得竞争力。另外，由于该行业对知识水平要求极高，因此，其他公司可能会通过兼并行业内现有公司来进入该行业，但前提是公司必须有足够的资本。

转换成本 转换成本是顾客转向不同供应商购买产品时产生的一次性成本。购买新的辅助设备，重新培训员工，甚至是结束原有购买关系的心理成本，都会产生转换成本。在有些情形下，转换成本比较低，如顾客购买不同品牌的软饮料。转换成本还会随时间发生变化。例如，考虑到毕业的学分要求，低年级学生转换学校的成本就比高年级学生转换学校的成本要低。

有时，制造商做出的生产创新型产品的决定，会给消费者带来较高的转换成本。顾客忠诚计划，如航空公司的里程累积计划，目的就是增加顾客的转换成本。如果转换成本高，那么新进入者只能利用超低的价格或更好的产品来吸引顾客。一般来说，双方关系越紧密，顾客转换成本越高。

分销渠道的获得 随着时间的推移，行业的竞争者普遍都学会如何有效地分销产品。在与分销商建立关系之后，公司会细心地培育双方的关系，以增加分销商的转换成本。分销渠道也会成为新进入者的进入壁垒，尤其是非耐用消费品市场（比如，百货商店的货架空间是有限的）和国际市场更是如此。[101] 新进入者必须设法说服分销商经销它们的产品，即在原有销售产品之外增加新进入者的产品，或者替代现有的产品。降价和广告费用补贴经常用来达成这一目的，然而这些做法会降低新进入者的利润。有趣的是，对于进行网络产品销售的公司来说，分销渠道并不会成为进入壁垒。

与规模无关的成本劣势 有时，现有公司的成本优势是新进入者无法复制的，比如独有的产品技术、唯一的原材料获取途径、优越的地理位置以及政府津贴等。新进入者要想成功开展竞争，就必须减少与这些因素的战略相关性。比如，送货上门可以抵消地理位置的劣势，处于不利位置的新食品店经常会采取这种做法。商业模式的创新可能是当前零售业生存和成功的关键。[102]

政府政策 通过对颁发执照和许可证等这类事项的决定权，政府可以对企业进入一个行业实施控制。对于酒类零售业、广播和电视业、银行和运输业，政府的决策和做法对进入这类行业的可能性有较大影响。另外，为了保证服务质量和保护就业，政府通常会限制其他公司进入某些行业。相反，以美国的航空和公用事业为例，放松管制导致更多的公司选择进入该行业参与竞争。[103] 政府对外国公司的进入加以控制也比较常见，尤其是一些被认为对国家经济和重要市场非常重要的行业。[104] 政府关于反托拉斯的决定和政策也会影响进入壁垒。例如，在美国，司法部反托拉斯司（Antitrust Division of the Justice Department）或联邦贸易委员会（Federal Trade Commission）有时会拒绝一些合并计划，因为官员们认为批准合并会形成在某一行业过于占主导地位的公司，从而导致不公平竞争。例如，美国司法部在2017年提起诉讼，阻止AT&T和时代华纳合并，庭审于2018年3月开始。但是司法部的行动未能成功，2018年6月，合并被批准并完成。[105]像这种否定裁决，显然会成为收购公司的进入壁垒。

预期的报复

公司在进入某个行业时，还需要估计该行业中现有公司的反应。如果预计反应是迅速的、激烈的，则会减小公司进入的可能性。如果现有公司与行业利益攸关（如大量无法用于其他用途的专用固定资产），或者拥有大量的资源，行业增长缓慢或受到限制，那么它的报复行为会比较激烈。[106]例如，由于营运能力过剩，任何企图进入航空业的公司都会遭到现有航空公司的激烈报复。

如果新进入者定位于现有公司未能提供服务的利基市场，则可以避开行业壁垒。一些小的创业公司是最适合识别和服务于那些被忽视的细分市场的。本田公司最初进入美国摩托车市场时，将重点放在被哈雷－戴维森（Harley-Davidson）这样的公司忽略的小型摩托车市场。通过定位于利基市场，本田避开了与知名公司面对面的激烈竞争。在地位巩固后，本田公司通过引入大型摩托车向对手发起进攻，开始在更广阔的市场上开展竞争。

供方议价能力

提高价格和降低产品质量是供方对公司施加影响的手段。如果公司无法通过自身的价格结构来弥补由供方引起的成本的增加，那么它的盈利能力就会因供方的行为而降低。[107]下列情形中供方将更具议价能力：

- 与产品销售市场相比，供方市场只由少数几个大公司控制，市场集中程度更高。
- 供应商的产品没有很好的替代品。
- 对供应商而言，行业内公司不是重要的客户。
- 供应商的产品是行业内公司获得成功的关键。
- 供应商产品的有效性增加了行业内公司的转换成本。
- 供应商通过前向整合进入买方的市场而对公司造成威胁。如果供应商拥有充足的资源并能提供高度差异化的产品，那么这种威胁的可能性将增大。[108]

一些买方通过发展与供应商之间的长期关系来管理或降低供应商的议价能力。尽管长期协议降低了买方的议价能力，但提高了供应商的动力，使其在更为长期的关系中给予帮助和保持合作（保证销售）。当合作伙伴之间形成对彼此的信任时，这一点尤为准确。[109]

在航空业，供方的议价能力正在发生变化。虽然供应商的数目很少，但是对大型飞机的需求也很低。波音公司（Boeing）和空中客车公司（Airbus）就大型飞机的订单展开了激烈竞争，大大增强了买方的议价能力。如果航空公司暗示要签订一个宽体客机的订单，并且波音公司和空中客车公司都有能力制造这种飞机，那么这两家公司将争夺这一订单并进行融资安排，这显示了买方在交易中的潜在力量。此外，随着中国预期进入大型商务客机行业，未来买方的议价能力很可能会进一步提高。

买方议价能力

公司总是追求投资回报最大化，买方（行业内的顾客或公司）则总是希望以尽可能低的价格购买产品——在这个价格上，行业只能获得可接受的最低投资回报率。为了降低成本，买方会要求更高的质量、更高水平的服务和更低的价格。[110] 通过鼓励公司间的竞争可以达到这些目的。顾客（买方群体）在下列情况下具有更强的议价能力：

- 买方的购买量占整个行业产出的比例很大。
- 买方购买产品的总数额占销售方年收入的比重很大。
- 买方的转换成本很低。
- 行业产品差别不大或者是标准化产品，买方可以后向整合进入销售方的市场而带来实实在在的威胁。

在许多行业，顾客能够获得更多的有关制造商成本的信息，以及互联网给销售和分销带来的影响，都增强了买方的议价能力。

替代品威胁

替代品是指外部特定行业生产的，与本行业的产品和服务具有类似或相同功能的产品和服务。例如，作为食用糖的替代品，纽特公司（NutraSweet）生产的甜味剂（以及其他食用糖的替代品）虽然和糖不同，功能却相同，它制约了食用糖生产商的产品价格上限。其他替代品的例子有：电子邮件和传真机替代隔夜快递，塑料容器替代玻璃容器，茶替代咖啡。

过去15年里，报纸的销售量大幅下滑，原因在于出现了各种随处可得的新闻传播替代品，如互联网、有线电视新闻频道、电子邮件和智能手机。同样，卫星电视、网络和通信公司提供的电视、互联网和手机等媒体服务也可相互替代。许多电子设备提供的服务与个人电脑（如笔记本电脑）重叠，如平板电脑、手表（iWatch）等，它们正在改变个人电脑市场，因为市场上有了更多选择。

总而言之，如果顾客的转换成本很低，甚至为零，或者替代品的价格更低而质量或功能却等同甚至超过竞争产品，那么替代品就会给公司带来很大的威胁。有趣的是，一些生产替代品的公司已经开始组成品牌联盟，研究表明，当两种产品的质量相当时，这种联盟就是有效的。如果在质量上存在差异，那么拥有更高质量产品的公司将从这种联盟中获得较低的回报。[111] 在顾客认为有价值的方面（如质量、售后服务、位置）进行差异化，则可以减少替代品的吸引力。

竞争对手间的竞争强度

行业中各公司是相互制约的，一个公司的行为会引起其他公司的反应。在许多行业中，公司间竞争相当激烈。如果公司受到竞争对手的挑战，或者发现了一个改善市场地位的机会，竞争往往会加剧。[112]

同一行业内很少有完全相同的公司，各公司在资源、能力方面总会有所不同，并会努力寻求与竞争对手的差异。通常公司会在顾客认为有价值的方面寻求与竞争对手产品的差异，以此来获得竞争优势。竞争的维度一般包括价格、售后服务以及创新。最近，公司开始快速行动（在市场中加快推出新产品）以获得竞争优势。[113]

接下来我们将讨论经过实践证明的、对竞争强度有重要影响的几个显著因素。

大量的或势均力敌的竞争者

公司数量较多的行业中，往往竞争非常激烈。竞争对手的数量较多时，少数公司会片面地认为，它们的行动不会引来竞争对手的反应。然而，有证据表明，其他公司通常会密切注意竞争者的行动，并且做出适当的反应。另一个极端是，行业内只有少数几个势均力敌的公司，竞争也会很激烈。这些拥有相同规模和资源基础的公司，会有强有力的行动和反应。波音和空中客车之间、可口可乐和百事之间的竞争，就是势均力敌的对手间竞争的典型例子。

缓慢的行业增长

当市场处于增长阶段时，公司会设法有效地利用资源以满足更多的顾客。市场规模的增长降低了公司与竞争对手争夺顾客的压力。然而，在无增长或增长缓慢的市场上，由于要吸引竞争对手的顾客来扩大自己的市场份额，公司间竞争激烈。当然，这也是快餐行业的状况，正如引例中麦当劳的情况。麦当劳、温迪（Wendy's）、汉堡王（Burger King）都在利用各自的资源、能力和核心竞争力相互争夺顾客。竞争引起的行业的不稳定会导致所有参与竞争的公司的利润下降。如同引例中所提到的，麦当劳正在遭遇这种竞争对抗，但它已采取行动试图重新赢得其顾客群和竞争优势，或者至少达成竞争对等。

高额的固定成本或库存成本

如果在总成本中固定成本的比例较大，公司就会设法最大限度地利用生产能力，因为产出的增加可以分摊成本。然而，当每个公司都试图使产能最大化时，就会导致整个行业的产能过剩。为了减少库存，公司一般会降低价格，向顾客提供回扣或其他特殊折扣。然而，这种做法通常会加剧竞争。在高库存成本行业，经常可以见到行业产能过剩导致公司间激烈竞争的情况。例如，由于一些易腐食品的价值会随着时间的推移而迅速降低，当库存增加时，制造商经常采用价格策略迅速甩卖这类产品。

缺少差异化或转换成本低

一旦顾客发现了一种能够满足需求的差异化产品，他们以后还会经常购买这种产品。如果行业中的公司能够成功实现产品差异化，那么公司间的竞争程度就会降低。开发并保持竞争对手难以模仿的差异化产品，可以使公司获得高额利润。然而，如果购买者认为产品都是同质化的（即缺乏差异化特征和能力），那么竞争将会加剧。在上述例子中，顾客的购买决策是以价格为基础的，较少考虑服务。个人电脑就是一种同质化商品，并且消费者从一个电脑制造商转向另一个电脑制造商的成本非常低。因此，戴尔、惠普、联想以及其他电脑制造商之间的竞争异常激烈，这些公司也一直在想方设法使自己的产品具有差异化特征。

重要的战略利益

如果行业中的几家公司都重视好的业绩表现，那么竞争就会比较激烈。三星在多元化的业务中竞争（例如半导体、石油化工、时装、医药、高层建筑施工等领域），对于苹果公司来说，三星是全球智能手机市场中非常强劲的对手。三星投入了大量资源来开发创新产品，以此作为在销售这一特定产品方面超越苹果的基础。几年前，三星在市场份额上还遥遥领先。但在 2017 年，据估计，iPhone 在美国假日期间的市场份额为 31.3%，而三星的 Galaxy 仅占了 28.9%。总的来说，这些公司在智能手机市场上实际上还处于胜负未分的状态。[114] 这一市场对于两家公司来说都极为重要，这表明它们（以及其他公司）之间在智能手机市场上的竞争将持续白热化。

重要的战略利益也可能存在于地理位置因素之中。例如，许多汽车制造商在中国建立了制造厂，自 2009 年以来，中国成为世界上最大的汽车市场。[115] 对于通用汽车和其他公司（包括中国国内汽车制造商）来说，在中国生产豪华车（包括奥迪、宝马和梅赛德斯 – 奔驰）具有高利益，因此在这一市场中彼此之间的竞争对抗十分激烈。

高退出壁垒

有时，即使公司的资本回报率很低甚至为负，公司还是坚持竞争。之所以做出这样的决策，原因之一是退出壁垒很高，尽管公司继续留在行业内盈利具有不确定性，但是诸如经济的、战略的和情感的因素使它们不得不这样做。

常见的退出壁垒包括：

- 专用资产（只在特定的产业或地区有价值的资产）。
- 退出的固定成本（如劳动合同）。
- 战略相关性（相互依存的关系，如一种业务与公司其他运营部门的关系，包括共享的设备和金融市场的准入）。
- 情感障碍（出于对自己职业的担心，保持对员工的忠诚等原因，不愿采取经济合理的商业决策）。
- 政府和社会约束（基于政府对失业和地区经济的考虑；在美国以外的地区更普遍）。

航空业的退出壁垒尤其高。在全球金融危机之后，该行业的盈利能力已经恢复。产业联合和航空公司联盟效率的提高有助于降低航空公司的成本。加上一些国家经济状况的改善，对旅行的需求不断增加。这些因素可能有助于减轻正在考虑退出航空旅游业的公司的压力。[116]

解读行业分析

有效的行业分析源于对各种来源的数据和信息的仔细研究和解读。对某一行业具体数据的分析，有利于公司更好地了解该行业的竞争实况。全球化使公司在进行行业分析时必须考虑两个因素，即国际市场和竞争对手。由于全球市场的不断发展，国家界限已经不能限制行业的结构。事实上，一般来说，进入国际市场为新合资公司和现有公司提供了更多成功的机会。[117]

在一个给定行业中，借助行业五力分析，公司可以判断行业的吸引力，即能否给公司带来平均利润或超额利润。一般来讲，竞争越激烈，公司通过实施战略产生的潜在盈利越低。对于一个缺乏吸引力的行业而言，进入壁垒往往比较低，供方和买方的议价能力比较强，替代产品的竞争威胁比较大，竞争也比较激烈。这些行业特征使公司很难获得战略竞争力和超额利润。相反，有吸引力的行业的进入壁垒会比较高，供方和买方的议价能力比较弱，替代品的竞争威胁比较小，竞争相对缓和。[118]接下来我们将讨论行业竞争中的战略集团。

战略集团

战略集团（strategic group）是指重视相似的战略维度，采用相似战略的公司。[119]战略集团内部公司间的竞争，比战略集团外公司之间的竞争以及战略集团之间的竞争更为激烈。事实上，战略集团内部公司间业绩的异质性要明显大于战略集团之间的异质性。战略集团内业绩的领先者采用与战略集团内其他公司相似的战略，同时又保持着战略的独特性，以此为获取超额利润的基础。[120]

在战略集团内部，公司面对的相同战略维度有：技术领先程度、产品质量、价格策略、分销渠道以及客户服务。因此，与特定战略集团的隶属关系决定了公司战略的本质特征。

战略集团的概念对于分析行业竞争结构是非常有用的。这种分析可以帮助公司判断竞争状况、定位以及行业内公司的盈利情况。高流动性壁垒、竞争的激烈性和资源的不足限制了战略集团的形成。[121]然而，战略集团一旦形成，战略集团内公司的关系在一段时间内会比较稳定。利用战略集团理解行业的组织结构时，要求公司根据战略的维度，如价格策略、产品质量、分销渠道等，预先计划竞争行动和竞争反应。这种类型的分析表明公司是如何在相似的战略维度中进行相似的竞争的。

战略集团具有以下几层含义：第一，由于战略集团内的公司向相同的顾客群提供相似的产品，所以它们之间的竞争很激烈。竞争越激烈，每个公司获得利润的威胁越大。第二，不同战略集团的行业五种力量的强度是不一样的。第三，不同战略集团的战略越接近，战略集团间竞争的可能性越大。

战略聚焦　玩具反斗城：零售业的启示

2017年，美国有超过10 000家实体门店关闭。那些已经破产或处于严重财务危机的公司名单就像是零售业的名人录，那些在短期内可能破产的公司还包括西尔斯百货（Sears）、内曼·马库斯（Neiman Marcus）、Payless、J. Crew、PetSmart和Steak'n Shake等。但是，在零售品牌中，2018年玩具反斗城（Toys ‘R’ Us）的破产也许引起了消费者最大的焦虑，因为消费者记得它曾经是什么样子，也知道它本可以是什么样子。

玩具反斗城曾经是一家处于主导地位的玩具零售商，拥有忠实的客户和玩具制造商。其门店里有各种有趣的玩具，是大多数父母的“一站式购物目的地”。它还接触并促进了许多中小型玩具制造商的发展，这些制造商的存在很大程度上依赖于玩具反斗城。它可能曾经是世界上最重要的玩具零售商。随着公司的成长，许多竞争对手纷纷倒闭。然而，在创始人从 CEO 的位置上退下来后，接任的 CEO 们变得自满起来。玩具反斗城不再对竞争对手进行分析，没有对门店进行投资和更新，并开始失去其客户的忠诚。这使得玩具反斗城很容易在新的竞争中变得脆弱。实际上，玩具反斗城忽视竞争和维持现状的行为，让竞争对手通过更好地服务其客户群体获得了优势。

沃尔玛和塔吉特等大型零售商的玩具销售额开始增加，并从玩具反斗城手中夺走市场份额。随后互联网销售开始占据市场。作为回应，玩具反斗城与亚马逊签署了互联网玩具销售的独家协议。这个合同价格昂贵（每年约 5 000 万美元），而且亚马逊并不是排他性地出售玩具反斗城的玩具。事实上，亚马逊创造了一个互联网市场，销售多个品牌和公司的玩具。可以这么说，玩具反斗城付钱给亚马逊，使其成为一个强有力的竞争对手。

在这些问题最严重的时候，玩具反斗城被出售给私募股权投资者，这些投资者完成了一个杠杆收购，令该公司背负了巨额债务。由于背负巨额债务，可用于商店的投资和应对竞争对手的资源也因此减少。最终，玩具反斗城在 2018 年申请破产保护，关闭了所有门店。

玩具反斗城的退出让两个最大的竞争对手——沃尔玛和亚马逊，陷入了相互的竞争中。

资料来源：H. Peterson, 2018, Retailers are filing for bankruptcy at a staggering rate—and these 19 companies could be the next to default. Business Insider, www.msn.com, March 18; 2018, Toys ‘ R ’ Us built a kingdom and the world’s biggest toy store. Then, they lost it, MSN, www.msn.com, March 17; 2018, Nostalgic shoppers shed tears over Toys ‘ R ’ Us demise, CNBC, wwwcnbc.com, March 15; M. Corkery, 2018, Toys ‘ R ’ Us case is test of private equity in age of Amazon, *New York Times*, nyti.ms/2DvabV5, March 15; M. Boyle, K. Bhasin & L. Rupp, 2018, Walmart-Amazon battle takes to Manhattan with dueling showcases, Bloomberg, Bloomberg.com, February 28; K Taylor, 2017, Here are the 18 biggest bankruptcies of the ‘ retail apocalypse ’ of 2017, Business Insider, www.businessinsider.com, December 20.

正如“战略聚焦”专栏所介绍的，零售业正在发生一场大规模的“变革”。西尔斯百货、梅西百货、杰西潘尼（JCPenney）和玩具反斗城等曾经的中坚企业都在走下坡路，这很大程度上是因为它们忽视了竞争，并最终吃到苦果。尽管其他竞争对手也开始蚕食它们的市场份额，但目前的主要问题还是强大的亚马逊。亚马逊在与这些疲软的零售商的竞争中一直获胜，甚至是更强大的竞争对手，如谷歌和沃尔玛，也不在话下。玩具反斗城从几年前就开始无视竞争对手，这为其灭亡埋下了种子。它曾经在这个行业占据主导地位，然后专注于扩张其门店，却很少或根本没有关注新的竞争对手在做什么。事实上，不知不觉间，玩具反斗城帮助亚马逊成为其主要的竞争对手。亚马逊从中得到的教训是，即使是非常成功的公司，如果要保持目前的市场领先地位，也必须不断地分析和了解竞争对手。如果亚马逊继续有效地分析各个行业的竞争状况，问题就会变成：

能击败亚马逊的竞争对手到底存在吗？[122]

竞争对手分析

竞争者环境是外部环境中最后一个需要研究的内容。竞争对手分析聚焦于直接竞争的公司。可口可乐和百事、家得宝和劳氏公司（Lowe’s）、家乐福和特易购、亚马逊和谷歌都是竞争对手的一些实例，它们都对竞争对手的目标、战略、假设和能力非常感兴趣。事实上，为应对激烈的竞争，更需要对竞争对手做充分的了解。[123] 在竞争对手分析中，公司希望了解的信息包括：

- 竞争对手的驱动因素是什么，即它未来的目标；
- 竞争对手正在做什么，能做什么，即它当前的战略；
- 竞争对手对行业有何看法，即它的假设；
- 竞争对手的能力是什么，即它的优势和弱点。[124]

上述四个维度的知识，可以帮助公司对每一个竞争对手制订有针对性的反应预案（见图 2－3）。对竞争对手的有效分析有助于公司了解、解读和预测竞争对手的行动和反应。显然，若能对竞争对手的行动和反应了如指掌，公司就有能力在行业竞争中获得成功。[125] 有趣的是，研究表明，管理者经常忽略对竞争对手的竞争行动做出反应[126]，结果导致公司处于竞争的不利地位。

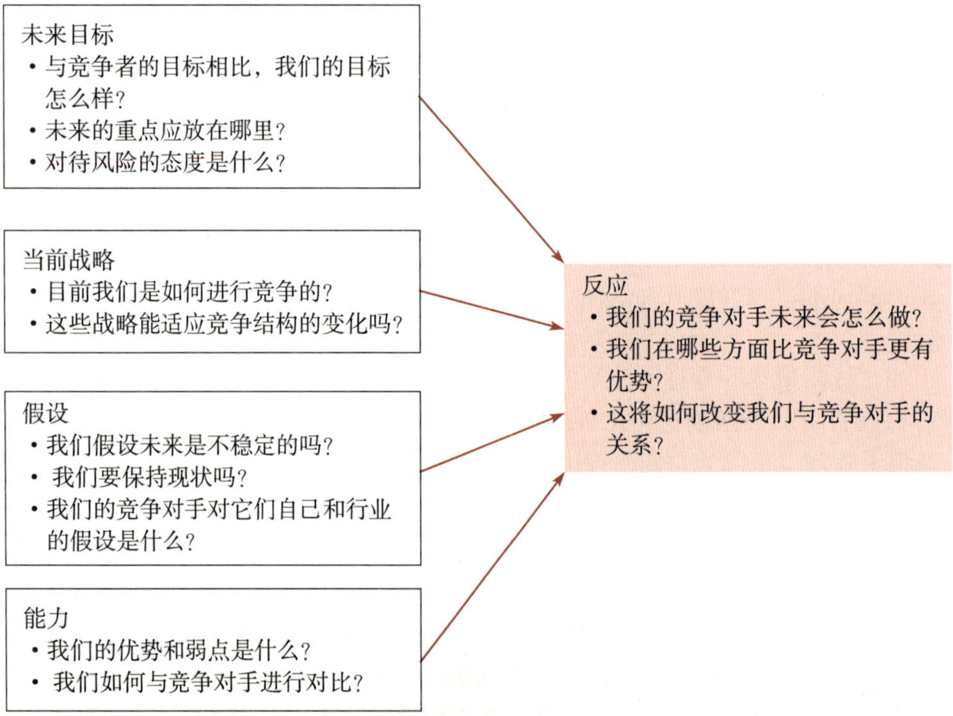

图 2－3 竞争对手分析的构成

对竞争对手进行有效分析的关键是收集数据与信息，以帮助公司了解竞争对手的意图和战略含义。[127]有效的数据与信息相互结合便形成了**竞争对手情报**（competitor intelligence），这是公司收集的一组数据，用来更好地了解和预测竞争对手的目标、战略、假设和能力。在竞争对手分析中，公司不仅要收集有关竞争对手的情报，而且要收集世界各国相关的公共政策信息。这些信息有助于了解国外竞争对手的战略态势，还可以使公司制定出有效的战略决策，与竞争对手展开竞争。

当被问到对竞争情报的理解时，“竞争间谍”“商业间谍”这样的词经常会出现在人们的脑海中。这些词暗示竞争情报是一种涉及交易的活动。[128]之所以会有这样的理解，原因在于不同国家对于“什么是道德的”所持的观点是不同的。这进一步说明，在不同国家收集竞争情报时所遵守的基本约定并不完全相同。[129]只有在收集竞争情报时恪守道德和法律，公司才有可能避免法律纠纷和道德困境。[130]也就是说，行为道德和法律法规是公司收集竞争情报的基础。

在收集竞争情报时，公司还需要注意互补公司的产品和战略。[131]**互补公司**（complementors）是指那些销售和本公司产品或服务相互兼容的互补产品或服务的公司或公司网络。当互补公司的产品或服务能够对另一个公司的产品或服务提供功能时，也会反过来为该互补公司创造额外的价值。

许多公司的产品或服务都可以作为其他公司的互补品。例如，小型家用照片打印机就是数码照相机的互补品。英特尔和微软或许是世界上最大的互补公司，微软产品上的标识“英特尔处理器”表明了两者之间的关系，虽然不是直接的买卖关系，但是它们的产品有很高的互补性。

航空公司间的运营联盟（如寰宇一家（Oneworld）和星空联盟（Star））使这些公司可以共享路线结构和忠诚顾客计划，以此作为公司运营的互补。（联盟和其他合作战略将会在第9章进一步描述。）我们在这里所考虑的例子中，每一个联盟都是一个互补的网络。美国航空（American Airlines）、英国航空（British Airways）、芬兰航空（Finnair）、日本航空（Japan Airlines）以及皇家约旦航空（Royal Jordanian）都是寰宇一家的航空公司。加拿大航空（Air Canada）、布鲁塞尔航空（Brussels Airlines）、克罗地亚航空（Croatia Airlines）、汉莎航空（Lufthansa）以及联合航空（United Airlines）是星空联盟的五家航空公司。这些联盟都在不断地调整成员和提供的服务，以更好地满足消费者的需求。

如上所述，在进行完整的竞争对手分析时，必须评估互补公司中隐藏的竞争对手。从这一层面上讲，美国航空和联合航空在多样化路线上彼此都将对方视为直接竞争对手，但从作为不同联盟的成员（美国航空是寰宇一家成员，联合航空是星空联盟成员）来讲，它们为互补公司。在考虑了所有这些情况下，竞争对手分析应该以道德承诺和行动为基础。

道德思考

公司在收集竞争对手情报时，必须遵循相关的法律法规以及明确的道德准则。行业协会通常会做出此类规定，包括：

1. 收集公开的、可获取的信息（比如法庭记录、竞争对手的招聘广告、年报、上市公司的财务报告、《统一商法典》的条款）。

2. 在贸易会议和展览会上收集竞争对手的宣传册，参观展览，参加产品讨论会。

有些活动，如勒索，非法侵入，窃听，偷盗图样、样品和文件，则普遍被认为是不道德的行为，通常也是违法的行为。

虽然有些获取竞争情报的行为可能是合法的，但是如果公司希望成为企业公民，那么必须判断这些行为是否符合道德规范，尤其在电子传输中，往往很难判断法律与道德之间的界限。例如，一家公司的电子邮箱可能与竞争对手的相似，因此，有时就会收到原本发给竞争对手的电子邮件。这意味着公司面临的挑战不仅在于决定如何收集竞争对手情报，还在于如何阻止竞争对手获取太多关于自己的信息。为了应对这些挑战，公司应该有统一的原则和行动。

对于公司而言，专业协会也能够作为一种竞争情报的信息来源。例如，战略和竞争情报专业人员协会（Strategy and Competitive Intelligence Professionals association）以帮助公司"通过竞争情报更好地决策"为使命，当公司决定如何收集竞争情报时，它会为公司提供可能会用到的专业实践和道德标准的准则。[132]

公开情报收集技术可以帮助公司让雇员、客户、供应商，甚至是潜在的竞争对手相信，它在收集竞争情报的过程中会遵循道德准则。收集竞争对手情报的基本指导方针就是，尊重一般道德准则以及竞争对手保护产品、经营战略意向等信息不被泄露的权利。

本章小结

公司的外部环境兼具挑战性和复杂性。鉴于外部环境对公司业绩的影响，公司必须提高分析技巧，以识别环境中的机会和威胁，这也是外部环境的一部分。

外部环境主要包括三部分：

1. 总体环境（社会中影响行业和公司的所有领域和因素）。

2. 行业环境（影响公司的竞争行动、反应以及行业潜在盈利能力的因素）。

3. 竞争者环境（分析主要竞争对手的未来目标、当前战略、假设和能力）。

扫描、监测、预测和评估是外部环境分析过程的四个步骤。有效运用这一过程有助于公司识别机会和威胁。

总体环境包括七个因素：人口统计、经济、政治/法律、社会文化、技术、全球化和可持续自然环境。公司需要针对每一个因素，确定战略与环境变化趋势间的相关性。

与总体环境相比，行业环境对公司竞争行动和反应的影响更直接。五力竞争模型包括：新进入者威胁、供方议价能力、买方议价能力、替代品威胁以及竞争对手间的竞争强度。通过研究这些力量，公司可以确定自己在行业中的位置，从而使这些因素朝有利于自己的方向发展，或者避开这些因素的不利影响，获得竞争优势和超额利润。

行业中存在不同的战略集团。战略集团是一组在相似维度上具有相似战略的公司。战略集团内公司间的竞争比战略集团间的竞争更为激烈。

竞争对手分析可使公司了解直接竞争对手的未来目标、当前战略、假设和能力。一个完整的竞争对手分析还应该对互补公司加以考察，它们为竞争对手战略的形成和实施提供了支持。

收集竞争对手的情报有多种方法，收集的一系列数据、信息和知识可以使公司更好地了解竞争对手，并预测它们可能采取的竞争行动和反应。公司只能通过符合法律和道德的方法来收集情报。互联网提高了公司对竞争对手及其战略意图的认知能力。

关键术语

竞争对手分析（competitor analysis）
竞争对手情报（competitor intelligence）
互补公司（complementors）
人口统计因素（demographic segment）
经济因素（economic environment）
总体环境（general environment）
全球化因素（global segment）
行业（industry）
行业环境（industry environment）
机会（opportunity）
政治 / 法律因素（political/legal segment）
社会文化因素（sociocultural segment）
可持续自然环境因素（sustainable physical environment segment）
战略集团（strategic group）
威胁（threat）
技术因素（technological segment）

复习题

1. 为什么公司研究和了解外部环境是非常重要的？
2. 总体环境和行业环境之间的区别是什么？为什么这些区别是重要的？
3. 外部环境分析的过程（四步）是什么？通过这一过程公司想要了解什么？
4. 总体环境的七个因素是什么？解释它们之间的区别。
5. 五种竞争力是如何影响行业潜在盈利能力的？请解释。
6. 什么是战略集团？战略集团的相关知识对公司战略的形成有何价值？
7. 收集和解释竞争者的数据和信息有何重要性？公司在收集竞争对手情报时应遵循哪些规则？为什么？

微案例

所有零售商注意，亚马逊来了；亚马逊注意，其他竞争者要来了

2014 年亚马逊的销售额为 889.9 亿美元，比 2013 年增长了 19.4%。事实上，它在 2014 年的销售额比 2010 年增长了 160%，这仅仅用了四年时间。亚马逊通过提供高质量、快速和相对廉价（相对于竞争对手）的服务，实现了销售额的大幅增长。亚马逊与沃尔玛、谷歌、巴诺书店（Barnes & Noble）等强大竞争对手展开竞争，并成为赢家，尤其是在过去 4 ～ 5 年。

沃尔玛也一直强调它的线上销售业务。2014 年，它的线上销售额增长了 30 亿美元，比上一年增长了 30%。这似乎是一个很大的进步，但与亚马逊 2014 年约 145 亿美元的销售额增长相比还是逊色不少。由于 2014 年线上总销售额为 3 000 亿美元，两家公司仍有很大的增长空间。

谷歌当然是一个巨大的搜索引擎，占有 88% 的信息搜索市场。然而，当消费者购买商品时，亚马逊则是领导者。2014 年第三季度，美国 39% 的线上购物消费者是在

亚马逊网站开始搜索的，而谷歌只有11%。有趣的是，根据2009年的数据，亚马逊是18%，谷歌是24%。因此，亚马逊似乎赢得了这场与谷歌的竞争。

巴诺书店之前因为没有将谷歌视为威胁而输给了谷歌。如今，巴诺书店已经在利基市场重新站稳了脚跟，尽量避免与谷歌竞争。例如，巴诺书店的大学分部主要通过大学书店销售，这些书店拥有大学赋予的“垄断”地位。然而，亚马逊现在瞄准了大学市场，它与大学签订了合作协议，通过联合品牌网站销售教材、校园T恤等。大多数学生已经在亚马逊上购物，这使得亚马逊更容易在大学推广，也更容易向学生销售。

几年前，亚马逊被称为互联网的沃尔玛。但是，亚马逊的产品和服务比沃尔玛更加多样化。例如，亚马逊现在正与网飞和其他视频娱乐服务竞争。事实上，亚马逊制作的节目在2015年获得了两项金球奖。亚马逊还销售高档服装。亚马逊创始人兼CEO杰夫·贝佐斯（Jeff Bezos）表示，亚马逊的目标是成为一家市值2 000亿美元的公司，要做到这一点，公司必须学会如何销售服装和食品。

亚马逊似乎正在打败所有的竞争者，即使是如谷歌和沃尔玛这样强劲的对手。但是，亚马逊仍然需要谨慎关注竞争状况。一家新的公司——Jet.com正瞄准亚马逊。Jet.com是由马克·洛尔（Marc Lore）创立的，他创立了非常成功的Diaper.com和亚马逊之前的竞争者Quidsi。亚马逊通过一场重大的价格战重创了Quidsi，最终以5.5亿美元收购了该公司。之后洛尔在亚马逊工作了两年，但最终辞职并创立了Jet.com。Jet.com计划提供1 000万种产品，并保证以最低价格出售。它每年的会员费是50美元，亚马逊尊享计划是99美元。与亚马逊竞争代表着重大的挑战。然而，Jet.com已经获得了2.4亿美元的风险投资，风投公司包括贝恩资本（Bain Capital）、谷歌风投（Google Ventures）、高盛（Goldman Sachs）以及西北投资（Norwest Venture）。目前Jet.com的市场估值已达到6亿美元。这两家公司未来的竞争将会非常有意思。

资料来源：G. Bensniger, 2015, Amazon makes a push on college campuses, *Wall Street Journal*, www.wsj.com, February 1; K. Bhasin & L. Sherman, 2015, Amazon Coutre: Jeff Bezos wants to sell fancy clothes, *Bloomberg*, www.bloomberg.com, February 18; L. Dormehl, 2015, Amazon and Netflix score big at the Golden Globe, *Fast Company*, www.fastcomany.com, January 12; S. Soper, 2015, Amazon.com rival Jet.com raises $140 million in new funding, *Bloomberg*, www.bloomberg.com, February 11; B. Stone, 2015, Amazon bought this man's company. Now he is coming for him, *Bloomberg*, www.bloomberg.com, January 7; M. Kwatinetz, 2014, In online sales, could Walmart ever top Amazon? *Fortune*, www.fortune.com, October 23; R. Winkler & A. Barr, 2014, Google shopping to counter Amazon, *Wall Street Journal*, www.wsj.com, December 15.

案例讨论题

1. 市场上有其他公司能击败亚马逊吗？如果没有，为什么？如果有，它们最好应该怎么做？
2. 对于亚马逊来说，谷歌这个竞争对手有多强大？请解释。
3. 亚马逊的主要优势是什么？它有什么弱点吗？请解释。
4. Jet.com是亚马逊的潜在威胁吗？请解释你的答案。

3 内部环境：资源、能力、核心竞争力和竞争优势

学习目标

1. 解释公司为何需要研究和了解内部环境
2. 定义价值并讨论其重要性
3. 描述有形资源与无形资源之间的区别
4. 定义能力并讨论能力的开发
5. 描述资源和能力成为核心竞争力的四个标准
6. 解释如何通过价值链分析来识别公司在哪些环节可以利用资源、能力和核心竞争力来创造价值
7. 定义外包并讨论外包的原因
8. 讨论识别公司内部的优势和劣势的重要性
9. 讨论避免核心刚性的重要性

引例 数据分析、大型制药公司以及核心竞争力：一个美好的新世界

也许这有些出乎意料，但到目前为止，在某些组织中战略性地运用数据的想法仍然有些新奇。然而，“大数据”以及“大数据分析”的出现（这是“一个通过考察大数据来揭示潜在模式、未知相关关系以及其他有用信息的过程，通过运用该过程制定更好的决策”）正在快速地改变这

一现状。的确有一些人认为，当今时代，如果一个组织想要创新，那么至少应该快速学会如何通过每一种消费者渠道（手机、网络、电子邮件和实体店）和整个供应链全面应用大数据分析（BDA）。

这也是大型制药公司的现状，许多制药公司都在考虑发展大数据分析方面的核心竞争力的可能性。（我们将在本章中定义和讨论核心竞争力。）但是，为什么这些公司要评估这种可能性？存在这么几个原因。除了出于竞争目的必须对巨额增长的数据量加以研究和解读，全世界"健康医疗改革和医疗服务供给系统格局的不断变化"影响了这些公司，使其不得不考虑开发大数据分析作为一种核心竞争力。

形成大数据分析核心竞争力能够使大型制药公司受益。例如，可以预料到，拥有大数据分析的核心竞争力有助于制药公司快速识别试验候选人并加速他们的招募过程，改进临床试验中采用的纳入和排除标准，以及揭示一些产品意想不到的应用。从客户功能性角度而言，拥有这种能力能够以一种更快的速度提供更优秀的产品，帮助病人过上更好、更健康的生活。

为了发展它们的大数据分析能力，许多大型制药公司正在投资人工智能（artificial intelligence，AI）。人工智能提供了分析许多不同信息的能力。例如，人工智能可以帮助分析临床试验、健康记录、基因图谱和临床前研究的数据。人工智能可以分析和整合这些数据，识别数据中存在的模式，并提出基于关系的假设。一种新药通常需要十年的研究时间和26亿美元的投资。实验研究的药物中只有大约5%能进入市场并获得成功。最终，人工智能的使用预计可以将早期研究开发时间从4～6年缩短到1年，不仅大大缩短了开发时间，而且降低了开发成本。

正如我们在本章中讨论的，能力是形成核心竞争力的基础。为了形成大数据分析核心竞争力，大型制药公司应形成和重视几种能力。支持型架构、数据专家的合适组合以及"在保持最高标准的数据管理、数据质量和数据安全的同时能够灵活多变地整合和管理新类型和新来源数据的技术"，这些都是大型制药公司在形成大数据分析核心竞争力时可能需要拥有的一些能力。当然，人工智能的使用为大数据分析的应用提供了强有力的支持。

较强的大数据分析竞争力可能是未来制药公司成功的关键。大多数中国制药公司都是中型企业，销售仿制药和治疗药物，研发投资仅占大型制药公司在发展中国家投资额的25%左右。中国计划在2025年前培育大型、有竞争力的制药公司。例如，2017年，中国第二大投资领域是生物制药。有趣的是，那一年中国最大的投资出现在信息系统领域，该领域包含了人工智能。中国的目标是成为人工智能领域的世界领先者。

近年来，大型制药公司的回报率从十年前的10%下降到了3%左右。因此，面对开发大数据分析和人工智能的初始成本，大型制药公司的高管人员感到了压力。他们希望能够尽快降低成本，并在新药物研发中取得更高的成功率。然而，在此之前，分析人士预计制药行业的并购将创下历史新高，大型制药公司将收购成功的中型制药公司和生物技术公司。

资料来源：S. Mukherjee, 2018, How big pharma is using AI to make better drugs, *Fortune*, fortune.com, March 19: Z. Torrey, 2018, China prepares for big pharma, thediplomat.com, March 14; E. Corbett, 2018, European mid-sized pharma companies-biotechs and big pharma? *The Pharmaletter*, www.thepharmaletter.com, March 9; M. Jewel, 2018, Signs that 2018 will be a record year for pharma M&A, *The Pharmaletter*, www.thepharmaletter.com, March1; B. Nelson, 2018, Why big pharma and biotech are betting big on AI, *NBC News*, www.nbc.news, March 1; Big data analytics: What it is & why it matters, 2015, SAS, www .sas.com, April 2; Big data for the pharmaceutical industry, *Informatica*, www.informatica.com, March 17; B. Atkins, 2015, Big data and the board, *Wall Street Journal Online*, www.wsj.com, April 16; S. F. DeAngelis, 2014, Pharmaceutical big data analytics promises a healthier future, *Enterrasolutions*, www.enterrasolutions.com,

June 5; T. Wolfram, 2014, Data analytics has big pharma rethinking its core competencies, *Forbes Online*, www.forbes.com, December 22.

正如前面两章所讨论的，全球经济中的一些因素，包括互联网的迅速发展、全球化程度的不断加深，使公司发展独特的竞争优势变得困难。[1]但是，创新正逐渐成为发展竞争优势的关键途径，尤其是持续的竞争优势。[2]创新行动对于大型制药公司是必要的，它们需要以更快的速度和更低的成本研发新药，同时提高开发药物的成功率。正如引例中所说的，大型制药公司正致力于利用人工智能来帮助开发大数据分析的能力，并且这种能力可能成为一种核心竞争力。

正如大型制药公司一样，创新对于公司的成功至关重要。这意味着许多公司力图将创新作为一种核心竞争力。我们将在本章中定义和讨论核心竞争力，并解释公司如何利用自身的资源和能力来形成核心竞争力。对于波音公司的成功来说，长期以来，创新作为一种核心竞争力一直非常重要。当前该公司聚焦于渐进式创新和开发一些与主要创新及大量生产的项目相关的新技术，例如 787 梦幻客机（787 Dreamliner）。第一批 787-10 梦幻客机于 2018 年 3 月 26 日交付新加坡航空公司。波音公司相信，渐进式创新能够使公司以更快的速度、更低的成本为客户提供可靠的产品。[3]正如本章中讨论的，和我们在此提到的那些公司和组织一样，为了利用外部环境中为顾客创造价值的机会，公司可以通过获取、组合、利用自身资源来实现战略竞争力以及获取超额利润。[4]

即使公司通过开发和管理资源获得了核心竞争力和竞争优势，竞争对手最终还是会学会如何复制公司的价值创造战略，因此，所有的竞争优势都是暂时的。[5]问题的关键不在于竞争优势是否会被复制而在于它何时被复制。一般来说，竞争优势的可持续性取决于三个因素：

1. 环境的变化导致核心竞争力被淘汰的速度。
2. 核心竞争力的替代者出现的可能性。
3. 核心竞争力的可模仿性。[6]

所有公司共同面临的挑战是，如何在有效管理当前核心竞争力的同时不断开发新的核心竞争力。[7]公司只有做到这一点，才能在短期和长期内获得战略竞争力和超额利润，超越竞争对手。

我们在第 2 章中研究了总体环境、行业环境和竞争者环境。在掌握了外部环境的现状和条件后，公司对市场机会以及所处的竞争环境的特征有了更加清楚的认识。本章我们将聚焦于公司本身。通过内部环境分析，公司可以决定它能做什么。将公司能做什么（取决于内部环境中的资源、能力和核心竞争力）与公司应该做什么（取决于外部环境中的机会与威胁）相匹配，这一过程能够为公司的战略选择（从我们在第 4 ～ 9 章中讨论的战略中进行选择）提供一些洞见。

本章一开始，我们将首先简单介绍一些与公司内部环境分析有关的问题。然后讨论资源、能力在开发公司核心竞争力中的作用，核心竞争力正是公司获取竞争优势的源泉。这部分的讨论还包括公司识别和评价各种资源和能力的方式，以及识别核心竞争力的标准。资源本身并不是竞争优势，事实上，只有在利用资源形成各种能力的过程中，资源才创造价值，形成的这些能力才会成为核心竞争力，并有可能成为竞争优势。鉴于资源、能力和核心竞争力之间的关系，我们还将讨论价值链的概念，以及公司用来确定能力能否成为获取竞争优势的核心竞争力的四个标准。[8]本章的最后对外包和公司避免核心竞争力变成核心刚性的必要性做了评论，核心刚性会阻碍公司持续发展新能力和核心竞争力。

内部环境分析

内部环境分析的背景

公司在分析内部环境时面对的一个现实状况是，在全球经济环境下，一些传统的关键资源对公司产品和服务的生产、销售和分销尽管仍然具有重要的影响，如劳动力成本、财务资源和原材料的获取，以及受到保护或管制的市场，但是现在这些资源成为竞争优势来源的可能性已经大大降低。[9]一个重要的原因在于：越来越多的公司正在通过成功地实施国际化战略（见第 8 章）来战胜传统资源创造的优势。

考虑到全球经济日益重要，越来越多的公司在分析内部环境时会采用一种全球思维模式。**全球思维模式**（global mind-set）是指不以单一国家、文化和背景为假设，对内部环境进行分析和管理的能力。[10]由于可以人为扩大边界，那些具有全球思维模式的公司必须拥有相应的资源和能力，从而能够对受具体国家的相关因素和独特文化影响的竞争形势有正确的认识，并做出适当的反应。采用全球思维模式对内部环境进行分析，对于公司战胜竞争对手有很大的帮助。[11]

最后，在分析公司内部环境时，还要求评估人员对公司全部的资源和能力的组合进行考察。这一观点告诉我们，每个公司都要拥有一些其他公司不具备的资源和能力——至少不是相同的资源和能力的组合。资源是能力的源泉，有些能力可以发展成核心竞争力，有些核心竞争力可以进一步成为公司的竞争优势。[12]明白如何平衡公司的独特资源和能力，是决策制定者在分析内部环境时的一个关键目标。[13]图 3-1 表明了资源、能力、核心竞争力和竞争优势之间的关系，以及它们之间的整合是如何帮助公司获得战略竞争力的。我们接下来讨论公司如何利用内部资源为顾客创造价值。

价值创造

公司以资源为基础生产产品或提供服务，为顾客创造价值。[14]**价值**（value）是以顾客愿意购买的产品功能特征和属性来衡量的。公司通常创新性地组合和利用资源形成能力和核心竞争力来创造价值。[15]具有竞争优势的公司往往能比竞争对手为顾客创造更多的价值。[16]与竞争对手相比，沃尔玛利用“天天低价”的方法（一种以公司的核心竞争力即信息技术和分销渠道为基础的方法），为那些想要以更低的价格购买商品的顾客创造价值。公司的核心竞争力越强，为顾客创造的价值就越大。[17]

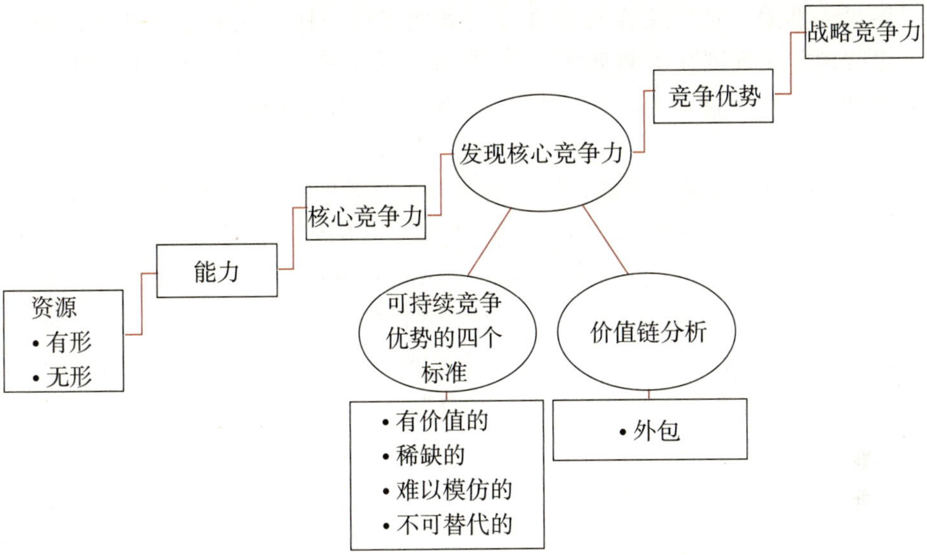

图 3－1　内部分析的构成

归根结底，为顾客创造价值是公司获得超额利润的源泉。公司为创造价值采取的措施会影响公司业务层战略（见第 4 章）和组织结构（见第 11 章）的选择。[18] 在第 4 章业务层战略的讨论中，我们将指出，公司的价值是由比竞争对手的产品更低的成本和更大的差异，或者两者的结合所创造的。只有以开发能力和核心竞争力为基础，公司的业务层战略才是有效的。因此，成功的公司会不断检查当前的能力和核心竞争力的有效性，并不断思考未来所需的能力和核心竞争力是什么。[19]

过去，公司创造价值的努力一直以对参与竞争的行业特征的了解为导向，并根据这些特征确定自己相对于竞争对手的地位。这种强调行业特征和竞争战略的做法，低估了公司的资源和能力在发展核心竞争力和竞争优势中的作用。事实上，核心竞争力和产品的市场定位都是公司竞争优势的重要来源。[20] 公司的核心竞争力与外部环境的分析结果相结合，决定了战略的选择。[21] 正如克莱顿·克里斯坦森（Clayton Christensen）所指出的，“成功的战略家需要深入理解竞争的过程和取得的进步，以及那些能够强化优势的各种因素。只有这样，他们才能明白应当何时放弃旧的优势，以及应当如何建立新的优势来替代旧的优势”[22]。通过在战略的选择和实施过程中强调核心竞争力，公司可以学会如何利用独特的差异性来进行竞争，但同时也要时刻警惕外部环境的变化。[23]

内部环境分析中的挑战

管理者对公司的内部环境所做的战略决策都是非例行性的决策[24]，具有道德含义[25]，而且深刻影响着公司获取超额利润的能力。[26]这些决策涉及选择公司需要获取的资源，以及如何以最佳方式管理和利用这些资源。

对公司资产做决策，即识别、发展、部署并保护资源、能力和核心竞争力，看起来很容易，然而，这项工作与管理者的其他工作一样，充满了挑战和困难，而且这项工作的国际化程度在不断加深。[27]管理者承受着巨大的压力，他们只是一味地寻求能帮助公司实现预期季度收入目标的决策，这使他们很难准确考察公司的内部环境。[28]

近一半的组织决策是失败的，这一初步的证据表明了制定有效决策的挑战性和难度。[29]有时，错误源于对组织内部条件的分析。[30]例如，有时管理者可能会错误地认为某项能力是核心竞争力。宝丽来公司（Polaroid Corporation）的决策制定者就犯过这样的错误，他们一致认为公司生产一次成像相机的能力是非常足够的，与此同时，它的竞争者正在大力发展数码照相机。在这种情况下，宝丽来的决策制定者得出的结论是，卓越的制造是公司的核心竞争力，公司有能力为一次成像照相机创造新的增值功能。如果错误出现在分析和管理公司资源的过程中，就像多年前宝丽来的情况那样，决策制定者应该勇于承认错误，并采取改正措施。[31]

对错误的研究可以使公司变得更好。事实上，吸取教训，改正错误，对公司创造新的能力和核心竞争力是非常重要的。[32]可以从失败中学习到的一种能力就是什么时候该放弃。宝丽来应该更早地转变战略，这样它或许能够避免严重的失败。另一个例子是关于新闻集团（News Corp.）的 Amplify 部门（2011 年创立）。到 2015 年中期，公司对这个部门的投资超过 10 亿美元，该部门推出平板电脑应用、销售在线课程以及提供一些测试服务。2014 年，Amplify 遭受了 1.93 亿美元的损失，因为它试图改变儿童教学的方式。2015 年 9 月，新闻集团决定将 Amplify 部门出售给一个由经理人和私人投资者组成的团队，这导致了巨额亏损。[33]

正如我们接下来将要讨论的，管理者分析内部环境以及针对资源制定决策时有三个因素会对他们产生影响，即不确定性、复杂性和组织内部的冲突（见图 3 - 2）。

因素	不确定性	公司的总体环境、行业环境和顾客需求存在的不确定性
	复杂性	公司面临的诸多条件间的相互关系导致的复杂性
	组织内部的冲突	制定决策的管理者与受这些决策影响的人之间存在的组织冲突

图 3 - 2 影响有关资源、能力和核心竞争力的管理决策的因素

当对组织内部进行研究时，管理者面对的不确定性是由多种因素引起的，包括：新的专利技术、瞬息万变的经济和政治趋势、社会价值的转变以及顾客需求的转移。[34]外部环境的不确定性使内部环境分析变得更复杂，问题也更多。[35]我们来看一下，在煤炭公司中，例如皮博迪能源公司（Peabody Energy）和穆雷能源公司（Murray Energy），不确定性是如何影响资源的利用方式的。煤炭公司在过去十年或更长时间里一直受到重大法规的限制，以及来自更清洁的能源形式如天然气的竞争。特朗普政府减少了规章制度，这对它们有所帮助，但来自更清洁和更廉价能源的竞争仍然存在。因此，煤炭公司仍然必须面对一个复杂和不确定的环境。

对如何处理不确定性存在的偏差，会影响相关决策（如应如何管理资源和能力来形成核心竞争力）的制定。[36] 此外，在决定公司应该发展和培育何种核心竞争力时，组织内部可能会出现冲突。上述提及的能源公司都面临着冲突，主要表现在是应该利用资源和能力发展支持当前煤炭技术的核心竞争力，还是发展支持新的“清洁技术”的核心竞争力。

由于决策的制定会受到上述三个因素的影响，因此，公司需要进行合理的判断。判断是指在没有必然正确的模型或规则为指导，而且相关的数据不可靠或不完全的情况下，做出正确决策的能力。在这种情况下，决策制定者必须意识到认知存在的偏差，避免盲目自信。盲目自信的人在决定如何利用公司的资源时，往往缺乏对影响决策的偶然性因素的估计。[37]

在进行判断时，决策制定者往往要承担智力风险。在当今的竞争格局中，高层管理者的判断能力已经成为一种有价值的能力，因为从长期来看，决策制定者做出的有效判断可以提高公司的声誉，使利益相关者保持对公司的忠诚，利益相关者的支持与超额利润又是密切相关的。[38]

找到一个能做出关于组织资源利用的最佳决策的人，是一个极具挑战性的任务。领导者是否具备做出这种决策的能力是至关重要的，因为这方面的决策会影响公司获得战略竞争力的能力。那些处于关键决策位置上的人称为战略领导者，这一内容将在第12章中讨论。我们可以看到，战略领导者通过对公司的资源、能力、核心竞争力的审视，有能力做出有效的决策。

接下来我们将讨论公司的资源、能力和核心竞争力之间的关系。在阅读这部分内容时，需要牢记组织拥有的能力比核心竞争力多，拥有的资源又比能力多。

资源、能力和核心竞争力

资源、能力和核心竞争力是竞争优势的基础。资源整合在一起可以创造组织能力，能力又是核心竞争力的源泉，核心竞争力是建立竞争优势的基础。[39]

资源

从广义上讲，资源涵盖了一系列个人、社会和组织现象。资源本身并不能让公司为顾客创造价值，并以此为基础获得超额利润。事实上，资源整合在一起才能形成能力。[40] 例如，赛百味（Subway）将新鲜原料与其他能力相结合，如对公司每一个门店的运营者进行持续培训，作为提供顾客服务的基础，从而形成能力。顾客服务是赛百味的核心竞争力。

作为一个分销渠道，互联网只是亚马逊的一个资源。该公司利用互联网销售产品，产品的价格通常低于竞争对手在实体店销售的同一种产品的价格。通过与其他资源的结合（如获得各种库存产品），亚马逊在顾客服务方面赢得了很高的信誉。顾客服务能力是亚马逊的核心竞争力，它为顾客创造了独特的价值。

公司资源（在第 1 章中定义为公司生产过程中的各种投入要素）有些是有形的，有些则是无形的。**有形资源**（tangible resources）是指那些可见、可量化的资产。生产器械、制造设备、分销中心以及正式的报告系统都是有形资源。对于能源巨头金德摩根（Kinder Morgan）来说，其石油储量和输气管道就是一种关键的有形资源。**无形资源**（intangible resources）是指那些深深地根植于公司的历史之中，随着时间的流逝不断积累的资产，并且相对来说竞争者难以分析和模仿。知识、管理者与员工之间的信任、管理能力、组织制度（人们共同工作的独特方式）、科技能力、创新能力、品牌、公司的产品和服务的声誉、与人们（如员工、顾客和供应商）交往的方式以及组织文化都是无形资源。[41]

无形资源要求不断培育以维持其能力，进而帮助企业投入竞争。品牌就是一种无形资源。长期以来，品牌一直是可口可乐一项价值非凡的无形资源。对于英国品牌 Superdry 同样如此。最近，Superdry 所属集团 SuperGroup 在如何保持和进一步强化 Superdry 的品牌价值上遇到了一些问题，为了强化 Superdry 品牌，SuperGroup 集团起用了新的管理层并使用了新的方法，我们稍后将讨论这些问题。[42]

正如“战略聚焦”专栏中所指出的，无形资源在培育核心竞争力方面可能更为重要。当然，其中描述的三家公司——Fainsbert Mase Brown & Susmann、简柏特（Genpact）和美国票据安全系统公司（Document Security Systems，DSS）都是服务型公司，它们的核心竞争力通常建立在人力资本基础之上。然而，即使是在专业化采矿设备方面有大量投资的赫克拉矿业公司（Hecla Mining Company），为了其“高品质的薄矿脉地下采矿”的核心竞争力，也必须拥有宝贵的人力资本。

有形资源和无形资源的分析可以分为几种类型。有形资源的四种主要类型为：财务资源、组织资源、实物资源和技术资源（见表 3-1）。无形资源的三种主要类型为：人力资源、创新资源和声誉资源（见表 3-2）。

表 3-1 有形资源

财务资源	• 公司的借款能力 • 公司通过内部运营产生资金的能力
组织资源	• 正式的报告系统
实物资源	• 公司先进的厂房和设备以及优越的地理位置 • 配送设施 • 产品库存
技术资源	• 可获得的技术资源：版权、专利、商标和商业秘密

资料来源：Adapted from J. B. Barney, 1991, Firm resources and sustained competitive advantage, *Journal of Management*, 17: 101; R. M. Grant, 1991, *Contemporary Strategy Analysis*, Cambridge: U.K.: Blackwell Business, 100-102.

表 3-2 无形资源

人力资源	• 知识 • 信任 • 技能 • 合作能力
创新资源	• 创意 • 科技能力 • 创新能力
声誉资源	• 品牌名称 • 对产品质量、耐用性和可靠性的认识 • 利益相关者的积极声誉，如供应商和顾客

资料来源：Adapted from R. Hall, 1992, The strategic analysis of intangible resources, *Strategic Management Journal*, 13: 136-139: R. M. Grant, 1991, *Contemporary Strategy Analysis*, Cambridge: U.K.: Blackwell Business, 101-104.

战略聚焦 作为核心竞争力基础的有形与无形资源

有形资源固然重要，但无形资源在企业核心竞争力的发展过程中可能更为重要。可以理解的是，大多数专业服务公司几乎没有有形资源，它们可以具有很高的市场价值主要是由于它们的无形资源。例如，Fainsbert Mase Brown & Susmann 是一家首屈一指的律师事务所，位于加利福尼亚州洛杉矶市。显然，它的目标是为客户提供优质的法律服务。然而，在这个宽泛的范围内，该公司有一个核心竞争力。它为大型机构、一掷千金的个人和私人企业提供重要的房地产、商业和企业交易方面的法律咨询和支持。例如，2018 年，该公司为工业地产集团（Industrial Realty Group）购买位于明尼苏达州罗切斯特市 310 万平方英尺的 IBM 技术园区的谈判提供法律服务。这项复杂的交易需要花费一年多的时间与企业的各级法律团队进行交涉。

同样，其他主要的服务型公司也严重依赖于其无形资产。例如，简柏特的核心竞争力就需要雄厚的知识型人力资本。简柏特为客户提供重大流程问题的解决方案。简柏特将其能力描述为，为客户提供“以数字化为引导的创新服务和数字化的智能运营”。该公司利用数据分析解决客户的问题，帮助客户改进他们的业务。另一家以技术为基础的服务公司是美国票据安全系统公司（DSS）。DSS 公司在开发防伪、认证等软件方面具有核心能力，这些软件可以保护企业免受互联网欺诈和盗窃。通过对研究和新技术开发的不断投资，DSS 公司努力维持在这一领域的领先地位。2018 年，该公司宣布与香港物流及供应链研发中心（Hong Kong R&D Center for Logistics and Supply Chain）合作，利用区块链技术开发新一代的保护服务。

拥有大量有形资源的企业同样需要有价值的无形资源。例如，赫克拉矿业公司拥有“高品质的薄矿脉地下采矿”这样的核心竞争力。显然，为了发挥这一核心竞争力，该公司在专业采矿设备方面投入了大量资金。但是，要成功地进行高质量的采矿，需要大量的工程设计、开采知识和专门技术。这些知识和技能就蕴含于公司内部的人力资本（无形资产）中。

值得注意的是，企业声誉也是重要的无形资产。例如，专业的服务公司在其竞争领域不仅需要被认为具有高知识水平，还需要被认为是诚实和高度可信赖的。在应对这一挑战的过程中，简柏特在2018年被评为“世界上最道德的公司”之一。企业还可以通过利用核心竞争力来增强像声誉这样的无形资产。例如，在2017年哈维飓风过后，强生公司（Johnson & Johnson）供应了医疗用品，联邦快递（FedEx）提供了瓶装水这样的后勤支持，巴特鲍尔公司（Butterball）则提供了4万磅罐装火鸡，帮助受灾市民。有道德的良好企业公民往往会受到高度尊重，并有责任利用其核心竞争力来服务越来越多的客户。

资料来源：Document Security Systems, Inc., 2018, DSS Partners with Hong Kong R&D Centre for logistics and supply chain management enabling technologies for blockchain research, globenewswire.com, March 19; *StreetInsider*, 2018, Hecla Mining (HL) Announces $462 million Acquisition of Klondes Mines, Ltd. (K), www .streetinsider.com, March 19; *BusinessInsider*, 2018, Genpact named one of the 2018 world's most ethical companies by the Ethisphere Institute, markets.businessinsider.com, March14; *Cision PR Newswire*, 2018, Fainsbert Mase Brown & Sussmann, LLP completes acquisition closing on 3.1 million sq. ft. IBM campus in Minnesota, www.prnewswire, February 23; P. N. Danziger, 2018, Fire, floods, hurricanes: How and why corporations must help, *Forbes*, www.forbes.com, October 20.

有形资源

作为有形资源，公司的借款能力和物资设备的状况都是可见的。许多有形资源的价值可以在财务报表中反映出来，但是这些报表并不能反映公司所有资产的价值，因为它遗漏了一些无形资源。[43] 有形资源的价值也是有限的，因为它们很难进行更多的综合利用，也就是说，公司很难从有形资源中获得额外的业务或价值。例如，飞机是一种有形资源，但是“不可能让同一架飞机或同一个机务人员同时出现在5条不同的航线上，对飞机的财务投资也是同样的道理”[44]。

尽管生产性资产是有形的，但对这些资产的许多使用流程却是无形的。比如“战略聚焦”专栏中赫克拉矿业公司的情况。因此，与制造设备等有形资源相关的学习过程和潜在的专有流程，却具有独特的无形资源的特征，例如质量控制流程、独特的生产流程以及随时间不断发展的技术等。[45]

无形资源

与有形资源相比，无形资源是能力和核心竞争力的更高级别的来源。[46] 事实上，在全球经济中，公司的知识资本对于公司的成功通常发挥了比实物资产更为重要的作用。[47] 因此，对于今天的领导者而言，有效管理知识资本是一项越来越重要的技能。[48]

由于无形资源不可见，很难被竞争对手了解、购买、模仿或替代，因此，公司更倾向于以无形资源而非有形资源作为能力的基础。实际上，资源越难以观察（如无形资源），它创造的能力越有价值。[49] 无形资源的另一个好处是，无形资源可以得到更大限度的综合利用。例如，员工间的知识共享不会减少其中任何人的价值，恰恰相反，如果两个人共享各自独有的知识，那么可以创造出更多的知识，这些知识对双方来说都是全新的，可能改善公司的经营业绩。

声誉资源（见表 3 - 3）是公司的能力和核心竞争力的重要来源，甚至有人认为，良好的声誉是竞争优势的来源。[50] 通过公司的行动和宣传获得能创造价值的声誉，是公司多年来在市场竞争中出色表现的结果，这些结果也是利益相关者能够感知到的。[51] 因此，声誉表明了利益相关者对公司发展的认知程度和对公司的尊重程度。[52]

一个众所周知的、高价值的品牌是一种特殊的声誉资源。[53] 持续不断的创新和积极的广告宣传，可以让公司更好地把声誉和品牌紧密联系起来。[54] 哈雷 - 戴维森公司凭借设计独特的、高质量的摩托车产品和服务获得了良好的声誉。出于对声誉的渴望，该公司还开发了大量的配套项目，在已有声誉的基础上销售高质量的独特产品，诸如太阳镜、首饰、腰带、钱包、T 恤、长裤和帽子等，这些只是顾客从哈雷 - 戴维森的销售商和在线商店中能够买到的各种配套产品中的一部分。[55]

利用当前的技术，一些公司正在使用社交媒体，将其作为一种影响自身声誉的手段。可口可乐认识到这个世界上每天都有无数的对话在发生，这些言论可能会影响它的声誉，它鼓励员工参与到社交媒体的讨论中，将社交媒体作为一种积极影响公司声誉的方式。可口可乐的员工将公司的承诺作为参与各种各样的社交媒体的基础，真诚坦率并且保护客户的隐私就是公司的承诺。[56]

能力

公司将有形资源与无形资源相结合来创造能力，能力又被用来完成组织的任务，如生产、分销以及售后服务，从而为顾客创造价值。作为核心竞争力和竞争优势的基础，能力一般是以公司的人力资本对信息和知识的开发、传播和交流为基础来进行塑造。[57] 如今，我们已不能忽视人力资本在能力的开发和使用过程中以及建立核心竞争力的过程中的作用。[58] 实际上，人们似乎都知道“公司的成败在于人力资本”[59]。在达美乐比萨（Domino’s Pizza）改变竞争方式时，人力资本发挥了关键作用，其 CEO 帕特里克·杜尔（Patrick Doyle）这样描述：在很多方面，达美乐正在变成“一家科技公司……调整其比萨饼制作以适应电子时代”[60]。

如表 3 - 3 所示，能力通常在某个具体的职能领域（例如制造、研发和市场营销）或职能领域的某一部分（例如广告）得到发展。表 3 - 3 中列举了公司想要全部或部分拥有的一系列组织职能和能力。

表 3 - 3　公司能力举例

职能领域	能力	公司举例
分销	• 有效地利用物流管理技术	• 沃尔玛
人力资源	• 激励、授权以及留住人	• 微软
管理信息系统	• 通过购买点数据收集法有效地、高效地控制存货	• 沃尔玛

续表

职能领域	能力	公司举例
营销	• 有效地促销品牌产品 • 有效的顾客服务 • 创新性采购	• 宝洁 • 拉尔夫·劳伦 • 麦肯锡 • 诺德斯特龙 • Crate & Barrel
管理	• 预见未来潮流的能力	• Hugo Boss
生产	• 可靠产品的设计和生产能力 • 产品和设计的质量 • 产品和元件的微型化	• 小松集团 • Witt Gas Technology • 索尼
研发	• 技术创新 • 开发精密的电梯控制系统 • 把技术快速转化为新产品和新流程 • 数字技术	• 卡特彼勒 • 奥的斯电梯 • Chaparral Steel • Themson Consumer Electronics

核心竞争力

正如第 1 章定义的，核心竞争力是可以作为战胜竞争对手的竞争优势的来源的一系列资源和能力。核心竞争力凸显了公司的竞争力，反映了公司的独特个性。核心竞争力是在组织的长期积累以及学习如何利用各种不同的资源和能力的过程中逐步形成的。[61] 作为采取行动的一种能力，核心竞争力是“公司的御宝”。在这些行动中，公司比竞争对手表现得更好，凭借这些行动，公司可以为销售给顾客的产品和服务增加独特的价值。[62] 因此，如果一家大型制药公司（例如辉瑞）开发大数据分析作为核心竞争力，可以得出结论：该公司通过一种在竞争中出众的方式有效地使用并分析海量数据，进而形成了能力。

创新被认为是苹果公司的核心竞争力之一。作为一种能力，研发活动是这种核心竞争力的来源。具体来说，苹果将某些有形资源（比如财政资源和研究实验室）与无形资源（比如科学家、工程师和组织流程）相结合来完成研发任务，这种方式创造了公司的研发能力。通过强调研发能力，苹果公司不断创新，以产品的形式为顾客创造独特价值，进一步表明了创新是公司的核心竞争力。

零售店出色的顾客服务是苹果的另一种核心能力。独特、时尚的店面设计（有形资源）与知识型、技术型员工（无形资源）相结合，为顾客提供了上佳的服务。苹果出色的顾客服务这一核心能力，是在大量的开发培训和发展程序等能力的基础上发展而来的。这些程序也是一种能力，包括员工如何与顾客交流的详细要求，对提供给顾客的现场技术支持进行详细描述的书面培训指南，以及仔细考虑门店设计的每一个方面，包括播放的音乐等。苹果有一个专门的培训项目，旨在帮助员工熟悉苹果产品的知识和销售方法。[63]

建立核心竞争力

有两种工具可以帮助公司识别核心竞争力。第一种工具是可持续竞争优势的四个具体标准，可以用来判定哪些能力是核心竞争力。由于表3－4中列出的能力满足这四个标准，因此，它们是核心竞争力。第二种工具是价值链分析。公司用这种工具来选择创造价值的能力——这些能力需要不断维护、更新和发展，以及选择应该外包出去的能力。

可持续竞争优势的四个标准

那些有价值的、稀缺的、难以模仿的和不可替代的能力就是核心竞争力（见表3－4）。核心竞争力又可以进一步成为能战胜竞争对手的竞争优势。不能满足这四个标准的能力就不能称为核心竞争力，这意味着虽然每一种核心竞争力都是能力，但并非每一种能力都是核心竞争力。换句话说，一种能力要想成为核心竞争力，那么在顾客眼里，它一定是具有价值的、独一无二的，一种核心竞争力要成为竞争优势的潜在来源，那么对竞争对手来说，它一定是难以模仿的和不可替代的。[64]

表3－4　可持续竞争优势的四个标准

有价值的	● 帮助公司抵御威胁或利用机会
稀缺的	● 不被他人拥有
难以模仿的	● 历史性：独特而有价值的组织文化或品牌名称 ● 模糊性：竞争力的起因和应用是模糊的 ● 社会复杂性：管理者、供应商以及顾客间的人际关系、信任和友谊
不可替代的	● 不具有战略对等性

只有竞争对手无法复制公司战略带来的收益，或者缺乏足够的资源进行模仿，公司才能获得可持续的竞争优势。在一段时间内，公司可以利用有价值的、稀缺的但是易模仿的能力来获得核心竞争力。例如，有些公司正试图通过比竞争对手“更绿色”来发展核心竞争力和潜在竞争优势。（有趣的是，发展“绿色”核心竞争力也可以帮助公司获得超额利润，并且让整个社会都受益。）多年来，沃尔玛在追求竞争优势的过程中，一直致力于以支持环境可持续性的方式利用资源。为了促进这些努力，沃尔玛最近对其电子商务网站上超过1万件产品进行标记，贴上了“由可持续性领导者生产”的标签。首先，这些产品被分成了大约80种产品类别。沃尔玛除了通过这些行动追求竞争优势，还希望使消费者购买产品时能够更容易地做出“可持续的选择”。其次，沃尔玛还利用再生资源供应其100%的需求，以实现经营过程中零废弃物，并引导行业使用清洁技术以减少燃料消耗和空气污染。[65]当然，沃尔玛的竞争对手，例如塔吉特，也投入相似的行动中。沃尔玛的绿色实践在多大程度上会被模仿，时间将会证明一切。

公司利用核心竞争力创造的价值能维持多长时间，取决于竞争对手成功地模仿产品、服务或生产流程的速度。只有接下来要讨论的这四项标准都满足，创造价值的核心竞争力才能持续比较长的时间。因此，沃尔玛需要知道，只有当公司利用资源完成绿色实践活动并满足这四个标准时，公司才会具有核心竞争力和潜在的竞争优势。

有价值的

有价值的能力（valuable capabilities）能让公司抓住外部环境中的机遇，消除环境中的威胁。有效地利用能力来把握机遇或消除威胁，公司就可以为顾客创造价值。[66] 例如，Groupon 团购网站开创了“每日特惠”的市场空间，该公司比以往任何一家公司更快地实现了 10 亿美元的收益。Groupon 的创始人 2008 年成立公司时是想开创一个市场，在这个市场中其他公司可以以折扣价格向消费者销售产品或服务。餐厅、美发和美甲沙龙以及酒店等都频繁使用 Groupon 服务。城市中那些希望能够负担得起所在城市生活的年轻专业人士，就是该公司的目标客户。但是，Groupon 的财务表现一直低于投资者的预期，这主要是因为激烈的竞争。[67] 尽管 Groupon 为客户提供了价值，但它提供服务的能力可以被模仿。Groupon 初期的成功吸引了竞争对手进入市场，与之竞争的日常交易网站如 LivingSocial 很快出现，经常以较低的价格提供类似的优惠服务。事实上，许多竞争者进入了这个市场，包括 Yipit、Woot、RetailMeNot、Tanga、Ebate 以及 LivingSocial。[68]

稀缺的

稀缺的能力（rare capabilities）是指只有极少数竞争对手拥有的能力。评估这一标准时，公司需要回答的一个关键问题是：“有多少竞争对手拥有这些有价值的能力？”对任何公司来说，许多竞争对手都有的能力不可能成为核心竞争力，有价值但又普遍存在的（不是稀缺的）能力会导致对等的竞争。[69] 只有当公司创造并开发的有价值的能力成为核心竞争力，并与竞争对手不同时，公司才能获得竞争优势。Groupon 的主要问题在于其提供“每日特惠”的能力很快就会达到竞争对等的状态。与此相似，沃尔玛开发了一些有价值的能力并投入绿色实践中，但是正如前面提到的，塔吉特也在努力开发一些可持续能力，并以此模仿沃尔玛的绿色实践。如果塔吉特成功了，则表明沃尔玛的绿色实践是有价值的，但不是稀缺的。

难以模仿的

难以模仿的能力（costly-to-imitate capabilities）是指其他公司不能轻易形成的能力。之所以能够创造出难以模仿的能力，有时是基于一个原因，有时则是基于三个原因的结合（见表 3－4）。第一，有时公司可以基于特定的历史条件形成能力。随着公司的发展，公司会不断获取和开发独一无二的能力。[70] 在公司发展的早期阶段形成的独特的、有价值的组织文化，“会让该公司具有那些在其他历史时期成立的公司所不能完全模仿的优势”[71]，那些缺乏价值和竞争实用性的价值观和信念也会对组织文化的发展产生强烈的影响。第 1 章中曾简短地讨论过，组织文化是组织成员共同拥有的一系列价值观的集合。当所有员工通过共同的信念紧紧凝聚在一起，并且领导促进其形成时，组织文化就会成为优势的来源。[72] 以往，麦当劳强调整洁、一致和服务，并通过不断地训练来巩固这些特征的价值，麦当劳的这种文化被视为该公司的一种核心竞争力和竞争优势。然而，正如第 2 章引例所描述的，麦当劳在面对竞争对手采取的一系列战略行动时遇到了问题。麦当劳在 2015 年聘请了一位新的 CEO，目前正在对菜单进行一系列调整，以使其食品更加健康，更能吸引顾客。[73] 麦当劳希望这些调整以及其他改变能够促进麦当劳振作过去作为核心竞争力的独特文化。

第二个形成难以模仿的能力的原因是，公司的核心竞争力和竞争优势之间的界限有时比较模糊。[74] 在这种情况下，竞争对手很难清楚地了解公司是如何利用成为核心竞争力的能力来获取竞争优势的。这样一来，竞争对手也很难确定到底要发展何种能力才能复制公司的价值创造战略来获得收益。多年来，许多公司都设法模仿西南航空公司的低成本战略，但大多数都没能成功，主要原因在于它们无法完全复制西南航空的独特文化。

社会复杂性是能力难以被模仿的第三个原因。社会复杂性意味着至少有一些或者经常有很多公司的能力是错综复杂的社会现象的产物。管理者之间以及管理者与员工之间的人际关系、信任、友谊，以及公司在供应商和顾客中的声誉，都是社会复杂性能力的例子。[75] 西南航空公司招聘认可该公司文化的员工，以及公司文化与人力资本之间的关系，都增添了其他公司无法模仿的价值，比如飞机乘务员之间的玩笑，或者机场员工与飞行员之间的合作。

不可替代的

不可替代的能力（nonsubstitutable capabilities）是指那些不具有战略对等性的能力。具有战略对等性的有价值的资源，既不可能是稀缺的，也不是不可模仿的。如果两种有价值的公司资源分别被用来执行相同的战略，那么这两种资源就是战略对等的。[76] 总体来说，一种能力越难以替代，就越具有战略价值。一种能力越是无形的、不可见的，其他公司就越难找到它的替代能力，在模仿价值创造战略时就会面临更大的挑战。公司特有的知识以及管理者与非管理者之间建立的相互信任的工作关系，就像西南航空公司的员工关系一样，都是一些很难被识别和替代的能力。然而，有时模棱两可也有可能使公司难以学习并阻碍进步，因为公司不知道如何提高这些难以标准化的、模棱两可的能力。[77]

综上所述，只有利用有价值的、稀缺的、难以模仿的和不可替代的能力，公司才有可能获得可持续竞争优势。表 3 - 5 列举了这四个标准相互结合后，对公司的竞争结果和业绩表现的影响。这些分析可以很好地帮助管理者决定公司各种能力的战略价值。需要注意的是，公司绝对不能选择既不是有价值的，也不是稀缺的，还可以模仿和替代的能力，公司应选择那些能产生竞争对等性的能力，以及能产生暂时的或可持续的竞争优势的能力。如可口可乐和百事、波音和空中客车等竞争对手的能力就导致了竞争的对等性。在这种情况下，公司应该继续培育这些能力，同时设法开发能产生暂时的或可持续竞争优势的能力。[78]

表 3-5 可持续竞争优势的标准相互结合的结果

能力是有价值的吗？	能力是稀缺的吗？	能力是难以模仿的吗？	能力是不可替代的吗？	竞争结果	业绩影响
否	否	否	否	竞争劣势	低于平均利润
是	否	否	是/否	竞争对等	平均利润
是	是	否	是/否	暂时的竞争优势	平均利润或超额利润
是	是	是	是/否	可持续的竞争优势	超额利润

价值链分析

价值链分析可以让公司了解运营过程中，哪些环节可以创造价值，哪些环节不能创造价值。[79] 了解这些是非常重要的，因为只有公司创造的价值大于价值创造过程中消耗的成本，公司才能获得超额利润。[80]

价值链是一个模板，公司可以用它来分析成本定位，并且识别能促进战略实施的各种方式。[81] 在目前的竞争格局下，公司必须在全球范围考察价值链，而不是仅局限于本国[82]，尤其是与供应链相关的一些活动更要放在全球范围进行研究。[83]

我们在图 3-3 中给出了一个价值链模型。正如该模型所描述的，公司的价值链可以分解为价值链活动和辅助功能。**价值链活动**（value chain activities）是指在产品的生产、销售、分销和售后服务过程中能为顾客创造价值的一系列活动和任务。**辅助功能**（support functions）是指为了支持产品的生产、销售、分销和售后服务工作而进行的活动或任务。公司可以在任何一个价值链活动或辅助功能中发展自己的能力或者核心竞争力。当公司这样做的时候，也就可以获得为顾客创造价值的能力。如图 3-3 所示，公司用价值链识别能力和核心竞争力就是为了更好地服务顾客。当公司能用独特的核心竞争力为顾客创造出竞争对手无法复制的价值时，公司就获得了一个或多个竞争优势。[84] 德意志银行（Deutsche Bank）相信它的应用开发和信息安全技术是专有的核心竞争力，并成为公司竞争差异的一种来源。[85] 正如后面的“战略聚焦”专栏中关于外包的描述，德意志银行不会将这两项技术外包出去，因为该公司重视这些技术并将其视为为顾客创造价值的一种方式。

图 3-4 列出的是与价值链各环节相关的所有活动，图 3-5 列出的则是与辅助功能相关的一些活动。在对这两个图中列举的所有项目进行评价时，必须与竞争对手的能力和核心竞争力进行比较。一种能力要成为核心竞争力和竞争优势的来源，它必须满足：

1. 让公司在执行一个活动时能创造出比竞争对手更高的价值。
2. 让公司能够执行竞争对手无法执行的价值创造活动。

只有满足这两个条件，公司才能不断为顾客创造价值，并有机会收获这一价值。

在利用价值链的某些活动为顾客创造价值时，公司经常需要与供应商（有时与一些承担公司业务的外部公司）建立有效的同盟关系，还要与顾客建立良好的关系。当公司与供应商和顾客建立了强有力的良好关系时，它就拥有了社会资本。[86] 这些关系本身就具有价值，因为它们会带来知识的转移，并且让公司接触到一些其内部没有的资源。[87] 为了建立社会资本，让知识等资源能在组织间进行转移，成员之间必须相互信任。实际上，合作伙伴间的信任可以让所有成员在资源的使用过程中长期受益而不是相互利用。[88]

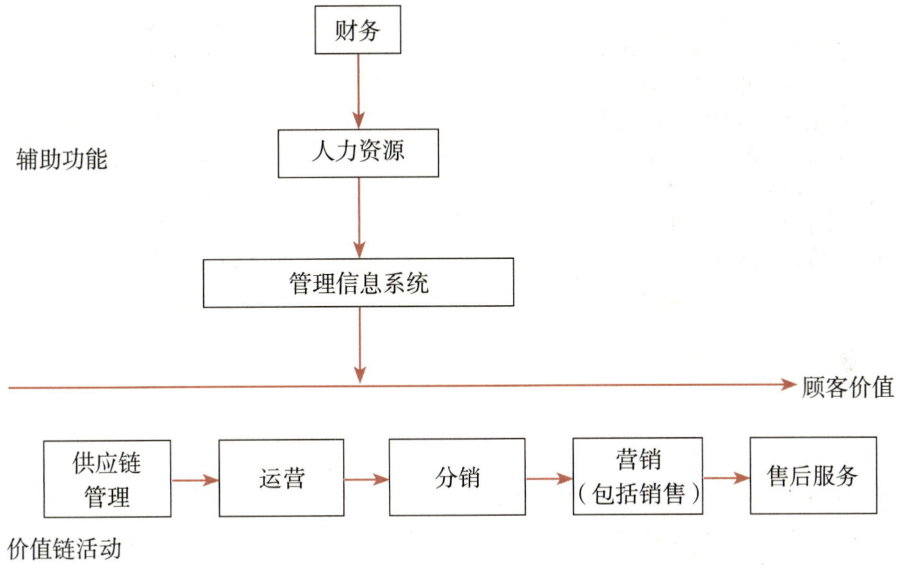

图 3-3　价值链模型

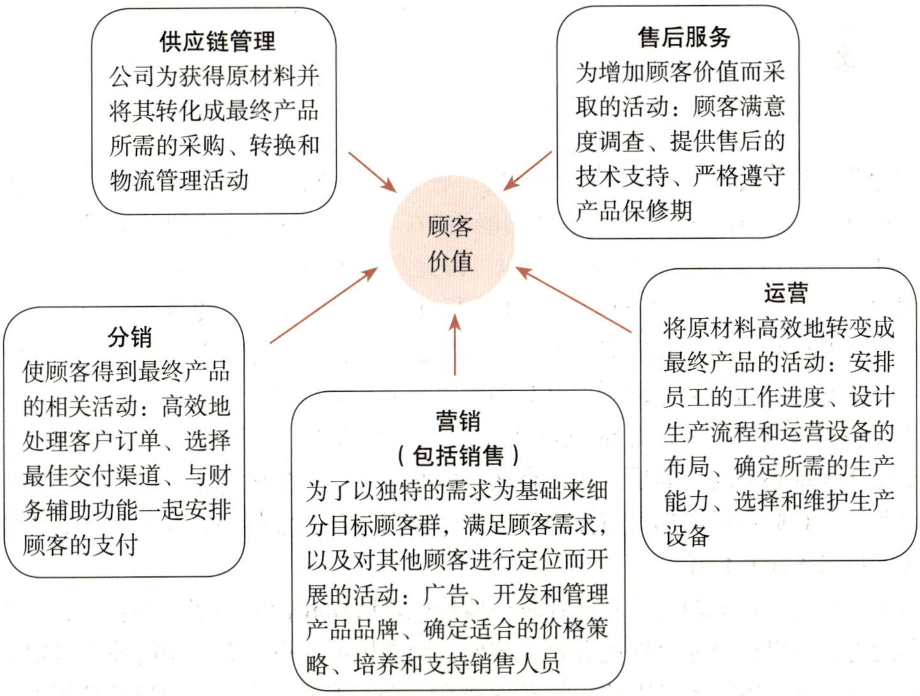

图 3-4　通过价值链活动创造价值

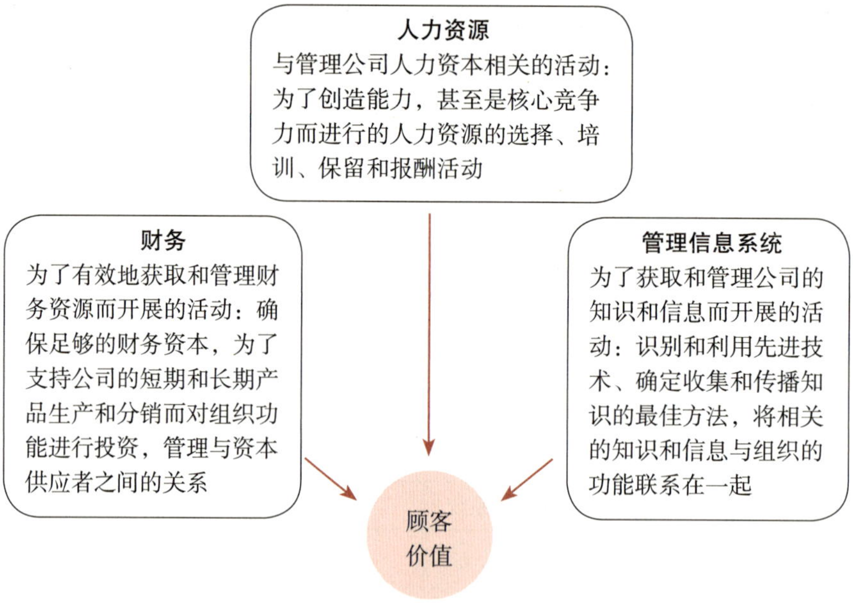

图 3－5 通过辅助功能创造价值

评价公司执行价值链活动和辅助功能的能力是一项颇具挑战性的工作。在本章前面我们曾指出，确定并评估公司的资源和能力的价值是需要判断力的。在进行价值链分析时，判断力同样很重要，因为没有通用的必然正确的模型或规则可以在这个过程中使用。

如果公司的资源和能力不是核心竞争力的来源，那么公司对它的价值链活动和辅助功能可以做些什么呢？外包就是一种可以考虑的解决方法。

外 包

作为公司获得零部件、成品或服务的一种方式，**外包**（outsourcing）是指从外部供应商那里购买价值创造活动或者辅助功能活动。现在，不管是营利性组织还是非营利组织都在积极参与外包。[89]有效的外包可以提高公司的灵活性，降低风险，减少资本投资规模。[90]此外，在一些行业中，几乎所有的公司都在寻求通过有效的外包来获得价值。和其他战略管理过程决策一样，公司在决定外包之前也需要进行仔细的分析。[91]在进行外包时，公司必须认识到，只有那些不能为公司创造价值的活动，或者与竞争对手相比存在很大劣势的活动才能进行外包。[92]经验表明，与价值链活动或辅助功能相关的任何活动都归为这一类别。我们将在“战略聚焦”专栏中讨论一些公司外包的不同活动。此外，我们也考虑那些承接外包活动的公司试图开发的核心竞争力，这些公司以此满足客户未来的外包需求。

由于很少有公司能拥有让自己在每一项价值链活动和辅助功能上都获得竞争优势的资源和能力，所以外包才会如此有效。例如，研究显示，很少有公司能独自研发出可以让公司获得竞争优势的所有技术。[93]通过外包，公司本身只需培育少数几种能力，就可以提高公司获得竞争力和竞争优势的可能性，并且这种做法不会导致公司的过度扩张。

另外，将公司缺乏竞争力的业务外包出去，可以让公司更加专注于能创造价值的领域。

外包也存在一些问题。[94]其中两个重要的问题是公司创新能力的缺失以及公司内部工作职位的减少。当评估外包的可能性时，应该预想到对公司未来创新能力和人力资源缺失的一些可能影响。有时候公司也可以通过研究承接外包活动的公司如何完成这些活动来强化自身的创新能力。[95]公司可能对它所选择外包的公司了解甚少，在这种情况下可能对外包潜在的负面影响有所担忧，因此要求谨慎地研究和分析。[96]决定外包给外国供应商通常称为离岸外包。

竞争力、优势、劣势和战略决策

通过内部环境分析，公司可以识别资源的优势和劣势。例如，如果公司在某方面存在劣势或者无法获得核心竞争力来实现竞争优势，公司就必须想办法获得这方面的资源，塑造必要的能力和核心竞争力。

正如“战略聚焦”专栏中所指出的，一些公司决定将存在缺陷的功能或活动外包出去，以提高自己的能力，同时更好地利用保留下来的资源创造价值。许多金融机构正在将支持无现金交易的职能外包出去，因为它们的 IT 系统无法有效地处理这些活动。一些政府部门将服务外包，以提高其服务的质量和效率（例如，英国将一些外科手术外包给法国的医疗保健提供者）。外包决定必须仔细考虑所有的选择。然而，当有效地进行时，外包可以提供所需资源的获得途径。

考虑到内部环境分析的结果，管理者应该明白，拥有大量的资源与拥有正确的资源不是同一个概念。正确的资源可以形成核心竞争力，从而成为为顾客创造价值和发展竞争优势的基础。有趣的是，在公司的所有资源受限制的情况下，决策制定者在寻找正确的资源时，有时会变得更专心、更富有成效。[97]

像外包这样的工具可以帮助公司聚焦于核心竞争力，并作为竞争优势的来源。然而，有证据显示，核心竞争力的价值创造能力是不能从别人那里获得的，并且能成为长久竞争优势的核心竞争力也不能由别人来承担。之所以需要这样小心谨慎，是由于所有的核心竞争力都有成为核心刚性（core rigidities）的可能。[98]一般来说，外部环境中发生的事件会给核心竞争力变成核心刚性、形成惯性和抑制创新创造条件。[99]

研究完外部环境，公司可以决定做什么（如第 2 章所述）；研究完内部环境，公司可以了解自己能做什么（如本章所述）。有了这些信息，公司就可以选择业务层战略，与对手进行竞争。我们将在下一章介绍不同类型的业务层战略。

战略聚焦　外包的极致专业化：谁在做，谁没做？

在过去十年中，外包活动和职能急剧增长。随着唐纳德·特朗普（Donald Trump）当选美国总统，一些行业的公司，尤其是制造业，由于担心政府对它们采取行动，减少了在美国以外的外包业务。然而，外包在其他经济领域仍然非常普遍。

正如我们在引例中讨论的，鉴于在制药行业中大数据分析这一核心竞争力的价值越来越大，大型制药公司正在考虑利用自身的资源和能力形成这种核心竞争力的可能性。与此相对，这些公司都将药物安全流程外包给其他公司，很多这类外包公司都位于印度或者在印度成立办事处。实际上，监管药物安全是“外包最前沿的环节之一，并且随着监管者要求对罕见副作用和药物之间的相互作用进行更密切的追踪，该业务迅速发展，如今已达到20亿美元的规模”。一些大型制药公司如阿斯利康（AstraZeneca PLC）、诺华制药（Novartis AG）、百时美施贵宝（Bristol-Myers Squibb Co.）将监管药物安全外包给一些公司，如埃森哲（Accenture）、高知特（Cognizant）以及塔塔咨询服务公司（Tata Consultancy Services Ltd.）。大型制药公司决定将数据分析过程视为它们能够获取价值的活动，而监管药物安全则不是。

其他行业中的公司也存在着相似的状况。如前所述，德意志银行将一些数据中心服务外包给惠普公司，然而，它保留了对某些技术应用领域的控制，它认为在这些领域中拥有所有权有助于形成核心竞争力，公司可以从中创造价值。事实上，银行业和金融业的信息技术外包行为一直在增长。这是因为无现金交易和移动银行迅速发展。许多银行拥有“遗留”的信息技术系统，这些系统很难改变以处理这些新功能。因此，它们将许多活动外包给金融科技公司，比如商业信用卡支付。这些专业的金融科技公司数量正在急剧增长，因为无现金交易的数量不断增加，而且需要越来越多来自银行和其他金融机构的帮助，比如信用合作社。

有趣的是，政府已经成为一个主要的发包商。政府正试图将政府机构提供的服务外包给私营和非营利组织，这些组织可以更有效地提供更高质量的服务。事实上，甚至英国健康服务部门也将一些医疗服务（如手术）外包给其他欧洲国家（如法国）的医疗保健提供者，试图以此处理自己积压的卫生保健服务需求。

印度的威普罗公司（Wipro）和印孚瑟斯公司（Infosys）曾经是非常成功的外包商。然而，这种成功很多都来源于这样的项目——雇用一些相对廉价的程序员来完成不是很复杂的项目。如今，技术服务需求变得更加复杂，更具有挑战性。随着一些行业外包数量的减少，一些公司正在苦苦挣扎。例如，印孚瑟斯公司和高知特公司已经在印度解雇了许多员工，而印孚瑟斯正试图在美国建立业务。

因此，外包的性质正在改变，企业变得更加专业化。此外，一些行业的外包行为正在减少（例如，制造业），而其他行业的外包行为正在增加（如金融机构）。尽管如此，外包仍然是公司获得宝贵资源的关键手段，它们需要这些资源来获取并保持竞争优势。

资料来源：R. Koczkar, 2018, Governmental outsourcing a boon for service providers, *The Australian*, www.australian.com, March 22; K. Ferguson, 2018, Why outsourcing can leave a lasting mark on the US banking industry, *Payments Journal*, paymentsjournal. com, March 23; A. Frazzetto, 2018, Outsourcing in the new normal: Three trends reshaping the global industry, *Forbes*, www.forbes.com, March 21; K. de Freytas-Tamura, 2018, U.K., Land of ‘ brexit ’ , quietly outsources some surgeries to France, *New York Times*, www.nytimes.com, March 17; A. Jain, 2018, This global fintech enabler has a strategy to enter India’s crowded payment space, *Entrepreneur*, www.entrepreneur.com, March 9; L. Joyce, 2018, Six Strategic keys to becoming a mobile-centric bank, *The Financial Brand*, thefinancialbrand.com, March 6; 2015, Deutsche Bank, H-P divide IT responsibility in cloud deal, *Wall Street Journal Online*, www.wsj.com, February 25; D. A. Thoppil, 2015, Indian outsourcers struggle to evolve as growth slows, *Wall Street Journal Online*, www.wsj. com, February 22; S McLain, 2015, Big Pharma farms out drug safety to India, *Wall Street Journal Online*, www.wsj.com, February 2; S. McLain, 2015, New outsourcing frontier in India: Monitoring drug safety, *Wall Street Journal Online*, www.wsj.com, February 1.

本章小结

在当前的竞争格局下，成功的公司已经意识到，只有核心竞争力（通过研究公司的内部环境进行识别）与机遇（通过研究公司的外部环境进行识别）相匹配，公司才能获得战略竞争力和超额利润。

没有一种竞争优势是长久不变的。随着时间的推移，竞争对手会运用自己独特的资源、能力和核心竞争力形成不同的价值创造能力，凭借这种能力，竞争对手可以复制其他公司的竞争优势。公司在充分挖掘现有竞争优势的同时，还要充分利用资源和能力来形成新的优势，进而在未来的竞争中取得成功。

有效地管理核心竞争力要求公司必须认真分析自己拥有的资源（生产过程的投入要素）和能力（将资源整合起来去完成一个或几个任务）。公司人力资本拥有的知识是重要的组织能力之一，并最终成为竞争优势的基础。因此，公司必须创造一种组织文化，让人们的知识相互交流、整合，从而使公司拥有重要的价值创造知识。

公司的整体能力最有可能成为核心竞争力以及竞争优势的来源。公司应该以一种竞争对手看不见的、难以理解的、难以模仿的方式，来开发和支持核心竞争力。

只有那些有价值的、稀缺的、难以模仿的和不可替代的能力，才有可能成为公司的核心竞争力和竞争优势的来源。随着时间的推移，公司必须不断支持自己的核心竞争力，但也要避免它成为核心刚性。当核心竞争力能够促使公司利用外部环境中的机会为顾客创造价值时，它才能成为竞争优势的来源。如果核心竞争力做不到这一点，公司就必须选择发展其他能满足可持续竞争优势的四个标准的能力。

价值链分析用来识别和评价资源和能力的竞争潜力。通过研究与价值链活动和辅助功能相关的技能，公司可以了解成本结构，识别哪些活动可以创造价值。

如果价值链活动和辅助功能都不能创造价值，公司就应该考虑将这些活动外包出去。在当今的全球经济中，外包已非常普遍。外包就是从外部供应商那里购买价值创造活动。公司只能选择在特定的价值链活动和辅助功能方面具有竞争优势的公司进行外包。另外，公司还要不断确定没有将价值创造活动外包出去。

关键术语

难以模仿的能力（costly-to-imitate capabilities）
全球思维模式（global mind-set）
无形资源（intangible resources）
不可替代的能力（nonsubstitutable capabilities）
外包（outsourcing）
稀缺的能力（rare capabilities）
辅助功能（support functions）
有形资源（tangible resources）
有价值的能力（valuable capabilities）
价值（value）
价值链活动（value chain activities）

复习题

1. 对一个公司来说，为什么研究和了解其内部环境是非常重要的？

2. 什么是价值？为什么创造价值对公司来说是非常重要的？公司应当如何创造价值？

3. 有形资源与无形资源之间的区别是什么？对决策制定者来说，了解这些区别的重要性是什么？对于创造能力来说，哪种资源更重要？为什么？

4. 什么是能力？公司如何创造自己的能力？

5. 能力必须具备哪四个标准才能成为核心竞争力？为什么说这四个标准是非常重要的？

6. 什么是价值链分析？成功的价值链分析能让公司获得哪些好处？

7. 什么是外包？为什么公司需要进行外包？今后外包会越来越重要吗？如果是，原因是什么？

8. 公司如何识别优势和劣势？为什么说管理者了解公司的优势和劣势是非常重要的？

9. 什么是核心刚性？你如何理解每一种核心竞争力都有可能变成核心刚性？

微案例

强化 Superdry 品牌，是战略成功的基础吗？

旗下拥有 Superdry 品牌以及一些密切相关的产品线的英国 SuperGroup 公司，正在采取行动解决近来的一些绩效问题，这些问题反映了该公司各方面的现状，包括公司需要关注六个月内出现的三次利润警告，以及与 2013 年相比，2014 年公司股价下跌了 34%。

该公司成立于 1985 年，被认为是一家有特色的时装品牌零售商，销售优质的服装和配饰。实际上，该公司声称“Superdry 品牌是公司的核心”。该品牌聚焦于眼光敏锐的客户，他们希望购买“设计独特且制作优良的时尚服装”。从这一角度而言，该公司相信它的男装和女装拥有“广泛的吸引力，能够抓住‘都市’和‘街头’的设计要素，并与美式复古、日本意象、英式剪裁形成微妙的组合，所有这些都蕴含着对细节的强烈关注”。因此，该公司向其目标客户——青少年以及那些 20 岁出头的年轻人所传达的品牌形象至关重要。SuperGroup 的领导者相信，客户喜欢 Superdry 的产品，也喜欢出售这些产品的实体店的布局和风格。这些非常重要，因为公司的目的在于为客户提供“个性化的购物体验以强化品牌而不只是销售衣服”。

如前所述，有一些问题影响了公司的绩效。当然，公司希望做的是在 Superdry 品牌受到损害之前纠正这些问题。管理混乱是公司面临的问题之一。2015 年 1 月，公司的 CEO 突然辞职。几乎与此同时，首席财务官由于申请个人破产而暂停职务，首席运营官则离开公司去寻找其他可能的机会。一些分析师认为公司对未来发展考虑不周，很可能表现为公司高层领导者的战略决策效果不显著。正如一名分析师所说：“SuperGroup 的问题在于它扩张太快，却缺乏配套基础设施。”

SuperGroup 目前正在努力解决这些问题。尤其是，SuperGroup 的领导者打算通过更好地控制公司来保护品牌价值。公司新任 CEO 认为，当前公司处于比之前更好的控制状态中。公司任命了一位备受好评的临时首席财务官，并纳入了经验丰富的人以加强公司董事会。一位观察员对这些改变进行了评论，表示 SuperGroup 从“一个企业家创业的管理风格向更加专业化、经验化的管理风格转变。关键是现在的 SuperGroup 比以前好得多”。

公司还采取了一些直接行动来强化 Superdry 品牌。请伊德瑞斯·艾尔巴（Idris Elba，《火线》（*The Wire*）的演员）做品牌代言人被认为是重塑品牌形象的最大努力。

SuperGroup表示，艾尔巴代表了Superdry品牌的内涵——英式的、接地气的及酷的。选择艾尔巴也考虑了当时42岁的艾尔巴可能会吸引那些与Superdry品牌一起成长的客户。对于25岁及年龄更大的客户，SuperGroup为其开发了Superdry产品，该产品并没有使用夸张的标识（logo）。SuperGroup为更多成熟的客户开发了其他服装产品线，例如滑雪和英式橄榄球装备。在解决近来遇到的一些问题之后，SuperGroup打算扩张进入其他市场，包括中国。尽管如此，事实上当公司进入新的竞争舞台时公司也会保护该品牌，并将它作为成功的基础。

资料来源：About SuperGroup, 2015, SuperGroupPLC.com, www.supergroup .co.uk, April 5; S. Chaudhuri, 2015, Superdry brand works to iron out problems, *Wall Street Journal Online*, www.wsj.com, April 15; S. Chaudhuri, 2015, Superdry looks to U.S. to drive growth, *Wall Street Journal Online*, www.wsj.com, March 26; H. Mann, 2015, SuperGroup strategy oozes Hollywood glamour, *Interactive Investor*, www.iii.co.uk, March 26; A. Monaghan & S. Butler, 2015, Superdry signs up Idris Elba, *The Guardian Online*, www.theguardian.com, March 26; A. Petroff, 2015, Is this the worst CFO ever? *CNNMoney*, www.money.cnn.com, February 25.

案例讨论题

1. 未来几年，外部环境中的哪些因素会影响Superdry的竞争力？
2. Superdry是否具有一个或多个有价值的、稀缺的、难以模仿的和不可替代的能力？如果有，这些能力是什么？如果没有，那是因为没有达到哪些标准？
3. Superdry正在采取的行动能够解决它的问题吗？请给出你的理由。
4. Superdry为客户创造了什么价值？
5. 你建议Superdry的管理层采取什么行动来解决问题并改善公司的业绩？

第2篇

战略行动：战略形成

4 业务层战略

学习目标

1. 从为谁、做什么、如何做三个角度讨论顾客与业务层战略之间的关系
2. 解释制定和实施业务层战略的目标
3. 描述商业模式并解释它们与业务层战略的关系
4. 解释五种业务层战略之间的区别
5. 运用五力竞争模型解释如何通过每种业务层战略获得超额利润
6. 描述每种业务层战略运用中存在的风险

引例 数字化：战略选择和实施的一个越来越重要的方面

变化的速度越来越快且毫不间断，不确定性程度越来越高，复杂程度也达到了顶峰。在本书的前三章和其他部分，我们讨论了这些事实对当今企业及其利益相关者的影响。这些现实挑战了企业可能选择实施的各种战略（业务层、企业层、并购、国际化和合作化）。

企业选择的每一种战略都有助于企业应对上述竞争状况。第 1 章将战略定义为一系列综合的、协调性的约定和行动，旨在利用核心能力来获得竞争优势。战略可以帮助公司进行迅速、有效的改变，并减少外部环境（见第 2 章）和内部环境（见第 3 章）的不确定性与复杂性。从这个意义上来说，当涉及战略时，领导者和他的工作伙伴会试着设定公司的方向，配置以及按需重新分配公司资源，并承诺为某类客户创造特定价值。本章的主题——业务层战略认为，一个公司会选择一个战略，并利用其核心竞争力在一个或多个具体的产品市场上获得竞争优势。

创新是企业尝试通过战略取得成功的关键部分。然后，信息和技术在与创新有关的项目和活动中发挥着至关重要的作用。这意味着公司需要有一个数字化战略，以此作为实施业务层战略的一部分。那些致力于数字化战略的人认为，世界竞争环境的信息密集度和相互关联度正日益提高。

事实上，数字化战略“是应用信息和科技来提高人的绩效”。正如第 1 章和第 3 章所指出的那样，提高人员绩效的重要性在于，人力资本是企业能够发展的最重要的竞争优势之一。因此，数字化战略有可能帮助企业发展竞争优势，即人力资本，以实施其业务层战略。公司内部从事数字化活动的人员可以帮助公司变得更加敏捷、更有能力，以更快的速度和更高的效率应对竞争性挑战。

数字化原则——围绕客户、增长、效率和创新重新定义的公司必须遵循的原则——是有效的数字化战略的基础。通过使用数字化为基础的技术和工具，如数据分析（即收集和解读数据，以此确定客户的行为模式，以便在未来交易中更好地满足客户的需求），公司的数字化战略集中于客户反复注意、重视和选择的结果；利用信息和科技从每单位的输入中获得更多的输出；尝试学习如何以新的方式做新的事情，以此来提高为客户所创造的产品的功能。

领导者致力于发展数字化战略的重要性是公司发展该战略的基础。通过和其他人合作，这些领导者选择如何形成有效的数据分析功能，确定云计算（通过基于互联网的网络共享资源、软件和信息）使公司数字化战略受益的程度，并以清晰的方式预测未来，使公司认识到在未来几年里什么是可行的竞争能力。

资料来源：2018, 5 key technology trends for 2018, *Cincinnati Business Courier*, www.bizjournals.com, March 7; 2018, Data analytics, *Techopedia*, www.techopedia.com, March 9; J. Ferguson & N. Anderson, 2018, How to build a digital strategy, *World Economic Forum*, www.weforum.org, January 10; K. Tama-Rutgliano, 2018, Mapping out your digital marketing strategy for 2018, Forbes, www.forbes.com, January 2; A. Bollard, E. Larrea, A. Singla, & R. Sood, 2017, The next-generation operating model for the digital world, *McKinsey & Company*, www.mckinsey.com, March; T. Oliveria, M. Alhinho, R. Rita, & G. Dhillon, 2017, Modelling and testing consumer trust dimensions in e-commerce, *Computers in Human Behavior*, 71: 153-164; M. McDonald, 2016, Becoming a truly digital organization, *Accenture*, www.accenture.com, March 31; M. McDonald, 2015, What is digital strategy? *Accenture*, www.accenture.com, March 3.

战略对公司的成功越来越重要，公司需要在两个或两个以上的备选方案中进行选择。[1] 正如第 1 章中提到的，在进行战略选择时，公司决定采取一系列行动的同时必须放弃其他的行动。外部环境中的机会和威胁[2]（见第 2 章），以及内部环境中的资源、能力和核心竞争力的本质和质量[3]（见第 3 章），都会影响公司的决定。

正如引例中所提到的，信息以及可用于收集和分析信息的科技是公司努力形成数字化战略的核心。数字化战略用于促进公司一个或多个战略的选择和实施，这有助于公司更加清晰地了解其客户及其需求，以此作为发展创新的基础，从而为客户创造更多价值。[4] 整合信息和科技可能有助于员工提高效率和有效性，从而以人力资本的形式为公司带来竞争优势。精明的公司认识到，使用信息和科技管理公司可以帮助其了解并决定公司将服务于什么样的客户，以及针对这些客户应该使用的战略。

在前面的章节中，我们对外部环境条件和作为公司内部环境一部分的资源、能力和核心竞争力进行了分析，这是战略管理过程的第一部分。

本章讲的是第一种战略类型，也是第 1 章所解释的战略管理过程的第二部分。任何一种战略的基本目标都是获取战略竞争力和超额利润（见图1-1）。[5]战略都是有目的的，在采取行动之前先要制定战略，它代表了公司共同理解、认可的愿景和使命。[6]一个有效的战略可以统筹、整合、分配公司的资源、能力和竞争力，使它们更好地适应外部环境。一个合适的发展战略能使公司的愿景、使命以及采取的行动变得更加合理。公司还要收集和分析包括市场、顾客、技术、全球金融以及不断变化的世界经济在内的一系列可变因素的信息，以更加合理地制定和使用战略。在最终的分析中，合理的战略选择可以减少产出的不确定性，这是制定成功的战略的基础。

作为本章的重点内容，业务层战略是公司做出的关于如何在单个产品市场上进行竞争的一系列选择。**业务层战略**（business-level strategy）是指在具体的产品市场上，公司用来开发核心竞争力以获得竞争优势的一系列相互整合、协调的约定和行动。[7]这些选择非常重要，因为长期绩效与公司战略密切相关。全球经济下的竞争越来越复杂，对公司来说，竞争方式的选择也就更加困难。正如之后在“战略聚焦”专栏中所探讨的，梅西百货的情况就是如此，该公司正寻求以更有效的方式实施业务层的差异化战略。

虽然每一个公司都必须制定和实施业务层战略，但是一些公司并不需要运用所有的战略——公司层战略、合并与收购战略、国际化战略以及合作战略，从第6章到第9章我们将详细研究这几个战略。例如，在单一产品市场和单一地理位置进行竞争的公司，就不需要采用公司层战略来应对产品的多元化，也不需要采用国际化战略来应对地理多元化。相反，一个多元化的公司则需要采用公司层战略，同时需要为它参与竞争的每一个产品市场选择一个独立的业务层战略。从本地的干洗店到跨国公司，可以说，每一个公司都要至少选择和使用一种业务层战略，因此，业务层战略是核心战略——这是公司用来描述如何在所选择的产品市场开展日常竞争的战略。[8]

在研究业务层战略时，我们将讨论许多话题。由于顾客是公司业务层战略成功的基础，并且顾客是永远不能被忽视的[9]，因此，我们会列举与业务层战略相关的顾客信息。从顾客这个角度讲，在选择业务层战略时，公司需要确定：

1. 为谁服务；
2. 满足顾客的哪些需求；
3. 如何满足这些需求。

选择顾客，确定公司将满足他们的哪些需求以及如何满足是非常具有挑战性的任务。全球竞争给顾客带来了更多有吸引力的选择，这使公司很难决定应该采取何种战略来更好地满足顾客的需求。[10]有效的全球竞争者已经能够非常熟练地识别不同文化背景和不同地理区域的顾客需求，并且很快学会了如何快速、成功地调整公司的产品或服务的功能，以更好地满足这些需求。

在讨论业务层战略目标和五种类型的业务层战略各自的目标之前，我们定义了商业模式，并解释了它们与战略的关系，特别是业务层战略。我们接下来考虑的五种业务层战略在本质上是通用的，因为它们可以用于任何行业和任何组织的竞争。[11]我们将分析讨论如何有效地利用每一种战略，帮助公司根据行业中的五种力量为自己定位（见第2章）。另外，我们还利用价值链来举例说明实施具体的业务层战略时所必需的主要活动和辅助活动。由于所有的战略都是有风险的[12]，因此我们也会讨论公司在战略运用过程中可能遇到的风险。在第11章，我们将介绍与成功地运用每一种业务层战略相关的组织结构和控制。

顾客：与业务层战略的关系

只有当公司将竞争优势作为在单一产品市场竞争的基础来满足某一顾客群的需求时，才会引起战略性竞争。[13]公司必须利用业务层战略满足顾客需求的一个关键原因是，从与顾客的关系中获得回报是所有组织的命脉。[14]

所有成功的公司都会努力寻找新的方法来满足现有顾客的需求，并且/或者满足新顾客的需求。当面对经济环境的挑战时，公司和顾客想要做到这一点是非常困难的。在这种时期，公司通常会削减劳动力数量来控制成本，但这样做会带来许多问题，因为只有少数几个员工的公司是很难满足每一个顾客的需求和期望的。在这种情况下，公司可以采取如下几个可行的行动：给予主要顾客额外的关照；通过交叉培训使员工的能力更多样化，这样他们在工作中就可以承担更多的责任。

有效地管理与顾客的关系

如果公司能为顾客创造更高的价值，那么公司与顾客的关系就可以得到加强。与顾客的牢固关系可以为公司有效地满足顾客的独特需求奠定坚实的基础。

重要的是，为顾客创造更高的价值可以提高顾客的满意度，顾客的满意度又与公司的盈利能力有正相关关系，因为感到满意的顾客最有可能成为回头客。但是，鉴于顾客的选择余地不断扩大，并且他们能更容易地获得关于公司产品的信息，因此顾客越来越精明和富有知识，这使公司获得顾客的忠诚更加困难。因此，许多公司通过与顾客定期互动，共同创造价值，以确保顾客满意。[15]

有很多公司在全面管理顾客关系方面越来越熟练。[16]例如，亚马逊以其高质量的顾客信息维护、提供的服务以及预测顾客需求的能力而受到好评。通过对信息的利用，亚马逊试图满足每一个顾客的独特需求，并且它在这方面取得成功的能力也是得到普遍认可的。[17]

接下来我们将从三个维度讨论公司与顾客的关系。像宏碁和亚马逊这样的公司就对这些维度有很好的理解，并能够据此来管理与顾客的关系。

可及范围、丰富性和密切关系

可及范围是指与顾客接触并建立联系。一般来说，公司会不断扩大可及范围，并在这一过程中不断增加新顾客。

可及范围对于像脸书这样的社交网站来说尤其重要，因为这些公司为用户创造的价值就是要将用户与其他人联系起来。脸书的用户数量正在急剧增加；是否能够获得大量的用户影响着社交网站的成功。截至2018年1月底，脸书的月活跃用户接近19亿，成为世界上最大的社交网站之一。[18]显然，脸书的可及范围增加了公司为其使用者创造价值的机会。

可及范围对网飞来说同样非常重要。2017年最后三个月，该公司收获了200万用户，超过了华尔街分析师的预期。这一结果使得网飞市场价值首次超过1 000亿美元。[19]总体而言，2017年是该公司的国际“用户基础再次快速增长的一年，而国内用户基础的增长也稳定在两位数”[20]。分析师和公司员工预计，2018年及以后，网飞在国内和国际市场的订阅用户都将增长，这表明网飞将获得对其至关重要的稳定增长的用户。

公司与顾客关系的第二个维度是丰富性，它是指公司与顾客间双向信息传递的深度和详细程度。丰富性维度在帮助公司建立具有竞争优势的顾客关系方面存在潜力，这使许多公司为了更好地管理与顾客之间的信息交换而开始提供在线服务。更广泛、更深入的信息交换可以使公司更好地了解顾客及其需求。这样的信息交换也使顾客能够掌握更多的关于公司如何使他们满意的知识。作为公司数字化战略的一部分，互联网技术和电子商务大大降低了与现有顾客和潜在顾客进行有意义的信息交换的成本。

正如我们提到的，亚马逊是利用互联网与顾客建立关系的领导者。事实上，它把自己定义为全球最“以顾客为中心的公司”[21]。从运营角度来说，这意味着亚马逊正试图“建立一个空间，在这里人们可以发现和找到他们也许想买的任何东西”[22]。亚马逊和其他一些公司正是利用顾客信息来开发创新产品，从而更好地满足顾客的需求。[23]

第三个维度是密切关系，它主要是指促进与顾客间有意义的互动。从顾客角度观察世界，不断寻求为顾客创造价值的新方法，这些都与关系的密切程度正相关。这种方法提高了顾客的满意度，减少了顾客的抱怨。事实上，当服务不尽如人意时，顾客一般不会抱怨，他们会毫不犹豫地选择竞争对手提供的服务，即使一个公司所拥有的强势品牌可能会减少这种转换。[24]为了增强与顾客的亲密度，一些公司已经将首席营销官的头衔更改为“首席客户官”。英国最大的零售商特易购就是一个例子。为了进一步与顾客进行互动，对于那些在网上订购，再到超市领取订购商品的顾客，沃尔玛现在会派员工把这些日用品送到顾客车上。沃尔玛还在尝试将食品直接送到顾客家里。沃尔玛管理者认为，“网上订购日用品的‘高接触’购物方式正在改善人们对其门店购物体验的看法，使他们更有可能购买食品以外的一般商品”[25]，这显示了与顾客提高亲密度可能带来的积极结果。同样地，由于数字化带来的数据可得性，公司拥有巨大数量的个体顾客数据。[26]公司可以通过分析顾客的数据，找到通过价值创造互动与客户建立亲密关系的其他途径。

接下来我们讨论能够帮助公司有效地管理顾客关系（从可及范围、丰富性和密切关系三个维度）的三个相关问题，即为谁、做什么、如何做。

为谁：决定要服务的顾客

确定谁是公司计划用业务层战略提供服务的目标顾客，是一个非常重要的决定。[27]公司在做决定时，会根据需求的不同（在下面的内容中会进一步介绍需求）对顾客进行分类。根据需求划分顾客的过程称为**市场细分**（market segmentation)，这一过程用于把需求相同的顾客划分成一个单独的、可识别的群体。[28]例如，在动物食品业务中，陪伴性宠物（如狗和猫）和生产性动物（如家畜）的产品需求就各不相同。作为高露洁－棕榄公司（Colgate-Palmolive）子公司之一的 Hill's Pet Nutrition 公司就是专门销售宠物食品的。该公司的愿景是“使营养成为兽医学的基石”，其使命是“帮助人们丰富和延长与宠物之间的关系”[29]。该公司将其为猫咪提供的食品分为四类：小猫、成年猫（1 岁以上）、成熟猫（7 岁以上）和老年猫（11 岁以上）。该公司生产和销售的每个类别的宠物猫食品是根据兽医确定的需要进行区分的。

几乎任何一个可以识别人群或组织的特征，都可以用来细分出一个又一个特征不同的市场。表 4－1 中列举了几个常见的区分顾客需求的特征。

表 4－1　顾客细分的基础

消费品市场：
1. 人口统计因素（年龄、收入、性别等）
2. 社会经济因素（社会阶层、家庭生命周期阶段）
3. 地理因素（文化、地域、国家间差异）
4. 心理因素（生活方式、性格特征）
5. 消费模式（用量大、用量适中、用量少的使用者）
6. 感觉因素（利益细分、感知定位）
工业品市场：
1. 终端市场细分（根据标准产业分类代码进行识别）
2. 产品细分（以技术差异或产品经济学为基础）
3. 地理细分（根据国家间的界线或地域差异来划分）
4. 共同购买要素细分（融合产品细分与地理细分）
5. 顾客规模细分

资料来源：Based on information in S. C. Jain, 2009, *Marketing Planning and Strategy*, Mason, OH: South-Western Cengage Custom Publishing.

做什么：决定要满足的顾客需求

公司确定了服务对象之后，必须识别它的产品和服务能否满足目标顾客群的需求。一般来讲，需求（做什么）与产品的利益和特性有关。成功的公司总是不断学习如何在顾客需要时，把所需要的产品提供给他们。例如，一些全球汽车制造商正试图为新兴经济体的消费者生产价格合理的电动汽车。[30] 一般而言，新兴市场的消费者没有足够的钱购买汽车。此外，汽车还必须能够在不够完善的道路上行驶。

就这些汽车制造商以及所有行业的竞争公司而言，与现有顾客和潜在顾客保持频繁、密切的接触，可以帮助公司识别这些个体或群体现有的和潜在的需求。例如，关于购买行为的知识帮助美国最大的连锁超市克罗格（Kroger）增强了其对顾客需求的理解。利用数据分析，克罗格会依靠当前的购买数据促进相关产品的销售。“如果顾客定期购买婴儿食品，我们就可能会赠送顾客婴儿尿布或其他婴儿用品的优惠券。”通过这种方式，克罗格能够更好地满足顾客的需求，同时增加其销售收入。从本质上说，公司的数字化战略是利用信息和科技来制定其推广和营销战略。[31] 从战略角度看，顾客最基本的需求是购买能为他们创造价值的产品。产品或服务提供价值的基本方式是以低价格为顾客提供可以接受的产品，或者以可以接受的价格提供差异化的产品。最有效的公司总在不断尝试预测顾客需求的变化。那些没有预测和识别顾客需求变化的公司，会因此失去顾客，这些顾客会转而购买竞争对手提供的能够为他们创造更多价值的产品。成功的公司会认识到消费者需要改变这一事实。例如，最近的趋势显示，越来越多的顾客渴望的不再是简单地购买产品或服务，而是想要得到一种体验。因此，星巴克的目标之一就是，为顾客提供一种体验而不仅仅是一杯咖啡。顾客更愿意接受量身定制的产品或服务。同样，星巴克已经为顾客提供这种服务一段时间了，允许顾客从多种选择中定制自己的饮品。

如何做：确定满足顾客需求所必需的核心竞争力

在确定了公司的服务对象及其具体需求之后，公司就要决定应如何利用能力和竞争力来开发能够满足目标顾客需求的产品。正如第 1 章和第 3 章所述，核心竞争力是指可以作为战胜竞争对手的竞争优势的来源的一系列资源和能力。公司利用核心竞争力（如何做）来执行价值创造战略并满足顾客的需求。只有那些能够不断改进、创新和提高竞争力的公司，才能够长久地满足并且有可能超出顾客的期望。[32] 公司必须不断提高自己的竞争力，才能维持相对于竞争对手的竞争优势，并向顾客提供超过竞争对手所创造价值的产品。[33]

公司可以综合多方面的核心竞争力来提供能满足顾客需求的产品或服务。在当今的竞争环境和跨行业竞争中，通过研发能力发展核心竞争力至关重要。苹果、亚马逊、脸书和谷歌都认识到了这一事实，并投入了大量资源来应对。例如，苹果最近将研发支出增加了 30%，是其销售收入的 5%。与此同时，脸书将 13.4% 的收入用于研发，谷歌将 16.6% 的收入用于研发，亚马逊也将研发支出增加了 28%。这些对研发的投入在一定程度上塑造了该职能，使其成为每个公司的核心竞争力和生产、销售创新产品的途径。[34]

SAS 是世界上最大的私有软件公司，同时也是商务智能和分析领域的领导者。顾客使用 SAS 的程序可以实现数据的存储、挖掘以及决策支持的目的。SAS 的使命是：“提供经过验证的解决方案，推动创新，提高绩效。”因此，这家公司试图帮助其客户努力创新，并最终提高他们的业绩。为了实现其使命，SAS 自身必须通过开发新产品来进行创新。SAS 致力于创新的例证是，2017 年，该公司将销售收入的 26% 用于研发投入（而几年前只有 23%）。该公司的影响力非常广泛，在 2017 年《财富》杂志全球 500 强企业排行榜的前 100 名中，有 96 家是 SAS 的客户。该公司的客户包括 83 000 多家企业、大学和政府机构。[35]

上述关于顾客的讨论说明，公司必须利用其能力和核心竞争力（如何做）来满足已经选择的目标顾客群（为谁）的需求（做什么）。

➡ 业务层战略的目的

业务层战略的目的是在公司与竞争对手的定位之间形成差异。[36] 为了形成这种定位间的差异，公司必须决定是否要与众不同地采取行动或者采取与众不同的行动。战略界定了组织领导者采取的行动的方向。[37] 事实上，“选择与竞争对手不同的行动或者以不同于竞争对手的方式采取行动”，这就是业务层战略的本质。[38] 因此，公司的业务层战略是一项谨慎的选择，它涉及应如何执行价值链的主要活动和辅助活动来创造独特的价值。事实上，在当前复杂的竞争格局下，只有当公司明白如何对活动进行整合为顾客创造更高的价值时，才意味着业务层战略得到了成功的运用。

西南航空整合活动的方式是其成功运用成本领先战略（本章后面将介绍这个战略）的基础。然而，按照成本领先战略的要求，西南航空还为顾客提供了一系列低成本但顾客认为可以接受的服务。西南航空业务的紧密整合是该公司竞争力的一个关键来源，从历史上看，该公司的盈利能力比其主要竞争对手更强。当前，西南航空在美国运送的乘客比其他任何航空公司都要多。[39]

西南航空公司将它的业务活动整合为六个战略目标——有限的乘客服务、频繁并准点起飞、精简高效的地勤及机务人员、高客机利用率及少量的飞机型号、极低的票价、中型城市和二等机场之间点对点的短途航线。各项紧密联系的独立的业务活动组合在一起，使公司能够实现其成本领先战略。例如，无餐食、不固定座位、无行李转运三个独立活动的组合，支持了提供有限的乘客服务这一战略目标。

西南航空公司高度集成的业务活动，使竞争对手很难模仿该公司的成本领先战略。该公司独具特色的文化和顾客服务都是竞争优势的来源。虽然竞争对手尝试去模仿这些特征，但最终都以失败告终（如全美航空的 MetroJet，联合航空的 United Shuttle，达美航空的 Song 以及大陆航空的 Continental Lite）。事后的分析认为，虽然这些竞争对手也向顾客提供极低的机票价格，但是它们不能像西南航空公司那样低成本运营，或者无法提供给顾客任何显著的差异化，如在飞行途中的一些独特体验。西南航空公司成功的关键在于：它有能力在维持低成本的同时向顾客提供可接受的差异化，如参与性文化。公司在使用低成本战略时必须弄清楚，与低成本产品相伴随的顾客认为可接受的差异化的来源是什么。业务活动之间的匹配是包括西南航空公司在内的任何一个公司保持竞争优势的关键。对竞争对手来说，对相关联的活动进行匹配，比模仿一个特殊的活动，如销售促进、技术流程等要难得多。[40]

接下来，我们将讨论商业模式，这是全面业务层战略的一部分。[41] 虽然一个公司可以选择实施其制定和使用的其他类型战略，但它们主要是搭配业务层战略使用。正如本章前面所述，原因在于业务层战略是企业的核心战略——企业制定这种战略是为了指导在所选择的产品市场中开展日常竞争。作为企业业务层战略的一部分，其所选择的商业模式影响着战略的实施，尤其是在实施过程中相互影响的流程。[42] 制定和整合商业模式和业务层战略可以增加公司成功的可能性。[43] 我们将关于商业模式及其与战略间关系的讨论作为基础，然后探讨企业可能选择实施的五种业务层战略。

商业模式及其与业务层战略之间的关系

与战略一样，商业模式也有很多定义。[44] 这些定义的共同点是，**商业模式**（business model）描述了企业是如何为其利益相关者创造、传递、获取价值的。[45] 正如第 1 章所解释的，利益相关者看重的是相关但不同的结果。例如，对于股东来说，公司以投资回报的形式获取价值并向他们分配价值。对于顾客来说，公司以产品的形式创造和传递价值，产品是价格和功能的结合，顾客愿意为此支付价格。对于员工来说，公司以他们所热爱的工作的形式创造和传递价值，同时，他们有机会通过不断的学习累积经验，从而提升自己的技能。从某种意义上来说，商业模式是企业如何创造、传递和获取价值的框架，而业务层战略是一系列约定和行动，这些约定和行动会指引企业通过在特定产品市场上利用其核心竞争力来获得竞争优势。从为谁、做什么以及如何做的角度来理解顾客，是制定和成功使用商业模式和业务层战略的基础。[46]

无论选择哪种商业模式，公司的领导者都应该把这种选择看作一种需要根据公司外部环境（例如，进入一个新地区的机会）和内部环境（例如，新竞争力的培育）随时变化的条件进行调整的选择。[47] 由于商业模式主要涉及业务层战略的执行，因此一家公司在与竞争对手进行市场竞争时，其商业模式的运作机制应该根据现实情况进行调整。

公司可以从一系列不同的商业模式中选择一种使用。[48] 例如，特许经营的商业模式是找到一家公司授权使用其商标，并遵循其流程生产和交付产品给特许经营者。在这种情况下，授权他人使用其商标和流程的公司通过从特许经营者那里收取费用和特许权使用费来获取价值。

麦当劳和帕纳拉面包公司（Panera Bread）都采用特许经营的商业模式。麦当劳将该商业模式作为其成本领先战略的一部分，而帕纳拉面包公司则用它来实施差异化战略（我们将在接下来的部分详细讨论这两种战略）。麦当劳的成本领先战略是通过特许经营模式中详尽的操作流程向顾客提供价格低廉且差异化程度可以接受的食品。顾客在口味、服务质量、门店的清洁程度以及顾客认为他们在购买麦当劳食品时所得到的价值等方面获得了可以接受的差异化水平。[49]（关于麦当劳及其成本领先战略的其他内容稍后将在“战略聚焦”专栏中讨论）。

帕纳拉面包公司也采用了特许经营的商业模式，但它所采用的模式和麦当劳不同。其中一个不同之处在于，个人可以购买并经营一个麦当劳门店，但帕纳拉面包公司的情况并非如此：“帕纳拉面包公司不销售单一单位的特许经营权，因此不可能只开一家面包－咖啡店。相反，我们选择销售市场区域，这要求特许经营者在6年的时间里开设15家左右的门店。”[50] 帕纳拉面包公司经营餐饮业的半快餐－半休闲部分（麦当劳经营快餐部分），通过为顾客提供“使他们感觉良好的食物”实施差异化战略。[51] 帕纳拉面包公司的差异化战略采用了一套精心设计的流程，在不同的环境提供差异化食品，以自己可以接受的成本为顾客提供他们愿意支付的价值。因此，虽然麦当劳和帕纳拉面包公司使用了相同的商业模式，但在实施业务层战略的行动上有所不同。

如前所述，商业模式包括订阅模式（subscription model）在内的多种类型。订阅模式是指一家公司定期向顾客提供产品，比如每月一次、每年一次或根据顾客需求定制。网飞就采用了和蓝围裙公司（Blue Apron）相同的订阅模式，蓝围裙公司的创始理念认为，食物复杂的生长和配送方式使得家庭很难对他们所吃的食物做出“正确”的选择。蓝围裙直接向顾客提供食物，这样就消除了“中间人”环节。该公司与致力于可持续生产流程的农民合作，“以选取最高质量的原料”。因此，蓝围裙将差异化战略与订阅模式结合起来，为利益相关者（如客户、供应商、员工和当地社区）创造、传递并获取价值，在与这些利益相关者互动的过程中实施业务层战略。[52] 我们接下来讨论的其他商业模式也有助于实施即将探讨的五种通用业务层战略中的任何一种，其中包括：免费增值模式（freemium model）（公司免费向客户提供基本产品，然后通过销售增值附加服务获得收入和利润，比如 Dropbox 和 MailChimp）；广告模式（advertising model）（公司向广告客户提供与高质量目标客户的接触途径，谷歌和 Pinterest 就是使用这种商业模式的例子）；P2P 模式（peer-to-peer model）（企业将需要某项服务的人与提供这项服务的人匹配起来，例如 Task Rabbit 和爱彼迎（Airbnb））。

业务层战略的类型

公司可以选择五种业务层战略中的一种，来建立和巩固它们渴望的战略地位，以此对抗竞争对手。这五种业务层战略分别是：成本领先、差异化、聚焦成本领先、聚焦差异化、整体成本领先 / 差异化（见图 4-1）。每一种业务层战略都可以帮助公司建立和利用竞争优势（成本领先或差异化），作为其在特定竞争范围（广阔市场或狭窄细分市场）内为客户创造价值的基础。公司在实施不同的业务层战略中整合活动的方式，决定了该公司与其他公司的区别。[53] 例如，每个公司都有各自不同的业务活动图，西南航空公司与竞争对手捷蓝航空、联合航空、美国航空等的业务活动图就不一样。出色的业务活动的整合可以增加公司获得竞争优势和超额利润的可能性。

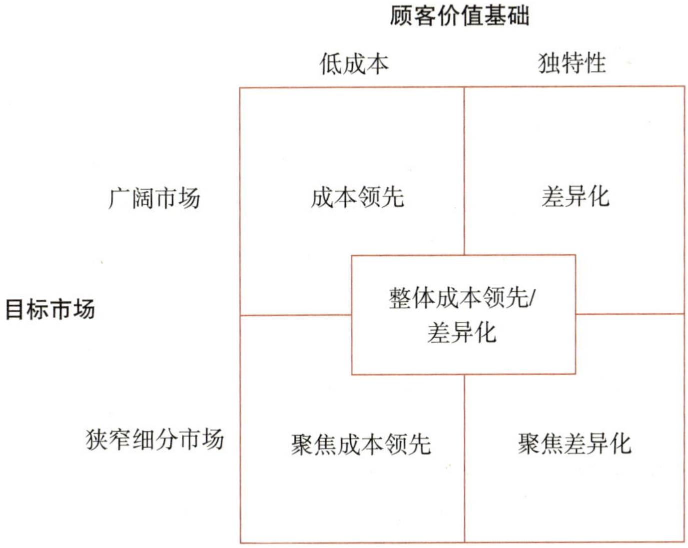

图 4-1　五种业务层战略

资料来源：Based on M. E. Porter, 1998, *Competitive Advantage: Creating and Sustaining Superior Performance*, New York: The Free Press; D. G. Sirmon, M. A. Hitt, & R. D. Ireland, 2007, Managing firm resources in dynamic environments to create value: Looking inside the black box, *Academy of Management Review*, 32: 273-292; D. G. Sirmon, M. A. Hitt, R. D. Ireland, & B. A. Gilbert, 2011, Resource orchestration to create competitive advantage: Breadth, depth and life cycles effects, *Journal of Management*, 37: 1390-1412.

在选择业务层战略时，公司需要评价两种潜在的竞争优势：“一是比对手更低的成本；二是差异化的能力以及对超出差异化成本的高价格的控制能力。”[54]低成本源于公司以不同于竞争对手的方式开展活动的能力，差异化则表明了公司开展不同（有价值的）活动的能力。因此，基于内部资源、能力和核心竞争力的本质及质量，公司可以将成本竞争优势或差异化竞争优势作为实施业务层战略的基础。[55]

这两种类型战略的目标市场分别是广阔市场和狭窄细分市场（见图4-1）。服务于广阔市场的公司以整个行业为基础，寻求为顾客创造价值的能力。瞄准狭窄细分市场则意味着公司打算满足窄顾客群体的需求。通过聚焦战略，公司“在行业中选择一个或几个细分市场，调整战略以服务于这个市场，并把其他公司排除在市场之外”[56]。具有特殊需求的顾客或者位于特殊地理位置的顾客都是窄顾客群体的例子。如图4-1所示，公司还可以开发一种将低成本与差异化相结合的价值创造方法，并以这种方法作为服务目标顾客群体的基础，这个目标群体往往比窄顾客群体更大，但又没有宽顾客群体（或整个行业）那么复杂，也正是在这样一种顾客群体中才适合采用低成本与差异化相结合的战略。

在图4-1展示的五种业务层战略中，没有哪一种战略必然或普遍地优于其他战略。每种战略的有效性都取决于外部环境中存在的机会和威胁，以及内部资源组合带来的优势和劣势。因此，在选择业务层战略时，能否与外部环境中的机会与威胁以及基于核心竞争力的内部环境中的优势有效匹配至关重要。选择战略之后，公司还要不断强调成功运用战略所需的一系列活动。

成本领先战略

成本领先战略（cost leadership strategy）是指通过采取一整套行动，以低于竞争对手的成本，为顾客提供可接受的、具有某种特性的产品或服务。[57]采用成本领先战略的公司往往向行业内最典型的顾客销售标准化同时又具有竞争性差异化的产品或服务。开发新的生产和分销方法、研发新技术的创新过程，对于提高公司的运营效率和成功实施成本领先战略都是非常重要的。近年来，一些公司制定了外包战略，将各种各样的职能（如产品生产）外包给低成本供应商以保持自身的低成本。[58]

正如我们所指出的，实施成本领先战略的公司将自己相对于竞争对手的成本尽量压低，以便能够以低成本甚至是最低成本向顾客销售产品。嘉信理财（Charles Schwab）与低成本的竞争对手先锋集团（Vanguard Group）（以及其他公司）竞争销售一系列金融产品。两家公司都向客户提供大量的区别于“主动式管理”的“被动式管理”基金。最近，嘉信理财宣称，其市值指数共同基金（market cap index mutual fund）的成本“低于最低投资额的同类竞争基金”[59]。为了提供差异，让希望以低成本购买可接受差异化水平产品的顾客感兴趣，嘉信理财在2018年1月宣布，截至2018年6月30日，该公司将对三只新的股票指数基金收取零费用比例。届时，这三只新基金的费用比例将从0上升至0.04%或0.05%。[60]与先锋集团和富达公司等其他竞争对手一样，嘉信理财也为旗下若干交易所交易基金（exchange-traded funds，ETF）提供零佣金交易服务。作为差异化来源的一个例子，嘉信理财对若干ETF免除每笔交易4.95美元的标准交易佣金，可以让顾客在购买该公司产品时省下这笔费用。分析师表示，作为美国第五大ETF发行商，“嘉信理财能够在规模方面跻身 ETF 发行商上层梯队的主要原因之一，是该公司愿意与竞争对手竞争，而且在许多情况下，收取的费用低于其竞争对手”[61]。

作为主要活动，内部物流（如原料处理、仓储和存货控制）和外部物流（如收集、储存和分销产品）构成了公司生产产品和提供服务的总成本中的大部分。研究表明，在物流方面具有竞争优势的公司，采用成本领先战略能比差异化战略创造更多的价值。[62]

因此，成本领先者在寻求有价值的降低成本的方法时，更倾向于注重内部物流和外部物流这类主要活动。在这种情况下，许多公司将制造过程外包给劳动力成本更低的低成本公司（如中国）。[63] 然而，需要当心的是，外包可能会使公司对这些无法有效控制的供应商的依赖性过大。因此，公司和供应商应保持相互之间的独立性，否则，供应商就会拥有更多的力量来提高所供产品和服务的价格，这样就会损害公司保持低成本竞争优势的能力。[64] 成本领先者还会仔细检查各类辅助活动，以发现进一步降低成本的可能。开发一套新系统来寻找低成本的原材料与可接受的差异化之间的最佳结合方式，就是辅助活动帮助公司成功地运用成本领先战略的一个范例。

正如第 3 章所述，公司利用价值链分析来确定运营中的价值增值环节和非价值增值环节。图 4－2 给出了公司通过成本领先战略创造价值所必需的价值链活动和辅助功能。如果公司不能将图中所列的活动和职能有效地整合起来，那么一般情况下，公司将无法具有成功运用成本领先战略所必需的核心竞争力。

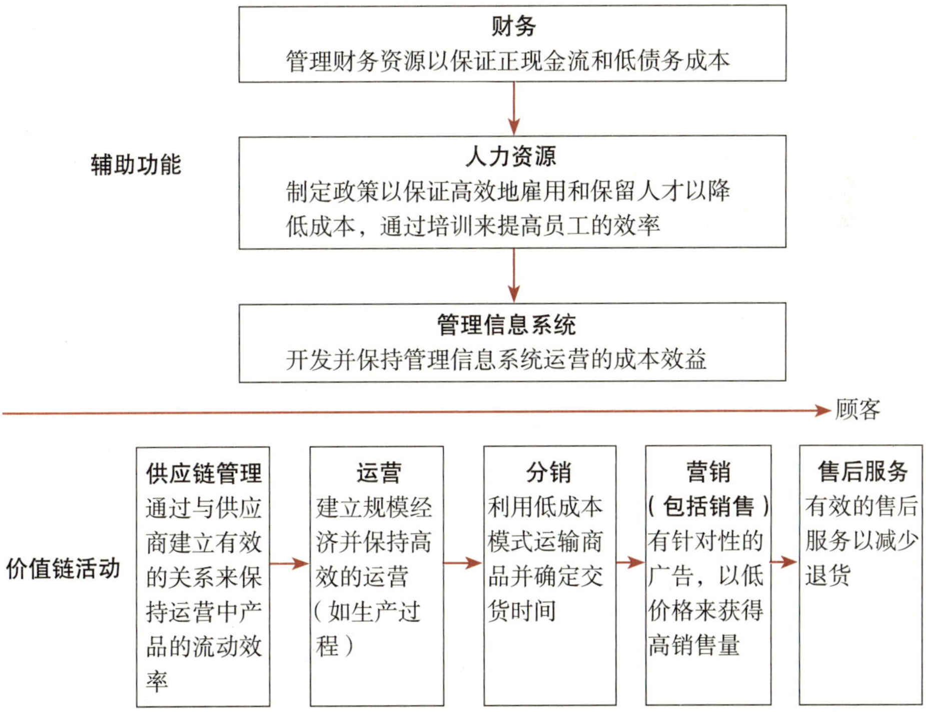

图 4－2　与成本领先战略相关的增值活动

资料来源：Based on M. E. Porter, 1998, *Competitive Advantage: Creating and Sustaining Superior Performance*, New York: The Free Press; D. G. Sirmon, M. A. Hitt, & R. D. Ireland, 2007, Managing firm resources in dynamic environments to create value: Looking inside the black box, *Academy of Management Review*, 32: 273-292; D. G. Sirmon, M. A. Hitt, R. D. Ireland, & B. A. Gilbert, 2011, Resource orchestration to create competitive advantage: Breadth, depth and life cycles effects, *Journal of Management*, 37: 1390-1412.

尽管存在五种强有力的力量（见第 2 章），但有效地运用成本领先战略是可以让公司获得超额利润的。接下来我们将从五种力量的角度，解释公司是如何实施成本领先战略的。

与现有竞争对手的竞争

在应对竞争对手时，低成本是非常有价值的。由于成本领先者占据着有利的位置，竞争对手在决定是否进行价格竞争时会犹豫不决，尤其是在评估这种竞争的潜在后果之前。[65] 沃尔玛和达乐公司（Dollar General）均采用成本领先战略。成功地执行该战略使得竞争对手避免将价格变量（当然也是最基本的手段）作为与沃尔玛和达乐公司竞争的手段。

在实施成本领先战略时，有许多因素会影响竞争的激烈程度。这些因素包括组织规模、竞争对手拥有的资源、企业对特定市场的依赖性、企业之间的地理位置和先前的竞争互动，以及企业的可及范围、丰富性和与顾客间的密切关系。[66] 沃尔玛的规模阻止了一些竞争对手与该公司竞争。亚马逊与客户之间的丰富性和亲密度给竞争对手带来了挑战，就连沃尔玛也在加大力度，通过 Walmart.com 挑战亚马逊在线上销售方面的优势。

那些采用成本领先战略的公司也可能采取行动减少来自竞争对手的竞争。企业可能会形成合作关系，如合资企业和战略联盟（见第 9 章）以减少竞争。[67] 其他情况下，成本领先者试图与利益相关者（如重要的政府官员、供应商和客户）建立强有力的、相互支持的关系，以抑制竞争和降低成本。正如第 2 章所指出的，关系是用来描述企业为了减少竞争而与他人发展的联系的名称。[68]

买方（顾客）的议价能力

强有力的买方（例如那些购买焦点公司大量产出的买方）可以迫使成本领先者降低价格。然而，这个价格不会低于行业内排在第二位的成本领先者赚到的平均利润的水平。尽管强有力的买方能够迫使成本领先者把价格降到这个水平之下，但是它们通常不会选择这样做，因为如果价格低到让排在第二位的竞争者连平均利润都赚不到，就会导致排名第二的竞争者退出该市场，这样市场上就只剩下成本领先者，该成本领先者面对的竞争更少，地位就会变得更强，如果买方必须购买该公司的产品，那么买方将没有讨价还价的能力，只能为产品支付高价。在一些情况下，强有力的买方不是强迫卖方降低价格，而是给卖方造成压力促使其提供创新产品和服务。

供应商的议价能力

成本领先者赚到的利润比其他竞争对手要多，并经常试图通过不断降低成本来增加其利润。另外，较高的利润还使成本领先者能更好地应对供应商的提价。当整个行业的供应成本大幅增加时，只有成本领先者能负担得起该价格，并且继续获得平均利润或超额利润。从另一个角度讲，强有力的成本领先者也可以迫使供应商维持原价，从而使供应商的利润降低。

沃尔玛是北美地区最大的零售商，这给了它较强的与供应商讨价还价的能力。沃尔玛是美国最大的超级市场运营商，它的山姆会员店（Sam’s Club）是美国第二大仓储购物俱乐部。沃尔玛 2018 年的销售收入为 4 957.6 亿美元，这使得该公司成为对供应商销售产品极具吸引力的渠道。由于其规模（目前在 28 个国家和地区有 11 695 家沃尔玛商店和 665 家山姆会员店）和顾客（每周约有 2.6 亿顾客在沃尔玛购物）[69]，沃尔玛一直能从供应商那里获得较低的价格。然而，它在线上销售方面与亚马逊的竞争日益激烈，且亚马逊有可能建立自己的门店，沃尔玛未来可能会发现，与以往相比，它与供应商的议价能力将有所下降。[70]

一些公司通过将整体功能外包来建立与供应商相互信赖的关系，这种做法可以让它们减少整体成本。[71] 利益相关者，特别是机构投资者，其施加的盈利压力使公司不得不将一些活动外包出去以减少成本。[72] 公司决策者面对盈利压力可能会得出结论，外包将会减少成本，从而使公司能够降低其产品价格。[73] 然而，这不是一个没有风险的决定。例如，一些经营者认为，“外包可能会带来新的成本，因为供应商和合作者要求更大的价值创造份额”[74]。这种可能性强调公司选择最合适的外包公司并建立与该公司的良好关系非常重要。通过有效管理企业与外包企业之间的关系，信任可以得到发展。同时，信任可能是公司选择将外包公司整合到其价值链，以寻求进一步降低成本的基础。[75]

潜在进入者威胁

成本领先者不断努力使成本低于竞争对手，进而使自己变得更有效率。这是因为效率的不断提高（如规模经济）可以巩固利润率，给潜在竞争对手造成巨大的进入壁垒。[76] 在新进入者获得成本领先者实现高效率的经验之前，必须接受低于平均水平的利润。较低的利润率（与执行差异化战略的公司获得的利润率相比）使得成本领先者必须销售出大量的商品才能获得超额利润。然而，试图成为成本领先者的公司应当尽量避免将产品价格定得过低，否则，即使销量增加，公司仍然无法获利。

替代品威胁

在替代品方面，成本领先者的市场地位比其他竞争对手更有利。当替代品的特性和特征在成本和差异化方面更能吸引顾客的注意力时，这个替代品就成了一个公司非常关注的问题。面对可能出现的替代品，成本领先者往往比其他竞争对手更灵活。为了留住顾客，成本领先者通常会降低产品或服务的价格。有了低价的产品和具有竞争性的差异化，成本领先者可以提高顾客对自己产品而非替代品的偏好程度。

成本领先战略的竞争性风险

成本领先战略具有一定的风险。第一个风险是，成本领先者用来生产和分销产品的流程可能会因竞争对手的创新而过时。[77] 这些创新可以让竞争对手以更低的成本提供产品和服务，或者在不提高价格的情况下给顾客带来额外的差异化特征。

第二个风险是，过分强调降低成本会使公司无法很好地理解顾客对于“竞争性差异化水平”的感知。例如，沃尔玛就因为销售人员数量太少，不能很好地为顾客提供帮助，以及收银台的数量太少等问题而备受批评。这些抱怨说明，沃尔玛的顾客对“最低限度服务”的界定与公司不断降低成本的努力之间存在矛盾。

模仿是成本领先战略的第三个风险。通过利用核心竞争力，竞争对手有时可以学会如何成功地模仿成本领先者的战略。一旦这种情况发生，成本领先者必须增加产品或服务的价值。通常来说，公司可以通过降低产品的价格，或者在保持价格不变的情况下增加产品的差异化特征这两种途径来创造价值。

差异化战略

差异化战略（differentiation strategy）是指以顾客认为重要的差异化方式来生产产品或提供服务（以可接受的成本）的一系列整合行动。[78] 成本领先者服务的是行业内的典型顾客群，差异化战略瞄准的则是用不同于竞争对手的差异化产品创造价值的顾客群。通过开发新的产品或服务，产品创新"以一种新的方式来解决顾客的问题，这对顾客和公司来说都受益匪浅"[79]。产品创新对差异化战略的成功运用非常关键。[80]

公司应当以具有竞争力的成本来生产差异化产品，以减少价格的不断上升给顾客带来的压力。如果公司生产的差异化产品的成本不具有竞争力，那么产品的价格将超出目标顾客愿意支付的价格。只有公司完全了解目标顾客群的价值是什么，各种不同需求的重要性如何，以及目标顾客群为什么愿意额外支付，差异化战略才能有效地帮助公司获取超额利润。当然，为了获取这些利润，公司必须运用知识资本（员工和管理者掌握的知识）向顾客提供能给他们带来更高价值的差异化产品。[81]

通过差异化战略，公司为那些更重视产品的差异化特征的顾客生产与众不同的产品。例如，超强的产品可靠性和耐用性、高性能的音响系统，都是丰田公司生产的雷克萨斯汽车的差异化特征。（同时，雷克萨斯的价格比其他高档汽车的价格更具竞争力。）

对于雷克萨斯来说，并非产品价格，而是产品的一些独特属性为顾客创造了他们愿意支付的价值。目前，作为收入仅次于路易威登（Louis Vuitton）的第二大奢侈品牌，古驰（Gucci）凭借亚历山德罗·米歇尔（Alessandro Michele）创新而独特的产品设计受到追捧。这些新设计"融合了多彩的街头服饰、历史背景和花哨的动物图案"[82]。古驰认为，顾客为这些独特设计支付价格，将有助于它摆脱时尚产品典型的繁荣—萧条循环。

要使差异化战略能够持续保持成功，公司必须不断升级顾客认可的差异化特征，并且（或者）在不明显增加成本的情况下，为顾客创造新的价值特征（例如，创新）。[83] 这种做法需要公司不断改变产品线。[84] 另外，这些公司也许还会提供一系列互补的产品组合，从而为顾客提供更丰富的差异化，或许还可以满足顾客的一系列需求。由于差异化的产品能满足顾客的独特需求，因此实施差异化战略的公司通常能够收取溢价。如果能以远高于差异化成本的价格销售产品，那么公司就可以超越竞争对手，获得超额利润。公司使用差异化战略的重点不在于成本，而是不断地投资和开发能为顾客创造价值的差异化特征。[85] 总之，实施差异化战略的公司要尽可能在更多方面显示出与竞争对手的不同之处。与竞争对手的产品或服务的相似性越少，公司受竞争对手的行动的影响就越少。然而，这种策略成功的前提是，消费者必须认为从一家公司购买的差异化产品的价格对他们来说是可接受的。古驰和路易威登的产品、布里奥尼（Brioni）定制的男士西服、卡特彼勒（Caterpillar）的重型推土机和麦肯锡公司（McKinsey & Co.）的咨询服务，都被认为是差异化产品的典型代表。

企业可以从多个方面实现其与竞争对手产品的差异化。与众不同的特征、及时的顾客服务、快速的产品创新和领先的技术、良好的声誉和地位、不同的口味、出色的设计和功能等，都可以成为差异化的来源。[86] 也就是说，公司拥有的任何一种能为顾客创造真实价值或感知价值的方法，都可以作为差异化的基础，相比之下，降低成本的方法则要少得多。以产品设计为例，由于能为顾客带来积极的体验，它逐渐成为差异化的重要来源（甚至对于寻求增加低价产品功能的成本领先者来说，这也是一种与竞争对手的产品相区别的方法），公司对设计的不断强调还有可能进一步创造竞争优势。[87] 公司用来区分其产品的例子还包括哈里伯顿公司（Halliburton）（能源行业服务公司）专注于项目的优质执行能力[88]，斯巴鲁（Subaru）专注于其产品持久性和耐用性[89]。

价值链可以用来分析公司是否有能力将实施差异化战略所需的价值创造活动连为一体。图 4 - 3 中列出了几种常用的对产品或服务实施差异化的价值链活动和辅助功能。没有能力将这些活动联系在一起的公司，是很难成功实施差异化战略的。

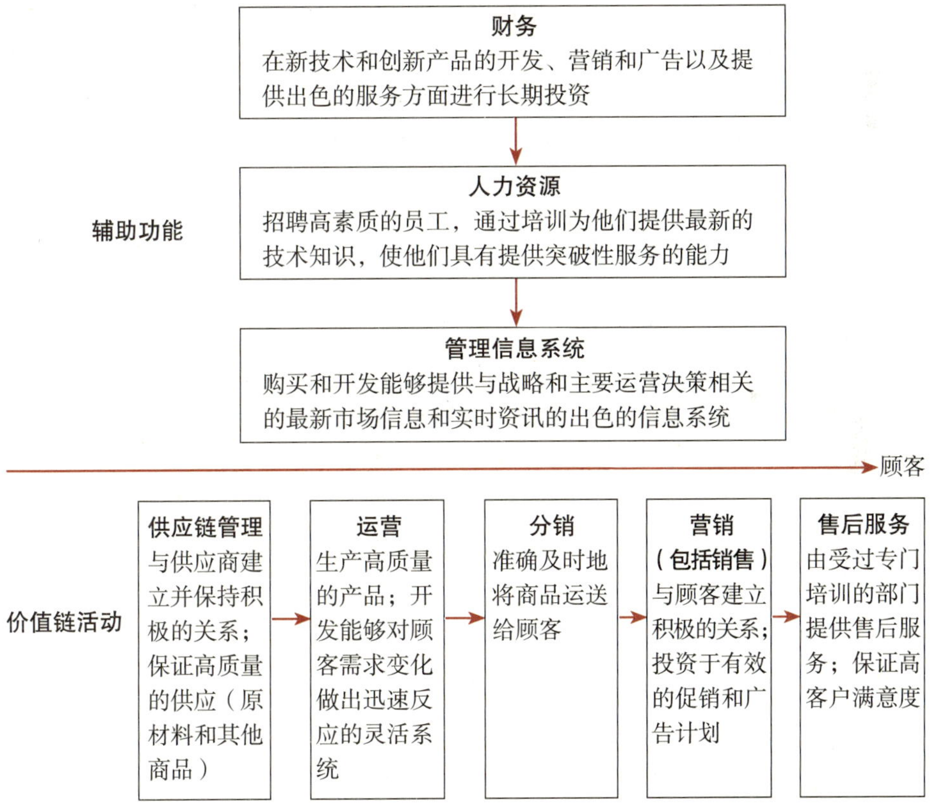

图 4 - 3　与差异化战略相关的增值活动

资料来源：Based on information from M. E. Porter, 1998, *Competitive Advantage: Creating and Sustaining Superior Performance*, New York: The Free Press; D. G. Sirmon, M. A. Hitt, & R. D. Ireland, 2007, Managing firm resources in dynamic environments to create value: Looking inside the black box, Academy of Management Review, 32: 273–292; D. G. Sirmon, M. A. Hitt, R. D. Ireland, & B. A. Gilbert, 2011, Resource orchestration to create competitive advantage: Breadth, depth and life cycles effects, *Journal of Management*, 37: 1390-1412.

接下来我们还是从五种竞争力量（见第 2 章）的角度解释公司应如何利用差异化战略成功地进行定位，进而获取超额利润。

与现有竞争对手的竞争

顾客对于那些他们认为有意义的差异化产品往往更加忠诚。随着品牌忠诚度的提高，顾客对涨价的敏感度会下降，这两者之间的关系可以使公司免遭竞争对手的挑战。因此，声誉可以使实施差异化战略的公司保持竞争优势。[90] 尽管如此，使用差异化战略的公司必须意识到竞争对手的模仿行为和由此可能带来的任何成功。这就是三星和苹果之间的情况，三星试图基于苹果的产品进行改进，为消费者创造潜在的价值。在竞争对抗的背景下（见第5章），苹果必须对模仿做出回应，以提高其产品为客户创造的价值。与此同时，作为一家采用差异化战略的公司，苹果必须开发创新的产品，以保持其生产和销售创新以及时尚的产品的声誉，这些产品需要被目标客户认为是有价值的。[91]

买方（顾客）的议价能力

由于差异化产品或服务的独特性降低了顾客对涨价的敏感程度，因此，只要产品能更好地满足顾客感知的独特需求，他们就愿意接受这种产品的价格上涨。因此，只要高尔夫球手的需求得到了满足，即使 Ping G 弹力系列球杆或 Piretti 推杆价格上涨，他们还是可能会继续购买这些产品。只要顾客一直认为这些知名品牌提供的产品（如亨氏（Heinz）番茄酱、肯辛顿爵士（Sir Kensington's）番茄酱和舒洁（Kleenex）纸巾）是以可接受的价格满足了自己的独特需求，那么他们就会接受这些产品价格的上涨。在所有这些例子中，顾客对价格的上涨都不太敏感，原因就在于他们不认为存在可以接受的替代品。

供应商的议价能力

由于实施差异化战略的公司对其产品的定价通常都比较高，因此要求供应商必须提供高质量的原材料，这进一步增加了公司的成本。然而，公司赚取的高额利润可以弥补原材料的高成本，因此，这在一定程度上可以抵消供应商的影响。[92] 此外，由于顾客对价格不敏感，公司可以通过提高这些特有产品的价格，把供应商的额外成本转嫁给最终的顾客。然而，当公司将所有职能或者大部分职能外包给供应商时，尤其是对于一家实施差异化战略的公司将研发活动外包时，它将变得非常依赖该供应商并因此容易受到其侵害。[93]

潜在进入者威胁

对潜在进入者而言，顾客的忠诚和不同产品的独特性是主要的进入壁垒。公司在进入一个行业时，需要投入大量的资源，还要保持寻求顾客忠诚度的极大耐心。在这些情况下，一些潜在的进入者决定以更小的投资看看自己能否在市场中找到一个立足点（或者一个可以促进竞争、相对安全的位置）。如果没有找到立足点，它们也不会损失太多资源；如果找到了立足点，它们则会接着投入更多的资源来强化其竞争位置。[94]

替代品威胁

向顾客销售品牌产品和服务的公司，通常处于抵御替代品威胁的有利位置。相反，对于缺乏品牌忠诚度的公司来说，它们的顾客更容易转向与现有产品功能相同但又具有某些差异化特征的替代产品（尤其是当替代品的价格更低时），或者转向其他功能更多、更有吸引力的产品，因此，它们可能会受到这些来自行业外部的创新的侵害，这些创新能够更好地满足顾客的需求（例如，音乐行业中亚马逊的 Alexa）。[95]

差异化战略的竞争风险

差异化战略的第一个风险是，顾客可能会认为实施差异化战略的产品与实施成本领先战略的产品之间价格差距太大。在这种情况下，公司提供的差异化特征会超出目标顾客群的需求。此时，公司会变得不堪一击，因为竞争对手提供的性价比更高的产品能更好地迎合顾客的需求。

差异化战略的第二个风险是，公司的差异化方式不再能创造顾客愿意买单的价值。如果竞争对手通过模仿而为顾客提供相同的产品或服务，但是价格更低，那么差异化产品的价值会进一步减少。比如，购买和使用 iPhone 是否创造了超过某些竞争对手产品成本和功能的价值？

差异化战略的第三个风险是，不断重复的体验可能会减少顾客对差异化特征的价值的认同感。例如，顾客对一般纸巾的感觉都不错，他们就会认为不值得为舒洁纸巾支付高价。为了应对这一风险，公司必须以顾客愿意支付的价格对产品继续进行有意义的差异化（如通过创新）。[96]

伪造是差异化的第四个风险。伪造品与原商品的商标和标识完全相同或者没有明显的差异，侵犯了商标所有者的权益。当消费者购买了这样的产品并发现被欺骗时，这种后悔会带来对品牌产品的不信任并且降低其差异性。[97] 因此公司必须采取行动应对伪造品的问题。

未能以公司产品（商品和服务）的形式向顾客提供清晰和可识别的差异化是差异化战略的第五个风险。在这种情况下，公司未能实施差异化战略来满足顾客的期望。另一种看待该问题的方式是，公司有时不能创造出顾客愿意支付价格的差异化。正如“战略聚焦”专栏中探讨的那样，梅西百货可能就是这种情况。过去几年，该公司在满足利益相关者的利益方面做得不够，这些利益相关者包括股东（他们看到自己所持股份贬值）和顾客（他们不再经常光顾梅西百货）。我们讨论了梅西百货正在采取行动扭转局面，并试图通过实施差异化战略再次获得成功。

战略聚焦　梅西百货能否再次通过实施差异化战略获得成功？

1858 年，罗兰·哈西·梅西（Rowland Hussey Macy）在纽约第 14 街和第 6 大道的拐角处创立了今天被称为梅西百货（Macy’s Inc.）的公司（开业当天的销售额为 11.06 美元）。梅西百货的原名为 R.H. Macy，该品牌对零售业进行了多次创新。梅西百货以其创造性的销售方式闻名，它是第一家提供各种颜色浴巾的百货公司，也是纽约市第一家持有卖酒执照的零售商。梅西百货还“开创了一种革命性的商业模式——单一价格体系，即向每位顾客以相同价格出售相同商品，并在报纸广告中为商品报价”。

梅西百货在成立之初就选择实施差异化战略，以此来赢得顾客和其他利益相关者的青睐。一直以来，梅西百货在几个方面与竞争对手区分开来，包括提供自有品牌商品、提供独特的服务、售卖时髦的产品、聘用经过专门培训的行家作为香水和化妆品柜员，以及精心设计门店的布局，使消费者在购物过程中更容易购买产品。

几十年来，由于实施了差异化战略，梅西百货一直是一家成功的百货零售商。不过，对于梅西百货等传统零售商来说，时代已经变了。例如，在梅西百货这样的商场里售卖的 70% 的商品都可以在亚马逊和其他购物网站上买到。梅西百货等实体零售商和线上零售商售卖的商品之间缺乏差异，“这是百货公司面临的最大挑战”。由于梅西百货和其竞争对手之间缺乏明显的区别，包括零售折扣店（如 T. J. Maxx）、灵活的专门商店（如 Ulta Beauty）以及线上卖家，梅西百货似乎无法满足顾客对于他们愿意支付价格的差异化的期望。该公司近期失败的证据包括：连续多个季度销售额下降，以及决定出售一些门店以赚取现金。面对这种情况，分析人士认为，“百货公司（包括梅西百货）拥有的最佳机会是创造出与众不同的产品，给消费者一个购买的理由”。梅西百货是如何应对这种情况的呢？它应该通过什么方式实施差异化战略应对这个挑战，并取得更大的成功？正如我们接下来所讨论的，这家公司采取了几项行动，其中大部分是就创新做出的努力。

梅西北极星战略（Macy's North Star Strategy）是该公司为了改善其差异化战略的执行做出的一系列努力和行动。北极星战略由五个部分组成：（1）从熟悉到喜爱——通过预测顾客的需求，迅速并有效地做出反应，向顾客提供理想的产品和愉快的购物体验；（2）必须属于梅西百货——该公司通过再次强调其自有品牌（如 I.N.C 服装、Hotel Collection 和 Impulse 美容产品），提供梅西百货独有的、为顾客创造价值的产品和服务；（3）每一次体验都是重要的——梅西百货相信，其“竞争优势在于能够将实体店的人情味与尖端科技结合起来”（包括移动应用程序和“店内购买，在线取货”服务）；（4）为未来筹资——为了拥有对创新进行再投资所需的财政资源，为客户创造有价值的差异化，梅西百货正在对创新进行再投资，减少不直接应用于顾客的开支，并通过销售其庞大的房地产投资组合中的一部分创造价值；（5）走出的每一步都是创新的——这是由“探索创新，使消费者和科技趋势成为我们的优势，以此提升销售额”所引导的行动。正如我们所看到的，梅西百货在实施差异化战略方面取得了更大的成功，其中的部分尝试是数字化战略的制定，利用科技解读信息，以此作为为顾客创造更多价值的手段。

总体而言，梅西百货正试图在为顾客创造价值的方式上与其他竞争对手区分开来。除了强调自有品牌，该公司还建立了移动支付功能，以提升服务顾客的效率。该公司对其 13 万名员工（包括兼职员工）实施了一项激励计划。当销售额超过内部标准时，该计划会使所有员工受益。对于顾客，梅西百货最近建立了星级奖励忠诚项目。这是一个三阶段的积分系统，顾客消费额越高，享受的福利就越多。总的来说，梅西百货的领导者及其股东希望，公司正在建立和执行的创新将成为差异化战略的基础，并带领公司取得成功。

资料来源：2018, Bluemercury, Macy's Homepage, www.macy's.com, March 9; 2018, Company history, Macy's Homepage, www.macys.com, March 9; S. Kapner & A. Prang, 2018, Holiday sales rebound at Macy's and JCPenney, *Wall Street Journal*, www.wsj.com, January 4; A. Levine-Weinberg, 2018, Macy's, Inc. real estate sales will continue in 2018, *The Motley Fool*, www.fool.com, January 16; W. Loeb, 2018, Macy's makes progress under Gennett, but much remains to be done, *Forbes,* www.forbes.com, February 28; Z. Meyer & C. Jones, 2018, Macy's buoyed by brisk sales, popular new loyalty program, *USA Today*, www.usatoday.com, February 27; E. Winkler, 2018, Macy's has a spring in its step, *Wall Street Journal*, www.wsj.com, February 27; C. Jones, 2017, Why Walmart is soaring while Macy's flounders, *USA Today*, www.usatoday.com, February 22; P. Wahba, 2017, How Macy's is turning beauty store Bluemercury into its secret weapon, *Fortune*, www.fortune.com, October 4; P. Wahba, 2017, How Macy's new CEO plans to stop the bleeding, *Fortune*, www.fortune.com, March 22; G. Petro, 2016, Macy's, JCPenney, and Sears: Where's the differentiation? *Forbes*, www.forbes.com, June 22.

聚焦战略

聚焦战略（focus strategy）是指通过一系列行动来生产产品或提供服务，以满足特定的竞争性细分市场的需求。当公司利用核心竞争力来满足特定细分市场的需求时，或者想要把他人排除出这个市场时，就可以使用聚焦战略。可以运用聚焦战略的细分市场有：

1. 某个特定的购买群体（如年轻人或老年人）；
2. 某一产品线的特定部分（例如专业油漆匠或 DIY（自己动手做）一族使用的产品）；
3. 某一特定地理区域的市场（如意大利的北部或南部）。[98]

许多特定顾客群体的需求都可以通过聚焦战略来满足。例如，戈雅食品公司（Goya Foods）是美国最大的由西班牙裔所有的食品公司，由唐·普鲁登西奥·乌纳努（Don Prudencio Unanue）和妻子卡罗琳娜（Carolina）于 1936 年创立。戈雅将西班牙裔市场再细分为独特的顾客群，提供超过 2 500 种“来自加勒比海、墨西哥、西班牙、中美洲和南美洲的高质量和可负担得起的食品”[99]。该公司是西班牙风味食品的权威，并希望成为真正想要购买拉丁美食的人的首选。通过成功地运用聚焦战略，例如戈雅食品公司，尽管没有在整个行业范围内获得竞争优势，但它们在特定的利基市场或细分市场上获得了竞争优势。

虽然目标市场的宽度实际上就是程度问题，但聚焦战略的本质在于“从均衡的行业中探索狭窄目标市场的差别”[100]。使用聚焦战略的公司试图比行业内的其他公司更有效地服务于某一特定的细分市场。实际上，初创型公司普遍只服务于一个特定的利基市场或细分市场，某种程度上是因为它们拥有的知识或资源不足以服务更大的市场。[101]事实上，它们通常更偏向于在“雷达范围外”运营，避开那些拥有更多丰富资源、服务于更大市场的大公司。当公司能有效地服务于特定的细分市场，并且该细分市场的需求特殊到其他竞争者都不为这一市场提供服务，或者公司能够满足其他竞争对手无法很好地满足的需求时，使用聚焦战略才会取得成功。

公司可以通过使用聚焦成本领先战略或者聚焦差异化战略，来为具体的或独特的细分市场创造价值。

聚焦成本领先战略

总部位于瑞典的宜家公司是一个全球家具零售商，它在 49 个国家和地区拥有 403 家门店，2017 年的销售收入达到 383 亿欧元[102]，该公司使用的就是聚焦成本领先战略。德国、美国、法国、英国和中国是宜家最大的市场。[103]通过聚焦成本领先战略，宜家在 2017 年交出了 9.36 亿人次门店访问量和 23 亿人次网站访问量的成绩单。该公司的创始人英瓦尔·坎普拉德（Ingvar Kamprad）于 2018 年去世，享年 91 岁。

宜家一直致力于“在不损害质量的前提下压低成本”[104]，这是该公司战略中低成本战略的体现。当顾客看到一个“最新低价”的宣传时，宜家认为这意味着公司已经发现了一种提供高质量、多功能且低价产品的方法。宜家的聚焦成本领先战略的重点是公司的目标市场：那些追求低价与时尚的年轻人。

宜家之所以能够以低成本为顾客提供时尚产品，设计至关重要。关于设计，该公司指出："我们认为好的设计是在低价的基础上结合形式、功能、质量和可持续性。我们称之为'民主设计'，因为我们相信，好的家居产品会适合每个人。"[105]针对这些顾客，公司提供的家居产品融合了新颖的设计、齐全的功能、可靠的质量和低廉的价格等一系列特征。该公司致力于"以非常低的价格提供更广泛系列的设计优秀、功能化的家居产品，使尽可能多的人能够买得起"。

为了保持低成本，宜家公司采取了多项措施。例如，该公司不是依赖第三方制造商而是自己设计低成本、可自行安装的模块式家具。为了减少顾客对销售顾问和装潢工人的需求，该公司将产品摆放在卖场中，这样顾客就可以体验到在类似的单个房间中，各个生活空间的不同组合（包括沙发和桌椅），这有助于顾客想象出同样的家具摆放在自己家里的效果。宜家一直以来保持低成本的第三种做法是，要求顾客自己负责运输所购买的家具而不是由公司提供运输服务。然而，出于竞争原因，宜家最近开始提供一项可供选择的配送服务。用该公司的话说："配送服务 29 美元起！价格从 29 美元到 59 美元不等，根据需求和宜家零售店到送货地址的距离有所不同。"[106]

尽管宜家是成本领先者，但它同时也提供能吸引目标顾客群的差异化特征，包括独特的家具设计、店内的儿童游乐场、供顾客使用的轮椅以及延长营业时间等。因此，宜家的聚焦成本领先战略还包括低成本产品的差异化特征。

聚焦差异化战略

还有一些公司采用的是聚焦差异化战略。如前所述，公司可以利用多种方法实现产品或服务的差异化。例如，在洛杉矶，新一代快餐车非常流行，它采用的就是聚焦差异化战略。它提供了由训练有素的厨师制作的有机食品，并由知名餐厅拥有及运营。

绿色餐车（Green Truck）的总部设在洛杉矶，其使命是"治愈地球，一次一餐"，该公司的有机菜单原料都来自当地有机农场。[107]为了尽可能多地接触顾客，绿色餐车在洛杉矶从一个地方移动到另一个地方时，它的主人会利用推特和脸书把餐车当前的位置告知顾客。[108]

在使用聚焦战略时，公司必须以更具竞争力的方式来完成价值链中的各种主要活动和辅助功能，以获取和保持竞争优势以及超额利润。聚焦成本领先战略所需的活动与行业成本领先战略所需的活动基本相同（见图 4－2），与行业差异化战略所需的活动也大体相似（见图 4－3）。同样，公司利用两种聚焦战略成功地处理与五种竞争力量间关系的方式，与另外两种广阔市场战略也基本类似，唯一不同的是公司的竞争范围（见图 4－1），前者聚焦的是狭窄细分市场。因此，图 4－2 和图 4－3 以及五种竞争力量都很好地解释了两种聚焦战略与竞争优势之间的关系。

在"战略聚焦"专栏中，我们使用了不同公司提供的一种产品——汉堡包，来展示聚焦成本领先战略和聚焦差异化战略的具体例子。出于比较的目的，我们也提到公司在该行业范围内销售汉堡包时，要么使用成本领先战略，要么使用差异化战略。正如"战略聚焦"专栏中所探讨的，企业在制作和销售汉堡包时，可以使用这四种通用的业务层战略中的任何一种来取得成功。

战略聚焦 今天，你想吃什么样的汉堡包？

汉堡包在世界许多地方都是一种很受欢迎的食物。韦氏词典对汉堡包的定义如下："碎牛肉馅；将汉堡馅夹在普通圆形面包中的三明治。"这个内容丰富的定义似乎很直接。然而，正如那些购买汉堡包的消费者所知，现在有多种多样的汉堡包供顾客选择。在此，我们讨论企业如何使用五种通用业务层战略中的四种来制作和销售汉堡包（我们在这里没有使用整体成本领先/差异化战略）。

正如本章前面所提到的，企业能够把产品区分开来的维度是无穷无尽的。从本质上讲，任何顾客看重并愿意为之支付价格的产品的属性都是差异化的潜在来源。企业利用聚焦差异化战略制作和销售汉堡包，是为了向一个狭窄或特定的消费群体销售对他们来说与众不同的产品。

坐落于得克萨斯州布莱恩市的 Proudest Monkey 公司，使用的是聚焦于地理位置和产品的聚焦差异化战略。该公司的老板说，他们的餐厅"充满了好伙伴和美好时光"。这家公司的一个与众不同之处是它的地理位置——位于市中心追求复古的社区。另一个不同之处是该餐厅所处的历史建筑。在建造餐厅时，老板小心翼翼地保持了建筑的完整性。该餐厅在顾客中被称为"猴子"（The Monkey），除了为顾客提供在当地历史悠久的建筑里用餐的机会，它还对汉堡包进行了改良。品质是一个关键的差异化来源。为了给顾客提供始终如一的质量，餐厅菜单的独特性是"简单"和"新鲜"。每天早上，员工会制作新鲜的肉饼、调味料和浇头。同时提供给顾客的还有得克萨斯手工啤酒以及"猴子独特的"马提尼酒冰激凌，例如 Arnold Palmer 冰激凌、巧克力草莓冰激凌和薄荷巧克力片冰激凌。这家餐厅独特的汉堡包（比如 Willie Norris 和 Yard Bird）的价格从 6.95 美元到 8.35 美元不等，同时还提供独特的法式薯条，比如"脏"薯条（用盐、胡椒、糖烹调）和"雅皮士"薯条（用橄榄油、盐、胡椒、大蒜粉和帕尔马干酪烹调）。

2007 年在科罗拉多州成立的 Smashburger 没有专注于某一特殊的消费群体，而是采用差异化战略，以该公司认为独特的食品为目标，瞄准了一个"广阔的市场"。这家公司在美国 32 个州和其他 5 个国家拥有超过 350 家门店，其汉堡包的与众不同之处吸引了大量的顾客。Smashburger 的使命是"让汉堡包重新回到人们的生活。我们希望改变人们对汉堡包的看法，以及他们吃汉堡包时的感受"。该公司的汉堡肉"是定制的，从来没有冷冻过，经过捣碎并在烤架上烧烤至完美"。用于制作 Smashburger 的鲜肉是用公司开发的一种特殊工具在烤架上被捣碎的，该公司称这个过程增加了其肉饼的吸引力。Smashburger 的汉堡包包括 Classic Smash、BBQ、Bacon & Cheddar、the Avocado Club 和 Bacon Cheeseburger。Smashburger 的汉堡包价格在 6.59 美元到 7.79 美元之间。如果顾客愿意，他们可以点一份 Smashfries（薯条中加入了迷迭香和大蒜）来搭配汉堡包。

1923 年在密歇根州弗林特市成立的 Kewpee 是美国第二个知名的汉堡包连锁店。现在，该公司总部和 5 个门店中的 3 个都位于俄亥俄州利马市（另外 2 个分别在密歇根州兰辛市和威斯康星州拉辛市）。这家公司采用了以地理位置和低价格为基础的聚焦成本领先战略。有趣的是，位于俄亥俄州利马市的第一个 Kewpee 店面是一个国家历史遗址。Kewpee 为中西部三个州的一小部分人提供价格低廉的食品，它使用当地的牛肉制作最基本的汉堡包，这吸引了那些只想要一个无区别的基本汉堡包的当地人。该公司的标语是："放有酸黄瓜的汉堡包，让你的心怦怦跳！"这显示了 Kewpee 标准化和无差异的特点。由于在无差异的建筑中提供基本的汉堡包，与 Proudest Monkey、Smashburger

以及其他采取差异化策略的汉堡店相比，Kewpee 的价格是非常便宜的。普通的 Kewpee 汉堡包 2.2 美元，而特别一点的汉堡包（包含奇迹奶油、生菜和西红柿）则是 2.4 美元。如果你不想吃汉堡包，Kewpee 也可以 1.9 美元的价格为你提供奶酪三明治。另外，一杯特大杯软饮料仅收取 1 美元。作为实施聚焦成本领先战略中提供差异化的一种手段，Kewpee 在一年中的不同月份以特殊的价格提供不同的馅料。顾客可以在 2 月购买 Februcherry，而 Marchocolate 则在 3 月上市。

与 Kewpee 不同，麦当劳采用成本领先战略，为广阔的顾客市场提供服务。截至 2018 年 1 月，全球有超过 36 000 家麦当劳餐厅。该公司的 190 万名员工每天为 6 900 多万人提供服务。麦当劳的创始人雷·克拉克（Ray Kroc）希望建立一个餐厅系统，使顾客能够在所有麦当劳门店购买相同质量的产品。麦当劳专注于“品质、服务、干净和价值”，麦当劳以较低的成本提供一系列食品，吸引了世界各地大量的顾客。“一美元菜单”是该公司成本领先战略的重要组成部分，这和包括汉堡王在内的其他汉堡包连锁店采用的是相同的战略。

资料来源：2018, About us—monkey eat, monkey drink, Proudest Monkey Homepage, www.proudestmonkey.com, March 9; 2018, Our mission, About us, McDonald's Homepage, www.mcdonalds.com, March 9; 2018, Definition of hamburger, *Merriam-Webster*, www.merriam-webster.com, March 9; 2018, About us, Kewpee Homepage, www.kewpeehamburgers.com, March 9; 2018, Our story, Smashburger Homepage, www.smashburger.com, March 9; M. Rosenberg, 2018, Number of McDonald's restaurants worldwide, *ThoughtCo.*, www.thoughtco.com, February 11.

聚焦战略的竞争风险

无论采用何种聚焦战略，公司都面临与行业成本领先战略或差异化战略相同的一般性风险。此外，聚焦战略还面临三种风险。

第一种风险是竞争对手可能会聚焦于更窄的竞争性细分市场，从而使公司的聚焦战略变得“不再聚焦”。如果有其他公司向宜家的顾客提供更多的差异化产品而价格保持不变，或者以更低的价格提供同样的差异化产品，那么宜家公司就有可能面临竞争风险。哈雷－戴维森最近决定生产电动摩托车，这可能会挑战起点摩托车（Zero Motorcycles）。起点摩托车是一家规模小得多的公司，只生产电动摩托车。[109] 对起点摩托车公司而言，哈雷－戴维森投资成立的新电动摩托车公司 Alta Motors 将会大大增加竞争风险。哈雷－戴维森做出这项投资决定是为了“加速其电气化进程”[110]。

第二种风险是在行业范围内开展竞争的公司可能会认为执行聚焦战略的公司所服务的细分市场很有吸引力，值得争取。[111] 例如，一家向顾客提供多种类型食品的洛杉矶大型餐厅，可能会认为在自己的餐车售卖有机食品很有吸引力。与绿色餐车（位于洛杉矶，前文提到）等公司提供的食品相比，大型餐厅具有准备更多食品的能力，也许能够销售在质量和价格上超过绿色餐车的有机食品。

第三种风险是随着时间的推移，狭窄细分市场的顾客需求会与整个行业的顾客需求趋于一致，因此，聚焦战略的优势就会减少或者消失。如下面战略聚焦中的案例所示，RadioShack 过去聚焦于业余无线电爱好者和 DIY 爱好者的独特需求，随着时间的推移，这种需求也逐渐消散。RadioShack 苦苦挣扎了好些年以寻找正确的聚焦定位，也实施了许多战略变革，但是最终公司仍然破产了。

整体成本领先 / 差异化战略

在购买产品或服务时，顾客总是抱有很高的期望，希望能买到物美价廉的产品。鉴于顾客的这一期望，很多公司参与主要的价值链活动和辅助功能，同时寻求低成本和差异化。

为此，公司将采用**整体成本领先 / 差异化战略**（integrated cost leadership/differentiation strategy），该战略涉及参与主要的价值链活动和辅助功能，使公司得以同时寻求低成本和差异化。使用这种战略的目的是高效率地生产差异化产品。效率是维持低成本的源泉，差异化则是创造独特价值的来源。成功实施这种战略的公司通常能对技术的变化和外部环境的变化做出快速的调整。另外，由于同时专注于两种竞争优势（低成本和差异化）的开发，公司必须增加具有竞争力的价值链活动和辅助功能的数量。这类公司通常与参与主要活动和辅助功能的外部合作者具有牢固的关系。[112] 反过来，公司掌握的处理大量活动的技巧又进一步增加了它的柔性。

为了更好地专注于核心顾客群的需求（如高收入、关注时尚的折扣购物者），塔吉特公司使用了整体成本领先 / 差异化战略。该公司在其使命陈述中做出了品牌承诺，“期待更多，付出更少”。该公司实际上是这样描述这一战略的：“塔吉特公司是一家高档折扣零售商，在干净、宽敞、便利的商店里，以具有吸引力的价格提供高质量的时尚商品。”[113] 塔吉特公司除了为差异化产品提供相对较低的价格外，还通过为客户提供快速结账体验和个性化服务的专门团队，为客户创造差异化。

一直以来，大多数新兴市场的公司都采用成本领先战略开展竞争。因为它们的劳动力成本和其他供应成本往往远低于发达国家的跨国企业。然而，近年来，一些新兴国家的公司也逐渐形成了自己生产创新产品的能力。与生产低成本产品的能力相结合，它们在与大型跨国企业竞争中能够获得一种优势。因此，一些新兴市场的公司开始采用一种整体成本领先 / 差异化战略。[114]

公司在完成价值链的主要活动和辅助功能时需要具有柔性，这样才能利用整体成本领先 / 差异化战略来生产低成本的差异化产品。一些中国公司，包括汽车制造商，开发了一种产品设计方法，使组织结构更具柔性，能够以较低成本进行生产，同时又可以设计出与竞争对手不同的汽车。[115] 柔性制造系统、信息网络和全面质量管理是柔性的三个来源，它们对于整合战略所要求的不断降低成本和不断巩固差异化这两个主要目标的平衡是非常有帮助的。

柔性制造系统

通过采用柔性制造系统（flexible manufacturing system，FMS），公司能够整合人力资源、物质资源和信息资源以创造低成本的差异化产品。作为一项重要的技术进步，它是一种由计算机控制的流程，在人工干预最低的情况下，生产各种数量适中又具有灵活性的产品。[116] “柔性制造系统能使制造企业具有快速改变制造环境的优势，从而提高工艺效率，降低生产成本。”[117]

位于中国重庆的中美合资企业长安福特汽车有限公司的汽车制造工艺展示了柔性生产的明显好处。两家公司各拥有这家合资企业 50% 的股份，为中国市场生产福特品牌汽车。[118] 长安福特的制造工程经理强调了使用 FMS 的好处："我们能够在几个小时之内引进新模型，对新模型生产线进行简单组合重构，在引进新模型期间，仍然能够生产现有模型……这使得公司直接受到市场需求驱动引入新模型、淘汰旧模型，而不受生产能力驱动，也不需要等待基础设施建设的时间。"[119] FMS 也可能会影响福特与安徽众泰汽车有限公司组建的另一家合资企业的成功。如果通过了必要的监管程序，这两家公司打算在中国生产电动汽车，打造一个中国市场独有的品牌。[120]

FMS 的目标是消除传统制造技术固有的低成本与产品多样化之间的矛盾。公司使用 FMS 后，可以非常迅速、轻松地完成从一种产品到另一种产品的生产调整。如果使用得当，FMS 可以使公司在保持低成本优势和产品质量的情况下更有效地应对顾客需求的变化。由于 FMS 使公司减小了有效生产某种产品的批量规模，因此，公司满足某一狭窄细分市场的独特需求的能力得到了提高。在任何一个行业，公司有形资源（例如设备）和无形资源（例如员工的技能）的有效结合都有助于实施复杂的竞争性战略，尤其是整体成本领先 / 差异化战略。

信息网络

通过把公司的供应商、分销商、顾客连接在一起，信息网络成为柔性的又一个来源。有效利用网络可以帮助公司更好地满足顾客在产品质量和交货速度方面的期望。[121]

在本书前面的内容中，我们讨论了为理解顾客需求而进行客户关系管理的重要性。客户关系管理（CRM）就是为了实现这一目的而采取的一种以信息为基础的网络流程形式。[122] 有效的客户关系管理系统为公司审视客户关系提供了 360 度视角，包括所有的接触点、业务流程、沟通媒介和销售渠道。

赛富时（Salesforce）是最大的在线客户关系管理提供者，拥有超过 15 万顾客。[123] 该网站正在进入云计算领域[124]，公司可以使用大型数据库进行存储，以及获取包括智能手机在内的各种设备的信息。云计算已经存在了 20 多年，最近赛富时指出，超过 69% 的企业已经通过某种形式使用云技术。赛富时强调云计算在管理与客户关系方面的优势，指出当公司使用这项技术时，至少会自动带来 12 个好处，包括成本节约、安全性、灵活性、移动性和洞悉力。[125] 公司可以利用这些信息理解顾客是如何在低成本和产品差异化特征之间进行权衡的，这对于那些采用整体成本领先 / 差异化战略的公司来说非常重要。企业还利用信息网络管理供应链。[126] 企业通过这些信息网络利用供应链，以低成本的方式管理制造过程中差异化的生产投入。

全面质量管理

全面质量管理（total quality management，TQM）是一个管理流程，它强调组织对顾客的承诺，并且承诺在对员工授权的基础上利用问题解决方法来持续不断地改进所有流程。[127] 公司开发和使用 TQM 主要有三个目的：（1）提高顾客满意度；（2）削减成本；（3）减少创新产品引入市场的时间。[128]

如果公司能够在削减成本的同时提高开发新产品的能力，那么公司将更具柔性，这也有助于公司实施整体成本领先 / 差异化战略。超越顾客对质量的期望是一个差异化特征，通过消除缺乏效率的工作流程来削减成本，则有助于为顾客提供价格更低的高质量产品。因此，有效的 TQM 系统有助于公司发展柔性，进而使公司能够在识别机会的同时增加差异化并减少成本。

今天，许多公司对于如何有效地建立和使用 TQM 系统有着丰富的知识。正因为如此，企业的 TQM 系统通常产生的是竞争对等而不是竞争优势（见第 3 章）。[129] 有效的 TQM 系统有助于企业提高产品质量并降低成本，对于实施整体成本领先 / 差异化战略的企业尤其有价值。

整体成本领先 / 差异化战略的竞争风险

成功运用整体成本领先 / 差异化战略获得超额利润的潜力是非常有吸引力的。然而，这也是一个有风险的战略，因为公司发现，通过主要的价值链活动和辅助功能来生产相对便宜又能为顾客创造价值的差异化产品，是一件非常困难的事情。另外，公司想要长期适当地使用这一战略，就必须在减少成本（成本领先战略所需的）的同时增加产品的差异化（差异化战略所需的）。

如果不能以最理想的方式完成价值链活动和辅助功能，那么公司将处于两难的境地。[130] 这意味着公司的成本结构没有低到可以为产品制定一个有吸引力的价格，产品也没有足够的差异化特征为目标顾客创造价值。

这似乎是杰西潘尼近些年遇到的问题。罗恩・约翰逊（Ron Johnson）在担任公司 CEO 期间（2011 年 11 月到 2013 年 4 月）做出了一个关键决定，就是用新的定价策略取代公司从前的定价策略。约翰逊决定，公司应该采取苹果商店“天天低价”的定价策略（他在苹果公司担任高管时就采用了这种策略），而不是通过优惠券向顾客提供折扣。除了取消优惠券形式的促销活动外，约翰逊还改变了公司的商品陈列方式，并在店内增加了精品区。[131] 这些策略使得杰西潘尼处于一个“两难境地”，它的价格不再低到足以吸引公司从前的顾客群，而其商品也没有达到足够的差异化程度以吸引新顾客。那些“处于两难境地”的公司无法获得平均以及超额回报，除非公司参与竞争的行业结构非常有利。[132]

当公司不能成功实施成本领先战略或差异化战略时，也会陷入两难的境地。换句话说，在整个行业范围内开展竞争的公司也有可能陷入这种境地。

尽管有着上述风险，但由于技术的进步和全球化的竞争，整体成本领先 / 差异化战略越来越普遍，甚至在一些行业中采取这一战略是必需的。从长期来看，这一战略可以提高公司效率，它的长期实施需要专注于这一战略的所有者，因为要等到几年之后才能得到回报。[133]

本章小结

业务层战略是指在具体的产品市场上，公司用来开发核心竞争力以获得竞争优势的一系列相互整合、协调的约定和行动。本章主要介绍了五种业务层战略（成本领先战略、差异化战略、聚焦成本领先战略、聚焦差异化战略和整体成本领先 / 差异化战略）。

顾客是业务层战略成功的基础。对于顾客，公司需要考虑三个问题：为谁、做什么、如何做。这三个问题分别涉及：服务的顾客群体、公司要满足的顾客需求以及公司用来满足这些需求的核心竞争力。在全球经济下，细分市场不断增加，这为公司创造了更多识别顾客独特需求的机会，公司可以选择一种业务层战略来满足这些需求。

商业模式是企业业务层战略的一部分，它描述了企业是如何为其利益相关者创造、传递和获取价值的。从本质上讲，商业模式是企业如何通过流程创造、传递和获取价值的框架，而业务层战略则是企业通过在特定产品市场开发其核心竞争力并获得竞争优势的途径。商业模式有许多类型，包括特许经营模式、免费增值模式、订阅模式和P2P模式等。公司可以将这些商业模式与五种通用的业务层战略中的任何一种结合起来，以实现面对竞争对手的成功。

通过成本领先战略寻求竞争优势的公司，通常为行业中的典型顾客生产经济实惠的、标准化的产品。然而，这些低成本产品必须具有一定的差异化。只有持续地强调效率以使成本比竞争对手更低，同时为顾客提供可接受的差异化特征，公司才能获得超额利润。

与成本领先战略相关的竞争风险包括：（1）因新技术而丧失竞争优势；（2）未能识别顾客需求的变化；（3）竞争对手通过自己独特的战略行动来模仿成本领先者的竞争优势。

公司通过差异化战略为顾客提供具有差异化特征（有价值）的产品。与竞争对手的产品相比，差异化产品必须以顾客认为有竞争力的价格进行销售。由于这些产品或服务具有差异化的特征，它们的售价通常比较高。产品可以从顾客群体认为有价值的任何维度进行差异化。采取这种战略的公司通常会从尽可能多的维度使自己的产品或服务与竞争对手相区别。与竞争对手产品的相似性越少，公司受竞争对手的挑战也就越少。

与差异化战略相关的风险包括：（1）与成本领先者的产品或服务相比，顾客认为不值得为差异化产品的独特性支付额外的费用；（2）差异化产品无法为顾客创造值得支付高价的价值；（3）竞争对手有能力以更低的价格为顾客提供具有相同特征的产品；（4）来自伪造品的威胁，即其他公司生产的价格低廉的模仿品；（5）以未能以创造顾客愿意支付的价值的方式实施差异化战略。

通过聚焦成本领先战略与聚焦差异化战略，公司可以为狭窄细分市场（如一个特殊购买群体、产品类别或地理区域）提供服务。当公司具有的核心竞争力能为具体的细分市场创造价值，并且该价值超出在整个市场（行业范围内）进行竞争的公司所创造的价值时，该战略才会成功。

与聚焦战略相关的竞争风险包括：（1）竞争对手利用核心竞争力服务于一个更窄的细分市场而使原聚焦战略不再聚焦；（2）在整个行业范围内竞争的公司决定聚焦于顾客群的特殊需求；（3）狭窄细分市场和整个行业市场内顾客需求间的差异逐渐减小。

使用整体成本领先/差异化战略的公司寻求的是以较低的价格为顾客提供有价值的、差异化的产品。柔性对于公司学习如何利用主要的价值链活动和辅助功能，为顾客提供低成本的差异化产品，是非常必要的。柔性制造系统以及公司内部、公司与公司之间（买方和供应商）信息系统的改进和互联能够促进这种柔性。由全面质量管理（TQM）系统带来的对公司工作流程的持续改进也促进了该战略的使用。该战略的主要风险是：当公司生产的产品在价格和差异化方面无法为顾客创造足够的价值时，公司会陷入两难的境地，这将导致公司在竞争中处于不利位置，并且无法获得超额利润。

关键术语

业务层战略（business-level strategy）
商业模式（business model）
成本领先战略（cost leadership strategy）
差异化战略（differentiation strategy）
聚焦战略（focus strategy）
整体成本领先 / 差异化战略（integrated cost leadership/differentiation strategy）
市场细分（market segmentation）
全面质量管理（total quality management，TQM）

复习题

1. 什么是业务层战略？
2. 从为谁、做什么和如何做三个方面来看，顾客与业务层战略之间有何关系？这个关系为什么如此重要？
3. 什么是商业模式？它和业务层战略之间的区别是什么？
4. 五种业务层战略之间的区别是什么？
5. 从五种力量的角度看，每一种业务层战略是如何帮助公司进行定位以获得超额利润的？
6. 与每一种业务层战略相关的特定风险是什么？

微案例

海恩时富集团：一家专注于“有机”差异化的公司

本章的重点业务层战略，详细说明了公司在某个特定的市场或细分市场赢得竞争所采取的行动，即如何利用其资源、能力和核心竞争力创造竞争优势。海恩时富集团（Hain Celestial Group）采用差异化战略与竞争对手开展竞争。正如本章所讨论的那样，差异化战略是企业通过创造目标顾客愿意支付的价值，从而与竞争对手区别开来的战略。海恩时富通过培育并应用其能力和竞争力，生产和销售独特类型的天然有机食品，使自己从竞争对手中脱颖而出。海恩时富的策略利用了一些消费者在购买食品的类型上不断变化的偏好。消费者这种偏好的改变，本质上是对健康食品的偏好，在某些情况下则是由于所处环境面临的挑战。这种偏好影响了很多企业，包括食物种植公司、销售健康食物的商店和消费这些食物的餐厅。

欧文·西蒙（Irwin Simon）是海恩时富的创始人和CEO。西蒙在创立公司时说，他“知道选择更健康的食物和更健康的生活方式不是一时的时尚或潮流。这是人们希望长期实现的转变”。该公司通过对一系列小型有机和天然食品公司的收购壮大起来。正如西蒙所言，这些收购“不是针对通用电气、亨氏或金宝汤（CampbellSoup）这样的公司。我们公司的壮大源于收购初创企业，比如 Ell 和 BluePrint 这样的公司”。海恩时富迄今为止最大的收购是针对 Celestial Seasonings，这是一家供应茶和果汁的公司。该公司成功的收购战略在于“收购别人创立的品牌”，然后“找出继续发展它们的方法”。

通过这些收购、相关产品和有效的市场营销手段，海恩时富成为天然食品零售商全食超市（现为亚马逊所有）最大的供应商。上面提到的 BluePrint 专注于销售“净化”消费者身体的天然果汁。诸如 Terra 蔬菜片、Dream 无脂牛奶和 Celestial Seasonings 茶叶等对于以健康为导向的购物者来说都是家喻户晓的品牌。产品组合销售使海恩时富成为全球最大的天然食品公司。

对天然食品的普遍需求，特别是对海恩时富产品的需求，帮助其将自有品牌产品销售给传统连锁超市。这些销售额约占该公司在美国销售额的60%。2014年，海恩时富在美国以外的销售额占据了其40%的收入。

与此同时，包括卡夫食品（Kraft Foods）、金宝汤公司和J.M. Smucker公司在内的大型食品品牌公司因为缺乏对全天然食品的足够重视，正面临收入和利润的挑战。对于上述及类似公司来说，收入增长停滞的部分原因是它们的品牌没有重视能够吸引当今消费者的天然和有机产品，至少没有达到海恩时富那样的重视程度。这个因素在一定程度上帮助海恩时富的收益和股价以高于基准的幅度攀升。

为了应对收入和利润的下滑，大型品牌公司正在实施不同的策略。例如，J.M. Smucker收购了Big Heart宠物食品公司（Milk-Bone狗粮和Meow Mix猫粮的制造商），以此作为迅速进入宠物食品市场的手段。其他公司，如雀巢（Crunch、Butterfinger巧克力棒以及其他巧克力的制造商），正在去除糖果和巧克力中像色素这样的人工成分。好时公司（Hershey Company）和玛氏公司（Mars，Inc.）共同占据了全球包装糖果市场约65%的份额，它们正致力于减少其产品中果葡糖浆的含量。亿滋（Mondelēz）正试图将其休闲食品中的饱和脂肪和钠的含量减少10%。然而，上述改变不足以使这些公司应对消费者对有机和天然食品急剧增长的需求。

像克罗格、西夫韦（Safeway）和沃尔玛这样的超市也在寻求进入全天然和有机市场。鉴于沃尔玛致力于采用成本领先战略，其推出低价有机食品的决定并不令人意外。沃尔玛正在引进Wild Oats Marketplace（一个全天然食品市场的独立生产商）的产品，"计划在超市里摆放约100种有机产品"，并且"Wild Oats Marketplace系列产品的价格将比其他国内有机品牌低25%"。来自成功运用成本领先战略的公司（如沃尔玛）的竞争将对海恩时富形成挑战，促使其向想要购买天然或有机产品的顾客强调其差异化产品的价值。

有机食品的发展趋势也出现在餐饮业。例如，墨西哥快餐店Chipotle承诺为消费者提供"良心食品"。对于Chipotle来说，这意味着提供使用当地可持续生产的有机产品制成的食品，以及使用天然养殖动物制成的肉类（而不是工厂饲养的动物）。

为了解决2016年开始的销售增长减缓问题，海恩时富考虑在2018年年中出售其有机肉类业务。高管们评估了公司扩张的可能性，认为比起肉类，通过一系列有机坚果产品向顾客提供蛋白质来源是一个更有发展前景的选择。

资料来源：2018, Founder's message, Hain Celestial Homepage, www.hain.com, February 28; 2018, Hain Celestial reports second quarter fiscal year 2018 financial results, Hain Celestial Homepage, www.hain.com, February 7; A. Gasparro & A. Hufford, 2018, Hain looks to sell meat business as U.S. sales fall, *Wall Street Journal*, www.wsj.com, February 7; J. Bacon, 2015, Brands capitalize on health-driven resolutions, *Marketing Week*, www.marketingweek.com, January 29; A. Chen & A. Gasparro, 2015, Smucker's latest food firm hurt by changing tastes, *Wall Street Journal*, February 14-15, B4; A. Gasparro, 2015, Indigestion hits food giants, *Wall Street Journal*, February 13, B1; A. Gasparro, 2015, Nestlé bars artificial color, flavors, *Wall Street Journal*, February 18, B6; M. Esterl, 2015, PepsiCo earnings, revenue drop on foreign-exchange impact, *Wall Street Journal*, www.wsj.com, February 12; L. Light, 2015, How to revive McDonald's, *Wall Street Journal*, www.wsj.com, February 11; M. Alva, 2014, Organic growth comes naturally to Hain Celestial Group, *Investor's Business Daily*, July 24, A5; A. Kingston, 2014, Juice junkies, *Maclean's*, June 30, 64-66; *SCTWeek*, 2014, Walmart to sell low-price organic food, 2014, *SCTWeek*, April 11, 4.

案例讨论题

1. 我们注意到案例中海恩时富正在实施差异化战略，举例说明该公司在实施差异化战略时所关注的竞争维度。

2. 海恩时富的商业战略是基于什么样的环境趋势？什么样的环境趋势会对公司未来的发展战略产生负面影响？为什么？

3. 在未来几年里，海恩时富应该主要通过什么方式来有组织地发展壮大？应该通过合资企业和战略联盟这样的合作战略，还是并购？请解释你的答案。（可以提前阅读第7章了解并购，阅读第9章了解合资企业和战略联盟。）

4. 在未来的十年里，你认为海恩时富将要面对的最严重的竞争挑战是什么？公司该如何应对这些挑战？

5 竞争性对抗与竞争动态

学习目标

1. 定义竞争者、竞争性对抗、竞争性行为和竞争动态
2. 描述市场共性和资源相似性，进行竞争者分析
3. 解释竞争性行为的驱动力：意识、动机和能力
4. 描述战略性行动和战术性行动如何驱动企业之间的竞争性对抗
5. 讨论公司采取竞争性行动的影响因素
6. 描述竞争者采取竞争性反应的影响因素
7. 解释慢周期市场、快周期市场和标准周期市场的竞争动态

引例 食品杂货业：欢迎来到一个新的竞争环境

克罗格公司的CEO最近指出，公司“非常关注未来的顾客”，对在线订购业务的投资和在店内引进新产品的能力，对于公司在2020年及以后盈利能力的提升至关重要。克罗格正在经历来自一系列竞争对手的激烈竞争，包括线下超市如阿尔迪（Aldi）（见微案例）、沃尔玛和西夫韦。另外，克罗格现在还面临来自线上竞争对手亚马逊和沃尔玛的竞争，前者收购了全食超市，后者则致力于提高其线上销售杂货的能力。2017年，亚马逊花费约137亿美元收购了全食超市（在第6章引例中，我们将这次收购作为亚马逊公司层战略中相关多元化战略的一个例子）。与此同时，沃尔玛正在分配额外的资源，以提高其线上销售能力。亚马逊、沃尔玛和其他公司带来的额外竞争，影响并刺激了克罗格提高其线上销售能力的企图，该能力也可以帮助公司更清晰、有效地关

注顾客及其需求。

亚马逊收购全食超市是一项战略性行动。本章后面将对战略性行动进行定义和讨论，战略性行动是指企业分配资源来执行重大的、基于市场的行动，这些行动有可能影响行业内竞争对手之间的竞争。在谈到收购全食超市时，一些分析师认为，"这对食品杂货行业的影响将是巨大的"。通常来讲，像亚马逊收购全食超市这样的战略性行动会引发战略性反应。本章探讨的战略性反应，同时也是资源密集型的，是竞争者在市场上对竞争对手的战略性行动所采取的反应。面对亚马逊的战略性行动，克罗格应该做出什么样的战略性反应？

克罗格是美国最大的连锁超市，2018 年在美国 35 个州拥有约 2 800 家门店。该公司拥有著名的品牌，一直以来都拥有通过高业绩满足利益相关者的能力，以及拥有"通过改造社区、改善数百万美国人的健康状况，实现零饥饿、零浪费的世界"这样的伟大愿景。正因为如此，克罗格似乎具有实现其目标所需的潜力，即为未来顾客提供快速高效的服务，并在此过程中成功地回应亚马逊的战略性行动。

在考虑亚马逊收购全食超市的战略性和战术性反应时（在本章中有所讨论），克罗格和其他传统的食品超市经营者，如西夫韦，必须认识到它们所面临挑战的严重性。例如，有些人认为，"向电子商务转变不同于克罗格多年来在市场中所经历的潮起潮落。这是一种截然不同的商业模式，存在一系列新的竞争对手、物流障碍和阻碍盈利能力的因素"。认识到这一现实，克罗格的 CEO 观察到，"对于线上购物的投资对克罗格的未来至关重要，需要花费两到三年的时间来建立"。克罗格针对亚马逊以及其他竞争对手的战略性行动所采取的战略性反应包括：（1）减少实体店面的建设，为发展电子商务积累资本；（2）增加使顾客可以线上订购、线下取货的店面数量；（3）与供应商合作，以降低运费，节省下来的资金将用于电子商务投资；（4）重新设计供应链，使其成为"允许顾客通过笔记本电脑或手机购物，进行店内购物或电话购物的全方位渠道"；（5）对科技和基础设施进行投资，以支持新兴的电子商务运营；（6）对收购和合作伙伴关系进行评估，以扩大与美国顾客的联系，同时计划建立国际业务。

然而，竞争性对抗和竞争动态的现实是竞争者不断做出一系列行动和反应。因此，当克罗格对亚马逊和沃尔玛等竞争对手的行动做出回应时，这些公司也会对克罗格的回应做出反应。例如，在收购全食超市后，亚马逊立即评估了向其尊享计划顾客提供全食超市食品的方法。这是亚马逊利用全食超市实体店扩大其食品杂货配送服务野心的一个例子。随着时间的推移，我们可以期待看到，亚马逊和克罗格之间（以及这些公司和食品杂货业的其他竞争对手之间）为了建立一个有利的市场地位所做出的持续努力（以战略性、战术性行动以及战略性、战术性反应的形式）。

资料来源：H. Haddon, 2018, Kroger shares drop as battle with Amazon cuts into profits, *Wall Street Journal*, www.wsj.com, March 8; H. Haddon, 2018, Kroger earnings: What to watch for, *Wall Street Journal*, www.wsj.com, March 2; E. Harper, 2018, What to expect from Amazon in 2018, *Techspot*, www.techspot.com, January 11; G. Bruno, 2017, Why Amazon really bought Whole Foods, *The Street*, www.thestreet.com, October 11; T. Kim, 2017, Amazon's booming online sales and Whole Foods acquisition make it a buy: Analysts, *CNBC*, www.cnbc.com, October 24; S. Halzack, 2017, Kroger must admit its Amazon problem, *Bloomberg*, www.blomberg.com, October 11; G. Petro, 2017, Amazon's acquisition of Whole Foods is about two things: Data and product, *Forbes*, www.forbes.com, August 2; N. Walters, 2017, 3 things Kroger must do to compete with Amazon's Whole Foods, *The Motley Fool*, www.thefool.com, November 8, 2017, What industry analysts and insiders are saying about Amazon buying Whole Foods, *Reuters*, www.reuters.com, June 16.

竞争者（competitors）是指在同一市场中进行竞争、针对相同目标顾客群提供相似产品的公司。[1] 因此，在食品杂货行业中，亚马逊（通过全食超市）和克罗格采取竞争

性行为（下文将对其进行更详尽的定义，本质上而言，竞争性行为是一个公司与其竞争对手竞争时所采取的行动和反应的集合）。当然，全食超市和克罗格还要与许多其他竞争对手竞争，包括西夫韦、开市客（Costco）、沃尔玛和阿尔迪。

公司与竞争对手在参与运营的广阔的市场空间中进行竞争，并试图获得超额利润。[2] 也可以从另一个角度来考虑这一点，应该注意到没有一家公司是在真空中开展竞争，每一家公司的行动都是发生在众多公司中的竞争性行动和反应的组成部分之一，这些公司都在追求同一个目标——卓越绩效。证据表明，公司做出的与竞争者之间的交互行动的决策，会显著影响它们获取超额利润的能力。[3] 因此，公司在考虑如何与竞争者开展竞争时，应尽力追求达到最优决策。[4]

竞争性对抗（competitive rivalry）是指竞争者为了获取有利的市场地位而采取的一系列竞争性行动，以及随之产生的竞争性反应。[5] 特别是在一些高度竞争的行业中，公司在采取战略行动以及对竞争对手的行动做出反应和反击时，会不断地运用各种计谋来获得竞争优势。[6] 对处于领先地位的公司来说，理解竞争性对抗至关重要，因为存在这样一个事实，即一些公司会不断习得如何超越竞争者，这意味着竞争性对抗会影响一个公司获得并保持竞争优势的能力。[7] 首先开展竞争性行动，然后对竞争对手的行动做出反应[8]，由此产生了公司间的竞争性对抗。

在“战略聚焦”专栏中，我们讨论了在蓄电池市场中寻求最有利市场地位的企业之间出现的竞争性对抗。正如你将看到的，竞争在这个市场变得越来越激烈，因为对能源储存的需求越来越高，而公司试图满足顾客的需求。在“战略聚焦”专栏中，我们考察了企业之间的竞争性对抗，它们试图占据市场中最具吸引力的位置，从而为顾客提供大量的能源存储能力。

战略聚焦　电池制造商间的竞争性对抗出现：谁将占据最具吸引力的市场地位？

虽然今天的规模较小，但电池储存市场的增长潜力是巨大的。“寻找较发电厂更为便宜的替代选择，以便在用电高峰期启动来满足有电力需求的公共事业公司”是大型电池储存产品制造商的一个关键客户。公共事业公司面临的挑战是，它们是否具备足够的能力来满足高峰时段的能源消费。一般来说，早晨和晚上是消费者使用公共事业公司所提供电量最多的时间。不过，在非高峰时期，公共事业公司有闲置电量。英国简氏（IHS Markit）通过研究今天的竞争环境，预测至少到2025年，全球范围内能源部门中的电池市场将以每年14%的速度扩张。因此，大型电池储存是一个很有吸引力的市场。

风能和电力等可再生能源发电水平的提高以及储存这些能源的需要促进了大型蓄电池储存装置的发展。风能和太阳能作为能源的缺陷在于它们是间歇性的能源。从这个意义上说，电力公司不能准确地知道风什么时候刮（以及刮多长时间，以什么速度刮），也不确定太阳什么时候发光（以及发光时间和强度）。大型蓄电池解决了这个问题，它能在风能和太阳能产生电力时将其储存起来，到消费者需要时再释放。用一位行业专家的话说：“在大型电网系统中，电池可以直接连接到风力涡轮机和太阳能电池板等发电源上，以储存和释放电网在当时无法吸收的多余电能，甚至可以用于混合传统发电（燃气发动机或涡轮机），以提高对电网间歇性做出反应的灵活性和速度。”锂电池成本的下降提高了大型蓄电池系统的吸引力（小型锂电池为我们的手机和许多其他产品提供动力）。

特斯拉（Tesla）、西门子（Siemens）和通用电气是大型蓄电池储存市场的主要竞争者。这个市场的商业吸引力引发了这些竞争者之间的竞争，因为它们想要占据最有吸引力的市场地位。例如，2017 年年中，特斯拉宣布与法国可再生能源供应商 Neoen 合作，将在 100 天内建造、交付和安装世界上最大的锂电池，并将电池安装到南澳大利亚詹姆斯敦北部的一个地方。特斯拉兑现了这一承诺，推出了一款电池储存产品，该产品可持续运行，为可再生能源提供稳定的服务，并可以在能源短缺时用作紧急备用电源。该产品的初期使用反馈是积极的。

西门子和 AES 认识到电池储存容量在这个极具吸引力的市场以及在与特斯拉竞争对抗中的重要性，它们联合起来创立了一家名为“Fluence Energy”的能源储存初创企业。该合作企业于 2018 年 1 月 1 日开始运作，西门子立即成为“AES 位于加利福尼亚州长滩的阿拉米托斯电力中心（Alamitos Power Center）能源储存项目的供应商，该项目为南加州爱迪生电力公司（Southern California Edison）和洛杉矶西部地区提供服务”。Fluence Energy 将开展世界上最大的电池储存项目，它超过了特斯拉在南澳大利亚项目的规模。

为了赶上竞争对手特斯拉和西门子，通用电气在 2018 年初宣布，它将建立一个巨大的能源储存平台，称为 Reservoir。这个平台“预计将风力涡轮机和太阳能电池板产生的电力储存起来，以备日后使用”。

通用电气、特斯拉和西门子的产品有什么不同？每家公司的产品在大型电池储存市场上将占据什么样的地位？对通用电气来说，一些分析师指出，“通用电气面临的最大挑战之一，是将其电池产品与 Fluence Energy 等竞争对手提供的产品区分开来”。对这一挑战的初期反响表明，通用电气的 Reservoir 平台比其竞争对手产品的持续时间约长 15%；更为快捷的平台安装是第二个区别。因此，产品寿命和安装方便可能是通用电气努力“奠定”一个良好市场地位的基础。对特斯拉来说，先发制人（这个概念将在本章后面讨论）和非常愿意与政府机构合作安装产品可能是其差异化的来源（特斯拉和 Neoen 与南澳大利亚州政府合作建立它们的电池储存系统）。西门子采用“整体方法”为蓄电池用户提供服务。西门子指出，它“向电池行业中顾客提供解决方案，包括跨越整个价值链的软件、自动更新和驱动器”。因此，集成技术解决方案可能成为西门子和 Fluence Energy（西门子和 AES 共同组建的初创企业）的市场差异化来源。

未来，这三个主要竞争对手将在这个极具吸引力的市场面临来自其他竞争者的竞争。总体而言，“能源储存市场的竞争只会促进行业发展，迫使特斯拉和新成立的 Fluence Energy（以及通用电气）等公司继续创新”。因此，这些企业将争夺最具吸引力的市场地位，而世界各地的能源使用者将从这种竞争性对抗中受益。

资料来源：2018, Siemens backs efficient digitalized large-scale production of batteries, Siemens Homepage, www.siemens.co, February 22; E. Ailworth, 2018, GE Power, in need of a lift, chases Tesla and Siemens in batteries, *Wall Street Journal*, www.wsj.com, March 7; J. Cropley, 2018, GE rolls out battery-based energy storage product, *Daily Gazette*, www.dailygazette.com, March 7; T. Kellner, 2018, Making waves: GE unveils plans to build an offshore wind turbine the size of a skyscraper, the world's most powerful, *Renewables*, www.ge.com, Mary 1; F. Lambert, 2018, AES and Siemens launch new energy storage startup to compete with Tesla Energy, will supply new world's biggest battery project, *Electrek*, www.electrek. com, January 11; C. Mimms, 2018, The battery boost we've been waiting for is only a few years out, *Wall Street*

Journal, www.wsj.com, March 18; S. Patterson & R. Gold, 2018, There's a global race to control batteries—and China is winning, *Wall Street Journal*, www.wsj.com, February 11; B. Spaen, 2018, New ' Fluence Energy ' builds world's biggest storage system in California, *GreenMatters*, www.greenmatters.com, January 12; B. Fung, 2017, Tesla's enormous battery in Australia, just weeks old, is already responding to outages in ' record ' time, *Washington Post*, www.washingtonpost .com, December 26; I. Slav, 2017, Tesla is facing stiff competition in the energy storage war, *OilPrice.com*, www.oilprice.com, July 17.

竞争性行为（competitive behavior）是指公司为了建立或保持竞争优势、提高市场地位而采取的竞争性行动以及竞争性反应。[9] 如引例所述，亚马逊收购全食超市的原因之一似乎是希望扩大其送货渠道。从这个意义上说，亚马逊对全食超市作为销售渠道的兴趣可能超过了对其作为实体店面的兴趣。[10] 除了帮助亚马逊通过销售食品杂货提高其市场地位和获得超额利润的能力外，亚马逊此举还有一个目的，就是从长远来看，亚马逊可能会利用"全食超市的品牌和供应链采购高质量食品，并创造需求。但亚马逊最终还是要利用其专业知识来提高物流效率，在全食超市以外的地方完成订单"[11]。为了应对亚马逊的竞争性行为，克罗格和其他竞争对手正在采取行动，以守护它们当前的市场地位（例如克罗格的店面业务），同时努力提高其在相关市场上的竞争力（例如克罗格改进其电子商务业务）。

越来越多的公司在不止一个市场上开展竞争性行动并做出竞争性反应。[12] 例如联合航空和达美航空，谷歌和苹果，以及油田服务公司哈里伯顿和斯伦贝谢（Schlumberger）。公司在几个产品系列或不同区域市场同时开展的竞争称为**多元化市场竞争**（multimarket competition）。[13] 所有的竞争性行为，也就是说在一个市场上竞争的所有公司采取的所有行动和反应，称为**竞争动态**（competitive dynamics）。[14] 这几个重要概念之间的关系如图 5－1 所示。

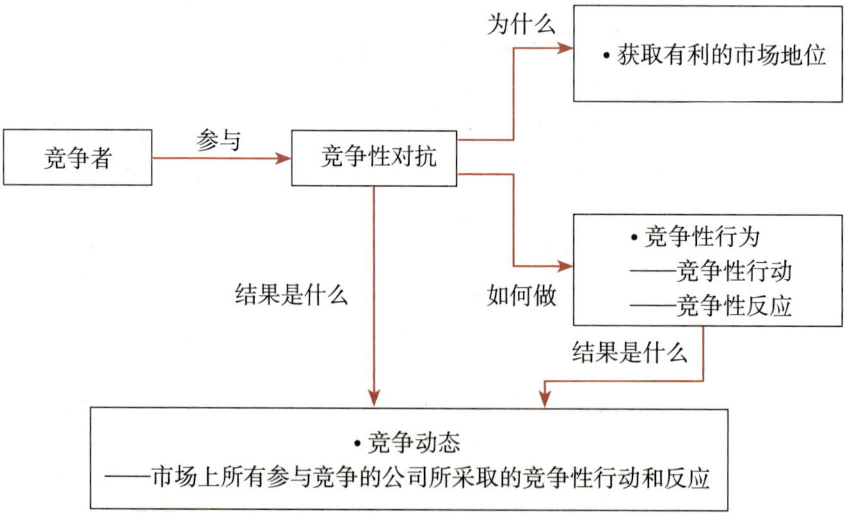

图 5－1 从竞争到竞争动态

资料来源：Adapted from M. J. Chen, 1996, Competitor analysis and interfirm rivalry: Toward a theoretical integration, *Academy of Management Review*, 21: 100-134.

本章研究的主要内容是竞争性对抗和竞争动态。由于公司采取的行动会招致其他竞争者的反应，这些反应又会导致最初采取行动的公司做出进一步的反应，因此，战略从本质上说是动态的。[15] 四个科技巨头在语音识别市场争夺领导者地位的竞争就是竞争动态性的一个例子。在竞争的早期阶段，亚马逊的 Alexa 是市场的领导者。然而，随着亚马逊与苹果的 Siri、微软的 Cortana 以及谷歌的 Assistant 展开激烈的竞争，关于语音识别领域领导者地位的竞争也愈加激烈。[16]

占据语音识别市场的领导者地位至关重要，因为语音识别有可能成为一项破坏性技术。联合利华、宝洁和雀巢等家居用品制造商都认识到了这一事实，纷纷采取竞争性行动。例如，联合利华拥有 Hellmann's 牌蛋黄酱和 Domestos 牌马桶清洁剂等多种产品，该公司"开发了 Alexa 应用程序，提供免费的食谱和清洁技巧，虽然这些食谱和技巧也可以使用非联合利华品牌的产品"。尽管如此，联合利华还是将这款应用视为一种新的、有效的方式，使消费者意识到即使不是现在，联合利华的产品也会是他们未来购买的选择。[17] 2018 年，分析师认为"最终获胜的虚拟语音助手将会渗透在人们生活的方方面面。它会在任何地方完成各种各样的事情。一旦选择了一个助手并开始在生活中使用它，人们就不太可能改变。因为改变的风险很高，而且影响立竿见影"[18]。

竞争性对抗，比如亚马逊、谷歌、苹果和微软在语音识别市场上的竞争，会影响公司的战略。这是由于战略能否成功不仅取决于公司初始采取的竞争性行动，还取决于公司对竞争对手的竞争性反应所做的预测的准确程度，以及公司如何应对竞争者的初始行动（也称为攻击）。[19] 竞争性对抗会影响所有类型的战略（例如，公司层战略、收购、国际化和合作联盟）。然而，其中最主要的是对业务层战略产生的影响。事实上，企业的行为和对竞争对手的反应是业务层战略的基本组成部分。

如第 4 章所述，业务层战略关注的是公司应做些什么才能成功地利用在某一特定产品市场上的竞争优势。在全球经济下，竞争性对抗不断激化，这也就意味着它对公司战略的影响力在不断加强。然而，即使在激烈的竞争性对抗情况下，那些发展并有效运用业务层战略的公司，在独立的产品市场上还是比竞争对手表现得更好。[20]

竞争性对抗模型

随着公司的竞争性行动对竞争对手的影响不断加深，并引发竞争对手的竞争性反应，竞争性对抗的行动和反应模式也不断变化。[21] 这一模式表明，公司间是相互依存的，每一个公司都会受到其他公司的行动和反应的影响，市场的成功是单个公司的战略以及应用这些战略的共同结果。[22]

公司的管理者越来越意识到，竞争性对抗会对公司的财务绩效和市场地位产生重要的影响。[23] 研究显示，行业中激烈的竞争性对抗会降低各竞争公司的平均利润。[24] 例如，至少在短期内，克罗格、西夫韦、阿尔迪以及来自其他竞争对手比如亚马逊和沃尔玛的日益激烈的竞争可能会降低食品杂货业所有公司的盈利能力。

图 5-2 展示的是公司层面竞争性对抗的直观模型，这种对抗通常是动态的、复杂的。竞争性行动和反应是公司成功创建并利用能力和核心竞争力获得有利的竞争地位的基础。[25]

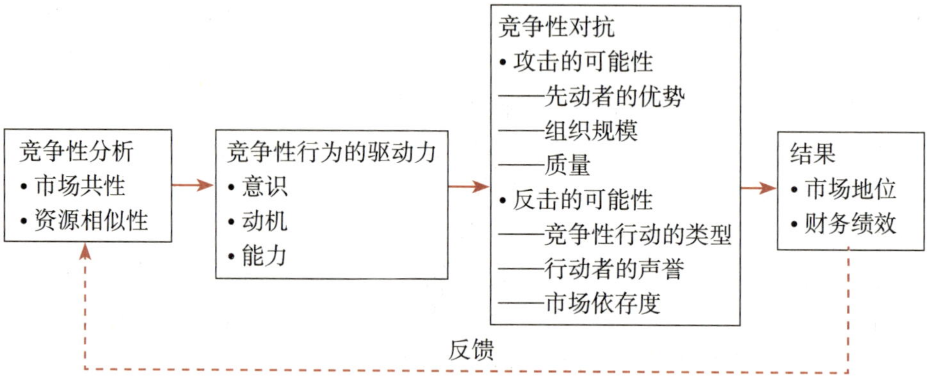

图 5－2　一个竞争性对抗模型

资料来源：Adapted from M. J. Chen, 1996, Competitor analysis and inferfirm rivalry: Toward a theoretical integration, *Academy of Management Review*, 21: 100-134.

图 5－2 列举了一系列公司与竞争对手间常见的竞争行动。利用这一模型，公司可以了解应如何准确预测竞争对手的行为，降低与之相关的不确定性。[26] 准确地预测竞争对手的行动和反应，对于公司的市场地位和财务绩效都会产生积极的影响。[27] 图 5－2 中列举的在特定市场上发生的所有单一竞争性对抗的总和，能够反映该市场中的竞争动态。

本章接下来将具体解释图 5－2 展示的模型因子。作为竞争者分析的基础，我们将首先描述市场共性和资源相似性。接着我们将讨论三个组织特征——意识、动机、能力对公司竞争行为的影响。然后通过对影响公司采取竞争性行动和竞争性反应的因素的描述，讨论公司之间的竞争性对抗。在本章的最后，我们将重点放在竞争动态上，描述在快、慢和标准周期市场中，市场特征是如何影响竞争性对抗的。

竞争者分析

如上所述，竞争者分析是公司预测竞争性对抗的程度和实质的第一步。当进入国外市场时，竞争者分析尤为重要，因为公司非常有必要了解当地的竞争状况以及当前在该市场中经营的外来竞争者。[28] 缺乏这样的分析，公司成功的可能性会更低。

市场共同涉及公司间进行相互竞争的市场的数目，资源间的相似性称为资源相似性（后续将会对这两个术语加以讨论）。竞争的这两个维度决定了公司间会成为何种程度的竞争者。具有明显的市场共性和资源相似性的公司是直接的且相互认可的竞争对手。竞争行为的驱动因素与影响公司采取竞争性行动和反应的因素一样，都会影响竞争性对抗的激烈程度。

在第 2 章中，我们把竞争对手分析作为了解公司环境的一种技术方法来讨论。总体环境、行业环境和竞争者环境共同构成了公司的外部环境。我们还阐述了如何用竞争者分析来识别竞争对手，也就是通过未来目标、当前战略、假设和能力来研究竞争对手（见第 2 章图 2－3）。

在本章中，对竞争对手的分析是要进一步解释公司应该研究哪些内容才能预测出竞争对手的竞争性行为（竞争性行动和竞争性反应）。第2章和本章关于竞争对手的分析具有互补性，也就是说，公司在预测竞争对手的行动和反应（本章内容）之前，应先识别谁是竞争对手（第2章内容）。

能够准确地预测竞争者可能的竞争性行动和反应，有助于一个公司避免对竞争者的目标、战略、设想和能力一无所知的情况。缺乏预测竞争者这些情况所必需的信息会造成竞争盲点。通常来说，竞争盲点会使一个公司对其竞争者的行动感到突然，可能会导致负面的结果。[29]人们越来越期望公司的董事会成员能够利用自身关于其他业务和行业环境的知识和专长，帮助公司避免竞争盲点。

市场共性

每一个行业都是由各种不同的市场组成的。如金融服务行业包括保险、经纪人服务、银行等市场。按照不同的市场需求和独特的顾客群体，市场还可以进一步细分。保险市场又可以进一步按照市场（如商业客户和普通消费者）、产品（如健康险和人寿险）和地理区域（如东南亚市场和西欧市场）进行细分。总体上说，互联网技术的发展以及公司对互联网技术的应用，推动了行业市场的本质特征以及这些行业中竞争模式的形成。

公司希望在确定新的细分市场时保持警惕，因为它们可能会在其中销售产品。例如，最近销售商业软件的公司将注意力转向了蓝领工人，以销售它们的产品。一直以来，这些公司瞄准的细分市场是“知识工人”。商业软件公司认为，仅在美国就有超过1.13亿水管工、承包商、车库门专家等可以从它们的产品和服务中受益。这些人可以在平板电脑上使用精致而直观的软件，这些软件是由像维保科技（UpKeep Technologies）这样的软件公司开发的。这种软件可以帮助工人在工作期间与家庭电脑传输数据，并向客户展示维修的成本以及完工项目的外观。商业软件公司认为这个细分市场的增长潜力是巨大的。[30]

所有竞争者都认同的是，整个行业是由具有不同特征的单个市场构成的。例如，在交通运输业，陆路运输市场有别于商业航空市场，如YRC Worldwide（北美最大的零担货运（less-than-truckload carriers，LTL）之一，并成为沃尔玛全年LTL供应商）及其主要的竞争对手Arkansas Best、Con-way以及联邦快递等公司都是为这个市场提供服务。[31]尽管存在差异，但大多数市场在发展竞争优势所需的核心竞争力和技术的应用方面仍存在一定的相关性。例如，虽然铁路运输和卡车运输在不同的细分市场进行竞争，但是两者可以相互替代，因此，各种类型的运输公司都要为顾客提供可靠、及时的服务。在商业航空业，如西南航空公司、大陆航空公司和捷蓝航空公司都需要在服务方面开展竞争，以满足顾客的需求。与此同时，一些道路货运如YRC、铁路运输和它们的主要竞争对手必须发展各自的能力，以满足顾客在货物运输方面的需要。

有时，公司会在几个市场上同时进行竞争，这种竞争者在多方面相互较量的情况称为市场共性。严格来讲，**市场共性**（market commonality）关注的是公司与竞争者共同参与竞争的市场个数，以及每一个单独市场对彼此的重要程度。[32] 在多元市场竞争中，公司会在多个市场同时开展竞争。[33] 可口可乐和百事之间的竞争，就涉及不同的产品市场（如软饮料、瓶装水）以及不同地理区域的市场（北美市场以及全球的其他市场）。美国航空、化工、医药以及食品行业中的许多公司开展的都是多元化竞争。

在几个相同市场同时进行竞争的公司不仅会对竞争者采取行动的市场做出一系列反应，而且会对其参与竞争的其他市场都做出相应的反应。这种反应使竞争状况更加复杂，即公司在一个市场上采取的竞争性行动和反应有可能是为了影响其在另外一个市场中与某一特定竞争对手对抗的结果。[34] 因此，竞争对手很难判断这些行动的真实意图。事实上，研究显示，越是参与多元市场竞争的公司往往越不会先发动进攻，但是在受到攻击时，它们的行动（反应）会更激烈。例如，对计算机行业的研究发现，该行业“公司应对进攻的方法是开发新产品而不是以价格作为反攻的武器”[35]。因此，一般来讲，多元化竞争会减少竞争性对抗，但如果潜在回报（如可获取潜在的市场份额）比较高的话，公司仍然会进行激烈的争夺。[36]

资源相似性

资源相似性（resource similarity）是指与竞争对手相比，公司的有形资源和无形资源在类型和数量上的相似程度。[37] 资源的数量和类型相似的公司往往具有类似的优势和劣势，也会使用类似的战略，基于它们相似的优势，可能会追求外部环境中相似的机会。

“资源相似性”可以用来描述联邦快递和联合包裹运送服务公司（United Parcel Service，UPS）之间的关系。这两个公司在许多相同的市场中存在着竞争，因此，可以准确地将其描述为拥有市场共性。例如，这两家公司拥有相似类型的货车和飞机、相似程度的财务资本，以及依赖于同样人才的人力资本库和高精尖的信息技术系统（资源）。这两大公司除了在北美市场彼此竞争得非常激烈外，在其他许多国家的市场中也共同分享市场份额。因此，这两家公司之间的对抗非常激烈。

在进行竞争者分析时，公司通常会对每一个对手的市场共性和资源相似性进行分析。这些分析结果可以用图形来进行直观的比较。在图 5－3 中，我们展示了公司与单个竞争者在市场共性和资源相似性方面的几种不同的重合假设。重合部分显示的是公司与竞争对手的相似程度。例如，如果公司与竞争对手位于第 I 象限，则说明它们之间具有相似的资源类型和数量（例如两个公司拥有相同的资源组合），那么这些公司会利用它们相似的资源组合在许多重要的市场上进行竞争。根据这些条件我们可以得出结论，位于第 I 象限的公司之间是直接的、相互认可的竞争对手。

相反，如果公司与竞争对手位于第Ⅲ象限，则它们共同参与竞争的市场比较少，资源的相似性也较低，这表明它们之间不是直接的、相互认可的竞争对手。因此，当地的一家专门销售“美食”汉堡包的小型家庭式餐馆不会直接与麦当劳发生竞争（我们在第 4 章的“战略聚焦”专栏中讨论了这种竞争形势）。公司与竞争对手间的竞争关系图是不断变化的，因为公司进入和退出市场时，资源的类型和数量在不断改变，这意味着公司的直接竞争对手也会随着时间的推移而发生变化。

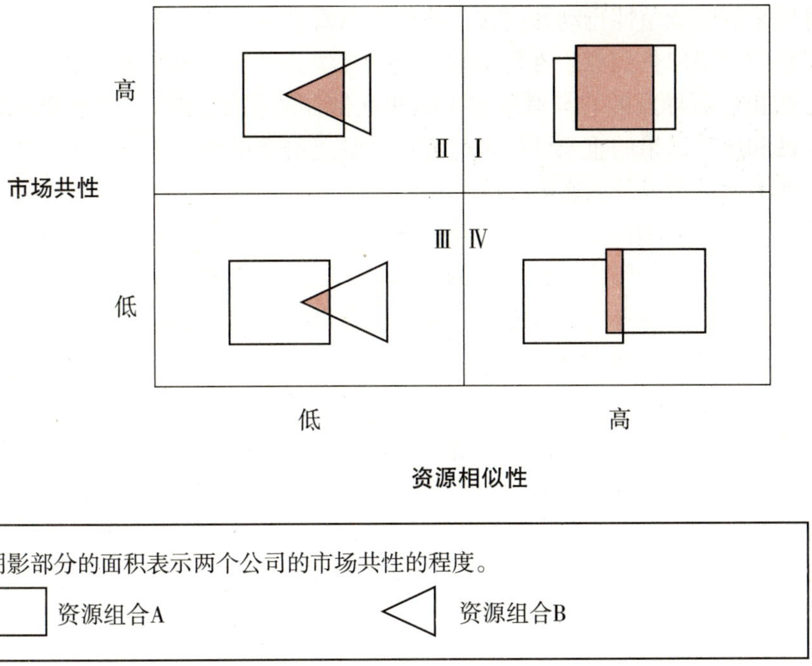

图 5-3　一个竞争者分析的框架

资料来源：Adapted from M. J. Chen, 1996, Competitor analysis and inferfirm rivalry: Toward a theoretical integration, *Academy of Management Review*, 21: 100-134.

竞争对手之间关系的类型也会随着时间的推移而改变。一些公司会将对方视为直接的竞争对手，而公司所强调产品的改变可能会减弱一些公司竞争的直接性。一直以来，通用磨坊（General Mills）和家乐氏（Kellogg）因为销售谷物类产品进行着激烈的直接竞争。消费者可以回忆一下通用磨坊和家乐氏关于麦片产品的竞争：通用磨坊的产品包括蜂蜜坚果麦片、肉桂吐司脆片、Lucky Charms 和 Rice Chex，而家乐氏的麦片产品则有玉米片、霜麦片、Special K 麦片和水果圈。由于谷物产品受欢迎程度的不断下降，这两家公司之间的竞争可能会变得不那么直接。例如，通用磨坊最近斥资 80 亿美元收购了宠物食品公司 Blue Buffalo Pet Products。收购的一个原因是，宠物食品业务是“美国食品和饮料市场上销量最高的品类之一”[38]。进军宠物食品领域使通用磨坊与 J.M. Smucker 公司间的竞争更为直接，J.M.Smucker 公司斥资 30 亿美元收购了拥有狗粮品牌 Milk-Bone 的 Big Heart 公司。同样，家乐氏的 CEO 指出，“家乐氏的增长引擎不一定是谷物类产品”[39]。他强调其他产品，如品客薯片、Cheez-It crackers、Pop-Tarts 等都可以刺激企业销售额的增长。家乐氏强调零食产品的战略使其更直接地与零食巨头菲多利（Frito Lay）的所有者百事公司竞争。

竞争性行为的驱动力

如图 5-2 所示，市场共性和资源相似性影响竞争性行为的驱动力（意识、动机、能力）。反过来，这些驱动因素又会影响公司实际的竞争性行为。通过公司在参与竞争性对抗时所采取的竞争性行动和反应，我们可以看出这一点。[40]

意识是公司采取任何竞争性行动和反应的先决条件，主要指公司要认识到，市场共性和资源相似性所导致的它与竞争对手间相互依存的程度如何。[41]意识还影响公司对竞争性行动和反应结果的重要性的理解程度。缺乏必要的意识会导致过度竞争，从而对所有竞争者的业绩造成负面影响。[42]

当公司使用高度相似的资源（在数量和类型方面）在多元市场中进行竞争时，意识就成为最大的驱动力。可口可乐和百事当然意识到了彼此的存在，因为它们在多个市场进行竞争，以满足消费者的饮料需求。由于消费者口味的变化和一些政府机构对含糖饮料征税，这些公司正对更健康的替代品进行投资。[43]然而，和百事相比，开发满足消费者兴趣的新汽水产品对可口可乐来说更为关键。原因在于，百事拥有菲多利、桂格燕麦等食品，这意味着它除了向消费者销售汽水之外，还向消费者销售许多其他产品。

为了吸引"千禧一代"，可口可乐最近推出了新口味的健怡可乐，如生姜和血橙口味。该公司认为，"千禧一代"将会喜爱这些饮料。可口可乐也在继续推出汽水以外的产品。该公司凭借Dasani品牌成为世界最大的瓶装水制造商之一。[44]意识到可口可乐公司的竞争性行动，百事试图进入气泡水这一细分市场进行竞争。为了做到这一点，该公司推出一款新口味的气泡水"bubly"，该公司表示，这款产品"有一种乐观和幽默的有趣气质，会在气泡水中掀起风暴，而且不含人工香料、甜味剂或卡路里"[45]。最初版本的bubly有柠檬口味、橙子口味、苹果口味和芒果口味。由于可口可乐和百事意识到对方的存在，且都想要在竞争性对抗中占据主动，这两家公司将继续进行直接的竞争，以使自己的饮料产品成为消费者的选择。

动机主要涉及公司对竞争对手的攻击采取行动或做出反应的意向，它与公司感知到的收益与损失息息相关。也就是说，虽然公司能清楚地意识到竞争者的存在，但是如果公司感觉自己的地位不会因对抗而得到改善，或者认为即使不采取行动，自己的市场地位也不会动摇，那么公司就没有参与竞争性对抗的动机。[46]对于缺乏竞争动机的公司而言，选择在某一时点不参与与某一位竞争者的竞争性对抗能够带来一种好处，那就是该公司能够保留资源以用于其他目的，包括与另一位竞争者竞争。

市场共性会影响公司的前景以及行为的动机。例如，一般来讲，公司更有可能向在多元市场中进行竞争的具有低市场共性的对手发动进攻。主要原因在于：与那些同公司共享多个市场的竞争者进行对抗以获得更有利的位置，存在着巨大的风险。正如前面提到的，在多元市场竞争中，公司采取行动后，竞争对手可以在不同的市场上做出反应。这种类型的行动和反应可能会导致竞争双方无法聚焦于核心市场，还会将本应用于其他目的的资源用来进行竞争。由于在市场共性条件下的竞争会带来巨大的风险，因此，更大的可能性是受攻击的公司采取反应行动，来保护它在一个或多个市场中的地位。[47]

在有些案例中，公司可能会意识到它与竞争对手共享的市场，并且有对竞争对手的攻击做出反应的动机，但是缺乏这样做的能力。能力与每个公司的资源以及资源供给的灵活性相关。如果没有可利用的资源（如金融资本和人力资源），公司就没有能力攻击竞争对手或对竞争对手的进攻进行反击。例如，尽管规模越小越年轻的公司创新能力越强，但它们没有足够的资源向现有的大公司发动进攻。同样，与本土公司相比，外国公司经常处于不利地位，因为本土公司在供应商、顾客及政府机构方面拥有更多的社会资本（关系）。[48] 然而，相似的资源意味着公司与竞争对手间具有相似的进攻与反击能力，比如可口可乐和百事的例子。当公司面对具有相似资源的竞争者时，在发起进攻之前进行仔细的研究是非常必要的，因为这样的竞争对手更有可能采取反击行动。[49]

资源不相似也会影响公司间的竞争性行动和反应，采取行动的公司与竞争对手之间资源的差异性越显著，资源处于劣势的竞争对手的反应行动就会越迟缓。[50] 例如，沃尔玛最初只在小城镇（人口不足2.5万）采用聚焦成本领先战略进行竞争。通过利用成熟的物流系统和高效的采购优势，沃尔玛获得了竞争优势，并且为小型零售市场上的顾客创造了一种新型价值（主要是指提供大量可选择的具有竞争力的低价商品），当地的竞争对手则没有快速、高效地调动资源对沃尔玛的行动进行反击。因此，即使是面对拥有更多资源（能力）的竞争对手，或者更具有吸引力的市场地位，不管任务看起来有多难，公司都应坚决地进行反击，否则，就会像那些当初没有对沃尔玛的竞争性行动做出反击的当地零售商一样，最后只有失败。如今，沃尔玛成为世界上最大的零售商，对于规模更小的竞争者来说，拥有必要的资源有效应对沃尔玛的竞争性行动和竞争性反应的确非常难。[51]

竞争性对抗

公司与竞争对手之间进行的一系列进攻与反击行动都将影响双方的业绩表现。因此，对于公司来说，仔细分析和研究当前公司竞争所在市场的对抗态势相当重要。[52]

如前所述，对竞争对手的意识、动机和能力所做的预测是以市场共性和资源相似性为基础的。这些预测带有普遍性。对图5-2所示的影响“攻击的可能性”的因素（如先动者的优势和组织规模）以及“反击的可能性”的因素（如行动者的声誉）进行研究，将有助于提高公司对每一个竞争者的行动和反应所做的最终预测的价值，而且对这些因素的评估和理解还可以进一步完善公司的预测结果。

战略性和战术性行动

公司在竞争性对抗的过程中，会利用战略性和战术性措施来形成竞争性行动和反应。[53] **竞争性行动**（competitive action）是公司为建立和巩固竞争优势或改善市场地位而采取的战略性或战术性行动。**竞争性反应**（competitive response）是指公司为抵消竞争者的竞争性行动带来的影响而采取的战略性或战术性行动。**战略性行动**（strategic action）或**战略性反应**（strategic response）是指以市场为基础、涉及组织资源的重大承诺、难以执行和改变的行动。**战术性行动**（tactical action）或**战术性反应**（tactical response）是指以市场为基础的用来调整战略的行动，它涉及较少的资源并且执行和改变都比较容易。在参与竞争性对抗时，公司必须清楚地认识到战略性行动/反应和战术性行动/反应之间的区别，并在两种竞争性行动/反应之间实现平衡。

2018年年中，信诺公司（Cigna Corp.）宣布，计划斥资540亿美元收购快捷药方控股公司（Express Scripts Holding Co.）。这是对竞争对手先前所采取的战略性行动的战略性反应。例如，差不多在同一时间，CVS计划以700亿美元收购安泰公司（Aetna）。这两项战略性行动是一个"新兴模式的例子，这种模式将健康福利和药房福利结合在一起"[54]。现在，像信诺公司这样的医疗保险公司认为，如果想获得超额利润，就必须掌控价值链的其他部分。信诺和安泰等医疗保险公司与CVS和快捷药方等药房福利管理公司的结合可以实现价值链的纵向整合，这增加了相关企业获得更高利润的机会。[55]

沃尔玛具有侵略性的价格是一种以牺牲竞争对手的利益为代价来提高公司利润和市场份额的竞争手段。就这一点而言，沃尔玛持续不断地采用一连串战术性行动来攻击竞争对手，例如通过不断改变产品价格以及针对竞争者（例如开市客）采取的价格变动不断变化其战术性反应。同样，为了与食品杂货公司如克罗格和线上竞争对手沃尔玛竞争，亚马逊甚至在完成收购全食超市这家高端杂货零售商之后，立即将其部分产品降价43%。[56]

攻击的可能性

除了市场共性、资源相似性以及意识、动机和能力驱动因素，还有其他因素也会影响公司采用战略性和战术性行动来攻击竞争者的可能性。这些因素主要包括：先动者的优势、组织规模和质量。接下来我们将逐一进行讨论，并将次动者、后动者作为先动者的优势讨论的一部分予以考虑。

先动者的优势

先动者（first mover）是指率先采取竞争性行动来建立或巩固竞争优势，或者提高市场地位的公司。先动者的概念受到了著名经济学家约瑟夫·熊彼特（Joseph Schumpeter）的研究的影响，熊彼特认为公司应通过创新行动来获取竞争优势（在第13章中将对创新进行定义和描述）。[57]一般来讲，先动者非常重视研发，将其视为一种开发顾客认为有价值的创新产品和服务的途径。[58]亚马逊就是在线书店的先动者，而eBay则是第一个在线拍卖网站。[59]

成功的先动者可以获得巨大的收益。[60]尤其在快周期市场（在本章后面的内容中进行讨论）中，市场变化迅速，任何公司都无法长时间保持竞争优势，但是先动者可以比次动者多获得几倍的价值和收入。[61]这表明，尽管先动者获得的收益并不是绝对的，但对于技术快速发展和短产品生命周期行业中的公司获取成功，却是至关重要的。[62]除了获取超额利润，在竞争者对成功的竞争性行动做出反应之前，市场中的先行公司还可以获得：

- 顾客的忠诚，顾客往往忠诚于首先为他们提供能满足其需求的产品或服务的公司。

- 市场份额，竞争者在未来的竞争性对抗中很难获得更多的市场份额。[63]

大量的证据显示，先动者比后进入市场者的生存概率更大，这也许是先动者可以获得的最大优势。[64]

公司试图预测其竞争者的竞争性行动时可能会得出结论：竞争者可能会采取侵略性的战略性行动来获取先动者的优势。尽管公司的竞争者或许确实期望成为先动者，但它们可能没有能力做到这一点。先动者通常更具有侵略性，愿意进行创新以及承担较高但合理的风险，先动者的长期成功依赖于这些能力的维持。[65]

要想成为先动者，公司必须拥有足够的资源对研发部门进行大量的投资，并且能够快速、成功地生产和销售一系列创新产品。[66]组织资源的富余可以使公司具备成为先动者的能力（从可获得的资源角度来衡量）。富余资源是组织实际资源和可获得资源的缓冲器，这些资源并没有被使用，并且超出了组织特定水平的产出所需的最低限度。[67]作为可流动的资源，富余资源可以迅速用来支持竞争性行动，如研发和侵略性营销活动，这些行动可以帮助公司获得先动者的优势。富余资源和成为先动者的能力之间的关系，使公司可以预测出先行竞争者可能拥有富余资源，以及它们是否会采取侵略性的竞争行动来持续不断地推出创新产品。公司还可以进一步预测出，先动者是否会迅速占领市场并赢得顾客的忠诚，从而获得超额利润，直到它的竞争对手能够对先期行动做出有效的反应。

在评估竞争对手时，公司应该意识到成为先动者需要承担的风险。例如，我们很难准确估计创新产品投放到市场上可以获得的收益。另外，由于先动者开发新产品的成本相当高，因此用于支持进一步创新的富余资源会减少。[68]因此，公司必须仔细研究成为先动者的后果。公司要想获得持续的成功就要不断地进行产品创新，但是如果创新产品得不到顾客的认可，那么在未来一段时间内，这些公司是不太愿意承担成为先动者的风险的。[69]

次动者（second mover）是指通过模仿而对先动者的竞争性行动做出反应的公司。尽管其成功的 iPhone 产品改变了消费者和公司对于手机潜力的看法，但苹果在许多产品的推出方面是著名的次动者。事实上，“苹果在很多产品上都是次动者。从这个词语的意义来说，苹果并不是一个真正的创新者。苹果不是第一个拥有面向对象计算技术（鼠标）的公司，不是第一个推出 MP3 播放器的公司，也不是第一个生产手机的公司”[70]。而苹果公司做得非常好的一点是，通过研究产品，发现如何改进产品，使其对消费者更加友好。

次动者通常比先动者更加谨慎，比如苹果公司会仔细研究顾客对创新产品的反应。在这一过程中，次动者还会努力寻找先动者的所有微小失误，从而使自己避免犯同样的错误和产生同样的问题。也就是说，次动者对先动者创新的成功模仿可以使它避免犯错，以及免于承担成为先动者的巨额费用。[71]

次动者有时间来开发一些比先动者更高效的，或者能为顾客创造更多价值的新流程与新技术。[72]成功的次动者很少立即采取行动，当然也不会迟迟不采取任何行动，这样做既可以全面分析先动者的行动，又不给先动者太多的时间来改正错误或者“锁定”顾客的忠诚。总之，先动者竞争性行动的结果为次动者以及后动者决定竞争性反应的性质和时机，提供了有效的蓝图。[73]

判断竞争者是否会成为有效的次动者（基于它过去的行为），可以帮助公司预测该竞争者是否会对成功的、以创新为基础的市场进入做出迅速的反应。先动者期望成功的次动者仔细研究自己的市场进入方式，并在短时间内做出反应，选择一种新的进入方式。次动者应该试图为顾客提供更大价值的产品。成功的次动者能够迅速、有意义地解读市场反馈，并且对先动者的创新做出及时而成功的反应。

后动者（late mover）是指在先动者采取行动以及次动者做出反应后的相当长一段时间才做出反应的公司。通用汽车公司将悍马（Hummer）引入了运动型多功能车（sport utility vehicle，SUV）市场，但是这个产品并没有吸引足够多的消费者。尽管目前还可以买到该产品，但它仍然难以找到一个足够大的目标市场，以支撑通用汽车的雄心壮志。

一般来讲，有反应总比没有反应要好，但是后动者获得成功的可能性要比先动者和次动者小得多。然而，有时如果后动者能以更加独特的方式进入市场展开竞争，还是有可能获得成功的。对于来自新兴经济体的公司来说，这意味着它们要采取生产和制造成本更低的利基战略。这也意味着它们需要学习市场中的竞争对手及其他公司，以便销售产品使它们得以在市场上开展竞争。[74]

在与后动者进行竞争时，公司可以预测出竞争者将会进入一个先动者和次动者已经取得成功的特定市场。另外，在相关性基础上，公司还可以预测到，后动者只有花费相当长的一段时间来理解如何才能创造出至少与先动者和次动者的产品相同的顾客价值后才能获得平均利润。

组织规模

组织规模会影响公司采取竞争性行动的可能性、形式和时机。[75]一般来讲，小公司比大公司更有可能采取竞争性行动，并且速度更快。因此，在为争夺有利的市场地位而进行的竞争性对抗中，小公司经常被视为敏捷、灵活的竞争对手，它们依靠速度和出其不意的方式来巩固竞争优势，或者发展新的竞争优势。[76]小公司的敏捷和灵活使它们可以采取各种各样的竞争性行动，大公司可采取的竞争性行动的种类往往会有所限制。[77]

与小公司相比，在特定时间内，大公司更有可能采取更多的战略性和竞争性行动。因此，从组织规模角度对竞争者进行研究时，公司需要选取一定的衡量标准，如总销售收入或员工总数等。竞争者的规模不同时，公司遭遇的竞争性行动也会有所区别。

组织规模从另一层面增加了竞争的复杂性。在竞争性对抗过程中，各公司倾向于获取实施大量独一无二的竞争性行动所需要的能力。因此，如果一个公司想要发起大量的竞争性行动，则需要拥有一般成功的大公司拥有的富余资源。如果一个公司想要发起更多样化的竞争性行动，则需要更加灵活地考虑可能采用的竞争性行动和反应。总而言之，只有当一个公司的规模允许其采取恰当数量的独特的或多样化的竞争性行动和反应时，才能够发挥最佳的竞争作用。

质量

质量有多种定义，其中包括已被广为接受的产品生产或服务零缺陷方面的定义，它还被视为一个可以持续改进的循环过程。[78]从战略角度，我们把质量看成公司完成主要价值链活动和辅助功能的一种产出（见第3章）。因此，当公司的产品或服务达到或者超出顾客的期望时，才产生**质量**（quality）。有证据显示，质量是满足顾客需求的最关键因素。[79]

在顾客眼中，质量就是正确地做有关重要绩效指标方面的事情。[80]顾客也许乐于从不同维度来衡量公司的产品或服务的质量。表5-1中列举了一些顾客比较感兴趣的质量衡量维度。在公司高层管理者的大力支持下，当整个组织制度和价值链活动都强调质量的重要性时，质量才能得到实现。[81]只有质量被制度化并得到普遍重视，员工和管理者才有可能时刻提醒自己，坚持不懈地寻找新的方法来改进产品质量。

表5-1 产品和服务的质量衡量维度

产品质量维度：
1. 性能——操作特点
2. 特征——重要的特性
3. 灵活性——满足一定时期内的特殊操作要求
4. 耐用性——产品性能下降前的使用次数
5. 规范性——符合预先设立的标准
6. 易维护性——简单快速的维修
7. 美感——产品的外观和整体感觉
8. 感知质量——对特征的主观评价（产品形象）
服务质量维度：
1. 及时性——在承诺的时间内完成服务
2. 礼貌性——愉悦地提供服务
3. 一致性——每一次都为所有顾客提供相同的服务
4. 方便性——顾客容易获得服务
5. 完整性——按照要求提供全面的服务
6. 准确性——每一次都提供正确的服务

资料来源：Adapted from J. Evans, 2008, *Managing for Quality and Performance*, 7th Ed., Mason, OH: Thomson Publishing.

在全球经济中，质量是一个永恒不变的主题，是竞争成功的必要而非充分条件。[82]没有好的质量，公司的产品就缺乏可信度，也就意味着顾客并不认为该产品是一个可行的选择。事实上，只有顾客认为某种产品或服务能够满足他们认为非常重要的质量维度的最低期望时，才会选择购买该产品或使用该服务。[83]

质量会影响竞争性对抗。如果竞争对手的产品质量较差，那么公司就可以预测出该对手的销售收入会下滑；直至质量问题得到解决，并且在竞争对手改进产品质量，重新赢得顾客的信任之前，它的竞争性行动是不会有太多侵略性的。[84]但是在这之后，竞争对手则可能会采取更加激进的竞争性行动。

反击的可能性

公司的竞争性行动能否获得成功，取决于竞争对手是否做出反应，以及反应的类型

(战略性或战术性) 和反应的有效性。如前所述，竞争性反应是公司采取的战略性或战术性行动，目的是抵消竞争者的竞争性行动的影响。一般来讲，在以下几种情况下公司更有可能对竞争者的行动做出反应：

- 竞争者采取的行动能使其更好地利用自身能力来获得更强的竞争优势或者提高市场地位；
- 竞争者采取的行动损害了公司利用其核心竞争力创造和保持竞争优势的能力；
- 公司的市场地位岌岌可危。[85]

除了市场共性、资源相似性、意识、动机和能力等因素，公司还需要对另外三方面的因素进行评估，即竞争性行动的类型、行动者的声誉以及市场依存度，以预测竞争对手会对竞争性行动做出何种反应 (见图 5-2)。

竞争性行动的类型

对战略性行动的反应和对战术性行动的反应有一定的区别。这些区别有助于公司预测竞争对手会对竞争性行动做出何种反应。战略性行动一般会遭遇战略性反应，战术性行动则通常会招来战术性反应。总体来说，战略性行动遇到的竞争性反应相对少一些，因为战略性反应 (如以市场为基础的行动) 需要投入大量资源，而且难以实施和转变。[86]

此外，实施战略性行动以及对行动效果进行评估所花费的时间，也推迟了竞争对手对行动的反应。相反，竞争对手对战术性行动的反应则比较迅速，比如一家航空公司可以很快地对竞争对手在特定市场上降价的战术性行动做出反应。当战略性行动和战术性行动针对的是竞争者的大量顾客时，这两种行动都会引来强烈的反应。[87] 事实上，如果竞争者的战略性行动对目标公司的影响比较大 (如市场份额损失、关键员工等主要资源受到损失)，公司的反应就会比较迅速、强烈。[88]

行动者的声誉

在竞争性对抗中，采取行动或做出反应的公司称为行动者，声誉则是“竞争者以过去的竞争性行为为基础，对另一个竞争者做出的正面或负面的评价”[89]。好的声誉是公司获得超额利润的源泉，尤其是对于消费品制造商。[90] 因此，好的声誉具有战略价值[91]，并且会对竞争性对抗产生影响。为了预测竞争对手对公司当前的或计划的行动的反应，公司需要研究竞争者以前受到攻击时的反应，也就是说，过去的行为往往会预示今后的行为表现。

竞争者往往更有可能对市场领导者的战略性或战术性行动做出反应。[92] 尤其是有证据显示，成功的行为，特别是战略性行动，很快就会被模仿。例如，尽管 IBM 是市场的次动者，但它仍投入大量的资源进入信息服务市场。惠普、戴尔以及其他竞争者也做出了战略性反应，纷纷进入该市场。[93] 为了建立在服务相关软件领域的能力，IBM 投入了大量资源。正如在引例中讨论的那样，克罗格和其他公司对市场领导者亚马逊收购全食超市的交易反应迅速。

与拥有很高声誉的公司不同，如果公司的声誉是该公司采取的竞争性行为比较冒险、复杂且难以预测，那么竞争对手不太可能对这种公司的行动做出反应。例如，有些公司是有名的价格掠夺者（一种为了获得或保持市场份额而经常降价的公司），当这种公司采取降价的战术性行动时，竞争者很少会对这种行动做出反应，因为这种公司一旦获得想要的市场份额就会立刻涨价，对竞争者而言，这样的公司缺乏信誉。[94]

市场依存度

市场依存度是指公司从特定市场获取收入或利润的程度。[95]一般来说，市场依存度比较高的公司，更有可能对威胁其市场地位的行动进行强烈的反击。[96]有趣的是，即便在一些关键的市场上，对威胁公司市场地位的行动进行有效的反击非常重要时，这些受到威胁的公司也不是立即就采取反击行动。

塔吉特约 19% 的收入来自服装销售。因此，该公司在一定程度上依赖服装市场作为其收入来源。正因为如此，该公司对亚马逊试图增加服装产品收入所做的努力予以关注，特别是考虑到这两家公司正在争夺“用消费者数量衡量的美国第二大最受欢迎服装和鞋类零售商”的地位。[97]

总的来说，亚马逊的销售收入高度依赖于电子商务市场。虽然该公司正在尝试建立实体书店并收购了全食超市，但电子商务销售仍占其收入的绝大部分。亚马逊的竞争对手沃尔玛则对电子商务的依赖程度较低。尽管如此，沃尔玛也在提升自己的电子商务销售能力。由于依赖电子商务市场，亚马逊密切关注沃尔玛扩张电子商务市场和提高电子商务能力的行动。沃尔玛最近在处理其电子商务业务方面采取的行动包括，通过强调付费搜索功能[98]为其网站带来更多流量，以及承诺收购精品公司，作为能够向线上购物者提供差异化产品的手段。Modcloth（一家以古装为灵感的女装零售商）和 Moosejaw（一家将 Patagonia 和 North Face 等流行品牌加入沃尔玛产品线中的户外零售商）是沃尔玛为了它的电子商务客户提供差异化产品而收购公司的例子。[99]据负责沃尔玛电子商务活动的高管称，该公司“仍处于购买模式，因为它希望通过差异化的线上产品库存与亚马逊竞争”[100]。鉴于亚马逊对电子商务市场的依赖，几乎可以肯定，亚马逊会对沃尔玛的竞争性行动做出强烈回应。

竞争动态

竞争性对抗是公司与直接竞争者为了争夺市场优势地位而做出的一系列竞争性行动和竞争性反应。竞争动态则是指为了获得市场中的优势地位，所有公司相互间进行的竞争性行动和竞争性反应。因此，联合航空和达美航空处于竞争性对抗中，而联合航空、达美航空、美国航空、西南航空、英国航空、汉莎航空和阿联酋航空（Emirates Airways）（以及许多其他公司）采取的竞争性行动和反应形成了航空客运业的竞争动态。

为了解释竞争动态，我们需要讨论不同市场（慢周期市场、快周期市场和标准周期市场）中竞争速度的变化率对特定市场中竞争者的行为（行动与反应）的影响。在同一类型市场中，公司采取的竞争者行动及其原因具有一定的相似性，但在不同类型市场之间则是有区别的。因此，在慢周期市场、快周期市场和标准周期市场中，竞争动态各不相同。

正如第1章所述，尽管没有任何竞争优势可以长久不变，但各个公司仍然会绞尽脑汁地长时间保持竞争优势。然而，正如我们接下来所讨论的，公司竞争优势的持久性在不同类型的市场中有所不同。公司保持竞争优势的程度主要受到竞争者模仿速度和模仿成本的影响。

慢周期市场

慢周期市场（slow-cycle markets）是指在这类市场上，公司的竞争优势难以被模仿，因为模仿需要较长的时间和高昂的成本。[101] 因此，在慢周期市场中，竞争优势维持的时间可以更长一些。然而，由于没有任何竞争优势可以永久维持，在慢周期缓慢市场上竞争的公司会发现，其竞争优势（为目标客户创造的价值）最终会下降。

正如我们在“战略聚焦”专栏中探讨的那样，几十年来，瑞士手表制造商就是这种情况。这些公司在很大程度上依赖于独家经营的竞争优势，而这种竞争优势来自手表制造过程中极端精密的特点。多年来，这些公司缺乏有效的竞争者。然而，智能手表等技术创新以及消费者兴趣的变化（例如，购买手表是为了“难忘的体验”，而不是有价值的“物品”），正在给瑞士手表制造商带来严峻的竞争挑战。正如你将看到的，瑞士手表制造商为了应对它们今天面临的竞争挑战而采取的战略性行动可能会延长它们的历史竞争优势。

战略聚焦 瑞士手表制造商：在慢周期市场中被侵蚀长期竞争优势？

长期以来，瑞士手表业一直致力于在手表市场，尤其是在高端手表市场上占据竞争主导地位。在20世纪70年代之前，瑞士手表业在全球手表市场中占据了约50%的份额，在奢侈手表领域则处于实际上的垄断地位。这是一个真正的全球市场，瑞士公司95%的高端手表出口到世界各国。无懈可击的质量、超凡的审美、技术的创新、由工匠完成的精密机械手表工艺，以及将手表精心打造成“瑞士制造”的品牌，这些都为高端瑞士手表带来了差异化和竞争优势的终极来源——独一无二。因为瑞士手表被视为一种身份的象征，成功人士想要传达他们成功的形象，可能会选择购买一块昂贵的瑞士手表。瑞士高端手表经常瞄准那些在事业和财务上开始取得显著成功的人（通常，这些人在30～35岁之间）。长期以来，高端手表一直是许多公司战略竞争力的基础，如宝玑（Breguet）、历峰（Richemont）、泰格豪雅（TAG Heuer）、伯爵（Piaget SA）、百达翡丽（Patek Philippe & Co.）和帕玛强尼（Parmigiani Fleurier）。

然而现在，瑞士钟表制造商的排他性竞争优势和“瑞士制造”的威望面临挑战。对于今天许多年轻的成功人士来说，手表的独特性并不能创造价值。相反，这些人更倾向于重视“体验”而非“事物”，因此他们可能会选择预订一次去哥斯达黎加的旅行，并在 Instagram 上详细地记录这次旅行，而不是买一块昂贵的瑞士制造手表。在这个一直以来的慢周期市场，瑞士手表制造商又会做出什么行动来回应如今的竞争现实呢？

首先，瑞士手表制造商与本国和瑞士钟表工业联合会（Federation of the Swiss Watch Industry Group）合作，强烈支持管控假冒产品的行为。造假者每年在全球范围内销售数以千万计的产品，这对瑞士钟表制造商来说是一个长期的挑战。用联合会的话来说："从本质上说，这是对知识产权的窃取，当前的造假问题已经扩展到了全球范围。"目前，假冒手表约占海关查获物品的 9%。手表成为仅次于纺织品的第二大假冒产品。现在，瑞士政府与世界各国政府合作，使进口假冒手表在许多国家变成违法行为，"即使是出于善意、为了私人用途的一次性购买"。减少造假行为保护了高端瑞士手表制造商赖以成功的独特性竞争优势。

更加注重年轻消费者，"即使是以牺牲瑞士手表长期以来深受老一辈人喜爱的传统为代价"，这是如今一些瑞士手表制造商采取的另一种战略性行动。泰格豪雅集团和恒宝集团（Hublot）（隶属于酩悦・轩尼诗 – 路易威登集团（LVMH Moët Hennessy Louis Vuitton））为了促进销售，现在聘请 Jay-Z 等名人设计手表，并请来 20 多岁的模特担任产品品牌大使。另外，泰格豪雅和恒宝聘请的品牌大使还有篮球明星科比・布莱恩特（Kobe Bryant）和德韦恩・韦德（Dwayne Wade），聘用的设计师还包括著名文身师马克西姆・布奇（Maxime Buchi）等。这些努力旨在以吸引年轻消费者的方式，向他们展示昂贵的瑞士手表。"恒宝的肖恩卡特（ Shawn Carter）"由 Jay-Z 参与设计。这款手表有两个版本：黑色款，售价 17 900 美元；黄金款，售价 33 900 美元。两个版本的手表背面都是透明的，可以看到手表复杂的内部运作。为了加强独特性的形象，这款手表限量出售，仅售 350 只，并且很快就销售一空。从这个意义上讲，瑞士手表制造商能够以吸引目标受众的方式扩大其"独特性"的竞争优势。

爱彼（Audemars Piguet）为了在这个古老的慢周期市场竞争，采取了其他的竞争性行动来保护自身的竞争优势。在这种情况下，公司正在寻求扩大目标客户细分市场，以便向他们销售产品。为了做到这一点，爱彼允许转售自己的产品，这样顾客就可以"以 1.5 万美元起步的新价格"购买二手产品。爱彼的期望是，一旦这些人变成了顾客，他们之后会选择购买一个"新的"爱彼手表。

总体而言，高端、高品质的瑞士手表制造商正寻求以新颖的方式实现其独特性的历史竞争优势。从这个意义上说，这些公司希望通过手表的形式创造出全世界消费者都愿意支付的价值。

资料来源：2018, Stop the Fakes! Federation of the Swiss Watch Industry FH, www.fhs.swiss.com, March 28; 2018, Swiss made: The only true reference, Federation of the Swiss Watch Industry FH, www.fhs.swiss.com, March 28; M. Clerizo, 2018, The world's weirdest watches: Good luck telling the time, *Wall Street Journal*, www .wsj.com, January 17; M. Dalton, 2018, Is time running out for the Swiss watch industry? *Wall Street Journal*, www.wsj.com, March 12; T. Mulier, 2018, Swiss watchmakers ' new pitch: $10,000 timepiece can be a bargain, *Bloomberg*, www.bloomberg.com, January 26.

在慢周期市场中，建立一种独特的专有的能力可以帮助公司获得竞争优势并取得成功，而且这种优势很难被竞争对手理解。正如第 3 章中所讨论的，这种难以理解的、模仿成本高的能力经常来源于独特的历史条件、因果的模糊性和 / 或社会的复杂性。版权和专利都是这种类型能力的一些实例。在慢周期市场中，一旦在使用其能力的基础上获得了专有的竞争优势，公司的竞争性行动和反应将以保护、维持和扩大该优势为主。该

市场上的主要战略性行动（如收购）的风险也远小于快周期市场。[102] 显然，那些获得竞争优势的公司会比那些仅仅在行业中生存的公司获得更多的成长和更高的利润，尤其是在成熟和衰退行业中。[103]

迪士尼公司在不断扩大卡通形象的专有特征，如米奇、米妮和高飞。这些卡通形象都有独特的历史发展过程，源于华特·迪士尼（Walt Disney）和罗伊·迪士尼（Roy Disney）的创作和各种大众娱乐节目。迪士尼的主题公园和各种迪士尼专卖店销售的是以这些卡通人物为主题的各种产品。由于卡通人物商标受到专利权的保护，迪士尼的独特优势很难被竞争对手模仿。

与慢周期的另一属性相一致，迪士尼会保护其卡通人物的专有特征和使用权。在慢周期市场上与所有竞争对手竞争的过程中，迪士尼的竞争性行动（如在法国、日本和中国建主题公园）和反应（如提起诉讼以保护对其卡通形象的完全控制和使用的权利）主要用来保护、维持和扩大它的独特竞争优势。

美国的专利法和各种规章制度要求食品和药品管理局（FDA）采取新的措施来保护新产品，从而巩固医药研发公司的市场地位。该市场的竞争者试图通过延长药物的专利保护期限来维持竞争优势。然而，专利保护期一过，一般性的复制将得到批准，公司也不再免于竞争，销售收入和利润一般都会下降。这也是辉瑞公司在立普妥（Lipitor）于2011年专利到期之后所面临的状况。在该事件之后的第一个季度，辉瑞公司的利润下降了19%。2017年，包括礼来公司（Eli Lilly）的西力士（Cialis）和力比泰（Alimta）、辉瑞公司的伟哥（Viagra）、强生公司的达芦那韦（Prezista）和武田公司（Takeda）的万珂（Velcade）在内的许多著名药物都已过了专利保护期。这些药物曾为拥有它们的公司带来了可观的收入。例如，2016年，伟哥的销售收入为12亿美元。[104]

在慢周期市场上，公司竞争形成的竞争动态如图5－4所示。在该市场上，公司通过专有优势（如研发）开发产品（如一种新药），并尽可能长时间地利用这种优势，从而使产品免于竞争，但最终竞争对手会进行反击。在药品市场上，当专利保护期结束或者法律保护手段被打破时，竞争对手往往会发起这种反击，这也进一步激发了公司开发另一种新产品来保护市场地位的需求。

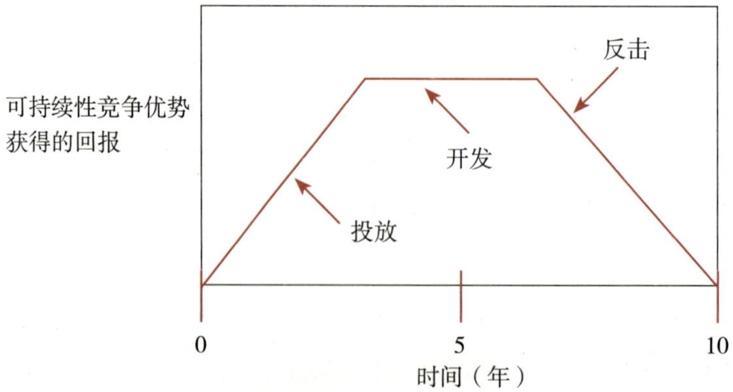

图5－4 可持续性竞争优势的逐渐侵蚀

资料来源：Adapted from I. C. MacMillan, 1988, Controlling competitive dynamics by taking strategic initiative, *Academy of Management Executive*, Ⅱ(2): 111-118.

快周期市场

快周期市场（fast-cycle markets）是指在这种市场上，公司获得竞争优势的能力不能免于模仿，并且模仿是迅速的，成本也不高。[105]因此，在这种市场上，公司很难维持竞争优势。在快周期市场中竞争的公司都清楚地意识到速度的重要性，这些公司信奉的是“时间就像金钱和员工一样，是一种宝贵的商业资源——因犹豫或推迟而付出的代价与超出预算或缺少财务预算一样高昂”[106]。这种高速变化的环境给高层管理者造成了巨大的压力，他们必须迅速有效地做出战略决策。对于管理者和他们领导的公司来说，这是一项具有挑战性的任务。[107]

快周期市场上的逆向工程和技术传播的速度使模仿变得更容易。竞争者可以利用逆向工程迅速得到模仿或者改进公司产品所需的知识。技术的快速传播使得竞争者在短时间内就可以掌握公司的技术。快周期市场上竞争者使用的技术既不是专有的，也不会像慢周期市场上那样受到专利的保护。比如，在开放市场上组装一台计算机需要几百个零部件，其中受到专利保护的零部件只有区区的几个部分，如微处理器芯片。然而，当潜在进入者知道一个或多个公司的成功与否取决于开发有价值专利的能力时，他们可能会犹豫不决，甚至不愿进入快周期市场。[108]

与慢周期市场和标准周期市场相比，快周期市场更不稳定。事实上，快周期市场中的竞争几乎达到了白热化的程度，公司只能依靠创新作为发展的引擎。由于该市场的产品价格下跌速度比较快，公司必须从创新产品中迅速获得利润。

认清这一现实，可以使公司不再“忠诚”于任何一种产品，而是在竞争对手成功模仿之前就实现产品的更新换代。在快周期市场上基于这一点形成的竞争动态，与慢周期市场上的竞争动态有很大的不同。与慢周期市场上公司专注于保护、维持和扩大竞争优势不同，快周期市场上的公司更加集中于学习如何快速和持续地发展新的优于以往的竞争优势。它们不断寻求快速有效地开发新产品的方法。例如，在快周期市场的某些行业中，公司经常会利用战略联盟和联合投资（见第9章）来获取新技术，然后开发新产品并将其引入市场。[109]最近几年，这种联盟开始不断向海外发展（与其他国家的公司进行合作），目的在于获得新技术的同时，使公司保持较低的成本。不过，一方面要在与国外合作者合作中分享知识和技能，另一方面也要适当阻止该合作者从焦点公司对联盟的贡献中获益，在两者之间寻找一个平衡点非常具有挑战性。[110]

图5-5展示的是快周期市场中公司的竞争性行为。该市场的竞争动态使公司的竞争性行动和竞争性反应以快速、持续地引入新产品和发展不断变化的一系列竞争优势为导向。公司一般都是通过开发新产品获得竞争优势，然后尽可能长时间地利用这种优势。公司还会在竞争对手对第一种产品做出反应之前，尝试开发另一种暂时的竞争优势。因此，快周期市场的竞争动态导致该市场中产品的快速升级和创新。[111]

科技巨头阿里巴巴和腾讯在移动互联网业务领域相互竞争。作为这个快周期市场中的竞争对手，这两个直接竞争者彼此了解，并且有动力和能力参与激烈的竞争。一些分析人士认为，如今这些巨头之间的竞争“可能会重塑中国商业世界格局，并会影响中国人的生活和中小企业的命运”[112]。最初，阿里巴巴和腾讯各自主导互联网的一部分领域：腾讯主导通信和游戏，阿里巴巴主导电子商务。由于新增在线用户的减少，这在很大程度上导致这些公司之间的竞争变得更加直接和激烈，因为每家公司都在试图融合线上和线下服务。在激烈竞争的同时，阿里巴巴和腾讯将努力以创新的方式服务消费者。

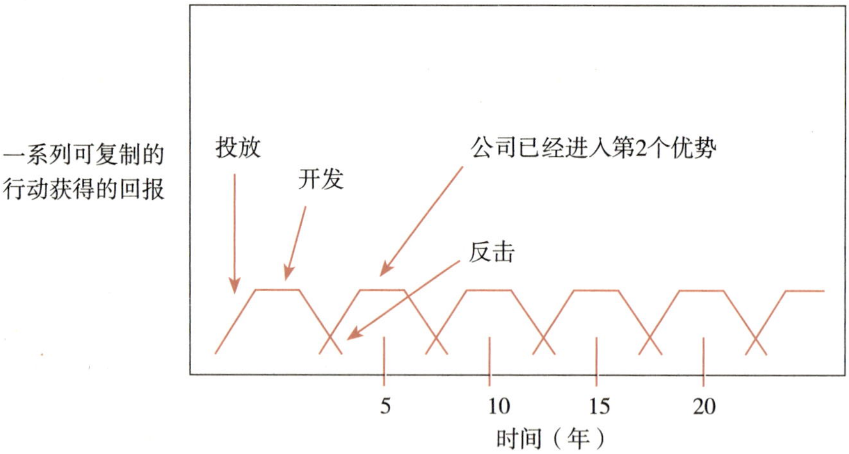

图 5－5　发展暂时性优势来创造可持续性优势

资料来源：Adapted from I. C. MacMillan, 1988, Controlling competitive dynamics by taking strategic initiative, *Academy of Management Executive*, Ⅱ (2): 111-118.

正如我们所讨论的那样，创新在快周期市场的竞争动态中起着关键的作用。对于单个企业来说，创新是竞争优势的关键来源。通过持续有效的创新，企业可以在竞争对手成功模仿自己的产品之前升级换代，通过下一代产品保持竞争优势。

标准周期市场

在**标准周期市场**（standard-cycle markets）市场上，公司的竞争优势受到适当的保护以防止被模仿，竞争者进行模仿只需要付出适当的成本。在这种市场上，公司只要能够不断提升能力，以这些能力为基础领先于竞争者，就可以维持部分竞争优势。标准周期市场上的竞争性行动和竞争性反应主要是为了追求更大的市场份额，通过品牌名称赢得顾客的忠诚，并且仔细控制公司的经营运作，从而不断地为顾客提供相同的积极体验。[113]这也是食品零售行业多年来经营的方式。正如在本章的微案例中所讨论的那样，这种竞争模式正在发生变化，因为像阿尔迪这样的折扣竞争者在全球范围内变得更加有攻击性。

在标准周期市场上竞争的公司往往同时服务于高度竞争市场中的许多顾客。由于作为竞争优势基础的能力和核心竞争力不具有特殊性，因此与慢周期市场上的模仿相比，标准周期市场上的模仿更迅速，成本更低，但与快周期市场相比，这种模仿则显得比较慢，成本也较高。因此，标准周期市场的竞争动态介于慢周期市场和快周期市场的动态特征之间。在标准周期市场上，如果公司能够协调与整合产品的设计及生产过程，扩大产品销量，实现规模经济，那么竞争者的模仿就会变慢，成本也会更高。

由于需要大产量、大市场和发展规模经济，因此，标准周期市场上的市场份额之争会异常激烈。这种形式的竞争已经在食品生产商之间的竞争中清晰地显现出来，例如糖果生产商中一些主要的竞争者，如好时、雀巢、亿滋国际（其前身是卡夫食品）、玛氏。（在这些公司中，好时远远比其他公司更依赖于糖果销售。）口味以及制作糖果的原料、广告活动、包装设计以及销售渠道是这些竞争者众多激烈竞争的维度中的一些，目的在于提高它们在糖果市场（广泛定义的糖果市场）的销售份额。[114] 近年来，糖果生产商还不得不应对来自健康专家的指责，如它们的产品中的糖分、饱和脂肪、能量等成分如何对人们的健康产生负面影响。

在标准周期市场上，创新同样可以作为竞争性行动和反应的驱动因素，特别是当竞争比较激烈的时候。如引例中所介绍的那样，随着亚马逊、沃尔玛及其他公司参与到与传统超市经营者（如克罗格、西夫韦）的激烈竞争中来，我们可以预见，创新将在食品杂货业的销售渠道以及数据分析应用方面发挥重要作用。标准周期市场中的一些创新在本质上是渐进式而非突破式的（渐进式和突破式创新将在第 13 章讨论）。尽管如此，这两种类型的创新对于在标准周期市场中竞争的企业取得战略竞争力都是至关重要的。

综上所述，不管是在快周期市场、慢周期市场还是在标准周期市场上，创新对所有公司的竞争性行动和反应都有影响，因此，它能够对竞争动态产生实质性的影响。在前面几章中，我们强调了创新对公司战略性竞争的重要性，在第 13 章中还会进行介绍。所有这些讨论都凸显了创新对公司的重要性，无论其处于什么类型的竞争动态中。

本章小结

竞争者是指在同一市场中进行竞争、针对相同目标顾客群提供相似产品的公司。竞争性对抗是指相互竞争的公司之间为了争夺有利的市场地位而进行的一系列竞争性行动和反应。竞争性对抗的结果将影响公司保持竞争优势的能力以及财务回报的水平（平均、低于平均、高于平均）。

单个公司参与竞争性对抗时采取的一系列竞争性行动和竞争性反应称为竞争性行为。竞争动态是指在特定市场上的所有竞争者采取的行动和反应。

公司研究竞争性对抗的目的在于：预测每一个竞争对手可能采取的竞争性行动和反应。竞争性行动从本质上可以分为战略性和战术性两种。公司采取竞争性行动是为了保护或建立竞争优势或者提高市场地位，采取竞争性反应是为了抵消竞争者的竞争性行动的影响。战略性行动或战略性反应需要投入大量的组织资源，并且难以成功地执行和改变；相反，战术性行动和战术性反应则只需要投入较少的组织资源，执行和改变起来比较容易。例如，对航空公司而言，进入一个新的主要市场就属于战略性行动或战略性反应，在特定市场上改变票价则属于战术性行动或战术性反应。

竞争者分析是公司预测竞争者行动和反应的第一步。在第 2 章中我们阐述了公司应怎样理解竞争对手，本章则进一步讨论了公司应如何做才能预测竞争对手基于市场的各种行动。因此，应先理解后预测。对市场共性（竞争者共同参与竞争的市场的个数以及它们的重要性）和资源相似性（竞争者的资源在数量和类型上有多大的可比性）的研究可以进一步完善竞争者分析。总体来说，公司间的市场共性和资源相似性的程度越大，公司就越承认它们是直接的竞争对手。

市场共性和资源相似性形成了公司的意识（公司和竞争对手对它们之间的相互依存

度的理解程度）、动机（公司进行攻击或反击的动机）和能力（公司用于攻击和反击的资源的质量）。对竞争对手这三个方面特征的了解，有助于公司预测竞争对手的行动和反应。

除了市场共性、资源相似性、意识、动机和能力外，还有三个特定因素会影响竞争者采取竞争性行动的可能性。第一个因素是先动者的优势。先动者是指首先采取竞争性行动的公司，在竞争者做出成功的反应之前，先动者往往会赢得顾客的忠诚和超额利润。并不是所有的公司都能成为先动者，因为一些公司缺乏采取此类竞争性行动的意识、动机和能力。另外，有些公司更喜欢成为次动者（对先动者的行动做出反应的公司）。原因之一是，次动者尤其是行动迅速的次动者，通常能够成功地与先动者进行竞争。通过评估先动者的产品、顾客对该产品的反应以及其他竞争者对先动者的反应，次动者可以避免先动者所犯的错误，并且可以找到一种能提高先动者的产品或服务为顾客创造的价值的方法。后动者（在先动者行动后很长一段时间才做出反应的公司）的业绩表现一般比较差，竞争力也比较弱。

组织规模往往会降低竞争性行动的多样性，大公司倾向于减少竞争性行动的多样性，小公司则正好相反。理论上，公司都希望能以大量的多样化行动参与竞争对抗。另一个因素是质量，它是在全球经济中成功竞争的基本决定因素，它是获得平等竞争的先决条件，但对于形成竞争优势来说，它只是必要而非充分条件。

研究公司采取的竞争性行动的类型（战略性或战术性）、行动者的声誉以及竞争者对市场的依存度，有助于公司分析预测竞争者对竞争性行为的反应。一般来讲，战术性反应要多于战略性反应。如果具有声誉的公司的竞争性行为具有可预测性和可理解性，而且它又是一个市场领导者，那么竞争者更有可能对这种公司的行动做出反应。一般情况下，公司可以预测到，如果竞争者的收入与盈利高度依赖于一个市场，那么公司在这个市场上采取竞争性行动时，更有可能遭到竞争者的强烈反击；相反，市场多元化的公司则很少对只影响一个市场的特定行为做出反应。

在竞争优势至少可以保持一段时间的慢周期市场上，竞争动态一般包括公司为保护、维持和扩大特有优势而采取的行动和反应。在快周期市场上，由于各个公司集中发展一系列暂时性竞争优势，因此该市场上的竞争近乎白热化。之所以强调这一点，是因为快周期市场中的竞争优势并不是特有的，竞争对手的模仿速度非常快，而且成本比较低。标准周期市场上的竞争介于慢周期市场和快周期市场之间。由于公司有能力获得可适当维持一段时间的竞争优势，因此，公司通常（但不总是能够）在一定程度上免于竞争。标准周期市场上的竞争者为普通大众提供服务，并试图通过发展规模经济来提高盈利能力。在这三类市场上，创新都是成功竞争的关键因素。公司应该认识到，各种市场类型中的竞争者采取的竞争性行动和反应是不同的。

关键术语

竞争性行动（competitive action）
竞争性行为（competitive behavior）
竞争动态（competitive dynamics）
竞争性反应（competitive response）
竞争性对抗（competitive rivalry）
竞争者（competitors）
快周期市场（fast-cycle markets）
先动者（first mover）
后动者（late mover）
市场共性（market commonality）

多元化市场竞争（multimarket competition）
质量（quality）
资源相似性（resource similarity）
次动者（second mover）
慢周期市场（slow-cycle markets）
标准周期市场（standard-cycle markets）
战略性行动（strategic action）或战略性反应（strategic response）
战术性行动（tactical action）或战术性反应（tactical response）

复习题

1. 谁是竞争者？应如何对竞争性对抗、竞争性行为和竞争动态进行定义？
2. 什么是市场共性？什么是资源相似性？这些概念如何构成竞争者分析的基础？
3. 意识、动机和能力是如何影响公司的竞争性行动的？
4. 影响公司采取竞争性行动的因素是什么？
5. 哪些因素影响公司对竞争者的行动做出竞争性反应的可能性？
6. 慢周期市场、快周期市场和标准周期市场上的竞争动态分别是什么？

微案例

超市大战的连锁反应：阿尔迪正在改变许多国家的市场格局

阿尔迪最初是由阿尔布莱希特（Albrecht）夫人于 1913 年在德国埃森市开办的一家家庭所有的小型零售店。1946 年，她的两个儿子卡尔（Karl）和特奥（Theo）接管了该零售店并迅速扩张。从最开始，他们就非常强调低成本，因此相对于竞争者而言，为顾客提供了非常低的价格。一段时间之后，阿尔迪扩张到了欧洲的其他国家，并于 1976 年进入美国市场。如今，阿尔迪在 20 个国家合计拥有 11 000 家店，其中 1 750 家位于美国 35 个州。在美国，阿尔迪每月为 4 000 万消费者提供服务。

阿尔迪通过各种各样的方式维持其低成本。阿尔迪通常在“不提供不必要服务”的超市中销售其自有品牌商品。该公司限制了非自有品牌商品的销售数量（通常每种商品只有一或两个品牌），并在包装、配送和员工支出上保持着低成本。这些商品以原包装在类似于仓库的超市货柜上销售。阿尔迪在德国几乎不做广告，在美国却做广告。它还自己制作广告（不通过广告中介），绝大多数通过报纸插页的形式刊登，很少做电视广告。

阿尔迪和另一个折扣商店利德尔（Lidl）对英国市场上四大超市——特易购、沃尔玛阿斯达（Walmart's Asda）、森宝利（J Sainsbury）、威廉莫里森超市（Wm. Morrison Supermarkets）造成了冲击。阿尔迪和利德尔从这些零售超市，尤其是特易购和威廉莫里森超市手上抢走了市场份额。2016 年，阿尔迪和利德尔在英国占据了约 8.6% 的市场份额，并计划在 2021 年前使市场份额增长至 17%。特易购曾控制折扣超市市场大约 30% 的份额，但是现在正在不断下滑。近来威廉莫里森超市的市场绩效不佳，已经导致公司高层管理人员的大调整，其新任 CEO 大卫·波茨（David Potts）实施了一些重大变革——大幅削减成本以提升价格竞争力。由于成本下降，威廉莫里森降低了 130 种主要产品的价格，如牛奶和鸡蛋。同样，特易购将 380 种品牌商品的价格下调了大约 25%。阿尔迪由于收获了市场份额而大受鼓舞，投资了大约 9 亿美元，计划到 2022 年在英国开 550 家超市。

在澳大利亚市场，阿尔迪也带来了相似的影响。它抢夺了澳大利亚最大的两个超市——科尔斯（Coles）和沃尔沃斯（Woolworths）的市场份额。沃尔沃斯发出了信号，计划降低价格以避免被列为“昂贵的选择”之一。这一行动似乎没有引起阿尔迪的关注，阿尔迪宣布，在当前澳大利亚300家超市的基础上，计划投资7亿美元进行扩张，到2020年增加120～130家超市。

阿尔迪似乎也扰乱了美国市场的竞争。例如，其竞争对手之一，比利时德尔海兹集团（Delhaize）旗下的Bottom Dollar折扣食品零售店关闭了所有超市（美国新泽西州、宾夕法尼亚州和俄亥俄州的超市），并将其位置租赁给阿尔迪。阿尔迪在美国也确实存在着与沃尔玛、山姆会员店（沃尔玛的仓储式商店）、开市客以及其他折扣食品零售商的激烈竞争。然而，阿尔迪仍然在美国市场不断发展壮大而不仅是存活下来。2018年初，阿尔迪宣布将投资16亿美元，在2020年之前，在美国改造和扩建1 300家门店。阿尔迪希望到2022年在美国拥有2 500家门店，并在2018年宣布将花费30亿美元开设新店，以实现这一目标。如果达成这一目标，阿尔迪将成为美国第三大连锁超市。

阿尔迪在各个市场中的超市跨越了国家边界产生了连锁反应，这些影响同样也波及批发商和其他供应商。例如，批发价格一直在下降，一些主要的超市连锁店（例如特易购和威廉莫里森超市）削减了货架上的自有品牌数量。有趣的是，例如Mr. Kipling蛋糕和Bistro调味肉汁这些热销产品的生产商仍然获得了货架空间并提高了销售额，其他一些竞争对手的产品则撤离了货架。当然，那些产品被削减的供应商将会蒙受损失。

总而言之，阿尔迪在多个国家中对其竞争对手以及为该行业供应产品的其他许多企业产生了重大影响。因此，今天食品零售业的竞争格局与以往大为不同。

资料来源：2018, Aldi unveils $1.6 billion nationwide store remodel plan to enhance customer shopping experience, Aldi Homepage, www.aldi .com, February 8; 2017, Motley Fool staff, Setting the stage for grocery industry competition in 2018, Motley Fool Homepage, www.fool.com, December 24; 2014, Aldi targets doubling of UK stores with 600 million pound investment, *New York Times*, www.nytimes.com, November 10; T. Hua, 2015, Tesco's overhaul points to a price war, *Wall Street Journal*, www.wsj.com, January 5; L. Northrup, 2015, Bottom dollar food to close stores, sell chain to Aldi, *Consumerist*, www.consumerist.com, January 5; 2015, Mr. Kipling Maker Premier Foods sees positives in supermarket wars, *New York Times*, www.nytimes.com, January 23; 2015, Morrisons cuts prices on 130 grocery staples like milk, eggs, *New York Times*, www.nytimes.com, February 15; 2015, British shop price decline steepens in February—BRC, *New York Times*, www.nytimes.com, March 3; K. Ross, 2015, Supermarket wars: Aldi takes on market share as Woolworths drops prices, *Smart Company*, www.smartcompany.com.au, March 9; A. Felsted, 2015, Morrison chiefs take express checkout from struggling supermarket, *Financial Times*, www.ft.com, March 24; 2015, Aldi Foods, www.grocery.com, accessed March 25.

案例讨论题

1. 根据案例以及你通过搜索获得的材料，描述阿尔迪是如何在食品零售业中进行竞争性对抗的。

2. 正如本章引例中所讨论的那样，亚马逊收购了全食超市。这笔交易将如何影响试图在美国进行扩张的阿尔迪？对于亚马逊收购全食超市，阿尔迪会采取什么样的竞争性行动？

3. 使用本章探讨的概念和行为，判断是阿尔迪更有可能回应任何亚马逊通过全食超市可能采取的战略性行动，还是亚马逊更有可能通过全食超市回应任何阿尔迪采取的战略性行动？请解释你选择的理由。

4. 从竞争的角度来说，请解释你认为沃尔玛和开市客会采取哪些行动（战略和/或战术）来回应阿尔迪打算在美国开设2 500家门店的野心？

6 公司层战略

学习目标

1. 定义公司层战略并讨论其目的
2. 描述采用不同的公司层战略达到的不同层次的多元化
3. 解释公司多元化的三个主要原因
4. 描述公司是如何通过相关多元化战略创造价值的
5. 解释非相关多元化战略创造价值的两种途径
6. 讨论促进多元化的动机和资源
7. 描述管理人员对公司进行过度多元化的动机

引例 亚马逊及其成功实现增长的多元化战略

亚马逊已经从1997年成立初期的线上图书经销商发展成为一系列服务和产品的供应商，这主要是通过相关多元化和最近的垂直一体化战略实现的。作为一个在线图书销售商，一旦最初确立了排他性成功，它就能将其在线销售扩大至CD和DVD。与此相关的是，亚马逊接下来还在销售产品中增加了玩具、游戏、电子产品和电子游戏。在这次成功之后，它向第三方卖家开放了自己的网站，并将这项业务命名为“市集”(Marketplace)，类似于eBay的线上产品市场。

由于对数据服务的需求，亚马逊拥有多台计算机和服务器，将消费者产品偏好和客户品位信息进行备份。之后，这些信息被垂直整合到亚马逊的网络服务中，亚马逊开始向其他云计算客户销售这些服务。接下来，亚马逊开始销售相关服装产品，并扩展其能力，提供必要的尺码信息和有效的退货服务。

2005 年，亚马逊以每年 79 美元的价格向消费者提供尊享会员服务，承诺免费提供无限制的两天送达服务。2007 年，它推出了第一款 Kindle 阅读器，最初的售价为 399 美元。随着竞争的出现，亚马逊对 Kindle 进行降价，随后推出了像 Kindle Fire 这样的新产品。2009 年，亚马逊开始销售自有品牌商品，包括空白 DVD 和 USB 数据线。它还推出了流媒体视频服务。亚马逊工作室（Amazon Studios）成立于 2010 年，2011 年尊享会员可享受即时的流媒体视频服务。

2014 年，亚马逊推出了一款售价 99 美元的 Fire TV 机顶盒，用于流媒体视频和智能手机，随后因为销售情况不佳而停产。该公司还开始销售带有语音识别功能的 Echo 扬声器，以及后来的 Alexa。由于对其产品的需求庞大，亚马逊意识到自己需要扩张，因此垂直整合了运输业务，并开始提供 Flex 递送服务。后来，亚马逊还与一家航空租赁公司建立了合作伙伴关系，以提升其降低运输成本的能力，对送货服务拥有更多控制权。

在这个演化过程中，亚马逊一直在追求相关多元化的战略逻辑。从线上销售书籍的最初目标开始，亚马逊就开始了多元化经营，成为一家线上零售商，提供服务、娱乐和商品，现在甚至售卖家具和大型家电。2017 年，它收购了有机食品零售商全食超市，使其在美国和其他地区拥有了众多实体店面。这给食品零售业带来了冲击，因为亚马逊之前曾对其他零售商造成了破坏性影响，特别是大型百货公司，如梅西百货、杰西潘尼和百思买（Best Buy）。

由于“亚马逊效应”，其他零售业巨头也加强了线上销售产品的能力。尤其是沃尔玛已经收购了 jet.com，而所有其他零售商都试图通过自己的网站建立线上销售平台。亚马逊已经表示，它将与伯克希尔·哈撒韦公司（Berkshire Hathaway）和摩根大通合作，创建一个独立的医疗保健机构，为员工提供服务。这项举措可能会对药品经销商和医疗保险公司造成影响。由于亚马逊的成功，它现在与各种类型的零售商进行竞争，比如媒体公司网飞、硬件公司苹果、广告公司谷歌，甚至自己的运输配送供应商，如联邦快递、UPS 以及美国邮政（USPS）。亚马逊也在研究属于自己的类似支票账户的支付系统。正如它在零售购物方面所做的那样，未来，亚马逊可能会在支付、银行业务以及药品和医疗保健的交付领域采取同样的做法。

资料来源：D. Cameron & J. Smith, 2018, Air-Cargo space is tight as even spaghetti sauce is in an ASAP rush, *Wall Street Journal*, www.wsj.com, January 24; B. Evans, 2018, Amazon to become #1 in cloud computing revenue by beating IBM's $17 Billion, *Forbes*, www.forbes.com, January 26; E. Glazer, L. Hoffman, & L. Steven, 2018, Next up for Amazon: Checking accounts, *Wall Street Journal*, www.wsj.com, March 5; C. Johnston, 2018, Amazon opens a supermarket with no checkouts, *BBC News*, www.bbc.com, January 22; B. C. Koons, & R. Langreth, 2018, What stands between Bezos, Buffett, and Dimon and a health-care fix, *Bloomberg Businessweek*, www.bloomberg.com, February 14; Kowitt, 2017, The deal that made an industry shudder, *Fortune,* July 1, 7; C. Mims, 2018, The limits of Amazon, *Wall Street Journal*, www.wsj.com, January 1; P. Schoerdt, 2018, How Amazon will drastically change health care, according to futurists, *Money*, www.time.com/money, February 1; E. Winkler, 2018, Can Amazon do with clothes what it did with books? *Wall Street Journal*, www.wsj.com, January 3.

我们在第 4 章讨论的业务层战略和第 5 章讨论的竞争性对抗与竞争动态，都是着眼于在单一行业或产品市场进行竞争的公司。[1] 本章将讨论公司层战略，利用这一战略，公司可以将单一市场的单一业务拓展到多个产品市场中的多个业务领域。**公司层战略**（corporate-level strategy）是指通过选取和管理不同市场上的不同业务来赢得竞争优势的行动。公司层战略可以帮助公司进行新的有望提高公司价值的战略定位。[2] 正如引例中

介绍的，亚马逊在相关零售、硬件、娱乐和配送等很多行业中竞争。[3]

亚马逊的案例说明，公司除了把公司层战略作为提高收入和利润的手段外，还可以有额外的战略意图，如追求防守战略或进攻战略。这样既有助于实现企业的成长，又可使公司拥有不同的战略意图。公司可以通过进入不同的地理区域来寻求市场的发展（第8章进行讨论）。公司还可以收购竞争者（水平整合）或者购买供应商或顾客（垂直整合）。正如我们在引例中了解到的，亚马逊收购了全食超市，从而提高了在食品零售产品和分销业务中的横向一体化程度。这些收购战略将在第7章讨论，本章主要关注的是多元化战略。

公司为了追求增长而做出的各种决定从来都不是无风险的。事实上，通用电气在石油和天然气服务以及动力设备业务方面遇到了一些困难。通用电气金融服务业务的收入也大幅下降，因此通用电气售卖了它在该领域的资产，选择寻求其他工业行业和设备业务的增长，同时利用互联网以更好地整合它的数字化战略。[4]有效率的公司在对任何一项有利于增长的决策（包括不同的公司层战略）投入资源之前，都会进行仔细的评估。

由于多元化公司在几个不同的独立产品市场上运营几种不同业务，因此形成了两种战略类型：公司层（全公司）战略和业务层（竞争）战略。[5]公司层战略主要关注两个问题：一是公司应该在哪些产品市场和业务领域进行竞争；二是公司总部应如何管理这些业务。[6]对多元化公司来说，需要为每一个参与竞争的业务领域选择业务层战略（见第4章）。

与业务层战略类似，公司层战略也是通过创造价值来帮助公司获得超额利润。[7]有人指出，实际上，很少有公司层战略可以真正地创造价值。[8]正如引例中所指出的，弄清楚公司层战略可以实现的价值是一件非常困难的事情。有证据显示，通过确定“业务组合中某一业务在本公司管理下的价值比在其他任何公司管理下的价值”高出的程度，可以最终确定公司层战略的价值。[9]因此，一个有效的公司层战略在公司各个业务中创造的收入，应该超过公司没有实施这一战略时的收入[10]，并且它还有助于增强公司的战略竞争力以及获得超额利润的能力。[11]

产品多元化是公司层战略的一种主要形式，关注的是公司参与竞争的市场和行业的范围，以及“管理者如何购买、创造和出售不同的业务单元，从而使公司的技巧和优势能与摆在公司面前的机会相适应”[12]。由于成功的多元化可以使公司收入来自不同的业务单元，因此它可以减少公司获利的不确定性。[13]多元化可以使公司的投资灵活地转向回报高的市场，而不是“将所有鸡蛋都放在一个篮子里”[14]。由于在多元化过程中会产生开发和监管成本，因此，理想的业务组合能平衡多元化带来的成本和收益。CEO和高层管理团队有责任为公司确定一种最好的业务组合。[15]

我们将首先讨论多元化战略的层次（从低到高）。在阐述公司多元化的不同原因之后，我们聚焦于两种类型的相关多元化（相关多元化标志着公司已经实现了中高层次多元化）。不管是通过资源共享（相关约束型战略），还是通过在公司的不同业务间传递核心竞争力（相关联系型战略），只要使用得当，这些战略都可以为多元化公司创造价值。然后，考察非相关多元化，这是另一种能为公司创造价值的公司层战略。之后，我们将转向能够引起价值不确定的多元化的动机和资源。在本章的最后一部分，我们将提到多元化的管理动机，这些动机确实能摧毁一些公司的价值。

多元化的层次

根据多元化的层次和各业务间的关联程度，多元化公司可以划分为不同的类型。根据多元化层次的不断提高，图 6－1 中列举和定义了五类业务。单一业务和主导业务意味着非多元化或相当低层次的多元化，较高层次的多元化分为相关多元化和非相关多元化两类。当业务之间存在联系时，公司的多元化就是相关的。例如，公司各业务间可能共享产品市场（物品和服务）、技术或分销渠道。业务之间的联系越多，多元化水平的“限制”就越多。“非相关”则是指不同业务间没有直接的联系。

低层次多元化		
单一业务型	95%以上的收入来自某个单一业务	
主导业务型	70% ～95%的收入来自某个单一业务	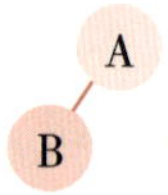
中高层次多元化		
相关约束型	来自主导业务的收入低于70%，且所有业务共享产品、技术和分销渠道	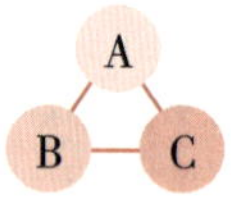
相关联系型（混合相关和非相关）	来自主导业务的收入低于70%，且各业务之间存在有限的联系	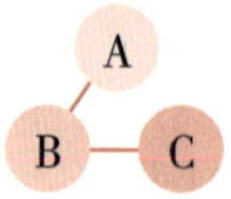
极高层次多元化		
非相关	来自主导业务的收入低于70%，且各业务间不存在联系	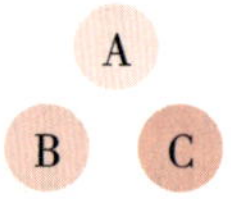

图 6－1　多元化的层次及类型

资料来源：Adapted from R. P. Rumelt, 1974, *Strategy, Structure and Economic Performance*, Boston: Harvard Business School.

低层次多元化

低层次多元化公司运用的是单一业务型或主导业务型多元化战略。单一业务型多元化战略（single-business diversification strategy）是指使公司销售收入的 95% 以上来自核心业务领域的公司层战略。[16] 例如，总部位于美国路易斯安那州艾弗里岛的 Tabasco 品牌生产商麦基埃尼公司（McIlhenny Company），七代人一直保持聚焦于家族的辣酱产品。它的网站上提供了与产品相关的介绍：“1868 年，埃德蒙·麦基埃尼（Edmund

McIlhenny）经过对来自墨西哥（或美国中部的某个地方）的辣椒籽的试验，创造了自有的路易斯安那州风格的辣酱——这是我们最初的原味辣酱。自那之后，我们继承了这种不断探索和试验的传统，如今麦基埃尼公司精制出七种风味的辣酱，每一种都有自己独特的美味。从温和到极辣，为每一个人准备！”[17]历史上，麦基埃尼一直采用单一业务型战略，同时在相对较少的产品市场上运营。最近，它已经开始与其他公司合作，使辣椒酱的味道可以在各种食品中找到，比如饼干和冰激凌。[18]

主导业务型多元化战略（dominant-business diversification strategy）是指使公司总收入的 70% ～ 95% 来自单一业务领域的公司层战略。UPS 采用的就是这种战略。最近，该公司 63% 的收入来自美国包裹投递业务，20% 来自国际包裹业务，剩余 17% 来自非包裹业务。[19]尽管目前美国包裹投递业务是该公司销售收入的最大来源，但该公司预期，未来另外两项业务将成为收入增长的主要来源。这预示着 UPS 提供的产品和服务以及业务涉及的国家分布将更加多元化。

那些聚焦于一个或少数几个业务和市场的公司可以获得较好的回报，因为它们只发展与这些市场相关的能力，为顾客提供更高水平的服务。另外，管理一个或少数几个业务的难度也不是很大，这使得公司可以获得规模经济，从而更高效地利用资源。[20]家族所有和控制的业务往往较少多元化，例如麦基埃尼公司的 Tabasco 辣酱业务。它们更倾向于聚焦战略，因为家族的声誉与所从事的业务有着非常密切的联系。因此，在这种战略下，家族公司会为顾客提供高质量的产品和服务。[21]

因此，也有一些人认为这是中层次多元化战略，一种高度相关的约束型多元化形式，接下来我们将对此进行讨论。

中高层次多元化

相关多元化战略是指公司超过 30% 的收入来自主导业务之外的业务，并且这些业务之间通过一定的方式相互联系起来。当多元化公司的业务之间的联系比较直接时，意味着它们采用了相似的采购、生产和出厂过程，这就是一种相关约束型多元化战略（related constrained diversification strategy）。金宝汤、宝洁、默克采用的都是这种战略。在相关约束型战略下，公司的各种业务共享资源和活动。

正如“战略聚焦”专栏所指出的，卡特彼勒是全球最大的重型设备生产商。2016 年，卡特彼勒的建筑、资源（如采矿）、能源和运输设备以及机械业务占其销售额的 60% 左右。[22]虽然每个细分市场各不相同，但许多类似的技术和投入都用于其设备的生产。此外，相关技术使得生产过程和主要设备零件具有相似性，从而可以使知识在这些业务间进行转移。另外，由于大多数客户和市场都与以某种形式存在的建筑业、采矿业和采掘业有关，它们之间也有一些相似之处。卡特彼勒还采用了加大研发投入的方法，通过一系列差异化产品进行产品和系统更新，从而贯彻产品扩散战略。[23]然而，如前所述，卡特彼勒也有四个部门，包括一个金融产品部门，为其设备和机械销售提供资金支持。

战略聚焦 使用相关约束型多元化战略的卡特彼勒

卡特彼勒是全球最大的重型设备生产商，主要集中在建筑、资源开采（如采矿）、石油和天然气以及能源和运输行业。除了传统的挖掘设备，它还生产柴油机、天然气发动机、工业燃气轮机和柴油电力机车。它将这些业务划分为以下四个主要业务部门：建筑业、能源和运输业、资源产业、金融产品。卡特彼勒拥有超过98 000名员工，几乎60%的销售收入来自美国以外地区。卡特彼勒在2011年对大型采矿设备生产商比如塞洛斯国际（Bucyrus International）进行了横向收购。

卡特彼勒强大的竞争优势之一是它的全球经销商网络，包括服务于192个国家的171个经销商。该网络通过易于使用的电子商务平台在世界各地提供了高效且有效的零部件分销。当一个昂贵的基本设备出现故障时，快速交付零部件是很重要的。

2014—2016年，能源和大宗商品行业的低迷显著降低了卡特彼勒的收入和利润。然而，卡特彼勒坚持努力满足客户的需求，同时进行重组，以满足较低需求的特点。例如，2016年，卡特彼勒的矿用卡车销量比2012年的峰值下降了95%。在2017年和2018年，行业前景有所改善，其利润和股票价格也同步增长。

卡特彼勒致力于不断改进产品和制造工艺，将其销售额的5.1%用于研发。其产品创新主要是由关注客户需求驱动的，这使得该公司在发达市场和发展中市场都颇具竞争力。研究表明，这种以客户为中心的多元化来自对客户的深入了解。例如，卡特彼勒所追求的技术，使其成为采矿业自动驾驶卡车领域的领导者。卡特彼勒的技术使它可以对竞争对手的卡车进行改进，通过更新其MineStar系统可以使卡车自动化或半自动化。在经济低迷时期，其他竞争对手的表现并不理想。例如，2017年，美国市场的竞争对手久益环球（Joy Global）被日本全球设备生产商小松（Komatsu）收购。

卡特彼勒的相关业务也得到了金融产品部门的支持，该部门为销售融资和租赁提供便利，同样也有助于提高利润。为了支持其业务部门，该公司还通过再制造卡特彼勒产品的发动机和零部件提供服务，并为其他使用相关产品的公司提供再制造服务。卡特彼勒的研发计划被公司的许多业务部门采用。尽管其全球研发中心位于伊利诺伊州皮奥里亚的企业总部附近，但它在北美、欧洲和亚太以及其他区域也拥有相应设施，为该公司遍布全球的制造和销售机会提供技术能力支持。

资料来源：2018 Caterpillar fact sheet, www.caterpillar.com, Accessed March 6; 2018, Caterpillar forges new value parts brand for legacy engines, machines, *Concrete Products*, 71(1): 8; J. K. Mawdsley & D. Somaya, 2018, Demand-side strategy, relational advantage and partner-driven corporate scope: The case for client-led diversification, *Strategic Management Journal*, 39: 1834-1859; M. Shunko, T. Yunes, G. Fenu, A. Scheller - Wolf, V. Tardif, & S. Tayur, 2018, Product portfolio restructuring: Methodology and application at Caterpillar, *Production & Operations Management*, 27: 100-120; 2017, Caterpillar and FTP Solutions partner to boost mine network performance, *Coal International*, 265(6): 20; A. Hiyate, 2017, CAT brings partnerships to the fore, *Canadian Mining Journal*, 138(10): 23-25; A. Tangel & J. Zumbrun, J. 2017, Caterpillar boosts outlook, signaling cautious optimism in recovery, *Wall Street Journal*, www.wsj.com, July 26.

当多元化公司的业务之间仅存在较少联系时，我们称其为混合相关型公司或者非相关型公司，它们采取的战略就是相关联系型多元化战略（linked diversification strategy）（见图6-1）。直到最近，通用电气公司采用的是相关联系型多元化公司层战略（见第

11 章“战略聚焦”专栏)。与相关约束型战略相比，相关联系型战略公司的各业务间共享的资源和资本更少，取而代之的是更多地在公司业务之间传递知识和核心竞争力。通用电气公司有四个战略业务单元（见第 11 章对战略业务单元的定义)，称为事业部，并且都是由相关型业务组成的。战略业务单元之间几乎没有任何联系，但其中的下属部门和分部却有许多联系。在实施相关联系型战略时，公司要随着各种不同类型多元化战略的运用，不断调整业务组合以及针对这些业务组合的管理决策。[24] 通用电气最近的业绩下滑表明，这样的业务经营起来颇具挑战性，有时可能过于复杂。[25]

如果一个高度多元化公司内部的业务之间没有任何联系，那么该公司采取的就是非相关多元化战略（unrelated diversification strategy)。联合技术公司（United Technologies Corporation)、德事隆公司（Textron)、三星以及和记黄埔有限公司（Hutchison Whampoa Limited，HWL）采取的都是这种战略。采用这种战略的公司通常称为综合型公司（conglomerates)。[26] 纽威品牌公司（Newell Brands Corporation）的一些客户业务相互之间是没有联系的，公司也没有试图共享行为或在这些业务之间传递核心竞争力。该公司拥有一系列业务，如乐柏美（Rubbermaid）家居产品、K2 滑雪板和科尔曼（Coleman）露营装备，这些业务都是由分散的经营部门独立运营的。[27] 成功地管理非相关多元化经营策略可能是困难的，纽威品牌公司最近就受到激进投资者斯塔博德（Starboard）的挑战，需要该公司改善业绩。[28] 诸如凯雷集团（Carlyle Group)、黑石集团（Blackstone）和 KKR 这些私募基金公司追求的是另一种形式的非相关多元化战略。[29] 它们通常拥有一系列非相关的投资组合公司。

多元化的原因

公司采用多元化公司层战略的原因有很多（见表 6-1)。一般来讲，公司采用多元化战略主要是为了提升整体业绩表现，从而增加公司的价值。在实施相关多元化或者非相关多元化战略时，如果该战略能使公司在执行业务层战略的同时增加收入或者降低成本，那么该战略就为公司创造了价值。[30]

表 6-1　多元化的原因

价值创造的多元化：

- 范围经济（相关多元化）
  - ——行为共享
  - ——传递核心竞争力
- 市场影响力（相关多元化）
  - ——通过多点竞争阻止竞争对手进入
  - ——纵向一体化
- 财务经济（非相关多元化）
  - ——有效的内部资金分配
  - ——业务重组

续表

价值不确定的多元化： • 反垄断条例 • 税法 • 低业绩 • 未来现金流的不确定性 • 降低公司风险 • 有形资源 • 无形资源 降低价值的多元化： • 分散管理者的工作风险 • 增加管理者的报酬

采用多元化战略的其他原因可能与增加公司价值毫无关系，事实上，多元化可能对公司价值不起作用，甚至还有可能减少公司价值。原因在于：公司渴望以多元化来抵消竞争对手的市场优势（通过收购与竞争对手类似的分销渠道来抵消对手的优势）。通过扩大公司的业务组合来降低管理风险或提高高层管理者薪酬可能会给公司价值带来负面影响。由于多元化公司中的某项业务的失败并不会给整个公司的运营带来失败的风险，因此，较高程度的多元化可以降低公司的管理风险，同时也降低了高层管理者的工作风险。另外，多元化还可以扩大公司的规模，增加管理报酬，因此，即使有可能降低公司价值，管理者仍然热衷于使公司多元化。[31] 多元化给公司带来不确定性或负面影响的原因将在本章后面讨论。

经营层面的相关性和公司层面的相关性是多元化战略创造价值的两个主要途径（见图6-2）。对这些独立的相关性维度的研究，展示了资源以及核心竞争力的重要性。[32] 图中纵向表示的是各业务间共享经营活动的机会（经营层面的相关性），横向表示的是传递公司核心竞争力的机会（公司层面的相关性）。位于图中左上象限的公司具有很强的经营管理协同能力，尤其是在各业务的资产共享方面，这些公司往往通过纵向一体化来实现这种共享。位于右下象限的公司具有完善的在各业务间传递一种或多种核心竞争力的能力。

这些能力主要掌握在公司总部手里。图6-2中左下象限展示的是非相关多元化。它既不属于经营层面相关性，又不属于公司层面相关性的财务经济（稍后讨论），是实施非相关多元化战略的公司创造价值的源泉。

创造价值的多元化：相关约束型多元化和相关联系型多元化

实施相关多元化公司层战略的公司，可以通过增强和扩展其资源和能力为顾客创造价值，从而获得竞争优势。[33] 这些公司希望能发展和提高各业务的规模效应。[34] 实际上，即使是非营利组织也会发现，谨慎规划和实施相关多元化能够创造价值。[35]

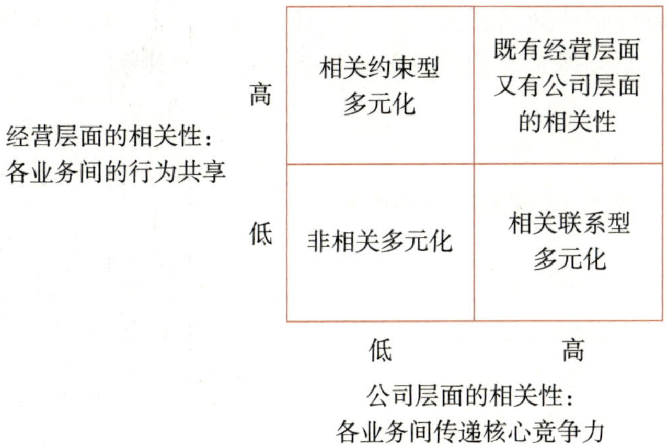

图 6－2　价值创造的多元化战略：经营层面和公司层面的相关性

范围经济（economies of scope）是指通过资源和能力共享，或者将一个业务建立的一种或多种核心竞争力传递给其他业务，降低公司成本的一种方式，它可以用于在多个产品市场或行业中运营的公司。[36]

如图 6－2 所示，公司主要通过两种基本的经济运营形式来利用范围经济创造价值，即行为共享（经营层面的相关性）和传递核心竞争力（公司层面的相关性）。这两种方式之间的区别在于如何整合分散的资源来实现范围经济。为了实现有形资源的范围经济，需要将厂房、设备或其他资产进行共享，一些无形资产（如生产知识、技术能力等）也可以进行共享。然而，这种不依赖实物或有形资源而在各活动间进行的知识传递，其中包含了公司层核心竞争力的传递，不属于经营层面的活动共享。[37]

经营层面的相关性：行为共享

公司可以通过主要活动（如物流系统）和辅助活动（如采购活动）（见第 3 章价值链部分）来创建经营层面的相关性。实施相关约束型多元化战略的公司进行行为共享的目的就在于创造价值。宝洁公司使用的就是这种战略。在“战略聚焦”专栏中描述的卡特彼勒也共享了一些活动。例如，卡特彼勒的各项业务共享了营销活动，因为它们所有的设备都销售给建筑和采矿行业的一些公司。

行为共享也是有风险的，因为不同业务之间的这种关系会影响到最终的产出。例如，如果市场上对其中一种业务产品的需求下降，那么公司就无法获得足够的收入来弥补运营共享设备所需的成本，从而影响行为共享的成功率。另外，行为共享还需要在业务间进行仔细的协调，因此，能否有效地协调也成为公司面临的一个重要挑战（进一步的讨论请见第 11 章）。[38]

尽管业务间的行为共享是有风险的，但研究显示，它仍然可以创造价值。例如，对银行业和软件业等行业的并购（横向并购）的研究发现，并购后的活动和资源的共享可以形成范围经济，提高公司业绩，并为股东带来更高的回报。另外，出售那些能够通过资源共享而实现范围经济的相关业务所得的回报，往往少于出售与核心业务无关的业务所得到的回报。其他一些研究还发现，业务相关性越密切的公司面临的风险越小。这一研究结果表明，通过业务间的行为共享来实现范围经济，对降低风险和提高价值有着非常重要的作用。如果强大的公司总部也积极促进行为共享，公司将会获得更诱人的结果。[39]

公司层面的相关性：传递核心竞争力

一直以来，公司的无形资源（如知识）都是核心竞争力的基础。**公司层核心竞争力**（corporate-level core competencies）是与不同业务相关联的资源和能力的综合，主要包括管理和技术知识、经验和专门技术。[40] 寻求通过公司层面的相关性来创造价值的公司，可以使用相关联系型多元化战略，就像索尼公司那样（见第 11 章）。

相关联系型多元化战略至少可以通过两种途径帮助公司创造价值。首先，由于公司已经在一项业务的核心竞争力的塑造中支付了大量的费用，因此，将这一竞争力传递给第二项业务可以避免再消耗大量资源。其次，无形资源是公司层面的相关性创造价值的另一个来源。无形资源难以被竞争对手理解和模仿，因此，那些得到传递过来的公司层核心竞争力的单元可以迅速获得超出竞争对手的竞争优势。[41]

许多公司都成功实现了一种或多种公司层核心竞争力在业务之间的传递。英国维珍集团（Virgin）将其营销核心竞争力在航空、化妆品、音乐、饮料、移动电话、健康俱乐部以及其他一些业务中进行传递。[42] 本田公司在摩托车、割草机、小轿车和卡车等产品的制造业务中，传递发动机设计和制造竞争力。该公司称，本田公司是全球主要的发动机制造商，并专注于为各种形式的人力劳动提供替代产品。[43]

管理者进行公司层核心竞争力传递的一种有效方法是，将核心人员调整到新的管理岗位上。[44] 然而，原有业务的管理者可能并不愿意调走这些经验丰富、关系到业务成败的关键人员，而且管理者需要为核心竞争力的传递支付额外的费用，否则这些关键人员可能也不愿意调动。另外，业务部门的高层管理者也不会心甘情愿地为了实现公司的多元化目标而将其核心竞争力传递到其他新业务中。[45] 研究表明，高层管理团队会影响知识和技能传递过程的成功性。[46] 还有研究显示，过多地依赖外包会降低核心竞争力的有效性，从而减少多元化公司内部各业务间的有效传递。例如，菲亚特（Fiat）已经提出了一个新颖的组织解决方案，通过与供应商合作保持一定的设计能力，企业可以组织研发活动以防止研发活动外包所带来的创新能力损失。[47]

市场影响力

实施相关多元化战略的公司如果能成功地利用相关约束型或相关联系型战略，那么它就可以获得市场影响力。公司如果能提供高于竞争水平的产品或服务，或者其主要活动和辅助活动的成本比竞争对手低，那么该公司就具有**市场影响力**（market power）。[48] 西班牙的一家私募公司 3G 资本（3G Capital Partners LP）收购了亨氏食品，3G 资本近来也在与卡夫食品接洽，以合并这家公司。这次交易得到了沃伦·巴菲特（Warren Buffet）的伯克希尔·哈撒韦公司的支持，巴菲特联手 3G 资本以 230 亿美元的价格收购了亨氏食品颇具规模的番茄酱和速冻食品品牌业务。为了建立市场影响力，在另一场相似的交易中，3G 资本通过持股快餐汉堡王完成了对 Tim Hortons 公司的收购（加拿大一家咖啡和甜甜圈快餐厅）。巴菲特在该场交易中提供了 1 100 万美元的财务资助。显然，这些交易帮助合并后的公司在品牌消费者食品和快餐行业中建立了市场影响力。[49]

爱立信公司（Ericsson）在全球通信设备市场中拥有最大的市场份额，多年来其领导者地位为公司提供了相当大的市场影响力。然而，这一市场份额已经大幅下降，这主要是因为中国竞争对手的出现。“自 2012 年以来，爱立信在价值 1 260 亿美元的通信设备和软件市场上从第一位跌至第三位…… 2016 年，华为以 20.4% 的市场份额领先。诺基亚收购了竞争对手阿尔卡特朗讯（Alcatel-Lucent），以 14% 的市场份额跃居第二。爱立信拥有 12.5% 的市场份额，而中国快速成长的中兴通讯则拥有 9.2% 的市场份额。”[50] 随着通信公司纷纷移向“云端”，这些公司也开始寻求收购与合作，以维持其市场影响力。

除了通过争夺市场份额来提高市场影响力，公司还可以通过多点竞争和纵向一体化来提高市场影响力。**多点竞争**（multipoint competition）是指两个或两个以上的多元化公司在同一产品市场或地理区域市场同时展开竞争。[51] 竞争公司通常会在多点竞争中受到多元化的压力，因为在它们的主导行业细分市场中，其他公司会通过收购在另一个不同的细分市场中展开竞争。UPS 和联邦快递在次日送达和地面运输两个市场上采取的行动就是多点竞争的例子。UPS 进入了联邦快递的核心业务领域，即次日送达业务；联邦快递也购买了卡车和地面运输工具，进入 UPS 的核心业务领域，即地面运输业务。与此相似，零食食品生产商 J.M. Smucker 公司最近收购了 Big Heart Pet Brands，后者专门提供如 Milk-Bone 狗食饼干、狗小食、狗咬胶等产品，年营业收入超过 22 亿美元。2014 年，J.M.Smucker 公司的竞争对手玛氏收购了宝洁公司的宠物食品这一重要部门。显然，J.M.Smucker 公司通过宠物食品的多元化保持与玛氏相对的市场规模和跨行业地位。2018 年，在这些收购之后，通用磨坊宣布其有意以约 80 亿美元的价格收购蓝水牛宠物用品公司（Blue Buffalo Pet Products），以“在快速扩张的天然宠物食品市场分一杯羹”[52]。

另一些公司则通过纵向一体化的相关多元化战略来获得市场影响力。**纵向一体化**（vertical integration）是指一家公司自己生产原材料（后向一体化）或拥有自己的分销渠道（前向一体化）。在一些情况下，公司会通过自有业务和外部资源来整合部分经营活动，以生产和销售产品。[53]

公司的核心业务通常利用纵向一体化来获得市场影响力。如果公司能提高自己节省运营费用、避免采购和市场成本、改善产品质量、避免技术被竞争对手模仿的能力，以及开发在市场中的潜在能力，它就可以获得市场影响力。相对于各业务之间独立的公司而言，纵向一体化的公司能够更好地改善产品的质量，以及改进或创造新的技术，因为它们能够获得更多互补性的信息和知识。[54] 如果公司的生产性资产之间有很密切的关系，由于不存在市场价格，这可以为公司带来市场影响力。由于为产品定价会产生高昂的调查和交易成本，公司更愿意进行纵向一体化而不是保持各业务的独立。[55]

纵向一体化也存在一定的限制。例如，外部供应商的生产成本可能会更低，纵向一体化的内部交易会更贵，反而降低了公司的盈利能力。[56] 纵向一体化还可能产生官僚成本。[57] 同时，由于纵向一体化需要在特定技术上进行大量投资，这会降低公司的灵活性，尤其是在技术快速变化时。最后，需求的变化可能会导致能力的平衡和协调问题。如果公司的某个业务是为了公司内部的另一个业务而新建的，达到规模经济的首要条件是大规模的产量；如果该业务的产量超出了公司内部的购买能力和吸收能力，就需要将这些多余的产品进行外销，或者是销售给公司内部的其他业务部门。因此，尽管纵向一体化可以创造价值，尤其是通过超出竞争对手的影响力来创造价值，但它并不是无风险和无成本的。[58]

在21世纪初，如英特尔和戴尔这些制造公司开始通过减少对一些零部件和组件的自有生产来降低纵向一体化程度。这种趋势同样出现在一些大型汽车制造商如福特汽车和通用汽车身上，它们都开始创建独立的供应商网络。[59] Flextronics是新的大型电子元件合约制造商的典型代表，它正在推动供应链管理的创新。[60] 这类公司管理着顾客的一整条产品线，并为其提供从库存管理、配送到售后服务的一整套服务。然而，有意思的是，一些公司开始重塑一体化，以更好地控制供应商的质量和准时性。[61] 三星公司通过纵向一体化保持对其运作的控制，同苹果公司在消费性电子产品上一样，成为制造领域的竞争者。

经营层面的相关性和公司层面的相关性的同时运营

如图6-2所示，有些公司同时利用经营层面和公司层面的相关性来实现范围经济。[62] 通过行为共享（经营层面的相关性）和核心竞争力的传递（公司层面相关性）来实现范围经济的能力，对竞争对手来说是难以理解和模仿的。然而，如果两种相关性创造的收益不足以弥补其产生的成本，那么高昂的组织成本和激励结构的费用，将最终导致公司的规模不经济。[63]

如引例所述，亚马逊使用相关多元化战略，就是同时利用经营层面和公司层面的相关性来实现范围经济。这一点可以从其如何将对消费者深刻的认识整合到各类零售业务、媒体业务以及云服务和航运业中得到说明。亚马逊主要通过其线上零售门户网站实施相关商业战略。例如，亚马逊正通过其在云计算、仓储和配送物流方面的规模经济获取价值。通过收购全食超市，亚马逊现在拥有了实体店面，从而可以在食品杂货业实现其线上能力。[64]

另外，如章末微案例所述，迪士尼公司也采用相关多元化战略。迪士尼拥有五项独立却具有相关性的业务：媒体网络、公园和度假村、影视娱乐、消费者产品以及交互式媒体。例如，迪士尼通过共享不同电影发行公司的行动，如试金石电影公司、好莱坞电影公司和帝门影业公司，来实现迪士尼影视娱乐业务的范围经济。迪士尼依靠对顾客的广泛和深入的了解，来发展广告和营销方面的公司层核心竞争力。拥有这些竞争力后，迪士尼就可以通过公园和度假村以及消费者产品业务，来交叉销售电影衍生产品，进而使该公司通过公司层相关性来实现范围经济。因此，电影中塑造的人物成了迪士尼专卖店（消费者产品业务的一部分）销售的产品的主要特征。另外，电影的主题也成了迪士尼主题公园新游戏的来源，这也是公园和度假村业务的一部分，同时它还为服饰以及其他零售产品提供了主题。[65]

尽管迪士尼通过行为共享和传递核心竞争力实现范围经济，成功地运用相关多元化作为公司层战略，然而，投资者却很难确定像迪士尼这样的公司通过行为共享和传递核心竞争力所创造的价值大小。从这个角度讲，投资者经常会低估那些通过多元化战略来实现范围经济的公司的资产价值。[66]

非相关多元化

公司在实施非相关多元化公司层战略时，既不追求经营层面的相关性，也不追求公司层面的相关性。非相关多元化战略（见图6－2）可以通过两种财务经济的实现方式来创造价值。**财务经济**（financial economies）是指以公司内外部投资为基础，通过优化配置财务资源来实现成本的节约。[67]

有效的内部资本配置是实现财务经济的第一种方式，它可以降低公司业务的风险，例如，可以通过发展风险各异的业务组合来降低整个公司的风险。实现财务经济的第二种方式是重组已获得的资产。比如，某多元化公司购买另一家公司，然后将其重组来提高盈利能力，再通过在外部市场上出售该公司来获利。[68]接下来，我们将详细讨论这两种实现财务经济的方式。

有效的内部资本市场配置

在市场经济环境中，资本市场被认为可以有效地对资本进行配置。由于投资者对于权益（所有权）的未来现金流价值的预期较高，因此，资本市场可以实现配置的有效性。资本的配置还可以通过债券来实现，因为股票持有人和债权人都试图通过购买预期收益高的债券来增加其投资的价值。

在大型多元化公司中，由公司总部将资本配置给各个业务，使其能为整个公司创造价值。如“战略聚焦”专栏中的例子所示，伯克希尔·哈撒韦和软银（SoftBank）就采用了有效的内部资本市场配置和重组方式管理它们的非相关业务单元。这些分配的本质在于：内部资本市场配置所得的收益要高于股东将资本投到外部市场所获得的收益。[69]由于公司总部的管理者能够了解与公司业务组合当前和未来潜在绩效相关的详细真实信息，因此，他们拥有做出资本配置决策的最好信息。[70]

战略聚焦　使用相似的非相关战略的伯克希尔·哈撒韦和软银

本“战略聚焦”专栏将探讨伯克希尔·哈撒韦和软银使用的非相关多元化战略。伯克希尔·哈撒韦采取双管齐下的策略，一方面专注于占据主导地位的自有或全资企业，另一方面则注重在其他企业中拥有所有权（尽管是少数股权）。伯克希尔·哈撒韦在保险领域拥有的占据主导地位或全资的子公司包括National Fire and Marine、政府雇员保险公司（GEICO）和通用再保险（Gen Re），它们提供幕后的再保险解决方案，分担前线承保人的风险。伯克希尔·哈撒韦另一个主导业务集中在受管制的资本密集业务领域，其中包括BNSF铁路和哈撒韦能源（BHE）（一个拥有90%股份的公用事业企业）。另外一个类别——家庭服务，是伯克希尔·哈撒韦收购的中美洲公司（Mid America，能源公共事业公司，是1999年成立的BHE的前身）所带来的。伯克希尔·哈撒韦在家庭服务领域拥有38家房地产公司，在美国28个州拥有2.9万个代理商。

制造服务和零售业务是另一个类别，有44家企业直接向伯克希尔·哈撒韦总部汇报。其中包括已经重组的卡夫亨氏（Kraft Heinz），以及从吉列（Gillette）手中收购的电池企业金霸王（Duracell）等。

伯克希尔·哈撒韦还拥有金融和金融产品业务。其中包括CORT Furniture（家庭和办公家具出租）、XTRA（卡车半挂车）和MARMON（主要经营铁路油罐车，但也有货车、多式联运油罐控制器和起重机）经营的租赁业务；这些企业都是该领域的领导者。伯克希尔·哈撒韦还拥有一家名为克雷顿之家（Clayton Homes）的制造业房屋融资公司。

除了这些非相关的主要所有权或独资企业，伯克希尔·哈撒韦还投资了其他一些知名企业，包括：美国运通（American Express Company）、苹果、特许通讯（Charter Communications）、可口可乐、达美航空、高盛、IBM、穆迪（Moody's Corporation）、菲利普斯66（Phillips 66）、赛诺菲（Sanofi）、西南航空、美国合众银行（US Bank Corp.）、联合大陆航空（United Continental，美联航）、USG和富国银行（Wells Fargo Company）。伯克希尔·哈撒韦利用保险业务以及其他资产和金融业务带来的现金，为这些少数股权投资公司提供资金。该公司主要投资于长期持有股票，这些股票来自那些在其领域较其他公司拥有更强竞争优势的公司。

为了进行对比，软银采用了和上述策略相似的策略。然而，日本大型企业软银主要在高科技企业持有少数股权，而不是像伯克希尔·哈撒韦那样投资占据主导地位的大型知名企业。软银用于扩张的主要业务是日本的电信业务，其中包括光明启动（Bright Start，移动电话和其他配件设备分销）。此外，它还收购了美国的移动电信运营商Sprint，以扩大和提升其在电信领域的投资。软银还在欧洲投资了沃达丰（Vodafone）。

软银正试图将这些苦苦挣扎的移动电话业务重新变成赚钱机器，并利用现金流和资产基础，为其更广泛的少数股权投资组合中的互联网和其他技术导向型业务提供资金。例如，软银投资了雅虎日本、阿里巴巴等众多公司。为了促进投资，软银拥有许多金融公司以及工程设计公司来促进投资交易，包括：软银愿景基金（Softbank Vision Fund，风险投资）、安谋控股（Arm Holdings，半导体和软件设计）、堡垒投资集团（Fortress Investment Group，私募股权）和波士顿动力（Boston Dynamics，工程和机器人）。例如，愿景基金的战略是："投资于一系列行业的领先公司，让每家公司有足够的资金超越竞争对手。"软银已经在20多家公司投资了超过340亿美元。考虑到美国风险投资行业每年筹集约400亿美元的资金，相比之下，这是一笔相当大的投资。

总而言之，这两家公司都采用了非相关战略，即利用从大型保险或公用事业企业获得的现金流为其在一系列其他投资中的部分投资提供资金。它们都使用控股公司架构，在这种架构下，大多数企业可以独立向公司总部报告其业绩，并根据各自的业务单元或子公司业绩获得奖励。

资料来源：P. Alpeyev, 2018, Masayoshi Son plans push to cut discount in Softbank's Stock, *Bloomberg*, www.bloomberg.com, February 6; E. Brown, 2018, SoftBank bets big on food delivery, *Wall Street* Journal, www.wsj.com, March 1; P. Dvorak & M. Negishi, 2018, How SoftBank, world's biggest tech investor, throws around its cash, *Wall Street Journal*, www.wsj.com, February 26; T. Lachapelle, 2018, Even Warren Buffett's magic can't help Kraft Heinz, *Bloomberg Businessweek*, www.businessweek.com, February 16; C. Leaf, 2018, Amazon-JP Morgan-Berkshire Hathaway; what their new health venture really means, *Fortune*, www.

fortune.com, January 31; R. L. Ensign, 2017, It's official; Warren Buffett made about $13 billion on Bank of America deal, *Wall Street Journal*, www.wsj.com, August 30; A. Gara, 2017, Another reason to buy Berkshire Hathaway? Hedge funds can't beat Buffett on their own turf, *Forbes*, www.forbes.com, July 11; S. Grocer, 2017 Berkshire hopes its second tango with energy goes more smoothly, *Wall Street Journal*, www.wsj.com, July 7; J. Pearce, 2017, SoftBank aligned with Uber investment, *Global Telecoms Business*, August 14, 20; P. Alpeyev & T. Amano, 2015, Softbank $3 billion startup incubator, *Bloomberg, www*.bloomberg.com, November 30.

与公司内部人员相比，外部投资者获得的内部信息十分有限，因而只能估计公司各业务的业绩及未来前景。再者，尽管那些寻求投资者的业务需要为潜在投资人（如银行和保险公司）提供信息，但是公司内部资本市场仍然拥有至少两个信息优势。首先，通过年报或其他形式向资本市场提供的信息强调的是积极的前景和成果。外部资本对大型组织内部运营动态的理解能力比较有限。即使是能够获得信息的外部股东，也可能无法获得全面的、完整的信息披露。[71] 其次，由于公司必须披露信息，因此公司现有的和潜在的竞争对手也能够获得这些信息。通过研究这些信息，竞争者可能会复制公司的价值创造战略。因此，公司具有的在内部市场上有效配置资本的能力，将有助于保护其实施公司层战略和各种业务单元战略时所创造的竞争优势。

只有发生重大变化时，才需要借助外部干涉力量来校正资本的配置，因为外部驱动变革的力量通常是间接的（例如，通过董事会成员）。外部力量可以通过强制公司破产或者更换高层领导团队来推动变革。通常情况下，在内部资本市场上，公司总部可以做一些微调，如调整激励机制或者促进公司的某项业务战略转型。[72] 因此，与外部市场相比，在内部市场上，资本可以根据更加具体的标准进行配置。由于缺乏准确的信息，外部市场可能无法将资本适当地分配到一些更有潜力的项目上。多元化公司的总部可以更有效地执行此类任务，比如通过资源配置方式来管理业绩不好的管理团队。[73]

尽管存在这些挑战，还是有许多公司继续采用非相关多元化战略，尤其是在欧洲市场和新兴经济体市场。例如，西门子是德国一家大型的多元化集团，为了平衡其经济风险，西门子开展了大量的多元化。在经济衰退期，多元化可以帮助一些公司改善未来的业绩表现。[74]

在发达经济体中，公司实施非相关多元化战略的主要缺陷是，与复制经营层面和公司层面相关性实现的范围经济创造的价值相比，竞争对手模仿财务经济要容易得多。在新兴经济体中，这并不是一个很严重的问题，因为新兴经济体环境中缺少支持和鼓励非相关多元化战略的“软环境”（包括高效的财务中介和健全的规章制度等）。[75] 事实上，研究表明，在印度、智利等新兴经济体中，多元化可以改善大型多元化企业集团的下属公司的经营业绩，比如印度的塔塔集团（Tata Group）。[76]

资产重组

当公司学会如何通过收购、重组以及在外部市场上出售重组公司的资产来创造价值时，就可以创造财务经济。[77] 如同房地产业务一样，公司可以低价购买资产，然后对其进行重组，再以高于成本的价格卖出，从而为公司带来积极的资本投资回报。这也是私募股权公司所采取的战略，通常在四五年内完成收购、重组，然后出售。[78]

公司实施非相关多元化战略的主要目的是，通过收购和重组其他公司的资产来创造财务经济，其中涉及重大的利益权衡。例如，“战略聚焦”专栏中所介绍的伯克希尔·哈撒韦和软银就采用了这种战略。同样，丹纳赫公司（Danaher Corp.）的成功要求它必须聚焦于成熟的制造业，因为对高技术产品的需求具有很大的不确定性。自1984年以来，丹纳赫收购了数百家企业，并应用丹纳赫业务管理系统，通过在重组期间寻找具有“长期增长驱动因素和整合机会”的公司，来降低成本并创造一个精简型的组织。[79] 如前所述，丹纳赫侧重于成熟、高技术含量的企业，因为这些企业的资源配置决策相当复杂，因此对于总部通常比较小的非相关多元化公司来说，这一信息处理过程已经超出了它们的承受能力。另外，高技术和服务业务对人力资源的依赖程度通常比较高，因此，人才的离职或者更高的报酬要求，都有可能导致被收购公司的价值损失。[80]

收购、重组基于服务的资产，然后向外部市场出售这些资产从而获利，这同样是一件非常困难的事。因此，对于高技术公司和基于服务的公司来说，只有很少的有形资源可以被重组以创造价值和获利，尽管这是软银所使用的方法。对于人力资本以及购买者（顾客）和销售者（公司员工）之间形成的高效关系等无形资源的重组，是一项很难完成的工作。理论上说，管理者会在价格低的时候买入业务，例如在经济衰退的中期，然后在经济扩张的后期进行出售。这是沃伦·巴菲特在经营伯克希尔·哈撒韦时所使用的方法。例如，他在经济低迷时期买入了通用电气、富国银行和IBM的大量股份，并在股价大幅上涨时卖出。由于全球经济活动与日俱增，包括越来越频繁的跨国收购，国内市场也出现了越来越多的跨国剥离与重组（例如，国有企业的部分私有化或完全私有化）。跨国资产剥离比国内资产剥离更加复杂，因此必须更加谨慎地管理。[81]

价值不确定的多元化：动机与资源

公司采用相关多元化和非相关多元化战略的潜在目的是帮助公司利用公司层战略创造价值。然而，像单一业务型和主导业务型多元化战略一样，这些战略存在价值的不确定性，并非一定能创造价值。多元化的动机有许多，但有些公司资源的质量或许只能允许多元化，并且价值是不确定的，并非能创造价值。

多元化的动机

多元化的动机或者说刺激因素有的来自公司外部环境，有的来自公司内部环境。外部刺激因素包括反垄断条例和税法。内部刺激因素包括低绩效、不确定的未来现金流、协同效应和公司风险的降低。

反垄断条例和税法

20世纪六七十年代，政府反垄断政策和税法的颁布促使美国的公司纷纷实行多元化。[82]当时，美国反垄断法严格禁止为提高市场影响力而进行的合并行为（通过纵向或横向一体化进行）。《塞勒－凯弗维尔法案》（Celler-Kefauver）（1950年）主要鼓励能形成集团多元化的合并活动，并不支持横向一体化或纵向一体化。因此，这一时期的合并行为都以企业集团为特征，包括经营多项业务的公司。1973—1977年，79.1%的合并是企业集团的行为。[83]

20世纪80年代，反垄断法的实施力度有所减弱，从而产生了很多大规模的横向合并（合并具有相同业务的目标公司，如两家石油公司的合并）。[84]另外，随着法规的调整，投资银行对这种类型的合并行为也更加开放，结果，各种收购空前高涨。[85]随着合并限制的松绑、重组的实施，那些20世纪六七十年代形成的企业集团或者高度多元化的公司在八九十年代受到了更大的关注。[86]

21世纪初，反垄断法又开始加强对大规模合并和收购的限制（见第7章）。[87]与20世纪八九十年代和21世纪的前10年相比，现在的合并要接受的审查更多。[88]

公司税法和个人税率的改变都会对多元化产生影响。一些公司（尤其是一些成熟的公司）在经营过程中产生的现金多于再投资所需的资金。有些人认为，自由现金流（free cash flows，即投资于当前业务不再具有经济可行性的流动性金融资产）应以股利的形式重新发放给股东。[89]然而，在20世纪六七十年代，对股利征收的税要比对个人收入征收的税高得多。因此，20世纪80年代前，股东更愿意公司将自由现金流用于购买或建立业绩更好的公司。如果公司股票价格的长期表现良好，股东就可以获得比股利再分配更好的回报，因为对股票出售回报征收的税要比股利分红征收的税低得多。

根据1986年的《税收改革法案》（Tax Reform Act），普通个人所得税的最高税率从50%下降到28%，特殊资本收益的征税也发生了变化，即把资本收益与普通收入同等对待。这些变化使得股东不再鼓励公司为多元化而持有资金，并且导致1984年后剥离非相关业务单元的现象增多。也就是说，1984年以前对资本收益和股利分红的税率使得股东产生了增加公司多元化的动机，但在1984年之后，除非将投资多元化的债务可免税，否则股东不再鼓励多元化。自20世纪80年代以来，个人税率的最大值也发生了变化。个人税率的最高值从1992年的31%提高至2013年的39.6%。资本收益税率也发生了一些变化。

公司税法也会影响多元化。收购可以增加公司折旧的资产补贴。折旧的增加（不会产生现金流）减少了应纳税的收入，从而增强了收购行为的动机。收购曾经是一种非常有吸引力的避税方法，但是财务会计准则委员会（FASB）提出了一些改革方案，取消收购资产中的“权益池”方法，废除对进行中的研发项目费用的销账，这些改革减少了公司收购的动机，尤其是相关高科技产业的收购（这些变化将在第7章进一步讨论）。[90]

因此，如上所述，法规的变化要么加强多元化的动机，要么削弱这一动机。有趣的是，虽然欧洲的反垄断法对横向合并的规定一直比美国严，但最近也变得更为相似。[91]

低绩效

研究表明，回报越低的公司越追求高层次多元化。[92]如果良好的绩效消除了公司追求更高层次多元化的需求，那么低绩效则有可能成为多元化的动机。AIG的核心商业保险业务表现不佳。虽然该公司仍在从经济衰退中复苏，但它最近“达成了一项协议，以55.6亿美元收购总部位于百慕大的保险和再保险集团 Validus Holdings”。这次收购将“为AIG增添目前缺乏的一些业务领域，包括农作物保险、与劳埃德合作社（Lloyd's insurance market）的联合，以及再保险业务”[93]。AIG希望这一多元化举措有助于其复苏，并减少对商业保险的依赖。再保险业务也存在风险，因为其难以建立定价权，所以AIG也支付了大笔保费。

如AIG这样具有多元化动机的公司需要非常谨慎，因为进入新领域通常会存在品牌风险，并且在新领域中公司通常缺乏运营经验。领导者之间可能存在着负面的协同作用（收购方与被收购方之间的潜在协同作用可能是不切实际的），最近的一些并购中也存在着文化适应的难题。[94]研究结果以及大量公司的经验表明，多元化和绩效之间存在如图6-3所示的曲线关系。[95]尽管低绩效可以成为多元化的动机，但多元化程度远远高于竞争对手的公司，绩效表现往往会更差。

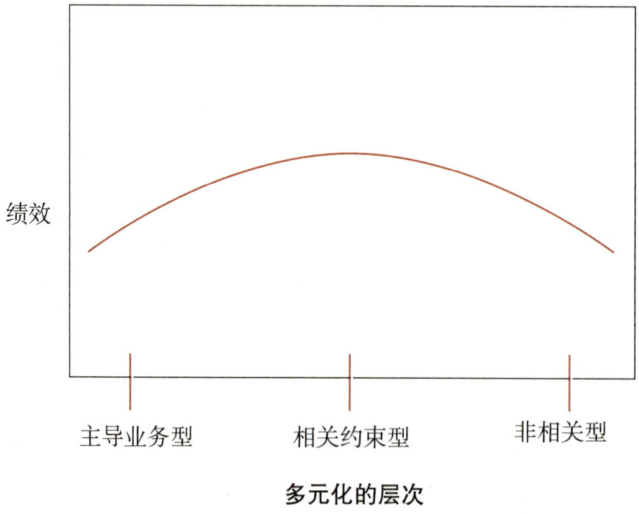

图6-3 多元化与绩效之间的曲线关系

不确定的未来现金流

当公司的产品线已经成熟或者受到威胁时，多元化或许是一个重要的防御战略。[96]研究还表明，在金融低迷时期，多元化战略能提升企业绩效，这是因为外部资本市场成本高昂，内部资源配置就变得更加重要。[97]家族企业和处于已经成熟或即将成熟行业的公司有时会发现，多元化对公司的长期生存是非常必要的。[98]

向其他产品市场或其他业务发展多元化，可以降低公司未来现金流的不确定性。美国铝业公司（Alcoa）是美国最大的铝材料生产商，受基本大宗商品业务的高竞争属性驱动，该公司正在追求一种“多材料”多元化战略。美国铝业公司的多元化涉及铝以外的其他金属材料行业，同时涉及各种终端产品行业。例如，2015年，美国铝业公司宣布收购活性钛国际金属公司（RTI International Metals，Inc.），该公司是为航空航天工业提供钛的大型生产商之一；这使得与顾客的议价能力变得更强。[99]然而，在增加多元化投资后不久，由于来自基金投资者和股票分析师的压力，美国铝业公司宣布将其业务分拆为两部分：上游商品业务和下游多金属业务。[100]

协同效应和公司风险的降低

多元化公司在追求范围经济时，为了实现各业务间的协同效应，进行的投资往往过于固定，结果引发了一系列问题。如果几个业务共同运营时创造的价值高于这几个业务独立运营时创造的价值，就产生了**协同效应**（synergy）。但是，随着公司不断增加各业务间的相关性，公司失败的风险也在不断加大，因为协同效应虽然增加了公司业务间的依赖性，但限制了公司的灵活性。[101] 面对这种威胁，公司不得不做出以下两个基本决定。

首先，公司会在更稳定的环境中运营，以减少技术的变革。这一行为可以帮助公司规避风险，同时也会减少公司对于开发有潜力但未经证实的新产品的兴趣。其次，公司可能会限制其行为共享的程度，并且放弃协同效应带来的潜在收益。这两种决定都有可能加深公司的多元化程度。[102] 在确定性更高的环境中运营可能会导致相关多元化进入潜力较大的行业[103]，限制活动共享水平则可能会导致其他非相关多元化，公司在这些行业中缺乏经验。研究表明，实施相关多元化的公司在收购新业务时会更加小心，实施非相关多元化的公司在收购新业务时往往出价过高，因为这类公司对被收购公司的了解比较有限。[104] 然而，不管是实施相关还是非相关多元化战略，公司必须明白，它们需要为此支付一大笔资金。[105] 这些问题通常会导致管理者变得更加规避风险，同时聚焦于达成短期回报。当这一情况出现时，管理者可能会更加缺乏对社会问题的关注，以及更加不会进行长期投资（例如，开发创新）。此外，多元化公司（相关的和非相关的）对这些战略的恰当追求可能会促使其更多创新。[106]

资源与多元化

如前所述，公司有多个价值不确定动机和价值创造动机（如实现范围经济的能力）去实现多元化。然而，即使存在多元化的动机，公司还必须具备成功实施公司层多元化战略所需的一定类型和一定水平的资源和能力。[107] 尽管有形和无形资源都有助于多元化，但是它们创造价值的能力不完全相同。事实上，资源的价值性、稀有性、难以模仿性和不可替代性（见第 3 章）的程度会影响公司通过多元化来创造价值的能力。例如，现金流作为一种有形的财务资源可以用于公司的多元化。但是，与基于无形资源的多元化相比，以财务资源为基础的多元化更容易被竞争对手察觉，更容易被复制，也不大可能创造出长期的价值。[108] 有形资源一般包括生产所必需的厂房和设备，它们的灵活性一般比较差。过剩的生产能力通常只用来生产一些非常相似的产品，尤其是那些生产技术高度相似的产品。例如，戴尔、惠普等大型电脑生产商低估了平板电脑的需求。苹果推出平板电脑 iPad 时，许多人预料这种平板电脑最终将代替个人电脑。事实上，自 iPad 进入市场以来，戴尔和惠普的个人电脑销量一直在下滑。2012 年最后一个季度和 2013 年第一个季度，苹果销售了 4 240 万台 iPad。三星和其他竞争者也开发出平板电脑与苹果的 iPad 竞争，并且销量可观；戴尔、惠普、联想以及其他一些电脑生产商则通过制造更便宜的平板电脑类的手提笔记本电脑和 iPad 类的平板电脑予以回应，可见并不是非得通过大规模的多元化才能在这场游戏中生存下来。[109]

其他有形资源的过剩能力，如销售能力，则更容易用于多元化，并且过剩的销售能力在相关多元化中会更有效，因为它可以用来在相似的市场（例如，同一客户群）中销售相似的产品。过剩的销售人员更了解相关产品的特征、顾客和分销渠道。[110] 有形资源可以在生产、营销、采购和技术方面建立资源的相互联系，即前面所讲的行为共享。有趣的是，生产真空吸尘器的戴森公司（Dyson）投资了电池技术。戴森公司的 CEO 詹姆斯·戴森（James Dyson）指出，除了生产电池驱动的真空吸尘器，公司努力推出采用更有效的全新电池技术的产品，包括电动汽车。[111]

实施多元化时，无形资源比有形资源更具灵活性。尽管有形资源的共享会促进多元化，但一些无形资源（如隐性知识）能鼓励更高层次的多元化。服务型公司也追求多元化战略，尤其是通过绿地投资（为公司开创一家新公司，而不是通过收购已经建立品牌声誉的公司）。奥迈企业顾问公司（Alvarez & Marsal）是一家专注于为深陷财务危机的公司提供公司重组方案的专业服务商，该公司通过多元化进入了其他几个服务业务领域。奥迈为深陷财务危机甚至走向破产的公司提供临时管理的能力，使奥迈在纽约金融圈享有声誉（一种无形资产）。该公司管理了美国史上最大的破产案，雷诺兄弟公司（Lehman Bros.）的破产。作为这场重大风波的一部分，奥迈需要以某种方式对公司的资产和现金进行管理，尽可能为那些对债务担保资产拥有权利的利益相关者和债权人争取最佳报酬。通过大量的破产处理经历，尤其是对雷曼兄弟破产案的处理，奥迈在投资管理领域，尤其是短期财政存款方面，获得了声誉和能力。这种能力使奥迈开创了一项新业务，为其他公司管理资产和现金，同时也服务于捐赠基金、地方和州政府机构管理。奥迈也作为私募股权公司的咨询者，在财务困境和重组战略方面与公司密切联系。奥迈从临时管理业务进入了绩效改进咨询领域。通过为私募股权客户服务收获的声誉和能力，奥迈也获得了投资私募股权公司的相关知识，也因此设立了一个私募股权基金。[112] 对于其他专业服务公司来说，这种多元化的方式并不陌生，例如贝恩战略咨询公司（Bain Strategy Consulting），也在其咨询业务中的合作伙伴（所有者）的支持下开创了私募股权基金贝恩资本。

然而，有时不管是出于创造价值还是不确定价值的原因对公司进行多元化，都有可能无法获得资源使用的预期收益。研究表明，挑选正确的目标公司作为合作伙伴，对于收购的成功至关重要。[113] 例如，在巴黎上市的开云集团（Kering）花了 15 年时间，从零售集团转型为以总部位于佛罗伦萨的古驰品牌为核心的奢侈品集团。在与耐克及其他品牌的竞争中，它收购了运动鞋和服装品牌彪马（Puma）的多数股权。该公司正试图出售其在彪马“长期挣扎”的股票，并希望收回 10 多年前为该品牌支付的 48 亿美元。[114]

➡ 降低价值的多元化：管理人员的多元化动机

管理人员的多元化动机也可能独立于价值不确定（如动机和资源）和价值创造（如范围经济）这两个原因而存在。除了这两个原因，管理人员寻求多元化的另外两个主要动机是：提高薪酬福利和降低管理风险。[115] 换句话说，只要公司利润不受太多影响，管理人员就会试图通过公司多元化来分散工作风险。[116]

多元化还为高层管理者带来了股东享受不到的额外好处。研究表明，多元化和公司规模是高度相关的，公司规模越大，管理人员的薪酬福利越高。[117] 由于大型公司更复杂且难以管理，支付给高层管理人员的薪酬福利才会比较高，但其数额在各个国家之间参差不齐。[118] 也就是说，多元化层次越高，公司越复杂，管理人员的薪酬就会越高。公司的一些治理机制可以防止管理人员的过度多元化倾向，如董事会对公司高层管理人员的薪酬进行监控，以及对市场进行控制。[119] 这些治理机制将在第 10 章进行详细的讨论。

在有些情况下，公司的治理机制不够完善，会导致高层管理者对公司进行过度多元化，使公司甚至连平均利润都达不到。[120] 公司内部治理不健全导致公司业绩不佳时，管理人员就会面临被替换的危险。尽管替换效率低下的管理团队可以提高公司的效益，但是管理人员会采取一定的策略来避免被替换，如通过“毒丸计划”（poison pills）或者“金色降落伞”（golden parachute）协议降低自己的曝光率。[121] 因此，尽管外部管制的威胁会约束管理者的行为，但也不足以完全控制他们实施多元化的动机。[122]

大多数大型上市公司都是盈利的，因为这些公司的管理者都积极地管理公司资源，他们采取的许多战略行动，包括对公司层多元化战略的选择，都是为了使公司获得成功。[123] 如上所述，公司治理机制的设计应该考虑到决策制定和采取行动的管理标准的例外情况，只有这样才有助于提高公司获取超额利润的能力。此外，人们可能会过度悲观地认为，管理者总是以自己的利益为出发点而置公司利益于不顾。[124]

高层管理人员在做出多元化决策时，往往会考虑自己的声誉。好的声誉有助于管理人员的发展以及管理权力的运用，不良声誉的作用则恰恰相反。同样，如果强有力的外部市场超出了管理人员的管理才能，也会使他们减少不恰当的多元化。[125] 另外，多元化公司还会通过收购那些管理不善的公司，对自己的基础资源进行重组。当管理人员得知自己管理不善有可能导致公司被收购时，他们往往会更加积极地采取价值创造的多元化战略。

如图 6－4 所示，对业绩具有最大积极影响的多元化层次，在一定程度上是以资源、管理动机和激励之间的相互作用是如何影响特定多元化战略的采用为基础的。如前所述，动机越大，资源越灵活，多元化的层次就会越高。与有形资源和无形资源相比，财务资源（灵活性最大）与多元化的程度具有更高的相关性。有形资源（灵活性最差）主要用于相关多元化。

正如本章所讨论的，通过有效地使用多元化战略，公司可以创造更大的价值。但是，多元化必须在公司机制的监管下进行（见第 10 章）。适当的战略实施工具（如组织结构）对战略的成功也非常重要（见第 11 章）。

在本章中我们描述了公司层战略。下一章我们将讨论公司多元化和提高盈利的两个有效手段：合并和收购。由于重组（见第 7 章）的发展，通过收购来进行多元化的趋势在不断增强，这也表明就公司层多元化战略而言，公司还需要进行更多的学习。[126] 另外，公司在进行多元化时应特别谨慎，把焦点集中在几个业务上，不能过于分散。事实上，研究指出，尽管非相关多元化在减少，相关多元化在增加，但这可能仅仅是 20 世纪 90 年代至 21 世纪初一直持续的重组浪潮所导致的。目前，伴随重组而进行的多元化出现于欧洲和其他国家（如韩国），这正是追随美国和英国公司行动的真实写照。[127] 只有当公司追求的多元化层次能够与公司的资源（尤其是财务资源）、核心竞争力以及国家制度和竞争环境中的机会和威胁相适应时，公司才能提升战略竞争力。[128]

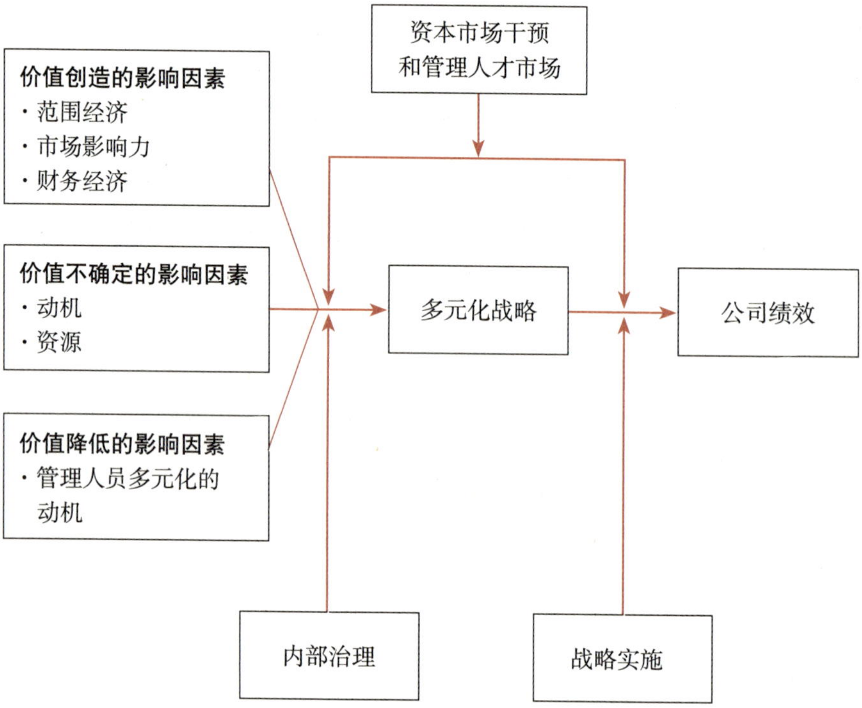

图 6-4　多元化与公司绩效关系的总结模型

资料来源：Adapted from R. E. Hoskisson & M. A. Hitt, 1990, Antecedents and performance outcomes of diversification: A review and critique of theoretical perspectives, *Journal of Management*, 16: 498.

本章小结

实施公司层战略的主要原因是多元化可以创造额外的价值。若公司能在多个业务间发展范围经济或财务经济，或者能通过加深多元化来增强市场影响力，则实施单一业务型或主导业务型公司层战略的公司更愿意寻求多元化发展。对于采用公司层战略实现中高层次多元化的公司来说，范围经济和市场影响力是多元化过程中创造价值的主要源泉。

相关多元化公司层战略可以帮助公司通过行为共享和传递核心竞争力来创造价值。

行为共享通常包括不同业务间有形资源的共享。传递核心竞争力包括将某一业务获得的核心竞争力传递给另一项业务，同时还包括在公司总部与业务单元间传递核心竞争力。

行为共享通常和相关约束型多元化公司层战略相关。行为共享的执行和协调需要消耗一定的成本，可能会使各业务单元间利益不均衡，从而导致管理人员尽可能地规避风险。

尽管同时追求行为共享和传递核心竞争力的公司也可以实施相关联系型战略，但与相关联系型（或者是混合相关或非相关）多元化相联系的通常都是传递核心竞争力。

有效的资本配置，或者重组目标公司的资产并对其进行严格的财务控制，是成功实施非相关多元化的两个主要途径。实施非相关多元化战略的公司主要通过获得财务经济来创造价值。

有时，公司实施多元化是因为一些价值不确定的因素。税收、反垄断政策、绩效不佳以及未来现金流不确定，都是公司选择多元化时的不确定因素。

管理人员推行多元化的动机（包括提高薪酬福利）有可能会导致公司过度多元化，并有可能降低公司创造价值的能力。然而，有证据显示，许多高层管理者都是公司资产的有效管理者，会拒绝实施有损公司价值的多元化战略。

当决定公司最佳层次的多元化战略时，管理者需要考虑公司的内外部环境。当然，内部资源是多元化方向的决定因素，但是外部环境也会影响公司的多元化层次，如来自竞争对手的未曾预知的威胁。

关键术语

公司层核心竞争力（corporate-level core competencies）
公司层战略（corporate-level strategy）
范围经济（economies of scope）
财务经济（financial economies）
市场影响力（market power）
多点竞争（multipoint competition）
协同效应（synergy）
纵向一体化（vertical integration）

复习题

1. 什么是公司层战略？它为什么很重要？
2. 在实施不同的公司层战略时，公司可以选择的多元化层次有哪些？
3. 公司选择多元化的三个主要原因是什么？
4. 在实施相关多元化时，公司是如何创造价值的？
5. 在实施非相关多元化战略时，公司获取财务经济的两个主要途径是什么？
6. 哪些动机和资源会促进公司实施多元化？
7. 哪些动机会导致管理者对公司进行过度多元化？

微案例

迪士尼的企业战略

迪士尼在电影制作、电视节目制作、媒体发行（如美国广播公司和ESPN）、互动和主题公园（如迪士尼乐园、迪士尼世界、巴黎迪士尼乐园和上海迪士尼乐园）以及零售和消费品销售方面拥有多元化业务。它是继康卡斯特（Comcast）之后的第二大大众传媒公司。康卡斯特拥有全国广播公司（NBC）和环球影业。一些更注重内容的媒体公司收入日益下滑，如探索频道（Discover Communications）、哥伦比亚广播公司（CBS）和维亚康姆集团（Viacom），由于收视率日益下降以及电视广告日益显示出劣势而收入下滑。相对于这些公司，迪士尼则因为其多元化战略从其他的业务中获益。虽然迪士尼的广告收入和其他关注内容的媒体公司和渠道经销商一样在减少，但是它的其他业务一直在增长，使得迪士尼能够维持比其他竞争对手更高的收入。

迪士尼的战略是很成功的，因为相比于业务层战略，迪士尼的公司层战略通过组合一系列业务增加了价值，这种价值要高于单个业务所能创造的价值之和。用专业语言来说这是协同配合，如果用更学术化的语言来说，这是范围经济（在本章中定义）。首先，迪士尼拥有一系列组合业务，如影视娱乐、消费者产品、互动式媒介、媒体网络、公园和度假村等。在影视娱乐业务中，迪士尼可以在它不同的产品子公司中共享信息与资源：比如试金石电影公司、好莱坞电影公司、帝门影业公司、皮克斯电影公司（Pixar Films）和漫威娱乐公司（Marvel Entertainment）。通过与这些半独立的娱乐公司共享信息资源，迪士尼可以获得各个公司的专长内容使自己学习得更快、更有效率，同时也更容易获得成功。在广告和营销方面，迪士尼也拥有一项公司层面的能力，即拥有对消费者非常广泛且深入的了解。这种能力使得迪士尼能够对通过媒体媒介、酒店度假村和主题乐园展示给消费者的电影中所强调的产品和消费者商品进行交叉销售。

例如，迪士尼通过收购漫威，成功将以前的漫画书制作成真人电影。最近一个成功的例子是《黑豹》（*Black Panther*），这是一部关于非洲后裔的超级英雄电影。和其他漫威超级英雄电影《神奇女侠》（*Wonder Woman*）、《银河护卫队》（*Guardians of the Galaxy*）、《美国队长》（*Captain America*）和《钢铁侠》（*Iron Man*）一样，这部电影获得了巨大成功。漫威的角色还被制作成了电视剧，比如源于《美国队长：冬兵》（*Captain America: The Winter Soldier*）中人物的《神盾局》（*Agency of S.H.I.E.L.D.*）。

迪士尼还将之前的动画片改为真人主演的影片，如《灰姑娘》《奇幻森林》《美女与野兽》等。另一个例子是最近开播的《时间的褶皱》（*A Wrinkle in Time*），由奥普拉·温弗瑞（Oprah Winfrey）和瑞茜·威瑟斯彭（Reese Witherspoon）主演。《灰姑娘》在1950年的版本上采用真人主演，没有大的改动，非常接近童话故事的内容。这种方式来自迪士尼对于消费者以及他们的偏好的理解。这种方式也应用于其他作品中，例如约翰尼·德普（Johnny Depp）主演的《爱丽丝梦游仙境》（*Alice's Adventures in Wonderland*）和《沉睡魔咒》（*Maleficent*），后者是在《睡美人》的基础上进行些微改编。人物主演的这两部电影分别在全球取得了13亿美元和8.13亿美元的票房收入。虽然迪士尼也有一些不那么成功的作品，比如《异星战场》（*John Carter*）、《独行侠》（*The Lone Ranger*）和《魔法师的学徒》（*The Sorcerer's Apprentice*）等，但是迪士尼基于童话改编的电影还是取得了相当大的成功。迪士尼成功地在它的直营商店和其他重点零售经销店推广了灰姑娘产品，并为其电影主题产品做了广告，同时和《爱丽丝梦游仙境》《沉睡魔咒》《冰雪奇缘》做了联动。事实证明，这些活动都非常成功，因此接下来《时间的褶皱》也应该具有同样的吸引力。所有与之相关的产品都将进驻迪士尼直营店和百货公司的迪士尼主题商店，并在主题乐园中进行宣传，通过交叉销售取得相关收入。

然而，翻拍这些童话故事有一个很大的缺点，这些故事都是公开的。因此，其他竞争者可以仿照迪士尼的成功方式取得相同的结果。例如，时代华纳旗下的华纳兄弟娱乐公司（Warner Bros. Studio）将要上映的《潘》（*Pan*）可能会抢占之前迪士尼拍摄的《彼得·潘》（*Peter Pan*）所取得的成功。时代华纳将于2017年上映《奇幻森林》和基于《美女与野兽》的另一个剧本的电影。康卡斯特公司旗下的环球影业正在筹划《小美人鱼》（*The Little Mermaid*）的拍摄。然而，没有任何一家娱乐公司拥有迪士尼这样的市场营销能力和特许权，以及迪士尼这样的相关业务和公司能力。虽然这些竞争者一直在努力建立这些能力，但是由于它们之前将精力投入在内容、渠道和广告上，因此它们不能简单地复制迪士尼的公司层战略。

迪士尼还拥有美国广播公司和体育频道ESPN。尽管ESPN的用户数量最近因为用户退订而下降，迪士尼还是在佛罗里达州的迪士尼世界度假区开发了ESPN全球体育中心（ESPN Wide World of Sports Complex）。作为一个与体育相关的中心，它吸引了体育爱好者和俱乐部。在训练营期间，该体育中心也吸引到了像亚特兰大勇士（Atlanta Braves）这样的队伍来此训练。ESPN 计划通过提供自己的独立流媒体服务来减少用户退订，并且 ESPN 已经是一些新兴数字平台的主要客户，包括 Dish's Sling TV、DirecTV Now、PlayStation Vue、YouTube TV 和 Hulu。

总之，由于其相互关联的一系列业务的协同作用，与那些聚焦于电影和内容的制作与分销的竞争对手相比，迪士尼现在拥有明显优势，这个优势促进了客户市场信息的分享和各个业务部门之间的技能转移。

资料来源：E. Low, 2018, Forget ESPN, this part of Disney is ' underappreciated ' by Wall Street, *Investors Business Daily*, February 7, 20; S. Mendelson, 2018, Box office: Marvel's ' Black Panther ' tops $800M worldwide today, *Forbes*, www.forbes.com, March 2; A. Gara, 2017, Disney's 1995 deal for ABC made Buffett billions by marrying Mickey Mouse with SportsCenter, *Forbes*, www.forbes.com, May 23; C. Harrison, 2017, ESPN subscribers drop to 14-year low, putting pressure on Disney, *Bloomberg*, www.bloomberg.com, November 22; N. LaPorte, 2017, Marvel rules the universe, *Fast Company*, May, 60-68; B. Fritz, 2015, Disney recycles fairy tales, minus cartoons, *Wall Street Journal*, March 11, B1, B6; M. Gottfried, 2015, Walt Disney has built a better mousetrap, *Wall Street Journal*, Feb 5, C8; M. Lev-Ram, 2015, Empire of tech, *Fortune*, January 1, 48-58; C. Palmeri & A. Sakoui, 2015, Disney's princesses ' give a little live action, *Bloomberg BusinessWeek*, March 9, 30-31; D. Leonard, 2014, The master of Marvel universe, *Bloomberg BusinessWeek*, April 7, 62-68; C. Palmeri & B. Faries, 2014, Big Mickey is watching, *Bloomberg BusinessWeek*, March 10, 22-23.

案例讨论题

1. 迪士尼追求的是什么样的企业多元化战略？你有什么依据？
2. 企业管理层怎样才能建立让其更为聚焦的竞争对手难以复制的优势？
3. 什么是协同效应和范围经济？它们是如何帮助迪士尼降低总成本的？
4. 考虑到迪士尼采取的多元化策略，什么措施可以进一步应对有线电视的退订趋势以及来自如网飞、亚马逊这样的大型流媒体和内容提供者的竞争？

7 合并与收购战略

学习目标

1. 解释合并和收购战略在参与全球竞争的公司中流行的原因
2. 讨论公司实施收购战略来获取战略竞争力的原因
3. 描述阻碍收购战略获得成功的七个主要因素
4. 界定并描述有效收购的特征
5. 定义重组战略并区分它的几种不同形式
6. 解释不同重组方式的短期和长期效果

引例 思科：适应市场变化的收购战略

思科（Cisco Systems）一直以来致力于构建互联网运作的基础设施，面对不断变化的市场。然而，随着网络技术的发展，思科的业务也发生了改变。其中，一部分改变在于思科采用收购战略进行相关联产品的生产以及新市场的拓展，这些市场有的与之前的业务相关，有的并不相关。一开始，通过邮件和网页浏览搜索的数字化连接非常重要。这逐渐发展成为一个网状经济，促使电子商务、数字化供应链和数字合作进一步发展。接下来，数字关联使得思科开始发展社交媒体、移动与云计算以及数字化视频的基础建设。下一个阶段可以称作物联网，它实现了人、处理过程以及数据的连接。这将需要专注于路由、交换和服务，同时还需要对云计算的结果加强可视化处理。视频、合作以及商业的基础结构将会转变成基本的战略业务模块。此外，强有力的数字安全需求也将非常重要。

思科 CEO 约翰·钱伯斯（John Chambers）的愿景已经帮助公司完成了从网络销售和路由器的基础业务向远离其核心竞争力的业务转型。在信息技术领域，90% 的收购以失败告终。然而，如钱伯斯所说："我们知道思科 1/3 的收购都是不成功的。" 事实上，"思科在 2005 年以近 70 亿美元的价格收购了有线电视机顶盒市场公司科学亚特兰大（Scientific-Atlanta），十年后以 6 亿美元的价格将其卖给了法国电信设备公司 Technicolor"。思科还在 2003 年以 5 亿美元的价格收购了家用网络路由器生产商 Linksys，并在 2013 年以低于收购时的价格将其出售给贝尔金（Belkin）。此外，思科在 2009 年以 6 亿美元的价格收购了摄像机制造商 Pure Digital，但是时机不对，因为消费者开始购买 iPhone 和安卓（Android）设备，录制和发布视频易如反掌。思科于 2011 年结束了这项业务。尽管钱伯斯对此持乐观态度，但当其从核心业务转移出来后，收购失败的情况有所增加。

2015 年，查克·罗宾斯（Chuck Robbins）成为 CEO。最近，他进行了一些收购，以支持思科的核心业务，同时试图强化新的战略重点。思科在 2017 年收购了云软件公司 BroadSoft 和人工智能监控管理公司 AppDynamics。这些收购和其他收购一样，都在帮助思科转型为一家以云为中心的公司。思科不仅专注于路由器等实体网络升级，还对提高网络效率的软件解决方案（例如收购 Springpath 和 ContainerX）非常重视。同样，它也在收购能够使云计算转型过程免受攻击的软件。例如，思科收购了 CloudLock 和 Lancope，最近又收购了 Skyport——"一个提供端到端安全保障的实体服务器平台"。相对于销售网络硬件，这种软件策略旨在为思科提供更多的经常性收入。

在快速的改变过程中，思科发展出一套整合收购的独特能力。当思科考虑收购时，为了确保能够以一个合理的价格进行收购，通常会进行财务上的考量，并制定合并之后如何整合的详细计划。思科很早就会和利益相关者沟通与整合计划相关的事宜，并展开严密的事后剖析，以确保这样的方式"能够使之后的整合更有效率"。一旦交易达成，它将使得当交易公之于众时公司可以全力以赴做到最好。在整合过程中，了解整合之后能走多远也是非常重要的。有时，整合得太深可能会毁掉之前希望在收购中获取的利益，有时甚至需要支付费用以使某项业务独立于思科之外运营，直到必要的学习过程完成。"复杂的交易需要你了解更高层次的细节，关于如何获得价值，思科知道这是非常难的。"

资料来源：S. M. Kerner, 2018, Cisco acquires Skyport as cyber-security investments continue, *Eweek*, www.eweek.com January 25; P. R. La Monica, 2018, Cisco is the market's comeback kid, *CNNMoney*, www.money.cnn.com, March 15; M. Cooney, 2017, Cisco closes AppDynamics deal, increases software weight, *CIO*, www.cio.com, March 23; Credit Suisse, 2017, Investors' soapbox: Cisco's 2017 acquisitions hit $4.3 billion, *Barrons*, www.barrons.com, May 3; R. King, 2017, Cisco steers further into cloud with $1.73 billion deal for BroadSoft, *Wall Street Journal*, www.wsj.com, October 24; F. Caviggioli, A. De Marco, G. Scellato, & E. Ughetto, 2017, Corporate strategies for technology acquisition: Evidence from patent transactions, *Management Decision*, 55(6): 1163-1181; A. Konrad, 2017, What Cisco's $3.7B splurge for AppDynamics means for tech's other unicorns, *Forbes*, www.forbes.com, January 26; C. Preimesberger, 2017, Cisco boards HCI train with Springpath acquisition, *Eweek*, www.eweek.com, August 21; S. Karim & L Capron, 2016, Reconfiguration: Adding, redeploying, recombining and divesting resources and business units, *Strategic Management Journal*, 37: E54-E62; L. Capron, 2013, Cisco's corporate development portfolio: A blend of building, borrowing, and buying, *Strategy & Leadership*, 41(2): 27-30.

在第 6 章，我们学习了公司层战略，重点探讨了产品多元化战略的类型和层次，公

司通过这些多元化战略为利益相关者创造价值，也为公司创造竞争优势。如该章所述，多元化可以帮助公司有效地利用过剩资源探索新的机会，实现价值创造。[1]在本章中，我们将探讨合并与收购战略。全球范围内所有采用这些战略的公司，都将这些战略与多元化战略相协调，从而使自己变得更加多元化。换言之，通过实施合并或收购，公司通常会变得更加多元化。正如本章所讨论的，虽然合并和收购战略备受小公司[2]和大公司青睐，但采用这些战略并不一定总会实现公司所追求的成功。[3]正如引例中思科所做的那样，某些情况可能要求公司进行并购以及重组（剥离）活动，以进入新市场或纠正糟糕或错误的收购。

本章的关键目的之一在于解释公司如何才能成功地利用合并和收购战略为利益相关者创造价值，以及为公司创造竞争优势。[4]为了达到这一目的，我们将首先解释合并和收购为什么会一直流行至今。在本部分内容中，我们将描述合并、收购和接管三者之间的区别。接下来将讨论公司为什么会选择合并和收购战略，以及实施过程中可能遇到的问题。然后，描述有效收购的几个特征（本章中，我们将聚焦于收购战略）。本章最后将讨论重组战略的不同类型。重组战略经常用来纠正或者处理无效的收购和合并的后果。

合并和收购战略的流行

合并和收购（M&A）战略（亦称并购战略）已经在美国公司中流行了许多年。有些人认为，这一战略在美国20世纪八九十年代的业务重组中起到了关键作用，直到21世纪初，一些公司还在收获这些战略带来的好处。事实上，2018年的交易额预计将达到4.8万亿美元（可能超过2007年创下的纪录）。[5]正如本章中其他部分的讨论，在全球的许多地区，合并和收购更加频繁地出现。[6]归根到底，公司采用这些战略是为了为所有利益相关者创造更多的价值。[7]

尽管合并和收购战略作为创造价值和赚取超额利润的一种方式非常盛行，但其有效实施仍面临挑战。一些研究显示，收购公司存在的一个普遍事实是，被收购公司的股东往往能从收购中获得超额利润，实施收购的公司的股东获得的利润却接近于零。[8]另外，在近2/3的收购中，实施收购的公司的股价在收购意向宣布之后立刻下跌。这种市场的负面反应说明投资者普遍怀疑收购者是否有能力获得协同效应，使收购物有所值。[9]

支付过高的收购溢价会对公司实施收购战略达成的结果产生负面影响，我们将在本章的后续部分展开更全面的讨论。被收购公司的价值难以确定，这种难度提高了一个公司溢价收购目标公司的可能性。当收购方得出结论，在被收购公司归属本公司所有的情况下，其价值要高于被收购公司作为其他任何所有权安排的一部分，或者是继续作为一家独立公司时的价值，那么收购方会支付收购溢价。例如，最近，保险公司信诺试图收购一家药物福利管理公司快捷药方公司。这类公司扮演中间商的角色，帮助与制药商谈判折扣。这笔交易价值540亿美元，信诺向快捷药方公司的股东提供31%的溢价。宣布当天，快捷药方公司股价上涨9.3%，信诺股价则下跌12%。鉴于信诺和安颂（Anthem）（另一家保险公司）之间的另一项交易未获监管机构批准，这笔交易是否能够获得批准仍有待观察。[10]总的来说，支付超过目标公司价值的收购溢价，一旦该公司与收购方融为一体，可能会导致负面的结果。[11]

合并、收购和接管：区别何在

合并（merger）是指两家公司同意在相对平等的基础上对两者的经营进行整合。2016年，专注于个人电脑和小型企业的戴尔和专注于服务大型企业服务器和存储业务的EMC公布了对等合并提案。云计算的盛行使得市场萎缩，因此两家公司都处于整合模式。因为两家公司能够交叉销售它们的产品，而且双方都处于压力之下，它们能够在整合的同时增加销售机会。[12]

即使这场发生在戴尔和EMC之间的交易是一项对等合并提案，但相关证据表明，敲定一项公司之间对等合并或相对平等基础的提案非常困难。有一件事情对交易的整合过程有所帮助，那就是两家公司之前就拥有技术共享伙伴关系。在实施过程中，决定谁来领导合并后的公司，如何使各不相同的公司文化融为一体，以及如何就合并之前每家公司的价值达成协议，这些问题通常会影响公司在平等基础上进行合并所做的努力。

收购（acquisition）是指一家公司购买另一家公司的全部或部分股权，并将被收购公司的业务纳入其战略组合。完成收购之后，被收购公司完全由收购公司管理。

尽管大多数合并在本质上都是善意的，但收购不是，有善意收购，也有恶意收购。**接管**（takeover）属于收购的一种特殊类型，被收购公司并非出于自愿，因此，接管是一种恶意收购。如第10章所解释的，公司建立了一些防御机制（大多数是公司治理机制），以阻止未经请求的以及不受欢迎的接管行动的成功。[13]

公司通常将未经请求的收购视为恶意接管。当接管目标公司遇到这种收购时，会试图确定收购方愿意支付的最高数额，尽管同时也会采取防御机制阻止接管的成功。在潜在的收购方与目标公司之间就未经请求的收购达成解决方案之前，可能还会发生多次交易，这些交易可能十分复杂。“战略聚焦”专栏中所探讨的两家半导体生产商博通（Broadcom）和高通（Qualcomm）于2017年末发起的交易，就证明了这种复杂性。博通对高通进行出价，但高通作为关键手机零部件供应商的地位受到监管机构的质疑，因而其价格受到压制。与此同时，高通正寻求完成对NPX的交易，NPX是一家专注于汽车和自动驾驶汽车的半导体生产商，这导致博通降低了报价。[14]最终，博通撤回了报价，因为监管机构出于政府知识产权和安全方面的考虑否决了该交易。[15]

相比而言，收购比合并和接管更为常见。因此，本章后面的内容将把重点放在对收购的讨论上。

战略聚焦 博通对高通失败的恶意收购

2017年底，博通向高通发出恶意收购报价。高通一直专注于手机芯片，正在投资下一代5G网络技术。2013年以来，通过五次大型收购，包括对飞思卡尔（Freescale）和博科通信系统（Brocade Communications Systems）的收购，总部设在新加坡的博通已经成为世界第五大半导体公司。如果成功收购高通，博通将成为继英特尔和三星电子之后的第三大半导体公司。CEO谭浩克（Hock Tan）采用了私募股权的方式（将在之后讨论），侧重于收购整合和重组；这种外部方式减少了博通对内部研发的关注，侧重于通过更多收购来开展业务。高通收购了很多芯片制造商，包括可能以470亿美元的价格收购总部位于荷兰的芯片制造商NXP。NXP交易的重点是为汽车行业生产半导体，尤其是自动驾驶汽车，这对芯片制造商来说是一个很有前途的领域。高通后来撤回了对NXP的收购报价，因为不太可能及时得到监管机构的批准。

博通利用机会向高通提出恶意收购的一个原因是，由于监管方面的挑战，高通的股价被打了折扣。高通一直以来都是通过专利授权获得可观的收入。这种做法是有问题的，因为许多国家已经要求对所谓的反竞争行为处以巨额罚款。其中就包括中国和韩国的监管机构。此外，苹果和高通已经就许可条款发起诉讼，并开始扣留专利使用费，使高通遭受数十亿美元销售额的损失。因此，由于监管和侵犯专利的不确定性导致高通股票价格下跌，博通能够为高通的股东提供一个相对可观的溢价。

尽管高通拒绝了博通最初1 300亿美元的报价，但高通的股东投票结果似乎支持博通，并选举博通的候选人为高通董事会成员。然而，当美国外国投资委员会（Committee for Foreign Investment in the United States，CFIUS）选择不批准这项交易时，博通收回了它的提议。CFIUS是美国财政部管辖下的一个跨部门委员会，在严格的保密要求下运作。高通为美国政府进行一些机密的研究工作。此外，该委员会的一个明显担忧是，高通将建立下一代蜂窝网络的标准——5G互联网。5G网络升级将使所谓的“物联网”成为可能，这将支持诸如自动驾驶汽车和家用电器等联网运行。5G领域的两大巨头是高通和中国的华为，后者是一家庞大的网络和电信公司。由于博通与华为有着重要的业务往来，CFIUS的成员担心，一旦博通获得高通的控制权，它将与华为达成协议，这会使中国获得美国的5G网络领先地位和其他技术知识产权。

值得注意的是，博通已经承诺将其总部迁往美国。如果博通在收购高通之前完成这一举措，它将不会受到CFIUS的审查。另一个有趣的地方是，尽管博通的CEO谭浩克是美国公民，但博通在游说方面的投入却不如高通。事实上，高通在这方面的支出是博通的100多倍。尽管有些人认为高通在华盛顿的影响力比博通更大，但博通在美国则拥有大量资产。

总之，恶意收购可能非常复杂，并涉及政府机构的批准，甚至可能涉及各国政府之间的安全考量。

资料来源：J. Burt, 2018, Qualcomm offered to buy NXP complicates Broadcom's hostile takeover bid, *eWeek*, www.eweek.com, February 22; T. Greenwald, 2018, Qualcomm warms to Broadcom bid, but price is sticking point, *Wall Street Journal*, www.wsj.com, February 26; T. Greenwald & A. Hufford, 2018, Broadcom cuts offer for Qualcomm over new NXP deal price, *Wall Street Journal*, www.wsj.com, February 22; I. King, B. Brody, & S. Mohsin, 2018, Qualcomm outspent Broadcom about 100 to 1 in lobbying, *Bloomberg*, www.

bloomberg.com, March 14; A. Lashinsky, 2018, The merits of blocking Broadcom's acquisition of Qualcomm, *Fortune*, www.fortune.com, March 15; Economist, 2017, Welcome to the wild; Broadcom's $130bn Qualcomm bid highlights a ruthless chips industry, *Economist*, www.economist.com, November 9; P. Seitz, 2017, Qualcomm rejects Broadcom's buyout offer, says it's undervalued, *Investors Business Daily*, www.investor.com, November 13.

实施收购的原因

在本部分，我们将讨论公司做出收购决定的原因。正如这一部分的讨论所示，公司做出实施收购战略的决策有很多独特的原因。[16]

增强市场影响力

获取更大的市场影响力是实施收购的一个主要原因。[17]第 6 章曾指出，公司如果能提供高于竞争水平的产品或服务，或者其主要活动和辅助活动的成本比竞争对手低，那么该公司就具有市场影响力。市场影响力通常源于公司的规模、进行竞争所采用的资源质量以及在竞争市场中所拥有的市场份额。[18]因此，大多数收购都是通过购买竞争者、供应商、分销商或高度相关行业的业务，来获取更强的市场影响力，从而使公司进一步巩固核心竞争力，并获得被收购公司在主要市场上的竞争优势。

接下来，我们将讨论公司如何利用横向收购、纵向收购和相关收购三种类型的收购来增强市场影响力。活跃的收购者通过同时追求两种或全部三种类型的收购来增强市场影响力。例如，事实表明，亚马逊一直在拓展其横向（在网上销售新产品）和纵向（进军运输业）的经营规模和范围（见第 6 章引例）。[19]这三种类型的收购以及拟议合并都会受到不同政府实体的监管审查。有时，就像“战略聚焦”专栏中博通试图收购高通的案例所介绍的，这些审查将会导致拟议交易的瓦解。例如，AT&T 试图收购时代华纳（一家有线电视和电影内容制作公司），并在美国司法部否决其收购提议后提起诉讼。[20]

横向收购

横向收购是指公司收购同行业竞争者的行为。横向收购主要是通过发挥以成本为基础的和以收入为基础的协同效应，来增强公司的市场影响力。[21]如“战略聚焦”专栏所示，横向收购在半导体行业频繁出现，博通和高通都通过一系列收购扩大了其规模和市场影响力。同样，行业领军企业英特尔也通过横向收购扩大了规模和产品差异化程度。英特尔在 2017 年以 153 亿美元的价格收购了 Mobileye，在 2015 年以 167 亿美元的价格收购了 Altera。收购 Mobileye 使英特尔在“蓬勃发展的自动驾驶汽车技术市场”处于更有利的地位。[22]研究发现，收购具有相同特征的公司效果会更好[23]，它们具有相似的战略、管理风格和资源配置方式等。这些相似的特征以及之前戴尔和 EMC 合并时的联盟管理经验，可以很好地促进收购公司和被收购公司之间的整合。两个公司有效地进行了资产合并之后，只有在衡量并剥离那些无助于新合并公司的核心竞争力的多余资本和资产之后，横向收购才会更有成效。[24]

纵向收购

纵向收购是指公司收购供应商或分销商的一种或多种产品的行为。通过纵向收购，新成立的公司可以控制价值链（见第3章）的其他环节[25]，这是纵向收购能增强市场影响力的原因。

通过纵向收购，公司能够有机会获取价值链中与当前公司不存在竞争的其他环节所产生的价值，并且有机会在成本和渠道方面更好地控制自己的命运。这些因素影响了美国最大的连锁药店CVS对大型医疗保险公司安泰的收购决定。“CVS在其药房里已经拥有1 100间快捷诊所（MinuteClinics）。在那里，护士和医生助理会提供日常护理，比如流感疫苗注射或包扎扭伤的脚踝。CVS还在少数几个地方试营业了听觉和视觉治疗中心。如果收购成功，CVS计划在旗下9 700家门店中建立更多迷你健康中心，将它们变成安泰会员及其竞争保险公司客户可以方便获得小病和慢性疾病基本治疗的场所。”[26]此次并购“有可能帮助降低成本曲线，同时使医疗保健更方便有效”[27]，但此举也给予CVS和安泰更大的市场支配力，因此，等待司法部批准这笔交易将会是一件有趣的事情。[28]

相关收购

相关收购是指收购高度相关行业的公司的行为。通过相关收购，公司可以利用资源和能力整合产生的协同效应来创造价值。

如引例所述，思科设计、生产以及销售网络设备，不过，在经过一段时间之后，思科也参与到相关收购中，主要是建立公司能够在其他产品市场积极竞争的基础。例如，由于软件逐渐成为所有网络产品的组成部分，该公司正在收购支持和保护云计算的软件公司，这是其CEO查克·罗宾斯的最新工作重点。如前所述，思科在2017年收购了云软件公司BroadSoft和人工智能监控管理公司AppDynamics。思科还试图通过收购两家软件公司Springpath和ContainerX来提高网络效率。[29]

克服进入壁垒

进入壁垒（见第2章）是指市场上已经存在的公司为了增加其他公司进入该市场的成本和难度而采取的措施。例如，市场上原有的公司在产品的生产和服务方面形成的规模经济。另外，与顾客的长期关系所创造的产品忠诚度，也是新进入者很难克服的障碍。[30]当面对差异化产品时，新进入者经常需要花费大量的资源来宣传自己的产品，而且它们会发现，通过制定比竞争者更低的价格来吸引顾客不失为一计良策。

当面对规模经济和产品差异化造成的进入壁垒时，新进入者会发现通过收购市场中已有的公司进入该市场，比以竞争者的身份进入该市场向顾客提供他们并不熟悉的产品，显得更有效。实际上，进入壁垒越高，新进入者通过收购市场中现有公司来克服这一障碍的可能性就越大。

上述讨论说明，使用收购战略来克服进入壁垒的关键优势在于：公司可以迅速进入具有吸引力的市场。这一点对于寻求进入国际市场的公司而言尤为重要。接下来，我们将进一步讨论跨国收购。

跨国收购

跨国收购是指总部位于不同国家的公司间的收购。[31] 过去，美国和欧洲的公司一直都在本土之外的市场上进行积极的收购活动。在当今全球竞争格局下，出于多方面的原因，来自全球各经济体的公司都参与到跨国收购中。在“战略聚焦”专栏中，我们将讨论不同类型的跨国收购，这些收购都是目前正在进行的或者在近期内完成的，同时也是基于不同战略动机的产物。

公司应该意识到，跨国收购，即便是已经完成的具有强大的战略动机作为基础支持的跨国收购，也并非没有风险。因此，当考虑跨国收购时，公司必须对其风险和潜在收益进行仔细研究。

降低新产品开发成本和加快进入市场的速度

在公司内部开发新产品并成功地推向市场，需要耗费大量的公司资源，包括时间成本，这使公司很难迅速获得可观的回报。[32] 据估计，88% 的产品创新最终未能给公司带来足够的回报，因此，管理者担心对新产品开发和商业化投入的资本无法获得足够的收益。该结果使得管理者将内部产品开发视为一项高风险的活动。[33]

收购战略也是公司可以用来获取新产品或者一些对公司而言是新产品的现有产品的一种行动。相比公司内部新产品开发过程，收购所得的回报更具有可预见性，并且可以使公司快速进入市场。回报之所以可预见是由于在完成收购之前，公司就可以评估被收购公司的产品业绩。[34]

塞拉尼斯（Celanese）是一家化学材料公司，为了更充分地满足客户的新兴需求，该公司正在开发一系列材料和树脂产品，试图通过收购和内部创新改善其在美国的工程材料业务。塞拉尼斯发现，在一些不断变化的领域，它可以更快地获得与自己相关的产品，并且这些产品满足了重要客户不断变化的需求。例如，该公司有兴趣进入新兴的无人机市场。它收购了 Nilit Plastics 公司，这笔交易提高了塞拉尼斯的尼龙合成能力，因此塞拉尼斯现在可以设计和提供自动驾驶汽车所使用的大量传感器和摄像头的外壳材料。[35]

比开发新产品的风险更小

与内部新产品开发过程的效果相比，收购的效果更易于进行准确的评估，因而管理者将收购视为一项风险较低的活动。[36] 但是，相对于公司在内部开发新产品带来的风险，在实施收购时，公司还是应该谨慎地降低风险。事实上，尽管有研究指出，收购战略是避免内部投资风险（尤其是研发投入的风险）的常见手段，但收购也可能成为公司创新的替代品。

长此以往，依赖于其他人来实现创新会使得公司容易受到攻击，并且当创新成为一种财富创造的驱动力时，公司将无力掌控自己的命运。因此，如同本章“战略聚焦”专栏中所描述的影响跨国收购的各种战略动机，一个清晰明确的战略动机将驱使公司选择完成的收购类型。如果收购公司是为了获得某种特定的创新或某种特定的与创新相关的能力，那么收购方应该明确是如何创新的，或者是出于战略目的，如何将创新相关的技能与公司运营相融合。[37]

增加多元化

收购还可以用来实现公司的多元化发展。基于经验和对上述分析结果的深刻理解，公司发现在目前服务的市场上开发和推出新产品要相对容易一些。相反，在公司缺乏经验的市场上推出与公司现有产品线完全不同的产品则要难得多。因此，公司往往不会通过自己内部开发新产品来达到产品多元化的目的。[38]

收购战略可以用来支持非相关和相关多元化战略。正如我们在引例中所提到的，思科变得过于多元化，并试图通过剥离和进一步专注于软件的收购重新集中精力，这对于该公司基础的网络设备业务是一种补充。[39]

大型集团公司三星集团采用了非相关多元化战略来进一步拓展其多元化经营。三星的总部位于韩国水原市，旗下有近70家公司，在电子、建设、人身保险以及时装等各个非相关领域展开竞争。三星集团是韩国最大的财阀和企业集团。三星电子（Samsung Electronics）是该集团三大核心单元之一，其特征是包含全球众所周知的三项业务——移动设备（如智能手机）、家用电子产品（电视和家用电器）以及电子元件（如半导体和显示屏）。2017年，三星收购了专注于车用音响电子产品的哈曼（Harman），这让三星在未来寻求其他交易时“更有信心”。三星宣称，具体来说，它对于“在汽车市场、数字健康和工业自动化领域”扩张非常有兴趣。[40]

实施收购战略的公司需要注意，一般来讲，被收购公司与收购公司越相似，收购获得成功的可能性越大。因此，尽管在不同行业进行的互补性收购有助于公司拓展能力，但是横向收购和相关收购要比收购那些在不同产品市场运营的其他公司，更能提升公司的战略竞争力。然而，如果能够以提升公司价值的方式进行——如三星公司正在实施的非相关多元化战略——也能够带来成功。

重构公司的竞争范围

正如第2章中讨论的，竞争性对抗的强度是影响公司盈利能力的行业特征。为了减少激烈的对抗对财务绩效的影响，公司会采取收购战略来降低对产品或市场的依存度。[41]依赖程度的降低，可以重新构造公司的竞争范围。迪恩食品（Dean Foods）是通过收购多个小型乳制品公司建立起来的，这使得其供应链支离破碎。随着像沃尔玛这样的企业进入自有品牌的液体牛奶领域，关于如何应对必要的规模经济，迪恩食品面临着巨大的压力。因此，该公司正寻求实现多元化和“涉及冰激凌、白干酪、酸奶油和果汁”的收购战略，“这些产品的前景被看好，但仍处于开发和执行的早期阶段”[42]。

学习和发展新能力

有时，公司可以通过收购来获取自己原本缺乏的能力。研究表明，公司可以通过收购来拓展知识基础以及减少惯性[43]，公司通过跨国收购网罗来的各类优秀人才，可以帮助公司提升潜在能力。[44] 当然，如果这些被收购的能力与公司自身的能力具有相似性，那么公司就能更好地学习这些能力。因此，公司应寻求收购与本公司既有区别又有一定相关性和互补性的公司，将其作为建立自身知识基础的一种途径。

正如引例所述，随着市场的变化，思科通过收购来建立新的能力，最近它进行了软件方面的收购，以求变得更加以云计算为中心。[45]

阻碍收购获得成功的因素

如本章所讨论的，有效且恰当地采用收购战略能够促进公司努力获取超额利润。然而，收购战略并不是不会出现问题。[46] 图 7－1 展示了实施收购的原因以及阻碍收购成功的因素。

图 7－1　实施收购的原因和阻碍收购成功的因素

研究表明，在所有的合并和收购中，大约 20% 是成功的，60% 的结果不尽如人意，剩余的 20% 则是完全失败的。有证据显示，技术收购的失败率甚至更高。[47] 然而，一般来讲，实施收购战略似乎能够提高公司取得成功的能力。接下来，我们将讨论与成功收购相关的一些特征（如表 7－1 所示）。虽然这些特征可能会提高成功率，但采用收购战略的公司应该了解会面临的一些问题，这些问题往往会影响收购的成功。我们在图 7－1 中展示了这些问题，并在接下来的部分进行讨论。

表 7－1　成功收购的特征

特征	效果
1. 被收购公司的资产或资源与收购公司的核心业务具有互补性	1. 通过保持优势来提高获得协同和竞争优势的可能性
2. 收购是善意的	2. 更迅速、更有效的整合，较低的费用
3. 收购公司通过有效的尽职调查选择和评价目标公司（财务、文化、人力资源）	3. 收购最具互补性的公司并且避免超额支付
4. 收购公司具有宽松的财务状况（现金或有利的债务状况）	4. 更容易以较低的成本获得融资（债务或股票）
5. 被收购公司保持中低程度的负债水平	5. 低融资成本、低风险（如破产）、避免高债务带来的负面效应
6. 收购公司一贯强调研发和创新	6. 在市场上保持长期竞争优势
7. 收购公司很好地管理变化并具有灵活性和适应性	7. 快速有效地整合来达到协同效应

整合的困难

绝对不能低估成功整合的重要性。[48] 实际上，一些人认为整合过程是决定合并或收购成功与否的最重要因素。这种观点强调了收购之后的整合阶段往往是一整套复杂的组织过程，充满着困难和挑战。由于文化冲突和组织政治，这些过程通常会带来不确定性和抵抗。[49] 当试图整合收购公司与被收购公司时，应该考虑一个重要问题：在整合过程中，应如何对待涉及其中的人员以体现公平感。与整合过程相关的一些挑战包括：

- 融合两个或以上公司独特的公司文化；
- 连接不同的财务和控制系统；
- 建立有效的工作关系（尤其是当管理风格相左时）；
- 确定领导结构以及整合后的公司的岗位填充人选。[50]

对收购对象评估不充分

尽职调查是指潜在收购者对收购对象进行评估的过程。有效的尽职调查过程需要从各方面检查上百个项目，包括拟议交易的财务问题、收购双方企业文化的差异、交易带来的税收问题，以及为成功融合双方的员工而采取的措施。研究发现，如果收购公司和目标公司的业务活动在地理上存在重叠，交易公司之间的非正式尽职调查就会变得更加容易。[51]尽管积极寻求收购的公司也会从内部组建自己的尽职调查小组，但尽职调查通常由一些专业机构来执行，如投资银行德意志银行、高盛银行和摩根士丹利（Morgan Stanley)，以及会计师事务所、律师事务所和管理咨询顾问。即使是公司自行开展尽职调查，大多数公司也会与中间商合作，例如大型投资银行，以促进尽职调查工作。有趣的是，研究表明，当某家投资银行促成了更多的与尽职调查相关的收购时，公司的收购绩效会有所提升，当与一家特定的投资银行的关系变成独家合作时，公司的绩效反而会有所下滑。[52]因此，将投资银行作为公司完成尽职调查过程的一部分以考察拟议合并或收购，非常复杂，需要在管理上认真关注。

尽职调查大多集中在评估财务状况以及会计标准（财务审计）的准确性方面，但还需要审查战略适应情况，以及收购公司有效地整合被收购公司来实现交易的潜在目标的能力。[53]梯瓦（Teva）以405亿美元的价格从艾尔健（Allergan）收购阿特维斯仿制药（Actavis Generics)，如果有一个全面综合的尽职调查过程就能够降低收购公司经历不良结果的可能性。这笔交易使梯瓦背上了沉重的债务。同时，仿制药面临价格压力，这是由于监管机构对仿制药加快了批准进程，增加了竞争的激烈程度。[54]此外，梯瓦还收购了一家规模较小的墨西哥仿制药生产商 Rimsa，该公司在交易完成后被发现了此前隐瞒的“欺诈行为”，因此梯瓦损失惨重。[55]

当公司相信收购某家公司能够提高自身获取超额利润的能力时，会愿意进行溢价收购。精确地确定恰当支付的溢价是具有挑战性的。当收购者对预期的协同作用所带来的价值进行评估时，得到的也仅仅是一个估计值。只有当公司之间实现了整合并在市场中参与竞争性行动之后，才能够知道协同作用所带来的真正价值。

当公司过高地估计了收购所带来的协同作用价值或未来增长潜力价值时，它们所支付的溢价则可能过高。过高的溢价可能会对新成立公司短期和长期的获利潜能带来负面影响。例如，2011年11月，吉利德科学公司（Gilead Sciences）以89%的溢价收购了Pharmasset公司。[56]乍看之下，这一溢价似乎过高，然而，自从该收购完成之后，吉利德的股票价格一路高涨。此外，通过收购 Pharmasset，吉利德获得了丙肝药物特许权，2014年，该类药物的销售额达到了124亿美元，被视为巨大的成功。因此，在这一实例中，吉利德为收购 Pharmasset 所支付的溢价并不会过于高昂。吉利德最近利用其现有资金收购了另一家公司——凯特制药（Kite Pharma）。尽管吉利德这次支付了29%的溢价，但在交易前的8个月里，凯特制药的股价已经上涨了200%。此次收购为吉利德带来了为晚期癌症患者提供高度专业化细胞疗法的资本与人才，使其从已经成熟的丙肝业务向多样化发展。[57]管理的挑战在于对每一家收购目标公司进行考察，以确定收购公司应支付的合适的溢价。

巨额或非正常水平的债务

在20世纪八九十年代，有些公司为了给大规模的收购进行融资而显著地提高了它们的债务水平。如今的公司对于完成一项收购所能承受的债务水平更加谨慎，公司在评估收购的可能性时需要知道承担太多的债务可能带来的问题。从这层意义上来说，实施收购战略的公司应该确定它们的收购不会为公司带来超出能力范围的债务负担，以保持自己是一个有偿还债务能力的、朝气蓬勃的竞争者。

垃圾债券是一种融资创新手段，在实施收购时，这种方式为公司早期承担大额债务提供了支持。如今已经很少使用“垃圾债券”这一说法，现在更普遍地称之为高收益率债券，这是一种融资选择，也就是通过向投资者（债券持有人）许诺支付高额的回报（债务）来为风险性收购进行融资。由于垃圾债券是一种无担保债务，即没有固定资产作抵押，在20世纪80年代，这些债券的利率一度达到18%～20%。[58]此外，这些类型的债券的利率往往非常不稳定，这可能将公司置于更严重的财务风险之中。[59]一些著名的金融经济学家将债务作为一种约束管理者的手段，使他们以股东利益最大化为行为准则。[60]接受这种观点的管理者在收购其他公司时，不太会关注公司所能承担的债务水平。然而，如今将债务作为约束管理者的一种手段的观点已经不如过去那样得到广泛的支持。[61]

由于投标竞争，收购方可能会对收购目标公司的决策做出过度承诺，可能会导致巨额或非正常水平的债务。虽然财务理论表明，在争取完成收购时管理者会做出理性决策，但也有其他一些研究表明，理性并不总是能促成收购决策。狂妄自大、完成某项特定收购的承诺升级，以及自身利益，有时候会影响高层管理者支付高额溢价，这反过来可能会导致公司为收购目标公司而承担过高的债务。[62]考虑到梯瓦过度收购的债务负担，梯瓦的领导人可能已经遇到了其中的一些问题。[63]高层管理者应该了解这些可能性，不断挑战自我，在实施收购战略时做出理性决策。

难以形成协同效应

协同效应源自希腊语“synergos”，意思是“共同工作”。如果各单元共同工作创造的总价值超出各单元独立工作创造的价值的总和，就意味着产生了协同效应（见第6章）。也就是说，当资产结合在一起使用比单独使用更有价值时，就产生了协同效应。对股东来说，协同效应为他们赢得了更多的财富，并且这种效应是他们单独使用多元化组合方法所无法复制和超越的。[64]新成立公司中不同业务间高效的规模经济、范围经济和资源共享（如人力资本和知识），可以产生协同效应。[65]

只有当交易产生独有的协同效应时，公司才能通过收购战略发展竞争优势。独有的协同效应（private synergy）是指，联合和整合收购双方公司的资产而产生的能力和核心竞争力，是收购双方中任何一方的资产与其他公司资产进行联合和整合所达不到的。当收购双方的资产以某种独特的方式互补时，可能会产生独有的协同效应，也就是说，如果只是将两家公司的一系列资产进行简单组合，并不总能产生这种独特的资产互补性。[66]尽管独有的协同效应很难产生，但正是由于这种独有性，这种协同效应才这么有吸引力，竞争对手很难理解和模仿这种独有的协同效应，意味着它将为公司带来竞争优势。

公司降低成本的能力会影响创造独有的协同效应，这些成本是创造预期收入和以成本为基础的协同效应所必需的。公司试图通过收购来创造独有的协同效应时会产生一些费用，这些费用称作交易成本。[67] 交易成本可以是直接成本，也可以是间接成本。直接成本包括律师费用，以及投资银行家为实施收购的公司完成尽职调查所收取的费用。间接成本包括评估目标公司以及完成后续谈判所花费的时间、收购造成的关键管理人员和员工的流失。[68] 法国金融巨头安盛集团（AXA SA）日前暗示，将收购 XL 集团（XL Group Ltd.），并组建全球规模最大的财产保险公司。安盛集团 CEO 托马斯·布伯尔（Thomas Buberl）表示，该交易“在成本和资本方面都存在显著的协同效应”。然而，市场并不太看好这次交易的潜力。一位分析人士表示：“迄今为止，从我与投资者的对话来看，他们都提到了三件事：错误的资产、错误的时机和错误的价格。”当收购完成时，安盛集团可能会为此次交易支付 33% 的溢价。[69] 虽然这笔交易能否成功还有待观察，但当估计收购与被收购企业的资产结合所可能产生的协同效应的价值时，公司往往会低估总的间接成本。

过度多元化

正如第 6 章所解释的，有效应用多元化战略可以帮助公司获取超额利润。一般来讲，实施相关多元化战略的公司的业绩要好于实施非相关多元化战略的公司，但是实施非相关多元化战略产生的企业集团也能获得成功。

然而，在有些情况下，公司也可能变得过度多元化。对于不同的公司来说，多元化是否过度的判断标准是不一样的。第 6 章曾提到，与非相关多元化相比，相关多元化需要处理更多的信息。正因为如此，相关多元化公司中出现过度多元化的业务部门的可能性要比非相关多元化公司少。[70] 然而，不管实施哪种多元化战略，过度多元化都会导致业绩下滑，并且可能会做出剥离一些业务部门的决策。[71] 这种剥离通常会使公司重构竞争范围，这也是公司重构战略的一部分（后续章节将针对重构战略进行更详细的讨论）。

即使公司并未过度多元化，但高度多元化也会对公司的长期业绩产生负面影响。例如，额外的多元化带来的业务范围的拓展，使管理者更多地依赖于财务控制而不是战略控制（财务控制和战略控制将在第 11 章和第 12 章中讨论）来评估业务部门的业绩。当高层管理者缺乏对业务部门的目标和战略的全面理解时，他们经常依靠财务控制来评价业务部门的业绩表现。使用财务控制，如投资回报率（ROI），会导致各业务部门的管理者以牺牲长期投资为代价，片面追求短期利润。如果公司为了增加短期利润而减少长期投资，可能会对公司整体的绩效能力产生负面影响。[72]

过度多元化引起的另一个问题是，公司倾向于将收购变为创新的替代品。一般来讲，管理者并不会故意用收购来代替内部的研发能力，然而却会产生一个不断加强的循环过程。也就是说，收购带来的成本问题会减少对某些与创新相关的活动（如研发活动）的资金分配。没有足够的资金支持，公司的创新能力会逐渐衰退。创新能力的衰退使公司只能通过额外的收购来获得创新。有证据显示，那些用收购活动代替内部创新的公司，最终会在业绩方面遇到各种问题。[73]

管理者过度关注收购

通常来说，收购战略若想成功，就需要管理者投入大量的时间和精力。他们需要完成的主要工作包括：

- 寻找各种收购对象；
- 完成有效的尽职调查过程；
- 准备谈判；
- 收购完成后，管理整合过程。

虽然管理者不会亲自收集各种与收购有关的信息和数据，但一些关键的决策是由他们做出的，如决定收购对象以及收购谈判的方式等。[74]一些公司的经验表明，参与并监督一些与收购相关的活动，分散了管理者的注意力，使他们无法很好地关注与获取长期竞争优势相关的活动，如对有利机会的识别和把握，以及与外部利益相关者的沟通。[75]

理论和研究都表明，管理者在收购过程中会过于投入。[76]一位观察家指出："一些管理者沉浸于交易过程——享受着选择、追逐和掌控目标带来的快感。"[77]从错误中吸取教训以及听取会议中提出的不同意见，可以避免管理者的过度投入。这些不同意见有助于保证对问题的全面考虑。例如，研究表明，董事会在制定关于收购的决策时，可能会存在群体偏见。研究也表明，在群体估计对收购目标公司可能支付的溢价时，可能存在的群体极化现象会导致要么支付过高的溢价，要么支付过低的溢价。[78]一旦收购失败，管理者往往会归咎于他人或者变幻莫测的商业环境，而不是追究他们自己在收购过程中的过度投入。对于高层管理者而言，在收购战略中找到一个合适的投入度是一个很有挑战又非常重要的任务。

规模过于庞大

大多数收购会导致公司规模变大，这有助于公司形成或强化规模经济，会提高运营效率。例如，两个销售部门整合之后可以减少销售代表的数量，因为每个销售代表都可以同时销售两家公司的产品（尤其是两家公司的产品高度相关时）。[79]然而，规模使管理变得相当复杂，从而导致规模不经济。也就是说，收购造成的复杂组织的管理成本要超过规模经济带来的收益。

因此，鉴于潜在的规模经济和市场影响力，许多公司都寻求扩大规模，但是规模达到一定程度后，管理大公司花费的成本就会超过规模经济和市场影响力带来的收益。规模扩大引起的组织复杂性的增加，会使管理者的控制手段更加官僚化。官僚式控制（bureaucratic controls）是指公司制定的监管机制、行为准则和政策，通常是为了保证跨部门决策和行动的一致性。然而，随着时间的推移，这种一致的控制方式会导致管理模式过于僵化和标准化。[80]当然，从长远看，这种缺少灵活性的管理方式还会减少公司的创新，创新对获取竞争优势又是至关重要的，因此，至少在某种程度上，由采用收购战略形成的庞大组织所导致的官僚控制方式会对组织绩效产生不利影响。因此，在追求组织规模扩大，以此作为提高利润的途径时，管理者可能会做出公司应该进行收购的决策，但同时，管理者应该避免公司陷入这样一种境地，即收购可能会使公司规模大到某种程度而导致低效率和低成效。

有效的收购

正如我们所提到的，收购战略并不一定总能为收购公司的股东带来超额利润。[81]然而，有一些公司却能利用收购战略创造价值。[82]研究表明，当收购的性质以及完成收购的过程与表 7 - 1 所列的成功收购的特征保持一致时，通过收购创造价值的可能性会有所提高。[83]例如，当被收购公司与收购公司的资产具有互补性时，收购获得成功的可能性更大。资产具有互补性时，两家公司间运营的整合更有可能产生协同效应。事实上，整合两家具有互补资产的公司经常会形成独特的能力和核心竞争力。资产具有互补性时，实施收购的公司可以把注意力放在核心业务、互补资产的平衡以及被收购公司的能力上。在有效的收购中，收购方经常通过在收购之前建立合作关系来筛选目标。[84]正如第 9 章将要讨论的，公司之间有时候会形成战略联盟以测试未来的合并或收购的可行性，这种经历同样也会有助于收购的成功。

研究结果还显示，善意收购有助于收购双方的整合。当然，如果目标公司对收购方的出价予以积极回应，将提高善意收购发生的可能性。例如，AdvancedCath 对泰科电子（TE Connectivity）提出的收购予以积极回应。泰科电子是全球领先的精密工程化连接器、传感器及电子元件设计商和经营商，这些电子元件销售给一些制造商，并集成到制造商的产品中。法国大型能源公司道达尔（Total）完成了对 Saft Group 的善意收购，以扩张其可再生能源业务，并在 2011 年收购了美国太阳能系统制造商 SunPower 的多数股权。[85]通过善意收购，双方可以共同合作来产生协同效应，与此同时以比恶意收购更快的速度来整合运营。[86]善意收购还能使领导和运营整合更容易，从而有助于提高整合进程中创造协同效应的能力。

此外，有效的尽职调查过程，包括对目标公司的谨慎选择以及对这些公司的健康状况（财务状况、文化适应性和人力资源的价值观）进行的评估，会促进收购的成功。[87]收购双方以负债或现金形式表现出来的宽松的财务状况，也有助于收购获得成功。尽管宽松的财务状况为收购提供了融资便利，但在收购之后，保持中低水平的负债以维持较低的债务成本非常重要。为了给收购提供资金支持而承担相当数量的负债时，在成功实施收购后，公司需要迅速降低负债水平，其中一种方法就是出售被收购公司的资产，尤其是那些非相关的或业绩较差的资产。对这些公司来说，债务成本还不至于阻碍研发等长期投资，并且现金流管理也具有相当大的回旋余地。

成功的收购战略的另一个特征是对创新的重视，例如对研发活动的持续投入。[88]“战略聚焦”专栏所提到的收购案中，政府对博通收购高通的担忧之一是，博通在其过去的收购之后不具备强大的研发投资传统，而高通作为 5G 网络建设的领导者，需要强大的创新投资来维持其领导地位。[89]

灵活性和适应性是成功收购的最后两个特征。如果收购双方的管理者都有管理变革以及相关收购的经验，那么他们能更好地对能力进行调整以适应新的环境。[90] 最终结果是，他们对整合两家公司游刃有余，这对于两个文化不同的公司来说是极其重要的。

正如我们所知道的，公司实施收购战略是为了创造财富和获取超额回报，但有时收购战略的结果会低于预期，在这种情况下，公司就需要考虑使用重组战略。

重 组

重组（restructuring）是指公司用来改变业务框架或者财务结构的战略。[91] 重组是一种全球现象。[92] 过去，从公司业务组合中剥离一部分业务以及精简公司规模，占据了公司重组战略的绝大部分。一般来讲，重组之后，公司会聚焦于更少的产品和市场。

尽管公司经常会在收购达不到预期效果时使用重组战略，但有时公司也会因为觉察到了外部环境的变化而采用这一战略。例如，在外部环境之中经常有很好的机会出现，多元化公司往往更容易抓住这样的机会，原因就在于整合赋予了它们相应的能力。在这种情况下，面对环境的变化以及与之相关的机会，重组可以使公司更好地进行定位，从而为股东创造更多的价值。[93]

接下来我们将讨论重组战略的三种类型：精简、收缩和杠杆收购。

精简

精简（downsizing）是指减少公司雇员或者经营部门的数量，但可能不会改变公司业务组合的要素。因此，精简是一种有目的的管理战略，其目的在于改进公司绩效。与之相反，组织衰退大多会导致公司资源，包括员工数量以及可能包括部门数量的减少，这是由公司无效的竞争性行动所带来的一种非目的性结果。[94] 实施精简时，公司会有目的地做出保留某些资源或减少某些资源的决策。然而，组织衰退会使得公司失去获取一系列资源的渠道，这些资源中有许多对于当前和未来的绩效至关重要。因此，精简是一种正当合理的战略，并不一定是组织衰退的迹象。[95]

在完成收购之后，精简可能是一种恰当的战略，尤其是在收购方与被收购方的运营与战略存在显著相关关系的情况下。在这种情况下，新成立的公司在某些职能领域可能会能力过剩，例如销售、生产、分销、人力资源管理等。这种过剩的能力反而会阻止新成立的公司达到预期的协同效应以及与之相关的成本降低。[96] 管理者需要谨记的是，只有坚持始终如一的人力资源管理政策，确保精简决定的公正和公平，精简战略才会更有效。[97]

收缩

收缩（downscoping）是指剥离、分立或者其他一些削减公司非核心业务的方法。与精简相比，收缩对公司业绩具有更加积极的影响。[98]这是因为收缩可以使公司更好地聚焦于核心业务。[99]例如，陶氏杜邦的合并计划通过分成三个独立的公司来缩小规模。这三家公司中最大的一家将专注于塑料树脂和其他材料；剥离的另外两家公司将分别专注于农业产品和特色产品。[100]公司多元化程度的降低可以提高管理的效率，并且高层管理团队也可以更好地理解和管理剩余业务。[101]

有时，公司还会同时使用精简和收缩战略。如前所述，梯瓦正在进行重组；该公司表明要裁员 14 000 名员工，并且考虑放弃以前的收购。[102]在实施这两种战略时，公司应尽可能避免解雇关键员工，否则会导致公司损失一种或多种核心能力。另外，同时使用这两种战略的公司应该有目的地缩减规模，这是减少多元化业务组合以使公司聚焦于核心领域的决策所带来的一种结果。[103]

一般来讲，美国公司比欧洲公司更喜欢使用收缩作为重组战略。实际上，在不久之前，欧洲、拉丁美洲和亚洲的公司更倾向于组建集团公司。在拉丁美洲，这些集团公司称为“grupos”。然而，最近几年，许多亚洲和拉丁美洲的集团公司开始收缩运营，重新把焦点放在核心业务上。最近的这种收缩趋势是随着全球化的深入，以及更加开放的市场带来的激烈竞争而出现的。[104]

杠杆收购

杠杆收购（leveraged buyout，LBO）是指一方（一般是私募股权投资公司）为了将公司私有化而买下公司的全部资产的重组战略。[105]一旦私募股权投资公司完成了这种类型的交易，目标公司的股票将不再上市交易。

一般来讲，杠杆收购是作为一种重组战略来纠正管理错误，或者是因为管理者在进行决策时是以自己的利益而不是股东的利益为出发点。[106]然而，也有一些公司利用杠杆收购来丰富公司资源以及拓展经营，而不是简单地重组不良资产。

由于为收购融资经常会造成大量的债务，因此产生了杠杆收购。[107]为了偿还债务，收缩战线，集中精力发展核心业务，公司的新东家可能会快速出售一部分资产。的确，有些公司杠杆收购其他公司，并且在 5 ～ 8 年内对被收购公司进行重组，直到能够将其出售并从中获利，这种现象还是比较普遍的。

管理层收购（management buyouts，MBO）、员工收购（employee buyouts，EBO）和公司整体收购（whole-firm buyouts）是杠杆收购的三种方式。在这三种方式中，公司或者合伙人收购的都是整个公司而不只是其中的一部分。由于管理层收购比员工收购和公司整体收购对管理者的激励更大，因此，采用管理层收购可以收缩战线，提升战略聚焦程度，并且改善经营业绩。[108]研究发现，管理层收购可以给公司带来更多的企业家行为和公司增长。[109]因此，可以说，收购是公司重获新生的一种方式，它能够更好地促进企业家获得成就，并且刺激公司的战略性增长和提高生产率。[110]

重组的效果

图7－2列举了采用三种重组方式带来的短期和长期效果。精简一般不会给公司带来很好的业绩表现。[111]事实上，一些研究结果发现，对美国和日本的公司来说，精简甚至会降低公司的回报。这些国家的股票市场都对精简做出了负面评价，认为精简不利于公司获得长期战略竞争力。这些国家的投资者也认为，精简会导致公司内出现一系列问题。[112]之所以会有这样的观点，主要是因为在宣布大规模精简之后，公司的声誉会不断下滑。[113]

人力资本的流失是精简的另一个潜在问题（见图7－2）。具有多年经验的老员工的流失实际上就代表了大量知识的流失。如第3章所述，在全球经济下，知识对于公司获得竞争成功是至关重要的。研究还显示，高价值人力资本的流失会逐步降低顾客的满意度。[114]因此，总体来说，精简更具有策略性价值（或者短期价值）而不是战略性价值（或者长期价值），这也就意味着，公司在重组过程中使用精简策略时需要特别谨慎。

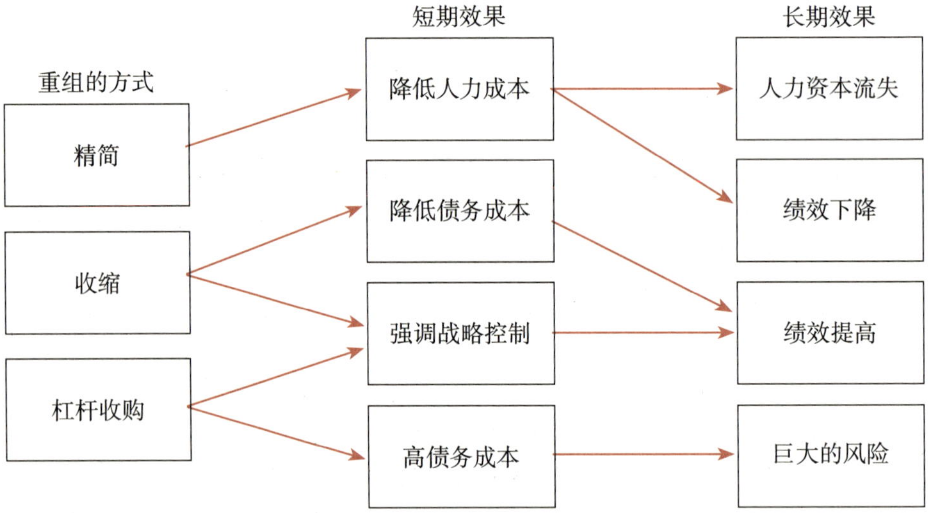

图7－2 重组及效果

一般而言，无论长期还是短期，与精简或杠杆收购相比，收缩都会给公司带来更积极的效果。收缩对长期高绩效的渴望，是公司降低债务成本以及强调对核心业务的战略控制的结果。在这种情况下，重新聚焦的公司可以提高竞争力。[115]

公司整体杠杆收购因被视为财务重组的一种重大创新而备受瞩目。这种类型的重组是非常复杂的，尤其是涉及跨国收购时。[116]此外，这种重组也不可避免地带来一些负面影响。[117]首先，大量的债务会增加公司的财务风险。20世纪90年代，大量公司在实施整体杠杆收购之后申请破产的案例就是很好的证明。有时，公司提高被收购公司的效率并且在5～8年内将其出售的意图，会导致短期行为并将管理聚焦于风险规避。[118]结果是，这些公司对研发投入明显不足，或者无法采取行之有效的行动来保持或提高公司的竞争力。[119]由于收购经常导致大量的债务，大多数杠杆收购都发生在具有稳定现金流的成熟行业中。稳定的现金流为收购方偿还将公司私有化所带来的债务提供了支持。

本章小结

对于全世界各个国家的公司而言，合并和收购战略都备受青睐。公司力图通过这一战略创造价值并超越竞争对手。全球化以及全球许多经济体中众多行业的放松管制是合并和收购战略在大规模和小规模公司间流行的两大原因。

公司采用收购战略的目的是：

- 提高市场影响力；
- 克服进入新市场或新地区的壁垒；
- 降低开发新产品的成本，加快进入新市场的速度；
- 降低进入新业务的风险；
- 更加多元化；
- 通过发展不同的业务组合重塑竞争范围；
- 加强学习，以此作为发展新能力的基础。

实施收购战略中遇到的问题主要有：

- 有效整合公司的困难；
- 对目标公司价值的错误评估；
- 增加债务负担，从而减少长期投资（如研发）；
- 高估协同效应的潜在力量；
- 过度多元化；
- 内部管理者为分析和完成收购而投入过多的时间和精力；
- 公司规模过于庞大，以至于必须广泛实行官僚控制而不是战略控制。

有效收购的特征有：

- 收购双方公司的资源具有互补性，并以此作为发展新能力的基础；
- 善意的收购，从而为公司资源的整合提供便利；
- 在完成全面的尽职调查基础上选择和收购目标公司；
- 收购双方都有足够的现金和负债能力；
- 新成立的公司通过出售被收购公司的部分资产或者原公司中经营不善的部门，来保持中低水平的负债；
- 收购双方都有应对变化的经验；
- 新公司强调研发和创新。

重组通过纠正无效管理引发的问题来改善公司经营业绩。通过精简进行的重组主要包括员工数量和管理层级的削减。尽管它可以减少短期成本，但是以牺牲长期成功为代价，因为精简将导致具有价值的人力资源（和知识）的流失以及公司整体声誉的损失。

通过收缩进行重组的目的是降低公司的多元化水平。公司通常会通过剥离非相关业务来达到这一目的。减少非相关业务有助于公司和高层管理者聚焦于核心业务。

通过杠杆收购，被购买公司可以变成私人财产。尽管有限合伙人（机构投资者）的作用正变得日益显著，但杠杆收购通常需要大量融资。普通合伙人可以采用各种战略，并且当有限合伙人拥有更长的投资期时，一些普通合伙人会更重视权益而不是债务。管理层收购、员工收购和公司整体收购是杠杆收购的三种方式。由于管理层收购对管理者具有明显的激励作用，因此它成为三种收购方式中最成功的一种。有时，收购的目的是，在5～8年内提高被收购公司的效率和业绩，从而将其成功地出售。

通常重组的主要目标是获得或重建有效的公司战略控制体系。在三种重组战略中，收缩与建立和使用战略控制的联系最为密切，并且能更好地提高经营业绩。

关键术语

收购（acquisition）
合并（merger）
重组（restructuring）
接管（takeover）

复习题

1. 为什么很多参与全球竞争的公司喜欢采用合并和收购战略？
2. 哪些原因促使公司使用收购战略来获得战略竞争力？
3. 阻碍公司成功实施收购战略的七个主要因素是什么？
4. 成功的收购战略的特征是什么？
5. 什么是重组战略？它的主要形式是什么？
6. 不同的重组战略的长期和短期效果分别是什么？

微案例

拉法基和霍尔希姆之间并不容易的对等合并

拉法基集团（Lafarge）于1833年在法国成立，是世界上成功的工业企业之一，拉法基专注于三个领域：水泥、建材和混凝土。与拉法基对等合并的另一家企业是霍尔希姆（Holcim），这是一家1912年成立于瑞士的建材公司，整个对等合并过程耗时一年以仔细规划并最终达成共识。霍尔希姆的全球野心很早就显现出来了。20世纪20年代，霍尔希姆进军法国，之后逐渐遍及欧洲和中东地区。霍尔希姆的扩张导致了它与拉法基激烈的持久竞争。

2014年4月，拉法基和霍尔希姆共同宣布了解决方案，即拉法基和霍尔希姆将实施对等合并，并且宣布它们正在寻求监管部门的许可来完成这项交易。然而，取得监管部门的许可并不那么容易甚至是很困难的，因为公司国际化运营的多元化使得大约有15个司法机构将会反对这两家企业的合并。

那么是什么使得拉法基和霍尔希姆即使在重重困难下也要做出合并的决策呢？主流观点是这种合并并不能起到预期作用，甚至还会更糟。它们想要的是更高效地运营，然而这是两种不同文化的合并，还要确定新公司的领导风格。除了这些情况之外，还涉及金融方面的核心内容，那就是这个交易能否吸引两个公司的股东。

尽管有这样或那样的困难与挑战，但拉法基和霍尔希姆认为合并之后可以建立一个拥有更强竞争实力的新公司。两个公司的领导者认为新合并的公司拉法基霍尔希姆（Lafarge Holcim）——两个公司共同认可的新公司名称，将在建材行业中拥有最稳定和多样化的业务组合。两家公司预计合并业务将实现每年约150亿美元的成本降低。纵观全局，两个公司的领导者认为将霍尔希姆强大的市场能力和拉法基的创新能力结合在一起会带来很多的好处和利益。

然而，没有预料到的是，拉法基和霍尔希姆的合并交易几乎要破产了。在2015年3月，霍尔希姆的董事会在报告中称，“虽然之前同意以440亿美元与拉法基合并，但是由于条款损害了霍尔希姆的利益，并且考虑到领导风格问题，决定反对这项交易”。这个反对声明是在两家公司收到了有关于业务合并的重要监管部门的许可之后发出来的，欧盟、印度和美国都向两家企业发放了许可。主要的争论点在于霍尔希姆的董事会坚信对于霍尔希姆的股东来说，财务条款应该更激进一些，并且拉法基的CEO不应该被指定为新公司的CEO。关于这些说法的一个原因在于：从最初这一双方同意的合并意向开始近一年时间以来，霍尔希姆的业绩表现和股票价格远远超过了拉法基。在重新变更了交易的财务条款以及同意为新公司指派另一名CEO之后，94%的霍尔希姆股东同意合并条款。

在解决了困难和挑战之后，拉法基和霍尔希姆于2015年7月合并成一家新的公司。谈及未来，一位董事会成员说道：“这可不是一个寻常的合并。这是在我们行业里创造新的领导者的契机。”如果这次合并达到了预期，那么之前所有的工作都会被证实是有效果的。展望未来，其他的挑战将会来临，至少在短期内，与之前单独的公司运营相比，新公司中霍尔希姆的权力下放管理方式与拉法基的集中管理方式将会产生一些潜在的不一致性，这些问题需要合并的两家企业花费精力来解决。

事实上，2016年，也就是在合并一年后，相对于规模较小的竞争对手，合并后的公司表现不佳。在拉法基霍尔希姆成立一周年之际，“自其前身瑞士的霍尔希姆于2014年4月透露计划与法国的拉法基合并以来，拉法基霍尔希姆的股价已下跌39%。爱尔兰建筑材料集团CRH的股价在此期间上涨了29%；海德堡水泥（HeidelbergCement）上涨了13%。彭博欧洲500指数仅下跌1.5%”。考虑到该公司表示它们在整合方面取得的进展，其市场估值应该更高。对于拉法基霍尔希姆是否有能力利用其庞大的规模创造规模经济，人们仍存有疑问。一位观察家指出，“水泥本身就是一项本地业务，要实现规模经济并不是那么容易”，因为远距离运输水泥非常昂贵。

2017年9月，新任CEO詹·詹尼施（Jan Jenisch）上任。当他推出重振公司的战略时，他宣布，作为全球最大的水泥制造商，拉法基霍尔西姆将“削减成本，出售资产，并专注于少数几个市场”。该公司还宣布，将出售价值40亿美元的资产，“该战略宣布后，股价下跌超过7%”。

资料来源：J. Revill, 2018, LafargeHolcim’s new CEO writes off over $4 billion and sets out strategy, *Reuters*, www.reuters.com; C. Hughes, 2016, Many unhappy returns for a $50 billion merger, *Bloomberg*, www.bloomberg.com, July 13; 2015, Holcim and Lafarge obtain merger clearances in the United States and Canada paving the way to closing their merger, *Holcim Home Page*, www.holcim. com, May 4; 2015, Lafarge to cut 380 jobs ahead of merger with Holcim, *Global Cement*, www.globalcement.com, May 19; M. Curtin, 2015, Holcim-Lafarge shows ‘ merger of equals ’ doesn ’ t equal smooth sailing, *Wall Street Journal*, www. wsj. com, March 16; M. Curtin, 2015, A ‘ merger of equals ’ is more fragile, *Wall Street Journal*, www.wsj.

com, March 16; J. Franklin, 2015, Holcim and Lafarge name post-merger board candidates, *Reuters*, www.reuters.com, April 14; J. Revill, 2015, Holcim moves step closer to Lafarge merger, *Wall Street Journal*, www.wsj.com, May 8.

案例讨论题

1. 在本章讨论的“实施收购的原因”中，哪些原因是拉法基霍尔西姆合并战略的主要驱动因素？

2. 鉴于这种“对等合并”存在业绩方面的困难，你认为“阻碍收购获得成功的因素”中，哪一个最有可能影响到这笔交易？

3. 新任CEO詹·詹尼施采取了重组策略。为什么市场对这个计划反应消极？

4. 你会建议该公司采取什么措施来改进它的重组计划，并最终改善其糟糕的业绩？

8 国际化战略

学习目标

1. 解释公司实施国际化战略的动机
2. 识别公司成功实施国际化战略可以获得的三种主要收益
3. 探讨构成业务层国际化战略基础的国际优势的决定要素
4. 描述三种公司层国际化战略
5. 讨论影响国际化战略选择，特别是公司层国际化战略选择的环境趋势
6. 解释公司进入国际市场的五种模式
7. 讨论国际化战略面对的两种主要风险
8. 讨论国际化尤其是国际差异化战略给公司的战略竞争力带来的回报
9. 解释公司在实施国际化战略时需要了解的两大重要挑战

引例 网飞通过国际化扩张获得发展，然而这样的发展引起新的竞争

网飞一直以来采取的是传统的国际化战略，通过科技创新加强自身实力并拓展海外市场。网飞的技术主要关注于理解消费者的观影喜好与习惯并提供能够符合这样喜好和习惯的内容给消费者。除了本身的内容之外，网飞还提供很多其他选择，包括电视剧和电影，这使得网飞在市场竞争中具有很强的竞争力，随着投资的推进，这股力量可能会变得更加强大。

然而，网飞在美国本土市场已趋近饱和，因此开始将自己的业务拓展到其他国家，例如，加

拿大、北欧国家和拉丁美洲国家。网飞的主要增长来自国际扩张，这使得网飞可以在更多国家和用户之间分摊成本。2017 年第四季度，网飞增加了 830 万流媒体用户，这主要来源于海外市场增长的推动。2017 年，CEO 里德·哈斯廷斯（Reed Hastings）宣布，网飞视频服务将在 130 多个国家上线。2016 年，该公司投资了 60 亿美元，并计划追加投资 80 亿美元用于购买新内容，以更好地为遍布全球的市场提供服务。例如，网飞计划于 2018 年在其原有内容的基础上增加约 700 个新节目，其中有 80 个面向国际市场。

网飞的国际发展战略也有一些复杂的干扰因素。首先，网飞必须取得视频和电影内容制作商的全球播放授权。然而，这些制作商也想将它们的产品分销到国际市场，因此除了在一个新国家提供服务和取得政府许可的成本之外，网飞还必须花费更多来获得播放内容的全球授权。至少在短期内，这些因素提高了网飞国际化战略的成本。

其次，网飞必须让许多国际用户能够用当地语言观看大量英语节目。目前，网飞提供 20 种不同语言的节目，它必须迅速增加这个数量，以扩大其用户基础。为了促进这种转变，网飞开发了一种新的翻译工具 HERMES，并雇用了更多人来帮助翻译。

最后，由于网飞采用国际化战略，它面临美国国内的竞争加剧以及海外市场中不断有新竞争者进入的双重压力，竞争者们同样看到了网飞正在努力抓住的市场机会。网飞在美国国内有很多其他的流媒体竞争对手，例如亚马逊和 Hulu。而且，网飞现在正面临强大的新竞争对手，比如迪士尼和苹果。迪士尼宣布将在 2019 年开放新的视频流媒体服务，并在 2018 年底将所有迪士尼内容从网飞撤出。迪士尼还计划投资 10 亿美元为其新流媒体服务购买和开发原创内容。此外，迪士尼收购二十一世纪福克斯公司（Twenty-First Century Fox）的计划也将是其获取优质内容的途径。苹果则一直在大力投资开发新的内容，以参与到这些市场的竞争中来。

2018 年，网飞拥有 1.17 亿订阅用户，其中 6 200 万来自美国以外的国家和地区。目前，网飞正致力于拓展其在印度的业务。预计到 2021 年，印度的互联网用户将达到 6.5 亿，而美国大约为 3 亿。网飞希望到 2023 年将其订阅用户数量翻一番，其中的 1 亿将来自印度。

网飞从国际扩张中获得了可观的利润。例如，近年来其年收入增长率为 26.5%，年净收入增长率为 100%。网飞还扩大了董事会的规模，增加了国际专家。然而，虽然国际化战略通过大量用户分担成本和费用的方式促进了网飞的发展并增加了收入，但同时，这种战略也增加了管理结构的复杂性。此外，随着国际和国内竞争的加剧，美国国内高端内容的全球承包难度继续加大。尽管网飞面临诸多挑战，但它已成为该行业的全球领导者。

资料来源：N. Walters, 2018, Apple and Disney gear up to pounce on Netflix, *The Motley Fool*, http://host.madison.com, March 23; R. Krause, 2018, Netflix takes on media giants as video streaming war goes global, *Investor's Business Daily*, https://www .investors.com, March 8; 2018, Netflix, Inc's (NFLX) international expansion puts pressure on media competitors, *Stocknews. com*, https://stocknews. com, March 1; E. Gruenwedel, 2018, Netflix putting global growth focus on India, *MediaPlayNews*, https://www.mediaplaynews.com, February 26; W. Healy, 2018, Netflix, Inc. faces widening competition amid a narrowing moat, *InvestorPlace*, http://investorplace.com, February 26; F. DiPietro, 2017, How Netflix Inc. is overcoming this key obstacle to its international expansion, *The Motley Fool*, https://www. fool.com, May 9; S. Ramachandran, 2015, Netflix steps up foreign expansion, subscriber additions top streaming service's forecast, helped by growth in markets abroad, *Wall Street Journal*, www.wsj.com, January 21; F. Video, 2015, Netflix eyes China for continued global expansion, *Fortune*, www.fortune. com, June 11.

我们在本章引例中描述了网飞的竞争性行动（例如，国际扩张战略），并强调了国

际市场对该公司的重要性。网飞正通过公司在国际市场上的成长，弥补在美国市场中订阅增长放缓的局面。对于所有类型的企业，如网飞，拥有能够在公司所在国内市场之外的各个国家和地区有效开展竞争的能力正变得日益重要。原因之一在于全球化趋势使得那些只有本土公司才能获得竞争成功的行业和消费者市场的数量逐步减少。过去那种相对比较稳定和可预测的市场已经不复存在，取而代之的是以全球化为导向的行业，在这些行业中，公司需要在全球所有市场上进行竞争。[1] 与本土市场不同，全球化市场更加动荡和不可预测。

本章的主要目的是讨论国际化战略如何成为在全球市场上竞争的公司获取战略竞争力的源泉。为了达到这一目的，我们将讨论几个主题（见图 8－1）。在讨论完影响公司识别国际化机遇的动机之后，我们将讨论成功实施国际化战略带来的三种主要收益。然后将注意力转向公司可以采取的国际化战略的类型，重点是业务层国际化战略和公司层国际化战略。公司在进入国际市场时，可以通过五力模型实施国际化战略并加以检验。公司在实施国际化战略时还会遇到各种经济、政治风险，有些人将这些称为经济和政治制度。[2] 如果公司想要提高业绩并加强创新，就必须有效地管理好这些风险。本章最后将介绍公司需要时刻铭记的两个注意事项。

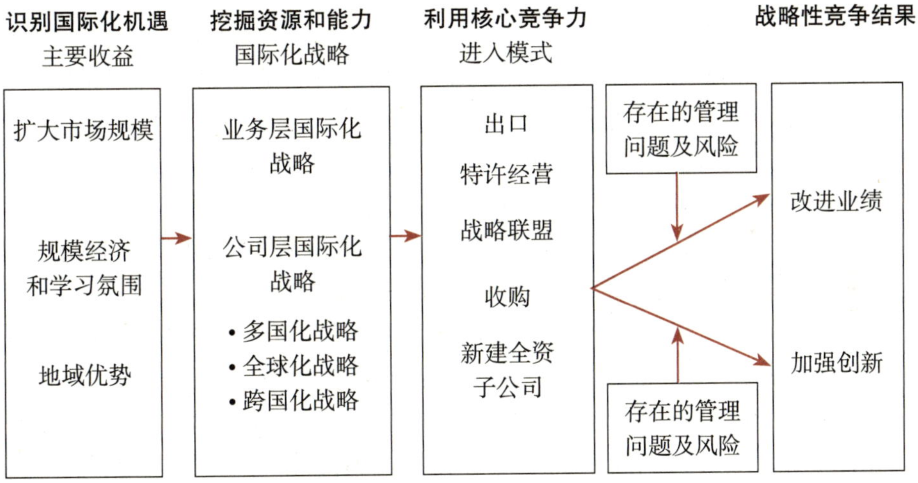

图 8－1　国际化战略的机遇和结果

➡ 识别国际化机遇

国际化战略（international strategy）是指公司在本国市场以外的地区销售产品或服务的战略。[3] 有些情况下，实施国际化战略的公司在地理区域上会更加多元化，因为它们需要在本国以外的许多国家和地区进行竞争。如网飞就进入了大约 50 个国家的市场。在另一些情况下，公司参与国际多元化的程度比较低，因为它们只在本国以外的少数几个市场上进行竞争。

许多动机都会驱使公司实施国际化战略，并使经营区域多样化。成功做到这一点后，公司将获得三种主要收益。[4] 图 8－2 列举了国际化战略的动机和主要收益。

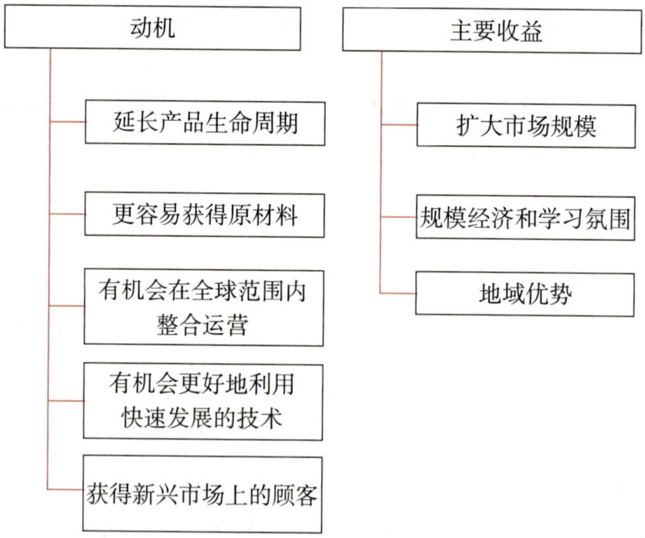

图 8－2 国际化战略的动机和主要收益

实施国际化战略的动机

雷蒙德·弗农（Raymond Vernon）在阐述国际化战略的典型原理[5]时指出，一般来说，公司都是先在本国市场上进行产品创新，诸如德国、法国、日本、瑞典、加拿大和美国等发达经济体的公司更是如此。然后，创新产品的需求才会扩展到其他国家，于是公司开始把在本国生产的产品出口到其他国家，以满足这些国家的需求。随着国外市场需求的逐步增加，这些公司开始决定在国外运营，正如引例中的网飞。因此，弗农提出，实施国际化战略有可能有助于公司延长产品的生命周期。

公司实施国际化战略的另一个原因是获取需要的稀缺资源。在某些行业中，关键原材料的供应，尤其是矿物和能源，直接关系到公司的产品生产。能源和矿业公司通过在全球范围内开展经营来获取原料，然后将获得的资源卖给生产商。力拓矿业集团（Rio Tinto Group）是全球矿业公司的领导者。作为一个国际化公司，力拓拥有 55 000 名员工，遍布六大洲，包括大洋洲、北美洲、南美洲、欧洲、亚洲和非洲。力拓通过其技术和创新能力（如上所提到的第一个动机）以及开拓、销售和运营过程，在世界各地识别、获取并销售各类矿物资源。[6]在一些其他行业，人力成本在公司总成本中占据相当大的比例，因此，这些行业的公司会将一部分业务转移到劳动力成本比较低的国家，如服装和电子制造业。

与日俱增的全球化整合运营的压力也是实施国际化战略的一个原因。随着国家工业化进程的发展，一些产品和商品的需求也变得更加相似。这种对国际品牌产品的无差异化需求，可能是由发达国家越来越相似的生活方式造成的。全球沟通的不断增加也提高了不同国家的人对不同文化背景下的生活方式的想象和模仿能力。在越来越多的行业中，技术成为驱动公司全球化的主要因素，因为要使规模经济达到能降低成本的程度，经常需要比仅满足国内市场需求大得多的投资规模。另外，在新兴市场上，技术的采用速度不断加快，如互联网和移动应用，从而将交易、资本、文化和劳动力更好地融合在一起。例如，越南正在经历一场“移动变革”。2017年，有2 880万人拥有智能手机，并且接触了网络，而2015年这一数字是2 070万。到2022年，这个数字预计将增加到4 270万。[7]从这个角度讲，技术是将全世界的不同市场和运营活动连接在一起的基础。国际化战略可以使公司充分利用技术条件，将其经营整合得天衣无缝。[8]

像中国和印度等新兴市场上潜在的巨大需求，也强有力地推动了公司国际化战略的实施。[9]总部位于法国的家乐福集团就是一个很好的例子。它是全球第二大（仅次于沃尔玛）和欧洲最大的零售商，主要运营着五种模式的商店——大型超市（hypermarkets）、超级市场、现付自运商场（cash & carry）、hypercash商店（一种大型的现付自运商场）和便利店。此外，家乐福也在网络上销售产品。家乐福在30个国家经营着12 300家门店。[10]2018年，家乐福宣布与英国跨国公司特易购结成重大战略联盟。特易购与家乐福有着相似的经营领域。通过战略联盟，这两家公司计划在几个领域进行合作，尤其是在供应链方面。通过分享各自的专业知识，两家公司相信它们能够以更低的成本获得更高质量的产品供应。[11]

尽管印度在文化、政治和经济系统的认知等方面与西方国家存在明显的区别，但它拥有巨大的潜在市场，并且政府部门对外国直接投资的支持力度也在不断加大。[12]中国、印度以及西方国家在经济和文化方面的差异也给国际化战略带来了巨大的挑战。因此，公司在寻求满足新兴市场的需求时，必须学会如何管理一系列的政治和经济风险，我们将在本章的后续对此进行讨论。[13]

我们已经讨论了影响公司实施国际化战略的主要因素。如果国际化战略实施成功，那么公司将获得三种主要收益：

1. 扩大市场规模；
2. 增加规模经济和学习氛围；
3. 增加特定区域的竞争优势（如获得低成本劳动力、关键资源或顾客）。

我们将从成本（如较高的协同成本、有限地获取东道国政治动向的知识[14]）和挑战两个方面来评估这些收益。

国际化战略的三种主要收益

如上所述，有效地实施一项或多项国际化战略可以为公司带来三种主要收益，这些收益将促进公司获得战略竞争力（见图8-1）。

扩大市场规模

公司可以通过实施国际化战略，在本国以外的市场上建立强有力的市场地位，扩大潜在市场规模，有时这种规模是相当可观的。[15]如上所述，获得更多的顾客是家乐福将国际市场，如中国，视为增长源泉的主要原因。

像网飞、家乐福和万洲国际（WH Group）这样的公司都清楚地知道，有效地处理好文化价值观和传统习俗对顾客的品位与偏好产生的影响，是极具挑战性的工作。然而，这些公司还是欣然接受了这一挑战，因为这样做对扩大公司的规模和提升业绩有相当大的好处。其他公司接受这一挑战，主要是因为本国市场的成长机会非常有限，例如竞争对手可口可乐和百事就是这样。一段时间以来，这两家公司一直很难获得在美国市场和北美地区的增长，事实上，这两家公司的成长绝大部分来自国际市场。国际市场的整体规模也对公司实施国际化战略获得的收益有潜在影响。一般来讲，国际市场规模越大，潜在回报越高，公司投资的风险越小。另外，公司参与竞争的国际市场的科技设施如何也非常重要，因为科学知识以及利用知识所需的人力资源，可以促使公司更有效地销售产品和/或服务，从而为顾客创造价值。[16]

规模经济和学习氛围

通过增加参与竞争的市场数量，公司可以享受到规模经济的好处，尤其是在生产运营方面。更广泛地说，公司能够不断地进行过程改进以强化降低成本的能力，同时还有可能增加顾客的价值。[17]例如，竞争对手空中客车公司和波音公司拥有大量的生产设备，并且将一部分活动外包给全球各地的公司，原因就在于这两家公司希望将规模经济作为为顾客创造价值的源泉。

规模经济除了在航空制造业起着关键的作用，在众多行业中都如此。例如，规模经济是开市客商业模式的关键组成部分。开市客是一家向消费者提供服务的订购模式超市。它提供的服务是以低成本购买大批量商品（由于其规模经济），从而使得公司以较低的价格向消费者销售商品，将开市客采购带来的折扣转嫁到消费者身上。[18]事实上，开市客非常受欢迎，以至于它正经历着一定程度的“规模不经济”，因为有些人不喜欢在拥挤的商店里购物。这使得开市客必须继续扩大其门店数量。另外，通过不同国家的部门以及网络伙伴之间资源和知识的共享，公司也可以在国际市场上挖掘核心竞争力。[19]通过这种资源和知识共享模式，公司可以学会如何创造协同效应，从而进一步帮助公司以更低的成本生产高质量的产品。

公司在国际市场上的运营为其创造了许多新的学习机会[20]，尤其是为研发活动提供了学习机会。研发能力的提高又可以进一步加强创新，这对于公司获得短期和长期成功都是非常关键的。然而，研究显示，想要从国际研发投资中获利，公司必须具有过硬的研发系统来吸收有效的研发活动产生的各种知识。[21]

地域优势

把工厂设到海外市场有时可以帮助公司减少成本。当工厂所处的位置更容易获取廉价劳动力、能源和其他资源时，公司更容易获得这一优势。其他的地域优势还包括获得重要的供应商和客户。一旦占据了有利的地理位置，公司就必须通过有效的管理来获得最大化的地域优势。[22]

公司的成本，尤其是生产和分销过程中产生的成本，以及国外顾客的需求特征，都会对地域优势的程度产生影响。[23]另外，文化和国家的正式制度（比如法律和监管）也会影响地域优势与劣势。如果公司实施国际化战略过程中涉及的不同国家间的文化比较容易融合，那么公司在进行国际业务时遇到的困难就会更少。[24]最后，物理距离也会影响公司的地域选择，以及在所选择的区域管理工厂的方式。[25]

最近，一些国家对企业施加压力，要求它们缩小国际化的规模和范围，集中力量在国内市场进行生产。例如，美国政府向企业施压，要求它们将国际制造业务转回美国，为美国公民提供更多的就业机会。因此，一些公司已经开始寻找办法，放弃其为国际化所做的一些努力，同时有效地为所有国内和国际市场服务。[26]

国际化战略

公司经常选用的两种基本的国际化战略是：业务层国际化战略和公司层国际化战略。在业务层面，公司可选择的一般战略有：成本领先战略、差异化战略、聚焦成本领先战略、聚焦差异化战略以及整体成本领先 / 差异化战略。在公司层面，经常考虑的战略有：多国化战略、全球化战略和跨国化战略（多国化战略和全球化战略的结合体）。为了帮助公司通过改进业绩和加强创新来获取战略竞争力（见图 8－1），公司使用的每一种国际化战略都必须以一种或多种核心竞争力为基础。[27]

业务层国际化战略

不管公司考虑实施哪种国际化战略，第一步都是先发展本国战略（如果公司已经具有多元化的产品，则可以在业务层面和公司层面采取战略）。这一点至关重要，因为公司可以将在本国市场上获取的一种或多种核心竞争力，作为在国际市场上获得竞争成功的基础，如关于网飞的引例所示。然而，研究显示，如果依靠本国市场上的能力和核心竞争力创造出的价值来作为国际市场成功竞争的来源，那么随着地域多元化的不断增加，公司获得国际市场竞争成功的可能性将减小。[28]

从第 5 章竞争动态的讨论中我们可以看出，公司绝不可能脱离市场现实来选择和实施战略。对业务层战略来说，本国市场的条件会影响公司依靠本国市场建立的能力和核心竞争力来创造国际市场的能力和核心竞争力的效果。迈克尔 · 波特关于为什么有些国家的竞争力较强、有些国家的行业的竞争力较强，以及这些行业如何才能变得更强所做的一系列分析，可以说明造成上述现象的根本原因。波特的核心观点是，公司的根据地（本国市场）的条件和要素均有可能阻碍或支持公司通过实施业务层国际化战略所获得的国际市场的竞争优势。波特识别出四个决定国家能否获得国际优势的要素（见图 8－3）。[29] 这四个要素之间的相互作用影响着公司对业务层国际化战略的选择。

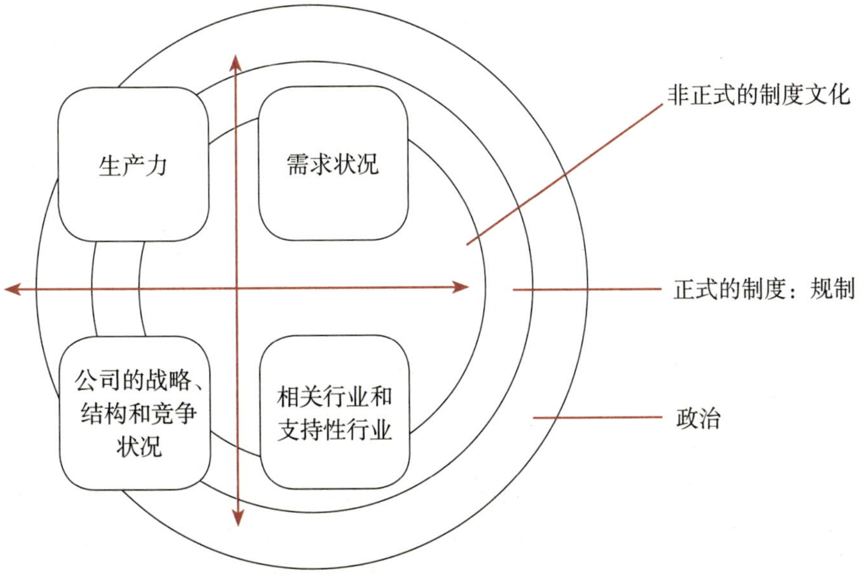

图 8－3　国际优势的决定要素

国际优势的第一个决定要素是生产力。这一要素指的是公司参与行业竞争所必须进行的投入，劳动力、土地、自然资源、资本和基础设施（例如交通、邮政和通信系统）就是这类投入的典型代表。这些投入要素既可以分为低级要素（自然资源和劳动力）和高级要素（数字通信系统和受过良好教育的劳动力），也可以分为一般要素（高速公路和债务资本供给）和专业化要素（特殊行业的熟练工人，如码头上处理大量化学品的专业工人）。一个拥有高级专业化要素的国家将更有利于行业的发展，因为它可以培养出大量强有力的本土竞争者，这些本土竞争者也会成为成功的全球竞争者。

有趣的是，很多国家正是由于缺乏关键的基础要素才去发展高级专业化要素。例如，韩国虽然缺少丰富的自然资源，但是韩国的工人具有强烈的工作责任感，并且韩国拥有大量的工程师和大型的公司系统，使其成为制造业的专家。同样，德国的化学工业之所以如此强大，有一部分原因是赫斯特公司（Hoechst）和巴斯夫公司（BASF）花费数年研发出合成靛蓝染料来减少它们对进口的依赖，不像英国，其殖民地可以为其提供大量的天然靛蓝。[30]

决定国际优势的第二个要素是需求状况，主要体现在本国市场上的顾客对产品或服务的需求的规模和属性。大量的顾客需求为公司创造了发展规模化工厂、强化能力或者核心竞争力的条件。能力和核心竞争力的强化，将有助于公司发展地理区域多元化。[31]

金吉达品牌国际公司（Chiquita Brands International）正是如此，它花费了数年时间开展业务，并逐步发展规模经济和规模化工厂，该公司实施了多元化，进入了许多不同的产品线。近几年，该公司重新聚焦于香蕉和包装沙拉产品线。如今，拉丁美洲几乎 1/3 的香蕉来自金吉达，经由金吉达农场进行销售。金吉达是欧洲香蕉市场的领先者，并且在北美市场位居第二。金吉达凭借其能力和核心竞争力，在国际市场中发展并销售其品牌香蕉。然而，2015 年，金吉达被巴西 Cutrale 集团收购，Cutrale 集团在金吉达原来的品牌香蕉和新鲜包装沙拉业务基础上，融合了自身的橘子、苹果和桃子水果业务。[32]

国际优势决定要素模型中的第三个要素是相关行业和支持性行业。意大利之所以能成为制鞋业的领导者，与它的相关行业和支持性行业是分不开的。例如，享有盛誉的皮革加工行业为制鞋业及其他相关产品提供了所需的皮革，而且有许多顾客专门跑到意大利去购买皮革制品，这也极大地促进了分销渠道的发展。制造皮革制品的机械设备和设计服务等支持性行业，对制鞋业的成功也是功不可没。实际上，设计服务业还为其他许多相关行业提供了支持，如滑雪靴、时装和家具。在日本，照相机和复印机是两个相关行业。同样，德国以高质量的机械工具著称，比利时以娴熟的制造技术闻名（在这两种情境中，相关行业和支持性行业都至关重要）。

公司的战略、结构和竞争状况是国际优势决定要素模型中的第四个要素，这个要素也同样促进了某些特定行业的发展。公司的战略、结构和竞争状况在各个国家之间差异甚大。德国优秀的技术培训系统非常强调对产品和过程的持续性改进。意大利将本国的设计师视为民族的骄傲，这促成了一些具有强大实力的行业，不仅仅包括鞋业，还包括跑车、时装和家具等行业。在美国，计算机制造商和软件生产商的竞争也为这些行业的进一步发展做出了贡献。

国际优势的第四个决定要素（见图 8-3）重点强调的是对国际竞争优势有推动作用的具体经济的结构特征，以及公司在选择业务层国际化战略时的影响因素。政府的相关政策，以及公司在具体经济体制下的竞争方式，也会影响这一要素的属性。[33] 在分析外部环境时（见第2章），那些正在考虑国际化战略可行性的公司需要收集大量的信息和数据，以便更好地理解政府政策的影响、国家建立竞争优势的强制力，以及公司参与竞争的行业的全球竞争程度。同样，公司也需要了解作为新进入企业所能接受的竞争力增强的相对程度，这可以通过考察一家公司在全球范围内的某一特定行业中开展竞争所必需的国家资源来实现。

领导型公司需要认识到，公司所在国即使具有国际竞争优势，也不能保证所选择的业务层国际化战略就一定能获得成功。管理者做出的实际战略选择，才是公司地域多元化能否成功的最主要因素。图8-3中的各种要素，只有当公司选择和实施适合的业务层国际化战略，并充分利用不同的国际要素时，才能为公司获取竞争优势奠定基础。因此，公司在做业务层国际化战略的决策时，需要全面地考虑这些不同的国际因素。公司需要根据不同国际市场的竞争特征和顾客需求特点，不断调整它的业务层国际化战略。例如，雷克萨斯在中国并没有获得它期望的豪华汽车的市场份额，因此，丰田公司（雷克萨斯的制造商）正在调整在中国的业务层国际化战略，从而更好地满足顾客需求。然而，雷克萨斯仍然远远落后于其他高端品牌，例如宝马（BWM）、奥迪（Audi）和凯迪拉克（Cadillac）这些品牌都发展得比它更快。一些分析师提到，雷克萨斯没有达成理想中的吸引力，一部分原因是丰田公司不在中国设厂的决策导致其不得不在每一款车型上支付25%的关税。然而，其差异化战略收到了回报，2017年的销售额增长了27%。在那一年，雷克萨斯在中国大约售出140 000辆汽车。中国是雷克萨斯的第二大市场，仅次于美国。[34]

公司层国际化战略

公司的业务层国际化战略至少有一部分是以公司层国际化战略为基础的。一些公司层国际化战略授权各个国家的子公司自行制定业务层国际化战略，另一些公司则支配着各国子公司的业务层国际化战略，以此来实现公司产品的标准化，以及不同国家间的资源共享。[35]

公司层国际化战略以地理多元化决定的公司运营范围为重点。[36]如果公司在位于多个国家或地区（如东南亚地区和欧盟地区）的多个行业中同时开展经营并销售产品，就需要实施公司层国际化战略。虽然是由公司总部来指导战略，但业务层和公司层的管理者可以根据公司层国际化战略的类型来获得大量的战略性投入。图8-4展示了三种公司层国际化战略。公司层国际化战略可以根据两个维度来进行划分，即全球整合的需求和本土反应的需求。[37]

多国化战略

多国化战略（multidomestic strategy）是指公司将战略和经营的决策权分配给各国或地区的战略业务单元，从而使各业务单元有机会为当地市场提供更加本土化的产品。[38]采取这种战略时，公司的本土反应的需求比较高，全球整合的需求则比较低。影响这些需求的是，公司对于不同国家拥有不同的顾客需求、行业条件（竞争者的数量和类型）、政治和法律制度及社会标准的信任程度。由于市场需求被认为需要按国界来划分，因此，多国化战略注重的是在每个国家之间的竞争。为了满足当地顾客的特殊需求和偏好，公司对各个国家或地区的管理者进行授权，以使公司的产品更个性化。因此，这一战略需要公司对每个市场的异质需求的反应最大化。[39] 当公司服务的市场和顾客有显著的区别时，采用多国化战略才是最合适的。

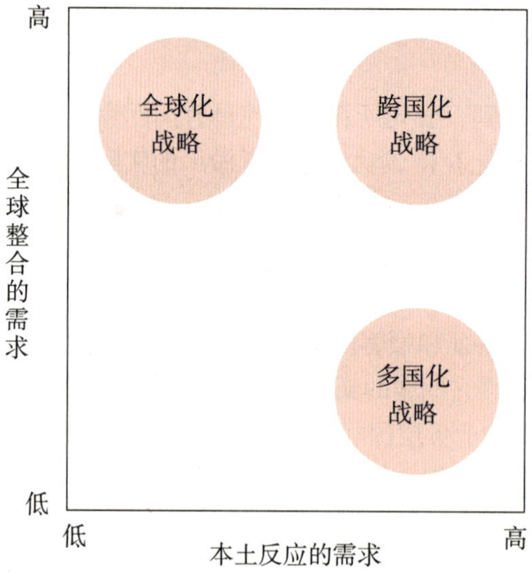

图 8-4　公司层国际化战略

选择多国化战略通常可以扩大公司在当地市场的份额，因为公司能够更好地关注当地的顾客需求。然而，由于不同市场的差异化、权力的分散化以及不同国家的业务单元采取不同的业务层国际化战略，该战略不利于整个公司的知识共享。[40] 另外，多国化战略不利于公司实现规模效应，因而成本比较高。

联合利华（Unilever）是一家大型消费品公司，产品远销 100 多个国家。公司拥有的 240 多个全球品牌分属三个业务单元：食品、家庭护理和个人护理。过去，该公司一直采用高度分权化的方式管理这些全球品牌。这一方式使分区经理拥有高度的自治权，可以调整具体产品的特征，从而更好地满足当地顾客的独特需求。但最近，该公司开始通过寻求增加各独立子公司之间的协调性来建立更强的全球品牌。其中一种协调方式是在全球五大区域设立总裁，并将其作为高层管理团队的成员。[41] 这样一来，联合利华将把多国化战略转向全球化战略。

全球化战略

全球化战略（global strategy）是指由公司总部决定每一个国家或地区的业务单元的战略。[42] 该战略意味着全球整合的需求比较高，本土反应的需求比较低。与多国化战略相比，全球化战略寻求在不同国家的市场上销售标准化程度更高的产品。由于公司假定全球的顾客具有类似的需求，因而向所有顾客提供相同或本质上相同的产品，这有助于公司发展规模经济。全球化战略为公司层创新提供了更多的机会，或者可以将一国的创新应用于其他国家。[43] 更加完善的全球化会计和财务报告标准，为该战略的实施提供了便利条件。[44] 当不同市场和顾客的需求没有明显的差异时，全球化战略才是最有效的。

全球化战略的实施对公司的运营效率提出了更高的要求。要提高运营效率，就必须实现资源共享，并且不同市场需要进行更好的协调配合。公司总部的集中化决策，对资源共享和市场间的协调配合进行了详细的部署。研究显示，在已经形成地区一体化的地方实施全球化战略将会取得更好的成效。[45]

如以下“战略聚焦”专栏所述，宜家实施了全球化战略。宜家对许多活动实施了集权化管理，包括设计和包装。因此，针对价值链中的一些支持型职能，宜家进行了整合和集权化管理。这些整合和集权在公司实施全球化战略时带来了大量好处。另外，由于日益增加的数字化和城市化程度，宜家不得不实施变革。由于未来的增长可能主要来自这些类型的销售，宜家增加了线上销售，并持续对所需的技术进行投资。为了迎合新顾客，宜家还在城市的部分地区开发了更小、更专业的门店。与许多零售商不同，尽管近年来增长速度有所放缓，宜家的年销售额仍持续增长。

鉴于全球竞争的加剧，以及同时实现低成本和高产品差异化的压力，越来越多的企业开始寻求采用公司层跨国化战略。

战略聚焦　数字化和城市化时代宜家的全球化战略

宜家成立于瑞士，在形成其设计精美、价格低廉的零售家具战略中，宜家致力于追求全球化战略。正如大多数公司追求全球化战略一样，宜家着重于全球化的效率。

宜家所采用的一种特殊方法是通过高效率包装降低运输重量。高效率的包装及其带来的低运输成本的好处是“宜家保持价格实惠的核心能力”。“宜家越来越多地从一开始设计产品时就考虑其包装和生产问题，因为一旦上市则不太可能改变产品。”宜家曾经遇到过一种情况，包装达到了非常高的效率，但代价是消费者购买产品之后由于组装的复杂性而屡屡受挫。因此，组装的简易性也是一项重要的标准。

宜家销售额继续增长，年销售额达到 457 亿美元，在 49 个国家拥有 400 多家店面。它还在新的国家持续扩张，最近宜家特别关注拉丁美洲，如智利、哥伦比亚、秘鲁以及印度。此外，由于市场越来越重视数字销售，宜家正在加大对在线购物的关注。宜家门店的访客数量已经趋于稳定，预计未来几年销售额的提高将来自在线购物。宜家通过增加“点击取货”（click-and-collect）的购物方式，即一种人们可以网上订购、实体店取货的购物模式，实现战略扩张。

此外，由于城市化进程的加快，宜家正在发展规模较小的城市中心门店。与提供广泛系列产品的城郊门店相比，位于城市中心的门店仅提供小规模系列产品。其中一家城市中心店最近在马德里市中心开业，该门店只提供卧室家具，另一家位于斯德哥尔摩，专营厨房家具和固定设施。即使是在城郊的门店，宜家也争取设点于交通枢纽的步行距离以内，比如地铁站。

尽管宜家专注于高效率，但在进入一个新国家时，它也会花费很长的时间进行市场准入研究。宜家关注那些中产群体正在发展壮大的地方。宜家已经进入中国和印度，正在计划进入南美国家，比如巴西。这些经济体都拥有正在发展壮大的中产群体。即使是在这些国家，宜家也聚焦于其遍布全球的瑞士风格产品的扁平化包装、运输和重新组装。

为了改善其形象，宜家最新的一项战略是形成一种更合理的可持续性方法。为此，宜家门店的屋顶上安装了太阳能电池板，并且将实现在 9 个国家使用 314 台风力发电机，使宜家得以在 2020 年实现能源方面的独立性。由于采取了多项行动来增强其可持续性，宜家希望被认为是一家肩负起社会和环境责任的公司。这些成本在短期内减少了运营收入，但从长远来看，它们应该会降低总体成本。

宜家面对许多挑战，并仍然希望保持增长，特别是在其最大的市场，如美国。尽管最近美国政府对一些欧洲商品征收的关税印证了美国宜家运营部门的担忧，但该公司仍处于有利的位置。宜家在美国拥有 13 000 名员工，并在美国本土生产许多产品。尽管宜家创始人的家族仍在公司中发挥作用，但他们不能进行所有权控制。因此，宜家是一个受家族影响的——而不是由家族控制的企业。它在具备家族企业优点的同时，也规避了许多缺点。

资料来源：J. R, Hagerty, 2018, Ingvar Kamprad made IKEA a global retailer by keeping it simple, *Wall Street Journal*, https://www.wsj.com, February 2; R. Milne, 2018, What will Ikea build next? *Financial Times*, https://www.ft.com, January 31; C. Matlack, 2018, The tiny Ikea of the future, without meatballs of showroom mazes, *Bloomberg News*, https://www/Bloomberg.com, January 10; R. Milne, 2017, Ikea moves focus to centre city stores, *Financial Times*, https://www.ft.com, November 28; T. Gillies, 2017, Ikea's strategy: Stick to the basics, and expand in the US, *CNBC*, https://www.cnbc.com, January 16; S. Chaudhuri, 2015, IKEA's favorite design idea: Shrink the box, *Wall Street Journal*, June 18, B10; B. Kowitt, 2015, How IKEA took over the world, *Fortune*, www.fortune.com, March 13; A. Molin, 2015, C. Zillman, 2015, Here's how IKEA is fighting climate change, *Fortune*, www.fortune.com, June 11.

跨国化战略

跨国化战略（transnational strategy）是指公司寻求同时实现高效的全球化和敏捷的本土反应。同时实现全球整合和本土快速反应并不是一件容易的事，因为既需要密切的配合，又需要本土的灵活性。实施跨国化战略需要"弹性协调"，即通过一体化的网络建立共同的愿景和各自的职责。这种一体化的网络可以让公司更有效地管理与顾客、供应商、合作伙伴及其他各方面的关系，而不是局限于近距离的互动来发展关系。[46] 由于存在目标冲突，因此，跨国化战略实施起来会比较难。从积极的角度看，在合适的情境下，有效地实施跨国化战略所产生的业绩要好于多国化战略和全球化战略。[47]

跨国化战略对公司在国际市场上获得竞争的成功所起的作用越来越大。原因在于全球竞争者数量的不断增加对公司成本的降低提出了更严峻的挑战，同时，互联网的传播增加了信息的流量，使市场变得更加成熟，顾客的特殊需求又需要用独特的产品来满足，这些压力使公司不得不根据当地的市场来提供差异化的产品。文化与制度环境的差异也需要公司适当地调整产品和运营方式。有些人却认为，跨国化战略并不是公司在国际市场上获得竞争成功所必需的。持这一观点的人指出，大多数跨国公司是在地区层面（如欧盟地区）而不是在国家层面进行竞争。从这个角度讲，公司对于提供适合当地市场的差异化产品，以及发展规模经济来降低产品成本这两方面的需求就没有那么高了。[48]

全球化市场竞争的复杂性提高了采用跨国化战略的需求。亿滋国际是从前卡夫食品公司分拆出来的独立公司。为了聚焦于其高速发展的休闲食品业务，卡夫将其国内杂货食品剥离出去，其休闲业务中，74% 的销售额来自北美以外的国外市场。2014 年，亿滋国际的收入达到 340 亿美元，并拥有 80 000 名员工和一些实力品牌（全球知名的品牌）和本土品牌。[49] 由于亿滋国际需要对全球的运营进行整合以保持其标准化，在保持其实力品牌的同时，还需发展并营销定位于满足本土消费者需求的本土品牌，因此亿滋国际必须实施跨国化战略。亿滋国际是全球饼干、巧克力、糖果和固体速溶饮料市场的领导者，并在全球口香糖和咖啡市场中排名第二。亿滋国际大约 45% 的销售额来自发展迅猛的新兴市场。由于亿滋国际提供了各类品牌，它也必须进行战略调整。

接下来，我们将讨论哪些全球环境趋势将影响公司层战略以及国际化市场的选择。

环境趋势

尽管跨国化战略实施起来比较困难，但随着越来越多的行业和公司开展全球竞争，全球化的效率越来越重要，而且公司所面对的产品本土化调整的需求使这一问题更加复杂。这些需求有的来自顾客（产品要满足他们的口味和偏好），有的则来自政府（产品要符合国家的法律）。另外，正如网飞的引例所介绍的，公司需要在不同国家的市场间进行协调并共享资源，以降低生产成本。[50]

鉴于这些条件，一些产品多元化的大型跨国公司在某些产品线上实施多国化战略，在另一些产品线上实施全球化战略。为了获得战略竞争力，许多跨国公司也需要这种灵活性，部分原因就在于不断变化的趋势。

外来者劣势和区域化是影响公司选择和实施国际化战略，尤其是公司层国际化战略的两个重要趋势。接下来我们将探讨这些趋势。

外来者劣势

20 世纪 80 年代，丰田和索尼等日本公司在美国及其他国际市场取得巨大成功，这给美国的管理者带来了巨大的冲击，使他们认识到国际化竞争的重要性，以及许多制造者已经迅速实现全球化这一事实。21 世纪，对于许多美国、日本、韩国和欧盟国家的公司来说，巴西、俄罗斯、印度和中国（BRIC）代表了最具潜力的国际市场。此外，印度尼西亚、马来西亚、墨西哥、哥伦比亚、肯尼亚和波兰这些新兴经济体，也表现出快速的发展和互联网渗透率，并且拥有不断完善的法律制度。[51] 然而，即使这些外国市场非常有吸引力，公司在考虑进入 BRIC 国家以及其他一些成长中的经济体时，还是会有一些顾虑。这是因为存在外来者劣势（liability of foreignness）[52]，即公司进入外国市场时遇到的一系列问题，包括陌生的运营环境，经济、管理和文化上的差异以及协调差异的困难所产生的成本。[53] 与外来者劣势相关的差异主要包括四种类型：文化差异、管理差异、地域差异和经济差异。[54]

迪士尼在国外建主题公园的经历就很好地展现了什么是外来者劣势。例如，迪士尼公司“在法国巴黎的主题公园，由于没能在跨国员工和本国员工的管理政策上做出合理的安排而被起诉”[55]。迪士尼的管理者在中国香港建设主题公园时就吸取了在法国巴黎的教训，在满足当地顾客需求方面，他们“探索出了一条适合自己的路”[56]。因此，就像迪士尼一样，在考虑利用国际化战略进入外国市场时，公司必须对自己可能会遇到这四种类型的差异保持警惕，同时还要采取行动来减少这些差异造成的潜在消极影响。

区域化

区域化是影响公司选择和实施国际化战略的另一个全球环境趋势。由于公司选择竞争的地理位置会影响其战略竞争力，因而这一趋势正变得愈加明显。[57] 因此，实施国际化战略的公司必须决定，是在某一特定国家的市场还是在一个或多个地区的市场进行竞争。

目前，全球化战略应用得并不多。尽管在电子商务越来越重要的形势下，国家边界的重要性已经有所降低，但是以互联网为基础，公司想要成功实施全球化战略也是非常困难的。[58] 另外，针对有限的资源和顾客进行的激烈争夺，将公司局限在了某一特定区域而使其无法进入全球多个地方的市场。区域聚焦则可以使公司更好地利用资源，提高竞争效率，而不至于将有限的资源分散到不同国家的市场上。[59]

如果公司所处的行业中各国市场的差异比较大（为此必须采取多国化战略），那么公司可能会希望聚焦于某一特定区域。如此一来，公司就能更好地理解当地的文化、法律和社会规范，从而提高公司竞争的有效性。例如，公司可以只聚焦于亚洲市场，而不是同时在中东、欧洲和亚洲市场进行竞争。或者，公司也可以选择市场条件相似的地区，使资源的协调和共享成为可能。这样一来，公司可以更好地理解市场条件，还能取得一定的规模效应，即使是公司不得不采取多国化战略。公司经常会把注意力放在与本国毗邻的市场，即母国区域。[60]

那些签订贸易协定以提高地区经济影响力的国家，可能会推行区域化战略。欧盟和南美洲的美洲国家组织（OAS）都是一些国家间的联盟，它们通过签订贸易协定促进本地区的贸易往来。[61] 随着欧盟致力于推进欧洲市场的一体化，许多欧洲的公司收购并整合了它们在欧洲的业务，以更好地协调泛欧洲品牌。随着新国家的不断加入，该过程可能还将持续。

1993年，由美国、加拿大和墨西哥签订的《北美自由贸易协定》（NAFTA）促进了北美国家间的自由贸易。该协定放宽了该地区国际化战略的限制，为区域国际化战略提供了更多的机会。[62] 然而，特朗普政府对该协定表示怀疑，正在试图进行重新谈判。目前尚不清楚这项协定是否会继续存在，如果该协定失效，这三个国家都将面临失业潮。例如，据估计，如果《北美自由贸易协定》失效，美国将失去30万个工作岗位。[63]

大多数公司都是首先进入它们熟悉的市场，再进入区域市场。在进入市场时，它们会引入自己最大最强的业务组合，只有这些业务获得成功，它们才会尝试引入其他的产品生产线。一般来讲，公司会在原始投资区域引入额外的产品生产线。[64] 然而，研究还显示，市场的规模和行业的特征会影响公司的决策。[65]

区域化对于大多数跨国企业而言至关重要，即使是那些在全球多个区域开展竞争的企业。例如，为了达到管理协调的目的，大多数大型跨国企业形成在同一区域内（包含不同国家）进行统一经营管理的组织结构。通过不同区域的方式来管理业务，有助于跨国企业应对在国际市场中经营的复杂性和挑战性。正如网飞的引例所示，跨越不同区域的管理虽然带来了许多好处，但也带来了更高的成本。

在选择完业务层和公司层国际化战略之后，公司需要决定以何种方式进入国际市场。我们接下来将讨论这一话题。

国际市场进入模式的选择

公司可以采取五种模式进入国际市场。我们在图8-5中展示了这些进入模式及其特征。每一种模式都有自己的优缺点，因此，模式的选择会影响公司实施国际化战略的成功度。[66]在多个市场中参与竞争的公司，可能会采用一种或多种甚至是五种进入模式。[67]

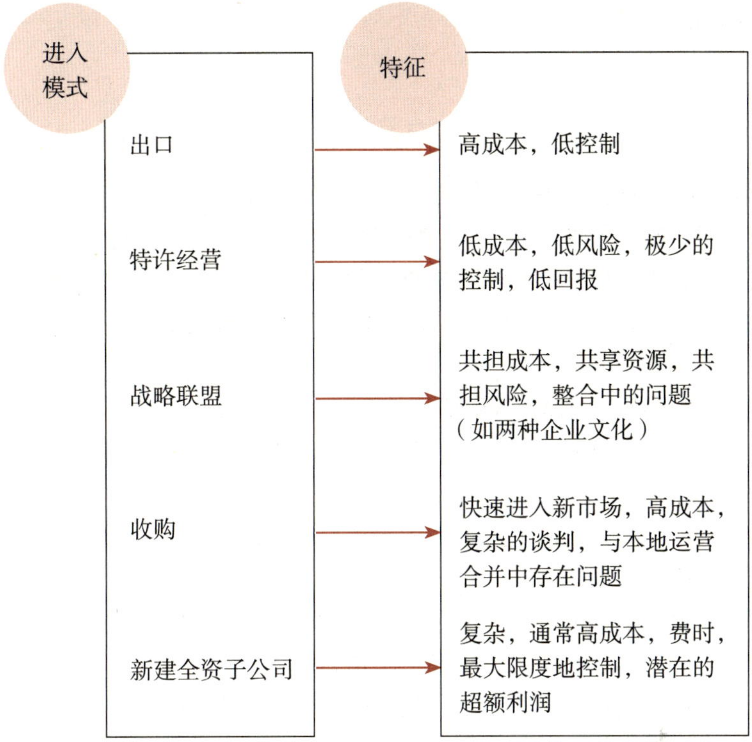

图 8－5　进入模式及其特征

出口

许多公司都是首先通过出口进入其他国家的。[68]出口（exporting）是指公司将本国市场上生产的产品输送到国际市场。对于小公司来说，出口是启动国际化战略的一种流行的进入模式。[69]

有越来越多的美国小公司开始实施国际化战略，比如，2018 年，美国出口商品的公司中 97% 是小型企业。[70]选择出口这种模式时，公司不必在东道国（在它们本国以外的国家）建立业务部门，但是必须拥有自己的产品营销和分销渠道。一般来说，公司可以与进口国的有关公司签订合同来完成产品的营销和分销活动。出口的成本主要包括运输成本和根据进口国的政策征收的关税。出口的一个缺点是，缺乏对产品在进口国的营销和分销的有效控制。另外，与进口国的营销和分销商签订的合同也需要公司支付高额的费用，这也会影响公司的盈利。[71]实践证明，国际成本领先战略能提高公司对发达国家的出口业绩，国际差异化战略则更容易在新兴经济体中取得成功。无论是哪种情况，拥有强大的管理团队和市场导向能力的年轻公司都更有可能取得成功。[72]

公司通常会更多地向邻国出口产品，因为通常运输成本比较低，相似性比较大。例如，美国在《北美自由贸易协定》中的伙伴加拿大和墨西哥，占到了得克萨斯州出口总额的一半还多。互联网为公司的出口提供了很多便利条件。无论公司规模大小，都可以利用互联网获取国外市场的重要信息，评估目标市场，研究竞争状况，发现一系列潜在的顾客群。[73] 政府也通过互联网为出口申请和进口许可提供有利条件，从而进一步促进国家间的贸易往来。

特许经营

特许经营（licensing）是指通过签订协议允许外国公司在其所在国或其他多个国家的市场上生产和销售公司的产品。[74] 许可者对每一件生产和销售的产品收取一定的特许权使用费，被许可者则要承担风险并进行设备投资，生产、营销和分销产品。因此，特许经营可能是成本最低的国际扩张方式。对小公司和新成立的公司来说，这也是一种相当具有吸引力的进入模式。[75]

菲利普莫里斯国际（Philip Morris International，PMI）和中国烟草总公司（China National Tobacco Corporation，CNTC）在 2005 年底签署了一项特许经营协议。该协议允许 CNTC 代销世界著名的烟草品牌万宝路（Marlboro）的产品。[76] 特许经营协议在市场上相当普遍。例如，澳大利亚公司 Stan 在 2018 年签署了一份特许经营协议，授权转播 Starz originals 等的节目。[77]

作为一种进入模式，特许经营的另一个潜在好处是，公司通过在国际市场和本国市场上销售创新产品，可以提高公司盈利的可能性。[78] 公司能够为其创新产品获取更大的市场，相比于仅仅在国内市场销售，特许经营有助于开发创新产品所付出的研发成本得到回报，并且更快地获取创新回报。这一做法几乎没有什么风险，也不需要额外的投资成本。

特许经营模式也有缺点。例如，一旦公司将自己的产品或商标授权给其他公司，它将会失去对销售和分销渠道的控制。通过签署保护授权双方利益的特许经营许可协议来巩固双方的关系，将有助于克服这一缺点。[79] 另外，特许经营的潜在回报也比较少，因为回报将在授权双方之间进行划分。特许经营的另一个缺点是，国际化公司将有可能通过授权而掌握一部分产品技术，在协议终止之后，它们就可以自行生产和销售相似的竞争性产品。一个典型的例子是，日本小松公司先是使用国际收割机公司（International Harvester）、Bucyrus-Erie 公司和康明斯发动机公司（Cummins Engine）的特许经营技术，与推土机行业中的卡特彼勒公司进行竞争，后来，小松公司放弃了特许经营权，转而利用从这些美国公司获得的技术生产自己的产品。[80] 鉴于这些缺点，只有双方都确信自己的利益得到了保护的情况下，才能最终敲定特许经营协议。

战略联盟

近年来，战略联盟作为一种进入模式越来越流行。[81] 战略联盟是将不同背景下的公司连接在一起，进入一个或多个市场。[82] 战略联盟中的公司在进入国际市场时，需要共担风险、共享资源。[83] 另外，为了加强合作，联盟中的成员要贡献出自己独有的资源，因而，战略联盟将会促进能力甚至是核心能力的开发，进而提高公司的战略竞争力。[84] 事实上，这种新能力和 / 或（尤其是与技术相关的）竞争力的开发和学习，正是公司选择战略联盟作为进入模式的主要原因。[85] 值得公司注意的是，联盟成员之间的相互信任对于战略联盟开发和管理以技术为基础的能力是非常关键的。[86]

总部位于法国的利马格兰集团（Limagrain）凭借其下属公司 Vilmorin & Cie 成为全球第四大种业集团。作为该集团战略的一部分，它要求专门生产大田种子、蔬菜种子和谷类产品的国际农业合作集团进入其他的市场开展竞争。利马格兰使用的进入模式就是战略联盟。2011 年，它与巴西种业公司 Sementes Guerra 组建了一个战略联盟，该合资公司称为 Limagrain Guerra do Brasil 公司。玉米是该合资公司的主要产品。Sementes Guerra 是一个从事种子研究的家族企业，主要生产玉米、小麦和大豆，并将产品分销给巴西本地和邻近国家的农民。利马格兰在此之前也和美国的 KWS 公司成立了一家合资公司，该合资公司名为 AgReliant Genetics 公司，主要聚焦于玉米和大豆，是美国第三大种子公司。[87]

并非所有为进入国际市场而形成的战略联盟都会取得成功。[88] 合作伙伴之间的矛盾和冲突是战略联盟失败的主要原因，另一个原因是，国际化战略联盟的管理难度非常大。信任对战略联盟来说是重中之重，因此需要仔细地加以管理。合作伙伴间的信任程度如何，直接关系着战略联盟的成败。随着合作伙伴间信任的不断加深，战略联盟成功的可能性也逐步增加。信任的建立至少受到四个方面因素的影响：合作伙伴的最初关系、达成协议的谈判过程、合作伙伴间的互动以及外部事件。[89] 信任还会受到战略联盟成员间国家文化以及国家政府关系（例如，政治差异程度）的影响。[90] 在对信任进行恰当管理的过程中，上述问题都需要公司格外重视。

研究还显示，公司拥有更多控制权的以产权为基础的战略联盟，更有可能获得积极的回报。[91]（我们将在第 9 章讨论联盟的类型。）然而，如果战略联盟需要合作来开发新的能力，产权将会成为建立关系的障碍。如果公司拥有众多的合作伙伴为其价值链供应原材料或服务（通常称之为外包），那么信任将会是尤为重要的一个问题。[92] 如果战略联盟内部的冲突得不到有效的控制，那么收购将是进入国际市场的更好选择。[93]

收购

当公司通过收购其他公司进入国际市场时，它所完成的就是跨国收购。具体来说，跨国收购（cross-border acquisition）是指一个国家的公司购买另一个国家的公司的股权或者是购买整个公司。[94]

随着自由贸易在全球范围内不断扩展，跨国收购的数量也与日俱增。跨国收购为公司提供了快速进入新市场的能力，这也是公司得以成长的关键原因。事实上，在五种进入模式中，收购是公司进入国际市场最快捷的手段。[95]

皇家阿霍德国际集团（Ahold）是一家荷兰企业，在美国经营着 Stop and Shop 和 Giant 连锁店，德尔海兹集团是一家比利时企业，在美国经营着 Food Lion 和 Hannaford 连锁店，这两者的合并耗资 290 亿美元，合并后的皇家阿霍德德尔海兹占据美国零售市场 4.6% 的份额，按照收入计算，这使其成为该市场的第四大参与者。合并后的这家欧洲企业在美国东海岸拥有一个重要的立足点，在美国拥有超过 2 000 家门店。皇家阿霍德国际集团在美国还拥有一家大型的在线超市 Peapod，这也强化了它在美国市场的影响力。皇家阿霍德德尔海兹在全球 11 个国家拥有 6 637 家分店，雇用了 369 000 名员工，每周为 5 000 万顾客提供服务。[96]

有趣的是，公司很少会通过跨国收购或国际化战略进入腐败比较严重的国家，而是更倾向于采取建立合资企业（第 9 章中介绍，合资企业是一种战略联盟，在这种联盟中，两个或两个以上的公司创建一个法律上独立的公司，并分享它们的资源和能力来经营这个公司）的方式进入这些国家。但是这些合资企业也经常会失败，尽管对于那些经验丰富的企业来说，进入"腐败"市场的机会较少。事实上，当公司在这些国家进行收购时，往往可以少支付一些费用来收购公司。[97]

尽管跨国收购越来越流行，但这种进入模式并非没有成本，而且要想获得成功也并不是一件容易的事。跨国收购也具有本土收购（见第 7 章）的一些劣势。另外，跨国收购的公司需要进行债务融资，这也会造成额外的成本。进行跨国收购的公司需要考虑的另一个问题是，与本土收购相比，这种收购的协商过程更加复杂。[98] 比如，需要处理被收购公司所在国的相关法律法规问题，以及需要获取协议谈判所需的适当信息。最后，与本土收购相比，跨国收购中新公司的合并过程也更加复杂，因为公司不仅要面对企业文化差异，还要处理好社会文化和习俗方面的不同。[99] 这些差异使公司收购之后的整合过程面临更多的挑战，一旦整合因文化差异而拖延或陷入困境，公司将很难获得潜在的协同效应。[100] 因此，虽然跨国收购作为进入新市场的快捷方式越来越流行，但公司在选择实施时，还是需要特别注意该战略的潜在成本和风险。

新建全资子公司

绿地投资（greenfield venture）这种进入模式是指公司直接向其他国家或市场进行投资建立全新子公司。这是个复杂且成本很高的过程，但它能最大限度地控制子公司的运作，对公司提高战略竞争力有非常大的潜在作用。尤其是当公司拥有很强的无形能力，绿地投资又能平衡这种能力的时候，这种模式的潜在作用将更大。[101] 当公司拥有产权技术时，对国外市场上的运营进行全面控制将更有利于公司的发展。

研究显示，在服务业，"全资子公司和驻外工作人员会受到更多的偏爱"，这些行业往往与"终端客户有着密切的接触"，并且要求公司具有"高水平专业技能、专业化知识和定制化服务"[102]。研究还显示，当公司的业务更多地依赖于资本密集型制造工厂的品质时，绿地投资的效果会更显著。而对于劳动密集型的公司来说，则更有可能以跨国收购作为进入模式。比如，当地工会的影响力以及文化上的巨大差异（在涉及的国家之间），会对绿地投资中的知识向东道国的转移造成更多的阻碍。[103]

当然，绿地投资也具有相当大的风险，因为在一个新的国家和市场建立新的公司需要支付高额费用。为了支持国外新公司的运营，公司需要通过雇用东道国的员工，有时甚至是挖竞争对手的员工，或者通过咨询公司来获取当地市场的知识和专业技能，这也需要支付高昂的成本，但这些知识和专业技能是建立新公司和分销网络所必需的，也是学习如何实施营销战略来帮助公司获得新市场的竞争成功所必不可少的。[104]重要的是，公司在采取这些行动时必须保持对产品的技术、营销和分销的控制。研究认为，当国家风险比较高时，公司更倾向于建立合资公司而不是进行绿地投资。但是，如果公司之前已经在该国获得了一定的经验，则更有可能选择绿地投资而不是建立合资公司。[105]

对于外国零售商（如沃尔玛）而言，中国是一个充满吸引力的市场，因为中国人口众多，民众的购买力日益增长，并且中国市场实现了对外国公司的开放。例如，截至2005年，超过300家外国零售商进入中国，其中，很多采用了绿地投资的方式。当然，中国处于一个独特的环境中，部分原因是中国的文化，但更多的是中国政府的管控和干预。与中国及当地政府官员保持良好关系对于外国公司在中国取得成功极为重要。由于这些复杂性和挑战性，虽然存在着大量的机会，但外国零售商想要在中国市场取得成功仍要考虑其他一些因素。然而，由于在线零售平台阿里巴巴的普及，以及其子公司和竞争对手的形成，外国零售商在中国实现扩张将变得更加困难。因此，选择进入某些特定市场的最佳模式时，应当小心谨慎。[106]

进入模式的动态

有多种因素会影响公司进入国际市场的模式。最初，通常是采用出口模式进入国际市场，因为这种模式不需要具有国外生产方面的专业知识，只需要对分销渠道进行投资即可。特许经营有助于产品的改进，这也是进入国际市场所必需的，正如日本小松公司的案例一样。战略联盟是目前非常流行的进入模式，因为这种模式能够让公司与市场上有经验的伙伴进行合作。正是出于此原因，地域多元化的公司经常在环境不稳定的情况下使用战略联盟，如风险比较大的经济体（如委内瑞拉）。但是，如果知识产权在这些经济体中得不到有效的保护，行业中公司的数量将会急剧增加，全球化整合的需求也会很高，那么新建全资子公司和合资公司这样的模式将会更受青睐。[107]总体来说，在公司进入国际市场的早期阶段，采用出口、特许经营和战略联盟这三种模式的效果会更好，也更有利于提高市场占有率。

当公司想要在国际市场上获得强有力的市场地位时，则可以采用收购、绿地投资和合资公司三种进入模式。大型飞机公司如波音公司和空中客车公司在进入一些大型市场时，采用的就是合资公司模式。军用装备公司，如泰雷兹公司（Thales SA），则是通过收购战略来进行全球化。日本汽车制造商丰田公司通过绿地投资和建立合资公司，在美国市场站稳了脚跟。由于丰田公司高效的生产流程，公司希望尽可能地保持对生产环节的控制，因此，丰田公司成立了一个新的区域中心以统筹供应商之间的协作，丰田在美国密歇根州成立北美区域研究中心，并且在得克萨斯州成立一个北美新总部。丰田在美国拥有10家生产工厂，直接和间接雇用了13.6万名员工。总的来说，丰田在美国的业务上已经投资了将近220亿美元。[108]收购和绿地投资都是在公司国际化战略发展的后期阶段才开始出现的。

因此，为了进入国际市场，公司应选择最合适的进入模式。在有些情况下，可能会依次选择不同的模式，一开始采用出口模式，最终才采用绿地投资模式。在另外一些情况下，公司会对不同的市场采取不同的进入模式，但不是全部采用。进入模式的选择是多种因素共同作用的结果，主要包括行业竞争状况、国家情况和政府政策、公司的独特资源以及能力和核心竞争力。

国际环境中的风险

国际化战略总是伴随着各种风险，尤其是那些使公司地理区域更加多元化的战略。公司进入一个新国家时，会遇到大量复杂的制度风险。[109] 在这些风险中，政治和经济风险尤其不能忽视（图 8－6 展示的是政治和经济风险的一些例子）。

风险	· 政治风险 · 经济风险
政治风险	· 全球军事行动（如阿富汗、伊拉克、利比亚） · 经济进一步下滑导致的贸易保护主义趋势 · 投资资产的潜在国有化可能 · 中东地区政治的不稳定性
经济风险	· 各国的债务水平 · 关键商品价格的不确定性 · 东欧国家私有化的成功与失败及公司重组 · 假冒产品的不断增加，缺乏对这些产品的全球化治理 · 在全球经济危机中，国家出现债务违约和货币贬值

图 8－6　国际环境中的风险

政治风险

政治风险“是指由东道国、本国的政治势力和政治事件，或者国际环境变化所导致的国际化公司运营瓦解的可能性”[110]。如果公司在实施国际化战略时遇到大量的问题，包括政府法规修改带来的不确定性、可能存在众多冲突的法律机构或腐败以及私有资产国有化的潜在可能性等，那么公司就有可能面临运营的瓦解。[111] 在其他国家进行投资的公司会比较关注这些国家的政府的稳定性，以及局势动荡和不稳定可能对其投资或资产造成的影响。[112] 最近的一项研究表明，某一国家的政治风险通常会传播到其他国家。[113] 为了减少这些顾虑，公司应该对这些国家和地区的政治风险进行分析。通过分析，公司可以评估导致国外投资和运营非商业性瓦解的来源和影响因素。[114] 然而，一些公司偶尔也可能会将政治（制度）劣势视为一种机遇，将一些利益相关者认为在本国经营不合意的活动或实践转移到一个新的市场，这样它们可能还能从这些遭受质疑的实践中继续获取回报。[115]

如章末微案例中所述，组织世界杯比赛及区域级、国家级足球比赛的国际足球联合会（FIFA）由于涉嫌贪污事件正处于调查中。在足球受欢迎的国家，特别是欠发达国家，已经发生的许多腐败事件都间接地受到了政府和机构的支持。南非涉嫌贿赂国际足联以获得世界杯举办权，国际足联关于 2018 年世界杯由俄罗斯举办以及 2022 年由卡塔尔举办的决议也遭到了质疑。[116] 由于这一丑闻，许多国家都在对国家足球管理机构进行整顿，例如巴西和巴拉圭。[117]

俄罗斯在苏联解体之后的数年间，经历了一段制度高度不稳定的时期。为了重新获得更多的中央控制权、减少分权化混乱，俄罗斯的领导人采取了一系列措施。政治制度的不稳定以及随后中央政府采取的一些措施，使一些外国公司延迟或取消了在俄罗斯的大量直接投资。而且，俄罗斯的经济受到了美国和其他西方国家的制裁。对于俄罗斯是否干预 2016 年美国总统大选的调查加剧了风险状况。事实上，对该事件的调查使得特别检察官罗伯特·穆勒（Robert Mueller）对部分俄罗斯人进行了起诉。这些行动的结果目前尚不清楚。[118]

正如“战略聚焦”专栏中所述，DHL、联邦快递和 UPS 面临着一项艰巨的任务。在拥有大量业务的大多数发达经济体中，它们面临着不同寻常的经济风险。它们必须预测哪些经济体、行业和公司最容易受到关税下降的影响，进而预测关税将如何影响对其服务的需求。此外，它们还需要预测全面贸易战爆发的可能性，并确定如何为应对这一挑战做好万全的准备。

战略聚焦　全球物流业：关税和贸易战的经济破坏

全球物流业在过去几年中蓬勃发展，这主要是因为线上销售的显著增长。在该行业中，占据全球前三市场份额的公司分别是 DHL（38%）、联邦快递（24%）以及 UPS（22%）。DHL 是一家总部设在德国的公司，联邦快递和 UPS 的总部都设在美国。物流服务的四大市场分别是美国、欧洲、中国和日本。这三家公司是这些市场的主要参与者，但它们在中国物流服务中的作用远小于其他三个市场。而且，尽管 DHL 拥有全球最大的市场份额，但它在美国的市场份额要小得多。在美国，UPS 位居第一，联邦快递紧随其后，美国邮政（USPS）则位列第三。DHL 目前在美国每年处理大约 5 亿个包裹。这个数字乍看之下很大，但与 UPS 仅仅在 2017 年圣诞节期间投递的 7.5 亿个包裹相比则微不足道。DHL 在 2017 年和 2018 年进行了大量投资，以扩大其在美国市场的业务。

该行业的未来在许多方面看起来都是光明的，因为线上销售量不断增加，而这些交易需要交付货物。当然，线上销售的很大一部分是由亚马逊完成的，它有自己的送货服务。同时，亚马逊还通过 USPS 在当地的送货服务对自身进行补充。尽管如此，还是有许多其他零售商和公司通过网络销售它们的产品。新的技术正在被开发和应用，比如无人机和机器人技术。随着市场预期的显著增长，物流业的前景应该是光明的，特别是对于拥有全球最大市场份额的三家公司来说。然而，它们也面临着一些不同寻常的经济风险和不确定性。正如本章前面所指出的，《北美自由贸易协定》的未来是不确定的。如果这项贸易协定真的失效，经济学家预测，这将对加拿大、墨西哥和美国这三个相关国家的经济产生负面影响。同时，一些特定行业的销售收入可能会下降，这将减少在这些国家境内和跨越这些国家边界的包裹数量。

另外，一个波及范围更大、破坏性更强的经济风险可能即将来临。2018 年，美国政府对从欧洲、加拿大、墨西哥和中国进口的特定商品加征关税。作为回应，欧盟、加拿大、中国和墨西哥同样对从美国进口到本国的特定商品加征关税。而美国政府则威胁要对更多商品征收更高的关税。人们担心在这些国家之间会爆发一场激烈的贸易战。如果这种情况发生，经济学家预测，可能会导致每个国家的国内生产总值下降。换句话说，没有任何一个国家会在贸易战中获胜（基于过去贸易战的结果）。如果经济下行，物流服务的需求也会下降。然而，贸易战的负面影响可能是不均衡的，部分原因是关税通常针对特定产品，因此某些部门比其他部门受到的影响更大。物流服务对贸易战可能引起的需求变化几乎或根本没有控制能力，而且可能难以预测哪些行业 / 部门和公司将受到最大伤害。部分原因来自被征收关税的一些商品可能被用于生产多种产品。由于关税导致的价格上涨，对这些产品的需求会有所不同。此外，处于同一行业的部分公司可能比其他公司进口更多这类商品。一些公司可能会更多地依赖当地供应商，从而避免因进口商品关税而导致的价格上涨。

资料来源：P. R. La Monica, 2018, Wall street's $6.3 trillion man is worried about a trade war, *CNNMoney*, https://www.cnnmoney.com, July 16; D. Shine, 2018, China's economy slows just as the trade fight begins, *CNNMoney*, https://www.cnnmoney.com, July 16; 2018, Couriers and local delivery service providers' global market share in 2017, *Statistica*, https://www.statistica.com, July 15; 2018, China express delivery market size trends and forecasts 2018-2022, EMailWire.com, https://www .reportsweb.com, July 2; 2018, Deutsche Post's DHL expands U.S. delivery service in swipe at FedEx, UPS, *New York Times*, https://www.nytimes.com, March 15; E. E. Phillips, 2018, DHL steps back into U.S. package delivery in challenge to UPS, FedEx, *Wall Street Journal*, https://www.wsj.com, March 15; E. E. Phillips, E-commerce spurs push for speedier shipping payments, *Wall Street Journal*, https://www.wsj.com, March 13; J. Berman, 2018, 2018 parcel express roundtable: Business boom, *Logistics Management*, https://www.logisticsmgmt.com; March 2; 2017, Japan-Express delivery, International Trade Administration, https://www.export.gov, September 25; 2017, Express delivery market 2017 key players (UPS, FedEx, DHL. TNT. USPS, Deppon) competitive analysis, product demand, applications, Future growth by 2022, *Reuters*, https://www.reuters.com, August 8; A. Marder, 2017, UPS vs FedEx: Who ships more? *Capterra Logistics*, https://blog.captura.com, June 7; 2017, Express delivery market in Europe 2017-2021, *PRNewswire*, https://www.prnewswire.com, Jan 24.

经济风险

经济风险是指国家和地区的经济中存在的对公司成功实施国际化战略造成不利影响的根本性缺陷。正如上述俄罗斯的例子中所描述的，政治风险和经济风险是相互依存的。如果公司无法有效地保护自己的知识产权，它就不太可能对国外市场进行重大的直接投资。因此，国家只有创建、维护和加强对知识产权的有力保护，才能更好地吸引外国直接投资。[119]

在新兴经济体中，一个重大的经济风险是重要基础设施的可用性。一些大型行业中的参与者，例如矿业公司，需要国家的输电网络充分满足它们的电力供给要求。通常而言，一些较差的国有发电厂会间歇性停电，这将对那些需要持续性生产和提炼的行业造成严重破坏，例如采矿行业。过去，南非拥有一个可靠的输电网络。然而，南非国有电力公司（Eskom Holdings Ltd.）忽略了建立新的发电厂以及充分维持当前正在运营的发电厂。因此，断电事件不断发生，最长持续了 12 小时。这导致南非的主导行业采矿业的生产力显著下滑，该行业占据南非 60% 的出口额。这个问题非常严重，因为南非国有电力公司提供了南非 95% 的电力和非洲 45% 的电力。如这些例子所示，在新兴经济体以及部分发达经济体中，基础设施是一项显著的经济风险。[120]

另一个经济风险是外国公司收购掌握关键自然资源的公司，或者是一些在知识产权方面具有战略意义的公司，从而造成能感知到的安全风险。例如，许多中国公司一直在购买澳大利亚和拉丁美洲的自然资源公司以及美国的制造业资产，这使得那些关键资源公司所在国的政府，越来越担心它们的战略性资产会被中国国有公司掌控。[121] 恐怖主义也是需要考虑的一个风险。与印度尼西亚相比，中国和印度的安全风险较低，因而很多公司更愿意对这两个国家进行投资而不是印度尼西亚。

如前所述，国际化战略的主要经济风险是不同货币汇率的差异和波动[122]，尤其是对于那些需要进行多种货币交易的地域多元化公司。对美国公司而言，美元对其他货币的汇率影响了它们的国际化资产和收入的价值。比如，如果美元升值，美国跨国公司在其他国家的资产和收入的价值就会降低。另外，不同货币的币值会影响在不同国家生产的产品的价格，因而也会对公司在全球市场上的竞争力造成极大的影响。由于产品的价格不同，美元的升值会影响美国公司向国际市场的出口。最近美国和中国之间的关税制度和贸易战会影响货币价值。此外，对关税的担忧甚至会影响外国公司在发达经济体（如西欧国家）的投资额。[123] 正如“战略聚焦”专栏中所讨论的那样，这可能是几家主要快递服务公司，如 DHL、联邦快递和 UPS 所面临的状况。因此，政府对本国经济和金融资本的监管和控制以及公司治理法规，不仅会影响本国经济活动，还会影响外国公司在本地的投资。[124]

战略竞争力收益

正如前面所讨论的，国际化战略可以给公司带来三种主要收益（扩大市场规模、规模经济和学习氛围、地域优势）。公司在实施国际化战略的过程中，只有成功地应对各种政治、经济和制度风险，才能获得这三种收益，这三种收益对公司获取战略竞争力（从改进业绩和加强创新这两方面来衡量，见图 8－1）是非常关键的。[125]

总体来说，当公司成功实施国际多元化战略时，会增强或拓展公司获得的战略竞争力。作为国际化战略的延伸和深化，**国际多元化战略**（international diversification strategy）是指公司跨越全球不同地区和国家的界限，进入大量可能的地区或市场来销售产品或提供服务的战略。实施国际多元化战略的公司，会通过业务层国际化战略和公司层国际化战略，进入大量的地区和市场销售产品而不仅仅是一个或少数几个市场。

国际多元化及其回报

证据显示，有多种原因会促使公司实施国际多元化战略[126]，这意味着，从投资回报来看，国际多元化对公司的业绩有积极的影响。研究还显示，随着国际多元化的发展，起初公司的回报会有所减少，但当公司学会了如何管理不断增加的地域多元化时，公司的收入会迅速增加。[127]事实上，股票市场对国际市场的投资极其敏感。那些通过广泛多元化进入国际市场的公司，股票收益往往最高，尤其是当它们通过地域多元化进入核心业务地区时。[128]

许多因素会对国际多元化产生积极的影响，比如与政府所有相对的私有化、潜在的规模效应和经验积累、地域优势、市场的扩大以及获取稳定回报的机会。其中，通过国际多元化获得稳定的回报有利于降低公司的整体风险。[129]一些大公司和创业公司，只有通过成功实施国际多元化战略，才有可能获得良好的回报。

创新的加强

在第1章中我们提到，新技术的开发是战略竞争力的核心。在关于国际优势的决定因素（见图8-3）的讨论中也提到，国际竞争力在很大程度上依赖于行业的创新能力。创新的公司将最终必然超过那些没有创新的公司。因此，对于国家和公司来说，保持竞争优势的唯一途径就是持续创新。[130]

国际多元化战略，为公司通过创新获取更多的回报提供了潜在机会（通过更多更大的市场），同时减少了研发投资中经常出现的大量风险。另外，为了获取持续进行大规模的研发投入所必需的资源，国际多元化可能也是一个必不可少的手段。如今，技术更新的速度不断加快，这使新技术的投资以及相关的资本密集型的运作都变得相当困难。仅局限于本地市场的公司会发现，要进行这种投资并不是件容易的事，因为投资回收期变长了。然而，国际多元化却可以提高公司取得适当的超额回报的能力，并且这种超额回报是在国内竞争对手超越本公司创新取得的竞争优势之前获得的。[131]另外，公司进入国际市场后会面对更多的新产品和新工艺，如果它能够吸收这些新产品和新工艺的优点，并将其融入自己的公司，就可以开发出新一代的创新产品和工艺。为了将所学的知识融入自己的研发过程，公司必须对生产过程进行有效的管理，从而吸收和运用新知识以实现创新。[132]正是这些原因，使得国际化战略和国际多元化战略不断激励着公司的创新。

国际区域多元化、创新和回报之间的关系错综复杂。良好的业绩可以为公司获得区域多元化所需的资源提供保证，区域多元化又为研发投资提供了必要的动力和资源。有效的研发能力能够提高公司的回报，这又为进一步的区域多元化和研发投资提供了更多的资源。[133]当然，丰富的管理经验可以提高这一系列关系中所产生的回报。实践证明，文化更加多元化的高层管理团队通常对国际市场及其特点有更深入的了解，公司国际化拓展的方向也会受此影响。[134]另外，地域多元化的公司在管理各地区的业务时需要有相应的技巧，不仅需要对各业务进行分权化管理，而且需要协调好不同区域观念上的差异。公司如果能将这些工作做好，那么战胜竞争对手的把握会更大。[135]

国际化战略面临的挑战

有效地实施国际化战略会给公司带来收益，有助于公司获得战略竞争力。但是，出于以下几方面的原因，想要获得这些积极的结果也并非易事。[136]

国际化战略管理的复杂性

国际化战略尤其是国际多元化战略，会导致公司规模不断扩大，运营变得更加复杂，这又进一步增加了公司管理的难度。在某种程度上，规模和复杂性都有可能使公司变得几乎难以控制，或者使公司的管理成本超出国际化战略所能创造的回报。另外，文化和制度实践（如与政府机构相关的实践）的差异也给公司的管理带来很多困难。[137]

公司不得不建立自己的能力和其他优势来应对在国际市场中遇到的挑战。例如，来自新兴经济体的一些在本国市场中占据了垄断地位的公司，能够将它们在本国市场中所获得的资源进行投资，以强化它们在国际市场中的竞争力（因为它们无须考虑本国市场中的竞争对手）。[138] 对于这些公司而言，关键在于克服各种外来者劣势，无论是来自哪一方面。

国际扩张的限制

学习如何有效地管理国际化战略，将有助于提高公司获得积极回报（如提高业绩）的可能性。但是，随着国际化战略带来的地域和产品多元化程度的不断加深，到了某个程度，公司得到的回报会逐渐减少，直至变成亏损。[139]

有许多原因可以说明国际多元化战略带来的积极回报为什么会受到限制。首先，地理区域的不断扩大增加了不同部门间的协调成本和产品分销的成本。当公司遍布在拥有多个行政等级体系的国家中的多个区域时，这一点尤为明显。其次，贸易壁垒、物流成本、文化差异以及不同国家间的其他差异（如获取原材料和员工技能水平的差异），增加了国际化战略实施中的复杂性。[140]

制度和文化差异是影响公司核心竞争力在不同市场间转移的主要障碍。[141] 当公司向新市场扩张时，经常需要重新制订营销计划，建立新的分销渠道。另外，公司可能还会面临不同的劳动力成本和资本费用。总而言之，随着地域多元化的增加，有效地实施、管理和控制公司的国际化运营将变得更加复杂。[142]

各个公司管理国际多元化战略的能力是有区别的，并且这种管理能力会受到管理者对模糊性和复杂性问题处理能力的影响。如果公司的国际化运营是在一些相邻的友好国家，或者与自己具有相似文化的国家中进行的，那么协调和整合中的问题相对较少。在这种情况下，公司遇到的贸易壁垒会较少，法律和文化能得到更好的理解，针对当地市场进行的产品调整也会变得更加容易。[143] 例如，美国公司发现，向墨西哥、加拿大和西欧国家进行扩张就比向亚洲扩张简单得多。

实施国际化战略的公司与东道国政府之间的关系也是一种限制。[144] 原因在于东道国政府的政策和法规与本国存在巨大的差异，因此，公司需要学习如何处理这些差异。有时，这些差异会给公司带来过多的问题，以至于无法取得成功。战略联盟是公司处理这些限制因素的一种途径。与不同国家的公司建立合作伙伴关系，有助于从外国进入的公司依靠合作伙伴来处理当地的法律、法规和顾客的问题，但这种合作关系也有一定的风险，管理起来有相当的难度。[145]

本章小结

国际化战略的使用在不断增加。许多因素和条件都会对这种战略的使用产生影响，包括：

- 延长产品生命周期；
- 获取关键原材料，有时包括获取低成本劳动力；
- 在全球范围内整合公司的经营运作，为不同国家的顾客提供更好的服务；
- 更好地为顾客提供服务，通信媒体的全球化和互联网的信息能力，使顾客的需求变得愈加相似；
- 满足新兴市场上不断增加的产品和服务需求。

国际化战略的有效实施可以产生三种主要收益：扩大市场规模、规模经济和学习氛围以及地域优势。公司可以利用业务层国际化战略和公司层国际化战略来进行地域多元化经营。

业务层国际化战略经常以一个或多个本土国家的优势为基础。研究显示，决定国际优势的要素有四个：生产力、需求状况、相关行业和支持性行业，以及公司的战略、结构和竞争状况。

公司层国际化战略主要有三种类型。多国化战略聚焦于公司参与竞争的各个国家内部的竞争。采用多国化战略的公司将战略和运营的决策权分散到每一个国家的业务单元，这样一来，每一个业务单元都可以根据当地条件对产品进行调整。全球化战略认为不同国家的产品更趋于标准化，因此，竞争战略更加集中，由总部统一控制。大型多国公司，尤其是那些在大量不同的市场上销售多元化产品的公司，通常会在某些产品线上采取多国化战略，另外的则采取全球化战略。

跨国化战略寻求的是将多国化和全球化的特征整合在一起，从而使公司同时强调本土市场的反应和全球整合。

外来者劣势和区域化是当今世界环境的两大趋势，影响着公司国际化战略的选择和实施。外来者劣势使公司认识到，本土市场和国际市场间存在的差异会影响公司的竞争方式。有时，公司会把国际化战略的焦点集中在某些地区（例如欧盟和北美自由贸易区）而不是个别国家的市场。

公司可以使用五种进入模式中的一种或几种来进军国际市场。这五种模式是：出口、特许经营、战略联盟、收购和新建全资子公司（又称绿地投资）。许多公司在最初进入国际市场时采用的是出口或特许经营，因为这两种模式的成本和风险都比较低，到后期，公司通常会选择战略联盟和收购这两种模式。成本最高、风险最大的则是新建全资子公司（绿地投资）这种模式。但这些子公司又具有控制最大化的优势，如果该模式能获得成功，回报也是最高的。大型的地域多元化公司，在进入国际市场时，可能会选择多种甚至是五种模式。

公司在实施国际化战略时会遇到很多风险，其中最主要的是政治风险和经济风险。政治风险是指由东道国、本国的政治势力和政治事件，或者国际环境变化所导致的国际化公司运营瓦解的可能性。经济风险是指国家和地区的经济中存在的对公司成功实施国际化战略造成不利影响的根本性缺陷。

国际化战略（尤其是国际多元化战略）的成功实施，会以改进业绩和加强创新的形式促使公司获得战略竞争力。国际化战略有助于公司的创新，因为该战略为创新投资提供了更大的市场，为公司获取更多、更快的回报创造了条件。另外，国际多元化还可以给公司带来维持大规模投资所必需的资源。

总体来说，国际多元化有利于获取超额回报，但这是以多元化得到有效实施和公司的国际业务得到良好的管理为前提的。国际多元化形成了更大的规模经济和学习效应，这些效应与更多的创新相结合将有助于公司获得超额回报。

公司通过多元化战略寻求战略竞争力时，通常会遇到一些不得不应对的复杂挑战。一些限定条件会影响公司有效管理国际化扩张的能力。国际多元化增加了公司的协调和分销成本，贸易壁垒、物流成本、文化差异以及其他因素则给公司管理带来了更多的问题。

关键术语

全球化战略（global strategy）
绿地投资（greenfield venture）
国际多元化战略（international diversification strategy）
国际化战略（international strategy）
多国化战略（multidomestic strategy）
跨国化战略（transnational strategy）

复习题

1. 影响公司实施国际化战略的动机有哪些？
2. 通过有效地实施国际化战略，公司可以获得哪三种主要收益？
3. 决定国际优势并作为国际化业务层战略基础的四个要素是什么？
4. 公司层国际化战略的三种主要类型是什么？这三种战略的优缺点各是什么？
5. 影响国际化战略选择的全球环境趋势有哪些？
6. 公司进入国际市场的五种模式是什么？公司使用这五种模式的一般顺序是怎样的？
7. 什么是政治风险和经济风险？公司如何应对这些风险？
8. 通过国际化战略，尤其是国际多元化战略，公司的战略竞争力可以获得哪些回报？
9. 对公司成功实施国际化战略的能力造成潜在影响的两个主要挑战是什么？

微案例

国际足球行业和国际足联丑闻的影响

1904 年，国际足联于法国巴黎成立，当时只涵盖了欧洲的国家。到第二次世界大战时，国际足联又新添了一些南美洲成员。之后，亚洲、非洲以及加勒比地区新的独立国家陆续加入国际足联。然而，这个组织一直像一个欧洲俱乐部一样被欧洲人管理，直到 1974 年巴西人若昂·阿维兰热（João Havelange）当选国际足联主席。阿维兰热改变了这个组织并且将世界杯推广到世界各国而不仅仅限于欧洲和南美洲，他还使这一赛事成为一个主要的捞金业务。随着更多的公开赛事和金钱涌入，企业都寻求能够赞助比赛，因为广告的收益是巨大的。

阿维兰热帮助塞普·布拉特（Sepp Blatter）赢得选举，后者在 1998 年成为国际足联主席并且在政策上继续按照阿维兰热的方式执行。在国际足联成为世界性组织之后，尤其在发展中国家，如拉丁美洲、非洲和加勒比地区的国家，越来越多对受贿的指控被曝光。一位分析师指出："国际足联没有受贿就不可能在更贫穷的国家开展足球运动。"当然，在更发达的英国和其他地区，如美国也有受贿事件发生。

通过比较可以理解曝光度以及涉及金额的量级。据估计，大约 10 亿人观看了 2010 年世界杯决赛，然而在同一年，国际橄榄球联盟超级碗赛事仅吸引了 1.144 亿名观众。如此庞大的受众，怪不得赞助商和电视媒体转播商都想赞助世界杯赛事。

对于赞助一个组织，很多赞助商都会非常小心。很明显，贿赂的方式都是通过中间人，这些中间人拿了极高的费用去完成他们答应帮助完成的合约，之后这些中间人将贿赂交给一些地区或国家与国际足联相关组织的负责人。例如，为了拿到对足球非常狂热的巴西的合约，耐克在 1996—1999 年支付给一家体育市场营销机构 Traffic Brazil 3 000 万美元，部分用于 Traffic Brazil 的行贿费用。这使得耐克签署了一份价值 1.6 亿美元的 10 年合约，成为巴西足协（CBF）的赞助商。耐克这项交易的战略企图是为了更好地与它主要的海外竞争对手阿迪达斯进行竞争。2014 年，世界杯在巴西举办，耐克总共售出了 23 亿美元的足球产品，年增长率达 21%，与之相比，阿迪达斯销售额为 22.9 亿美元，较之前上涨了 20%。这些数字指出了那些赞助商和媒体是多么狂热地参与到国际足联的赛事中，广告的潜在收益和市场机会对于那些参与者来说是巨大的。

在一些举办赛事的国家，其体制基础设施薄弱，导致了贿赂事件的发生。实际上，很多与国际足联有关联的人，无论是全球的还是地区的关联，都在利用和国际足联的关系。例如，巴拉圭是拉丁美洲区域足球协会——南美洲足球联合会（CONMEBOL）的总部所在地。南美洲足球联合会的总部于 1998 年定于巴拉圭，当时，巴拉圭的一位商人尼古拉斯·里奥兹（Nicolás Leoz），同时也是南美洲足球联合会主席，通过协商使得南美洲足球联合会的总部定于巴拉圭，并且规定南美洲足球联合会免于当地法律的监管，就相当于驻外大使馆有外交豁免权一样，这使得南美洲足球联合会进行了很多私下交易。

类似地，在瑞士、拉丁美洲和世界其他地方的很多法律和调查机构，包括国际刑警组织（INTERPOL），开始了它们自己的调查。很多足球爱好者对于这些调查非常赞同，因为很多人觉得收受贿赂损害了比赛的公平性。

资料来源：2015, A timeline of the FIFA scandal, *Los Angeles Times*, www.latimes.com, June 2; P. Blake, 2015, FIFA scandal: Why the US is policing a global game, *BBC News*, www.bbc.com, May 28; M. Futterman, A. Viswanatha, & C. M. Matthews, 2015, Soccer's geyser of cash, *Wall Street Journal*, May 28, A1, A10; S. Germano, 2015, Nike is cooperating with investigators, *Wall Street Journal*, May 28, A11; P. Keirnan, R. Jelmayer, & L. Magalhaes, 2015, Soccer boss learned ropes from his Brazilian mentor, *Wall Street Journal*, May 30-31, A4; K. Malic, 2015, The corruption rhetoric of the FIFA scandal, *New York Times*, www.nytimes.com, June 16; S. S. Munoz, 2015, FIFA pro shows soccer state within a state, *Wall Street Journal*, June 20-21, A7; S. Vranica, T. Micklel, & J. Robinson, 2015, Scandal pressures soccer's sponsors, *Wall Street Journal*, May 29, A1, A8; A. Viswanatha, S. Germano, & P. Kowsmann, 2015, U.S. probes Nike Brazil money, *Wall Street Journal*, June 13-14, B1, B4; M. Yglesias & J. Stromberg, 2015, FIFA's huge corruption and bribery scandal, explained, *VOX*, www .vox.com, June 3; C. Zillman, 2015, Here's how major FIFA sponsors are reacting to the scandal, *Fortune*, www.fortune.com, May 28.

案例讨论题

1. 对于在国外运营的公司来说，国际足联丑闻如何成为它们面临的一种政治风险？

2. 作为国外足球组织的赞助商，像耐克和可口可乐这样的公司会得到什么好处？

3. 这些主要的赞助公司正在使用什么样的国际化战略？请解释。

4. 考虑到微案例中所描述的获得赞助的过程（例如，通过体育市场营销机构），耐克和其他大公司是否应该意识到贿赂和其他腐败行为正在发生？

5. 公司应该如何处理在国外发生的腐败行为？它们能否找到不参与这些行为而在那里进行竞争的方法？请解释。

9 合作战略

学习目标

1. 定义合作战略并解释公司使用合作战略的原因
2. 定义并讨论三种主要的战略联盟
3. 界定业务层合作战略并描述如何使用
4. 讨论多元化公司中公司层合作战略的使用情况
5. 理解跨国战略联盟作为国际合作战略的重要性
6. 描述合作战略的风险
7. 描述管理合作战略的两种基本方法

引例 谷歌的多元化联盟组合：对竞争对手的回应和成为主导力量的尝试

当采用不同类型的合作战略时，合作的公司承诺会分享一些自身的独特资源来达到对于所有参与者都非常重要的目标。采用合作战略的一个关键原因在于一些公司有时候看到了某个机会，但是由于缺乏相应的类型或一定的资源（如技术能力或特殊的专门知识）去实现，或者无法进入市场，因此不得不放弃。

一些合作关系是在相似的公司之间形成的，这些公司想要发展规模经济来提高自身的竞争力。很多年来，汽车生产企业之间形成的合作伙伴关系就是基于这个原因。不同行业领域的公司结合在一起是为了追寻它们认为有价值的、可以共享的目标。这个原因解释了几年前谷歌、英特尔和泰格豪雅之间的合作伙伴关系，它们一起设计和生产一款智能手表。

在某种程度上，谷歌、英特尔和泰格豪雅决定一起合作是对于苹果开发 iWatch 的一种战略性反应。它们推出了一款高端智能手表，其中最昂贵的一款售价约为 1.7 万美元。它们最近还推出了一款价格较低的智能手表，名为 Connected Modular 45，起价 1 650 美元。尽管如此，这款手表的目标市场仍然是一个特殊的奢侈品细分市场，与泰格豪雅的目标市场保持一致。

谷歌充分利用了与英特尔和泰格豪雅联盟所获得的经验，与 Fitbit 结成了另一个联盟。例如，Fitbit 已经同意使用谷歌新推出的"在应用程序上使用的健康数据标准"。Fitbit 还将开始使用谷歌的云数据存储平台，这符合美国健康标准和责任法案（U.S. Health Standards and Accountability Act）。这项立法规定了医疗记录的使用。合作伙伴允许 Fitbit 遵守这个法案，无须建立自己的系统。Fitbit 的 CEO 詹姆斯·帕克（James Park）说："与谷歌合作使我们有机会改变我们的业务规模，使我们能够更快地接触到世界各地的人，同时也提升了我们为客户和医疗系统提供的体验。"

Fitbit 在健身追踪市场发迹，但在苹果和三星公司推出可以追踪体育锻炼和旅行的手机后，其用户流失了。因此，Fitbit 一直在向更广泛的医疗保健市场扩张，它与谷歌的联盟就是这种变化的例证。谷歌也在与 Fitbit 合作，因为它的 Android Wear 软件在市场上并不成功。在谷歌宣布结盟后，Fitbit 股票的市场价格上涨了 8%。作为苹果的竞争对手，这一联盟显得更为重要，因为苹果正在将数字健康服务应用于其智能手表上。

谷歌已经建立了一套日益多元化的战略联盟组合。例如，它最近与法国大型零售商家乐福和西班牙主要能源公司雷普索尔（Repsol）签订了合作协议。与家乐福的联盟旨在帮助该公司扩大电子商务业务。另外，与雷普索尔结盟的目标是利用谷歌的机器学习工具，在雷普索尔的炼油厂部署大数据和人工智能设备。2010 年，谷歌关闭了在中国的搜索引擎业务。之后，谷歌在中国成立了一个研究中心，并与中国大型互联网企业腾讯（Tencent）签署了一项联盟协议。此外，它最近与 IRI 结成了联盟伙伴关系，以进行市场营销组合分析。这将成为谷歌新的 Google Measurement Partners 项目的一部分。该项目（及其与 IRI 的联盟）的目的是为其广告客户提供跨越多个专业领域的高质量的服务和选择。IRI 将有助于增强谷歌的营销能力。

除了多元化和多样化的联盟，谷歌还持续对研发进行大量投资，以开发新的技术和服务（例如，在人工智能和其他许多领域）。因此，我们可以预期，谷歌在未来几年将成为高科技领域的主导力量。

资料来源：S. Hughes, 2018, Google selects IRI to join new measurement partners program, *Odessa American*, https://www.oaoa.com, July 18: R. Zhong, 2018, Google, rebuilding its presence in China, invests in retailer, JD.com, *New York Times*, https://www.nytimes.com, June 18; H Agnew, 2018, French retailer Carrefour boosts e-commerce aspirations with Google partnership, *Financial Times*, https://www.ft.com, June 11: A. Raval, 2018, Google and Repsol team up to boost oil refinery efficiency, *Financial Times*, https://www.ft.com, June 3; T. Bradshaw, 2018, Fitbit shares jump on Google alliance, *Financial Times*, https://www.ft.com, April 30; A. Pressman, 2018, Fitbit strikes deal with Google that could lead to wearables collaboration, *Fortune*, http://fortune.com, April 30; 2017, Tag Heuer teams up with Google, Intel for new $1650 android smartwatch, *PYMNTS.com*, https://www.pymnts.com, March 15; D Pierce 2017, Tag Heuer's new $1600 smartwatch (almost) worth it, *Wired*, https://www.wired.com, March 14; Chen, 2015, Google, Intel, TAG Heuer to collaborate on Swiss smartwatch, *Wall Street Journal Online*, //www.wsj.com, March 19; M. Clerizo, 2015, There's something in the way they move, *Wall Street Journal Online*, www.wsj.com, March 18; L. Dignan, 2015, Can TAG Heuer, Intel, Google collaborate and create a smart enough watch? *ZDNET Online*, www.zdnet.com, March 19.

在本章的引例中，我们描述了谷歌、英特尔和泰格豪雅为应用技术创新而形成合作战略，以展开在奢侈品时尚界的竞争。谷歌还与Fitbit、家乐福、雷普索尔、腾讯和IRI发展了联盟关系；在各自情况下，这些公司和谷歌都有互补的资源可以在联盟中使用。因此，通过联盟的最终产品，每个企业独特资源的具体组合都将得到发展。正如所有实施合作战略的公司一样，谷歌及其联盟伙伴计划以各种方式利用它们的资源，为利益相关者创造最大的价值。[1]

形成类似于谷歌、英特尔和泰格豪雅之间的合作战略，有可能帮助公司达成对所有公司都至关重要的目标，例如公司增长。具体来说，**合作战略**（cooperative strategy）是一种通过公司间合作来实现共同目标的方法。[2]通过与其他公司的合作，公司可以为顾客创造出单凭自身实力所无法实现的价值。如前所述，这也是谷歌、英特尔和泰格豪雅所处的境况。如果缺乏这三家公司的资源组合，它们中没有一家公司能够创造出这三家公司计划开发的特定的智能手表（在这一章中，“资源”这一名词被更为广泛地应用，指的是公司的能力和资源）。

在使用合作战略时，公司还试图建立竞争优势。[3]通过合作战略建立的竞争优势称为合作优势或关联优势[4]，意味着合作伙伴间的关系是建立竞争优势的基础。更为重要的是，由于能形成竞争优势，合作战略的成功实施可以使公司在战略竞争力和超额利润上超越竞争对手。[5]

本章将讨论以下几个主题：首先，合作战略的主要类型是战略联盟，我们将定义并举例介绍几种不同的战略联盟。由于战略联盟比其他类型的合作关系的使用频率要高，因此，我们将主要聚焦于战略联盟。然后，讨论业务层、公司层、国际和网络合作战略。本章的最后介绍实施合作战略的风险，以及如何有效地减少这种风险。

合作战略的主要类型——战略联盟

战略联盟（strategic alliance）是通过公司间资源组合来创造竞争优势的合作战略。战略联盟需要公司间的资源和能力进行一定程度的交换和共享，从而共同进行产品或服务的开发、销售。[6]另外，公司可以利用战略联盟来平衡现有的资源，并与合作伙伴一起开发额外的资源，以此作为获得新竞争优势的基础。[7]毫无疑问，在当今社会，战略联盟是一种极为重要的战略，公司将这种战略作为努力战胜竞争对手的一种手段。[8]

一些成功的联盟提供了合作伙伴关系的例子，这种合作伙伴关系结合了各公司的独特资源，以创造竞争优势战胜竞争对手。这些联盟包括巴诺书店和星巴克以及惠普和迪士尼。在巴诺书店开设星巴克咖啡店，可以使顾客在阅读的同时品尝新鲜咖啡。两家公司都从该合作中获利。此外，迪士尼很早就意识到了在主题公园和其他创新中运用技术的价值。因此，多年来，与惠普的合作对两家公司来说都是重大成功。[9]

在介绍三种主要的战略联盟及其使用原因前，我们需要说明的是，对所有合作战略来说，只有伙伴间的合作行为才更有可能使战略获得成功。这种合作行为包括：积极地解决问题、相互信任以及不断地改进伙伴间资源的结合方式。[10]

战略联盟的类型

合资企业、产权战略联盟和非产权战略联盟是战略联盟的三种主要类型。这些战略联盟的主要区别在于所有权的配置不同。

合资企业（joint venture）是指两个或两个以上的公司通过建立具有独立法律地位的公司来共享资源，从而获得竞争优势的一种战略联盟。通常合资双方拥有相同的股份，承担相同的运营责任。合资企业的形成通常是为了改善公司在不确定竞争环境中竞争的能力。合资企业在合作双方建立长期关系和转移隐性知识方面也非常有效。[11]

最近，中国最大的汽车制造商之一上汽集团（SAIC Motor Corp.）与通用汽车成立了一个合资公司开发新车型，专门为满足中国人的偏好服务。该合资公司命名为上海通用汽车有限公司（Shanghai GM Co.）。在这一合作战略中，合资双方各占 50% 的股份。合资双方计划于 2016—2020 年合计投资 1 000 亿元人民币，在 5 年的投资期内每年开发至少 10 款全新或改款车型。这些公司还通过其他方式进行合作。例如，上汽集团和通用汽车最近同意上汽集团接管通用汽车在印度的欧宝制造厂，上汽集团得以进入印度汽车市场。[12] 在当今的商业环境下，表现出与作为一个成功竞争者相关的复杂性的一个事实是，上汽集团与大众汽车也成立了一家合资企业。除了其他一些产品，上汽、大众合资企业生产的上海大众途观（Tiguan）SUV 是中国市场外资品牌 SUV 销量最高的车型之一。2018 年，这家合资企业开始为中国生产奥迪汽车。目前，大众正在为其与上汽合作生产的汽车在中国市场推出一个新的平台。[13]

由于难以编纂成文，隐性知识只能通过经验进行传递，比如合资企业内部员工共同工作过程中进行的交流，并且它在公司发展竞争性优势中的作用也越来越大。[14] 总之，当公司需要整合各自资源来创造新的竞争优势，或者想要进入高度不确定的竞争市场时，合资企业或许是一个最佳的选择。

产权战略联盟（equity strategic alliance）是指两个或两个以上的公司以不同的所有权比例建立新公司，通过各自资源的组合来创造竞争优势。与大多数联盟一样，这些合作伙伴也在寻求互补的资源或能力，以便相互学习。[15] 通常来说，公司之所以结成产权战略联盟，是因为它们希望确保自己能够控制所承诺的联盟资产。这尤其适用于发达国家的公司进入欠发达国家市场的情况。然而，像中国这样的新兴市场的企业在进入外国市场时也会使用产权战略联盟。[16] 当研发联盟结成时，对企业资源，特别是智能资本的控制可能相当重要。实际上，当合作伙伴之间的资源和关系比较复杂时，基于产权的联盟是非常常见的，研发联盟就是这种情况。因此，大多数研发联盟都是产权战略联盟。[17]

非产权战略联盟（nonequity strategic alliance）是指两个或两个以上的公司通过发展契约关系来共享资源，以创造竞争优势。[18] 在这种联盟中，不需要建立相对独立的公司，也不涉及产权的划分。正是由于这一原因，非产权战略联盟与前两种形式相比，不是特别正式，对成员之间的约束也比较少，成员之间也不会产生比较亲密的关系，但研究显示，它也可以为联盟中的公司创造价值。[19] 非产权战略联盟的非正式性和低约束性使其不适合一些复杂的项目，因为这些项目往往需要成员之间进行隐性知识的传递。[20] 非产权战略联盟的形式主要有特许经营协议、分销协议和供应合同等。

外包方式通常是以非产权战略联盟的形式进行的（如第 3 章所讨论的，外包是从另一个公司购买价值创造活动或者辅助功能活动）。苹果公司以及销售计算机、平板电脑和智能手机的其他一些公司，采用非产权战略联盟的方式将生产产品所必需的大多数甚至是全部活动进行外包。例如，苹果公司一直将其大多数生产活动外包给富士康科技集团（Foxconn Technology Group）。[21] 公司通常会选择采用非产权战略联盟将生产活动外包给中国公司，因为这些公司能够通过规模经济产生成本效率。例如，2018 年，富士康生产的苹果 MacBook 比以往任何一年都多。然而，美国和中国之间的贸易战给这个联盟带来了问题。再加上其他原因，富士康正试图通过收购其他公司和吸引更多客户来减少对苹果的依赖。[22]

公司建立战略联盟的原因

合作战略是竞争环境中不可或缺的一部分，对于许多公司来说非常重要。联盟可以占到公司销售收入的 25% 或者更多，这一事实足以证明联盟的重要性。除了营利性组织之间的联盟关系，教育机构与公司之间也会形成联盟，以实现大学在基础研究中的项目进行商业化运作。[23] 此外，除了两家公司为了竞争目的而形成合作的二元关系之外，如今在一些行业中，大型联盟之间的竞争也日益凸显。全球航空业就出现了这种竞争模式，在该行业中，每一个公司彼此相互竞争的同时也加入了各个联盟（例如星空联盟、寰宇一家以及天合联盟（SkyTeam）），转而形成联盟之间的竞争。[24] 这些公司参与其中的这一系列联盟强调了当公司试图通过合作提高竞争力时可以有各种各样的选择。

总体而言，有很多理由会促使公司做出参与到战略联盟中的决策。我们将再次提及两个关键理由，并通过解释在慢周期市场、快周期市场和标准周期市场中，战略联盟将如何帮助公司提高竞争力，来讨论其他一些理由。

公司形成战略联盟的第一个重要理由是，战略联盟帮助公司创造出仅凭单独行动所无法实现的价值并加快进入市场的速度。[25] 为了使广告商能够触及在线读者，《英国卫报》（The Guardian）、《CNN 国际新闻》（CNN International）、《金融时报》（Financial Times）、《经济学人》（The Economist）等在线新闻出版商形成了联盟合作关系，这一点也说明了上述原因。这些公司形成的联盟称为 Pangaea，这一合作有助于帮助这些公司在全球基础上实现有效扩张。Pangaea 联盟已成为该行业的一支重要力量，在 140 个国家拥有 2.2 亿用户。[26]

形成战略联盟的第二个重要原因是，大部分公司都缺少追求每一个识别到的机会以及实现目标过程中所必需的全部资源，这意味着合作可以提高公司实现具体业绩目标的可能性。[27] 由于资源有限，公司进行合作的目的有很多，包括在不明显增加成本的情况下开发新顾客、提供更多的产品以及扩大产品分销渠道等。例如，现金和其他资源较多的公司可以结成联盟，以进入多个市场，使它们能够更有效地与竞争对手进行跨市场竞争和（或者）阻止竞争对手进入某些市场或采取某些竞争行动。[28]

Decolar.com 是拉丁美洲在线旅游领域的领导者，旗下运营着 Portuguese Decolar.com 和 Spanish Despegar.com 网站，Expedia 与 Decolar 通过合作联盟获得了这两家公司单独行动无法获得的重要收益。Expedia 已经收购了 Travelocity、Trivago 和 Orbitz 等竞争对手，成为旅游平台行业的全球市场参与者。[29]

正如我们在第5章中所讨论的，考虑竞争性对抗和竞争动态，独特的竞争条件构成了慢周期市场、快周期市场和标准周期市场的基本特征。[30] 如图9-1所示，在这三种独特的市场类型中，公司采用战略联盟的原因各不相同。

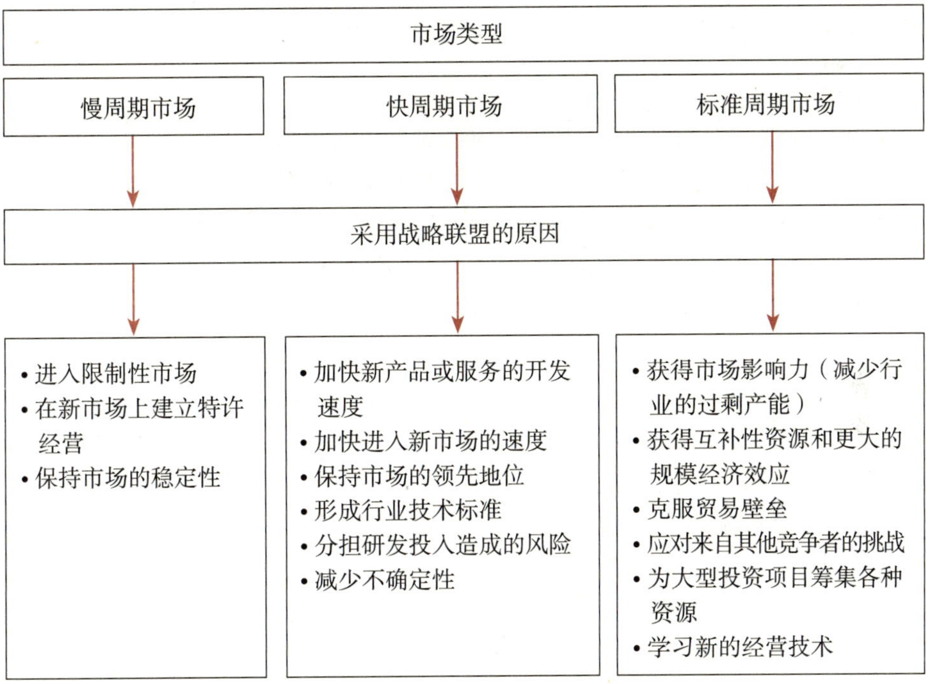

图9-1 不同类型的市场中发展战略联盟的原因

简而言之，慢周期市场是指公司竞争优势的模仿周期长和模仿成本高的市场。铁路、电信、基础设施以及金融服务等都具有慢周期市场的特征。在快周期市场上，公司的竞争优势很容易被模仿，从而限制了竞争优势的长期可持续性。在标准周期市场上，竞争优势在一定程度上免于被模仿，因此它维持的时间介于快周期市场和慢周期市场之间。

慢周期市场

慢周期市场上的公司经常采用战略联盟来进入受限制的市场，或者建立特许经营公司来进入新市场。例如，嘉年华游轮公司（Carnival Cruise Line）的所有者和经营者嘉年华公司（Carnival Corporation）最近与中国国有企业招商局集团（China Merchants Group）成立了两家合资公司，招商局集团是一个在金融投资、房地产开发和交通运输领域均有业务的集团公司。其中一家合资公司聚焦于游轮建造，另一家则专注于发展中国及周边的新港口和旅游目的地。针对中国顾客的第一个中国国内游轮品牌的推出，是这两家公司的合作所带来的一个成果。从这些合资公司中，嘉年华可以获得的收益是在中国这个游轮行业刚刚开始飞速发展的市场中实现快速扩张。有趣的是，嘉年华推迟了进入中国游轮市场的行动，原因是澳大利亚对其游轮的需求很高。然而，嘉年华对中国市场的投入仍在继续，该公司签署了一份在中国制造两艘大型游轮的合同，将于2023年交付。[31]

在21世纪的竞争环境中，慢周期市场越来越稀少，原因在于：产业与经济的私有化，互联网快速传播信息的能力提升，以及先进的技术加快了对复杂产品的模仿步伐。[32] 在慢周期市场上竞争的公司必须认识到，未来它们可能会遇到这样的情形，即竞争优势只能部分维持（在标准周期情况下）或者根本无法维持（在快周期情况下）。合作战略可以帮助公司完成从受保护的市场向竞争更激烈的市场的转变，例如，嘉年华公司开展竞争的游轮度假旅行市场。[33]

快周期市场

快周期市场是不稳定的、不可预测的和复杂的，简单地说，就是存在超级竞争。[34] 这些条件综合在一起，使公司丧失了建立持续性竞争优势的可能，因而只能在利用现有优势创造价值的同时，不断寻找新竞争优势的源泉。资源过剩的公司与具有潜能的公司之间的联盟，可以帮助公司在快周期市场上有效地完成从当前向未来的过渡，并且快速地进入新市场。这种合作理念对于在快周期市场中竞争的公司具有至高无上的重要性。[35]

美光科技（Micron Technology，Inc.）与希捷科技（Seagate Technology LLC）是硬盘生产领域的竞争对手，在该领域中建立持续性的竞争优势基本不可能，因此，创新对于它们的成功非常关键。在快周期属性的硬盘市场中的其他经营商也同样如此。为了将公司的创新和专长结合起来，最近，美光科技与希捷科技形成了一个战略联盟。合作双方认为，这一合作将会为它们带来一种能够为客户提供“行业领先的”存储方案的能力。反过来，美光科技和希捷科技也认为，它们在生产产品和服务的过程中，合作本身将会带来更快的创新，顾客所购买的产品将来源于这样的合作。美光还有其他联盟伙伴，比如，与英特尔联合开发项目的目标是为专业市场提供技术解决方案。[36]

标准周期市场

在标准周期市场上，资源互补的公司之间更有可能形成联盟。[37] 航空公司之间的联盟就是一个很好的例子。

这些联盟成立之初，主要是为了让公司共享互补的资源，为顾客在欧洲和美国的二线城市间的飞行提供便利条件。如今，这些联盟更加全球化，主要目的也转变为让成员公司获得市场影响力，降低成本，以及获得更多的国际航线。[38] 其中，通过获得更多的国际航线来扩大国际市场是最重要的目的，因为这些航线可以增加收入和潜在利润。为了支持成本控制，在可能的情况下，成员之间会共同开发项目和共享设施，如登机口、顾客服务中心以及机场乘客休息室。对于乘客而言，航空联盟带来了一些好处，例如，购票流程的简化、国际航班对接的便捷以及飞行常客里程的积攒。

目前，主要存在三大航空联盟，其中最大的是星空联盟，拥有28个成员；其次是天合联盟，拥有20个成员；最小的是寰宇联盟，拥有13个成员。这三家联盟仍然在继续吸纳成员，不断拓展它们的地理覆盖范围并回应市场趋势，例如从世界各地到亚洲旅行人数的增加。总的来说，大多数航空联盟，例如我们在这里提到的三家联盟，都有助于公司获得规模经济效益以及应对竞争性挑战。共享代码的协议以及降低运营、维护、采购成本的能力，都是航空联盟帮助成员获得规模经济以提高竞争力的表现。[39]

业务层合作战略

业务层合作战略（business-level cooperative strategy）是指为了在一个或多个市场获得竞争优势，将不同公司的资源结合在一起的战略。正如第 4 章所讨论的，业务层战略指明了公司为获取某一具体产品市场的竞争优势而需要采取的行动。因此，当公司认为通过与一个或多个伙伴之间的资源整合可以创造出该公司自身无法创造的竞争优势，并且能够获得特定产品市场的成功时，会采取业务层合作战略。图 9－2 展示了四种业务层合作战略。

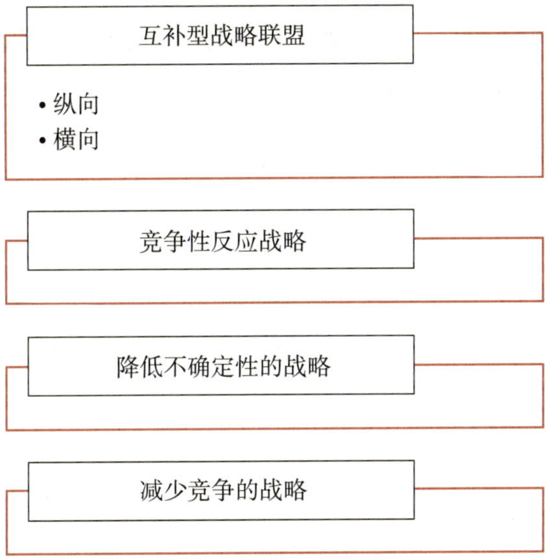

图 9－2　业务层合作战略

互补型战略联盟

互补型战略联盟（complementary strategic alliances）是指该业务层联盟中的公司以互补的方式进行资源的共享，进而创造竞争优势。[40] 该联盟主要有横向和纵向两种类型（见图 9－2）。

纵向互补型战略联盟

在纵向互补型战略联盟中，公司从价值链的不同环节来共享资源，从而创造竞争优势（见图 9－3）。[41] 该联盟的形成通常是为了适应环境的变化[42]；在适应过程中，有时这种变化也可以为公司带来创新的机会。[43]

公司逐渐意识到，在当今时代，消费者通过使用各种各样的工具，例如智能手机、GPS 系统和无线互联网等，比以往更加互联。AT&T 与多家公司建立了联盟，如艾默生（Emerson）和防盗汽车公司 LoJack，以开发基于技术的产品，满足当前和未来客户的需求。该公司正将以技术为基础的产品（如 HydroPoint 生产的喷头）与 AT&T 的网络整合起来，以开发智能灌溉系统。AT&T 移动和商业解决方案业务的 CEO 拉尔夫·德·拉·维加（Ralph de la Vega）解释说："这与获得一项技术并试图优化其价格有很大的不同。这是为了优化业务流程，并对业务进行再投资。”[44]

横向互补型战略联盟

在横向互补型战略联盟中，公司通过共享价值链同一环节的资源来创造竞争优势。制药公司经常采用这种类型的联盟。[45]更广泛的是，一些全球大型制药公司，包括辉瑞公司、百时美施贵宝公司、葛兰素史克公司（GlaxoSmithKline）以及礼来公司，正在通过美国国立卫生研究院（National Institutes of Health）组织的合作联盟共享各自的一些专有资产。这个五年合作联盟的主要目的是更快地研发并生产出能够治疗一些极具挑战性的、难以攻克的疾病的药物。这种横向联盟的例子涉及竞争者之间的合作，有些人称之为合作竞争。[46]

通常来讲，公司加入联盟主要是为了共同聚焦于长期的产品开发和分销机会。[47]有时，横向联盟的预期成果难以实现；各方可能无法就如何整合其互补资源达成一致意见，并且每个合作伙伴在其联盟组合中的其他联盟，随着时间的推移也可能会影响这个联盟的业绩。[48]

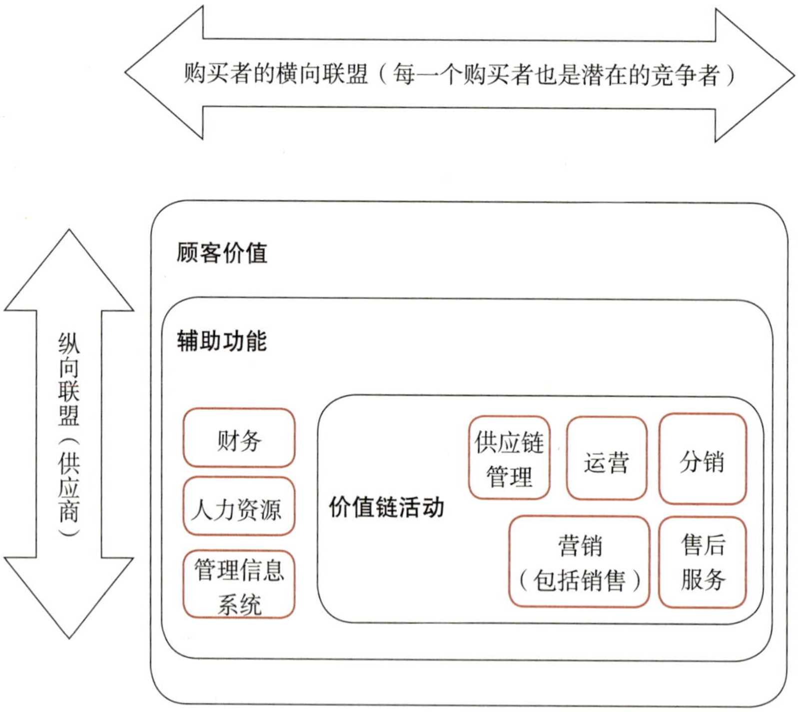

图9-3 纵向和横向互补型战略联盟

竞争性反应战略

正如第5章所讨论的，竞争者会采取竞争性行动（战略性和战术性）攻击对手，或者对竞争者的行动（战略性和战术性）做出竞争性反应。业务层战略联盟可以用来回应竞争对手的攻击。如引例中讨论的，谷歌、英特尔和泰格豪雅形成联盟是对苹果公司推出 iWatch 的战略性行动的战略性反应。由于逆转的难度非常大，运作成本也很高，因此，战略联盟主要用来形成战略性行动而不是战术性行动，并且以相似的方式回应竞争者的行动。

2007 年 10 月，SABMiller 公司和 Molson Coors Brewing 公司达成了合作关系。当时，这两家公司分别占据美国啤酒市场第二大和第三大市场份额。形成的这家合资企业命名为米勒康胜公司（MillerCoors LLC），控制着美国啤酒市场大约 29% 的市场份额。然而，安海斯 – 布希公司（Anheuser-Busch）占据了 49% 的市场份额。实际上，米勒康胜公司的成立是对安海斯 – 布希公司的规模和运营范围的一种回应（2008 年，英博公司（InBev）收购了安海斯 – 布希公司，缔造了全球最大的啤酒商）。这表明合作能够通过整合公司之间的运营带来成本的显著下降，以及形成创造规模经济的能力。一位公司的高管说道："SABMiller 和 Molson Coors Brewing 合作，将使它们成为美国啤酒市场中比各自运营更为强劲、更有竞争力的啤酒商。"分析师对这一说法表示赞同，其中一位分析师提到，这一合作将为两家公司带来"大幅度的规模扩张，这将有助于它们面对零售商和渠道商，并有助于它们侵蚀安海斯 – 布希公司第一大市场份额的竞争优势"。然而，由于合资企业米勒康胜导致行业内竞争减少，啤酒价格意外上涨。事实上，经济学家进行的一项研究发现，合资企业建成后，啤酒产品的价格上涨了 17% ～ 18%，比其他因素可以解释的价格上涨高出 8 个百分点。因此，那些作为竞争性反应的产物，特别是导致整体竞争减少的联盟，可能会产生一些意外结果。[49] 多年来，这一合作成功地回应了竞争对手，但如今消费者的偏好从淡啤酒向精酿啤酒、鸡尾酒转变，米勒康胜公司正在与消费者偏好的竞争中努力挣扎。[50] 因此，寻找各种方式以有效管理并推动联盟向前发展，对公司未来非常关键。

降低不确定性的战略

公司有时会利用业务层战略联盟来规避风险和不确定性，尤其是在快周期环境中。[51] 这些战略还可以用于其他一些存在不确定性的情况，如进入新的产品市场，尤其是进入一些新兴经济体。为进入新市场而开发新产品和进入新兴市场往往伴随着重大风险。因此，为了减少或平息上述两种情况带来的风险，企业往往与新兴市场企业分别结成研发联盟和战略联盟。[52]

混合动力汽车与驱动其运行的电池之间的关系带来了一种不确定性，为此，一些联盟正在逐渐形成以减少这种不确定性。更确切地说，电池制造商的行业产能无法满足混合动力汽车的电池需求。电池供应的不足也给汽车制造商带来了更多的不确定性。为了减少这种不确定性，汽车制造商纷纷建立联盟。例如，戴姆勒（Daimler AG）与特斯拉（Tesla）形成了战略联盟，通过该联盟，戴姆勒购买了特斯拉的电池用于其 Smart 牌迷你小汽车和 Freightliner 牌卡车。戴姆勒最初购买了特斯拉 9% 的股份，然后逐步出售，直到 2014 年出售了最后 4% 的股份。戴姆勒和其他汽车制造商正在向市场推出大量新型电动汽车，为特斯拉带来了激烈的竞争。[53]

我们将在"战略聚焦"专栏中进一步讨论特斯拉。如你所见，联盟对于该公司当前的运营非常关键，从长期来看，毫无疑问也会影响特斯拉实现成功的能力。

战略聚焦 特斯拉关键战略联盟的流失及其高效运营面临的挑战

特斯拉成立于2003年，是一家电动汽车生产商，在刚成立的时候以结成很多联盟的方式进行竞争。例如，为了联合设计和生产一款能够控制汽车电池发热的系统，特斯拉和德纳控股公司（Dana Holding Corporation）形成了研发合作。总之，特斯拉与很多企业合作建立价值链以用于生产产品。从这一意义上来讲，这些联盟涉及供应商、研发企业，甚至是原件生产商，例如戴姆勒。戴姆勒和特斯拉合作的一个项目是B级电动汽车，这是一款梅赛德斯－奔驰全电动汽车。其他的联盟包括与法国一家企业Sotira的非股权战略联盟以及与日本松下（Panasonic）的股权联盟。和Sotira合作是为了生产汽车的碳纤维车身，特斯拉的电池组也是和松下合作生产的。

有意思的是，凭借其在电池领域的专业技能，特斯拉很可能成为一家电池企业而不是一家汽车生产商。支持这一观点的是，有评论指出特斯拉打算制造和销售可用于家庭和电业企业的电池。特斯拉决定建造并运营一个1 000万平方英尺的工厂（称为Gigafactory超级工厂）来生产电池，这显示出特斯拉有能力生产一系列不同功能的电池。有意思的是，Gigafactory的规模已经使得特斯拉可以生产出远远超过电动汽车需求的电池。超级工厂的规模使得特斯拉生产的电池数量超过了公司对其汽车的需求。

2015年初，苹果宣布了一个内部项目，这个项目旨在发展苹果品牌电动汽车。这个项目的名字是“Titan”，一开始的方向是设计一款类似于小型货车的汽车。早期的评估是如果苹果决定进入电动汽车市场，那么它打算和特斯拉直接竞争。与此同时，苹果这个项目遇到的挑战在于不确定性，尤其是苹果公司的模式一直都是在决定放弃一个创新之前会一直研究产品原型。此外，即使苹果公司决定要这样做，设计和生产一款电动汽车的复杂性也使得苹果必须花费几年的时间才能将自己的产品引入市场。一些分析人士预测，苹果最终可能会与特斯拉合作。但是，苹果最近宣布，它正在与大众汽车合作开发一款自动驾驶电动汽车。

然而，特斯拉面临的最大问题并不是苹果，而是它正在失去其合作伙伴。最近，戴姆勒和丰田都终止了与特斯拉的合作关系，并出售了在特斯拉的原始股权。与宝马和沃尔沃一样，这两家公司都计划在电动汽车市场展开激烈竞争。因此，它们很可能成为特斯拉的主要竞争对手。一些分析师预测，到2021年，这四家公司将在电动汽车市场占有更大份额。

特斯拉的问题比这四个竞争对手要严重得多。最重要的是，特斯拉存在严重的生产问题，在汽车产量方面远远达不到目标（其目标是每年生产50万辆汽车，但迄今为止只生产了约4万辆）。例如，特斯拉生产一辆汽车需要超过90小时的劳动力，而丰田生产一辆汽车则需要约30小时的劳动力。特斯拉在战略联盟方面也存在问题，特别是与其供应商之间存在矛盾。特斯拉要求供应商在更短时间内提供更多零部件，这给它们施加了巨大的压力。有意思的是，特斯拉试图将大部分零部件生产内包，以避免使用更多供应商，而其他大多数汽车制造商则拥有数以千计的外部供应商。特斯拉无法和其部分供应商保持良好的关系，2018年，特斯拉甚至要求它们退款，以降低成本，实现盈利。尽管特斯拉遇到了上述问题，但它在2018年签署了协议，开始在中国上海建设一座新的制造工厂，并拥有100%所有权。

只有时间才能证明特斯拉是否会成功。由于失去了许多重要的联盟合作伙伴，以及需要应对建立高效生产流程而面临的所有挑战，这将会是一场艰难的战斗。

资料来源：L. Kehnscherper, 2018, German electric cars could catch up with Tesla in just a few years,

Bloomberg, https://www.bloomberg.com, July 12; N. E. Boudetter, 2018, Tesla's latest aim: Build 500,000 cars a year in China, *New York Times*, https://www.nytimes.com, July 10; T. Randall, J. Eidelson, D. Hull & J. Lippert, 2018, Harder than rocket science, *Bloomberg BusinessWeek*, pp. 36-41; A. Wahlman, 2018, Apple ignores Tesla, instead partners with Volkswagen, Seeking Alpha, https://seekingalpha.com, May 24; R. Harding, 2017, Toyota sells stake in Tesla as partnership dies, *Financial Times*, https://www.ft.com, June 4; C. Bryant, 2017, Mercedes vs. Tesla is an epic tale, *Bloomberg*, https://www.bloomberg.com, April 12; K. Finley, 2015, Tesla isn't an automaker. It's a battery company, *Wired*, www.wired.com, April 22; D. Wakabayashi & M. Ramsey, 2015, Apple gears up to challenge Tesla in electric cars, *Wall Street Journal Online*, www.wsj.com, February 13.

减少竞争的战略

为了减少竞争而采取的共谋战略与战略联盟存在很大的区别，因为共谋战略经常是一种违法的合作战略。共谋战略主要有两种类型：显性共谋和隐性共谋。

显性共谋（explicit collusion）是指两个或多个公司就产量和价格直接谈判，达成一致意见。[54] 在美国和大多数发达国家（受管制行业除外），显性共谋战略是违法的。因此，采用与其他公司显性共谋战略的公司应该意识到，竞争对手和监管机构会对公司的竞争性行动的合法性提出质疑。

隐性共谋（tacit collusion）是指行业中的若干公司通过观察相互间的竞争性行动和反应，进行产量和价格的非直接协商。[55] 隐性共谋往往发生在由少数几个大型公司所垄断的行业中。隐性共谋会导致行业的产量低于完全竞争水平，并且价格高于完全竞争时的价格。除了对某一特定行业竞争状况的影响，研究显示，两家公司的合资或者合作可以减少这两家公司在其他市场上的竞争。[56]

如上所述，隐性共谋作为一种业务层面的战略，可以减少高度集中的行业内的竞争，比如航空业和谷类早餐业。航空业的研究显示，隐性共谋会降低服务质量和准时性。[57] 这些行业中的公司意识到，它们之间是相互依赖的，也就是说，它们的竞争性行动和反应会极大地影响对手针对自己的竞争性行为。因此，对相互间依赖关系的认识以及对竞争对手的仔细观察，导致了隐性共谋的产生。它也可能发生在其他行业。例如，我们之前提到过，合资企业米勒康胜导致米勒康胜和安海斯 – 布希啤酒的价格大幅上涨。当一个行业的价格高于其竞争水平时，占支配地位的企业使用了隐性共谋合作战略的假设是合乎逻辑的。

双向忍让（mutual forbearance）是隐性共谋的一种形式，即公司对于在多元化市场上遇到的对手不采取任何竞争性行动。通过参与多元化市场的竞争，公司相互之间可以学到很多知识，包括如何消除对手的竞争性攻击和反应造成的影响。一旦公司之间相互了解了，那么它们就会参与多元化产品市场上的破坏性竞争。[58]

总而言之，自由市场经济中的政府需要判断，竞争者是不是在不违反现有竞争规则的条件下采取合作战略来增强竞争。[59] 然而，评价共谋战略尤其是隐性共谋，是一项极具挑战性的任务。例如，证券分析师应该遵守公平披露规则（Regulation Fair Disclosure，Reg-FD），通过削弱分析师对私有化公司竞争优势关键来源信息的特权获取渠道以达到竞争对等，却反而促成了更多潜在的竞争。研究表明，这将会导致竞争公司之间更多的双向忍让，因为它们将更加了解竞争对手拥有的信息，将导致更多的隐性共谋。[60]

除了共谋以外，还可以采取其他措施来减少竞争。例如，企业可以通过战略联盟来积累知识。这样做可以帮助它们创造能力，使它们能够在策略上超过其竞争对手，甚至可能预先阻止竞争对手进入利基市场，或者阻止竞争对手占领市场份额。[61] 此外，一些公司还可能通过迅速采取行动争取和留住客户来阻止竞争。例如，一些公司迅速在整个供应链（包括联盟伙伴）中采用更环保的技术，以满足顾客对更清洁环境的期望。[62] 归根结底，单个公司必须分析减少竞争的战略对它们的业绩和竞争力产生的影响，以及这种战略是否会促进或阻碍公司的成功。

业务层合作战略的评价

公司利用业务层合作战略来提高竞争优势，将有助于公司在单一产品市场成功进行定位。有证据表明，互补型业务层战略联盟，尤其是纵向互补型战略联盟，最有可能为公司创造竞争优势，甚至是可持续的优势。[63] 横向互补型战略联盟通常难以维持，因为它经常是由相互竞争的公司形成的。[64] 例如，有些航空公司想要对服务于同一市场和相同顾客群的其他公司采取侵略性竞争，然而，发展规模经济以及共享资源的需要，使这些航空公司不得不进行合作，因此它们只能一边采取合作性行动和反应，一边采取竞争性行动和反应。在这种情况下，公司面临的挑战是，必须从合作性和竞争性兼具的行动中找到实现价值最大化的方法。

尽管为减少竞争和降低不确定性而形成的战略联盟也可以创造竞争优势，但这种优势比互补型战略联盟（横向和纵向）获得的优势持续的时间要短。原因在于互补型战略联盟更加关注价值创造，减少竞争和降低不确定性的战略联盟对这方面的关注比较少，该联盟主要是为了应对竞争者的行动或者降低风险，而不是主动攻击竞争对手。[65]

公司层合作战略

公司层合作战略（corporate-level cooperative strategy）是指公司为了扩大经营而与一个或多个公司进行合作的战略。多元化战略联盟、协同战略联盟以及特许经营是三种最常见的公司层战略联盟（如图 9－4 所示）。

公司层合作战略		
多元化战略联盟	协同战略联盟	特许经营

图 9－4 公司层合作战略

除了内部有机增长和并购，公司还可以通过多种手段来利用多元化和协同联盟，提升公司的业绩。[66] 当公司寻求通过多元化进入政府限制合并和收购的特定市场时，联盟就成了一种恰当的选择。与合并和收购相比，公司层战略联盟更具吸引力，因为它只要求较少的资源承诺[67]，所以可以增加公司多元化的灵活性。联盟还可以作为试探合作公司能否从未来的合并或收购中获益的有效手段。这种试探过程经常使合作公司将独特的技术资源和能力引入联盟。[68]

多元化战略联盟

多元化战略联盟（diversifying strategic alliance）是指公司通过共享资源来获得产品和市场多元化的战略。采用这一战略的公司通常通过寻求已有产品或新开发产品进入新市场（国内市场或者国外市场）。通过联盟管理多元化的财务成本较低，但往往需要更多的专门管理知识。由于中心公司对合作伙伴的控制较少，因此更需要管理多元化的专门知识。为了协调联盟活动，管理者必须相互协调并建立信任。此外，它们必须努力了解其不同的合作伙伴及其能力，以便在联盟中成功地进行协调。[69]

协同战略联盟

协同战略联盟（synergistic strategic alliance）是指公司通过共享资源来创造范围经济的战略。与业务层横向互补型战略联盟相似，协同战略联盟可以在合作伙伴的多种功能或业务间创造协同效应。[70]合作伙伴企业跨越各自的价值链，就是协同联盟的一个常见例子。当供应链合作伙伴共同结盟时，它们通常可以创造双方都能享受的协同效应。[71]资源共享的协同效应在联盟中更为常见，这种联盟能提供资源，帮助企业变得灵活，从而满足多种需要（例如，帮助它们建立多种能力）。事实上，一些拥有很强双元能力（也许通过联盟）的公司反过来也能够形成联盟，并搜寻其合作伙伴的特殊技能或资源（潜在的资源提供）。[72]

1999年，法国雷诺公司与日本日产公司达成了合作关系，由于这两家公司通过共享资源开发一个能用于生产雷诺或者日产品牌汽车的平台，追求实现范围经济，因此可以认为这是一种协同战略联盟。后来，三菱（Mitsubishi）加入了该联盟，使其成为世界上最大的汽车联盟。2017年，该联盟销售了超过1 060万辆豪华汽车。[73]宝马依赖与中国汽车制造商华晨汽车公司（Brilliance）的合作（合资公司是BBA公司），实现在中国生产发动机和车模，包括"宝马3系和5系，以及小型X1 SUV"。事实上，宝马最近与华晨汽车签署了一项新的协议，将宝马品牌汽车在中国的产量扩大到2019年的52万辆。[74]这一关系对于宝马维持在中国的强劲销售至关重要，其全球销量的20%来自中国。

特许经营

特许经营（franchising）是指公司（授权方）把特许经营作为一种契约关系来描述和控制它与伙伴（被授权方）间的资源共享的战略。[75]特许经营是"一种商业组织形式，拥有成功产品或服务的公司（授权方）将其商标以及业务经营方法授权于其他公司（被授权方)，以换取一开始的特许经营费以及后续的提成费”[76]。通常而言，这种战略联盟的有效性取决于授权人如何更好地以具备成本效益的方式将自己的成功在多个合作伙伴之间进行复制。[77]与多元化和协同战略联盟一样，特许经营也可以替代合并和收购来帮助公司寻求发展。麦当劳、精品国际酒店（Choice Hotels International)、希尔顿酒店、万豪国际酒店、Mrs. Fields Cookies、赛百味和 Ace Hardware 都采用了特许经营这种公司层合作战略。

特许经营对细分行业尤其具有吸引力，如零售、酒店和汽车旅馆以及商业打印机。在细分行业中，有大量的中小型公司参与竞争，但是没有一家公司能占据统治地位，只能通过契约关系将大量独立的公司联合起来，以获得更大的市场份额。

在大多数成功的特许经营战略中，合作伙伴（包括授权方和被授权方）间都保持着密切的合作。[78]授权人的主要责任是发展完善程序，向被授权的公司传递在当地获得成功所必需的知识和技巧。[79]反过来，被授权公司应该就如何使它们变得更有效和更高效提供反馈意见。[80]

通过合作，授权公司和被授权公司可以找到加强公司品牌核心的方法，这也是授权公司在当地市场最重要的竞争优势。[81]

公司层合作战略的评价

每一种合作战略都会产生成本。[82]与业务层合作战略相比，公司层合作战略涉及的范围更广，也更复杂，因而实施过程中面临更大的挑战和更高的成本。

尽管成本高，但公司层合作战略的有效实施，可以使公司获得竞争优势并为顾客创造价值。[83]只有当联盟的成功经验内部化之后，公司才更有可能获得期望的优势。换句话说，形成和使用公司层合作战略的公司，也可以用这些战略来获取如何在未来获得成功的有用知识。为了使这些知识的价值最大化，公司应该收集联盟中的知识，并利用恰当的方法将这些知识在内部成员间传递。

正如第6章所解释的，在使用公司层战略时，公司需要回答两个问题：公司应选择参与哪些业务和产品市场的竞争？公司应如何管理运作这些业务？在形成公司层合作战略时，公司也需要回答这两个问题。因此，公司必须使这些战略和管理方式有价值、稀缺、难以模仿以及不可替代（见第3章)，只有这样，公司才能除了获得业务层合作战略带来的好处，还获取更多的竞争优势。(本章后面的内容将讨论作为公司其他潜在竞争优势的联盟管理。)

国际合作战略

在新的竞争环境下，公司会为了多个不同目的而进行跨国交易。在第7章中讨论过跨国收购——一个国家的公司收购另一个国家的公司的行为。第8章中也描述过公司如何利用跨国收购进入国际市场。本章介绍的是作为一种国际合作战略的跨国战略联盟。因此，如我们在第7、8章以及本章中所讨论的，为了实现几个相关的目标，公司将参与到跨国活动中。

跨国战略联盟（cross-border strategic alliance）指总部位于不同国家的公司决定整合各自的资源来创造竞争优势的战略。跨国联盟已经渗入所有行业，并且数量还在不断增加。[84]有时，这些联盟也可以替代风险更大的合并和收购。尽管跨国联盟相当复杂且难以管理[85]，但仍能帮助公司整合资源，从而在外国市场创造价值。通过这一联盟，双方在研发、采购、生产流程方面展开合作，某种程度上是为了能够在世界各地的市场中创造出单独一方无法创造出的价值。福特和马恒达（Mahindra）组成了一个战略联盟，这将使两家公司能够在开发面向印度市场的新汽车时将两者的互补能力结合起来。福特将获得马恒达为新兴市场设计和制造汽车的经验，而马恒达将获得福特的技术能力。两家公司都为从该联盟中获益做好了准备，虽然这个概率很高，但它们在实现所预期的成功时也将面临多重挑战。

本国市场有限的增长机会以及外国政府优惠的经济政策，是公司建立跨国联盟的两个主要原因。在某些国家，本地所有权是一个非重要的国家政策目标。例如，在印度和中国，政府的政策更倾向于给本地公司经营权。因此，第8章所讨论的进入模式已经不适用于寻求地域多元化的外国公司。在这种情况下，外国公司的投资只能通过与当地公司的合作来进行，比如建立跨国联盟。另一个非常重要的事实是，与当地合作伙伴建立战略联盟可以减少直接进入外国市场的不利条件，比如公司对当地文化及制度规范认识上的欠缺。然而，要克服这些劣势，需要合作伙伴之间建立信任，这比建立国内战略联盟更加困难。建立信任可能需要高效的、可以与合作伙伴构筑信任关系的国界跨越者。[86]跨国战略联盟还可以从不同的经营视角帮助公司，因为当地公司拥有大量信息，如本地市场、资本的来源、法律程序以及相关政策，这些信息对公司获得竞争成功有非常大的帮助。[87]有趣的是，研究结果显示，参与国外经营的公司比只在本土运营的公司生存的时间更长，但是如果外国子公司之间存在竞争，那么生存的时间也会缩短。[88]

总体来说，跨国战略联盟比国内战略联盟更加复杂，风险也更高。2015年，空中客车公司和韩国航宇工业公司（Korea Aerospace Industries Ltd.）实现了联盟，复杂性和风险性则是随之而来的可能影响因素。这两家公司的联盟是为了在韩国生产至少300架军用和民用直升机。[89]合作双方承诺设计并生产出“下一代轻型民用和军用直升机”以满足韩国的消费者，这一点体现了其复杂性。风险性则体现于在合理的时间期限内设计出下一代产品并且以合理的成本生产这些产品，需要依赖一些独特的、公司特有的文化和实践。虽然存在着这些风险，但空中客车和韩国航宇工业等公司仍然选择了形成跨国战略联盟，其中的部分原因是参与国际竞争的公司往往要胜于仅仅在国内展开竞争的竞争者。

战略聚焦　福特和马恒达的跨国战略联盟：开发未来汽车

多年来，福特一直在印度生产并销售汽车。事实上，2018年，福特在印度销售了它的第100万辆汽车。总的来说，福特为了在印度建厂已经投资了将近20亿美元。2010年，福特开始在印度建立两家新的制造工厂，以适应增长的市场。然而，福特在印度的销售情况令人失望，因此该公司开始出口在其新工厂中生产的汽车。福特并不是唯一一个未能征服印度汽车市场的公司；菲亚特克莱斯勒（Fiat Chrysler）、通用汽车和大众汽车在印度市场都遇到了麻烦。铃木（Suzuki）和现代（Hyundai）超越了它们，占据了主要的市场份额。

福特仍然致力于印度市场，并决定采取不同的方式。它与马恒达建立了战略联盟，合作为印度和其他新兴市场开发专门的汽车。它们对于在以下方面进行合作达成一致：

- 利用马恒达现有平台合作开发新款 SUV；
- 合作开发一款新型商务型 SUV 和一款新型电动汽车；
- 共用包括发动机和变速箱在内的动力传动系统。

这个新的联盟旨在提供福特的知识和专长，更好地服务于包括印度在内的新兴市场，因为马恒达在印度是领先的皮卡和 SUV 制造商。另外，该联盟将为马恒达提供获得福特技术的途径，这可能对其电动汽车的开发尤其有益。马恒达希望进军美国汽车市场。它已经是美国拖拉机市场的第三大品牌，并且试图进入美国越野车和皮卡市场。

福特对该联盟的潜在成功持非常积极的态度。福特预计，在可预见的未来，印度汽车市场将以每年 8% ～ 10% 的速度增长。该公司还预计，其在印度的汽车销售增长将超过市场增长率。然而，行业分析人士对此表示怀疑，部分原因在于跨国战略联盟所面临的挑战。两家公司必须应对不同的企业文化和生产流程，并找到协调合作的方法。要做到这一点，需要在该联盟的两家公司领导人之间建立信任。显然，福特在与联盟伙伴合作方面具有更丰富的经验。福特与通用汽车等其他行业领军企业结成联盟，并考虑与大众汽车开展合作。尽管福特和通用汽车是主要的竞争对手，但它们已经合作开发了一款十速自动变速器，两家公司生产的汽车都将使用该变速器。福特与大众汽车的战略联盟正在考虑中，该合作可能包括几款新产品的开发，面包车预计将是开发重点之一。与行业竞争对手结盟是应对不断变化且需求日益增长的全球市场的一种手段。

时间会告诉我们，福特和马恒达的战略联盟是否会成功，它们是否会从该联盟中获得期望的利益。

资料来源：P. Luthra, 2018, Ford India expects to grow faster than sector, working with Mahindra on electric vehicle, *CNBC*, https://wwwcnbctv18.com, July 17; A. Tsang, 2018, As auto industry transforms, Ford and Volkswagen consider an alliance, *New York Times*, https://www.nytimes.com, June 20; S. S. Mohile, 2018, Mahindra, Ford Motor enter second phase for a potential alliance, *Business Standard*, https://www .business-standard.com, March 23; D. Kiley, 2018, Ford and Mahindra to build SUVs and EV together, *Forbes*, https://www.forbes.com, March 22; J. Rosevear, 2018, Why Ford and Mahindra are teaming up on SUVs and EVs for India, *The Motley Fool*, https://www.fool.com, March 22; 2017, Ford explores strategic alliance with India's Mahindra, *Automotive News*, http://www.autonews.com, September 18; J. Rosevear, 2016, Why Ford and General Motors teamed up on transmissions, *The Motley Fool*, https://www.fool.com, May 22.

网络合作战略

除了与独立公司形成战略联盟，越来越多的公司开始通过多个网络联盟开展合作。[90] **网络合作战略**（network cooperative strategy）是指公司通过建立多重关系来实现共同目标的战略。

思科公司通过它的全球合作网络与大量公司建立了联盟，包括 IBM、爱立信、日立、CA 技术（CA Technologies）、富士通、英特尔、诺基亚和威普罗。思科公司通过联盟战略驱动发展，使自身与其他竞争对手差异化，进入新的业务领域并创造竞争优势。最近，思科公司每年来自联盟的收入超过 50 亿美元。有时候，思科公司形成的个体联盟中的一些公司，也与思科公司成了网络联盟，来实现其共同目标。[91]

思科仍然与联盟（包括网络联盟）中的许多公司保持竞争，这足以说明网络合作战略的复杂性。例如，由于思科销售服务器并提供相应的服务，因此它与 IBM 是竞争对手；同时，思科与 IBM 之间的联盟活动也非常积极，两家公司的安全部门进行协作，为客户提供更安全的环境，更好地支持运营商和合作伙伴降低安全威胁。[92] 总而言之，思科和 IBM 之间兼具合作和竞争的关系说明了使用这一战略的公司在不断增加，它们通过在众多市场（国内和国际）上提供产品和服务来为顾客创造价值。

当公司都聚集在同一区域时，网络合作战略的效率会更高[93]，如美国加利福尼亚州的硅谷和意大利罗马的航空产业集群。合作伙伴在共享资源的过程中形成的有效社会关系和交流，增加了网络合作战略成功的可能性[94]，就如同战略中心企业一样（第 11 章将详细讨论战略中心企业）。网络中的公司可以通过多种途径获取信息和知识，并且利用这些信息来生产更多、更好的创新产品。因此，网络联盟中的公司往往更具创新性。[95] 但是，网络合作战略也存在缺陷，比如公司可能会仅局限于与现有合作者合作而放弃与其他公司发展联盟的机会。在一些特殊的网络结构中，如日本的企业集团（keiretsus），只要网络中的公司提出获得支持的要求，其他公司就要给予帮助。这样的义务有时会成为公司的负担，从长期来看，也会给公司的业绩造成负面影响。[96]

网络联盟的类型

网络合作战略的一个重要优势是公司可以接近合作伙伴的合作伙伴。公司进入多个联盟也可以分享到更多的资源，从而大大增加获得额外优势的可能。[97] 反过来，新能力的开发又进一步推动了产品的创新，这对公司获得全球经济下的战略竞争力是至关重要的。

利用网络合作战略形成的一系列战略合作伙伴关系称为网络联盟。行业条件的差异会导致不同的公司网络联盟的形成。在成熟行业中，顾客的需求相对固定和可预测，因而形成的是稳定网络联盟。通过这种联盟，公司可以不断延伸竞争优势，还可以从核心的、相对成熟的行业中持续获取利润。因此，建立稳定的网络联盟主要是为了实现经济效益（规模和 / 或范围经济效益），比如航空行业和汽车行业就是如此。[98]

动态网络联盟经常出现在产品创新频繁和短产品生命周期的行业中。[99] 苹果公司和 IBM 公司就是在这样的行业中竞争。苹果和 IBM 各自与其他公司合作开发零部件，这些零部件对于提供促使其成功的核心产品至关重要。因此，多家公司之间的关系网络是实现苹果和 IBM 各自追求目标的基础。

在动态网络联盟中，合作伙伴不断探索新想法以及产品创新的可能性，并且进入和开发新的市场。研究表明，那些在公司与公司之间形成关系中发挥经纪人作用的公司仍然会是重要的网络参与者。[100]在软件和制药这样的行业中，大公司经常与较小的创业公司建立联盟关系来开发创新产品。此外，小型律师事务所通过与大型律师事务所合作，为其客户提供关于知识产权保护的法律咨询。这样，小公司可以更好地为客户服务，而不必额外雇用昂贵的专利律师。[101]小公司在网络联盟中成功地与大公司合作的一个重要结果是，它们通过与较大的合作者合作而建立信誉。[102]

合作战略的竞争性风险

简单地说，许多合作战略都以失败告终。事实上，有证据表明，2/3 的合作战略在开始的两年中都存在严重的问题，50% 的联盟最终走向失败。如此高的失败率表明，即使合作可以产生互补和协同效应，联盟的成功也绝非易事。[103]谁都不愿意失败，但如果失败，我们可以从中吸取宝贵的教训，也就是说，公司应该仔细研究合作战略失败的原因，学习如何成功地建立和管理联盟，以避免今后再次失败。[104]图 9－5 中列举了合作战略的竞争性风险。在“战略聚焦”专栏中，我们将讨论一些失败的合作战略以及导致失败的可能原因。

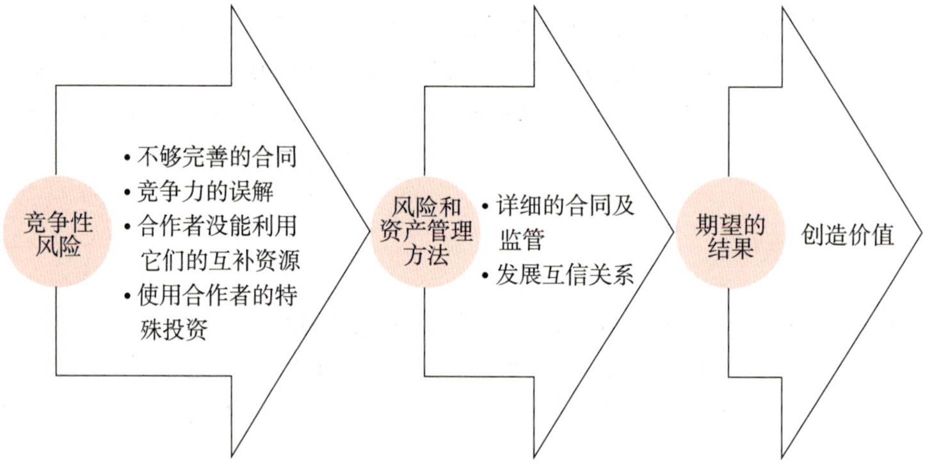

图 9－5 合作战略中竞争性风险的管理

合作战略的第一个风险是合作者的机会主义行为。为了探测北冰洋地区的石油，英国石油公司（BP）与俄罗斯石油公司（Rosneft）成立了一家合资企业。出于对俄罗斯石油公司的主要所有者俄罗斯政府的担心，其他少数联盟者对该合资企业的投资额降低了 50% 的价值。[105]总的来说，当正式的合同无法约束合作者，或者在成立联盟时错误地估计了合作伙伴的信任度时，就会发生机会主义行为。很多时候，采取机会主义的公司总是希望尽可能多地获取合作伙伴的隐性知识。[106]因此，在实施合作战略时，全面了解合作伙伴的需求可以减少公司遭受机会主义行为的可能。[107]有趣的是，英国石油公司和俄罗斯石油公司同意在 2017 年解散它们在德国的合资企业，该合资企业的重点是炼油和石油化工产品。然而，2018 年，尽管存在各种各样的问题和美国与西欧国家对俄罗斯的经济制裁造成的挑战，英国石油公司和俄罗斯石油公司仍然拥有另外三家活跃的合资企业。显然，英国石油公司在这些战略联盟中看到了重大机遇，并试图应对与这家俄罗斯公司合作可能带来的巨大风险。[108]

合作战略的第二个风险是，联盟中的一方错误地理解了另一方的资源，这也会导致联盟的失败，尤其是当合作伙伴的贡献是以无形资产为基础时，这种风险更容易发生。例如，对本土市场条件的知识就是一种典型的无形资产，公司经常忽略这种知识而对合作者的能力产生误解。这种类型的风险表明了仔细选择联盟伙伴的重要性。为了防止最初的联盟失败，一些公司通过识别其他潜在的合作伙伴来减小这种风险。拥有“后备”供应商是供应链联盟中常用的方法。[109]

在大型医药公司与外包公司形成的非产权战略联盟合作关系中，可能存在着“对可获得资源的误解”这种风险。医药公司将医药安全监管外包给其他公司，这些公司声称自己拥有成功完成各项监管任务所必需的人力资源技能。但是对（外包）活动持批判态度的人表示，药物监管难度很高，不仅需要生物化学和医药学知识，还要有丰富的完成监管任务的经验和娴熟技术，并且向外包活动的转变会带来一些风险，即可能会忽略了某些致命的副作用。尽管如此，一项研究发现，约 66% 的公司会至少将部分药品的安全监管活动外包出去。[110] 因此，医药公司可能需要谨慎监管它们的合作伙伴所提供的人力资源质量，以完成复杂的监管工作。

合作战略的第三个风险是，合作的一方没有按照合作战略的约定将互补的资源（如最先进的技术）与另一方共享。当公司建立国际合作战略时，这种风险更为常见。[111] 这是因为在这种情况下，不同国家语言和文化上的差异会导致对合同内容以及双方期望的错误理解。

合作战略的最后一个风险是，联盟一方进行专用资产的投资而另一方却没有。例如，一方利用能力和资源来开发只能用于生产联盟的相关产品的设备，另一方却没有进行联盟专用资产的投资，那么前者将处于不利地位，它从联盟获得的收益可能达不到应得的回报。

管理合作战略

合作战略是公司成长和提高绩效的重要途径，但是管理合作战略的难度相当大。由于不同组织具有的有效管理合作战略的能力是不一样的，因此，将合作战略的管理责任赋予水平更高的管理者或管理团队，可以提高管理的有效性。反过来说，公司具有的成功管理合作战略的能力也是一种竞争优势。[112]

承担合作战略管理责任的一方应该采取必要的行动来协调相互间的活动，从以前的合作中汲取经验，并弄清应该在何时由谁来有效地管理联盟。公司还要学会如何有效地管理合作协议中涉及的有形和无形资产（如知识）。合作者经常因为片面地重视有形资源的管理而忽略了合作关系中无形资源的管理。[113]

成本最小化和机会最大化，是公司管理合作战略的两种主要方法。[114] 在成本最小化管理方法中，公司与合作伙伴需要签订正式的合同。合同中明确规定如何监督合作战略，以及如何控制合作者的行为。正如我们前面所讨论的，通用汽车与上汽集团成立的合资公司大部分是通过正式的合约关系进行管理的。成本最小化方法的主要目的是使合作战略的成本降到最低，并防止合作者的机会主义行为。

机会最大化的重点在于使合作者创造价值的机会最大化。在这种情况下，合作者要充分利用各种机会来相互学习，开发更大的市场空间。这种方法中的正式合同较少，对合作者的行为约束也较少，因此，合作者可以探索不同的资源和能力的共享方式，从而以不同的方法创造价值。这似乎是我们前面所讨论的宝马和华晨联盟所采用的管理方式，它们正扩大在中国豪华汽车市场的份额。寻找新的合作方式也是该联盟成员组织在一起的目标之一。

这两种方法都可以使公司成功地管理合作战略。尽管成本最小化方法的初衷是减少成本，但该方法的合作战略监督成本却很高，因为形成详细的合同和监督机制都相当昂贵。尽管监督系统可以防止合作者谋求个人利益，但它也会影响合作者对新机会的积极反应，因为这些机会需要用到每一个合作伙伴的独特资源。因此，正式的合同和广泛的监督系统不仅需要投入和使用大量的资源，而且会扼杀合作者最大限度开发合作战略的价值的积极性。[115]

在使用机会最大化方法时，由于合同中缺少详细和正式的条款，因此，联盟公司之间必须保持信任，相信双方都会本着联盟利益最大化的原则来采取行动。在合作协议下，信任的心理状态是指坚信对方即使有机会，也不会利用合作伙伴的弱点来做任何事情。一旦合作双方相互信任，也就没有必要再去制定详细的正式合同[116]，联盟关系还会因彼此的信任而变得更加稳固。[117]与国内合作战略联盟相比，国际合作战略联盟内部的信任更难以建立，原因就在于贸易政策、文化、法律和政治上的差异。

研究表明，在使用机会最大化方法来管理合作战略时，合作伙伴间的信任可以增加联盟成功的可能性。信任也是影响和控制联盟伙伴行为的最有效手段。一旦公司值得信任，它将在开展和利用合作战略方面具有竞争优势。由于公司不可能将合作战略中的所有情况都详细地写进合同中，信任就变得越来越重要。对合作伙伴的信任可以减少公司对于无法用合同控制所有联盟细节的顾虑。[118]

本章小结

合作战略是通过公司间的合作来实现共同目标。战略联盟是合作战略的主要形式，联盟中的公司整合各自的资源和能力来获取竞争优势。合资企业（通过持有相同比例的股权来创建新公司）、产权战略联盟（通过持有不同比例的股权来创建新公司）和非产权战略联盟（通过合同来建立合作关系）是战略联盟的三种基本形式。第 3 章中讨论的外包是一种常见的非产权战略联盟。

共谋战略是合作战略的一种形式。在许多经济体中，显性共谋是违法的，除非得到政府政策的许可。随着全球化的不断深入，政府对显性共谋的制约越来越少。隐性共谋是指，公司进行暗中合作，将行业产量降到完全竞争水平之下，从而使价格高于完全竞争的价格。

公司利用战略联盟的原因会因市场条件的差异而有所不同，市场条件主要分为快周期市场、慢周期市场和标准周期市场。进入严格限制的市场（慢周期市场），快速从一种竞争优势转向另一种竞争优势（快周期市场），以及取得市场影响力（标准周期市场），是公司利用战略联盟的重要原因。

公司可以利用四种业务层合作战略来提高它在单个产品市场上的经营业绩：

- 通过纵向和横向互补型战略联盟，公司可以将价值链不同环节（纵向）或者相同环节（横向）的能力和资源整合在一起，来创造价值。
- 竞争性反应战略主要用来回应竞争对手的行动，尤其是战略性行动。
- 降低不确定性的战略主要是为了规避不确定性竞争环境（如新产品市场）带来的风险。
- 减少竞争的战略可以用来避免公司间的过度竞争，这样公司可以集中资源和能力来提高战略竞争力。

互补型战略联盟帮助公司获得竞争优势的可能性最大，减少竞争的战略获得竞争优势的可能性最小。

公司可以利用公司层合作战略来进行产品和 / 或地域多元化。通过多元化战略联盟，公司一致同意通过共享它们的资源和能力来进入新市场或生产新产品。协同战略联盟是指公司通过共享资源和能力来获得范围经济效应。横向互补型业务层联盟中的公司试图获得经营层面的协同效应，协同战略联盟与之类似，但它寻求的是公司层面的协同效应。特许经营也是一种公司层合作战略，授权人把特许经营权作为一种契约关系，来明确与被授权人之间如何共享资源和能力。

作为一种国际合作战略，跨国战略联盟形成的主要原因有：一是在国外市场参与竞争的公司的经营业绩好于仅在本国市场竞争的公司的业绩；二是政府会限制公司通过合并和收购来扩大规模。相对于国内联盟而言，跨国联盟的风险更大，尤其是当合作者没有完全弄清其他伙伴加入联盟的真实意图时。

网络合作战略是指许多公司同意建立多重关系来实现共同的目标。网络战略联盟的一大优势是，公司有机会接近合作伙伴的合作伙伴。网络合作战略既可以用来形成稳定的网络联盟，又可以形成动态的网络联盟。在成熟行业中，稳定的网络联盟可以将竞争优势延伸到新的领域。在多变的环境中。产品创新速度非常快，动态联盟可以作为一个创新的工具。

合作战略并非没有风险。如果合同不完善，或者合作伙伴错误理解了另一方的资源，或者没能让合作伙伴共享各自的能力，该战略就很有可能失败。不仅如此，在与合作伙伴的投资中，公司可能会因为专用资产的投资而被对方“敲竹杠”。

在成功的合作战略中，信任变得越来越重要。公司会高度重视与值得信任的公司之间的合作机会。一旦相互信任，合作战略就会设法最大化利用合作者之间的机会。如果缺乏信任，合作战略就只能通过正式的合同和广泛的监督来进行管理。在这种情况下，公司会以成本最小化而不是机会最大化来管理合作战略。

关键术语

业务层合作战略（business-level cooperative strategy）

互补型战略联盟（complementary strategic alliances）

合作战略（cooperative strategy）
公司层合作战略（corporate-level cooperative strategy）
跨国战略联盟（cross-border strategic alliance）
多元化战略联盟（diversifying strategic alliance）
产权战略联盟（equity strategic alliance）
特许经营（franchising）
合资企业（joint venture）
网络合作战略（network cooperative strategy）
非产权战略联盟（nonequity strategic alliance）
战略联盟（strategic alliance）
协同战略联盟（synergistic strategic alliance）

复习题

1. 合作战略的定义是什么？在21世纪的竞争格局下这种战略为什么如此重要？
2. 什么是战略联盟？公司为了获取竞争优势而形成的三种主要战略联盟是什么？
3. 四种业务层合作战略分别是什么？它们之间有何区别？
4. 有哪三种公司层合作战略？公司是如何利用这些战略来创造竞争优势的？
5. 公司为什么要使用跨国战略联盟？
6. 公司在使用合作战略时可能遇到的风险有哪些？
7. 成本最小化和机会最大化这两种管理合作战略的方法有什么区别？

微案例

未能达到预期成功水平的合作战略

大多数合作战略的复杂性增加了成功实施的难度。之所以存在这种复杂性，源于这样一个事实，即在某些项目上进行合作的公司同时也在相互竞争。如前所述，思科和IBM之间的关系就是这种情况，那些已经加入网络联盟的航空公司（如星空、寰宇和天合联盟）之间的关系也是如此。另一个复杂因素是，公司之间有时形成伙伴关系，而有些公司本身就是其他公司之间合作的产物。例如，福特汽车与碳纤维制造商DowAksa成立了一家合资企业，而DowAksa是一家由陶氏化工和伊斯坦布尔公司阿克萨（Aksa Akrilik Kimya Sanayii A.S.）成立的合资企业。福特和DowAksa合作的目的是想方设法开发出更便宜的碳纤维部件，这些部件可以用于福特汽车和卡车上。由于碳纤维比钢材轻得多，它有助于减轻汽车的重量，这反过来有助于提高汽车的汽油里程。我们可以看到，由于多种原因，合作战略的复杂性增加了有效实施战略的难度，并可能导致联盟失败。

红盒（Redbox）和威瑞森（Verizon）终止了它们的合作关系，该合作最初是为了红盒租赁业务中的流媒体订阅服务，但仅仅两年后就被终止了（Outerwall与麦当劳合伙创立了红盒。麦当劳希望通过旗下餐厅的租赁点销售DVD，以此吸引顾客，并为其提供独特的服务）。在与网飞和Hulu Plus等公司的竞争中，红盒的流媒体服务未能吸引到足够数量的用户，部分原因可能是它能够提供给用户的内容与其竞争对手雷同。与网飞和Hulu Plus不同，红盒没有开发自己的原创内容，无法为用户创造独特的价值。由于红盒和威瑞森合作提供的服务处于亏损状态，而且没有获得足够的用户数量，合作伙伴选择终止合作关系。

认真执行计划好的合作战略的操作细节是获得绩效的基础，也是成功的关键。例如，2015年年中，美国两家最大的太阳能电池板制造商——第一太阳能（First Solar）和太阳电力（SunPower Corporation）正在筹划组建一家合资企业，该合资企业将拥有并运营这两家公司的一些项目。它们认为，该合资企业会将“太阳电力的多晶硅技术与第一太阳能的薄膜平板技术相结合，并创造价值”。然而，太阳电力在2015年第一季度出现了亏损，部分原因是与第一太阳能落实合作细节的成本超过预期。这表明，公司之间落实合作关系必须找到高效且有效的方法，这是增加业务成功可能性的一种手段。

从之前的介绍中我们注意到，由 Molson Coors Brewing 和 SABMiller 合资建立的企业米勒康胜遇到了困难。一些分析人士认为，出现这种情况的一个原因是，尽管在合作的前六年，该合作伙伴关系通过创造规模经济，在大幅降低成本方面非常成功，但它未能增加两个重要产品（米勒淡啤（Miller Lite）和库尔斯轻啤（Coors Light））的市场份额。米勒康胜的情况表明，长期合作战略的成功不仅取决于为客户创造独特价值，找到降低运营成本的方法也非常重要。

资料来源：M. Armental, 2015, SunPower swings to loss on costs related to planned joint venture, *Wall Street Journal Online*, www.wsj.com, April 30; D. Harris, 2015, China joint ventures: How not to get burned, Above the Law, www.abovethelaw.com, February 9; Molson Coors, U.S. joint venture MillerCoors facing stiff challenges, *Wall Street Journal Online*, www.wsj .com, May 7; J. D. Stoll, 2015, Ford to develop carbon-fiber material for cars, *Wall Street Journal Online*, www.wsj.com, April 17; P. E. Farrell, 2014, The 7 deadly sins of joint ventures, *Entrepreneur*, www.entrepreneur.com, September 2; Q. Plummer, 2014, Redbox instant will be killed Oct. 7: A failed joint venture, *Tech Times*, www.techtimes. com, October 6.

案例讨论题

1. 在制定战略联盟和合资企业等合作战略时，公司遇到了哪些重大困难？
2. 和竞争对手的竞争在合作战略的最终成功中扮演什么角色？请解释。
3. 发展战略联盟需要付出什么成本？如何管理这些成本？
4. 合作战略的首要目标是成本最小化还是机会最大化？这两个目标能同时实现吗？请解释你的理由。

第3篇

战略行动：战略实施

10 公司治理

学习目标

1. 定义公司治理并解释为什么它可以用来监督和控制高层管理者的决策
2. 解释组织中所有权与经营权分离的原因
3. 定义代理关系、管理机会主义并描述它们的战略含义
4. 解释三种内部机制是如何监督和控制管理者的决策的
5. 讨论管理者报酬的类型及其对管理者决策的影响
6. 描述外部公司治理机制——控制权市场是如何约束高层管理者的决策的
7. 讨论在国际背景下，尤其是德国、日本和中国公司治理的特点
8. 描述公司治理是如何促使公司高层管理者制定道德决策的

引例 积极股东和公司治理

20 世纪 80 年代，积极的大股东通常会购买公司大量的股权，他们试图提高公司的债务总量，同时通过出售公司的业务单元来减少多元化经营，并通过大规模裁员实现规模的缩减。如果公司没有按照这些积极股东要求的去做，他们便会设法迫使公司以溢价回购他们的股票，这种行为通常称为“绿票讹诈”。如今，积极投资者仍在重复相同的把戏，不同的是，在他们背后我们似乎看到了机构投资者的身影。这些机构投资者通常受积极投资者的领导，并在各项行动中提供必要的支持，特别是在股东投票中。随着投入资金的增加，激进公司的数量也在增加。2017 年，积极型基金组织在其活动中投入了 620 亿美元，是 2016 年的两倍多。随着美国市场机会的减少，

美国积极投资者基金约 20% 的资金被用于购买跨国公司的股票。

积极投资者的一个基本策略是：通过给目标公司施压，迫使公司允许他们的代表参选董事会成员。另一个策略是：通过参与代理过程来提高影响力。在此过程中，他们有权提出决议，并要求进行投票。法院和美国证券交易委员会（Securities and Exchange Commission，SEC）允许股东参与代理过程，此举旨在为股东创造更多代理投票机会。也就是说，公司股东可以就积极股东提出的战略议题进行投票，也可以直接任命代表积极股东利益的董事会成员。

许多大规模且知名度很高的公司也受到了积极股东的影响，如杜邦、宝洁、雀巢、通用电气和劳氏等。例如，宝洁为了争取董事会席位，与以 CEO 尼尔森·佩尔茨（Nelson Peltz）为首的特里安基金（Trian Fund Management L. P.）发生了代理权之争。尽管宝洁赢得了代理投票，但宝洁仍然给了佩尔茨一个董事会席位。在担任董事会成员的同时，佩尔茨本人也放弃了食品公司蒙多列斯（Mondolez）的董事会席位（可能因为他担任的董事会席位过多，效率不高）。特里安在此前的一笔投资中获得了蒙多列斯的董事会席位。

积极投资者通常寻求股票回购，增加股息以及出售“不良业务”。例如，著名积极投资者卡尔·伊坎（Carl Icahn）持有纽威 6.7% 的股份，在一项和解协议中，伊坎除了任命一名新的董事会主席之外，还获得了 4 个董事会席位。然而，斯塔博德（Starboard）及其联合基金持有纽威略低于 5% 的股份，并试图取代其余董事会成员和 CEO。斯塔博德是最活跃的积极投资者之一，试图在购买股票时将所有董事会成员赶下台。纽威被描述成一个“生产所有产品的企业集团，从埃尔默胶水到咖啡机”，并宣称纽威需要缩小庞大的业务范围，高管也需要更换。纽威在一定程度上受到股东积极主义的影响，对高层管理者的监督力度将会越来越大。不可避免地，对公司治理的反对声也将日益高涨。

然而，积极投资者的方法也存在一定风险。威廉·阿克曼（William Ackman）名下的潘兴广场资本管理公司（Pershing Square Capital Management L. P.）就是一个例证。通常来说，积极投资者会通过领导层变革、股票回购以及违约赔偿的手段来给公司施压，以此提高股价。然而，另一些积极投资者的做法则恰恰相反，它们首先“做空”某只股票，然后放出负面消息，设法制造混乱。公司的股价下跌，而它们的空头头寸价值提高。潘兴广场资本管理公司正在做空康宝莱（Herbalife），但康宝莱的股价没有下跌，反而上涨了。阿克曼基金的股东一直在流失，因为它进行了一些大规模但糟糕的投资，比如对康宝莱的投资。

尽管股东积极主义给董事会制造了不小的麻烦，但是有利于改善整体的公司治理环境（尽管治理力度会加大），并为广大股东参与战略问题的讨论提供了一个平台。这些战略问题正是本书要讨论的内容。例如，积极人士追求更为强烈的长期薪酬方案，这些方案带来更好的长期业绩，比如对研发活动更多的投资。另外，业绩的巨大压力导致一些公司领导人“做假账”，引发更多欺诈行为。随着本章内容的展开，我们将对不同种类的公司治理手段及其目的进行介绍，从而帮助你对这些战略问题有更为深刻的认识。

资料来源：C. English, 2018, Activist Peltz leaving Mondelez board to join P&G's, *New York Post*, www.nypost, com, February 13; L. Fortado, 2018, Investing: activism enters the mainstream, *Financial Times,* www.ft.com, February 13; C. Lombardo, 2018, Starboard pursuing proxy fight at Newell Brands despite deal with Icahn, *Wall Street Journal*, www.wsj.com, April 4; E. Price, 2018, Investors are pulling out of Bill Ackman's hedge fund at a 'rapid pace', *Fortune*, www.fortune.com, April 5; S. Terlep & D. Benoit, 2018, Starboard to launch proxy fight to replace entire Newell brands board, *Wall Street Journal*, www.wsj.com, February 8; S. Dean, 2017, What is an activist investor? *Telegraph*, www.telegraph.co.uk, May 10; M. R. Denes, J. M. Karpoff, & V. B. McWilliams, 2017, Thirty years of shareholder activism: A survey of empirical research, *Journal of Corporate Finance*, 44: 405-424; C. Flammer & P. Bansal, 2017, Does a long-term orientation create value? Evidence from a regression discontinuity, *Strategic Management Journal*, 38(9):

1827-1847; C. P. Skroupa, 2017, 2017 and beyond—major trends shaping shareholder activism, *Forbes*, www.forbes.com, October 27; W. Shi, B. L. Connelly, & R. E. Hoskisson, 2017, External corporate governance and financial fraud: Cognitive evaluation theory insights on agency theory prescriptions, *Strategic Management Journal*, 38(6): 1268-1286; S. Terlep, 2017, Activist Nelson Peltz gets key boost in P&G proxy fight, *Wall Street Journal*, www.wsj.com, September 29.

正如引例中介绍的，公司治理是一项复杂的工程，它的任务是对公司的经营方式进行监督。从广义上讲，它反映了作为公司竞争框架的各种制度基础，这些制度通常是由国家制定的。在前面的章节中我们一直关注的是公司的战略管理过程，在本章中我们将把注意力放在公司治理机制上（我们也会研究国家层面的治理机制）。引例中积极股东的行为揭示了公司治理的复杂性和潜在问题（例如分权机制的有效性问题）。

从范围和复杂性等特征来看，公司治理是对公司及其领导者的责任提出的一个挑战。实践证明，公司治理是组织成功的关键，能否有效地应对这个挑战，决定了公司的兴衰。因此，它在战略管理过程中的作用越来越重要。[1] 例如，如果公司董事会对关键的战略领导者即 CEO 的选择、控制和薪酬支付方面出现失误，股东和公司就会遭受损失。相反，如果 CEO 受到激励而基于公司特别是股东利益最大化来采取行动，公司的价值就会有所增长。另外，公司董事会成员在有效的继任计划、适当的监督和制定政策等方面所做的努力，将对公司的业绩产生积极的影响。

公司治理（corporate governance）是指用来管理利益相关者之间的关系，决定并控制组织战略方向以及组织业绩的一套机制。[2] 公司治理的核心是寻找各种方法来确保决策（尤其是战略决策）的有效制定，并促使公司获取战略竞争力。[3] 公司治理机制还可以看成是建立和维持利益冲突各方（公司所有者和管理者）之间的和谐关系的一种方式。

在现代公司中，尤其是在美国和英国这种带有“西方化”特点的公司中，公司治理机制的主要目标是，确保高层管理者的利益与公司利益相关者（尤其是股东）的利益相一致。因此，公司治理机制需要监督所有者、管理者和董事会成员之间可能出现利益冲突的地方，如董事会成员的选举过程、CEO 薪酬的常规管理和主管报酬的集中管理，以及公司的整体战略方向。[4] 公司治理是一个持续的过程，它的许多特征会随着外部环境的不断变化而发生变化，我们在第 2 章讨论过这个问题。

公司治理近期受到全球普遍关注的原因是，最近一段时间，公司治理机制在监督和控制高层管理者的决策方面屡屡出现失误（正如引例中提到的，积极股东行为已经逐渐成为公司治理的焦点问题）。鉴于已经造成各种不希望出现的和无法接受的后果，各公司纷纷开始更换董事会成员，以求提高公司治理的有效性。吸引人们关注公司治理机制的另一个更加积极的原因是，有证据显示，运行良好的公司治理机制可以为公司创造竞争优势。[5]

前面曾指出，公司治理机制除了关注具体的公司，还会涉及国家。[6] 尽管公司治理机制反映的是公司的标准，但它也可以反映国家的社会标准。[7] 例如，为了确保董事会成员的独立性，每一个董事都需要努力掌握如何对公司内部控制进行有效的监督。[8] 这些努力是非常重要的，因为研究显示，公司会寻求在治理机制得到自己认可的国家进行投资。[9] 尤其是公司在考虑向新兴市场进行地域扩张的可能性时，更会对这种情况给予关注。

接下来，我们将描述作为现代公司建立基础的所有者和管理者之间的关系。我们还会用很大的篇幅来解释所有者用来控制管理者的各种机制，以确保管理者会遵守利益相关者利益最大化的基本原则。

现代公司主要使用三种内部治理机制和一种外部治理机制。本章将要描述的三种内部治理机制是：（1）所有权集中，表现在股东的类型及其监督管理者的不同动机上；（2）董事会；（3）管理者报酬。将要讨论的公司外部治理机制是公司控制权市场。从本质上说，这个市场由潜在所有者构成，它们寻求收购价值被低估的公司，通过更换效率低下的高层管理团队来获取超额利润。[10]然后，本章的焦点将转向国际公司治理的问题。我们将简要地介绍其他国家（除美国和英国之外）公司治理的方法。在某种程度上，这一讨论说明了无论是在发达经济体还是在新兴经济体，参与竞争的全球公司的治理结构正变得越来越相似。本章最后将讨论在组织中采用这些控制机制来鼓励和支持道德行为与社会责任的必要性。

所有权和经营权的分离

历史上，美国的公司一直是由创立者兼所有者以及他们的继任者来管理的。在这种情况下，公司的所有权和控制权就掌握在同一群人手里。随着公司不断发展壮大，“管理变革使大多数大型公司的所有权和经营权分离，在这些公司中，公司的控制权从企业家转移到职业经理人手中，所有权则分散到了成千上万毫无组织性的管理者手中，他们并不参与公司的日常管理”[11]。这些变化造就了如今这些以所有权和经营权的有效分离为基础的上市公司。支持这一分离的是一个基本的法律前提，即公司所有活动的主要目标都是增加公司的利润，并提高所有者（股东）的财务收益。[12]

所有权和经营权的分离为股东购买股票创造了条件，他们在支付费用后就可以获得公司的经营收益（留存收益）。然而，股东的这种权利要求其必须承担公司亏损的风险。为了控制这种投资风险，股东会同时投资多家公司来保持多元化的投资组合，从而降低整体风险。[13]因为投资组合中任何一家公司的业绩下滑或者破产不会对整个投资组合的价值造成太大的影响，所以股东只专注于控制他们的投资风险。

一般来讲，小公司的管理者往往持有公司较大部分的所有权。在这种情况下，小公司的所有权和经营权分离的程度比较低。另外，在大多数家族企业中，所有权和经营权没有显著地分离。研究显示，当家族企业的 CEO 由家族成员来担任而不是由外人担任时，企业的业绩会更好。[14]

在美国以外的很多国家，如拉丁美洲、亚洲和欧洲的一些国家，家族企业在竞争格局中占据统治地位。[15]这些公司的主要目标是增加家族的财富，这就是在这种企业中家族成员任 CEO 会比外人更好的原因。在美国公司中，家族所有权也是非常重要的，标准普尔 500 指数的成分公司中至少有 1/3 的公司是由家族控制着所有权，平均约占公司股权的 18%。[16]

家族控制的公司至少面临两个与公司治理相关的重要问题。首先，随着公司不断发展壮大，这些家族成员在有效管理公司并使家族回报最大化方面会出现技能欠缺，因此需要引入家族成员以外的人来管理公司。其次，随着公司的发展，由于需要寻求外部资本，必须放弃一部分所有权。在这种情况下，保护少数所有者的权利就很重要。[17] 随着公司的发展和日益复杂化，为了避免这些潜在的问题，公司的所有者兼管理者可以聘请管理专家。管理专家负责制定公司的主要决策，并根据制定决策的技能来获得报酬。研究发现，不掌握公司的主要控制权，却拥有影响决策的足够股权的家庭成员，更有可能制定出最佳的战略决策。[18]

如果没有那些承担风险的所有者（股东）和制定决策的管理者，公司的发展就会受到所有者能力的限制，因为在这种情况下，所有者既要负责经营又要制定决策。只有两者相分离，才能为公司所有者带来最高的回报。

代理关系

所有者和经营者的分离产生了代理关系。当一个或几个人（委托人）雇用另外的一个或几个人（代理人）作为决策制定专家来提供服务时，他们之间的关系就是**代理关系**（agency relationship）。[19] 因此，当一方为了获得另一方支付的报酬而为其承担制定决策的责任时，就产生了代理关系（见图 10-1）。

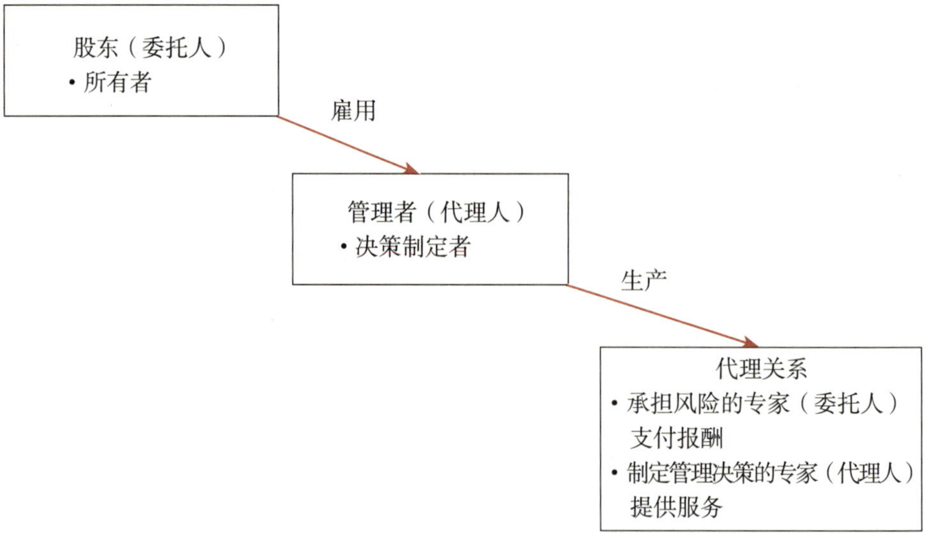

图 10-1 代理关系

除了股东和高层管理者之间的代理关系，经理与下属经理、顾问与客户、被保险人和投保人之间也存在代理关系。另外，在组织中，管理者和员工之间也存在代理关系。[20] 在本章中我们重点讨论的是所有者（委托人）和高层管理者（代理人）之间的代理关系，因为这些管理者负有制定和实施公司战略的责任，这些战略又对公司的业绩有重要的影响。[21]

所有权与经营权的分离也会产生很多问题。研究资料表明，现代公司中存在各种代理问题。[22] 由于委托人和代理人之间的利益和目标不一致，并且股东缺乏对大型上市公司的直接控制，因此不断涌现出各种代理问题。另外，当代理人制定决策时所追求的目标与委托人的目标发生冲突，也会产生代理问题。正是所有权和经营权相分离造成的委托人和代理人之间的利益冲突，使得管理机会主义有机可乘。

管理机会主义（managerial opportunism）是指通过欺诈（例如狡诈和欺骗）来谋求个人利益。[23] 机会主义不仅是一种态度（例如倾向），而且包括一系列行为（例如追求个人利益的具体行动）。[24] 委托人不可能预先知道代理人是否会采取机会主义行为。高层管理者的声誉也不能保证机会主义行为就一定不会发生，而且在机会主义行为发生之前，人们是不可能发现它的。因此，尽管只有少数代理人会做出机会主义行为，委托人还是要通过建立治理机制和控制制度来防止这种行为。有趣的是，研究显示，当 CEO 感觉被这些机制束缚时，更有可能寻求外部建议来帮助自己制定出更好的战略决策。[25]

代理关系说明，在任何时候，只要委托人将决策制定权给予代理人，就有产生利益冲突的可能。例如，高层管理者可能会做出使自己的个人福利最大化、个人风险最小化的战略决策[26]，这些决策又会阻碍股东财富的最大化。有关产品多元化的决策可以证明这一点。

代理问题的一个例子——产品多元化

正如第 6 章所解释的，产品多元化的公司层战略可以增强公司的战略竞争力并增加收入，这两方面都符合利益相关者的利益，当然也符合股东和高层管理者的利益。除此之外，产品多元化还可以为高层管理者带来股东享受不到的两个好处，这意味着，与股东相比，高层管理者更愿意进行产品多元化。[27]

高层管理者更愿意进行产品多元化的一个原因在于：产品多元化可以扩大公司的规模，规模的扩大又可以为高层管理者带来更多的报酬。多元化还会增加公司管理以及业务组合的复杂性，因而需要向高层管理者支付更高的报酬。[28] 总之，只要产品多元化程度提高，管理者就有机会获得更多的报酬。[29]

产品多元化为高层管理者带来的第二个额外好处是，可以降低他们的职业风险。管理者的职业风险是指失业、报酬减少和管理名声受损等。[30] 随着产品不断多元化，一个或有限几个产品线或业务的需求下降，不会给公司和高层管理者造成太大的影响，因而也就降低了高层管理者的职业风险。发生在洛克希德·马丁公司（Lockheed Martin）的事件就可以说明这些问题。

多年以来，洛克希德·马丁公司一直是美国联邦政府主要的国防承包商（政府是公司的主要客户）。尽管公司提供多种多样的产品与服务，但“2017 年，我们 510 亿美元的净销售额中有 69% 来自美国政府，无论是作为总承包商还是分包商（包括来自美国国防部的 58%）。其中 30% 来自国际客户（包括通过美国政府承包的对外军事销售）”[31]。不过，这一数字较 2014 年有所下降。2014 年，该公司 79% 的收入来自美国政府，其中 59% 来自美国国防部。通过相关收购和技术业务的增长（比如关注网络安全），该公司降低了依赖单一顾客的风险。洛克希德·马丁公司的 CEO 玛丽莲·休森（Marillyn Hewson）在 2016 年促成了以 90 亿美元的价格收购西科斯基公司（Sikorsky）（主要专注于直升机生产)。这次收购在当时看起来很昂贵，因为那时油价较低，因此对于直升机公司的主营业务之一——海上钻探的需求较低。然而，西科斯基的产品还有军事需求，而且一年后，石油采购价格随着对直升机需求的增加而上涨。[32] 同样，公司从内部开展的创新（利用现有的能力）促进了额外的医疗保健和网络安全的多元化销售。

代理关系的另一个问题源于自由现金流。经营性现金流减去资本支出就是自由现金流，它代表了公司投资于目前业务中所有正净现值的项目之后剩余的现金。[33] 高层管理者会将自由现金流投资于与公司当前业务不相关的产品线，以提高多元化的水平（正如洛克希德·马丁公司所做的那样)。但是，在管理者运用自由现金流实现多元化的过程中，如果无法为包括股东在内的利益相关者创造额外的价值，那么公司就属于过度多元化。过度多元化是典型的自私和机会主义行为。与管理者不同，股东更愿意将自由现金流以红利的形式分配，这样他们就可以自己控制现金的投资方向。[34]

图 10-2 中的 *S* 曲线描述了股东的最佳多元化水平。作为公司的所有者，股东会寻求一定水平的多元化，以减少公司完全失败带来的风险，同时又能通过发展规模经济和范围经济来增加公司的价值（见第 6 章）。图 10-2 中列出的四种公司层多元化战略中，股东更喜欢的是 *S* 曲线上 *A* 点所代表的多元化水平，*A* 点位于主导业务型和相关约束型多元化战略之间。当然，不同公司的所有者寻求的多元化的最佳点不尽相同。[35] 影响股东多元化偏好的因素有：公司所在的主要行业、行业内的竞争强度、高层管理团队实施多元化战略的经验、公司对与新业务有关的专业知识的掌握程度，以及对其他公司的战略的影响，如进入国际市场。[36]

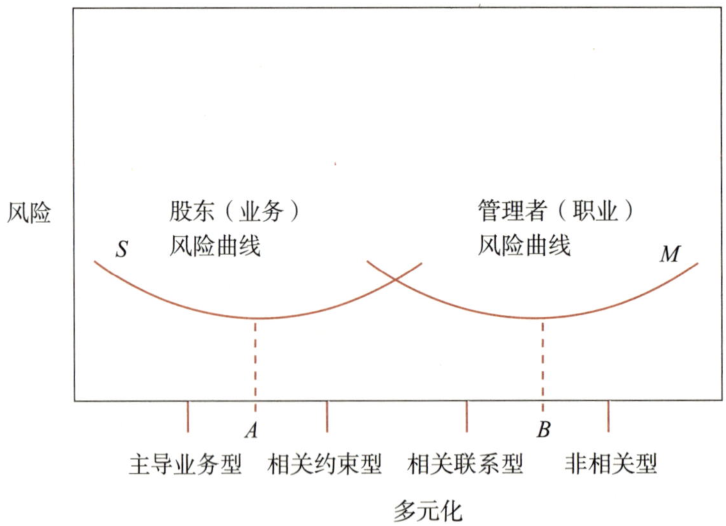

图 10-2 管理者与股东的风险和多元化

和委托人一样，高层管理者作为代理人也要寻求最佳的多元化水平。产品过度多元化导致公司业绩下滑，会增加公司被收购的可能。事实上，这种情况在“战略聚焦”专栏通用电气的案例中得到了说明。在这个案例中，特里安基金购买了相当一部分股票，并最终赢得了一个董事会席位，寻求在更集中的多元化范围内制定一个更加协调一致的战略。[37] 如果公司被收购，高层管理者的职业风险就会显著增加。另外，如果公司业绩很糟糕，则会对这些管理者在外部人才管理市场（第12章中讨论）上的受雇机会造成负面影响。因此，高层管理者的多元化倾向会受到一定的限制。一般来讲，他们所追求的公司多元化不会达到增加职业风险和降低雇用机会的水平。[38] 图10-2中的 *M* 曲线说明，与股东相比，管理者倾向于更高水平的产品多元化。*M* 曲线上的 *B* 点是高层管理者选择的最佳多元化水平点。

总体来说，股东倾向于更有风险的战略和更集中的多元化。股东会通过保持多元化的投资组合来减少风险。但是管理者无法通过供职于不同的公司来平衡他们的职业风险，因此更倾向于使公司的规模和他们的薪酬都能达到最大化，同时也能降低职业风险的多元化水平。对于管理者来说，找到最佳的多元化水平并非易事。研究表明，过度多元化会给公司的创新能力造成负面影响（管理者不愿意承担更高的风险）。相反，与公司能力相适应的多元化有助于提高创新水平。[39] 此外，过度或者不适当的多元化可能会分散管理者的注意力，令公司无暇顾及其他重要活动，比如企业社会责任。[40] 因此，产品多元化是一个潜在的代理问题，委托人需要花费一定的成本来控制代理人的行为。

战略聚焦 通用电气——复杂的多元化战略给董事会评估带来困难

正如我们在第6章中所指出的，鉴于一家公司试图同时管理多项业务，多元化公司面临的状况可能是相当复杂的。这对于管理者来说是一项艰巨的任务，对于董事会来说可能会更加复杂，尤其是对公司外部董事。鉴于大型多元化公司的总体复杂性，外部董事在很大程度上不得不依赖于经理人的分析。通用电气前CEO杰克·韦尔奇（Jack Welch）在20世纪80—90年代组建了一大批业务单元。尽管他的继任者杰弗里·伊梅尔特（Jeffery Immelt）在很大程度上处理了金融危机和通用金融（GE Capital）的资产剥离问题，但过度多元化仍然存在重大隐患。2016年12月，收益报告开始敲响警钟。来自特里安基金的尼尔森·佩尔茨在2015年投入了大量资金。当这笔投资在2016年开始贬值时，特里安基金和其他积极股东迫使CEO杰弗里·伊梅尔特离职，约翰·弗兰纳里（John Flannery）接任CEO职位。特里安基金的爱德华·加登（Edward Garden）随后成为该公司的董事会成员，负责监管特里安基金的投资。此时，特里安基金的投资已从最初的25亿美元缩水至17亿美元。

2018年年初，弗兰纳里试图挽救通用电气下滑的业绩，在通用电气的代理声明中提出了9名新董事会成员的名单，这意味着有一半的董事会成员将被替换。尽管在伊梅尔特的领导下通用电气已经进行了重大重组，包括出售通用金融的大部分股份、NBC环球（NBC Universal）和家电业务，但弗兰纳里宣布，他将试图出售价值800亿美元的其他资产，并提出裁员和其他成本改善措施。此外，通用电气一直在支付巨额股息，并回购股票，但这些资金大部分来自增加的债务。为了解决这个问题，弗兰纳里减少了股息支付，并提高了通用电气使用自由现金流的透明度。当这家拥有30万员工的公司对其业务组合进行战略审查，并决定如何削减成本和使用现金流时，加登在董事会的席位让特里安基金有机会了解董事会的审议情况和详细的财务结果。通用电气还在2018年年初对其收益进行了60亿美元的巨额冲销，这与其保险业务有关，而保险业务是通用金融业务中非常重要的一部分。

显然，由于债务负担的增加和这笔60亿美元的费用，董事会没有对其他事情加以监督，包括伊梅尔特使用的一架额外的私人飞机。此外，董事会还忽略了盈利计算方面的问题，以至于通用电气不得不重新申报2016年和2017年的盈利情况。这些疏忽导致了重大的治理结构调整，特别是9名外部董事会成员的更换，其中就包括积极董事会成员加登。

2017年年末，弗兰纳里宣布，通用电气未来将专注于三个核心领域：航空、电力和能源分配、医疗保健。公司重组面临的困难之一是，通用电气背负着975亿美元的债务。此外，它还有无资金准备的养老金负债，价值310亿美元。为了为债务和养老金负债融资，通用电气需要其剩余业务带来大量现金流，这使得弗兰纳里试图重组的所有资产难以出售。为了应对这一困境，通用电气成立了一个新的董事会委员会，专注于重组其投资组合，并解决法律问题。当你带领一个像通用电气这样的企业时，你一定是出于特定的战略原因，不顾股东的愿望和要求撤回拆分的决定并不容易。

总之，通用电气陷入了困境，这在很大程度上是因为董事会成员似乎不理解公司战略领导人所追求的复杂性。由于他们没有注意到这些警告信号，因此不能保护公司免受糟糕的战略收购的影响。更痛苦的决定可能还在路上。

资料来源：R. Clough, N. Buhayar, & T. Black, 2018, Conglomerates don't work, *Bloomberg Businessweek,* February 5, 14-16; R. Messenbock, Y. Morieux, J. Backx, & D. Wunderlich, 2018, How complicated is your company? www.bcg.com, January 16; A. Narayanan, 2018, If General Electric breaks up should you breakup with GE stocks? *Investors Business Daily,* www.investors.com, January 19; B. Sutherland, 2018, The slow ugly unraveling of GE, *Bloomberg Businessweek*, January 22, 30; 2017, The right mechanic? *Economist,* November 18, 54-55; T. Gryta, D. Benoit, J.S. Lublin, 2017, GE gives activist Trian a seat on the board, *Wall Street Journal,* www.wsj.com, October 9; T. Gryta, 2017, GE probed who knew about spare jet for Immelt, *Wall Street Journal*, www.wsj.com, December 13; D. Z. Morris, 2017, General Electric to lose 9 board members, *Fortune*, www.fortune.com, November 19; G. Roumeliotis, 2017, General Electric faces long road to pruning assets, www.reuters.com, November 13; L. Shen, 2017, Biggest breakup: General Electric, *Fortune*, www.fortune.com, December 20.

代理成本和治理机制

图10－2显示了股东和高层管理者之间存在着潜在冲突，再加上委托人无法轻易预测哪一个管理者会采取机会主义行为，因此委托人需要建立治理机制。但是，公司使用治理机制就会产生一定的成本。**代理成本**（agency costs）是激励成本、监督成本、实施成本，以及由于治理机制无法保证代理人会完全“听命”而导致委托人遭受的财物损失的总和。由于对公司内部发生的活动进行监督比较困难，因此，在大型多元化公司中，多元化带来的复杂性会使委托人的代理成本变得更大。[41]

总体来说，当公司的治理机制比较薄弱或者无效时，管理者的利益就会占主导地位。例如，当管理者拥有大量的战略决策自主权时就会发生这种情况。但是，如果董事会控制管理者的自主权，或者采用其他有效的治理机制，那么公司的战略就能更好地反映利益相关者的利益，当然也包括股东的利益。[42]例如，有效的公司治理机制会促使管理者在制定战略的过程中重视环境保护问题（“绿色战略”）。[43]

近年来，公司治理机制的观察家关注一些比制定无效的公司战略更令人震惊的行为，比如发生在安然公司（Enron）、世通公司（WorldCom）、大众汽车公司的丑闻，以及近期大型金融机构的所作所为。为了应对这些行为，2002 年，美国国会颁布了《萨班斯－奥克斯利法案》，2010 年又通过了《多德－弗兰克华尔街改革和消费者保护法案》（Dodd-Frank Wall Street Reform and Consumer Protection Act）（以下简称《多德－弗兰克法案》）。

这两部法案颁布后，公司的治理机制受到了更严格的监督。[44]《萨班斯－奥克斯利法案》的实施引起了很多争议。有些人认为该法案的实施对保护利益相关者的利益，尤其是股东的利益起到了积极的作用。例如，该法案的 404 条款强调提高会计和审计方面的内部控制的透明度，该部分内容被认为改善了对公司财务报告中内部审计的监管，从而增加了可信度。研究还显示，与 404 条款相关的内部控制增加了股东的价值。[45]但是也有一些人认为，该法案尤其是 404 条款给公司增加了过多的成本。另外，在美国股票交易所上市的外国公司在减少，在国外上市的美国公司却在增加。造成这种变化的原因就在于《萨班斯－奥克斯利法案》给寻求在美国上市的公司增加了巨额成本。

《多德－弗兰克法案》被认为是自经济大萧条以来美国最彻底的一次金融监管改革。该法案要求金融机构的做法要符合整个社会的利益。该法案的规定包括：消费者保护的范围、系统风险监督、高管薪酬以及对银行资本的要求。该法案创建了隶属于美国财政部的金融稳定监督委员会，为特定金融公司的破产清算建立了一套新的系统，提供了一套新的框架来规范金融衍生品，提出了新的公司治理要求，控制信用评级机构并实行资产证券化。然而，美国国会一直在寻求通过降低资本金要求和减少大型压力测试所需承担的义务，来缓解地区性银行的压力。[46]

上述两部法案的颁布给公司带来了更加严格的治理机制，影响了公司的战略选择。例如，更严格的治理机制会使公司选择投资风险较小的项目，因而可能减少股东的财富。一些研究表明，与《萨班斯－奥克斯利法案》相关的更严格的治理机制会强化创新，特别是对于以前治理机制较弱的公司。[47]决定采取哪些治理措施来适当平衡保护利益相关者的利益与公司战略实施中承担风险的程度之间的关系，是非常困难的。

接下来我们将讨论三种内部治理机制对管理者做出的公司战略决策的影响。

所有权集中

所有权集中（ownership concentration）是由公司大股东的数量以及他们持有的公司股权的整体比例所决定的。**大股东**（large-block shareholders）是指持有的公司股权在 5% 以上的股东。所有权作为一种公司治理机制受到了越来越广泛的重视。由于大股东越来越积极地要求公司采取有效的治理机制来控制管理者的决策，他们也就成为公司所有者利益的最好代表。[48]最近几年，公司大股东中自然人的数量在下降，取而代之的是更多的机构投资者。

一般来讲，所有权的分散（大量股东持有较少股权，很少有或者没有大股东）会削弱对管理者决策的监督。原因之一是，所有权的分散使得对所有者的行动难以进行有效的协调。如前所述，公司的多元化之所以会超出股东的最佳多元化水平，就是因为对管理者决策的监管不能发挥作用。高水平的监管才能更好地避免管理者做出有损股东价值的战略决策，如过度多元化。研究表明，所有权集中往往与较低水平的产品多元化相关。[49]因此，所有权的集中度越高，管理者的决策就越有可能实现股东价值最大化。[50]然而，在欧洲，董事会中的劳工代表在某种程度上削弱了大股东的影响力。[51]

综上所述，所有权的集中会影响公司战略及其创造的价值。一般来讲，所有权集中对公司战略和经营业绩产生的影响是积极的，但也并非所有的公司都是这样。例如，当大股东拥有大量的财富，尤其是当他们又身处管理职位时，他们就有可能侵占公司的财富。大量侵占公司财富是以牺牲小股东的利益为代价的。事实上，在一些国家中，国有资本的介入（即使只占少数股权）有时被用于解决这类问题。[52]董事会在限制侵占小股东财富方面发挥着非常重要的作用。在家族所有权比例较大的公司中，家族成员尤其是那些创业者的下一代想要侵占小股东财富时，董事会的限制作用就尤为重要。[53]总体而言，相比非家族控股的公司，家族控股公司的表现更为优异（尤其是小型私人公司），因为它们肩负着创造财富与传承家业的责任。[54]然而，家族公司通常会在经济性目标和非经济性目标之间保持一个平衡，因此，它们有时会保持适度的风险厌恶，这可能会对公司的创新能力造成不利影响。[55]

机构投资者的影响日益扩大

20世纪30年代出版的一本经典著作里提到，所有权和控制权的分离是现代公司的标志。[56]产生这种变化的主要原因是，公司的发展壮大增加了公司的复杂性，因而创立者兼所有者不能再继续保持他的双重身份。最近还出现了另一种变化：现代公司的所有权更多地集中在机构投资者而不是个人投资者手中。[57]

机构所有者（institutional owners）是指拥有公司大量股权的金融机构，如共同基金和养老基金。由于作为大股东的机构投资者拥有大量的股权，它们对公司治理机制具有重要的影响力。据估计，机构所有者持有美国公司60%～75%的股权。其中，养老基金是美国经济增长和经济活动的重要驱动力，因为它是长期且稳定的资本的重要源泉之一。[58]

机构所有者拥有的所有权比例表明，作为投资者，它们有能力也有动机去约束效率低下的高层管理者，并且能够显著影响公司的战略选择和决策。[59]引例告诉我们：除非和公司有商业关系，否则这些机构所有者和大股东将会更加积极地影响公司的战略决策。最初，这些积极股东和机构投资者只关注公司的业绩和CEO的责任，并解雇其中一部分人，但是现在，当它们认为董事会的效率低下时，会通过能给股东更多决策权的代理投票提议，将目标直接对准董事会的行动。[60]美国证券交易委员会批准了一项规则，即允许大股东（持有1%～5%的公司股权）任命1/4的董事会成员，从而加强了股东的决策权。[61]

机构投资者黑石集团（BlackRock，Inc.）是全球最大的金融资产管理公司，其管理的资产总额超过6万亿美元，持有全世界大多数跨国公司的股票。有趣的是，黑石集团对于积极股东行为的热情并不高，公司也因此被称为“沉默的巨人”。然而，最近这位巨人的态度仿佛有所转变，并开始过问这些公司的大小事务。黑石集团的大多数干预是在幕后进行的，只有在幕后干预不足以说服某位主管，或者反对某项政策时，才会采取公开投票的方式。为了确保投资的收益，黑石集团的态度变得越来越强硬。有人预测，由于拥有大量股权，黑石集团可能会采取更加积极的行动。[62] 如今，研究显示，这些机构的行为虽然没有直接影响公司的业绩，但间接影响了目标公司的战略决策，包括一些国际多元化和创新决策。因此，这些机构的积极行为至少能够对管理者起到潜在的限制作用，并且能提高公司今后采取使股东以及利益相关者（包括社会）利益最大化的行动的可能性。[63]

董事会

董事会成员由股东选举产生。**董事会**（board of directors）是指由股东选举出的一些人组成的集体，他们的主要职责是通过正式地监督和控制高层管理者来实现股东利益最大化。[64]

股东希望这些选举出来的董事会成员能监督管理者，并保证公司能以利益相关者的利益（当然也包括股东利益）的最大化来进行经营运作。为了帮助董事会达到所期望的目标，他们有权指挥组织中的某些活动，并对管理者进行奖励和约束。

尽管股东的地位非常重要，但是拥有少量公司所有权的个人股东更多的是依靠董事会来代表自己的利益。遗憾的是，有证据显示，董事会在监督、控制高层管理者的决策及后续行动中并没有起到有效的作用。[65]

低下的效率以及金融危机的影响，使董事会成员承受的来自股东、立法者和政府监管者的压力越来越大，这就强烈要求他们发挥更强有力的监管作用，阻止高层管理者谋求个人利益最大化的行为。另外，除了承担监管者的角色，董事会成员还要为公司提供资源，主要包括个人知识、专家技能以及与其他各种组织的广泛关系。[66]

董事会成员（通常称为董事）一般分为三种类型（见表 10－1）。第一类是内部董事，他们是被选进董事会的积极的高层管理者，因为他们掌握着公司日常运营的信息。[67] 相关独立董事与公司存在某种合约或其他关系，这可能会影响他们的独立性。这些董事是不参与公司的日常经营活动的。独立董事为公司提供独立的意见，他们有可能在其他公司中担任高层管理者，或者在现任的 CEO 任职之前就被选进董事会。[68]

表 10－1　董事会成员的分类

内部董事	公司的 CEO 和其他高层管理者
相关独立董事	不参与公司的日常经营活动但与公司有关系的人
独立董事	不参与公司的日常经营活动并且与公司没有关系的人

一直以来都是内部董事主导着董事会。人们普遍接受的观点是，如果董事会的大部分成员都是公司高层管理者，这将会削弱董事会对管理决策的监督和控制。[69] 在这种情况下，管理者有时会利用权力来选择和奖励主管并与其发展私人关系。美国证券交易委员会提议，要求由独立董事组成审计委员会。作为对这一提议的回应，1984 年，纽

约证券交易所提出了一项规定，要求由独立董事来领导审计委员会。之后又有一些规定要求由独立董事来领导一些重要的委员会，如审计委员会、报酬委员会和提名委员会。[70] 现在，纽约证券交易所又要求公司必须保证董事会由大部分的外部独立董事组成，并且保持审计委员会的完全独立性。对公司的这些额外监督机制都是为了促使公司聘请高质量的独立董事，并鼓励董事会以股东利益最大化为原则来采取各种行动。[71]

批评家提出应通过改革来确保大多数董事会成员是外部独立董事，有研究证实这一目标已经实现。[72] 然而，还有一些人认为，仅凭独立董事还不足以解决问题，因为 CEO 拥有的权力还是会对董事会的决策产生影响。其中一个削弱 CEO 权力的建议是，将董事会主席和 CEO 这两个角色分开，这样一个人就不能同时占据这两个职位。[73] 由一个人同时担任 CEO 和董事会主席的情况称作 CEO 的二重性。摩根大通的 CEO 杰米・戴蒙（Jamie Dimon）就是 CEO 二重性的一个例子。通常来说，当一个人同时身兼 CEO 和董事会主席时，就很难再将这两个职位分开了。[74] 遗憾的是，即使董事会能积极地监督高层管理者的决策和行动，也不能保证公司业绩就一定非常好。董事会给公司带来的价值还在于影响最终的产出。例如，如果董事会成员具有相当重要的经验和知识，将会帮助公司制定和执行有效的战略。[75]

然而，过多的外部独立董事也会造成一些问题。例如，由于外部董事不参与公司的日常经营，也就无法快速获得有关管理者及其技能的详细信息，因此缺乏全面、有效地评估管理者的决策和行动的洞察力。[76] 但是，外部独立董事可以通过与内部董事的频繁沟通以及董事会会议来获取有价值的信息，从而加深他们对管理者及其决策的理解。

由于内部董事参与并领导公司的日常经营，因而能够获得制定和实施恰当的战略所需的信息。有证据显示，内部董事占多数的董事会能够获得更多的与战略行动、行动的原因和预期结果有关的信息。[77] 外部独立董事占主导的董事会由于缺乏这些信息，会更加强调用财务控制而不是战略控制来收集信息，进而评估管理者及其业务单元的业绩。如果仅仅依靠财务评估，将会把风险转移给高层管理者，反过来，他们在制定决策时会追求自身利益最大化，并降低职业风险。高层管理者会通过减少研发投资、提高公司多元化程度以及追求高额的报酬等行动，来实现外部独立董事占主导的董事会设置的财务目标。[78] 另外，由于缺乏科学的决策过程，这样的董事会可能会做出错误的战略决策。例如，在 CEO 的继任方面，在缺乏关于候选人以及公司特殊需求的重要信息的情况下，董事会很难做出抉择。总而言之，随着时间的推移，知识丰富以及内外平衡的董事会可能是最有效的。[79]

提高董事会的有效性

由于董事会在公司治理机制中的重要性，再加上股东尤其是大型机构投资者的严密监督，董事会成员以及整个董事会的表现正受到更加正式和严格的评估。[80] 在更多责任和更佳业绩的要求下，许多董事会自发地做出了一些调整，主要包括：（1）增加董事会成员背景的多样性（例如，在美国公司的董事会中，有更多的董事来自公共服务业、学术界和科研机构，有更多的少数族裔和女性董事，以及来自不同国家的董事）；（2）加强内部管理和财务控制系统；（3）建立并持续使用正式的流程来评估董事会的表现；（4）修改董事报酬方案，特别是减少或取消报酬组合中的股票期权；（5）设立“领导董事”职位[81]，该职位在制定董事会日程和监督非管理者的董事会成员方面拥有很大的权力。

由于董事会在公司战略决策制定过程中的参与程度越来越深，因此，董事会成员与高层管理者之间必须进行有效的合作。有人认为，改进董事会在决策制定、管理者监督和公司运作方面的流程，是提高董事会有效性的关键。[82]另外，由于所有者施加的压力以及董事会成员之间的潜在冲突不断增加，有必要通过设立正规程序来帮助董事会有效地行使职权，同时减少其责任。

渐渐地，独立董事被要求持有一定的所有权，并以此作为成为董事的前提条件。事实上，研究表明，如果独立董事持有一定的所有权，公司的业绩表现会更好。因此，目前的趋势是，董事的报酬中更多的是所有权，股票期权则越来越少。[83]然而，其他研究表明，太多的所有权会降低董事会成员的独立性。[84]另外，研究还显示，多样化的董事会能帮助公司制定更有效的战略决策，业绩表现也会越来越好。[85]尽管关于更加独立和多样化能否使董事会更加有效的争论仍然存在，但是增加董事会成员的独立性和多样化的趋势还将持续下去。

管理者报酬

高层管理者尤其是 CEO 的报酬引起了广泛关注，并产生了很多不同的观点。有些人认为，高层管理者对公司的业绩表现负很大的责任，他们的报酬也应根据公司的业绩来确定。[86]还有一些人认为，管理者（尤其是 CEO）的报酬过高，与公司的业绩表现不匹配。[87]因此，三项内部治理机制之一就是为了应对这一问题。具体来说，**管理者报酬**（executive compensation）是一种寻求通过工资、奖金和长期激励（如股票和期权），来使管理者和所有者的利益相一致的公司治理机制。

长期激励计划（一般包括股票期权和股票奖励）逐渐成为高层管理者报酬组合中关键的一部分，在美国公司中更是如此。从理论上讲，长期激励计划通过将管理者的报酬与普通股东的财富相联系，来帮助公司（通过董事会做出与报酬相关的决策）避免潜在的代理问题。[88]有效的长期激励计划可以使大股东（如机构投资者）不再要求改变董事会和高层管理团队的构成，因为它们认为长期激励计划的实施可以确保高层管理者首先考虑股东的最大利益。另外，股东还认为，当公司的董事会由独立董事主导时，高层管理者的报酬与公司业绩更加相符。研究结果表明，欺诈行为与股票期权激励计划有关（如盈余操纵）[89]，这也证明了把董事会对管理者报酬的监督作为一项公司治理机制的重要性。

作为一项公司治理机制，有效利用管理者报酬对公司国际化战略的实施是一个巨大的挑战。例如，只有外国子公司实行不同的薪酬计划，跨国公司所有者的利益才能得到更好的满足。[90]开发一系列独特的薪酬计划需要更多的监督，这增加了公司的代理成本。更重要的是，世界各地的薪酬水平是不一致的。例如，美国公司管理者的报酬是最高的，亚洲地区则要低得多。一直以来，印度公司高层管理者的报酬比较低，部分原因是很多大公司都是由家族所有和控制的。[91] 收购外国公司会更加复杂，加大了董事会有效利用管理者报酬这一公司内部治理机制的难度。[92]

管理者报酬的有效性

作为一项内部治理机制，管理者报酬尤其是长期激励报酬是十分复杂的，原因有以下几方面：第一，高层管理者制定的决策通常是复杂的、非常规的，这也就意味着通过直接监督来判断他们的决策质量是无意义的。因而，只有将高层管理者的报酬与结果（如公司的财务表现）联系起来，才易于董事会做出评估。第二，与短期业绩相比，高层管理者的决策对公司长期业绩表现的影响更大。因此，很难根据常规基准（如每年）来评价他们所做的决策的作用。第三，除了管理者的决策和行为，还有很多其他因素也会对公司的业绩产生影响。如一般环境中（见第2章）难以预测的变化，如经济的、人口的和政治 / 法律方面的变化，使我们很难区分公司的业绩是受管理者决策的影响还是受外部环境变化的影响（积极的和消极的）。

合理地设计并实施针对高层管理者的激励报酬计划，能够增加股东所期望的价值，但是这样的计划会受到管理者的操纵。[93] 此外，年度奖金会导致管理者牺牲公司长期利益来追求短期目标。尽管以业绩为基础的长期激励可以减少短期投资的诱惑，但给管理者增加了与不可控事件相关的风险，如市场波动和行业衰退。激励报酬关注的时间越长，高层管理者承受的长期风险就越大。由于长期激励以一种不变的方式将管理者的全部财富与公司绑在一起，与那些拥有更多机会将自己的财富分散到其他许多金融投资中的外部投资者相比，管理者不会像他们那样重视这些激励和所有权。[94] 因此，使用长期激励时，公司不得不给管理者更多的报酬。[95] CEO 的报酬通常会成为媒体关注的焦点，尤其是当其远远超过平均水平时。

CEO 的报酬大多来自股票期权和长期激励。尽管一些以股票期权为基础的报酬计划设计得非常好，计划中的期权行使价格比现行的股价高得多，但这些计划大多只是为了给管理者更多的财富。在高风险情况下，当期权的行使价格的价值降到比原来更低时，股票期权的重新定价行为就会更加频繁。不过，在公司业绩欠佳时，为了恢复期权的激励效果，也会对其进行重新定价。证据还显示，商业政治经常会涉入其中，从而导致“期权回溯行为”[96]。虽然没有一种内部激励机制是完美的，但很多报酬计划还是实现了最初的目的。例如，最近的研究表明，为了加强管理者的环境友好意识而设计的长期报酬，在阻止环境污染方面起到了非常积极的作用。[97]

正如“战略聚焦”专栏提到的，在今后几年，这种内部治理机制还会受到更多的监督。如果设计合理，实施有效，这三种内部治理机制都能对公司的运营起到积极的作用，从而更好地为利益相关者尤其是股东的利益服务。同样，由于这三种机制在设计或实施上都不够完美，因此还需要外部治理机制。

战略聚焦　更多的治理监察是否会使高管薪酬更加合理？

大型上市公司的 CEO 薪酬过高吗？这个问题屡次受到媒体的关注。媒体记者经常关注高管薪酬与美国工人平均工资之间日益加剧的不平等现象。1983年，在规模最大的6家银行中，管理者的工资是美国工人平均工资的40倍。同期，就位居《财富》500强名单首位的公司而言，其管理者的工资也不过是平均工资的38倍。然而，CEO薪酬与平均工资相比有了显著增长。目前CEO薪酬的中位数是工人薪酬中位数的140倍。这就是媒体会关注这个问题的原因。

此外，由于高管薪酬过高，2010年的《多德－弗兰克法案》要求上市公司在其年度委托书中披露CEO与雇员薪酬中值之比。但即使在同一行业的公司之间，这一比值也存在巨大差异。例如，美国第二大炼油商马拉松公司（Marathon Corporation）在2017年向其CEO加里·赫明格（Gary Heminger）支付了1 970万美元。他的工资是普通雇员年薪21 000美元的900多倍。然而，马拉松公司经营高速公路的零售加油站，雇用许多兼职和低工资的员工；如果去掉高速公路加油站员工的工资，马拉松员工的年薪中位数会飙升至近12.6万美元，这意味着CEO与员工的工资比值为156∶1，大大接近总体中位数。如前所述，各部门工资之间存在巨大差异。"加工食品巨头卡夫食品去年向其CEO支付了420万美元，大约是其员工平均4.6万美元薪酬的91倍。规模较小的食品制造企业家乐氏向其CEO支付的年薪为730万美元，是其员工平均薪酬约4万美元的183倍。"

在《多德－弗兰克法案》的影响下，美国证券交易委员会也给予股东投票表决CEO薪酬的机会，即所谓的"薪酬话语权"（Say on Pay）规定。这给高管薪酬带来了更多来自所有权的监督。因此，如果薪酬计划得到反对票，董事会成员可能会受到审查，甚至失去董事会席位。当然，正如本章所解释的那样，CEO薪酬比从媒体标题中推断出来的要复杂得多。然而，由于透明度的提高，公司和董事会为CEO做出薪酬决策时，高管薪酬的相关问题更为敏感。尽管CEO薪酬问题是极为复杂的，但是有一点可以确定，那就是CEO的薪酬还在不断增长，虽然其增长速度不如金融危机之前那么快了。主要原因是CEO薪酬的重点放在了长期激励计划而非现金薪酬（工资和年度奖金）上。

金融学领域的研究指出，大多数高管的薪酬结构正在不断变化。公司减少了期权在高管薪酬中的比例，增加了限制性股票的比例。除非高管实现特定的业绩目标，否则无法出售这些股票。研究发现，在这种薪酬结构下，管理者要承担更多的可衡量风险，而公司过度扩张（可能导致灾难性的后果）的风险则会大大降低。

总之，高管薪酬是一个复杂的问题，报酬总量只是其中的一个变量。在高管薪酬急剧增长的背后，既有合理的原因，又有不合理的原因。对于每一个案例，我们都要具体问题具体分析。然而，高管薪酬与普通员工工资的不平等加剧了我们所处社会中的不平等现象，这个问题不会消失。因此，应该从政策制定的高度进行思考。管理型人力资本为社会贡献了管理能力，并创造了价值，理应得到报酬，但是其他类型的人力资本也同样重要。

资料来源：K. Bouslah, J. Liñres-Zegarra, B. M'Zali, & B. Scholtens, 2018, CEO risk-taking incentives and socially irresponsible activities, *British Accounting Review*, 50: 76-92; T. Francis & V. Fuhrmans, 2018, Are you underpaid? In a first, U.S. firms reveal how much they pay workers, *Wall Street Journal*, www.wsj.com, March 11; T. Francis & V. Fuhrmans, 2018, Median CEO pay hit record of nearly $12 million in 2017, juiced by markets, *Wall Street Journal*, www.wsj.com, March 21; B. Tuttle, 2018, This CEO makes 900 times more than his typical employee, *Money*, www.time.com/money, March 12; A. Gande & S. Kalpathy, 2017, CEO compensation and risk-taking at financial firms: Evidence from U.S. federal loan assistance, *Journal of Corporate Finance*, 47: 131-150; M. Grosse, S. Kean, & T. Scott, 2017, Shareholder say on pay and CEO compensation: Three strikes and the board is out. *Accounting & Finance*, 57(3): 701-725; K. Shue & R. R.

Townsend, 2017, Growth through rigidity: An explanation for the rise in CEO pay, *Journal of Financial Economics*, 123: 1-21; H. Wang, S. Zhao, & G. Chen, 2017, Firm-specific knowledge assets and employment arrangements: Evidence from CEO compensation design and CEO dismissal, *Strategic Management Journal*, 38(9): 1875-1894; T. Greckhamer, 2016, CEO compensation in relation to worker compensation across countries: The configurational impact of country-level institutions, *Strategic Management Journal*, 37(4): 793-815.

公司控制权市场

公司控制权市场（market for corporate control）是公司的内部治理机制失败时才发挥作用的外部治理机制。[98] 公司控制权市场是由个人和公司组成的，购买内部的所有权或者价值被低估的整个公司，目的是在原有公司中组建新的部门，或者合并两个原本独立的公司。由于价值被低估的公司的高层管理者被认为应对公司糟糕的业绩负责，因此他们通常会被替换。有效的公司控制权市场应确保效率低下的和 / 或机会主义的高层管理者受到约束。[99]

通常目标公司的管理者和董事会成员对公司控制权市场发出的接管要约很敏感，因为一旦成为目标公司就意味着他们没有有效地履行全部责任。对高层管理者来说，如果董事会接受了收购申请，他们一般都会失去工作，因为收购方通常会更换公司的领导班子。即使公司拒绝了收购申请，高层管理者也会面临很大的工作风险，因为董事会和股东会向他们施加巨大的压力，要求提高公司的业绩。例如，在第 7 章我们探讨过，高通成功逃脱了博通的恶意接管企图。但现在高通股东对高通业绩的改善抱有更高的期望，因为收购时的股价要高于监管机构未批准交易后的股价。[100]

正如引例中所说的那样，从机构投资者那里获得大量资金的积极投资者，在公司控制权市场上往往处于领先地位。激进投资者控制的公司有足够的资金挑战大公司，如杜邦、宝洁、雀巢、通用电气和劳氏等。[101]

一般来讲，养老基金（作为机构投资者和内部治理机制）在本质上比较被动，只有确信公司业绩不佳时才会采取行动。相反，对冲基金则比较积极主动，会识别那些业绩有提高空间的公司并对其进行投资。[102] 例如，引例中著名的积极投资者卡尔·伊坎持有纽威 6.7% 的股份，在和解协议中，伊坎除了任命新的董事会主席外，还获得了 4 个董事会席位。与伊坎结盟的对冲基金斯塔博德则更进一步，试图罢免剩余的董事会成员，并更换 CEO。[103]

研究结果显示了另一种可能性，作为一种治理机制，投资者有时会利用公司控制权市场来成为业绩表现良好的公司的所有者。[104] 对 20 世纪 80 年代公司战略的研究显示，接管的企图经常聚焦于行业中业绩表现较好的公司[105]，这从另一个角度说明了公司控制权市场也不是一个完善的治理机制。[106] 事实上，并购行为是一项非常复杂的战略行动，不同类型的并购行为有着不同的目标和潜在后果。正如第 7 章中讨论的，并购行为的成功率并不高。对于开展并购活动的公司来说，对两个不同的公司进行整合是一项很大的挑战，这在一定程度上降低了并购成功的概率。[107]

总体来说，尽管公司控制权市场并不是一种很好的公司治理工具，但它确实能够代表股东的最大利益。因此，高层管理者希望以一种使得公司外积极投资者的接管企图变得不必要或不恰当的方式来领导公司。

高层管理者可以采取许多防范策略来抵御接管企图，业绩表现良好的目标公司的管理者也可以用这些策略来阻止接管企图。即使目标公司确实在同类公司中价值被低估了，公司管理者也可以用这些防范策略来保护自己的利益。总之，管理者采取防范策略被认为在本质上是一种自助行为。

管理防范策略

在大多数情况下，恶意接管是公司控制权市场采取行动的主要手段。恶意接管是指收购方针对目标公司的收购不是以与目标公司的管理层达成一致意见来完成，而是直接面向股东，或者通过更换管理层来获得收购的许可。[108]

成为恶意收购的目标的公司，可以采取多种防范策略来抵御接管企图。不断运用公司控制权市场增加了防范策略的复杂性和多样化。

公司控制权市场会增加管理者的风险，管理者的报酬可以通过“金色降落伞”（公司被接管后，其 CEO 可以获得最多 3 年的年薪）间接得到提高。和其他防范策略一样，“金色降落伞”也引发很大争议。另一种防范策略是“毒丸计划”。这种策略允许个人或公司收购目标公司一定数量的股票（通常是 10% ～ 20%）后，股东（而不是收购者）可以将股东权利转换成大量的普通股。大量流通股的增加稀释了公司现有的股份，这就意味着收购者为了维持或扩大所有权的比例，必须支付溢价来购买这些股票，增加了收购的成本。还有一些公司修改公司章程，使董事会成员轮换选举，每年只有 1/3 的董事会成员需要重新选举。研究表明，这种策略保护了管理者并降低了被恶意接管的可能性。[109] 表 10－2 中还列举了其他一些防范策略。

表 10－2　恶意接管的防范策略

防范策略	成功可能性	对股东财富的影响
改变资本结构：稀释所有权使接管成本更高。包括员工股票期权计划、额外的债券发行及股票回购	中等	不确定
修订公司章程：为了使目标公司的董事会成员的选举错开，使所有成员不在同一年被选举而做的修改。这样可以阻止收购公司在一年内设立一个全新的董事会	很低	负面
金色降落伞：在公司被接管时给一个或多个高层管理者大量的现金补偿	低	可忽略
绿票讹诈：目标公司以较高的溢价回购公司股份，以获得收购方不再接管公司的协议	中等	负面
诉讼：用来帮助公司阻止恶意收购的诉讼。目标公司可以就反托拉斯和不充分披露提出诉讼	低	正面

续表

防范策略	成功可能性	对股东财富的影响
毒丸计划：为了使公司的股票对潜在收购者失去吸引力而采取的行动	高	正面
停止协议：目标公司与收购方之间达成的协议。由目标公司支付收购方一定的费用，作为交换，收购方在一定时期内不再购买目标公司更多的股份	低	负面

资料来源：Y. Amihud & S. Stoyanov, 2017, Do staggered boards harm shareholders? *Journal of Financial Economics*, 123: 432-439; S. Bhojraj, P. Sengupta, & S. Zhang, 2017, Takeover defenses: Entrenchment and efficiency, *Journal of Accounting & Economics*, 63: 142-160; A. Cohen & C. C. Wang, 2017, Reexamining staggered boards and shareholder value, *Journal of Financial Economics*, 125(3): 637-647; J. M. Karpoff, R. J. Schonlau, & E. W. Wehrly, 2017, Do takeover defense indices measure takeover deterrence? *Review of Financial Studies*, 30(7): 2359-2412; H. Wang, S. Zhao, & J. He, 2016, Increase in takeover protection and firm knowledge accumulation strategy, *Strategic Management Journal*, 37(12): 2393-2412; L. Guo, P. Lach, & S. Mobbs, 2015, Tradeoffs between internal and external governance: Evidence from exogenous regulatory shocks. *Financial Management*, 44: 81-114; H. Sapra, A. Subramanian, & K. V. Subramanian, 2014, Corporate governance and innovation: Theory and evidence, *Journal of Financial & Quantitative Analysis*, 49: 957-1003; M. Straska & G. Waller, 2014, Antitakeover provisions and shareholder wealth: A survey of the literature, *Journal of Financial & Quantitative Analysis*, 49: 1-32; R. Campbell, C. Ghosh, M. Petrova, & C. F. Sirmans, 2011, Corporate governance and performance in the market for corporate control: The case of REITS, *Journal of Real Estate Finance & Economics*, 42: 451-480; M. Ryngaert & R. Scholten, 2010, Have changing takeover defense rules and strategies entrenched management and damaged shareholders? The case of defeated takeover bids, *Journal of Corporate Finance*, 16: 16-37; N. Ruiz-Mallorqui & D. J. Santana-Martin, 2009, Ultimate institutional owner and takeover defenses in the controlling versus minority shareholders context, *Corporate Governance: An International Review*, 17: 238-254; J. A. Pearce II & R. B. Robinson, Jr., 2004, Hostile takeover defenses that maximize shareholder wealth, *Business Horizons*, 47(5): 15-24.

大多数机构投资者都反对使用防范策略，因为这种防范通常被视为一种确立高层管理者地位的方式。[110] 许多机构投资者也反对离职补偿（“金色降落伞”），尤其是在欧洲，这种反对更加强烈。[111] 但是，离职补偿也有一个优点，即它会鼓励高层管理者接受对股东有利的接管投标。[112] 研究显示，使用防范策略可以减小管理者寻求短期业绩回报的压力，使他们能专注于发展长期战略（例如，大力发展创新），并提高为股东利益服务的可能性。当他们确实这样做的时候，公司的市场价值会增加，股东也可以因此得到回报。[113]

当高层管理者意识到外部还存在大量的个人（如卡尔·伊坎）和机构投资者（如对冲基金）时，他们会将个人利益与利益相关者的利益（尤其是股东的利益）相统一。另外，作为一种外部治理机制，公司控制权市场的运用可以使公司的战略发生重大的变化，如果运用得当，还可以为股东利益服务。这种外部治理机制的目标在于让管理者感到自己与公司休戚相关。[114] 然而，如果使用不当，很有可能会给自大自负的管理者造成一种错觉，即他们才是公司的中心。[115]

国际公司治理

在全球经济体，包括新兴经济体中，公司治理机制成为一个日益重要的问题。贸易、投资和股票市场的全球化，提高了全球公司使用相同的机制来管理公司活动的潜在价值。另外，由于全球化的发展，大型公司开始试图吸引外国投资。一旦这种情况发生，外国投资者必须确信有足够的公司治理机制来保护其投资。

尽管全球化对公司治理机制提出了更高的要求，也缩小了不同地区和国家间治理机制的差异[116]，但是不同国家间的治理机制仍然有区别。认识并了解不同国家治理机制的差异以及这些机制正在发生的变化，可以增加公司在国际市场上获得竞争成功的可能性。接下来，为了分析治理机制的差异和变化中存在的普遍问题，我们将讨论两个发达国家（德国和日本）和一个发展中国家（中国）的公司治理机制。

德国和日本的公司治理机制

在许多德国的私人公司里，所有者和经营者可能是同一个人。在这种情况下，不存在代理问题。[117] 即使是在德国的上市公司中，也常常是一个股东占主导地位。因此，和美国一样，所有权集中在德国也是一种重要的公司治理机制。[118]

在历史上，银行一直处于德国公司治理系统的中心位置。这一点不同于欧洲的其他国家，如意大利和法国。当公司在股票市场上寻求融资或者不能偿债时，作为借款人的银行就成为公司的主要股东。但美国的情况并非如此，因为《格拉斯·斯蒂格尔法案》(Glass Stiegel Act) 禁止银行持有普通股。尽管银行持有的公司股权一般不会超过10%，但是按规定，银行在一家公司的所有权可以达到但不能超过银行资本的15%。尽管股东可以告知银行如何投票，但银行通常不会这样做。这些银行作为股东和债权人，也是通过选举代表人进入监督委员会来监督和控制管理者的。

在德国，员工人数超过2 000人的公司必须具有双线的董事结构，将监督和控制管理决策和行动的责任交给两个不同的集体。[119] 战略和管理职能属于管理董事会（vorstand）的责任；任命管理董事会成员则是监事会（aufsichtsrat）的责任。监事会成员由公司员工、工会成员和股东来任命。支持德国结构的人认为，该结构有利于减少公司的错误行为和"独裁 CEO"的仓促决策，但是批评者指出，它减缓了决策的制定速度并且束缚了 CEO 的手脚。德国公司很难像美国公司那样快速进行重组。由于当地政府的作用（通过董事的结构体现）以及银行在德国公司治理结构中的影响力，私人股东很少能在公司中占有主要所有权。此外，德国公司的交叉持股现象非常普遍，这使得收购变得更加困难。[120] 然而，像养老基金（不同于银行和保险公司）这种大型机构投资者，也不是公司所有权的主要占有者。因此，至少在历史上，德国的管理者并不像英国和美国公司的管理者那样致力于股东财富的最大化。[121]

然而，德国的公司治理机制也在发生变化，其中之一是，德国公司开始倾向于采用美国的治理机制。最近的研究表明，德国的传统体制由于缺乏外部所有权力量也产生了代理成本。有趣的是，越来越多的在美国上市的德国公司开始采用管理者股票期权作为长期报酬激励政策。[122]

在日本，责任、家庭和认同等观念影响着人们对公司治理机制的态度。员工作为公司这个大家庭的一员，他们的生活与公司息息相关，这个大家庭也要求公司上下关心它并对它忠诚。此外，与美国公司相比，日本公司更加关心更为广泛的利益相关者，包括员工、供应商和客户。[123]另外，企业集团（通过交叉持股而联系在一起的公司集团）不仅仅是个经济概念，更是一个家庭。有些人认为，大规模的交叉持股会阻碍结构的变革，结构变革又是提高整个国家的公司治理机制所不可或缺的。然而，近些年日本的公司治理观念发生了较大的变化，这为结构变革创造了更多的机会。[124]另一个影响日本公司治理的重要因素是认同感，它要求高层管理者在任何时候都要付出大量的精力，而不是单纯地依靠发号施令来赢得人们的忠心和思想。即使认同感会导致公司决策制定过程变得缓慢、笨拙，但仍得到了很高的评价。

同德国一样，日本的银行在对大型上市公司的融资和监控中也发挥了重要的作用。由于“主银行”拥有企业集团最大比例的所有权和最多的债权，因而它们与公司高层管理者的关系最为紧密。主银行向公司提供财务咨询，并且对管理者进行密切监控，虽然这些措施在促进公司重组方面已不那么重要。[125]日本的财务和公司治理结构是以银行为基础（目前还在不断变化），美国则是以市场为基础。在美国，根据规定，商业银行不允许持有上市公司的股票。

近些年，日本的公司治理结构也在发生变化。例如，由于日本的银行逐渐发展成为经济组织，银行在监管和控制管理者行为和公司业绩方面的重要作用已经远不如从前。[126]金融部门管制的取消也降低了发动恶意接管的成本，虽然该行为已没有那么重要。[127]因此，管制的取消促使日本的公司控制权市场出现了前所未有的活跃景象。然而，许多日本公司的表现还是难以令人满意，变革的呼声还在进一步加大。2011年，地震和海啸导致福岛第一核电站发生核泄漏事故。在这次事件中，东京电力公司受到了来自各方的批评，其公司治理的水平也遭到了广泛质疑。大多数日本公司的董事会是由内部管理团队组成的，管理者的个人特质会对公司造成巨大影响。然而，在新的公司治理体制下，独立非执行董事将会发挥越来越重要的作用。[128]此外，长期高管薪酬（例如股票期权）对于促进业绩的改善也越来越重要。[129]

中国的公司治理机制

中国是一个实行中国特色社会主义市场经济的大国。政府在改进上市公司治理机制方面做了很多工作，私营企业的增加和股票市场的发展也是重要影响因素。但是，中国的股市依然很年轻，还有待发展。随着治理机制的加强，市场将进一步完善。[130]

在中国，国有大型企业持有的产权在逐渐减少，私营企业的数量和比例在逐渐增加，但是政府仍然依靠直接和/或间接的控制来影响公司的战略。由于政府掌握着大量的资源以及经济政策的制定权，大多数私营企业都希望与政府搞好关系。[131]从长期的成功经验来看，这些因素可能会影响公司的经营业绩。原因在于公司中存在代理冲突，管理者不是去寻求股东回报最大化，而是要满足一些社会目标。[132]这说明了委托人之间可能存在不一致。[133]

一些证据表明，中国的公司治理机制倾向于西方模式。对一个国家的公司治理机制进行改革是一项复杂的任务。在改革的过程中，不免遇到困难与阻力。然而，前途是光明的，中国的公司治理还会不断向前发展，并且在今后一段时间会与其他各方（例如，中国政府以及那些推崇市场经济的人）共同形成适合国家、商业公司和民众的治理机制。在国家内部公司治理机制发生变革的同时，跨国公司的治理方式也在发生变化。例如，对于在国际市场中开展竞争的公司来说，将来可能会聘请更多国际经验丰富的管理者，在公司的董事会中也将会看到更多外国股东。[134]

治理机制和道德行为

前面讨论的三个内部治理机制和一个外部治理机制，主要用于确保公司所有者的代理人（高层管理者）能本着利益相关者利益最大化的原则来制定战略决策。在美国，股东被认为是公司最重要的利益相关者，但是高层管理者在领导公司时，却越来越多地被期望去满足产品市场利益相关者（如顾客、供应商、社区）和组织利益相关者（如管理人员和非管理人员）的利益。[135]因此，公司的行动和产出至少要满足所有利益相关者的最低需求，否则需求没有得到满足的利益相关者会转而支持其他公司（例如，顾客会购买供应商提供的可接受的替代品）。

有些人认为，有道德的公司（或领导者）设计和运用内部公司治理机制，可以增加公司满足利益相关者最低利益需求的可能性。[136]发生在安然、世通、美国医疗服务公司 HealthSouth、大众汽车、萨蒂扬（Satyam）（印度的一家大型信息技术公司）以及其他公司的丑闻，说明了不道德的行为对公司努力满足利益相关者的需求产生的负面影响。高层管理者的道德行为被认为是满足利益相关者利益的基础，因此得到了全世界的密切关注。[137]

董事会的决策和行动可以有效地制止高层管理者的不道德行为。实际上，有证据显示，最有效的董事会会划清公司的商业道德和价值观之间的界限。[138]一旦道德行为的界限被确定并形成正式的道德守则，董事会就必须向高层管理者以及其他利益相关者（如顾客和供应商）清楚地传达对他们寄予的以道德为基础的期望。另外，作为公司所有者的代理人，高层管理者必须明白，董事会会要求他们全面负责组织文化的塑造，并且这种文化要大力弘扬道德行为。第 12 章中将指出，CEO 应该是公司道德行为的榜样。[139]

跨国公司在国际市场上面临的一个主要问题是：如何看待贿赂行为。[140]总的来说，一个国家的制度越薄弱，发生贿赂行为的概率就越高，这通常会导致出口的减少。此外，中小型企业是贿赂行为的最大受害者。因此，贿赂行为将会对创业活动造成不利影响，从而限制一个国家经济的发展。随着跨国公司规模的扩大，其实力也在不断增强。公司在“进入哪个市场”和“以何种方式开展经营”这两个问题上，有了更多的选择空间。之前面临的道德困境也在一定程度上得到了缓解。[141]

有效的公司治理体系的关键在于：精心设计的治理机制以及合理的国家制度。通过这些机制，高层管理者可以与他人一起帮助公司选择和实施战略，从而获得战略竞争力和超额利润。这种治理体系还能为股东提供长期财富，并提高利益相关者之间的协作。

本章小结

公司治理涉及公司利益相关者之间的关系，决定了公司的方向并控制着公司的业绩。公司如何监督和控制高层管理者的决策和行动会影响战略的实施。将管理者决策与股东利益统一起来的有效的公司治理机制可以为公司创造竞争优势。

现代公司中有三种内部治理机制：（1）所有权集中；（2）董事会；（3）管理者报酬。公司控制权市场作为唯一的外部治理机制，也会影响管理者的决策及其结果。

现代公司中，所有权和控制权是相互分离的。所有者（委托人）雇用管理者（代理人）制定决策，以使公司价值最大化。作为风险承担者，所有者会投资于多个风险水平不同的公司来分散他们的风险。所有者希望他们的代理人（公司的高层管理者，也是决策制定专家）制定的决策有助于公司价值的最大化。因此，当一方（公司的所有者）雇用另一方（高层管理者）来制定决策时，代理关系就产生了，这也是现代公司的特征之一。

当代理人追求的目标与委托人的目标发生冲突时，所有权和控制权的分离就会导致代理问题。委托人通过建立和运用公司治理机制来控制这一问题。

所有权集中是由大股东的数量及其持有的所有权比例决定的。诸如共同基金和养老基金等机构投资者，通常拥有较大比例的所有权，因而能够对高层管理者的决策和行动产生影响。所有权分散容易导致对管理者决策的监督和控制的疲软，所有权集中则能对管理者进行更积极有效的监督。在美国公司中，机构投资者具有很大的影响力，它们会利用所有权集中的地位迫使管理者和董事会做出使股东利益最大化的决策。

在美国和英国，董事会是由内部董事、相关独立董事和独立董事组成的，这是一种被期望能代表股东利益的治理机制。在许多公司的董事会中，独立董事的比例超过了内部董事。通过《萨班斯 – 奥克斯利法案》的实施，与内部选出的董事相比，独立董事与高层管理者之间的关联更小。证券交易委员会允许大股东提名新董事，这一新规则改变了董事会的内部平衡，更倾向于外部独立董事。随着《多德 – 弗兰克法案》的颁布，还会涌现出更多与治理相关的规定。

高管薪酬是一种非常引人注目且经常受到批评的治理机制。工资、奖金和长期激励计划被用于协调经理人和股东的利益。公司董事会负责确定公司高管薪酬体系的有效性。一个有效的制度会导致符合股东利益最大化的管理决策。

总体而言，证据显示，股东和董事会在控制管理者决策方面的警惕性越来越高。但是，这些机制还不完善，有时甚至是无效的。当内部机制失败时，公司控制权市场作为外部机制就变得更重要了。虽然这种机制也并不是很完善，但在促使公司减少盲目多元化、实施更加有效的战略决策方面发挥了很大的作用。

德国、日本和中国的公司治理结构各不相同，与美国的结构也不尽相同。一直以来，美国的治理结构聚焦于股东价值最大化。在德国，作为利益相关者的雇员在治理结构中起着显著的作用。相反，直到最近，日本的股东在监督和控制高层管理者方面还是几乎不起任何作用。但现在，日本的公司正面临积极股东的挑战。在中国，政府在公司治理问题上仍扮演着非常重要的角色。从国际上看，这些机制的相似度越来越高，不仅发达国家如法国和西班牙如此，中国这样的经济转型国家也是如此。

有效的治理机制可以保证所有利益相关者的利益都得到满足。因此，当资本市场利益相关者（如股东）、产品市场利益相关者（如顾客和供应商）以及组织利益相关者（管理人员和非管理人员）（见第 2 章）的最基本的利益得到满足时，公司就可以获得战略竞争力。另外，有效的治理还可以促使战略的形成和实施中产生道德行为。

关键术语

代理成本（agency costs）
代理关系（agency relationship）
董事会（board of directors）
公司治理（corporate governance）
管理者报酬（executive compensation）
机构所有者（institutional owners）
大股东（large-block shareholders）
管理机会主义（managerial opportunism）
公司控制权市场（market for corporate control）
所有权集中（ownership concentration）

复习题

1. 什么是公司治理？哪些因素引起了人们对公司治理的广泛关注？为什么公司治理是控制管理者决策所必需的？
2. 公司中所有权与经营权分离的意义是什么？为什么要分离？
3. 什么是代理关系？什么是管理机会主义？公司的所有者对作为代理人的管理者有什么样的假设？
4. 公司的三种内部治理机制是如何使所有者和管理者的利益相统一的？
5. 管理者报酬的趋势是什么？长期激励的增加对管理者的战略决策有什么影响？
6. 什么是公司控制权市场？哪些条件可以促使这一机制起作用？这一机制是如何约束高层管理者的决策和行动的？
7. 德国、日本和中国的公司治理机制各有什么特点？
8. 公司治理机制是如何促使作为代理人的管理者采取合乎道德的决策和行为的？

微案例

美国以外的公司治理和积极投资者

日本、德国和中国的公司治理机制随着对“西方”治理体系的借鉴而不断变化。传统上，这些国家的董事会主要由内部经理人组成。2015 年，日本通过了一项新的法规，特别强调了选举更多独立外部董事的重要性。过去，人们在日本很少能看到积极股东的身影，整个国家缺乏强有力的公司控制权市场，最近，股东变得更加积极，而其中较为成功的被称为“参与型”基金。此前，日本政府曾委托积极投资者大洋基金（Taiyo Pacific Partners LP，一家美国参与型基金）负责管理部分养老基金（约为 1 万亿美元）。此外，日本金融厅（Japanese Financial Services Agency）还推出了“管理守则”（stewardship code），呼吁投资者“追求更高的回报”。由此可见，在日本新的环境下，股东的权利开始逐渐受到重视，尽管其方法相对来说没有世界上其他地方那样“激进”。

除了日本（特殊版本的股东积极主义）之外，股东积极主义还扩散到了其他国家，比如德国。同样，德国经过修订的治理法规推动了更有利于股东的治理安排，包括强调外部董事和高管的长期激励报酬。随着对股东权利的强调，积极基金会开展更多活动。赛维安资本（Cevian Capital）大量入股蒂森克虏伯（ThyssenKrupp）和比尔芬格（Bilfinder）这两家公司。对冲基金埃利奥特管理公司（Elliott Management）则大量入股塞拉西（Celesio）和凯博（Kabel Deutschland）两家公司。对于德国公司的管理者来说，他们对积极投资者普遍持怀疑态度，无论这些投资者是来自本国还是其他欧洲国家。“由于在收购交易中对中小股东权益的保护，积极投资者可能会将眼光投向德国。”然而，研究表明，由于严格的治理监管，积极投资者对高层管理团队的影响力较小。例如，一项研究发现，积极投资者的参与并没有导致 CEO 更换的增加。

尽管在中国内地已经出现了一些积极投资者，但中国香港依旧是各大基金公司的主要战场。香港上市公司进一步放松对于外资持股的规定，因此，公司治理和交易透明度逐渐成为人们关注的焦点。“沪港通”为中国内地的积极投资者创造了绝佳的机会。通过该渠道，外国金融机构可以直接接触到中国内地的资本市场。这意味着，外资所有权将对中国内地上市公司的股东投票权拥有更多的积极影响。此外，由于在科技领域对阿里巴巴、腾讯和其他许多高科技公司的投资获得了成功，许多中国本土的基金正蓬勃发展。

那么，对于发展中国家或者政府持有大量股票的国家来说，本国资本是如何影响外国公司的？有趣的是，主权财富基金是许多发展中国家投资发达国家和其他发展中国家的主要方式。在某种程度上，主权财富基金也扮演着积极投资者的角色。例如，自全球金融危机爆发以来，在许多德国公司的背后，都能看到海湾国家主权财富基金的身影。具体来说，受金融危机的影响，许多大型德国汽车制造商被迫进行财务重组。在这个过程中，来自海湾阿拉伯国家合作委员会（Gulf Cooperation Council）成员国的主权财富基金对德国公司进行了大量的投资。这些主权财富基金通常是长期投资者，它们的投资有助于减少公司间的恶意接管（恶意接管已经逐渐成为德国公司治理的标志性特征）。

此外，在气候变化问题上，主权财富基金也发挥了积极的作用。例如，挪威主权财富基金正在不断减持与煤炭行业相关的股票。挪威希望利用本国财富在一定程度上缓解气候变化问题，并为全球的可持续发展贡献力量。

另一个例子是，在主权财富基金巴西国家经济社会发展银行（BNDES）的大力支持下，巴西的跨国公司开展了一系列并购活动。BNDES 是巴西许多大型公司的幕后股东。为了在全球范围内打造行业龙头企业，BNDES 参与策划了多起并购行动。例如，在 BNDES 的帮助下，巴西肉类生产加工企业 JBS-Friboi 成功收购了美国食品生产商 Swift and Pilgrim’s Pride。总而言之，股东积极主义已经逐渐成为一种全球现象。发展中国家的投资者开始在公司控制权市场中崭露头角，并通过调整投资结构来不断在发达国家和发展中国家扩大影响力，尤其是主权财富基金。主权财富基金以其雄厚的资金实力，能对发展中国家和发达国家同时造成影响。通常来说，这种基金是为国家战略服务的。有时，主权财富基金也用于巩固国家的政策。例如，挪威主权财富基金通过减持与煤炭相关的股票来促进环境的可持续发展，这不仅是一项政治运动，也是一项社会运动。

资料来源：M. Almadi & P. Lazic, 2016, CEO incentive compensation and earnings management, *Management Decision*, 54(10): 2447-2461; J. Braunstein, 2017, The domestic drivers of state finance institutions: Evidence from sovereign wealth funds, *Review of International Political Economy*, 24(6): 980-1003; L. Fletcher & E. Johanningsmeier, 2017, Hedge funds prosper on China tech but bubble fears emerge, *Wall Street*

Journal, www.wsj.com, September 12; N. Hasegawa, H. Kim, & Y. Yasuda, 2017, The adoption of stock option plans and their effects on firm performance during Japan's period of corporate governance reform, *Journal of the Japanese and International Economies*, 44: 13-25; T. Kaspereit, K. Lopatta, & D. Onnen, 2017, Shareholder Value Implications of Compliance with the German Corporate Governance Code, *Managerial and Decision Economics*, 38: 166-177; K. Nagata & P. Nguyen, 2017, Ownership structure and disclosure quality: Evidence from management forecasts revisions in Japan, *Journal of Accounting and Public Policy*, 36(6): 451-467; O. Noreng, 2017, Norway's diversification, *World Oil*, 238(12): 23; M. Stancati & M. Farrell, 2017, Saudi Sovereign Wealth Fund sets growth targets, *Wall Street Journal*, www.wsj.com, October 26; X. Geng, T. Yoshikawa, & A. M. Colpan, 2016, Leveraging foreign institutional logic in the adoption of stock option pay among Japanese firms, *Strategic Management Journal*, 37(7): 1472-1492; B. Alhashel, 2015, Sovereign wealth funds: A literature review, *Journal of Economics and Business*, 78: 1-13; K. Narioka, 2015, Activist investors in Japan find some doors cracking open, *Wall Street Journal*, www.wsj.com, January 29; S. G. Lazzarini, A. Musacchio, R. Bandeira-de-Mello, & R. Marcon, R. 2015, What do state-owned development banks do? Evidence from BNDES, 2002-09 *World Development*, 66: 237-253; A. Musacchio & S. G. Lazzarini, 2014, *Reinventing State Capitalism: Leviathan in Business, Brazil and Beyond*, Cambridge: Harvard University Press; X. Sun, J. Li, Y. Wang, & W. Clark, 2014, China's sovereign wealth fund investments in overseas energy: The energy security perspective, *Energy Policy*, 65: 654-661.

案例讨论题

1. 为什么许多国家采用与美国以及英国相似的、有利于股东权益的治理体系？

2. 主权财富基金是如何影响本国和外国公司的治理的？

3. 考虑到第 10 章中所探讨的治理手段，你对日本、德国和中国的公司治理机制的改进有什么建议？

11 组织结构和控制

学习目标

1. 定义组织结构和组织控制，讨论战略控制和财务控制的区别
2. 描述战略和结构之间的关系
3. 讨论用来实施业务层战略的职能型结构
4. 解释用来实施不同多元化战略的三种事业部型结构的形式
5. 讨论用来实施三种国际化战略的组织结构
6. 定义战略网络，讨论战略中心企业如何在业务层、公司层和国际层等层面实施该网络

引例 麦当劳组织结构和控制的改变：提高绩效的途径

麦当劳是快餐连锁店巨头，其规模是竞争对手汉堡王和温迪的数倍。除了美国和加拿大，麦当劳在全世界 100 多个国家拥有门店。然而，2015 年被任命的 CEO 史蒂夫·伊斯特布鲁克（Steve Easterbrook）一直在努力调整公司的战略和结构。正如第 2 章引例中所提到的，麦当劳所处的外部竞争环境是动荡的。其老牌竞争对手仍然非常强势，其他公司也在进入这个市场。例如，国际松饼屋（International House of Pancakes，IHOP）发布了一则广告，暗示它可能更名为 IHOb，即国际汉堡屋（International House of Burgers），发出可能与麦当劳等公司竞争的信号。麦当劳和其他公司开始提供早餐可能是对这一举动的回应。

第 4 章还指出，麦当劳正在推行低成本战略，以应对其所处的竞争环境。为了提高业绩，麦

当劳需要与其所寻求战略相匹配的结构和控制。与此同时，麦当劳的资金主要来自特许经营者，它们签订特许经营合同，在全球范围内管理一个或多个门店。特许经营是第 9 章中介绍的一种联盟战略。这种联盟战略的有效性取决于特许经营者能否以成本效益较高的方式在多个合作伙伴间复制成功。这对于麦当劳的低成本战略尤为重要，因为它希望顾客在任何一个门店都有相同的体验。

麦当劳正在将 CEO 和特许经营者之间的层级从 8 级减少到 6 级，特别是在地区结构方面。另外，麦当劳还将会进行一些非特定的裁员，以消除高成本的官僚主义。剩下的地区和企业员工将“花费更多时间帮助运营商找到提高餐厅盈利能力的方法，而不仅仅是在清洁度、客户服务和订单准确性等方面为餐厅打分”。如上所述，控制的重点主要是加强特许经营的可复制性。该公司目前正在对其企业控制进行微调，更聚焦于供应链和特许经营层面的流程创新，给予特许经营者更多支持，而不仅仅是对不符合规定的行为进行惩罚。

例如，“麦当劳组建了一个由供应商、厨师和员工组成的专家小组，将竞争对手的汉堡包与自己的产品进行比较。他们发现，麦当劳的汉堡包不够新鲜”。因此，麦当劳调整了“供应链和分送系统，使用新鲜而非冷冻的汉堡包肉饼”。“麦当劳还改变了烘烤方法，延长烤面包的时间，并改变了准备程序，以便汉堡包可以根据要求烹饪，而不是放在保温柜里。”

多年来，麦当劳一直围绕着包括美国、欧洲、亚洲 / 太平洋、中东和非洲在内的地理区域进行组织。伊斯特布鲁克希望消除麦当劳的官僚作风，以帮助公司对市场趋势做出有效的预测，并以此为基石迅速行动，全面了解并合理回应顾客的需求。此外，伊斯特布鲁克指出新的组织结构应该“以商业逻辑为基础”，而非以地理划分为基础。

麦当劳已经将这个新的组织结构付诸实践，这是其为了增加收入和利润，并提高股票价值所做出的努力的一部分。公司领导人相信，新结构将有利于每个板块有效地识别板块内市场的共同需求，并成功满足这些需求。同时还将有利于板块内各个运营单元灵活地进行创新，为顾客以及整个公司创造价值。

随着新的结构和控制降低了成本并提高了效率，麦当劳正在利用这些节约成本中的一部分来实现向数字化的过渡，包括线上下单和店内自助点餐。因此，不仅结构和控制更加简单有效，技术也正在加速和改善客户体验。

资料来源：H. Detrick, 2018, McDonald’s new Chicago headquarters is officially open. Why it moved back to the city after 47 years, *Fortune*, www.fortune.com, June 5; L. Grossman, 2018, Wendy’s got all savage on McDonald’s with the perfect meme, *Time*, www.time.com, May 9; J. Jargon, J. 2018, McDonald’s shares details of restructuring plan in new memo, *Wall Street Journal,* www.wsj.com, June 12; L. Patton, 2018. McDonald’s high-tech makeover is stressing workers out, *Bloomberg*, www.bloomberg.com, March 13; B. Peters, 2018, McDonald’s plans more corporate job cuts amid tech push: Report, *Investors Business Daily*. www.investor.com, June 7; J. Sperling, 2018, McDonald’s plans to eliminate a number of corporate jobs as part of reorganization plan, *Fortune,* www.fortune.com, June 7; C. Choi, 2015, McDonald’s to simplify structure, focus on customers, *Spokesman*, www.spokesman.com, May 5; R. Neate, 2015, McDonald’s plans huge shakeup as CEO admits: ‘Our performance has been poor,’ *The Guardian*, www.theguardian.com, May 4.

正如我们在第 4 章中解释的，所有公司都会运用一种或多种业务层战略。麦当劳在其快餐业务上采取了成本领先战略。从第 6 章到第 9 章，我们还讨论了公司可以选择的其他战略（公司层战略、合并与收购战略，国际化战略、合作战略）。组织的领导者负责制定决策，选择合适的战略。战略一旦选定，就必须付诸实施，以达到预期目的。

本章的主题是组织结构和控制，就是要为营利性组织和非营利组织的战略实施提供框架。[1]然而，正如我们所解释的，要成功运用不同的战略，就必须有独立的结构和控制。在所有组织中，高层管理者都承担着使战略与结构相匹配的最终责任，并且确保在需要时能对两者做出调整。战略和结构的匹配程度将会影响公司获得超额利润的情况。[2]因此，有效的战略领导者的一个重要特征就是，具备选择正确的战略并将其与适当的结构相匹配的能力。[3]

本章首先介绍组织结构和控制，接下来详细说明公司的战略和组织结构相匹配的重要性。战略与组织结构之间的相互作用会影响它们之间的匹配效果。[4]正如我们将讨论的，虽然组织结构对战略有影响，但是战略对组织结构的影响更为重要。[5]接下来，我们将介绍成功的公司是如何处理成长和结构变化之间的关系的。然后，介绍公司用来实施业务层战略、公司层战略、国际化战略和合作战略的不同组织结构。我们会用一些图形来突出与战略相匹配的不同组织结构的特点。随着时间和经验的积累，组织尤其是一些大型复杂组织，会根据自己的独特需求来定制全面的结构。[6]通常来说，公司会形成一个足以满足战略实施需要的复杂结构，同时这一结构又不能复杂得让人难以理解和使用。[7]

组织结构和控制

研究表明，组织结构和控制会影响公司的经营业绩。[8]具体来说，当公司的战略与组织结构和控制不匹配时，公司的经营业绩就会下滑。[9]即使战略和组织结构不匹配，管理者在确立和改变公司结构时也会试图使行为更加理性。[10]

在第 2 章的引例中，我们讨论了麦当劳在应对外部环境变化时所面临的挑战。正如我们所提到的，麦当劳对其菜单做出了调整，以更好地适应顾客对健康食品的需求。此外，从更广阔的视角看，麦当劳对其组织结构也做出了调整，希望这种调整可以提高公司业绩。组织结构是一个广泛的概念，在本质上对公司应该完成的工作做出规定，以帮助公司实施战略。

包括 CEO 史蒂夫·伊斯特布鲁克在内的麦当劳的领导者认为，公司结构上的改变会提升效率（日常运营得以改善）和有效性（更好地满足顾客的需求）。在本章引例中，我们讨论了麦当劳对其组织结构、控制和流程所做的改变。

组织结构

组织结构（organizational structure）指明了公司正式的报告关系、程序、控制、授权以及决策制定过程。[11]公司结构决定了决策的制定，并对组织内在此决策下每个人应完成的工作做出规定。[12]组织惯例是完成特定战略下工作任务的固定模式。[13]

形成一个能有效支持公司战略的组织结构并不是一件容易的事情，尤其是在快速变化和动荡不安的竞争环境带来大量不确定性（或无法预测的变化）的情况下。[14]当结构要素（报告关系和程序）能够与其他要素相一致时，这种结构就能帮助公司在竞争时更好地理解环境变化与不确定性之间复杂的因果关系。因此，组织结构的一个重要贡献是，通过促进战略的成功实施来超越竞争对手，以帮助公司有效地应对环境不确定性。[15]

精心设计过的组织结构为公司成功实施战略和维持当前的竞争优势提供了稳定性，同时为今后获取竞争优势提供了必要的灵活性。[16] 更具体地说，结构的稳定性为公司提供了持续、前瞻性地管理日常工作所需的能力[17]，结构的灵活性有利于公司识别机会，并配置资源来把握这些机会，促使公司在未来获得成功。[18] 因此，有效的、灵活的组织结构可以使公司在发挥当前竞争优势的同时，发展今后将会用到的新竞争优势。相反，无效的、不具灵活性的结构会导致优秀员工离职，因为他们没有办法在工作中创造价值，从而备受挫折，这又会进一步导致公司内部知识的流失。[19] 若在离职员工中，有人拥有大量的隐性知识而且被竞争者挖去，这对公司来说将是一个巨大的损失。

调整当前战略或选择新的战略都要求组织结构做出相应的改变。研究显示，一旦真的需要改变结构，组织的惯性会阻碍这种变化，即使是当公司的业绩表明结构已经到了非改不可的地步时。[20] 阿尔弗雷德·钱德勒（Alfred Chandler）在他的开创性研究中发现，极低的效率会迫使组织改变结构。[21] 钱德勒在让我们理解组织结构及其与战略和业绩之间的关系方面做出了巨大的贡献。确实，有些人认为，钱德勒"对组织结构的贡献具有历史转折意义，他们把钱德勒的著作出版之前的时期称为 'B.C.'，含义为 'before Chandler'（在钱德勒之前）"[22]。

公司似乎更喜欢保持现有的结构和熟悉的工作关系，直到公司的业绩下滑到不得不改变的地步。[23] 另外，高层管理者在判断公司结构和战略中存在的问题时往往犹豫不决，因为一旦做出这样的结论，就意味着他们之前的选择并不是最佳的。[24] 由于这些惯性，结构的变化经常是由那些无法再忍受公司的糟糕业绩的利益相关者（例如来自资本市场的股东和顾客）发起的。例如，百货商店杰西潘尼和西尔斯一直无法成功地向线上销售转型，而其他零售商如科尔士百货（Kohl's）和梅西百货则做得更好。[25] 研究表明，当高层管理者意识到当前的组织结构已经无法再为公司成功实施战略提供必需的协调和方向时，是进行结构调整的恰当时机。[26] 有趣的是，很多组织结构的变化都发生在经济衰退期，因为糟糕的业绩暴露了组织的缺陷。我们接下来将要讨论，有效的组织控制能帮助管理者识别调整组织结构的正确时机。

组织控制

组织控制是组织结构的重要方面。[27] **组织控制**（organizational controls）指导着战略的实施，指明了应如何比较现实结果和期望的结果；当两者之间的差距大到无法接受时，它会建议采取正确的行动。缺少有效组织控制的公司是很难获得竞争优势的。设计得当的组织控制，能使公司清楚地认识到哪些行为有助于提高公司业绩。[28] 公司通常利用战略控制和财务控制来支持战略的实施。

战略控制（strategic controls）主要是一些主观标准，用来判断在外部环境条件和自身竞争优势下，公司使用的战略是否恰当。因此，公司的战略控制主要关注的是，公司应该做的事情（由外部环境中的机会表明）和公司能够做的事情（由内部环境中的资源、能力以及核心竞争力表明）是否相符。有效的战略控制可以帮助公司了解做什么才能取得成功，尤其是在需要进行重大战略变革的地方。[29] 战略控制要求管理者之间进行丰富的信息交流，一些管理者（如高层管理者）有责任根据这些信息来判断公司的经营业绩，另外一些管理者（如中层和基层管理者）则主要负责战略的实施。这些管理者之间频繁的交流可以是正式的，也可以是非正式的。[30]

战略控制还可以用来评估公司对战略实施所需条件的专注程度。例如，对业务层战略来说，战略控制用于研究价值链活动和辅助功能（见第 3 章图 3－2、图 3－3、图 3－4），以证实关键的活动得到了重视和适当的执行。在实施相关多元化的公司层战略时，战略控制可以用来检验行为是否得到了共享（相关约束型多元化），以及核心竞争力是否得到了传递（相关联系型多元化）。在评价相关多元化战略时，为了有效地利用战略控制，总部的管理者必须对每一个战略业务单元的业务层战略都有深入的了解。[31]

财务控制（financial controls）主要是一些客观标准，用来对比先前已经建立的量化标准，以衡量公司的经营业绩。在使用财务控制时，公司不仅要把业绩与前期结果进行比较，而且要与竞争者的业绩以及行业平均标准进行比较。财务控制指标中既有会计指标，如投资回报率（ROI）、资产回报率（ROA），又有市场指标，如经济附加值。之所以强调用财务控制来评价公司业绩时要用非相关多元化战略，部分原因在于战略控制很难用于广泛的多元化。[32] 非相关多元化战略更加关注财务结果（见第 6 章），要求运用标准的财务控制指标来比较各业务单位和管理者的业绩表现。[33]

战略控制和财务控制对公司结构来讲非常重要。我们前面曾提到，任何结构的有效性都取决于战略控制和财务控制的有效结合。然而，在某个特定时点上，要找到战略控制和财务控制之间最恰当的均衡并非易事，在一定程度上这是因为不同的战略需要运用不同的控制手段。例如，使用成本领先战略的大型多元化公司和业务单位强调的是财务控制（如定量的成本目标），使用差异化战略的公司和业务单位强调的则是战略控制（如产品开发团队的有效性等主观指标）。[34] 如前所述，在公司范围内强调业务单位之间的能力和活动共享的战略（称为相关多元化战略）需要重视战略控制，活动和能力无须共享的战略（如非相关多元化战略）则强调财务控制。公司在决定如何实施战略时，应保持不同战略所需的不同控制手段之间的相对平衡。

战略和结构之间的关系

战略和结构之间存在交互作用的关系。如果二者有效结合，将提高公司的业绩。[35] 这一关系突出了战略形成（第 4 章、第 6 ～ 9 章）和战略实施（第 10 ～ 13 章）之间的相互连接。一般来讲，在这种交互关系中，结构总是源于或跟随公司战略的选择。但有些情况下，结构也会影响当前的战略行动和对未来战略的选择。我们之前曾提到，麦当劳在战略上希望更好地识别和满足顾客日益变化的需求，采用新结构对实施此战略有着潜在的影响。[36] 总体而言，公司在战略管理过程中应该明白，战略与结构关系的本质是，公司战略的改变需要组织相应地进行调整。

或许正是由于组织结构通过限制潜在的替代战略而影响了公司的战略，因此公司需要保持警惕，结构不仅会影响战略的实施，而且会对未来战略的选择强加种种限制。但是总体而言，战略对结构的影响强于结构对战略的影响。

不管战略与结构之间的交互关系有多强，公司在进行战略和结构选择时都需要将两者相匹配，从而为发挥当前竞争优势提供保障，同时为开发未来优势提供灵活性。因此，公司在改变战略时，应该同时考虑支持新战略所需的结构，战略和结构的有效匹配可以为公司创造竞争优势。这个过程可能会受到外在力量的影响，比如媒体的强烈关注既可能起到阻碍作用，也可能起到推动作用。[37]

战略和组织结构的发展模式

研究表明，大多数公司的发展历程都反映了战略和结构关系的特定模式。钱德勒[38]发现，公司倾向于以某些可以预知的模式来发展壮大："先是通过数量，然后是地域，接下来是整合（纵向或横向），最后是通过产品 / 业务多元化"（见图 11－1）。[39]钱德勒将他的发现解释为一种迹象，即公司的成长模式决定结构的形式。

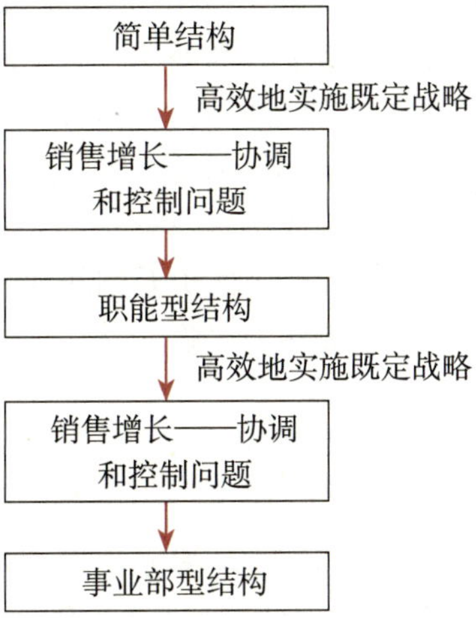

图 11－1　战略和结构发展模式

如图 11－1 所示，销售增长带来了协调和控制问题，这些问题是现有结构无法有效处理的。组织的成长为公司改变战略获得更大的成功创造了机会，但是现有结构中正式的报告关系、程序、控制、授权以及决策制定程序等方面不成熟，将无法支持新战略的运用[40]，这意味着公司需要新的结构。[41]

公司实施战略时可以选择以下三种主要的组织结构：简单结构、职能型结构和事业部型结构。随着时间的推移，成功的公司会从简单结构转向职能型结构再到事业部型结构，以支持其发展战略的变化。

简单结构

简单结构（simple structure）是指在这种结构中，公司的所有者兼经营者直接做出所有主要决定，并监督所有活动，员工只是作为管理者监督权力的延伸来提供服务。[42]通常公司的所有者兼经营者会直接参与公司的日常经营运作。这种结构的特征是：关系多为非正式的、规则较少、任务的专业化程度有限以及信息系统较为简单。管理者兼经营者与员工之间频繁的、非正式的沟通，使工作的协调变得更容易。简单结构适用于集中战略和业务层战略，实施这些战略的公司通常只为单一地域市场提供单一产品。例如，本地餐馆、维修业务以及其他特殊行业的公司等，都是使用这种结构的典型代表。

随着小公司逐渐发展壮大，复杂性不断增加，管理和组织上的挑战也涌现出来。例如，需要分析的有关竞争者的信息数量猛增，给管理者兼经营者造成了不小的压力。成长和成功使公司不断变换战略。即使战略保持不变，公司规模的扩大也需要更多成熟的工作流程和一体化机制。发展到这一阶段时，公司倾向于从简单结构转向职能型结构。[43]

职能型结构

职能型结构（functional structure）由一位 CEO 和有限的员工组成，在占主导地位的职能领域（如生产、财务、营销、研发、工程和人力资源）设置职能型管理者。[44]这一结构允许职能分工[45]，因而促进了每一个职能领域的知识共享，知识的共享又为职业生涯规划和职能人员的专业发展创造了有利条件。但是，这种以职能为导向的结构不利于组织内部不同职能部门之间的交流与协调。为此，CEO 必须保证单个职能部门做出的决策和行动有利于整体利益而不是部门利益。职能型结构有利于多元化水平较低的业务层战略和部分公司层战略（如单一或主导业务）的实施。然而，从简单结构向职能型结构转变时，公司应努力避免形成一些无法提升创新性的官僚制度，因为这种制度会对个体创新造成潜在的损害，不利于战略的实施。[46]

事业部型结构

随着公司不断地成长和成功，更高层次的多元化就成为管理者需要考虑的问题。当公司向不同的市场提供相同的产品（市场或地域多元化），或者向几个市场提供不同的产品（产品多元化）时，要使这些多元化战略取得成功，就必须分析更多的数据和信息。另外，以职能型结构来管理高层次的多元化会造成严重的协调和控制问题[47]，因此需要建立一种新的结构形式。[48]

事业部型结构（multidivisional（M-form）structure）由一个公司总部和几个运营部门组成，每一个运营部门代表着一项独立业务或利润中心，公司总部授权部门经理负责本部门的日常运作和战略决策。每一个部门都是一个独立的、自我约束的业务单元，并拥有自己的职能层次。[49]最初进行设计时，事业部型结构被认为有三大优势：（1）公司总部能更加精确地监督每一个业务单元的业绩，简化了控制；（2）方便了部门间的对比，从而改进了资源配置过程；（3）激发业绩较差的部门经理努力寻找改进部门业绩的方法。[50]通过事业部型结构对部门的积极监督，部门经理更有可能做出使利益相关者利益最大化的决策。由于多元化是在全球经济中占据主导地位的公司层战略，因此事业部型结构得到了广泛的应用。[51]

利用事业部型结构来支持相关和非相关多元化战略的实施，有助于公司成功地管理多元化的各种需求。[52]20 世纪 20 年代，杜邦和通用汽车等大型公司在使用职能型结构中出现了大量的协调和控制问题，钱德勒把事业部型结构的出现视为针对这些问题的创新性反应。[53] 研究显示，事业部型结构更适合多元化公司。[54] 有些人认为事业部型结构是 20 世纪最重要的组织创新之一，部分原因就在于它对于多元化公司的价值。[55]

没有一种结构（简单结构、职能型结构、事业部型结构）先天就优于其他结构。针对这一问题，彼得·德鲁克认为：“不存在完全正确的组织结构……而我们的任务……是为手头的特定任务和使命选择组织结构。”[56] 这一论述说明，公司必须为特定的战略选择适合的组织结构。由于没有一种结构在所有情况下都是最优的，因此，管理者应专注于战略与结构是否匹配，而不是盲目寻找“最佳”结构。我们接下来讨论战略与结构的匹配对公司业绩的积极贡献。

业务层战略和职能型结构的匹配

公司可以使用不同形式的职能型组织结构来支持成本领先战略、差异化战略以及整体成本领先 / 差异化战略的实施。职能型组织结构不同形式之间的差异可以用三个重要的结构特征来描述：专门化（完成工作所需的职位形式和数量[57]）、集中化（决策制定权在不同层级管理者之间的分布情况[58]）和规范化（有关工作规则和程序的正规化程度[59]）。

利用职能型结构实施成本领先战略

公司利用成本领先战略向行业中的典型顾客销售大量的标准化产品。在使用这一战略时，公司需要能使自己的产品成本比竞争对手更低的结构。[60] 简单的报告关系、较少的决策层级和权力结构，集中化的公司员工，通过生产职能专注于生产过程的优化而不是新产品的研发，都是成本领先职能型结构的基本特征（见图 11－2）。[61] 这种结构有利于塑造低成本文化——员工在完成工作的过程中不断寻找降低成本的方法。[62] 他们可以通过不断改进产品设计使生产变得更容易，或者通过提高产品生产流程的效率来达到这一目的。[63]

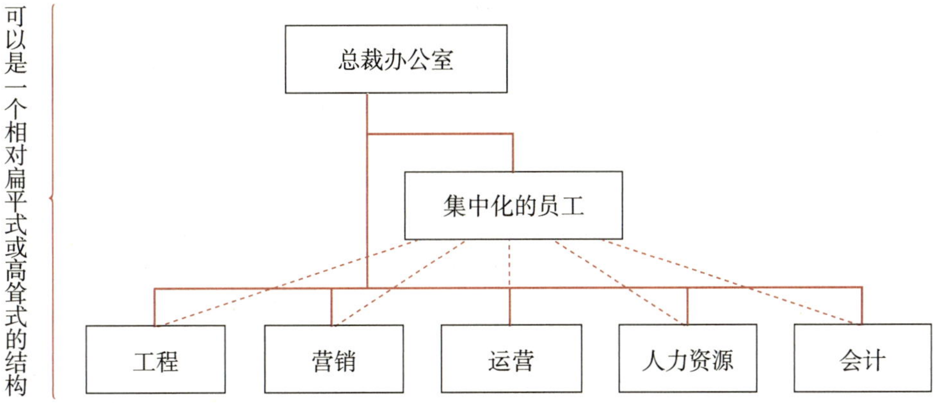

图 11－2 实施成本领先战略的职能型结构

说明：
- 运营是主要职能。
- 强调的是生产过程而不是新产品的研发。
- 由相对集中化的员工来协调各职能。
- 规范化的程序允许低成本文化的产生。
- 整体结构是机械式的，职位角色高度结构化。

从集中化方面看，决策制定权集中在职能型员工手中，以降低每一个组织职能（如工程、营销等）的成本。在鼓励不断降低成本的同时，集中化的员工也可以确保某一职能成本的进一步降低不会反过来影响其他职能的水平。[64]

成本领先职能型结构进行高度专业化的分工，把一项工作分解成若干相似的子群。尽管有时需要以产品生产或顾客服务为基础来进行批量作业，但组织职能是最常见的子群。工作的专业化提高了员工的工作效率，降低了成本。在这种结构中，指导具体工作的是为集中化的员工制定的高度规范化的规则和程序。

沃尔玛就在它的三个业务模块（沃尔玛商店、山姆会员店和沃尔玛国际）中运用职能型结构来实施成本领先战略。在沃尔玛商店（占公司总销售量的最大份额）这一模块中，成本领先战略广泛应用于超级购物中心、折扣店、社区店以及网上超市。[65] 沃尔玛表示，整个公司致力于“为全世界的客户和社区带来价值”[66]。多年来，试图复制沃尔玛的成本领先战略的竞争者最终都失败了，部分原因就在于它们无法像沃尔玛那样做到成本领先战略与职能型结构的有效匹配。尽管沃尔玛最近与亚马逊在线上销售方面竞争激烈，但其结构和战略之间仍保持着高度匹配。[67]

利用职能型结构实施差异化战略

在顾客的眼中，实施差异化战略的公司试图以不同的方式为他们创造价值。实施这种战略的公司向具有独特需求的顾客销售非标准化的产品。相对复杂且灵活的报告关系，经常使用交叉职能的产品研发团队，更加强调营销和产品的研发而不是制造和程序的研发（与成本领先职能型结构相比），是差异化职能型结构的基本特征（见图 11－3）。这种结构有利于塑造以开发为导向的文化，即员工都努力寻找使当前产品更具差异化的方法，或者探索开发新的、高度差异化的产品。[68]

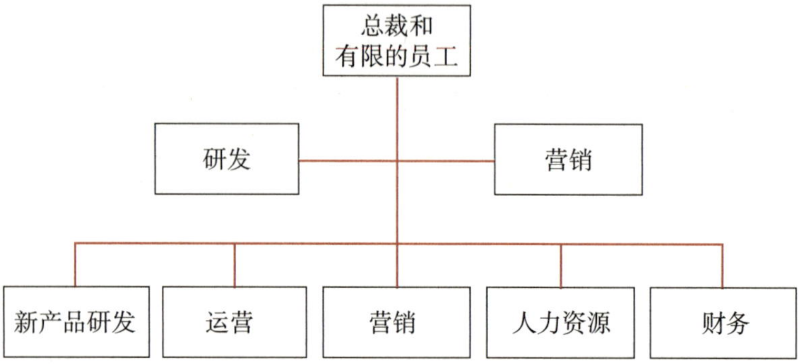

图 11－3 实施差异化战略的职能型结构

说明：

· 营销是追踪新产品设想的主要职能。
· 强调新产品研发。
· 许多职能是分权化的，但研发和营销是由密切合作的集中化的员工来完成的。
· 有限的规范化可以使新产品的设想更容易产生，变革更易于实施。
· 整体结构是有机的，职位角色不具有结构性。

持续的产品创新需要公司内部所有员工能够合理解释那些模糊的、不完整的和不确定的信息，并以此为基础采取行动。由于强调从外部环境中发现新的机会，因此员工经常从外部人员（如顾客和供应商）那里收集信息。一般来讲，对收集的信息中暗示的机会做出快速的反应是很有必要的，这也表明了对决策过程中的责任和权力进行分散的必要性。同时，实施差异化战略所需要的结构，必须有利于发展强大的技术能力以及在竞争中保持战略灵活性。强大的技术能力和战略灵活性有助于公司充分利用市场变化带来的机会。[69]

为了支持必要的创新，以及对差异化的新资源和新产品的持续追求，该结构中的职位不需要高度专门化。专门化的欠缺意味着员工的工作描述中会有大量的任务。正式的规则和程序比较少，是这一结构的特点之一。规范化程度、决策制定的责任和权力的分散以及工作任务的专门化程度较低，共同创造了这样一种结构：员工可以就产品差异化的设想进行频繁的交流，同时碰撞出可以使新产品在将来更具差异化的想法。和采用低成本战略并具备相对规模的公司相比，这些结构特点通常会导致一个更扁平的结构。

施坦威钢琴（Steinway & Sons pianos）就是采用差异化战略和相匹配的结构来获得钢琴制造和销售方面的成功的。尽管许多钢琴制造商逐渐转向大规模生产，并降低成本以寻找满足客户需求的新方式，但施坦威仍“继续使用手工制作方法制造价格更高的钢琴，并将其销售给钢琴演奏家和富有的客户”[70]。

利用职能型结构实施整体成本领先 / 差异化战略

采用整体成本领先 / 差异化战略的公司销售的产品通常都可以创造价值，因为这些产品的价格相对较低，且具有合理的差异化。产品成本较低是相对于成本领先者的价格而言，合理的差异化是对比差异化产品鲜明的特征来说的。

尽管实施起来有难度，但整体成本领先 / 差异化战略在全球经济中仍得到了很多公司的青睐。该战略实施难度大的主要原因在于：成本领先战略和差异化战略重视的价值链活动和辅助功能是不一样的（见第 3 章）。为了获得成本领先，公司需要关注生产和制造过程，并减少产品变化。为了实现差异化，公司需要强调营销和新产品研发而非生产和制造过程。因此，整体战略的有效实施需要公司成功地将减少成本的活动和增加差异化的活动整合在一起。为此，职能型结构的整合形式必须有部分集中化和部分分散化的决策模式。另外，任务都是半专业化的，规则和程序既要求一些正式工作行为，又要求一些非正式工作行为。所有这些都需要结构具有一定的灵活性，进而能够在任何给定的时间里强调一种或几种职能。[71]

公司层战略和事业部型结构的匹配

如前所述，钱德勒的研究指出，公司的持续成功使产品或市场多元化，或者两者兼有。[72]公司多元化的程度是与业务类型和数量有关的决策的函数，这些决策既与公司竞争有关，又涉及业务的管理（见第 6 章）。为了配合每一种职能，公司不断扩大多元化，最终导致职能型结构所无法解决的一些问题，如信息处理、协调和控制问题。因此，多元化战略的实施需要公司从职能型结构转向事业部型结构，使战略和结构有效地匹配。

公司层战略有不同程度的产品和市场多元化。对不同程度的多元化的需求，更加凸显了每一种战略的有效实施都要运用一种独特的组织结构的必要性（见图11-4）。下面我们将讨论三种多元化战略和与之分别对应的组织结构之间的关系。

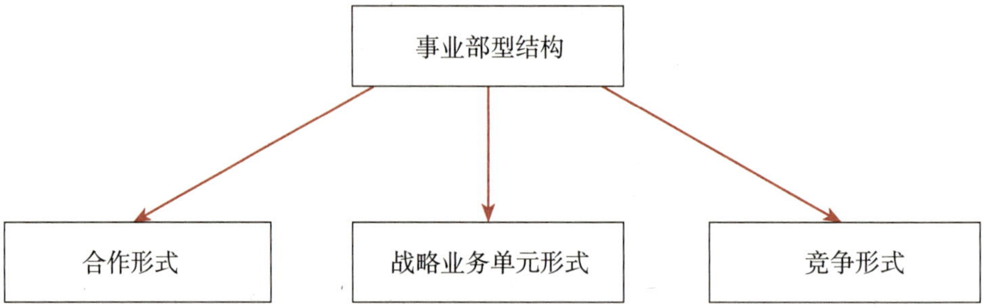

图11-4 事业部型结构的三种形式

运用事业部型结构的合作形式来实施相关约束型战略

合作形式（cooperative form）是指通过水平整合来促进各事业部之间相互合作的事业部型结构。公司内部实施相关约束型多元化战略的部门一般都是围绕产品、市场或两者兼顾来建立的。在图11-5中，我们用产品部门来表示事业部型结构的合作形式，当然营销部门也可以代替或补充图中的产品部门。

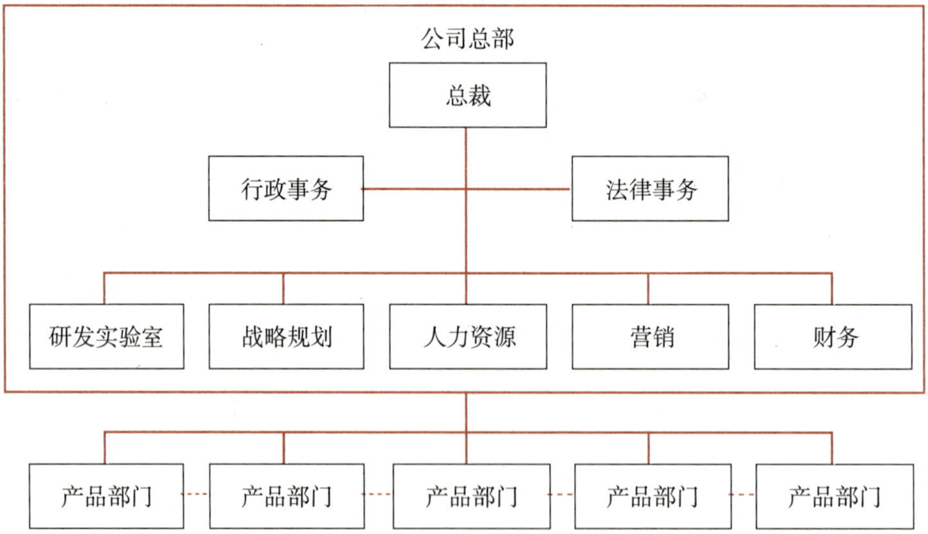

图11-5 实施相关约束型战略的事业部型结构的合作形式

说明：
- 结构整合策略将所有部门紧密地联系在一起。
- 公司总部强调集中化的战略规划、人力资源管理和营销以促进部门间的合作。
- 研发通常是集中化的。
- 报酬是主观的，除了与部门业绩有关，还与公司总体业绩相关。
- 强调合作共享的文化。

正如我们在第6章中解释的，在相关约束型多元化战略下，公司各个业务单元之间共享资源和活动。顾客理解、规模、创新、产品上市能力以及品牌构建是宝洁公司的五大核心优势（或核心资源）。作为宝洁公司事业部型结构的合作形式的主体，四个基于行业划分的部门共享这五大优势。这四个部门分别是：婴幼、女性与家庭护理部，美容部，健康清洁部，织物和家居护理部。四个部门共享五大优势的原因在于：这些部门的规模允许公司“分享知识，转移技术，优化支出和资源流动，以更好地服务消费者，并不断提高效率和生产力”[73]。可见，宝洁公司利用其组织结构，对不同业务进行了横向整合，促进了这十个产品部门之间的合作。

部门间共享竞争力可以促进公司实现范围经济。正如第6章中解释的，范围经济（通过不同部门间竞争力的共享来节省成本）与相关约束型战略的成功是相互联系的。部门间竞争力的共享有赖于共同合作（如宝洁公司），这就是要在事业部型结构中采取合作形式的原因。[74]

合作结构综合了不同的结构特征（集中化、标准化和形式化）进而形成一种整合机制来促进部门间的合作。部门经理间的经常性直接接触是另一种整合机制，可以鼓励和支持合作以及知识、能力或者其他资源的共享，从而为公司创造新优势。[75]有时，各个部门会设置专门的联络官，以减少部门经理花费在协调和整合本部门工作与其他部门工作上的时间。针对某些项目组建的临时团队或任务小组能否取得成功，主要取决于不同部门之间资源的共享。正式的整合部门通常由临时团队或任务小组组建而成。

实施相关约束型战略的公司最终采用的形式是矩阵结构。矩阵结构是一种结合了职能专业化以及产品或项目专业化的二元组织结构。[76]尽管非常复杂，但有效的矩阵结构可以改善公司不同部门之间的协调性。[77]

部门如何处理信息，对事业部型结构的合作形式能否取得成功有极大的影响。但由于部门间的合作会造成管理自主权的缺失，因此，部门经理并不愿意对这种结构所要求的综合信息处理活动投入太多的精力。另外，部门间的合作还会导致部门经理的积极成果不对称地流动。换言之，如果部门经理的报酬中至少有一部分是以部门业绩为基础，那么那些从公司竞争力共享中获得最大利益的部门的经理，就会被视为以他人的费用来增加自己的收益。在这种情况下，战略控制就显得格外重要，在评价部门经理的业绩时，还要考虑他为促进部门间的合作做出的贡献。另外，除了衡量单个部门取得的成果，对公司整体业绩报酬体系的强调将有助于克服合作形式中存在的问题。当然，合作的成本和组织的惰性也会限制相关多元化的成果（如限制多元化创造的范围经济）。[78]

运用事业部型结构的战略业务单元形式实施相关联系型战略

当公司各部门之间的联系较少或对联系的约束较少时，就可以使用相关联系型多元化战略，并且可以用事业部型结构的战略业务单元形式来支持该战略的实施。**战略业务单元形式**（strategic business unit form）是指由公司总部、战略业务单元以及战略业务单元的部门三个层次组成的事业部型结构（见图11-6）。这种结构经常用于大型公司，并且可以根据组织规模以及产品和市场的多元化程度变得更加复杂。

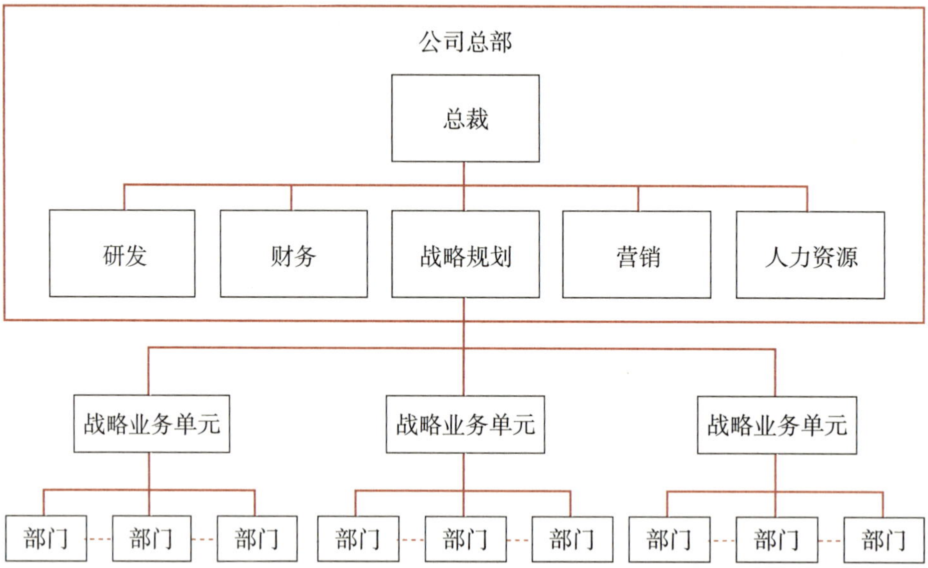

图 11－6　实施相关联系型战略的事业部型结构的战略业务单元形式

说明：

· 战略业务单元内部的各部门间结构是整合的，但战略业务单元之间是相互独立的。

· 总部最重要的职能是战略规划，因为各业务单元的战略规划批准程序由总裁掌管。

· 每一个战略业务单元对员工有自己的预算，以促进内部整合。

· 公司总部的员工是战略业务单元和部门的顾问，而不是像合作形式那样直接介入产品战略。

每一个战略业务单元内部的不同部门之间，以共享产品、共享市场或两者兼顾来相互联系，但不同战略业务单元的部门之间很少有相似之处。战略业务单元内部的部门依靠共享产品或市场竞争力来发展范围经济，甚至规模经济。该结构中事业部所用的整合机制同样可以很好地应用于独立的战略业务单元内的部门，这种独立的战略业务单元是事业部型结构中战略业务单元的一种形式。在这种组织结构中，每一个战略业务单元都是由总部控制和评价的利润中心。尽管财务控制和战略控制都非常重要，但是财务控制对总部评价各战略业务单元来说更重要，当战略业务单元的经理评价内部各部门的表现时，战略控制则更关键。在总部评估已经形成的业务组合的质量，并确定这些业务组合是否被成功地管理时，战略控制也是至关重要的。事业部型战略业务单元形式的一个重要特征是，战略业务单元内部各部门间共享竞争力。

相关联系型多元化战略的缺点是：尽管可以用事业部型结构的战略业务单元形式来支持该战略的实施，但运用这种战略 / 结构组合的公司很难向股东和投资者传达该模式的价值。[79] 进一步说，如果需要不同战略业务单元进行协作，由于这种结构与我们接下来将要讨论的竞争形式一样，不易促进战略业务单元之间的合作，会产生诸多问题。因此，公司在实施相关联系型多元化战略时，必须重视建立和使用不同种类的整合机制。

多年来，索尼公司一直采用相关约束型多元化战略，并通过事业部型结构的合作形式来实施该战略。然而如今面对公司业绩的下滑，索尼似乎开始采用相关联系型多元化战略，并通过事业部型结构的战略业务单元形式来实施这个新战略。具体来说，索尼正在将其经营和管理结构分散化，使每个战略业务部门更加独立，拥有自己的领导和员工职能。“除了游戏与网络服务、移动通信、图像、音乐以及索尼其他一些已经作为子公司自主运营的业务外，2014 年 7 月，索尼分拆了电视业务，2015 年 10 月分拆了视频及音频业务。索尼还计划于 2016 年 4 月分拆并建立其半导体业务，将该业务部门作为一家全资子公司。索尼还在研究将其影像产品及解决方案业务分拆出去的可能性。”[80]

运用事业部型结构的竞争形式来实施非相关多元化战略

实施非相关多元化战略的公司希望通过高效的内部资本配置，或者业务的重组、收购和出售来创造价值。[81] 事业部型结构的竞争形式可以支持这一战略的实施。

竞争形式（competitive form）是以相互争夺公司资源的各部门的独立性竞争为特征的事业部型结构（见图 11－7）。与合作结构中的部门不同，该结构中的部门不再共享公司的优势。因此，事业部型结构的竞争形式中不存在整合机制。

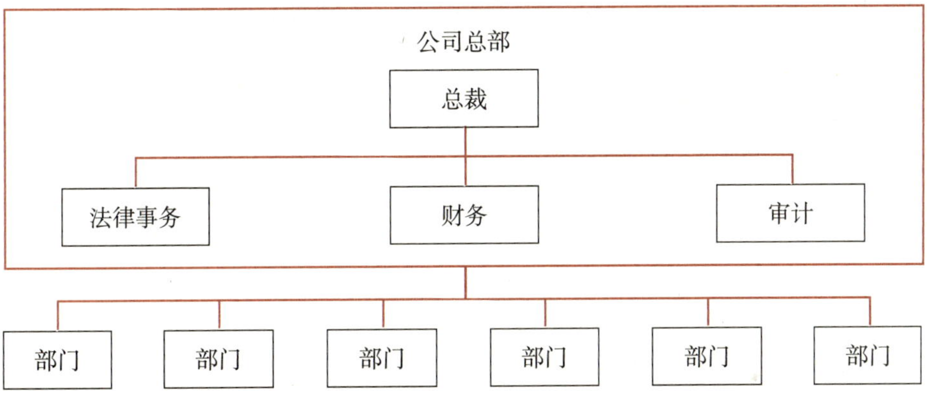

图 11－7 实施非相关多元化战略的事业部型结构的竞争形式

说明：
· 公司总部只有少量员工。
· 财务和审计是公司总部最重要的职能，管理现金流并确保来自各部门的业绩数据的准确性。
· 当公司收购或剥离资产时，法律事务职能尤为重要。
· 各部门是相互独立、分离的，以便于财务评估。
· 部门自行负责战略控制，公司总部控制现金流。
· 各部门为争夺公司资源而相互竞争。

高效的内部资本市场是实施非相关多元化战略的基础，它要求组织在安排上强调部门间的竞争而不是合作。[82] 内部竞争可以带来三大好处。首先，内部竞争可以创造灵活性。例如，公司总部可以让各部门使用不同的技术参与不同的项目，以识别出最具潜力的部门，然后将资源配置给这些部门，从而促进整个公司的成功。其次，内部竞争是对现状和惰性的挑战，因为部门经理都很清楚，未来的资源配置是根据当前业绩和未来业绩中本部门的优势地位来决定的。最后，内部竞争能激发动力，因此，内部同行之间的竞争与外部竞争者之间的竞争具有相同的挑战性。[83] 在这种结构中，组织控制（主要是财务控制）用于强调和支持各部门间的竞争，并依据部门业绩来分配公司资本。然而，这种结构可能会因为过分强调部门奖励而受到限制，根据个人努力程度的奖励还可能引起比较，进而造成不和谐的状况。[84]

正如“战略聚焦”专栏所指出的，通用电气的新结构将更像是竞争性的事业部型结构。同样，德事隆公司（Textron）也是一家跨行业的大型公司，它“识别、研究、选择、收购和整合公司，并开发出一套缜密的标准来指导决策的制定”。德事隆公司一直致力于通过剥离非核心资产，收购有吸引力的行业中具有长期成长潜力的品牌公司，来提升并重塑公司的投资组合。德事隆公司拥有许多相互独立的子公司，包括德事隆航空（Textron Aviation）、贝尔直升机公司（Bell Helicopter）、代表制造业务的德事隆系统与工业（Textron Systems and Industrial）、代表德事隆全球产品融资的德事隆金融服务（Textron Finance）等。这些业务单元的领导者负责指导日常的竞争活动。在事业部型结构的竞争形式的要求下，“德事隆总部负责对各个业务进行监督、指导与协助”[85]。各个业务单元的利润是决定未来资本分配的一个重要指标。

战略聚焦 通用电气的衰落、新战略和重组

正如第6章所述，通用电气一直在衰落，不得不重组其业务。为此，通用电气CEO约翰·弗兰纳里宣布了其所要实施的组织结构的新方向。通用电气是如何发展到如此危险的地步，以至于需要进行这样的重组？

一直以来，通用电气的管理都是由上至下的。其许多收购都必须得到高层管理人员的批准，而且往往是通用电气以前所经营领域之外的业务，且收购时机并不恰当。“投资者和经济学家对大型多元化公司的怀疑态度日益增长。而通用电气则成为这一怀疑的最佳反例。20世纪80年代，越来越多企业集团被认为是笨拙且不透明的，通用电气却被波士顿咨询集团的研究人员称赞为‘高端的企业集团’——追求多元化却不失重点、规模庞大仍不失灵活，并且能够防范个别行业的周期性衰退。”然而，在互联网泡沫之后，2001年9月11日恐怖袭击之前，新任CEO杰弗里·伊梅尔特（Jeffrey Immelt）接管了公司。在华尔街的压力下，他进行了一系列引人注目的收购，比如以55亿美元收购威望迪环球公司（Vivendi Universal）的娱乐资产，以95亿美元收购英国医学影像公司阿默舍姆（Amersham）。尽管拥有收购安然风力涡轮机业务（在一次破产拍卖中获得）这样成功的案例，但事实证明，这些交易在很大程度上比预期更为昂贵，且协同效应也更弱。一位分析师计算，如果将资金投资于指数共同基金，通用电气能够获得的回报是伊梅尔特所主导收购获得回报的两倍。

在金融危机期间，通用电气资本的金融业务出现了许多问题，伊梅尔特试图剥离这些业务，同时使公司回归其工业本源。当通用电气金融业务进行严重裁员的时候，伊梅尔特从法国阿尔斯通公司（Alstom）手中收购了价值100亿美元的电力涡轮机业务。通用电气在天然气发电厂上投入了大量资金，而当时该市场正处于萎缩状态。同样，在石油和天然气领域，通用电气收购了Vetco Gray、德莱赛（Dresser）和Lufkin Industries，然后在石油和天然气开采收入低迷的时候，通用电气试图将它们与贝克休斯公司（Baker-Hughes）合并。

在新任CEO弗兰纳里的领导下，通用电气继续承受着这一“遗产”带来的压力。为了改变公司的战略结构，弗兰纳里在2018年6月宣布，通用电气“将在12～18个月内剥离其核心的医疗业务，将贝克休斯完全独立出去，并将其重点缩小至航空、电力和可再生能源领域，这是其中最显著的投资组合变化”。因此，通用电气战略的多元化程度将下降。尽管医疗保健仍然是一项不错的业务，但它“与通用电气其他业务的协同

效应最小”。与此同时，航空和发电业务“共享发动机技术的协同效应”，前者实现了增长，而后者也走上了复苏道路。

同时，弗兰纳里指出：“他计划改变通用电气的经营方式，从集中的、自上而下的方式转变为以业务部门为重心的企业文化。”媒体报道援引他的话称，通用电气的业务“几十年来一直是从中心向外运作的”，但这种情况正在发生逆转。随着旗下企业数量的减少，总部规模应该大大缩小。同时资源和投资责任将分配至业务部门，以确保收购更加符合业务部门的战略。因此，新结构似乎更符合竞争形势，而不是通用电气之前所采用的结构——战略业务单元形式。

资料来源：2018, John Flannery gets down to business restructuring General Electric, *Economist*, www.economist.com, June 27; D. Bennett & R. Clough, 2018, What the hell is wrong with General Electric? *Bloomberg Businessweek*, www.bloombergbusinessweek.com, February 5; J. Collins, 2018, GE Capital's painful legacy curbs my enthusiasm for the company's restructuring, *Forbes*, www.forbes.com, June 26; G. Colvin, 2018, What the hell happened at GE? *Fortune*, www.fortune.com, May 24; E. Crook, 2018, Flannery resists pressure for quick fixes at GE, *Financial Times*, www.ft.com, June 25; T. Gryta, 2018, T. Gryta, 2018, Q&A: GE CEO explains strategy, smaller HQ, *Wall Street Journal*, www.wsj.com, June 27; T. Gryta, J. S. Lublin, & D. Benoit, 2018, How Jeffrey Immelt's 'success theater' masked the rot at GE. *Wall Street Journal*, www.wsj.com, February 22; A. Narayanan, 2018, GE finishes restructuring, but another sharp dividend cut is expected, *Investors Business Daily*, www.investors.com, June 26.

为了强化部门间的竞争，公司总部与各部门之间保持一定的距离，只有对业绩很差的部门的运营进行审计以及约束这些部门的经理时，公司总部才会介入部门事务。公司总部依靠战略控制来设定回报率目标，利用财务控制来监督与目标相关的部门业绩表现。然后，总部以竞争为基础来分配现金流，而不是自动地将现金返还给产生现金流的部门。因此，总部的工作主要集中于业绩评价、资源分配和长期规划方面，以确保公司的业务组合能带来财务上的成功。

与相关联系型多元化战略的情况相似，在实施非相关多元化战略时，投资者和股东很难理解这种业务模式的潜在价值。[86] 正因为如此，高层经理必须找到有效的方式将公司的潜在价值传达给投资者。[87]

事业部型结构的三种主要形式应该与特定的公司层战略相匹配。表 11－1 列出了这些结构的特点。它们的区别主要体现在集中化程度、水平结构（整合机制）、业绩评价的重点以及激励性报酬机制等方面。其中，集中化程度最高、成本最高的是合作形式；集中化程度最低、官僚成本最低的是竞争形式；战略业务单元要求一定程度的集中化以及一些保持部门间相关性的机制；部门激励性报酬是根据战略业务单元和公司整体的业绩表现来进行分配的。

表 11－1　实施相关约束型、相关联系型和非相关多元化战略的结构特征

结构特征	全面结构形式		
	合作形式（相关约束型战略）	战略业务单元形式（相关联系型战略）	竞争形式（非相关多元化战略）
集中化运营	集中于总部办公室	部分集中（业务单元内）	分权于各部门
整合机制的运用	广泛	适度	不存在

续表

结构特征	全面结构形式		
	合作形式（相关约束型战略）	战略业务单元形式（相关联系型战略）	竞争形式（非相关多元化战略）
部门业绩评价	强调主观（战略）标准	主观（战略）和客观（财务）标准相结合	强调客观（财务）标准
部门激励性报酬	与公司整体业绩相关	与公司、战略业务单元和部门业绩相关	与部门业绩相关

国际化战略和全球结构的匹配

正如第 8 章所述，在经济全球化的今天，国际化战略对长期竞争成功而言日益重要。[88] 其优势之一是，公司通过国际化战略可以不断探索新的市场，并培育相应的能力来服务这些市场。[89]

对于公司层战略和业务层战略来说，因为不同国家的文化、制度与法律环境不同，所以针对不同国家的国际化战略需要匹配不同的组织结构。[90] 恰当的匹配可以促使公司在全球运营中进行有效的协调和控制。更重要的是，研究也证实了我们这里讨论的国际化战略与结构相匹配的有效性。[91]

运用全球地理区域结构实施多国化战略

多国化战略中，公司将战略和运营决策授权给每个国家的业务单元，从而使产品特征更适应当地顾客的需求偏好。[92] 实施这一战略的公司通过在国家间差异最大的细分市场上建立受保护的市场地位，或进行适度的竞争，使自己摆脱全球竞争。全球地理区域结构经常用于实施该战略。**全球地理区域结构**（worldwide geographic area structure）强调国家利益，有利于公司更好地满足当地的差异化需求（见图 11－8）。

实施多国化战略几乎不要求在不同国家的市场间进行协调，也就意味着不需要全球范围内的部门整合机制。实际上，在全球地理区域结构中，部门之间的协调在本质上是非正式的。

从历史的发展来看，多国化战略和全球地理区域结构的匹配是多文化的欧洲市场的自然产物。那些被派往其他国家发展独立分支机构的主要业务的成员或小组，通常采用全球地理区域结构。这些分支机构与总部之间通过非正式沟通进行联系。

优步于 2009 年创建于美国加利福尼亚州旧金山。优步一直追求多国化结构，2018 年，其服务遍布美国的 600 个城市和 78 个国家。然而，尽管优步仍然是市场的领导者，但其竞争对手 Lyft 对优步进行了反击，特别是在美国市场。[93] 优步采取了积极的策略，在美国本土市场以外迅速扩张。然而，在这个过程中，优步经常无视当地法规，导致东道国本土竞争对手日益壮大。尽管该公司瞄准了亚洲的主要市场，但最终不得不放弃原本的策略，让位于本土竞争对手。为了专注于核心市场，优步放弃了俄罗斯、中国和东南亚市场。在美国，优步也因为性别歧视而受到审查。其激进的策略导致其创始

CEO 特拉维斯·卡兰尼克（Travis Kalanick）被达拉·科斯罗沙希（Dara Khosrowshahi）取代。[94]

图 11－8　实施多国化战略的全球地理区域结构

说明：

· 圆圈表示运营的分权化。
· 强调迎合地区或国家文化所造成的需求差异。
· 公司总部在各独立分支机构间协调财务资源。
· 该组织类似于一个分权化的联盟。

通过全球地理区域结构来有效实施多国化战略所面临的主要挑战是不能产生很高的全球效率。这主要是因为公司过于注重满足顾客的独特需求。对于公司来说，在满足顾客独特需求的同时控制成本，是一个不小的挑战。

无法产生全球效率一直是优步所面临的一个问题，因为它无法处理全球各地市场在监管方面的巨大差异，也无法处理那些成功模仿优步战略的本土公司。出于同样的原因，只要公司还可以继续识别并满足顾客独特的需求，做到为顾客创造价值，那么缺乏规模经济就不会对优步在国际市场上的成功造成致命冲击。例如，在新兴经济体，优步在其应用程序中添加了乘坐摩托出租车的功能，因为在这些国家，这是一种常见的交通工具。[95]

一般来说，国际市场环境以及在其中进行产品销售的本质，要求公司在全球范围内实现规模经济。这就需要公司使用恰当的国际化战略以及与之匹配的结构，即全球产品分区性结构。

运用全球产品分区性结构实施全球化战略

随着公司总部采取竞争性战略，全球化战略成为公司向不同国家的市场提供标准化产品的主要手段之一。[96]公司在参与全球竞争并为无独特需求的顾客提供标准化产品时，其成功与否主要取决于它能否实现规模经济。

全球产品分区性结构支持全球化战略的实施。在**全球产品分区性结构**（worldwide product divisional structure）中，公司总部掌握决策制定权，统一协调和整合各业务单元的决策和行动（见图 11－9）。

图 11－9　实施全球化战略的全球产品分区性结构

说明：

· 全球总部集中协调全球产品间的信息流。

· 公司总部利用内部协调机制来促进全球性的规模经济和范围经济。

· 公司总部同样是以合作的形式来配置财务资源。

· 整个组织类似于集权化的联盟。

整合机制对全球产品分区性结构的有效利用是非常重要的。例如，经理间的直接接触、部门间的联络、临时任务小组或永久性团队等都属于整合机制。全球化战略与全球产品分区性结构相结合的主要缺陷是：一方面，协调跨国决策和行动非常困难；另一方面，无法对当地的需求和偏好做出快速反应。为了克服这些缺陷，有时公司会选择同时重视地区与产品，这有点类似于我们接下来要讨论的混合结构。

运用混合结构实施跨国化战略

跨国化战略要求公司将多国化战略的本土反应和全球化战略的效率结合在一起。因此，实施这一战略的公司既可以获得本土化反应优势，又可以获得全球化效率优势。[97] 混合结构可以用来实施跨国化战略。**混合结构**（combination structure）是指结合了地理区域结构和全球产品分区性结构的特点和机制的一种结构。跨国化战略的实施中经常用到的两种可行的混合结构是：全球矩阵结构和混合全球设计。[98]

全球矩阵结构把本土营销人员和产品专家组合成一个团队，负责开发全球市场并做出响应。该结构提高了产品设计和对顾客需求做出响应的灵活性。但是，它也不可避免地存在缺陷，比如一名员工要同时向几位经理汇报。在任何情况下，员工都是几个职能或产品小组的成员。由于存在多重汇报关系，员工很难同时保持对几位经理的忠诚。尽管矩阵结构赋予经理很大的权力，但也让授权关系变得非常复杂和模糊，以至于在做出主要决策时既费时又费力。

图 11 – 10 展示的是混合形式。在该结构中，有些部门以产品为导向，有些部门以市场为导向。也就是说，当地理区域更重要时，部门经理就会以地理区域为导向；当全球产品和效率更重要时，部门经理就会以产品为导向。

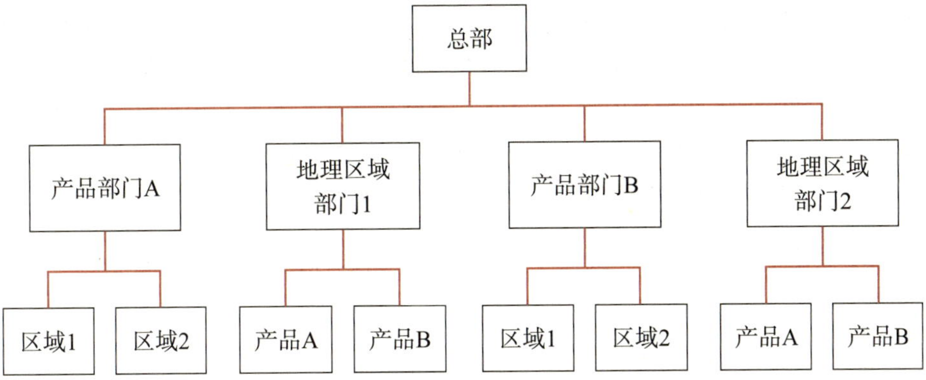

图 11 – 10　实施跨国化战略的混合结构的混合形式

显然，多国化战略与全球地理区域结构相匹配，全球化战略与全球产品分区性结构相适应。但是，当公司试图通过混合战略来同时实施多国化战略和全球化战略时，整合机制就不再那么重要了。用于实施跨国化战略的结构必须同时具有集权和分权、整合和非整合、规范化和非规范化的特点。有时这种结构会变得极为复杂，公司管理者必须保持警惕，以确保混合结构对公司实施跨国化战略起到有效的支持作用。

FMC Subsea 是在世界各地开发海洋油田的石油公司供应商，是美国技术公司 FMC Technologies 的一个部门。FMC Technologies 于 2017 年与法国工程公司 Technip 合并。FMC Subsea 在合并前是 FMC Technologies 最大的部门，作为独立子公司运营，其收入约占母公司总收入的 66%。水下采油树的主要目的是控制海底油井中石油或天然气的流动。FMC Subsea 是该市场的领导者，拥有所有公司中最大的水下采油树安装基地（2000 年左右）。其最初的挑战是建立一个能够服务国际市场并适应当地和区域客户需求的组织。因此，FMC Subsea 选择了多国化结构。然而，该公司在提高成本效益方面遇到了挑战，如上所述，这是多国化战略经常遇到的一个问题。为了克服该问题，FMC Subsea 采用了混合结构中的全球矩阵结构，同时对地域市场和产品部门进行双重报告。然而，“向一位经理询问应该做什么，而向另一位经理询问应该在什么时候做，人们发现这难以执行”。因此，他们精简了结构，减少了双重报告的要求，同时引入了“内部部门之间的客户 – 供应商联系。这既享有矩阵的好处，又没有成本”[99]。

合作战略与网络结构的匹配

正如第 9 章中讨论的，当合作公司形成几个联盟，并通过合作来改善联盟的业绩时，就产生了网络战略。[100] 在当今竞争环境下，公司面临的环境的复杂性和不确定性日益增大，导致越来越多的公司开始使用合作战略，如战略联盟。[101] 公司可以和许多利益相关者建立合作关系，包括顾客、供应商以及竞争者。合作关系建立后，公司就成为战略网络（又称为联盟或组合）的一部分。[102]

战略网络是由一群通过参与多个合作协议来创造价值的公司组成的。有效的战略网络有助于公司发现机会，并且这些机会超出了网络中任何一个公司单独识别的范围。当联盟中的成员能够创造出竞争对手难以复制，并且单凭自身力量无法实现的价值时，战略网络就成为成员获取竞争优势的来源。[103] 战略网络可以用来实施业务层战略、公司层战略和国际合作战略。

一般情况下，战略网络是一个松散的联盟，合作者在灵活性的基础上参与网络运作。战略中心企业处于战略网络的核心或中心，是网络合作关系的中心（见图 11－11）。

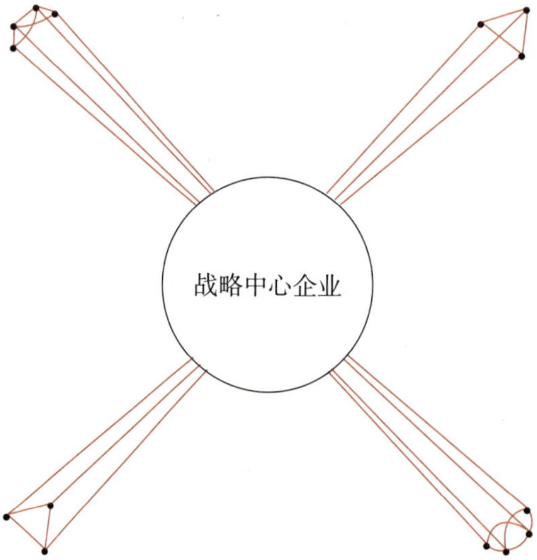

图 11－11 战略网络

战略中心企业处于中心位置，是战略网络结构的基础。从组织结构的各个方面（如正式的报告关系和程序）来考虑，应该由战略中心企业来管理网络成员间复杂的合作关系。为了执行接下来所讨论的任务，战略中心企业必须确保成员参与网络的动机一致，这样才有理由继续维持网络的运作。[104] 战略中心企业在管理战略网络和控制运营时主要承担以下四个任务[105]：

• 战略外包。战略中心企业与外部公司的外包和合作多于网络中的其他成员。同时，战略中心企业不仅要求成员公司是合约的签订者，还要求它们通过相互合作为网络寻找创造价值的机会。[106]

• 竞争力。为了提高网络的有效性，战略中心企业探索各种方法来支持成员发展核心竞争力，网络也可以从中获益。

• 技术。战略中心企业负责管理网络联盟成员间技术思想的发展和共享。该结构还要求成员公司就以技术为导向的成果的细节向战略中心企业递交正式报告，从而进一步促进技术的发展和共享。

● 学习速度。战略中心企业强调，主要的竞争维度存在于价值链之间以及价值链网络之间。正是由于这一点，战略网络的竞争力取决于价值链中最薄弱的环节。由于决策制定的权力与责任集中在战略中心企业手中，因此，由它来领导网络成员努力打造网络特有的竞争优势。只有每个成员公司都具备了能力，才能形成整个网络的竞争优势，因此，网络鼓励成员公司间进行友好竞争，以发展快速形成新能力所需的技能，为网络创造价值。[107]

有趣的是，战略网络得到广泛应用的部分原因是，战略中心企业具有通过执行战略将成员公司有效地和高效地联系在一起的能力。信息系统的完善和沟通能力的提升（如互联网），有利于促进战略网络的使用和组织效能的提高。

业务层合作战略的实施

正如第 9 章所述，业务层互补型战略联盟主要包括纵向和横向两种形式。处于价值链不同环节的公司通过形成纵向联盟，来整合它们之间不同但互补的技能。处于价值链相同环节的公司则通过横向联盟来整合竞争力，创造价值。日本丰田公司使用的就是纵向互补型战略联盟，这种联盟比横向联盟的使用频率更高。[108]

丰田公司与供应商之间的这种纵向战略网络关系，在实施过程中会产生一系列问题。[109] 首先，战略中心企业鼓励分包商实现设备现代化，并且在必要时向它们提供技术和财务支持。其次，战略中心企业通过与分包商签订长期合同来降低成本，从而提高双方的生产率。这种方法不同于那种以单位价格为基础不断协商短期合同的做法。最后，战略中心企业使上游公司（供应商）的工程人员可以与采购方进行更好的沟通。结果是，供应商与战略中心企业之间的依赖性增强，独立性削弱。

由丰田和其他公司首创的精益生产系统（一种纵向互补型战略联盟）已风靡全球汽车行业。[110] 在纵向互补型战略联盟（如丰田和它的供应商之间的联盟）中，战略中心企业的作用非常显著。横向互补型战略联盟的情况有所不同，该联盟中的公司试图在价值链的相同环节创造价值。例如，航空联盟一般都是在营销和销售这两个价值链的主要活动上创造价值。由于航空公司通常会加入横向互补型战略联盟，例如寰宇一家包括美国航空、英国航空、西班牙国家航空（Iberia）、日本航空以及天马航空（TAM）等，因此很难判断谁是战略中心企业。另外，加入联盟还会引起公司间对忠诚度和动机的猜疑。

下面的“战略聚焦”专栏更全面地讨论了这些问题。如果竞争者捆绑在一起进行过多的合作，政府也会怀疑是否存在显性共谋（见第 9 章）。正是基于这些原因，与纵向联盟相比，横向互补型联盟的使用概率较小。尽管也有一些成功的例子，如汽车及飞机制造行业中的联盟，但总体来说，这种联盟成功的可能性不大。

战略聚焦　航空业中的全球联盟、合资企业以及网络结构所面临的困难

星空联盟（由美国联合航空发起）成为第一个由多家航空公司组成的全球网络结构

联盟，其成员公司可以更便利地制定无缝衔接的时间表，飞行常客可以在联盟内的航空公司间享受会员权益。这可以使航空公司通过较为便捷的方式扩大和维持国际市场份额，而不必在市场增长方案上投入数十亿美元。另外，在可能难以获取机场使用权的地区，星空联盟还可以帮助联盟成员顺利使用机场。许多联盟成员还签订了飞机维修协议，这不仅可以节省费用，而且可以避免在全球各地建造昂贵且重复的维修设施。紧随星空联盟成立的还有寰宇一家（由美国航空和英国航空发起）和天合联盟（由达美航空和法航荷航集团发起）。

2016年，星空联盟以占总旅客流量23%的份额位居所有联盟榜首，紧随其后的是拥有20.4%份额的天合联盟以及拥有18.8%份额的寰宇一家，剩余38.8%的市场份额被小型联盟和未结盟的航空公司瓜分。这显示了这些全球网络对于旅行系统和相关航空公司的重要性。这些联盟网络的存在很大程度上是由于监管机构的所有权限制，例如，外国航空公司不能拥有美国航空公司25%以上的股份，在欧盟国家这一限制为49%。从国家安全和军事需要的角度来看，这些限制往往是合理的。例如，如果战争爆发，国家军事系统在紧急情况下可能需要调用航空能力运送部队。

然而，这些联盟已经相当成熟。随着许多旗舰航空公司合并并拥有自己的大型运营系统，比如法航和荷航的合并、2008年达美航空收购西北航空以及2010年联合航空收购大陆航空，这些联盟也在努力保持自身的市场地位。例如，达美航空正在进行独立的合资企业所有权调整，以改善其规模和控制权。达美航空最近与墨西哥航空（Aeromexico）和大韩航空（Korean Air）合作成立了合资公司。它还与英国维珍大西洋航空（Virgin Atlantic of Britain）和法航荷航集团成立了一家大规模合资公司。同时，该公司还寻求与加拿大西捷航空（WestJet）、中国东方航空（China Eastern）和巴西GOL等低成本航空公司进行合作。一位分析师指出，由于之前提到的所有权限制，全球联盟最多只能获得25%的股份，而这些合资公司则能“完成完全合并中90%的成本节约”。这些合资企业不违反监管机构的规定，因为母公司仍然是独立的航空公司。因此，尽管全球联盟仍然很重要，但正如达美航空的例子所显示的那样，许多航空公司正在寻求建立更多合资企业。

由于这些占主导地位的全球联盟已经成熟，它们正以更灵活的方式进行扩张以获得份额。例如，最近，中国的吉祥航空（Juneyao Airlines）加入星空联盟，作为其“优连伙伴”（Connecting Partner）模式的一次尝试。该模式允许地区性、低成本或合并的航空公司在不成为正式成员的情况下加入星空联盟的网络，因为成为正式会员对于小型航空公司来说代价是高昂的。天合联盟和寰宇一家也在研究附属会员计划。大型联盟正在开发各种技术，例如建立一个共同的数字服务平台，使乘客能够始终和互联网保持连接，而附属成员则不需要进行这种昂贵的技术改进。这些联盟的正式成员通常还需要提供“快速安全检查通道、优先办理登机手续及登机和贵宾休息室”这样的服务，而低成本航空公司则不会追求这些。

一些航空公司的飞行常客计划也正在从注重飞行里程转变为注重顾客创造的收入。例如，2018年4月，法航荷航集团的顾客被告知，该公司将不再为他们的航班提供基于飞行距离的里程积分。约有20%的航空公司已经以收入为基础运营其飞行常客计划，法航荷航集团也将加入其中。这些公司大多数是低成本航空公司，但法航荷航集团是天合联盟的发起者。当然，这使得与天合联盟网络中其他合作伙伴的整合变得更加困难和复杂，因为很难从那些以里程数衡量顾客忠诚程度的合作的航空公司那里获得收入信息。这也造成了航班乘客进入贵宾休息室的问题；一些顶级常客发现，他们无法进入世界各地那些最豪华的头等舱休息室了。随着个别航空公司的改变，网络整合面临挑战，协调变得更加困难。

资料来源：2018, Come fly with me; airline joint ventures, *Economist*, March 17, 62; M. B. Baker, 2018, Korean Air's new terminal & JV, *Business Travel News*, February 12, 17; R. Silk, 2018, Star Alliance and SkyTeam focusing on technology, *Travel Weekly*, June 11, 10; M. Campbell & D. Kamel, 2017, The world is not enough, *Bloomberg Businessweek*, January 9, 34-41; S. Clemence, 2017, Norwegian Air takes flight, *Fast Company,* July/August, 40-42; I. Douglas & D. Tan, 2017, Global airline alliances and profitability: A difference-in-difference analysis, *Transportation Research Part A: Policy & Practice*, 103: 432-443; J. Min, 2017, Sensitivity of alliance termination to prealliance conditions: Expectation effects of alliance partners. *Organization Studies*, 38: 917-936; R. W. Moorman & K. Walker, K. 2017, The alliance question: Global alliances are an established part of the airline business, but is it time for change? *Air Transport World*, 54(5): 28-32; I. Taylor, 2017, Delta chief says US consolidation 'great for market', *Travel Weekly*, October 26, 71.

公司层合作战略的实施

公司层战略有时用于降低成本。沃尔格林公司（Walgreens）与总部在瑞士的药品、健康与美容集团英国联合博姿公司（Alliance Boots）的合并就是基于这个目的。这次合作有助于双方在与供应商谈判时获得更强的议价能力，从而降低总成本。[111]

联合利华与其他公司的合作则是基于不同的目标。公司的运营造成了较为负面的环境与社会效应，为了使公司发展不受影响，联合利华在 2010 年与嘉科工程（Jacobs Engineering Group Inc.）组成战略联盟，以便降低碳排放量和用水量，并在全球范围内减少生产污染。此外，其他公司层合作战略（例如特许经营）还用于促进产品与市场的多元化。作为一种合作战略，特许经营允许公司利用自己的能力去拓展多元化产品和市场范围，但不能进行收购和合并。[112]

实施公司层合作战略的（包括沃尔格林、联合利华以及与麦当劳类似的活跃的特许经营商）关键原因在于在合作中可能产生协同效应。[113] 过去，麦当劳以特许经营作为其公司层合作战略，强调提供标准化的菜单。然而，正如引例中提到的，麦当劳正在对其结构进行调整。这些结构性调整的目标之一是为公司降低成本。总体而言，麦当劳的总部是特许经营网络的战略中心。总部利用战略和财务控制来确保各个特许经营商为整个网络创造最大的价值。

国际合作战略的实施

用来实施国际合作战略的战略网络导致公司在不同国家进行竞争。[114] 不同国家间制度的差异增加了管理国际网络的难度，以及确保网络运营遵守所有法律要求的挑战性。[115]

分散式战略网络是用来管理国际合作战略的组织结构。如图 11 - 12 所示，分散式战略网络中包括许多不同地区的战略中心企业，以管理合作公司间的多元化合作协议。[116] 用来实施国际合作战略的组织结构往往错综复杂，只有细心管理才有可能获得成功。

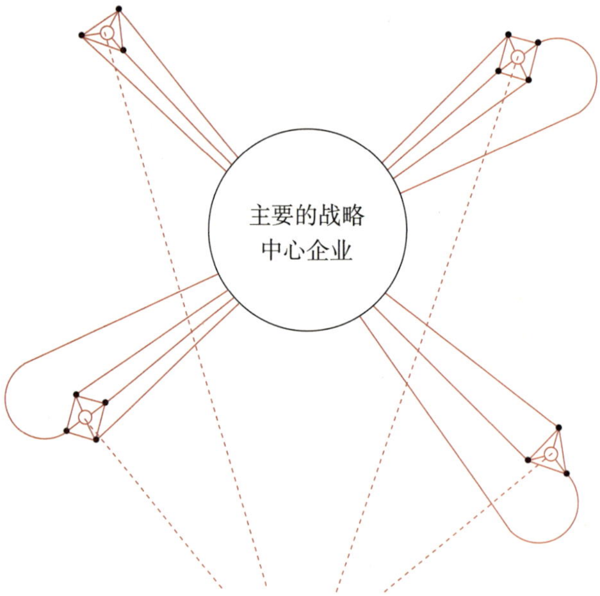

图 11-12 分散式战略网络

本章小结

组织结构详细指明了公司的正式报告关系、程序、控制、授权以及决策制定过程。从本质上说，组织结构决定了公司应该做什么以及如何做。组织控制引导着战略的实施，指出应如何比较现实结果和期望结果，在期望结果未现时，建议采取行动以提高业绩。战略与结构的适当匹配有助于公司获得竞争优势。

战略控制（主要是主观标准）和财务控制（主要是客观标准）是组织实施战略的两种主要控制方式。尽管战略与结构的不同匹配对这两种控制的侧重点各不相同，但总体来说，这两种控制都是非常重要的。

战略与结构相互影响，但总体来说，战略对结构的影响更大一些。研究指出，当业绩下滑迫使公司不得不改变结构时，管理者才会调整结构。有效的管理者会预测结构改变的需求，在有证据显示需要采取行动时，他们会迅速调整结构以更好地适应公司战略。

职能型结构用来实施业务层战略。成本领先战略需要集中化的职能结构——强调制造效率和工艺流程。在差异化战略的职能结构中，与战略实施相关的决策权，尤其是与营销相关的决策权，被分散到各个独立的组织职能中。小公司经常使用聚焦战略，在公司实现产品和 / 或市场多元化之前，该战略只要求简单结构即可。

不同的公司层战略需要有不同形式的事业部型结构与之匹配。用来实施相关约束型战略的是事业部型结构的合作形式，该结构拥有集权化的公司总部和广泛的整合机制。各部门的报酬与公司的整体业绩相关，以促进不同部门间的合作。用于实施相关联系型战略的是事业部型结构的战略业务单元形式。该结构在多元化公司中建立了一个又一个利润中心，每一个利润中心或战略业务单元可以拥有提供相似产品的部门，但是战略业务单元之间没有任何联系。事业部型结构的竞争形式用来实施非相关多元化战略，该结构实行高度的分权，没有整合机制，利用客观的财务标准来评估每一个单元的业绩。

通过全球地理区域结构实施的多国化战略强调分权化，由各个东道国或地理区域来执行所有的职能活动。实施全球化战略的是全球产品分区性结构，该结构通过集权化来协调和整合不同的职能活动，以获得全球化的范围经济和规模经济效应，决策制定权集中在公司总部手里。

公司通过跨国化战略来寻求多国化战略的本土反应和全球化战略的全球效率，该战略通过混合结构来实施。由于该战略要求公司结构同时具有集权和分权、整合和非整合、规范化和非规范化的特点，因此这种混合结构难以组织和管理。我们在实施跨国化战略时，可以采取矩阵结构和混合结构这两种形式。

合作战略对于公司在竞争中获得成功越来越重要，它可以通过战略网络来实施。战略中心企业在战略网络的管理中扮演着重要的角色。横向和纵向网络联盟可以用来实施业务层战略。公司层战略追求的是产品和市场多元化，特许经营就是一种可以用战略网络来实施的公司层战略。在国际合作战略中经常采用分散式战略网络。

关键术语

混合结构（combination structure）
竞争形式（competitive form）
合作形式（cooperative form）
财务控制（financial controls）
职能型结构（functional structure）
事业部型结构（multidivisional（M-form）structure）
组织控制（organizational controls）
组织结构（organizational structure）
简单结构（simple structure）
战略业务单元形式（strategic business unit (SBU) form）
战略控制（strategic controls）
全球地理区域结构（worldwide geographic area structure）
全球产品分区性结构（worldwide product divisional structure）

复习题

1. 什么是组织结构和组织控制？战略控制和财务控制之间的区别是什么？这些区别的重要作用是什么？

2. 如何理解战略和结构的交互关系？

3. 公司用来实施成本领先战略、差异化战略、整体成本领先 / 差异化战略以及聚焦战略的职能型结构各有什么特点？

4. 公司用来实施相关约束型战略、相关联系型战略和非相关公司层多元化战略的三种事业部型结构之间的区别是什么？

5. 用来实施多国化战略、全球化战略和跨国化战略的组织结构分别是怎样的？

6. 什么是战略网络？什么是战略中心企业？业务层战略、公司层战略和国际合作战略是如何运用战略中心企业的？

微案例

索尼面临的困境以及策略和结构的匹配

1946 年创立于日本的索尼公司，以其畅销全世界的创新性产品而闻名于世。事实上，作为强大的出口引擎，索尼公司的成功为日本20世纪60—80年代经济的发展做出了不可磨灭的贡献。有时，索尼率先向市场推出全新产品，有时又通过创新对已有产品的性能做出改进。索尼于1979年推出随身听（Walkman），这是一款个人立体声磁带播放器，是索尼向市场推出的一款全新产品。此外，索尼对半导体收音机进一步进行创新，原产品由丽晶电子（Regency Electronics）与得州仪器（Texas Instrument）开发，索尼的创新使其更具商业价值。无论哪种类型的创新，都对索尼在各个产品领域的竞争至关重要。

索尼意识到不同业务之间资源、能力与核心竞争力的共享可以为公司带来价值。公司在过去几十年所取得的成功，主要得益于其在业务融合方面的投入，即在不同业务（如电影、音乐和电子设备）的活动之间建立紧密的联系。从本质上说，索尼这些年的成功是由于其能够有效实施相关约束型多元化战略。正如我们在讨论相关约束型多元化战略及与其配套的结构时提到的，在使用事业部型结构的合作形式时，部门间信息的有效处理和活动的协调整合是公司可能会面临的问题。索尼似乎也遇到了这个问题。近十几年来，索尼的业绩也受到了影响，为了解决这个问题，2015年10月，索尼对其组织结构做出重大调整。索尼希望这次变革能帮助公司提高为顾客创造价值以及为股东增加财富的能力。这次变革的核心是对公司的业务进行分类管理，以便索尼的高层领导者能进行有效的资金分配。关键目标是将资金分配到最具盈利潜力而非仅仅有增长的业务上。从本质上说，这个新结构是事业部型结构的战略业务单元形式的一次应用。

2018年，随着新任CEO吉田宪一郎（Kenichiro Yoshida）（前首席财务官）的上任，索尼再次进行了战略转型。吉田在推出一个三年业务计划时，提出了从硬件向内容的战略转型。这并不令人震惊。索尼在2011年售出了8 100万台电子设备，但2017年的销量只有一半。这一计划也破除了有关吉田将出售索尼影业（Sony Pictures）的传言，该公司翻拍《勇敢者游戏》（*Jumanji*）取得了成功，并将继续制作《蜘蛛侠》（*Spiderman*）系列电影。为了促进这种转型，索尼最近通过从穆巴达拉投资公司（Mubadala Investment Co.）手中收购的百代音乐（EMI Music）的大部分股份，进一步增强了其娱乐板块的规模。

索尼的问题在于，不同业务部门之间的合作协调问题将变得更加突出。其最大的竞争对手之一——迪士尼，在整合内容业务方面非常成功，其电影和电视节目中的人物形象被大量融入迪士尼主题乐园以及卡通和人形公仔的零售业务中（见第6章微案例）。然而，索尼的这种整合尝试并不是很成功。例如，索尼试图通过PlayStation游戏机构建一个全球内容传递平台，但没有取得多大成效。正如亚洲传媒伙伴（Media Partners Asia）执行董事维韦克·库托（Vivek Couto）所言，“该公司已经错过了将PlayStation游戏的知识产权用于电影和电视的机会”。索尼“在跨部门利用资产方面也表现不佳，亟待整合”。

索尼的新战略正通过其PlayStation 4游戏机上的手柄体现。“索尼一直在将PlayStation的重心从硬件向在线订阅服务转移，包括一个每年60美元的套餐（包含游戏和多人游戏功能）。截至2018年3月，PlayStation Plus服务已拥有3 400万用户，这与新CEO增加收入来源的目标相吻合，这一增加收入的来源要比波动较大的硬件和软件销售更稳定。”该业务部门的领导小寺刚（Tsuyoshi Kodera）指出，索尼将推出第五代PlayStation游戏机，“我们所处的时代已经不可以只考虑游戏机或只考虑网络，好像它们是两个完全不同的东西”。因此，硬件和与视频游戏、电影、在线游戏以及迁移相关的大量内容之间需要建立更好的联系，传统上 PlayStation 一直是在客厅才能玩的游戏机，需求表明，许多游戏也要能够在移动设备上使用。

与过去索尼一直使用的事业部型结构的战略业务单元形式相比，这种新的战略重点显然需要更高程度的整合。重要的是，除了硬件和内容业务，索尼还有其他业务需要加强整合才能保持竞争力。现在，索尼的组织结构分为三个核心部门或业务部门：电子设备、娱乐和金融（见索尼组织结构图）。问题在于，电子设备和娱乐这两个战略业务单元之间需要更高质量的整合。这将是困难的，因为三个业务单元都是根据各自战略业务单元内的绩效标准进行评判的，这将会阻碍部门间的协调合作。

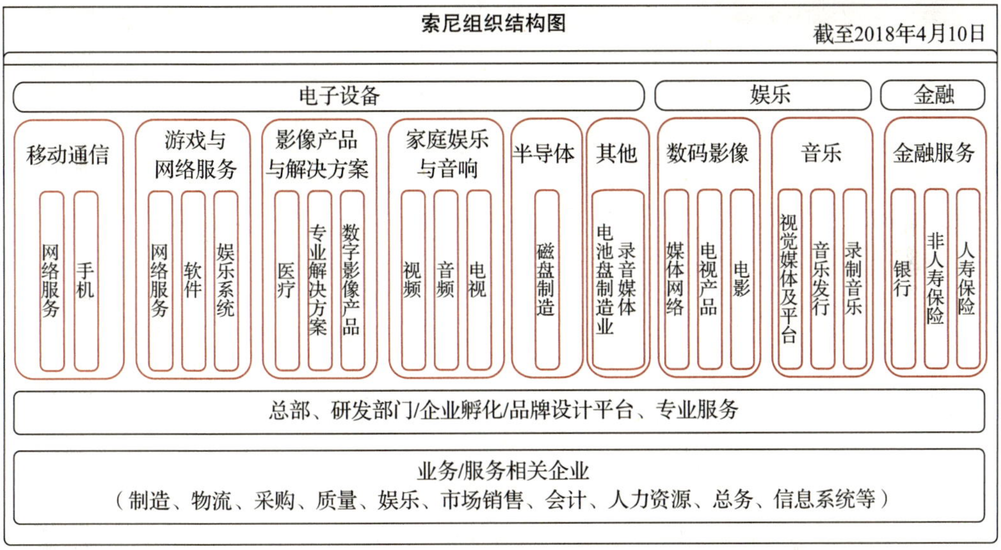

资料来源：2018, Corporate Information, Organization Data, www.sony.com, Accessed July 26; J. Beckerman, 2018, Sony to buy Mubadala's stake in EMI Music Publishing, *Wall Street Journal*, www.wsj.com, May 22; G. J. Blair, 2018, Sony's strategy shift shuts down sale rumors, *Hollywood Reporter*, May 30, 22; G. J. Blair, 2018, What does Sony's new CEO have planned? *Hollywood Reporter*, February 7, 22; T. Mochizuki, 2018, Sony says the next PlayStation is three years off, *Wall Street Journal*, www.wsj.com, May 24; T. Mochizuki, 2018, Sony chief hands over reins after resurgence, *Wall Street Journal*, www.wsj.com, February 3; Y. Wang, 2018, Tech giants are creating their own labels to conquer China's digital music market, *Forbes*, www.forbes.com, February 8; 2015, Here's Sony's new business strategy, *Business Insider*, www.businessinsider.com, February 21; T. Mochizuki & E. Pfanner, How Sony makes money off Apple's iPhone, *Wall Street Journal,* www.wsj.com, April 28; E. Pfanner & T. Mochizuki, 2015, Sony's mobile unit seeks profit, innovation, *Wall Street Journal*, www.wsj.com, March 2; M. Schilling, 2015, Sony strategy centers on splitting businesses, not selling—for now, *Variety*, www.variety.com, February 26.

案例讨论题

1. 为了实施公司战略，公司需要有强大的能力来培育已经建立或合并的业务部门。考虑到索尼的历史和组织结构，你认为索尼最强大的培育能力或企业能力是什么？新的战略将如何利用这些能力？

2. 你认为索尼拥有合适的组织结构来促进其电子设备和娱乐内容业务的整合吗？

3. 为了实现新的战略目标，索尼还需要做出哪些额外的组织结构和流程调整？

12 战略领导力

学习目标

1. 定义战略领导力，描述高层管理者的重要性
2. 定义高层管理团队并解释他们是如何影响公司业绩的
3. 描述利用内部和外部管理者人才市场制订管理者继任计划
4. 讨论战略领导力在确定公司战略方向时的价值
5. 描述战略领导者在管理公司资源中的重要性
6. 定义组织文化并解释如何维持有效的组织文化
7. 解释战略领导者如何才能建立和强化道德准则
8. 讨论组织控制的重要性及其应用

引例 梅格·惠特曼：一位开拓性的战略领导者

梅格·惠特曼（Meg Whitman），作为曾担任美国两大著名公司CEO的唯一女性，于2017年11月宣布她将于2018年2月1日起不再担任惠普的CEO。梅格·惠特曼说她正在回归她所认为的“创业之道”，并决定加入其老友、好莱坞著名高管杰弗里·卡森伯格（Jeffrey Katzenberg）经营的名为WndrCo NewTV的移动设备视频公司。这家公司是卡森伯格旗下媒体和科技投资公司WndrCo的一部分，WndrCo还计划对多家公司进行投资。在这个岗位上，惠特曼将建立“一个新的在线服务。WndrCo NewTV会和制作公司保持合作关系，并建立一个自己的团队。该在线

服务的目标观众是过去几年推动移动视频观看增长的18～34岁年轻人”。总的来说，该公司计划开发一个平台，通过该平台，用户可以在诸如排队、乘公共汽车这样的时间里观看大投资的短视频。这些短视频不仅包括一次性完结的故事，还包括内容更丰富、时长更长的影视内容的片段。

作为硅谷经验丰富的CEO和美国商界最杰出的女性之一，惠特曼的职业道路很有启发性。在作为领导者的道路上，惠特曼肩负了越来越多的责任和各个机会之间的决策权。

惠特曼毕业于普林斯顿大学和哈佛商学院，1979年在宝洁公司担任品牌经理，开始了她的职业生涯。后来，她在贝恩公司（Bain & Company）旧金山办事处担任顾问，并升任该公司高级副总裁。1989年，她接受了迪士尼战略规划副总裁的职位。在为迪士尼工作时，她结识了杰弗里・卡森伯格。两年后，她加入新泰莱（Stride Rite），并于1995年成为花卉公司Transworld Delivery的总裁兼CEO。两年后，她又接受了孩之宝公司（Hasbro）儿乐宝（Playskool）部门总经理的职位，负责两个面向儿童的品牌——儿乐宝和Mr. Potato Head的全球管理与营销。1998年3月，惠特曼离开孩之宝，成为eBay（一家开创性的公司，让陌生人可以在网络上交易商品）的CEO。当时，该公司只有30名员工，年收入约为400万美元。在2007年11月惠特曼辞去eBay CEO一职之前，该公司的年收入已增至80亿美元，员工总数约为15 000人。

惠特曼于2011年9月成为惠普的CEO。在担任这个角色的六年多时间里，“她带领惠普扭亏为盈，其中包括公司历史上最大的拆分，数以万计的裁员，180亿美元的资产出售以及领导层的重组”。2015年，她决定将惠普拆分为惠普企业（Hewlett Packard Enterprises，HPE）和惠普公司（Hewlett Packard Inc.，HPQ）两家公司，这是她作为惠普CEO所采取的最为突出的战略行动。HPQ接管了打印机和个人电脑业务，而更专注于业务的HPE则在服务器、存储、网络、咨询与支持以及金融服务等多个市场开展业务。惠特曼、其团队以及惠普董事会选择将惠普分拆成两家公司，是因为这家复杂的企业集团不断下滑的销售额。领导人认为，将惠普分拆成两家公司，可以让每个公司都更加专注，以此实现两家新公司投资组合中所蕴含的全部价值。随着时间的推移，我们将看到，将惠普分拆为两家公司的决定到底是惠特曼最好的战略行动之一，还是未能为股东带来更多价值的失败之举。

正如担任CEO的几乎所有领导者一样，惠特曼的职业生涯并非一帆风顺。例如，在她任职eBay期间，该公司在2005年以约41亿美元的价格收购了Skype。她承认她和她的团队为Skype支付的溢价过高。后来，eBay以27.5亿美元的价格将Skype出售。

在惠特曼看来，未能认识到eBay在日本市场的巨大潜力是一个重大错误。惠特曼选择对eBay现有网站进行投资而非日本市场。当时，日本是世界第二大互联网消费市场。对此，惠特曼表示：“我意识到支撑eBay的技术不会帮助我们在需要的地方扩大规模。错失eBay在日本市场发展的机会是我在eBay时最大的失败之一。”

有些人还质疑惠特曼在担任惠普CEO期间做出的一些决定。“梅格・惠特曼在惠普任职期间发生的一系列拆分和出售事件，重塑了这家传奇的硅谷公司。现在，她的继任者安东尼奥・内里（Antonio Neri）必须面对这个局面，并重新点燃创新的激情。”其他人还注意到，惠特曼离开后，HPE服务器销售持续疲软，这表明她至少要为该情况负部分责任。另外，许多人认为惠特曼作为一个战略领导者的职业生涯在互联网行业的商业化中发挥了重要作用。

资料来源：D. Gallagher, 2018, New HPs give fresh life to old businesses, *Wall Street Journal*, www.wsj.com, February 23; E. Shwartzel, 2018, Meg Whitman to lead mobile-video startup NewTv, *Wall Street Journal*, www.wsj.com, January 24; D. Gallagher, 2017, Meg Whitman’s latest turn signal, *Wall Street*

Journal, www.wsj.com, November 22; R. King, 2017, Can Antonio Neri revive HP Enterprise after Meg Whitman? *Wall Street Journal*, www.wsj.com, November 30; R. King, 2017, Meg Whitman to step down as Hewlett Packard Enterprise CEO, *Wall Street Journal*, www.wsj.com, November 21; G. Hall, 2014, Hewlett Packard CEO talks biggest fails, *bizwomen*, www.bizjournals.com, May 2; M. Ames & Y. Levine, 2010, How Meg Whitman failed her way to the top at eBay, collecting billions while nearly destroying the company, *Alternet*, www.alternet.org, October 25; M. Mangalindan, 2008, EBay chief Whitman, web pioneer, plans to retire, *Wall Street Journal*, www.wsj.com, January 22.

正如引例中提到的，战略领导者的工作是苛刻的、富有挑战性的，同时又需要在短期目标和长期目标间进行很好的平衡。为了帮助公司获得超额利润，作为CEO的梅格·惠特曼在自己担任的每一个高级管理职位上采取战略性行动并应对挑战。然而有时候，由于种种原因，战略领导者并没有达到他们理想中的成功水平。这很可能是雪莉·麦考伊（Sheri McCoy）在担任雅芳CEO期间遇到的情况。在担任这一职务时，麦考伊已经在强生工作了30年。在为雅芳工作的初期，她做得很好，比如决定退出该公司未能达到预期的市场。不过，总体而言，一些分析人士认为，"雅芳的业务遍布全球，麦考伊试图解决雅芳所面临的难以想象的混乱局面。但事实证明，她对包括电子商务兴起和人口结构变化在内的市场变化反应迟钝"[1]。

不管任期长短，战略领导者都会对公司的业绩造成影响。雪莉·麦考伊在强生的效率并没有转化为她在雅芳公司的成功。而梅格·惠特曼领导力成功的上升趋势则在她被任命为杰弗里·卡森伯格的WndrCo NewTv公司的CEO时达到顶峰，这在引例中可以看到。[2]尽管不是全部，但大多数人认为是史蒂夫·乔布斯作为公司CEO带领苹果实现了巨大的成功。问题在于：乔布斯之后，能否有人再续他的辉煌？这个问题一直困扰着蒂姆·库克（Tim Cook），他在乔布斯去世后接任苹果CEO一职。对库克的担忧可能没有必要，因为在他担任CEO的三年半后，苹果的表现相当优秀。这一表现的一个指标是，在此期间，苹果成为第一家市值达到1万亿美元的公司（关于苹果CEO蒂姆·库克的更多内容见本章的微案例）。本章要传达给读者的主要信息是：有效的战略领导力是成功运用战略管理过程的基础。如图1－1所示（见第1章），根据分析—战略—绩效过程模型（A-S-P模型），战略领导者是通过形成愿景和使命来领导公司的。在这一过程中，领导者会将目标分解到组织中的每一个员工，以提高业绩。这种目标分解模式有助于促进突破式思维的形成，从而带来创新。[3]此外，为了提高公司获得战略竞争力和超额利润的可能性，战略领导者还负责确保A-S-P模型中的分析和战略部分得到有效实施。图12－1显示了有效的战略领导力的作用机制。[4]

本章首先介绍战略领导力的定义及其重要性，然后探讨战略领导者作为公司竞争优势来源的可能性。同时，这一部分简要叙述了不同战略领导者可能用到的不同领导风格。接下来探讨高层管理者和高层管理团队对创新、战略变革和公司业绩的影响，并以用来选择战略领导者的内部和外部管理者人才市场为背景分析管理者的继承问题。最后描述有助于形成有效的战略领导力的五个关键行为：确定战略方向、有效地管理公司的资源组合、维持一种有效的组织文化、强调道德准则、建立平衡的组织控制。

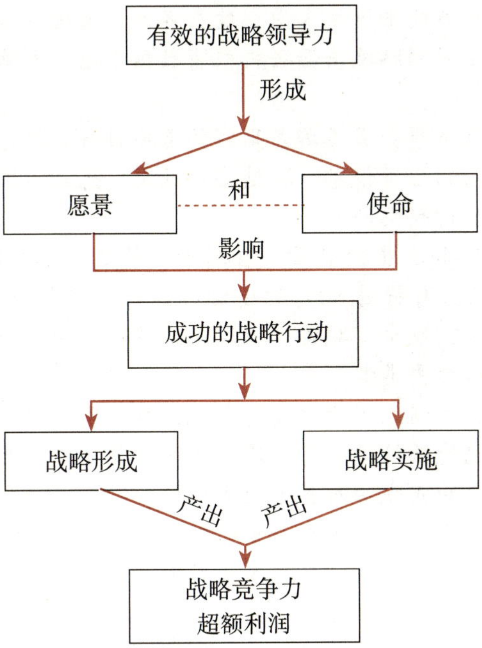

图 12－1 战略领导力和战略管理过程

战略领导力及领导风格

战略领导力（strategic leadership）是指预测事件、展望未来、保持灵活性并促使他人进行所需的战略变革的能力。**战略变革**（strategic change）是指选择并实施公司的战略所带来的变革。[5] 战略领导力在本质上是多功能而非单一功能的，包括管理他人、管理整个组织，以应对全球经济中不断增加的变化。由于全球经济的复杂性，战略领导者必须学会如何在不确定的环境下有效地影响他人的行为。[6] 通过言传身教以及预见未来的能力，有效的战略领导者可以对与自己一起工作的人的行为、思想和情绪产生深刻的影响。[7]

正如我们在"战略聚焦"专栏中谈到的那样，当今的组织面临着一个新的风险——网络安全风险。认识到这些风险及其严重性，精明的战略领导者正在采取行动，指导员工的行为，以减轻甚至消除当今网络安全对全球各地的公司造成的威胁。

战略聚焦 网络安全风险：战略领导者及其公司面临的重大挑战

对于与竞争对手竞争以获得竞争性成功的组织而言，新的挑战时常出现。今天，网络安全风险严重威胁着公司不受外部环境干扰开展业务的能力。网络安全风险是指"信息技术系统发生某种故障而对组织声誉造成的任何财务损失、干扰或损害的风险"。

网络风险是一种系统性风险，因为它会影响所有类型的企业，大企业和小企业、国有企业和私营企业、初创企业以及有着悠久历史的企业。一般来说，网络风险是指企业由于使用相互联系的技术系统而面临的独特风险，被定义为"威胁 × 可攻击性 × 后果"。网络威胁来自各种主体，包括国家、黑客、犯罪集团以及企业、独行侠甚至内部人士。过程、程序和技术是可攻击性的来源，攻击者试图通过这些来源找到威胁企业的方法。后果是指一个组织在因网络攻击而丢失机密数据或运营网络的能力被干扰时所遭受的损害。

公司高层管理者以及董事会成员都是黑客的首要目标，这也许并不令人意外，他们试图获取有关公司领导人的宝贵信息。在这些情况下，黑客试图通过各种手段影响领导人的决策，甚至对他们进行勒索。

总体而言，网络威胁和攻击的数量正在增加。最近，AT&T 网络安全洞察报告称，在 12 个月的调查时间里，有将近 80% 的受访组织经历了网络安全攻击带来的负面影响。勒索软件、恶意软件、蠕虫、病毒，以及未经授权访问公司数据的权限，这些都是组织最有可能遭受的网络攻击类型。

一些分析人士认为，各组织必须改变其文化，以此作为确定过程和程序的基础。通过这些过程和程序，组织能够持续并有效地应对网络安全风险及其相关威胁。企业可以采取一些措施将网络安全的实践融入其企业文化中。首先，公司内部的每个人都应该充分认识到网络安全风险的存在，并且应该意识到自己公司所面临的具体风险。此外，领导者必须意识到，网络安全是企业信息技术能力不可缺少的一部分。为员工提供网络安全培训是发展这种能力的重要手段之一。这是个重大挑战，因为网络安全专家需要专门的技能。目前，许多组织缺乏以员工可接受的有效度提供此类培训的能力。从这个意义上说，各个组织需要制订自己的培训方案，以将他们的员工培训为网络安全专家。

在某些情况下，公司正通过发展战略联盟来形成网络安全能力。例如，2018 年 2 月，"AT&T 与其他五家通信和安全供应商联手组建了物联网网络安全联盟（Internet of Things Cybersecurity Alliance），该联盟将进行物联网最佳实践的培训，并提高人们对于如何更好地保护物联网生态系统的认识"。无论一个公司如何在网络安全方面发展 IT 能力，它都会努力保持机密性。当然，一些公司，特别是那些在尖端技术影响组织绩效的市场中竞争的公司，可以寻求以高于竞争对手的重视程度来专注于网络安全实践，使其成为竞争优势的来源。

资料来源：2018, Cyber risk and risk management, Institute of Risk Management, www.theirm.org, February 20; G. Baker, 2018, View from the top: How CEOs see their fields and the world, *Wall Street Journal,* www.wsj.com, January 17; A. Loten, 2018, Cyber's 'flaming sword of justice' won't save companies, says Akamai security expert, *Wall Street Journal*, www.wsj.com, January 25; G. Rometty, 2018, Ginni Rometty on how AI is going to transform jobs—all of them, *Wall Street Journal*, www.wsj.com, January 17; S. Rosenbush, 2018, The morning download: AI may not decimate job market, but it will change nature of work, *Wall Street Journal*, www.wsj.com, January 24; 2017, The corporate board's role when it comes to cybersecurity, *Wall Street Journal*, www.wsj.com, December 18; 2017, The C-suite as prime target for cyberattacks, *Wall Street Journal*, www.wsj.com, December 18; 2017, Where the jobs are: Cybersecurity, *Wall Street Journal*, www.wsj.com, December 18; D. Davis, 2017, What's next for cybersecurity in 2018? *Cybersecurity Insights*, www.csoonline.com, December 1.

吸引并管理人力资本的能力是战略领导者需要具备的最关键技能[8]，因为有才华的人力资本的匮乏将制约公司的成长。在 21 世纪，公司人力资本中拥有的智力资本包括管理知识与进行创新的能力，这些都影响着战略领导者的成败。[9]

有效的战略领导者还可以建立有助于利益相关者（如员工和供应商）的高效运作环境，并提供必要的支持。战略领导力的核心是有效地管理公司的运营以及持续保持公司高绩效的能力，这足以证明上述技能（吸引人力资本并为其提供合适的环境的技能）的重要性。[10]

公司获取有效战略领导力的主要责任由高层管理者特别是 CEO 承担。其他公认的战略领导者包括董事会成员、高层管理团队以及部门经理。事实上，任何对人力资本的业绩和 / 或公司某一部分的业绩（如一个生产单元）承担责任的人都是战略领导者。不管头衔和组织职能是什么，战略领导者都承担着大量的决策制定责任，这些责任是不能推卸给他人的。[11] 战略领导力是一种复杂且非常关键的领导力。如果没有有效的战略领导力，公司就无法形成、实施战略并获得超额利润。

高层管理者的领导风格会影响公司的业绩。一般来说，一个人的思想和经验会影响其领导风格。[12] 例如，受到个人价值观的影响，苹果 CEO 蒂姆·库克为公司发起了许多慈善活动，并就许多重要的社会议题发表看法，例如无论人们的种族、性别与性取向多么不同，都应受到平等的对待。库克说，苹果“倡导人权”，“相信教育是实现平等的伟大武器”，当科技的力量影响深远时，还要“保护人们的隐私”[13]。另外，库克认为，学校应该对技术的使用加以限制，例如考虑到孩子们年纪相对较小，不应该使用社交网站。[14] 此外，他还将责任分配给管理团队中的其他成员，并对他们进行授权。库克的领导风格被称为责任型领导（关注公司的利益相关者以及整个社会[15]）。其他人认为，这种领导风格导向表明了苹果对三重底线的关注，即企业的经营准则是追求“人、利润和环境”，这也被认为是通过企业绩效对经济、社会和环境做出贡献。[16]

考虑到他正在影响苹果的文化以及员工的观点和行动，蒂姆·库克可能是一个变革型领导者。这对他领导的公司来说可能很重要，因为变革领导力被认为是最有效的战略领导风格。这种风格激励员工不断超越别人对他们的期望，不断增强自己的能力，并将公司利益置于个人利益之上。[17] 变革领导者为组织勾画愿景并传达给员工，而且会形成一套战略来实现这一愿景。

变革领导者都具有正直和诚实的品格，并且知道这一品格的重要性。福特汽车新任 CEO 詹姆斯·哈克特（James Hackett）认为，创新是公司成功的关键。[18] 他说：“如果你想领导他人，就必须获得他们的信任。而如果你不够正直和诚实，信任将变得不可能。”[19] 变革型领导者也尊重他们的员工。好莱坞高管杰弗里·卡森伯格强调了这种领导特质的重要性，他说：“根据定义，领导意味着追随者。我相信，追随者的质量与你对他们的尊重直接相关。最重要的不是他们有多尊重你，而是你有多尊重他们。这就是领导的全部。”[20]

此外，变革型领导者还具有很高的情商。高情商的领导者往往对自己有充分的了解，具有强烈的动机，善解人意，并拥有良好的沟通技能。[21] 由于具有这些特征，变革领导者在加强和培育公司创新方面表现得尤其出色。[22]

高层管理者的角色

为了履行职责，高层管理者通常要做出很多决策，例如在某一时点上，公司在面临竞争时，应该如何回应竞争对手并做出相应的战略行动（见第 5 章）。更广泛地说，高层管理者要在选择并实施公司战略方面做出决策。

在做与战略管理过程有关的决策时，管理者经常使用他们的自由裁量权（或者自由行动）。[23] 不同行业的自由裁量权各不相同。影响管理者（特别是高层管理者）自由裁量权的主要因素包括：

1. 外部环境资源，如行业结构、公司所处的主要行业中市场的增长率以及产品差异化程度；

2. 组织特征，包括组织规模、建立年限、资源以及文化；

3. 管理者的特征，包括对公司和战略结果的承诺、对不确定性的容忍度、与他人一起工作的技能以及抱负的层次（见图 12－2）。

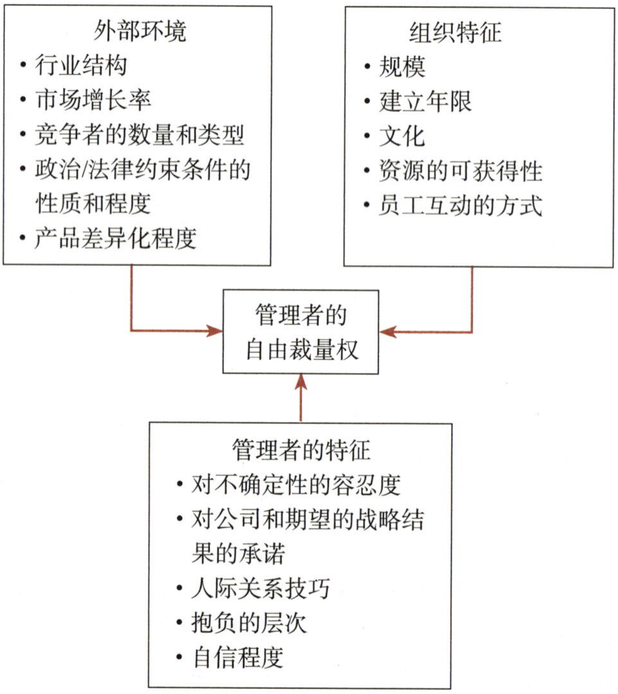

图 12－2　影响管理者自由裁量权的因素

资料来源：Adapted from S. Finkelstein & D C. Hambrick, 1996, *Strategic Leadership: Top Executives and Their Effects on Organizations*, St. Paul, MN: West Publishing Company.

由于战略领导者的决策是为了帮助公司超越竞争者，因此管理者在做决策时如何运用自由裁量权将关系到公司的成功与否[24]，并且会影响或塑造公司的文化。

约翰·弗兰纳里于 2017 年接替杰弗里·伊梅尔特成为通用电气 CEO，他的早期行为证明了其运用自由裁量权的能力。一些分析师得出结论，弗兰纳里决定放弃伊梅尔特和其前任杰克·韦尔奇（Jack Welch）的野心，缩小通用电气的规模。在这个过程中，弗兰纳里打算让通用电气成为一家更专注的公司，减少业务部门。他试图让通用电气变得“更简单、更易运作”；在他看来，复杂性已经对公司造成了伤害。现在，弗兰纳里正在与通用电气董事会和全体员工共同努力，加强财务约束力等，以实现他所追求的变革。[25]

高层管理者的任务是确保公司有效利用了战略管理过程，这项任务是复杂且充满挑战的。因此，高层管理者通常以团队而非个人的方式做决策。[26]

高层管理团队

高层管理团队（top management team）中的成员负责确保公司使用战略管理过程来选择并实施战略。一般来讲，高层管理团队包括具有副总裁级别或以上头衔的管理者或董事会成员。[27] 高层管理团队做出的战略决策的质量，影响公司进行创新和实施有助于获取超额利润的战略变革的能力。[28]

正如之前提到的，大多数公司都面临着复杂的挑战，因此，需要一个具有战略领导力的高层管理团队（而非个人）来进行领导。以团队的方式做出公司竞争方面的决策，可以帮助公司避免由 CEO 单独决策带来的问题，如管理上态度傲慢。研究显示，当 CEO 开始相信媒体报道中的赞誉之词，并感觉自己不会犯错的时候，他们的决策质量会很糟糕。[29] 高层管理者需要自信，但也要避免自负和狂妄自大。[30] 为了防止管理者过于自信，做出拙劣的战略决策，公司应通过高层管理团队来制定战略管理过程所需的决策。

除了其他作用之外，高层管理团队可以帮助 CEO 做出更好的决策。用美国运通前 CEO 肯・切诺特（Ken Chenault）的话说，"你从组织各部门听取意见并学习的人越多，你做出的决策就越优秀，也就有越多的人帮助你执行这些决策"[31]。麦肯锡公司的分析得出了类似结论。根据一项大规模研究，麦肯锡咨询师发现，"相对于高层管理人员多元化较低的公司，拥有多元化管理团队的公司能比竞争对手获得更高的利润率"[32]。

高层管理团队、公司业绩以及战略转型

高层管理团队、公司业绩和战略变革高层管理者的工作是复杂的，需要他们全面了解公司的内部组织（见第 3 章）以及外部环境的三个主要组成部分——总体环境、行业环境和竞争者环境（见第 2 章）。公司组建的高层管理团队需要具有内部组织运作所必需的知识和专长，并且能够妥善应对公司所有的利益相关者和竞争者。[33] 公司还需要在高层管理团队中建立合理的结构，以便成员发挥自己的专长。[34] 为了具备上述特征，公司经常需要组建异质的高层管理团队。**异质的高层管理团队**（heterogeneous top management team）由拥有不同职能背景、经历和教育水平的人员组成。有趣的是，如今公司面临全球化的市场竞争环境，因此对于异质的高层管理团队来说，拥有国际经验是必不可少的。[35]

异质的高层管理团队内部讨论不同观点使各成员受益匪浅。在很多情况下，这些讨论和由此引发的争论会提高决策的质量，尤其是在评价各个不同观点之后得出一个综合性观点时。[36] 实际上，高层管理团队中成员间的相互学习使决策质量提高[37]，更高的决策质量又可以进一步提高公司的绩效。[38]

有趣的是，高层管理团队的异质化程度越高，人数越多，团队共同而有效实施战略的难度就越大。[39] 背景和认知水平的差异增加了高层管理团队成员间沟通的难度，会对战略的实施造成负面影响。因此，一个具有不同背景的高层管理团队如果缺乏有效的管理，将会制约决策的制定过程。在这种情况下，高层管理团队将无法全面洞察机会和威胁，进而无法做出最佳的决策。因此，CEO 必须设法整合团队成员的行为。

团队成员如果能掌握与公司核心业务相关的实质性专业知识，将对提高高层管理团

队的有效性起到极大的帮助作用。[40] 在高科技行业，高层管理团队成员是否具有研发知识非常关键，尤其是当公司实施增长战略时。但是，他们对战略决策的最终作用不仅取决于专业知识和团队的管理方式，而且取决于他们决策时的环境背景（如治理机制和激励性报酬等）。[41]

高层管理团队的特征，乃至CEO及团队其他成员的性格，都与创新和战略变革息息相关。[42] 例如，异质化程度越高的高层管理团队越注重创新和战略变革。一定程度上这是因为异质化会促使团队或一部分成员在制定决策和采取行动时进行更具创造性的思考。[43] 支持这些观点的是波士顿咨询公司最近的一项研究结果，研究人员发现，在发达经济体和新兴经济体同时竞争的公司中，"增加领导团队的多元性可以带来更多、更好的创新，并改善财务业绩"[44]。

因此，只有高层管理团队具有多元化的背景和专业知识时，那些希望从战略变革中获益的公司才更有可能实现目标。研究表明，与来自公司内部或行业内部的新CEO相比，来自行业外部的新CEO更有可能进行战略变革。[45] 尽管聘请行业外的人担任CEO可以增加团队的多样性，但这种改变会对公司与重要利益相关者（尤其是顾客与雇员）之间的关系造成影响。[46] 精明的管理者会认识到这种变化，并以一种证明团队中职能背景方面的额外异质性是如何使利益相关者受益的方式来处理。正如我们之前提到的，在战略变革过程中，战略领导力是非常重要的，因为具有战略领导力的CEO会帮助公司将环境中的机遇与内在的优势（主要指能力与核心竞争力）进行匹配，并以此为基础选择和实施新战略。[47]

CEO和高层管理团队的影响力

正如第10章中介绍的，董事会是一种重要的治理机制，它可以监督公司的战略方向，代表利益相关者的利益，尤其是股东的利益。事实上，董事会越是直接参与确定战略方向，公司的业绩表现越好。[48]

然而，董事会发现，他们很难主导决策并指挥强势的CEO和高层管理团队的战略行动。强势的CEO会任命大量支持他的外部人员担任董事，或者让高层管理团队中的内部董事向他汇报。[49] 无论在哪种情况下，CEO都对董事会的行动有重要的影响力（例如董事的任命）。因此，CEO在制定决策时的自由裁量权与董事会及其提供给CEO和高层管理团队的决策自由度有关。[50]

CEO和高层管理团队的成员可以通过其他方式获得影响力。例如，兼任董事会主席的CEO比普通CEO的影响力更大。[51] 一些分析家和公司的监管人员对CEO的双重身份（兼任CEO和董事会主席）提出了尖锐的批评，因为这会导致公司的业绩糟糕，降低公司对变化的反应速度，并减少董事会对CEO及高层管理团队的决策与行动的监督。[52]

CEO的双重身份在大公司中更为常见，尽管因行业而有所不同。随着股东中积极主义者不断增加，美国和欧洲公司中具有双重身份的CEO受到了更多的监督和攻击。正如第10章中阐述的，许多分析人士、监管者以及公司董事都认为，禁止CEO双重身份的独立董事会结构，有助于董事会监督高层管理者的决策和行动，尤其是与公司财务业绩有关的决策和行动。然而，关于CEO的双重身份对公司业绩的影响（尤其是财务业绩），目前尚无定论。[53] 有证据表明，至少对于一些欧洲公司而言，在公司面临危机时 CEO 的双重身份会对公司业绩产生积极的影响。[54] 但是，也有最新证据显示，一些公司已经开始将 CEO 职位与董事会主席职位进行分离。这种分离不仅仅是为了解决公司业绩糟糕的问题，也希望有助于经验丰富的董事会主席对新的 CEO 进行指导（在一段时间内新的 CEO 将作为学徒）。[55] 因此，在分析 CEO 的双重身份对公司业绩的影响时，必须考虑不同情境条件之间的细微差别。例如，即使在大型上市公司内，如果一个家族拥有大部分所有权，也可能会导致高层管理团队中权力的不均等。一般来说，如果这类家族中有人担任高层管理者，那么他便会拥有特殊形式的权力，除非高层管理团队中的权力得到了平衡，否则冲突便会出现。[56]

在团队或组织中长期任职的高层管理团队的成员和 CEO，对董事会决策的影响力会更大。一般来讲，长期任职可能会限制高层管理者的知识面。有证据显示，知识的局限性所导致的狭隘见解，使这些长期任职的管理者只会采用少数几种方法来评估战略决策。[57] 但是，长期任职的管理者能更有效地进行战略控制，有效的战略控制通常会为公司带来更高的绩效，从而减少董事会成员的参与。[58] 有趣的是，“短期任职的缺点似乎大于优点……长期任职的优点——掌握公司特定的人力资本和社会资本以及知识和权力——似乎超过了它的不足，即古板和停滞不前”[59]。总之，CEO 的任期与公司绩效之间的关系非常复杂且微妙。[60] 为了提高公司业绩，董事会应该与高层管理团队建立有效的关系。

在另一种稍有差别的情境条件下，即如果 CEO 是公司资产的管理者，那么双重身份将有助于更好地制定决策并采取对利益相关者有利的行动。这背后的逻辑在于：由于渴望成为公司资产的最好管家，双重身份的 CEO 具有更高的效率。[61] 另外，由于 CEO 积极的引导和行动，对独立董事会进行结构治理和协调就无须耗费额外成本了。[62]

综上所述，董事会和高层管理团队成员所拥有的权力的相对程度，应视公司的不同情况而定。例如，公司外部环境中丰富的资源及多变的环境，会影响董事会和高层管理团队间权力的理想平衡状态。另外，多变和不确定的环境要求掌握权力的 CEO 必须行动迅速。在这种情况下，多元化的高层管理团队会阻碍成员间的合作，会拖延甚至阻碍公司及时制定恰当的战略决策。总之，在董事会、CEO 以及高层管理团队之间建立有效的工作关系，有助于更好地制定决策，从而实现利益相关者利益的最大化。[63]

管理者的继任

对高层管理者尤其是 CEO 的选择是关系到公司业绩的重要决策。我们在第 10 章曾提到，CEO 是公司利益相关者的最佳代表，挑选 CEO 是公司董事最重要的职责。正如最近一篇文章指出的那样：“继任计划一直被定义为董事会成员的首要职责，紧随其后的是战略计划的制订。”[64] 继任管理在政府机构和家族企业中同样重要。在谈到政府机构的继任计划时，德勤的咨询师指出，根据他们的研究，“拥有明确继任管理行为的政府机构，会实现较高的员工敬业度和留存收益，这是该职业道路的透明度和发展机会以及领导角色更多的准备时间所决定的”[65]。

万豪国际董事会主席马里奥特（J.W. Marriott）认为，在家族企业中，CEO 的继任需要在家族成员职业生涯的早期就进行讨论。在与其他人商讨后，马里奥特从外部管理者人才市场选择了一位战略领导者（而不是从内部管理者人才市场选择一位家族成员）来接替他担任万豪国际 CEO。马里奥特明确指出，对公司新 CEO 的选择符合公司的最大利益。他认为，继任者的决定必须遵循这一标准。[66]

许多公司利用领导力筛选系统来识别具有战略领导潜力的人，并决定公司 CEO 的候选人应满足哪些标准。最有效的系统能够对公司内部人员进行评估，并且获得其他公司战略领导者能力的信息。[67] 基于评估结果，可以对不同人员制定培训和发展项目，从而对具有战略领导潜力的人进行预选和技能培养。

包括宝洁、通用电气、IBM 以及陶氏化学在内的许多公司都开展了高质量的领导力培训项目。例如，宝洁对公司内有才能的员工进行培训，以确保他们随时可以接任更高一级的领导岗位。通过在全球范围内进行人才管理，宝洁希望可以给领导者不断提供有意义的工作和重大的责任，以便对他们进行挑战和培养。

尽管高质量的领导力培训项目能创造价值，仍然有一些公司没有为高层管理者或者其他关键领导岗位（例如，部门主管和业务板块主管）制订培训与继任计划。就美国的家族企业而言，德勤发现，只有 41% 的公司制订了关于领导力的权变计划，49% 的公司称"只有在管理变革需要时才考虑管理者继任计划"[68]。调查人员还对亚洲、欧洲以及拉丁美洲的家族企业做了调查，结果十分相似，即只有最成功的公司清楚谁该负责管理者的继任过程。对于 44% 的被调查公司来说，这一过程是由董事会负责的。[69] 关于没有制订继任计划的公司所占百分比的信息很有意思，因为如果没有有效的继任计划，战略管理过程的连续性便无法保证（即使是一个成功的战略管理过程）。

组织可以从内部和外部管理者人才市场中挑选管理者和战略领导者。[70] **内部管理者人才市场**（internal managerial labor market）由公司提供的职位机会和公司内部有胜任能力的员工组成。**外部管理者人才市场**（external managerial labor market）由管理职位机会以及提供机会的公司以外的有胜任能力的人员组成。

在选拔高层管理者和新 CEO 时，员工通常更倾向于从内部管理者人才市场选拔。有证据表明这种倾向通常会成为事实。例如，在 2016 年选出的新 CEO 中，约有 86% 来自内部管理者人才市场。[71] 正如本章微案例所探讨的那样，蒂姆·库克就是从苹果的内部管理者人才市场中被选择接任史蒂夫·乔布斯担任 CEO 一职的。

公司从内部管理者人才市场选拔新 CEO 有很多优势：第一，公司得以继续保持对当前愿景、使命和战略的承诺；第二，候选人在公司内部及参与竞争的行业中的各种经历，使他们对公司的产品、市场、技术以及运营程序都非常熟悉；第三，从内部选拔 CEO 可以降低现有员工的离职率，其中很多人都掌握着公司特有的专业知识和技能。总体而言，内部选拔的 CEO 具有以下优点：

1. 对公司员工及其能力有着清楚的认识；
2. 理解公司的文化与相应的核心价值观；
3. 对公司核心竞争力有深刻的认识，并且有能力适时发展新的核心竞争力；
4. 明白对于公司来说，哪些是可行的，哪些是不可行的。[72]

尽管从内部选拔 CEO 有诸多可以理解并且合理的理由，但董事会有时倾向于从外部管理者人才市场挑选 CEO。奢侈品零售商内曼·马库斯就是这样一个例子。[73] 在另一个例子中，萨姆·亚当斯啤酒公司（Sam Adams Beer）更喜欢从外部市场雇用一个具有强烈销售和营销倾向的人，以平衡公司历来重视产品生产的特点。这家公司愿意花一年多的时间来做出选择。[74] 总的来说，从外部挑选合适继任者的条件如下：

1. 公司需要提高创新能力；
2. 公司需要改善糟糕的业绩；
3. 公司所在行业增长速度快；
4. 公司需要进行战略变革。[75]

总体而言，决定从内部或是外部管理者人才市场进行选拔取决于对 CEO 的期望，即董事会希望新 CEO 和高层管理团队实现什么目标。从图 12－3 可以看出，高层管理团队的构成和 CEO 的继任来源（管理者人才市场）之间的相互作用是如何影响战略的。例如，当高层管理团队是同质的（成员具有相同的任职经历和教育背景），并且新 CEO 来自公司内部时，公司的现有战略就不太可能改变。如果公司的业绩相当好，或者至少比竞争对手好，那么董事会肯定希望继续实施现有的战略。反过来，当新 CEO 来自公司外部，并且高层管理团队是异质的，那么战略改变的可能性就非常大。当公司的业绩非常糟糕，或者比竞争对手糟糕时，董事会倾向于改变原有的战略。当新 CEO 来自公司内部而高层管理团队是异质的时，战略虽然不会发生改变，但是创新还会继续。来自公司外部的新 CEO 与同质的高层管理团队结合在一起，会使情况较为复杂。另外，外部 CEO 对公司进行温和的变革时，极有可能提高公司的业绩，但如果他们对公司进行重大战略调整，则更有可能导致公司业绩下滑。[76] 总而言之，董事会在选拔新 CEO 时，应该对图 12－3 所示的关系有深刻的认识，以便决定应从内部还是外部管理者人才市场进行选拔。

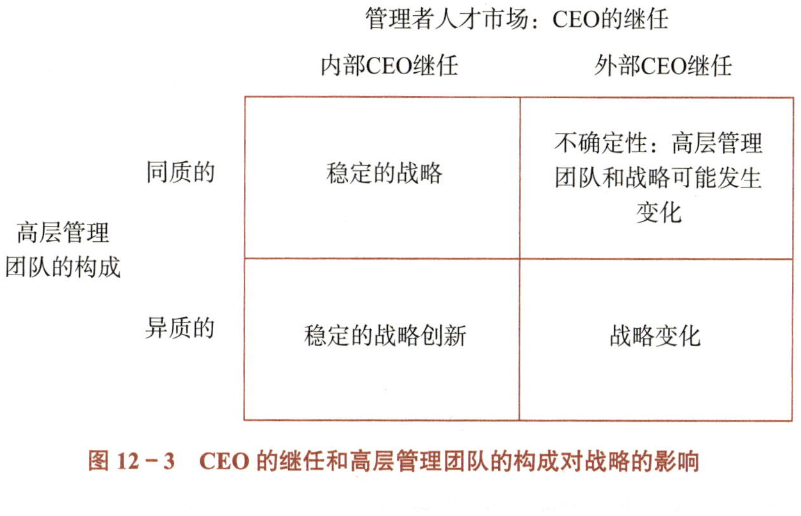

图 12－3　CEO 的继任和高层管理团队的构成对战略的影响

当公司缺乏管理者继任计划，或者面临紧急情况需要迅速任命新 CEO 时，公司通常会任命一名临时 CEO。这种方式在全世界都十分常见。[77] 临时 CEO 通常来自公司内部，他们对公司的运营较为熟悉，这有助于公司在寻找正式 CEO 期间维持秩序。事实上，任命临时 CEO 的好处在于：使董事会有足够的时间来从内部或外部市场寻找最佳继任者。

并非所有更换 CEO 的举动都是成功的。例如，一些日本公司曾聘请过外国 CEO。聘请的初衷是推动战略变革，然而外国 CEO 必须首先获得其他管理者和员工的认可，否则其变革的举措就无法得到有效的实施。因此，日本公司在聘请外国 CEO 时，通常会选择有日本工作经验并且了解日本公司文化与风格的候选人。[78] 此外，在完成对目标公司的收购后，应该保留其原有的 CEO，否则针对被收购公司的整合过程将变得十分艰难。再者，这些管理者通常拥有宝贵的知识和能力，他们的离开对于收购方来说是一个巨大的损失。因此，对于收购方来说，高管离职会使收购的价值大打折扣。[79]

接下来，我们将会讨论战略管理过程中关键的战略领导行动。

关键的战略领导行动

一些特定的行动代表了有效的战略领导力，图 12－4 列举了其中最为重要的行动。有许多行动是相互作用的，例如，有效地管理公司资源，包括：开发人力资本、确定战略方向、培育有效的文化、开发核心能力、有效利用组织控制系统以及建立道德准则。最有效的战略领导者在制定决策时，会针对每一个关键的战略行动制定可行的备选方案。[80]

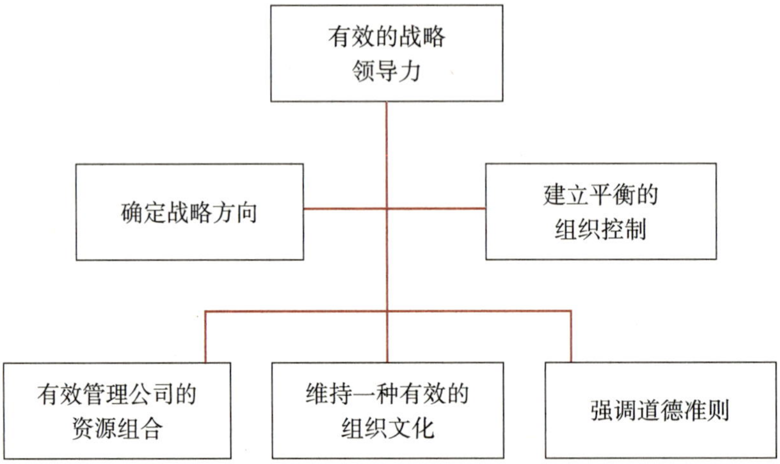

图 12－4　有效的战略领导力的运用

确定战略方向

确定战略方向（determining strategic direction）包括详细地规划愿景，以及随着时间的推移为实现愿景而采取相应的战略。[81] 战略领导者认为其公司在与竞争对手竞争时有可能遇到的机会和威胁会影响战略方向的构建。公司的战略领导者会越来越多地面临这样一项挑战，即要求他们将社会贡献作为公司愿景和战略的一部分，以此作为接受投资者投资的基础。[82]

理想的长期战略方向由两部分组成：核心意识形态和愿景。核心意识形态通过公司的传统来激励员工，愿景鼓励员工不断超越自我，同时，愿景的实现需要有重大的变革和进步。[83] 愿景从多个方面指导公司的战略实施过程，包括激励、领导、授权以及组织设计。当公司进入新的国际市场以及向价值链增加新的供应商时，战略方向就应该包括这些行动。[84]

然而，战略领导者为公司选择的战略并不一定有助于公司愿景的实现，尤其是当高层管理团队和 CEO 过分安于现状时。公司的战略方向是较为稳定的，但为了实现愿景所采取的大部分战略举措应该是灵活的，这样公司才可以有效地应对外部环境中产生的突如其来的机遇与挑战。决策制定者会回避他们认为有风险的活动，这通常会导致公司无法灵活地调整战略。在一些曾经有着辉煌业绩的公司中，对于那些任期较长的 CEO 来说，厌恶风险是非常普遍的现象。[85] 研究还显示，有些 CEO 在选择战略方向时飘忽不定，甚至自相矛盾，尤其是当环境动荡多变，很难识别最佳战略时。[86] 这些行为不可能为公司带来高绩效，却有可能导致 CEO 的更替。有趣的是，研究发现，股票期权形式的激励性报酬能够促使有才华的领导者选择最佳战略，从而实现最高水平的绩效。但是，同样的激励形式用在平庸的领导者身上，只会产生较低水平的绩效。[87]

与风险厌恶型 CEO 相反，一个有魅力的 CEO 可以促使利益相关者支持新的愿景和战略方向。但是，需要特别强调的是，在新战略方向的引领下进行变革时，即使变革过程是由魅力型 CEO 领导的，也绝不能忽视组织的优势和劣势。最高效的魅力型 CEO 在领导公司时，会保持公司文化的前后一致性，并且只在公司能力与核心竞争力允许的范围内采取行动。[88]

了解多元文化有助于公司决定战略方向并选择和实施相应的战略。对多元文化的了解主要体现在：不管公司在全球哪个地方运营，公司的战略领导者在实施战略时都可以识别并开展最佳的组织活动。[89] 在了解多元文化的基础上采取行动有助于公司获得短期成功，进而实现长期愿景。[90]

有效管理公司的资源组合

有效管理公司的资源组合也是关键的战略领导行动。公司的资源可以划分为四类：财务资本、人力资本、社会资本以及组织资本（包括组织文化）。

显然，财务资本是组织成功的关键，著名企业[91] 以及更小的创业企业[92] 的战略领导者都深知这一事实。但是，最有效的管理者还要意识到，对其他资源以及资源整合的管理也同样重要（例如，用财务资本为人力资本提供培训机会）。最为重要的是，有效的战略领导者管理公司资源组合的方式，增加了高绩效的可能性。为了实现这些目的，管理者要组织公司的资源并形成能力，构建恰当的组织结构来促进这些能力的利用，选择合适的战略使这些能力为顾客创造价值。

开发并维持核心竞争力

第 1 章和第 3 章中曾提到，核心竞争力是竞争优势的来源，公司凭借这种优势可以战胜竞争对手。核心竞争力之所以是企业竞争优势的来源，是因为它是“企业能够为客户提供独特价值的深层次能力”[93]。一般而言，核心竞争力与组织的职能有关，如生产、财务、营销以及研发能力。战略领导者必须保证战略的选择建立在对核心竞争力理解的基础上，并且保证在实施战略时能充分发挥核心竞争力。例如，苹果的战略强调其设计能力，网飞的战略则集中体现了其为顾客提供DVD、在线影片以及原创内容的能力。[94]

公司通过从竞争行动以及对竞争对手的回应中吸取经验，逐渐发展出自己的核心竞争力。公司用所获得的经验不断地重塑能力，以确保这些能力有助于形成核心竞争力，从而建立一个或多个竞争优势。

开发人力资本和社会资本

人力资本（human capital）是指公司整体劳动力的知识和技能。从人力资本角度讲，员工被视作一项需要不断投资的资本资源。[95]

引进并开发优秀的人力资本会产生正面效益。这主要是因为知识和技能是促进国际行业（如汽车制造业）与国内行业（如意大利的皮革制造业）发展的关键因素。这一现实表明，人力可能是公司竞争优势的一个非常重要的来源，特别是那些在动荡和快速变化环境中竞争的公司。[96]在所有组织中——无论大公司还是小公司，新成立的公司还是原有公司——人力资本的重要性不断增加，这表明人力资源管理的重要地位。[97]作为辅助功能（见第3章），人力资源管理实践有利于公司成功地选择战略，尤其有利于战略的实施。[98]

有效的培训和发展项目增加了人力资本成为战略领导者的可能性。有趣的是，有效的培训项目与公司成功之间的关系正变得越来越密切，因为在培训项目中获得的知识是公司形成并维持竞争优势的基础。[99]这些培训项目不仅培养了员工的知识和技能，还灌输了一套共同的核心价值观，提供了有关组织的系统性观点，从而促进了公司愿景和凝聚力的形成。

有效的培训和发展项目还对公司核心竞争力的形成做出了积极贡献。[100]进一步说，这些项目提高了战略领导者的技能，这些技能都是有效的战略领导者在完成任务时所必须具备的。这些任务包括决定公司的战略方向，探索和维持公司的核心竞争力，以及塑造符合道德准则的企业文化。因此，构建人力资本对于战略领导力的有效执行至关重要。

当对人力资本的投资（如提供高质量的培训和发展项目）获得成功时，就可以获得能够持续学习的劳动力。这一点很重要，因为持续的学习以及拓展公司知识基础又将进一步促进公司的成功。[101]

学习还可以避免错误的发生。有趣的是，战略领导者可能会从失败而不是成功中积累更多的经验，因为有时他们从成功中总结的经验是错误的。[102]例如，一些有效的方法和知识只适用于特定的环境，因此，一些最佳方案并不是在所有情况下都能取得好的效果。众所周知，团队决策会更有效，但有些情况下，领导者独自做出的决策会更好，尤其是需要快速做出决策并立即实施的时候（比如在出现危机的情况下）。因此，在帮助公司使用战略管理过程时，有效的战略领导者应该认识到从成功以及失败中进行学习的重要性。从失败中吸取教训对于小型企业和大型且成熟的企业同样重要。[103]

当经营状况不佳时，公司经常会裁员，但裁员会导致公司人力资本掌握的知识大量流失。研究显示，适度的裁员可以在短期内提高公司的业绩，但是大规模的裁员会导致人力资本的流失，从而大大降低公司的业绩。[104]尽管对于重组公司来说，减少对培训和发展项目的投资十分常见，但重组也是增加这些投资的一个重要机会。这是因为重组公司冗余较少，也不会犯太多错误，另外，裁员之后留下的员工会发现，他们没有足够的技能或知识来为公司创造价值。把员工视为一种可以最大化利用的资源而不是一种需要最小化的成本，这种观点将促进公司战略的成功实施。战略领导者所具有的以员工认为公平和均等的方式进行裁员的能力，也有助于战略的成功实施。对员工而言，关键的问题是裁员以及工作待遇上的公平性，尤其是与他们的同行相比。[105]

社会资本（social capital）包括有助于公司完成任务、为利益相关者创造价值的内外部关系。[106]员工必须与利益相关者（包括供应商与顾客等）合作才能完成工作，因此社会资本是公司的关键资产。在跨国组织中，员工还需要通过跨国合作来开展研发等活动，以实现绩效目标（如开发新产品）。[107]

外部社会资本对公司的成功越来越重要，因为极少有公司能拥有战胜竞争对手所需的全部资源。公司可以利用合作战略（如战略联盟，见第 9 章）来发展社会资本。由于战略联盟中的公司共享互补性资源，因而可以建立社会资本。但是，必须有效地管理资源共享，以确保成员间彼此信任，并愿意贡献资源。[108]由此建立的社会资本有许多好处。例如，拥有强大社会资本的公司往往更加灵活，因为它们可以发展或获取多种能力，进而更灵活地利用机会并应对挑战。[109]

组织经验和研究表明，许多不同类型公司的成功都部分归功于社会资本。大型跨国公司为了进入新市场，经常需要建立联盟；创业公司也需要通过建立联盟来获取风险投资和其他类型的资源（例如，创业公司自己无法提供的特殊技术）。[110]保留高质量人力资本与保持强有力社会资本的能力会受到公司文化的影响。

维持一种有效的组织文化

在第 1 章，我们将组织文化定义为整个公司共有的复杂体系，由信念、标志和核心价值构成，它影响公司开展业务的方式。由于组织文化影响着公司开展业务的方式，并有助于约束和控制员工的行为，因此可以成为竞争优势的来源。[111]鉴于公司文化的独特性，在获取战略竞争力和超额利润时，充满活力的组织文化可能会成为差异化的一个越来越重要的来源。因此，塑造公司制定和实施战略的背景环境——组织文化——也是一个重要的战略领导行动。[112]我们在“战略聚焦”专栏中探讨了领导者为了帮助其公司发展并维持一个有效的组织文化而采取的行动。

战略聚焦 组织文化真的这么重要吗?

对于这个问题的答案是肯定的！原因在于，在与战略和结构相互作用的过程中，组织文化对员工有重要影响，并且在很大程度上会影响公司绩效。从这个角度来说，“组织文化为企业所做的一切设定了情境”。战略领导者认识到了组织文化、员工行为和公司绩效之间的重要关系。例如，根据最近对CEO的调查，这些领导者将文化和高质量的人才视为组织成功的关键因素。CEO们还相信，开放和包容的文化能使企业的人才茁壮成长。正如在本章之前的“战略聚焦”专栏中所讨论的那样，认识到网络威胁的影响并决定如何应对这些威胁是当今组织文化的重要组成部分。

然而，优秀的战略领导者也知道，能够带来积极成果的企业文化需要时间和努力。事实上，领导者必须通过勤奋和坚持不懈的工作来建立一个有效的组织文化。构建这样的文化“需要耐心、牺牲和远见。这需要领导者富有激情地去提升他们的企业，并激励、团结和鼓舞员工，而不仅仅使用简单的言辞或特殊待遇”。一旦被构建起来，文化就会随着实施公司战略的努力而发生变化，而这种变化是在支持战略实施的结构所提供的情境下进行的。

研究结果支持了领导者对文化重要性的认可及其与战略和结构的关系。例如，研究人员发现，“一个成功组织的关键在于拥有这样一种文化，这种文化是建立在一系列强烈的、被广泛认可的信念之上，并且这种信念需要得到企业战略和结构的支持”。文化所带来的其他好处还包括，强大的文化会告诉员工，领导者希望他们如何应对可能面临的问题；给员工信心，告诉他们自己的应对措施将会是正确的；确保员工会因为自己的行动彰显了根植于企业文化的价值观而受到认可和奖励。因此，在领导者、其所采取的行动以及公司文化的特点之间有着很强的联系。

建构并支持有效的文化可以为组织带来很多具体的好处。举例来说，文化可以起到以下作用：（1）提高员工的忠诚度，因为在拥有强大文化的公司工作的员工会更愿意迎接与其工作相关的挑战，并享受工作氛围；（2）吸引并留住人才，因为强大的文化是一种环境，在这种环境中，人们乐于工作，并对帮助公司实现其愿景和使命充满热情；（3）反映公司的身份地位，因为它展示了“一家公司如何看待自己，以及如何希望被外部环境看待”；（4）为员工行为创造内在动力。

最优秀的战略领导者明白，企业文化可以成为竞争优势的来源。因此，他们会积极主动地构建有效的文化。可以这么说，“文化通过价值观和信仰表达目标，并且通过共同假设和群体规范指导活动”。进一步来说，贝恩公司咨询师指出：“企业文化是竞争优势的核心，因为它决定了处理事情的方式和人们的行为方式。”咨询师还表示，更重要的是，企业文化“是竞争对手最难复制的东西”。文化的难以模仿性（见第3章）解释了为什么它可以成为竞争优势甚至是可持续竞争优势的来源。要构建这样一种文化，领导者与其他人要一起努力创造一种环境，在这种环境中，人们热衷于发挥最高水平，并在这样做的过程中以独特个性和灵魂发展这种文化。拥有有效的企业文化，企业就能够吸引并留住高素质人才，为忠实的顾客服务。总而言之，发展并维护有效的组织文化确实是一项关键的战略领导行动。

资料来源：2018, Performance culture, *Bain & Company*, www.bain.com, February 20; 2018, Understanding and developing organizational culture, *Society for Human Resource Management*, www.shrm.org, February 12; B. Groysberg, J. Lee, J. Price, & Y.-J. Cheng, 2018, The leader's guide to corporate culture, *Harvard Business Review*, 96(1): 44-57; 2017, Survey finds CEOs leaning on talent and organizational culture to survive and thrive amid global volatility, Conference Board, www .conference-board-org, January 31; W. A. Levenson, 2017, Culture: A decisive competitive advantage, *QualityDigest*, www.qualitydigest.com, October 3; S. Patel, 2017, The importance of building culture in your organization, *Inc.com*, wwwlinc.com, October 24; D. Smith, 2017, How to define and build a great organizational culture in 2018, *Medium.com*, www.medium.com, December 18.

创业导向

组织文化经常鼓励（或抑制）战略领导者与其团队追求（或不追求）创业机会（我们将在第 13 章定义并讨论创业机会），尤其是在大型组织中（无论是营利性组织还是非营利组织[113]）。这是一个必须重视的问题，因为创业机会是公司发展和创新的重要源泉。[114] 战略领导者的一个重要作用就是通过追求创业机会来鼓励和推动公司的创新。

鼓励创新的一种方法是把机会作为期权来投资，也就是说，投资一个机会的目的是使公司在未来某个时间拥有利用机会的潜在选择权。[115] 例如，公司可以现在购买一块土地，在未来某个时间，当公司需要扩建或者土地升值时再去进行建设。公司也会基于类似的原因加入战略联盟。在这种情况下，公司可以建立一个联盟，以便今后决定是收购合作伙伴还是与之建立更紧密的关系（如建立新的合资公司）。[116]

在第 13 章中，我们将描述大型公司为了获得超额利润是如何利用企业家战略来追求创业机会的。当员工以创业为导向时，实施企业家战略的公司更有可能获得成功。[117]

公司的创业导向可以从五个维度来界定：自主权、创新性、风险承受性、探索性和竞争进取性。[118] 综合来看，这些维度影响着公司在使用战略管理过程时为了创新所采取的行动。

创业导向的第一个维度是自主权，即允许并鼓励员工摆脱组织的约束采取行动。第二个维度是创新性，“反映了公司对从事和支持新的想法、发明、实验以及创造性流程的倾向程度，这些活动可以带来新的产品、服务或技术流程”[119]。倾向于创新的组织文化会鼓励员工超越现有的知识、技术和参数去思考问题，以寻找能够增加价值的创造性方法。第三个维度是风险承受性，反映了个人和公司在追求创业机会时承担风险的意愿。第四个维度是探索性，它描述的是公司成为市场领导者而不是追随者的能力。探索性组织文化总是不断地预测未来市场的需要，并抢先于竞争对手满足这些需要。创业导向的最后一个维度是竞争进取性，它是指公司对于采取行动不断超越竞争对手的倾向程度。[120]

改变组织文化和重组

改变组织文化比保持组织文化更难，但是优秀的战略领导者会意识到何时需要变革。组织文化的渐进式改变一般用于战略的实施。更为显著的是，有时剧烈的组织文化变革被用来支持战略的选择，并且所选择的战略经常与以前的战略完全不同。不管变革的原因是什么，塑造和强化一种新的文化需要进行有效的沟通并解决各种问题，选择合适的人员（他们的价值观符合组织的期望），进行有效的绩效评价（确立与新核心价值观相适应的目标，并衡量个人绩效以达到这些目标），以及利用合适的薪酬系统（奖励能反映新的核心价值观的行为）。[121]

有证据表明，只有得到公司的 CEO、高层管理团队的关键成员以及中层管理者的大力支持，文化变革才能成功。[122] 一些人认为，中层管理者“在变革过程中是必不可少的”，当中层管理者积极参与这些变革时，员工会更加致力于支持变革。[123] 为了影响变革，中层管理者尤其需要接受严格训练以强化公司文化，培育与公司一致的愿景与使命。[124] 另外，管理者必须敏感地意识到其他的战略变革对组织文化产生的影响。例如，缩减规模可能会给公司文化带来负面影响，尤其是当这项战略的实施与占主导地位的组织价值观不一致时。[125]

玛丽·芭拉（Mary Barra）在 2014 年成为通用汽车 CEO 时，面临着企业文化需要改变的现实，这种改变部分需要通过重组以及随之而来的裁员实现。自从担任 CEO 以来，芭拉一直在努力调整通用汽车的文化和结构以带来更高绩效，以此来规避激烈的竞争挑战。一些人认为，“芭拉的全球重组不仅是通用汽车历史性的一次彻底转变，也是与通用汽车在 2009 年破产时经历的痛苦转型规模几乎一样的一次裁员”[126]。2018 年初，随着对盈利能力的持续关注，通用汽车宣布，它计划关闭其在韩国的工厂。这一决定是“CEO 玛丽·芭拉在全球范围内大规模裁员的最新举措，她已经关闭、缩减或出售了通用汽车在印度、俄罗斯、西欧和东南亚无利可图的业务部门”[127]。在任何情况下，芭拉和其高级管理团队都希望以员工认为公正、合理和对通用汽车成功必要的方式实施各种重组和裁员决策。

强调道德准则

当战略的实施过程以道德准则为基础时，可以增加这一过程的有效性。道德的公司会鼓励各个层级的员工在采取行动实施战略时遵守道德准则。反过来，道德准则以及以此为基础的判断在组织中创造了社会资本，并且增加了个人和集体可以利用的友善关系。[128] 相反，当组织中存在不道德的行为时，许多管理者和员工可能会接受这种行为。[129] 一旦人们接受了这种行为，便有可能在需求得不到满足时采取不道德的行为来达到个人目的。

为了恰当地影响员工的判断和行为，道德准则必须贯彻到公司的决策制定过程中，并成为组织文化不可或缺的一部分。事实上，基于价值的文化是确保员工遵守公司的道德准则的最有效手段。然而，对于全球各地的公司来说，发展这种文化需要持续的培育与支持。[130]

正如我们在第 10 章中解释的，当公司对员工道德行为的要求比较宽松时，有些战略领导者和管理者会采取机会主义行为，在制定决策时追求个人利益的最大化。换句话说，管理者利用自己的职位优势，制定有利于自身利益而损害利益相关者利益的决策。[131] 这种决策有时是由管理者的贪婪与傲慢导致的。[132] 然而，当有证据表明（例如重新申报财务收入）管理者行为不当时，股东和投资者通常会给予极为负面的回应。事实上，管理者经常因此遭到开除。[133]

当公司有清晰的道德准则，这些准则又通过广泛的道德培训整合到公司的业务中，并且股东期望道德行为时，战略领导者以及组织中的其他成员最有可能把道德价值观融入决策中。[134] 因此，建立并强化有意义的道德准则有利于做出符合道德的决策，从而帮助公司更好地采用战略管理过程。

战略领导者可以采取以下行动来塑造并支持符合道德准则的组织文化：

1. 通过确立和传递特定目标来描述公司的道德标准（例如制定和公布行为准则）；
2. 以公司内部所有员工和利益相关者的意见为基础，不断修改和更新公司的行为准则；

3. 向所有的利益相关者公布行为准则，以告知公司的道德标准和准则；

4. 为了达到公司的道德标准而开发和使用各种方法（例如使用符合标准的内部审计准则）；

5. 创建和使用明确的薪酬系统来鼓励需要勇气的行为（例如，奖励通过适当的渠道和程序来举报那些不当行为）；

6. 创造一种维护个人尊严的工作环境。[135]

当这些行动同时实施并相互支持时，其有效性将大大提高。如果战略领导者和员工未能采取这些行动——也许是由于没有形成道德文化，那么问题会接踵而至。

建立平衡的组织控制

组织控制（见第 11 章）一直以来都被视为战略管理过程中（尤其是战略实施部分）的一个重要组成部分。控制是帮助公司实现期望的结果所不可或缺的。组织控制可以定义为“正式的、基于信息的……程序，可以被管理者用来维持或改变组织的活动方式”，它可以帮助战略领导者树立信誉，向公司的利益相关者证明战略的价值，促进并支持战略变革。[136] 最为重要的是，控制可以为战略的实施以及实施过程中的调整和纠正活动提供必要的参数。例如，2017 年毕马威（KPMG）面临一些指控，称少数毕马威雇员收到了泄露的机密信息，这些信息使他们能够更好地为公众公司会计监督委员会（Public Company Accounting Oversight Board）进行的审计做准备。[137] 针对这些指控，毕马威立即承诺会与有关部门进行全面合作，查明并纠正所有问题。公司主席兼 CEO 说：“质量和诚信是我们所有工作的基石，这包括最大限度尊重监管过程。”他还指出，关于新的控制措施，公司正在“采取额外措施，以确保这种情况不会再次发生”[138]。

本章中我们主要关注两种组织控制：战略控制和财务控制（已在第 11 章中介绍）。战略领导者有责任帮助公司发展并有效运用这两种控制。

正如我们在第 11 章中解释的，财务控制主要聚焦于短期财务结果。战略控制的重点则是战略行动的内容而不是结果。由于经济衰退、出乎意料的国内外政府的行动或者自然灾害等外部条件，一些战略行动本身虽然正确，但最终业绩不尽如人意。因此，强调财务控制经常会产生周期更短的和规避风险的决策，因为财务结果可能是由超出领导者和管理者的直接控制范围的事件引起的。战略控制则鼓励低层级的管理者制定带有较少或适度风险的决策，因为决策的后果将由公司全部管理者共同承担。

战略领导者面临的挑战是实现财务控制和战略控制的平衡，以提高公司业绩。平衡计分卡是帮助战略领导者以平衡的方式实现目标的一种工具。

平衡计分卡

平衡计分卡（balanced scorecard）是一种工具，是公司（包括家族企业）[139] 用来评价其在提高业绩的过程中是否实现了战略控制和财务控制的适当平衡。[140] 这种工具最适合评价业务层战略，也可以用于评价公司的其他战略（如公司层战略、国际化战略和合作战略)。

平衡计分卡的潜在前提是，如果公司以战略控制为代价来强调财务控制，那么公司未来的绩效就会受到威胁。[141]出现这种情况的原因是，财务控制只对过去行为的结果提供反馈，没有形成对未来绩效的驱动力。因此，过分强调财务控制会导致以牺牲公司的长期价值创造潜能来换取短期绩效。事实上，对短期效益的关注，可能会导致管理者做出对其个人有利的决策。研究表明，统筹长期目标与短期目标的决策有利于公司绩效的提高。因此，保持战略控制和财务控制的适当平衡而不是单纯强调某一方面，可以使公司获得更高的绩效。[142]

平衡计分卡包含四个方面：

- 财务（从股东的角度考虑公司的成长、利润和风险）；
- 顾客（从顾客的角度考虑产品创造的价值总量）；
- 内部业务过程（关注的是能够使顾客和股东感到满意的各种业务过程的优先顺序）；
- 学习和成长（关注的是公司为创造支持变革、创新和成长的氛围而付出的努力）。

利用平衡计分卡，公司得以了解应如何回馈股东（财务角度），顾客如何看待公司（顾客角度），为了成功地利用竞争优势公司应强调哪些过程（内部角度），为了获得成长公司应如何改善自己的绩效（学习和成长角度）。[143]总的来说，当公司从学习和成长的角度评价业绩时，倾向于战略控制；当公司从财务角度评价业绩时，则更强调财务控制。

公司可以利用不同的标准来衡量它在平衡计分卡的四个方面的情况。我们在表12-1中列举了一些标准。公司应该选择一定数量的标准，从战略和财务两方面理解公司的绩效，而不是囿于过多的细节。[144]

表12-1 平衡计分卡中的战略控制和财务控制

角度	标准
财务	• 现金流 • 净资产收益率 • 资产回报率
顾客	• 评估预测顾客需求的能力 • 顾客服务措施的有效性 • 回头客的比例 • 与顾客交流的质量
内部业务过程	• 资产利用率的提高 • 员工士气的提升 • 周转率的变化
学习和成长	• 创新能力的提高 • 相对于竞争对手的新产品数量 • 员工技能的增加

无论是单一业务公司，还是大型多元化公司，在平衡战略控制和财务控制时，战略

领导者都扮演着重要的角色。两种控制间的适当平衡是非常重要的，因为“战略领导者为未来的生存能力进行适当的投资（通过战略控制），同时又将当前的财务稳定性维持在一个恰当的水平（通过财务控制），正是这种战略领导力的运用才使公司创造财富成为可能”[145]。事实上，大多数公司的重组都是为了巩固核心业务，使高层管理者能对各业务单元重新建立战略控制。[146]

成功的战略控制经常与各业务单元的适当自主权结合在一起，从而在各自的市场上获得竞争优势。[147]战略控制可以用来促进公司组合中相互依赖的业务间有形资源和无形资源的共享。另外，自主权还为充分利用特定市场的机会提供了必要的灵活性。结果是，战略领导力促使战略控制和自主权同时得到利用，这反过来又为员工提供了以经验为基础的学习机会。[148]

正如我们在本章中所解释的，战略领导者对公司能否成功地利用战略管理过程至关重要。战略性创业是分析—战略—绩效模型中战略部分的最后一个话题，第 13 章将关注战略性创业。

本章小结

有效的战略领导力是成功运用战略管理过程的先决条件。战略领导力包括预测事件、展望未来、保持灵活性以及促使他人进行战略变革的能力。

高层管理者是公司建立和开发竞争优势的重要来源。另外，当战略领导者以及他们的工作是有价值的、稀缺的、难以模仿的和不可替代的时，战略领导者也是竞争优势的重要来源。

高层管理团队由在公司战略的选择和实施过程中起着关键作用的主要管理者组成。通常这些人都是公司的高级官员和 / 或董事会成员。

高层管理团队的特征、公司的战略以及业绩之间是相互联系的。例如，具有重要的营销和研发知识的高层管理团队，对公司成长战略的运用起着积极的作用。总之，拥有多种技能的成员可以提高高层管理团队的有效性。

一般而言，当董事会和 CEO 参与制定公司的战略方向时，公司的业绩就会有所提高。但当 CEO 拥有大量权力时，董事会则较少参与有关战略制定和实施的决策。CEO 会通过指定人员进入董事会或者同时兼任董事会主席来增加权力。

在管理者继任方面，既可以从公司内部管理者人才市场，又可以从公司外部管理者人才市场选拔战略领导者。鉴于战略领导者对公司业绩的重要影响，战略领导者的选拔对公司业绩具有一定的意义。从公司内部和外部选拔战略领导者各有优缺点。虽然多数情况下 CEO 都是来自内部，但从外部选拔 CEO 的公司在逐渐增多。选择外部人员担任 CEO 主要是为了实施重要的战略变革。

有效的战略领导力由五个关键领导行动组成：确定公司的战略方向，有效管理公司的资源组合（包括开发和保持核心竞争力，维持人力资本和社会资本），培育有效的组织文化，强调道德准则，以及建立平衡的组织控制。

战略领导者必须与董事会一起确定公司的战略方向。战略方向指明了公司在未来一段时期内想要塑造的形象和特征。为了确定战略方向，战略领导者需要评估公司未来 3 ～ 5 年内将要面临的形势（如外部环境中的机会和威胁）。

在战略实施过程中，战略领导者必须确保不断开发核心竞争力，并用这些核心竞争力来生产和分销能为顾客创造价值的产品。尤其是一些相关多元化的大型公司，经常会通过各业务单元和产品的共享来开发核心竞争力。

管理公司的资源组合以及管理有效的战略实施过程的能力是战略领导力的关键要素。管理资源组合包括整合资源来创造能力，并通过战略来利用这些能力建立竞争优势。人力资本和社会资本或许是最重要的资源。

作为管理公司资源的一部分，战略领导者必须开发人力资本。有效的战略领导者将人力资本视为一种最大化的资源而不是最小化的成本。因此，需要开发和运用特定的项目来培训现在的和未来的战略领导者，使他们具有培养公司其他人力资本的技能。

有效的战略领导者会建立和维持内外部的社会资本。内部社会资本可以促进单元内以及不同单元间的合作和协调。外部社会资本则为公司提供了有效竞争所需的外部资源。

塑造公司文化是有效的战略领导者的核心任务。恰当的组织文化有助于员工形成创业意识，并培养员工在必要时进行文化变革的能力。

遵守道德的组织会鼓励员工进行道德判断并采取符合道德的行动。道德准则的完善有助于培育社会资本。制定的目标要符合公司的道德标准和行为准则，奖励符合道德的行为，创建维护个人尊严的工作环境，这些行动都可以用来促进和支持道德行为。

开发和使用平衡的组织控制是有效的战略领导力的最后一个关键领导行动。平衡计分卡是一种衡量公司战略控制和财务控制有效性的工具。战略控制和财务控制的有效平衡可以更加灵活地运用核心竞争力，但必须在公司财务状况的参数范围内。

关键术语

平衡计分卡（balanced scorecard）
确定战略方向（determining strategic direction）
外部管理者人才市场（external managerial labor market）
异质的高层管理团队（heterogeneous top management team）
人力资本（human capital）
内部管理者人才市场（internal managerial labor market）
社会资本（social capital）
战略变革（strategic change）
战略领导力（strategic leadership）
高层管理团队（top management team）

复习题

1. 什么是战略领导力？高层管理者为什么被视为组织的重要资源？
2. 什么是高层管理团队？它是如何影响公司的业绩、创新能力以及设计和实施有效的战略变革的能力的？
3. 什么是管理者继任过程？对管理者继任计划来说，内部和外部管理者人才市场有多重要？
4. 战略领导力对公司战略方向的确定有何影响？
5. 战略领导者是如何管理公司的资源组合来开发核心竞争力，并利用人力资本和社会资本来获取竞争优势的？

6. 战略领导者怎样才能发展和维持有效的组织文化？
7. 作为战略领导者，你可以采取什么行动来建立和强化公司的道德准则？
8. 为什么说战略控制和财务控制是公司战略管理过程的重要组成部分？

微案例

能否再续传奇？后乔布斯时代的苹果公司和蒂姆·库克

史蒂夫·乔布斯是苹果公司的创始人和传奇 CEO。很多人认为，公司大部分显著的成就（尤其是 2000 年之后）归功于乔布斯的天赋与领导力。由于在领导风格上与乔布斯截然不同，很多人怀疑蒂姆·库克能否成功继任乔布斯的职位。然而，在库克继任 CEO 的几年后，苹果公司迎来了库克所称的“难以置信的一年”。2014 年，苹果卖掉了 2 亿部 iPhone，收入高达 2 000 亿美元。苹果的股价上涨了 65%，市值超过 7 000 亿美元，是微软的两倍，苹果也成为美国历史上市值最高的公司。库克早期主管运营，在担任 CEO 之前，他是公司的首席运营官（COO）。有趣的是，目前苹果公司的销售依然依赖于在乔布斯领导下开发并投入市场的产品。因此，库克的表现还有待观察，尤其是在新产品开发和成功营销方面，而乔布斯精通此道。

库克的领导风格与乔布斯大为不同。有人认为乔布斯在开发新产品和确保市场所需的高质量产品方面冷酷、任性甚至疯狂。对于库克来说，由于知识和技能的不足，他并非产品开发、设计和营销方面的专家，因此，他更多地进行授权，只担任领导者和决策者的角色。库克设法保护并维持乔布斯所建立的企业文化，因此，市场上有价值的创新依旧是公司关注的焦点。库克明白聘请优秀的、与苹果文化相契合的高层管理者的重要性。他成功地聘请了许多优秀的人才，其中包括现在负责苹果十分重要的零售店业务的安吉拉·阿伦茨（Angela Ahrendts）。相比乔布斯，库克作为一个领导者采取了较不情绪化的领导方式，有人将之称为“慎重的情绪化的领导方式”。他对团队进行授权，令其分管各个部门，并强调要着眼于公司的长远发展。

观察人士总结了库克和乔布斯战略领导方式的不同之处。库克与其团队共享荣誉，乔布斯则独揽聚光灯。事实上，有分析人士认为库克在身边建立了高效的团队，是一名出色的领导者。此外，在库克的战略指导下，公司进行了一次大型收购（以 30 亿美元收购了一家音频公司），并准备为 IT 部门提供企业解决方案，这两项战略举措都是乔布斯所回避的。苹果已经与 IBM 组成联盟，着手开发基于 iPad（尤其是屏幕更大的新款 iPad）的企业应用。

在库克担任 CEO 的早期阶段，苹果推出了几项创新产品，包括于 2015 年 4 月推出的苹果手表（Apple Watch）。这款产品在市场上是否成功还有待观察；最初的报告显示其需求超过了供应，因此苹果公司增加了产量。此外，有迹象表明，苹果可能正在计划进入电视市场。最重要的是，库克称苹果的目标是改变人们工作的方式，未来产品的开发将围绕这个目标进行。

2018 年年中，一些分析师质疑苹果向市场延迟发布新产品的行为。自从 2011 年库克成为公司 CEO 以来，在其领导的三个主要产品发布会上，AirPods 耳机和 HomePod 扬声器都错过了公开的发布日期。上面提到的 Apple Watch 进入市场的时间也晚于公司的预期，在发售初期使消费者经历了长时间的等待。iPad Pro 的两个关键配件——苹果触控笔和智能键盘进入市场的时间也比最初宣布的要晚。但是，苹果 2018 年第一季度的业绩创下了收入和利润的历史新高。总的来说，只有时间才能检验蒂姆·库克作为乔布斯的继任者是否成功。2018年初，苹果的市值超过9 000亿美元，作为苹果的主要战略领导者，库克给其领导的公司带来的影响似乎是积极的。

资料来源：2018, Transcript: Apple CEO Tim Cook on the company's 2018 Q1 earnings, *iMore*, www.imore.com, February 1; T. Mickle, 2018, Tim Cook stumbles at his specialty, shipping Apple products on time, *Wall Street Journal*, www.wsj.com, January 6; R. Safian, 2018, Why Apple is the world's most innovative company, *Fast Company*, www.fastcompany. com, February 21; T. Loftus, 2015, The morning download: Apple will 'change the way people work,' CEO Tim Cook says, *CIO Journal*, blogs. wsj.com, January 28: 2015, Apple's Tim Cook cites record sales and 'unbelievable' year, *New York Times*, www.nytimes.com, March 10; A. Chang, 2015, Apple CEO Tim Cook is forging an unusual path as a social activist, *Los Angeles Times*, www.latimes.com, March 31; A. Lashinsky, 2015, Becoming Tim Cook, *Fortune*, April 1, 60-72; T. Higgins, 2015, Apple iPhones sales in China outsell the U.S. for first time, *BloombergBusiness*, www.bloomberg.com, April 27; J. Lewis, 2015, Tim Cook: A courageous innovator, *Time*, April 27, 26; J. D'Onfro, 2015, Tim Cook dropped a major clue about Apple's next big product, *Yahoo Finance*, finance.yahoo.com, April 28.

案例讨论题

1. 是什么使得CEO的工作如此复杂？以蒂姆·库克作为史蒂夫·乔布斯的继任者所面临的挑战为例组织你的答案。

2. 接替史蒂夫·乔布斯的蒂姆·库克来自苹果内部管理者人才市场。在你看来，通过内部管理者人才市场寻找接替乔布斯的人选是最佳途径吗？请使用本章中有关内部和外部管理者人才市场的内容来解释你的答案。

3. 鉴于他们不同的领导风格，请描述蒂姆·库克领导下的苹果公司文化与史蒂夫·乔布斯担任CEO时的公司文化之间的差异。

4. 根据本微案例中的信息以及调查获得的其他材料，你如何评价作为苹果CEO的蒂姆·库克？他到底是不是一个优秀的战略领导者？使用本章“关键的战略领导行动”中的例子来解释你的答案。

13 战略性创业

学习目标

1. 定义战略性创业和公司创业
2. 定义创业和创业机会，解释它们的重要性
3. 定义发明、创新和模仿，描述它们之间的关系
4. 描述创业者和创业意识
5. 解释国际化创业及其重要性
6. 描述公司如何从内部发展创新
7. 解释公司如何利用合作战略进行创新
8. 描述公司如何利用收购进行创新
9. 解释战略性创业如何帮助公司创造价值

引例 今天是汽油和柴油车，明天会属于电动汽车、插电式混合动力车和无人驾驶汽车吗？

正如本章将会介绍的，从事战略性创业的公司会同时专注于寻求优势和机会的行为。实际上，这种专注使企业在外部环境中寻找创业机会，它们可以通过创新和成功执行所选择的战略利用这些机会。企业在进行战略性创业时，会通过内部投资、合作战略和收购战略进行创新。同时寻求优势和机会行为是一个挑战，因为这样做使得公司既关注现有产品的销售，又在市场中寻找

可以通过创新服务满足的需求。举例来说，福特汽车目前大部分的利润来自大型皮卡和 SUV 的销售。然而，由于包括环境可持续性、消费者需求和政府规定在内的诸多原因，该公司认为生产电动汽车、插电式混合动力车以及无人驾驶汽车 / 卡车是一个蕴藏无限潜力的机会，应该通过产品创新来实现。为此，福特打算在 2018—2022 年间拨款 110 亿美元用于研发，以开发并创新交通工具。大众汽车也将生产电动汽车、插电式混合动力车以及无人驾驶汽车视为一个通过创新追求的机会，并选择在 2018—2023 年间投入 400 亿美元用于研发这些产品。

全球汽车制造商，例如福特和大众，它们大部分的利润来自销售汽油和柴油动力的轿车和卡车，但这种情况在未来可能会发生很大的改变。由于对环境的关注、消费者偏好的变化，以及即将实施的法规，这些公司有机会进行创新，从而取得竞争性成功。电动汽车和混合动力汽车的销售量预计将会增加，以及无人驾驶汽车 / 卡车的不断发展，都说明了上述观点的正确性。例如，2017 年底，电动和插电式混合动力车型的全球销量超过了 300 万辆。当时的预测是，到 2018 年底，这类车型的销售总数将超过 500 万辆，并且年销售增长率从 2019 年开始将会显著增长。这些预测为满足消费者和社会在运输工具方面的需求提供了重要的机会。

无人驾驶汽车是这些公司追寻的另一个机会。大约在 2007 年，通用汽车是第一个发现无人驾驶汽车价值的公司，它将生产此类汽车视为一个可以通过创新来开发的可行且重要的机会。今天，包括互联网公司（如亚马逊）、芯片制造商（如微软）和软件供应商（如思科）在内的许多公司都已经发现生产无人驾驶汽车是一个可行的创新机会。

这些公司正在使用不同的方法来实现无人驾驶汽车所蕴含的商机。汽车技术公司安波福（Aptiv，之前的德尔福汽车（Delphi Automotive））起初与拼车公司 Lyft 合作。福特也与 Lyft 建立了合作关系，以测试其无人驾驶汽车。

鉴于机会的复杂性，无人驾驶汽车需要经过无数次的测试和开发才能成为更多客户的潜在选择。2018 年，一些人预测福特和通用汽车最有可能首先向全球市场推出大量商用无人驾驶汽车。事实上，福特打算在 2021 年推出一系列提供拼车和叫车服务的无人驾驶汽车。

汽车公司并不是唯一将电动汽车、插电式混合动力车和无人驾驶汽车视为机遇的公司。例如，3M 正专注于为所谓的“汽车电气化”量身定制许多产品，比如为电池开发冷却液。3M 还将生产无人驾驶汽车视为一个机遇。2018 年初，该公司测试了一种“肉眼看不见，但实际上印有条形码的贴纸，供自动驾驶汽车扫描”，以此作为追踪自己位置的手段。总部位于匹兹堡的油漆和涂料制造商庞贝捷（PPG Industries）正致力于开发一种汽车油漆，“可以使引导自动驾驶汽车的电子传感器更易于识别”。

资料来源：M. Colias, 2018, Ford increasing electric vehicle investment to $11 billion by 2022, *Wall Street Journal*, www.wsj .com, January 14; T. Higgins, 2018, Driverless-car companies try to rev their engines on commercial prospects, *Wall Street Journal*, www.wsj.com, January 8; T. Higgins, VW, Hyundai turn to driverless-car startup in Silicon Valley, *Wall Street Journal*, www.wsj.com, January 4; A. Levy & L. Kolodny, 2018, Self-driving cars take over CES: Here's how big tech is playing the market, *CNBC News*, www.cnbc.com, January 12; J. C. Reindl, 2018, Next step in driverless cars: Boot the driver, *USA Today*, www.usatoday.com, January 10; D. Muoio, 2017, Ranked: The 18 companies most likely to get self-driving cars on the road first, *Business Insider*, www.businessinsider.com, September 27; J. Stern & C. Mims, 2017, Tech that will change your life in 2018, *Wall Street Journal*, www.wsj.com, December 27; A. Tangel, 2017, Latest entrants into electric car race: Makers of Post-It notes, paint, *Wall Street Journal*, www.wsj.com, December 26.

本章的重点是战略性创业，战略性创业是公司用于有效整合创新与战略行动的一个框架。[1] 更一般地，**战略性创业**（strategic entrepreneurship）是从战略角度来进行创业

活动。在这一过程中，公司试图寻找外部环境中的机会，并努力通过创新来开发这些机会。战略性创业的创业维度用来识别可以通过创新来开发的机会，战略维度则用来决定何种方法是管理公司创新的最具有竞争力的方法。[2]

正如引例中所提到的，3M 认为电动汽车和无人驾驶汽车是其可以通过创新开发的一个机会。2018 年，有预测认为，“驾驶位电子设备，防撞和自动化系统，以及电动、混合动力和燃料电池驱动的汽车零部件市场的规模”到 2022 年将增长近两倍，达到 1 830 亿美元。这一预测为 3M 和其他公司证明了这一机会所蕴含的巨大商机。[3] 在继续进行产品创新以抓住这一机遇的同时，3M 公司同时考虑将包括道路交通标志和标线在内的产品（这些产品可以更好地与汽车导航系统以及外部传感器涂层互动）销售给汽车制造商的战略。福特已经聘请了一位新的 CEO，他的职责包括发展并管理公司新的策略，这些策略是用来向市场推出电动以及无人驾驶汽车的。[4] 有趣的是，新 CEO 来自一家办公家具公司。他之所以被选中来领导福特通过创新发展电动和无人驾驶汽车战略，一定程度上是因为他有能力改变人们的工作方式和对待新兴产品的态度。[5] 因此，采取战略性创业的企业需要整合各项行动来寻找机会并开展创新，然后实施相应的战略，以便从为了把握特定机会而开展的创新中获取更多的价值。[6]

为了解释战略性创业，我们关注以下主题。首先，我们讨论战略背景下的创业和创新，并对创业、创业机会和创业者（那些从事创业活动，寻找创业机会的人）进行定义。然后，我们描述国际化创业，国际化创业是企业在本国以外的市场中采取创业行动。之后，分别介绍公司创新的三种途径：通过内部进行创新、通过合作战略进行创新和通过收购进行创新。[7] 不出意料，大多数大企业是综合采用以上三种途径。本章的结尾部分总结性地评论了企业是如何通过战略性创业来创造价值的。

在开始本章的主题之前，我们要指出本章的大部分内容讨论的是关于发生在现有组织中的创新和创业。这种现象称为**公司创业**（corporate entrepreneurship），是指在现有公司中使用或应用创业。[8] 公司创业是营利性组织[9] 和公共机构[10] 生存和成功的法宝。当然，创新和创业对于新成立的公司能获得多大的成功起着关键作用。因此，本章所探讨的大部分内容对于创业公司和现有公司同样重要。

创业和创业机会

创业（entrepreneurship）是个人、团队或组织识别和追求创业机会的过程，并且这些机会不会直接受到现有资源的约束。[11] **创业机会**（entrepreneurial opportunities）是指新产品和新服务能够满足某种市场需求的情形。当市场和生产要素中存在不完全竞争或者它们由创业者独立开发出来时，就会存在创业机会。[12] 创业机会可能以不同形式出现，如开发和销售新产品的机会，或者在新市场上销售现有产品的机会。[13] 无论创业机会出现在何时何地，公司都要善于追求和把握。例如，在 2005 年，亚马逊推出了亚马逊尊享计划。该计划最初定价为每年 79 美元，这一费用为客户提供大量商品的免费两天送达服务。亚马逊把握的创业机会是满足客户的需求，即更快地交付一系列产品。该公司通过尊享计划获得的一个显著好处是，与非尊享计划会员相比，这些客户倾向于在亚马逊网站上花更多的钱。[14]

正如上述两个定义所指出的，创业的本质是识别和开发创业机会，也就是说，其他人并没有看到这些机会，或者并没有意识到这些机会的商业潜力以及适当地管理这些机会带来的风险。[15] 作为一个过程，创业导致现有产品（或服务）或生产方法的“创造性破坏”，并带来了新产品和新生产方法。[16] 有人认为，加密货币有可能在未来取代长期以来建立的金融交易方法。初创公司瑞波称，它提供了一个“通过区块链的力量无障碍地向全球输送资金”的方法。“通过加入瑞波不断扩张的全球网络”，该公司表示，“金融机构可以在世界任何地方即时、可靠、低成本地处理客户的支付交易”[17]。时间将证明加密货币是否会对现有的全球金融手段造成“创造性破坏”。总体而言，决心进行创业的公司对个人创新和持续创新能力都给予了高度的重视。[18]

我们是在单个公司的层面上对创业进行研究的，但是有证据显示，创业是一种可以在全球竞争格局中驱动国家经济的引擎。[19] 因此，对于在全球经济中进行竞争的公司，以及寻求刺激经济进而提高居民生活水平的国家而言，创业和创新都是十分重要的。

创 新

约瑟夫·熊彼特（Joseph Schumpeter）在他的经典著作《经济发展理论》（*The Theory of Economic Development*）中提到公司可以采取三种类型的创新活动。[20] **发明**（invention）是指创造或开发新产品或新流程的行为。**创新**（innovation）是指通过发明来创造商业化产品的过程。创新是在发明完成后进行的[21]，发明使一些新东西的出现成为可能，创新则使一些新东西投入应用。技术标准用来决定发明是否成功，商业标准则用来判断创新是否成功。[22] **模仿**（imitation）是指不同的公司进行相似的创新。模仿可以使产品标准化，基于模仿而生产的产品在定价时会更低，但是缺乏个性。创业对创新活动尤为重要，因此它成为发明和创新之间的关键点。[23]

对于大多数企业来说，创新是三种创新活动中最为重要的。因为虽然许多公司都能构思出发明设想，但有时将这些发明进行商业化很困难。[24] 专利是一种战略性资产，公司具有的不断产生专利产品的能力是竞争优势的重要来源，尤其是打算将发明进行商业化运作，或者在知识密集型行业（如制药行业）进行竞争时。[25] 从竞争的角度来说，专利给企业的潜在竞争对手设置了一道市场进入壁垒。[26] 然而，一般来说，进入壁垒无法为在全球经济中竞争的企业提供太多保护。消费食品巨头联合利华的首席信息官认为，“基本上没有进入壁垒”来阻止初创企业进入其公司竞争的市场。[27] 在联合利华的案例中，进入壁垒较少的原因包括消费者对健康产品中天然成分的需求，以及与生产消费品相关的成本已经下降。因此，今天的公司面临的挑战是了解它们的创新能在多大程度上为潜在和现有的竞争者创造进入壁垒。

彼得·德鲁克指出：“无论在现有公司、公共服务机构，还是在个人创办的新公司，创新都是创业的一个特殊功能。”[28] 此外，德鲁克还认为，创新“是一种手段，创业者可以用它创造出制造财富的新资源或赋予现有资源更多的创造财富的潜力”[29]。因此，创业及其产生的创新对所有想要获得战略竞争力和超额利润的公司都是至关重要的。

国际竞争的现实表明，作为市场领导者，公司必须经常性地开展创新。这就意味着公司应该将创新视为几乎所有经营活动的一个内在组成部分。此外，公司应该认识到人力资本投入对于创新的重要性。[30] 有证据表明，尤其是在激进创新方面，劳动力的多样性提高了人力资本在开发能够创造价值的创新方面的能力。[31] 上述讨论表明，创新是公司通过创业寻求的关键结果，它是竞争成功的源泉，尤其是在动荡的、充满竞争的环境中。[32]

创业者

创业者（entrepreneurs）是指独立行动的或者作为组织组成部分的个人，他们寻找创业机会，然后冒着风险进行创新以利用这一机会。从高层管理者到生产产品的员工，都有可能成为创业者。[33]

创业者往往具有以下特征：积极性高、愿意对项目承担责任、充满自信、保持乐观。[34] 另外，创业者往往坚信他们的创新设想有价值且很重要。[35] 他们往往比其他人更懂得如何应对不确定性，对机会也更加敏感。[36] 为了获得成功，创业者通常需要具有良好的社交技巧并能够制订出色的计划（以获得风险投资）。[37]

创业的成功需要创业者付出艰辛的努力，但它也能给创业者带来极大的满足感，尤其当创业者认识到自己的热情并跟随着这份热情的时候。亚马逊的创始人杰夫·贝佐斯曾说："人们犯的巨大的错误之一便是强迫自己拥有某种兴趣；不是你选择了你的热情，而是你的热情选择了你。"[38] 证据显示，成功的创业者都具有**创业意识**（entrepreneurial mind-set）。具有创业意识的人重视市场的不确定性，并不断地寻找可通过创新来把握的机会。[39] 那些没有创业意识的人往往会把创新机会视为威胁。重要的是，创业意识还包括承认国际和国内竞争的重要性。[40]

由于创业意识有可能导致持续的创新，因此，个体的创业意识可以成为公司竞争优势的来源。当公司所有员工都能够获得知识时，就可以培养和支持创业意识。研究显示，当公司内部的每一个业务单元都可以接触新知识时，它们就会更具创新性。[41] 然而，知识的转换通常比较困难，因为接受知识的一方必须有足够的吸收能力来理解这些知识，并且必须知道如何有效地利用知识。[42] 学习过程中需要把新旧知识联系在一起。因此，管理者要有在现有知识水平的基础上去开发人力资本的能力，以逐渐拓展他们的知识面。

一些公司以高度重视创业而著称，这表明其内部的各个机构均具有创业意识。2017年，商业杂志《快公司》（*Fast Company*）将亚马逊评为最具创新性的公司，与谷歌、优步、苹果、Snap、脸书、网飞、Twilio、乔巴尼（Chobani）和声田（Spotify）共同跻身最具创新性公司的前 10 名。[43] 亚马逊之所以在 2017 年被选为最具创新性公司，很大程度上是因为该公司有能力"更快地提供更多、更智能的产品"。对不断提高和不断创新的坚定投入使亚马逊能够灵活地进行创新行为，进入一个又一个领域，以满足不断增长的客户需求。

国际化创业

国际化创业（international entrepreneurship）是公司创造性地探索和开发国外市场机会的过程。[44] 可见，创业是公司在国内与国外两个层面上实践的过程。对于新公司来说，国际化创业是十分常见的，事实表明，越来越多的（大概可达 50%）新公司在生命周期的早期阶段就进入国际市场。已成立的大型公司也都拥有重要的国外运营业务，并经常在国际市场上成立新公司。[45]

公司选择进行国际化创业的一个关键原因是，通常来说，国际化可以提高公司的业绩。[46] 然而，这些领头企业通常明白在国外市场采取创业行动是具有挑战性且存在风险的，这些风险包括汇率的波动、市场低效、缺乏足够的基础设施来支持商业运营，以及市场规模的限制等。[47] 因此，需要仔细分析后才能做出是否进行国际化创业的决策。

创业已经成为一种全球化现象，这意味着全世界都在进行创业实践，但不同国家的创业比例是不一样的。例如，一项研究报告对最具创业性的国家做了排名，2017 年十大最具创业性的国家分别是（创业性从高到低）：瑞士、瑞典、荷兰、美国、英国、丹麦、新加坡、芬兰、德国和爱尔兰。[48] 瑞士之所以被选为最具创业性的国家，是因为其知识型经济以及将创新思维转化为为客户创造价值的产品项目的能力。发布该排行的人表示，总体而言，最具创业性的国家通过创造性的教学技巧吸引学生、执行稳定的法律、通过精心设计的实践开展业务并愿意承担风险。在另一项调查中，2017 年最具创业性的 10 个国家（创业性从高到低）分别是韩国、瑞典、德国、瑞士、芬兰、新加坡、日本、丹麦、美国和以色列[49]，这表明我们对于世界上最具创业性的国家的标准难以达成一致。这两项调查的结果强调了北欧五国的创业性，瑞典、瑞士、德国、美国、新加坡和丹麦这些国家同时出现在两个名单上也显示了一致性。在最具创业性的国家中，个人和国家财富的增长率也表明，创业活动的比例与国家的经济发展有高度的正相关关系。

文化是不同国家具有不同创业性的原因之一。具体来说，文化保持个人进取精神和团队合作精神与团队创新之间的平衡，更好地鼓励创业行为。这意味着为了让公司具有创业性，必须通过给予适当的自主权和奖励来激发个人的进取精神，同时为了成功地创业，还必须促进合作以及团队创新。因此，国际化创业需要团队中的成员具有独特的技能和资源，尤其是在高度崇尚个人主义或集体主义的文化中。除了在个人进取精神与合作行为之间保持平衡，进行国际化创业的公司还必须比进行国内创业的公司更加注重培养创新能力，以及获取做战略决策所需的资源的能力。通过这些战略决策，创新得以成功有效地利用。[50]

新公司在国外的投资水平也是国际化创业的一个重要维度。事实上，随着全球化的不断深入，已经有大量的新公司“天生就是全球化的”[51]。这可能是因为进入国际市场的新公司可以加强对新技术知识的学习，从而提高自身的业绩。[52] 这些公司通过它们在国外市场中建立的外部网络（如供应商、消费者以及战略联盟）来获取知识。[53]

当公司的战略领导者，尤其是高层管理者，拥有国际化经验时，公司进入国际市场并在竞争中取得成功的可能性就会更大。由于参与国际市场的运营有利于公司学习知识，并且获得规模经济和范围经济效益，因此，无论是新成立的公司还是原有的国际多元化公司，通常都是本土市场上的强劲竞争者。另外，研究还显示，国际多元化公司都更具有创新性。[54]

公司获得和保持竞争优势的能力，部分或大部分依赖于创新能力。这对于已经和尚未进行国际化创业的公司来说，都是毋庸置疑的。接下来我们将讨论公司进行内部创新的不同途径。在三种创新途径中，公司首先采用内部创新。

内部创新

公司的研发投入是内部创新的一个主要来源。通过有效研发，公司得以形成可专利化的流程与商品，这些流程与商品在本质上是创新的。有越来越多的成功研发来自可利用的全球劳动力技能的整合。因此，以创新为基础获取竞争优势的能力使公司能够聚集世界各国的优秀人才。[55]

在今天的全球竞争环境中，研发以及它所带来的新的产品和流程，会影响到公司获得超额利润。正因为如此，公司试图利用其研发实验室，不断地创造突破性新技术和新产品。尽管研发对公司的长期成功至关重要，但创新方面的投资回报是不确定的，通常在短期内难以达到预期效果，因此，公司在评估研发的结果时必须有很大的耐心。[56]

如前所述，成功的研发项目必须配备高质量的人力资本——明星科学家。然而，并非所有的创意都产生于实验室。例如，公司为了满足顾客的需求而开发新产品，这就是一个很好的创新来源。此外，公司还借助外部网络，这些外部网络包括其他科学家、已发表的研究，甚至是合作伙伴（稍后在本章会提到）。[57]公司还可以利用公共知识，例如对现有的技术知识进行整合，以创造改良的技术，甚至是全新的技术。

公司创造了许多种收集员工创意的方法，这些创意大多涉及产品和其他方面的创新。在谷歌，员工有“20% 时间”的权力，他们可以将多达 20% 的工作时间用于他们认为最有潜力通过创新使公司受益的项目。[58]通用家电（GE Appliances）建立了一个创新实验室，以便能够快速制作新产品的样品。这家名为 FirstBuild 的创新实验室和微型工厂是一家隶属于通用电气设备部门的独立初创企业。FirstBuild 的团队成员与其他通用电气的工业设计师、科学家、工程师等合作，“设计、制造和销售创新的家用电器”[59]。在爱立信（Ericsson），公司鼓励员工加入名为“创意箱”的项目。员工向“创意箱”提交创意之后，公司会为他们匹配使“创意到创新”的经理，帮助他们进行深层开发，并对可行性和价值进行评估。然后，公司内部的风险融资部门会为最好的创意提供启动资金。[60]

渐进式创新和突破式创新

公司在进行研发活动时会产生两种类型的创新：渐进式创新和突破式创新。大多数创新都是渐进式的，也就是说，在现有知识的基础上进行创新，对当前的产品做小幅改进。渐进式创新从本质上说是逐渐演变的和直线型的。[61]总体而言，渐进式创新通常出现在消费者对产品特征有所了解和接受的市场中。通常来说，渐进式创新通过利用现有技术对现有产品做出改进。从公司的角度来看，相比于突破式创新所带来的收益，渐进式创新的边际利润较小。这主要是因为采用渐进式创新的公司在向顾客提供产品时，产品间的竞争以价格为主。[62]过去十几年电视机的不断改进（如画质的进步）、向洗衣粉中添加不同的增白成分等都是渐进式创新的例子。公司更多地采取渐进式创新而不是突破式创新，是因为前者的成本更低，生产起来更容易、更快速，风险更小。[63]但是，公司不能仅仅依赖渐进式创新，否则便会从市场领导者变成市场落后者。如果渐进式创新做了过多的改变以至于公司难以消化吸收，也是有风险的。[64]

与渐进式创新相比，突破式创新通常会带来重大的技术改变（突破）并创造新知识。[65]突破式创新在本质上是革命性的和非直线型的，一般是以新技术服务于新创造的市场。个人电脑的发展就是一种突破式创新，就和引例中所讨论的无人驾驶汽车一样。突破式创新的其他例子包括：（1）赛富时的客户关系管理系统。高度创新的例子是该公司推出了一种新的云计算技术平台，并将软件作为服务销售的商业模式。（2）Metromile 销售其产品的方式。美国汽车保险公司 Metromile 开发了一种新技术——为客户的汽车提供插入式远程信息处理设备。通过该设备，人们可以按行驶里程购买保险。（3）亚马逊的一键购买（Dash button）。该产品是一个小型的 Wi-Fi 连接设备，顾客只需点击一下按钮，就可以重复订购家用必需品，如剃须刀、卫生纸和洗衣粉。[66]

开发新流程是突破式创新的一个关键部分。由于这两种创新都可以为公司创造价值，因此，公司需要决定何时强调渐进式创新，何时适合进行突破式创新。尽管突破性创新的风险更大，但它更有可能为公司创造超额利润。

由于创新过程中面临的难度和风险非常大，突破式创新比较少见。技术和市场机会的价值具有高度的不确定性。[67]由于突破式创新只使用了一些或很少一部分公司现有产品或技术方面的知识，却创造出新的知识，因此突破式创新需要创造力。就创新投入而言，无论是对于非营利组织还是营利性组织，创造力都是非常重要的。[68]创造力是发挥想象力的结果。正如 Priceline.com 的创始人杰伊·沃克（Jay Walker）所说："想象力是燃料，若没有想象力，你将无法获得创造力。"想象力引导公司去思考在这个变化的世界里消费者想要的是什么。例如，沃克说："那些在公司内寻求创新的人，可以试着去想象一下在一个手机无处不在的现实世界中，消费者到底想要什么。"[69]相比于渐进式创新，想象力对于突破式创新更为重要。

调查显示，"创造力和创新是世界企业的首要战略重点"[70]。然而，仅仅依靠创造力无法直接带来创新。事实上，源于想象的创造力会去探索来自不同领域的已有知识，并将它们结合在一起，生成新的知识。[71]进一步说，当公司试图创新时，应了解现有用户的看法，以便更有益于公司产品的创新。[72]公司会利用收集起来的知识去开发新产品，并以创业的方式进入新市场，获取新顾客，获得新资源。各个独立的业务单元成立新公司时，经常会进行这种创新。

突破式创新需要创造力和想象力，这需要强大的领导力的支持。创造力是"杂乱的、混乱的，有时是令人厌恶的，散发着失败恶臭，是实验性的，也是组织性低下的"[73]，这个事实反映了领导力在创造活动中的关键作用。

以上讨论强调了一个事实：从内部发展起来的渐进式创新和突破式创新都是刻意努力的结果。这些刻意的努力称为公司内部创业，是公司为进行内部发明特别是创新而采取的一系列活动。[74]

如图 13－1 所示，自发性和引导性战略行为是公司内部创业活动的两种形式。这两种创业形式都可以促进渐进式创新和突破式创新的发展。但是，很多突破式创新都源于自发性战略行为，大多数渐进式创新来自引导性战略行为。

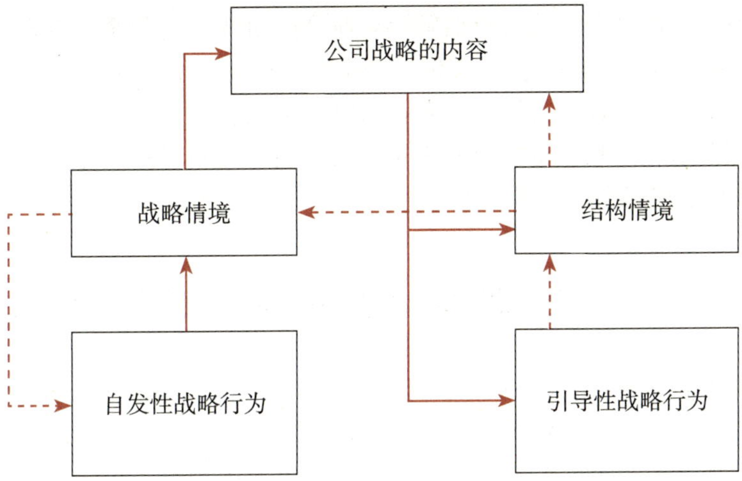

图 13－1　公司内部创业的模型

资料来源：Adapted from R. A. Burgelman, 1983, A model of the interactions of strategic behavior, corporate context, and the concept of strategy, *Academy of Management Review*, 8: 65.

从本质上说，自发性战略行为会导致公司战略和结构方面的改变，以支持实施战略。引导性战略行为会受到为了支持创新而形成的公司战略和结构的影响（见图 13－1）。这些观点会在下面对两种公司内部创业活动的讨论中着重阐释。

自发性战略行为

自发性战略行为是一个自下而上的过程，在这个过程中，产品倡议者不断追求新设想，经常通过官方程序来开发和协调创新以及将创新带入市场的行动。[75] 产品倡议者是具有创业意识并为了开展创新而寻求支持的个体。在创新向前迈进的过程中，产品倡议者扮演着重要角色。以便利贴为例，因为产品倡议者的不懈努力，便利贴这个当时的创新产品才得以进入市场。3M 的便利贴是从 3M 科学家斯宾塞·西尔弗（Spencer Silver）博士的工作中发展而来的。在试图开发一种更大、更强、更牢固的黏合剂时，西尔弗实际上发现了一种叫作微球的东西，它在保持黏性的同时具有“可移动”的特性。这种特性使得附着的表面很容易剥离（想想你的便利贴）。公司花了数年时间才看到西尔弗的发明中所蕴藏的与创新相关的潜力，并与另一位 3M 科学家阿特·弗莱（Art Fry）建立了合作伙伴关系。在谈到这一成果是如何产生的时候，西尔弗说，他被称为“顽固先生”，因为他一直在 3M 内部推销他的产品。[76] 他的坚持表明，西尔弗确实是一名产品倡议者。正如这个例子所显示的，源于自发性战略行为的内部创新与公司的当前战略不一致，它将公司带入新的市场，可能以新的方式创造价值（见图13－1）。作为一种创新手段，当新知识尤其是隐性知识在公司内部不断扩散时，自发性战略行为更为有效。[77]

正如“战略聚焦”专栏中所讨论的，除个别机构外，其他机构或团体有时会通过自发性战略行为寻求创新。公共投资基金（Public Investment Fund，PIF）就是这种情况，该基金为对沙特阿拉伯具有战略重要性的项目提供财政支持。[78] 在研究公共投资基金的行动时，请注意在整个沙特阿拉伯发展创新是推动该基金投资选择的动力。在这方面，公共投资基金希望产品倡议者能够成功推出电子商务平台Noon（公共投资基金对其投资了5亿美元），以此作为国家开发和利用创新的途径。Noon的一个主要投资者穆罕默德·阿拉巴尔（Mohamed Alabbar）可能是一名产品倡议者，通过他，作为市场创新来源的优秀创意可能会浮出水面。

战略聚焦 国家层面寻求创新的自发性战略行为

公共投资基金是由沙特阿拉伯建立的主权财富基金（sovereign wealth fund，SWF）。创建主权财富基金利用一国的外汇储备进行基金投资，有利于该国的经济和社会发展。这种基金在某种程度上很常见。例如，由于人口老龄化和劳动力减少，日本政府养老金投资基金（Government Pension Investment Fund）寻求从投资中获得回报，这些投资收益能够在财政上支持其老龄化的人口。

沙特阿拉伯的愿景是，“成为全球投资大国和全球最具影响力的投资者，创造能够塑造未来全球经济的新行业和新机会，同时推动沙特阿拉伯的经济进行转型”。经济转型十分重要，因为沙特阿拉伯希望减少对作为其经济基础的石油收入的依赖。公共投资基金的结构使其能够对因人才而具有创新潜力的公司进行投资。该基金指出，迄今为止，它已“对一些世界上最具创新力的公司进行投资，并形成了合作伙伴关系，这将确保沙特阿拉伯处于新兴趋势的前沿”。当公共投资基金在评估可能投资的公司时，作为发展创新手段的自发性战略行为在公司中出现的程度会影响其决策。

电子商务平台Noon是一个价值10亿美元的项目，其50%的投资来自公共投资基金。因为Noon与迪拜商人穆罕默德·阿拉巴尔和其他投资者合作，其正式的业务总部位于利雅得。作为中东最有资金实力的高科技企业之一，Noon是对亚马逊收购迪拜网站Souq.com的战略性回应。亚马逊的这次收购是其大胆进入中东市场的一个手段。阿拉巴尔将Noon描述为阿拉伯的首个电子商务平台，它销售各式服装、家庭用品、食物和其他多种商品。2018年，中东地区的线上销售额只占总零售额预估值的2%，但中东地区电子商务部门的增长速度是全世界最快的。因此，亚马逊迫切地想要通过收购迅速进入该市场。同样，公共投资基金的经理们相信，Noon将以创新的方式在这个新兴领域取得商业成功。同时，Noon的商业成功将为沙特阿拉伯减少对石油收入的依赖提供一条途径。

为了达成目标，Noon销售超过2 000万件商品，“从时尚产品以及婴儿用品到书籍和电子产品”都能在该平台找到。Noon通过位于迪拜的一个面积达350万平方英尺的订单处理中心运送商品。阿拉巴尔致力于“创造一种不同的基础设施，即对于亚马逊和其他全球电子商务巨头来说一个实实在在的竞争对手。这些大公司正在进入中东地区，并想要在线上销售热潮中分得一杯羹”。为了使 Noon 成为中东地区唯一使用阿拉伯语的电子商务平台，阿拉巴尔和他的同事们试图将创新作为击败竞争对手的基础。随着竞争对手亚马逊 Souq.com 网站的出现，Noon 将创新作为占领市场份额的一个手段，其面临的战斗将会十分激烈。

资料来源：2018, Public Investment Fund, http://pif.gov.sa; 2018, Bests and bloopers from the year in deals, *Wall Street Journal*, www.wsj.com, December 28; 2018, Sovereign Wealth Fund-SWF, *Investopedia*, www.investopedia.com, January 28; N. Al Ali, 2017, Alabbar Noon venture with Saudi fund said to let Dubai staff go, *Bloomberg*, www.bloomberg.com, May 18; O. Hasan, 2017, Gulf retailer Noon.com to ignite e-commerce race, *Phys.org*, www.phys.org, October 2; M. Kassem & N. Nanji, 2017, Noon launches in the UAE, tapping into regional e-commerce boom, *The National*, www.thenational.ae, October 1; N. Parasie, 2017, Dubai billionaire's tech startup takes on Amazon, *Wall Street Journal*, www.wsj.com, December 28; M. Read, 2017, CEO, some staff leave MidEast e-commerce venture Noon-sources, *Reuters*, www.reuters.com, May 18; Z. Alkhalisi, 2016, Saudi Arabia and Burj Khalifa developer launch Gulf answer to Amazon, *CNN Tech*, www.money .cnn.com, November 13.

引导性战略行为

公司通过内部创业活动在公司内部开展创新。公司内部创业活动的第二种形式是引导性战略行为，这是一个自上而下的过程，在这个过程中，公司利用现有的战略和结构来培育与之有密切联系的创新。[79] 在这种形式的创业活动中，恰当的战略是经过相匹配的结构层级过滤而得到的。从本质上说，引导性战略行为会带来与公司当前战略高度一致的内部创新。因此，公司 CEO 和高层管理团队在引导性战略行为中起着积极和关键的作用。[80] 在 IBM，CEO 维吉尼亚·罗曼提（Virginia Rometty）总是叮嘱公司员工“要更迅速地行动，更快速地回应顾客”，并以此作为开展创新的基础，这些创新将有助于 IBM “开发出新的计算模型”[81]。

引导性创新有助于公司及其管理者决定所需创新的种类和数量。[82] 例如，为了成为行业领导者，公司可以通过定期开发新产品来加强创新，即使这些新产品会与已有的成功产品争夺市场。这种方式长期被英特尔采用。引导性创新的方式被用于决定公司进行开放式创新还是封闭式创新。开放式创新用于建立行业标准，封闭式创新仅限于公司内部使用以获得利润。[83] 大多数创新都是封闭式创新，但开放式创新在某些行业越来越普遍。公司通常会从事具有路径依赖的不断演变的研发活动，随着时间的推移，这些研发活动会越来越呈现出渐进的特征（因为对所用的知识产生了路径依赖）。[84]

内部创新的实施

创业意识是在公司内部进行创新的关键，一定程度上，这是因为在发明的商业化过程中，存在着环境和市场的不确定性，创业意识可以帮助公司应对这种不确定性。[85]当面对不确定性时，公司试图不断地识别最具吸引力的机会，以便战略性地把握它。因此，公司利用创业意识来同时进行机会的识别、创新的开展以及战略的实施。其中，创新的开展和战略的实施是为了把握和利用在市场中已经识别出来的机会。[86]通常来说，为了成功开展内部创新，公司会激励个体创业，有时甚至会鼓励工作团队说出它们认为最恰当的激励。[87]

拥有恰当的流程和结构非常关键，它有助于公司成功地利用已经发展起来的创新。在公司内部创业的背景下，管理者必须配置资源、协调活动，与组织中的不同团队进行沟通，还要做出一系列决策来转化自发性或引导性战略行为产生的创新，使其成功进入市场。[88]正如我们在第11章中描述的，组织结构就是用来支持管理者有效利用创新的一系列正式关系。

创新投入中各种功能的有效整合，从工程到生产以及市场分销，是实施公司内部创业活动产生的突破式创新和渐进式创新所必需的。越来越多的产品开发团队被用来实现所需的不同组织职能之间的整合。这种整合需要协调和应用不同职能领域的知识和技能，以使创新最大化。[89]团队需要帮助公司做出一些决策，如哪一个项目应该继续支持，哪一个应该终止。对创新项目的情感有时会增加终止项目的难度。

跨职能的产品研发团队

跨职能的产品研发团队能够促进不同组织职能的相关活动的整合，如设计、制造和营销。许多代表不同组织的个人都是跨职能产品研发团队的成员。其原因是，“在当今全球相互关联以及快节奏的商业环境中，几乎每一项重要举措都离不开跨组织工作人员的洞察力和行动，无论是收入增长、成本降低，还是新产品创新”[90]。例如，作为团队成员，科学家会将技术内容纳入产品研发团队的决策中。[91]与婴儿潮一代喜欢的产品相比，市场营销人员会带来关于那些能够吸引“千禧一代”的产品的意见。除了来自组织的成员，跨职能产品研发团队还可能包括主要供应商的代表，因为他们拥有可以有效推动公司创新过程的知识。[92]另外，当跨职能团队的工作更协同时，公司可以迅速完成新产品的开发过程，同时新产品的商业化也变得更加容易。[93]通过跨职能团队，产品的开发阶段可以分为多个并行过程，这样公司就可以使产品开发具备独特的核心竞争力并适应市场的需求。

水平组织结构可以为跨职能团队提供支持，帮助它们整合不同组织职能的各种基于创新的活动。[94]因此，组织不再围绕纵向层级结构基础上的职能或部门进行设计，而是围绕用来生产和管理创新的核心水平过程建立。一些对创新至关重要的核心水平过程都是正式的，它们可以以程序和惯例的形式进行界定并形成文件。但更多的时候，这些过程是非正式的，而且适合由水平结构来支持——水平结构下个体的交流通常是面对面的交流。

阻碍跨职能团队有效整合组织职能的两大潜在障碍是：团队成员参考的独立框架和

组织规则。[95] 在不同专业（例如一个特殊的组织职能）部门工作的团队成员，一般会拥有基于常见的背景和经验的独立参考框架。当他们在原来的职能部门做决策时，会使用相同的决策标准来评估产品开发等问题。

此外，来自不同职能部门的个人在目标、指导工作的结构形式以及完成工作所需时间等方面也各不相同。反过来，这些差异又影响了在组织职能部门工作的个人如何看待与创新相关的活动。例如，工程设计人员可能会认为产品的功能性和实用性是最为重要的产品特征。而营销人员可能会认为能够满足顾客需求的特征才是最关键的。这些不同的取向可能会给不同职能部门间的有效沟通造成一定的困难，甚至会导致团队内的冲突。[96]

在有些组织内有大量的规则（称为组织规则）。不同职能部门间的资源分配问题是组织规则的一个关键来源。这意味着部门间的冲突主要来自对资源的激烈竞争。这种不同职能部门间的冲突会阻碍它们的整合。为了形成有效的跨职能的产品研发团队，公司必须弱化组织规则所带来的负面影响。许多公司通过强调各个职能部门对于公司总体创新的重要性，来帮助个体看到部门间协同的价值。

促进整合和创新

共享价值观和有效的领导力，对跨职能的整合和创新的实施是非常重要的。[97] 作为文化的一部分，共享价值观主要围绕公司的愿景和使命来进行，是促进职能部门整合的黏合剂。

战略领导力对实现跨职能的整合和内部创新也是极其重要的。在与他人一起工作时，领导者负责设置目标，并根据目标进行资源分配。这些目标包括研发的整合和新产品的商业化。有效的战略领导者还要确保公司拥有一个可以促进跨职能整合的高质量的沟通系统。有效沟通的最大好处是使团队成员共享知识，并向其他组织成员传达某项创新的诞生及其重要性。共享价值观和领导力实践塑造了沟通模式，这种沟通模式使得与创新相关的知识的共享在公司内部成为可能。[98]

从内部创新中创造价值

图 13－2 的模型表明了公司是如何从内部创新活动（自发性战略行为和引导性战略行为）中试图创造价值的。创业意识是公司不断识别创业机会的基础，公司通过创新来战略性地把握这些机会。[99] 跨职能团队对于促进新产品设计思想的整合和实施是非常重要的。有效的领导力和共享价值观促进了整合以及对创新的期望和承诺。成功创新的最终结果是为包括顾客和股东在内的利益相关者创造价值。然而，公司通过创新获得的成功的程度会受到竞争（见第 5 章）的影响。因此，公司必须认真地研究竞争者对其创新所做出的回应，以懂得如何调整各项创新投入，并了解如果市场形势不佳，应在何时放弃它们。[100]

接下来，我们将讨论公司创新的其他方式，即合作战略和收购。

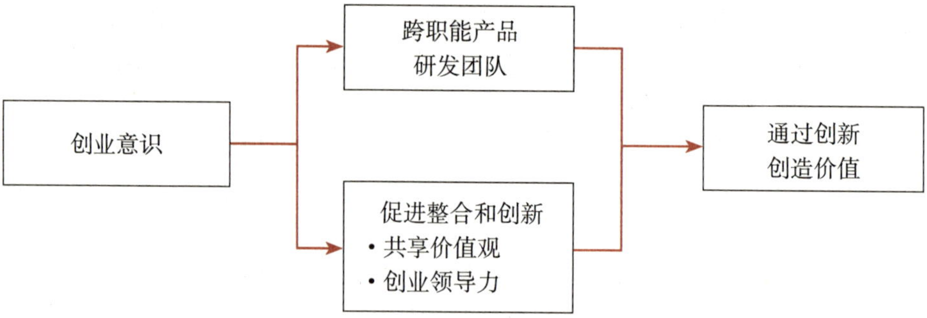

图 13－2 通过内部创新活动创造价值

通过合作战略进行创新

与其他公司建立联盟能够以不同方式帮助公司创新。首先，这可以提供有关新的商业机会及如何通过创新去开发利用这些机会的信息。[101] 其次，公司可以利用合作战略来匹配它认为具有互补性的资产，进而促进创新。与其他创新方式相比，通过合作对具有互补性的资产进行整合更容易促成突破性的创新。[102]

瞬息万变的技术、全球化以及世界层面的创新需要，是公司在决定与其他伙伴合作创新时的主要影响因素。有些人认为，正是由于这些因素，公司才越来越依靠合作战略，将之作为创新和最终在全球化背景下竞争成功的主要手段。[103] 无论是创业公司还是已有公司，它们都会利用合作战略来创新。例如，创业公司会寻求利用投资资本以及已有公司的分销能力，来成功地将它的创新产品推向市场。更多的已有公司需要的是新技术知识，它们往往通过与创业公司的合作来获得这些知识。大型制药公司和生物技术公司会通过联盟来整合知识和资源，进而开发新产品并引入市场。

一些已成立的大型公司通过建立联盟来进行创新。例如，安永和微软扩大了它们的联盟，将数字技术和云技术结合起来对产品进行创新，以服务于农业。该联盟的重点是帮助农业公司将数字化战略转化为行动。在一份新闻稿中，安永和微软表示："这一举措将把安永的技术咨询经验及其农业企业知识与微软的数字工具和微软 Azure 云平台结合起来，帮助企业进行创新和业务转型。"[104]

另一个关于大型公司通过合作策略进行创新的例子是宜家的母公司——英特宜家集团（Inter IKEA Group），它与万豪国际建立联盟，开发出一个全新的酒店品牌 Moxy，它们认为无论是在设计上还是在顾客价值创造上，Moxy 都具有创新性。[105] 英特宜家通过提供创新性的建造技术（例如其著名的平板包装技术，可以快速运送并组装家具），降低了制造成本，万豪国际则提供独特的设计，因此，英特宜家和万豪国际合作创立了 Moxy 品牌。品牌的创新基础是价值（英特宜家的贡献）和品位（万豪国际的贡献）的结合。Moxy 酒店的目标顾客是"千禧一代"，其价格亲民，并且拥有开放式的大厅 / 餐厅 / 酒吧，客人可以在其中的一端享受音乐，也可以在另一端埋头工作。Moxy 酒店最初在欧洲开业，到 2026 年预计将有 150 家 Moxy 酒店，分布在伦敦、奥斯陆、柏林、法兰克福、芝加哥和纳什维尔等地。[106] 顾客似乎很喜爱 Moxy 酒店“小巧精致的房间；机场风格的、基于平板电脑的入住体验以及不繁复的服务”等特色。[107]

然而，为了培育创新而形成的联盟并非没有风险。当几个公司试图达成共同的目标时，本质上就存在冲突。此外，联盟的成员还要承担的风险是，合作者出于自身利益的考虑，可能会盗用公司的技术或知识。[108]通过谨慎地挑选合作者，可以降低这种风险。理想的合作是指合作者拥有的技能互补，战略目标一致。[109]在这种合作下，公司遭遇较少的挑战与风险，因为在创新目标的推动下，公司会尽力对合作进行有效的管理。此外，公司还希望控制为创新而建立的联盟的数量，因为参与过多的联盟会带来管理混乱的风险。[110]

收购是企业创新的最终途径。有证据显示，随着公司对于不断提高技术能力的渴望，这种方法越来越受欢迎。波士顿咨询集团关于这个问题提出了如下评论：“对于越来越多的组织来说，答案是购买，而不是创造。高科技企业的收购已经成为所有领域买家的首选。他们希望推动创新，简化运营和流程，塑造客户体验，并使产品、服务和体验个性化。(事实上）在 2016 年完成的 2.5 万亿美元的并购交易中，高科技企业的交易几乎占了 30%。”[111]

我们将在“战略聚焦”专栏中讨论收购公司如何获取其他公司的创新成果及创新能力。你将看到，公司有时会支付高额的溢价来收购公司和它们的创新能力。企业收购公司进行创新的原因以及与此相关的风险会在下一小节讨论。

战略聚焦　这些收购会带来创新成功还是战略失败？

作为利益相关者，投资者重视公司的发展。而创新具有促进企业成长的能力。与内部创新和合作战略带来的创新相比，在使用收购战略时，企业成长得更快，因为可以立即获得另一家公司的创新成果。正因为如此，收购仍然是一种流行的创新方式，特别是对于大型成熟的组织。

2018 年的并购活动十分活跃。这背后的关键原因是，通过获取他人的创新成果和创新能力可以实现迅速增长。当时，制药行业陷入了分析人士口中的“交易狂潮”，如新基医药（Celgene）试图收购抗癌药公司朱诺治疗（Juno Therapeutics），赛诺菲（Sanofi SA）决定收购 Bioverativ。新基医药同意支付约 90% 的溢价收购朱诺治疗，而赛诺菲则为收购 Bioverativ 支付了 63% 的溢价。推动该收购的原因是，新基医药希望获得朱诺治疗在癌症治疗方面的创新能力，特别是获得该公司新的淋巴瘤治疗方案的所有权。该治疗方案预计将在 2019 年获得正式批准，全球销售额有望迅速达到 30 亿美元。为了刺激未来的创新，新基医药计划将公司的一些研发能力和朱诺治疗位于华盛顿州西雅图市的研发中心整合起来。在谈到两家公司的共同兴趣和技术时，新基医药的 CEO 说，收购朱诺治疗后，他“将两个有着共同愿景的公司联合起来，使癌症成为一种慢性疾病。同时我们也在为治愈癌症而努力”。对赛诺菲来说，它的部分兴趣在于获得 Bioverativ 治疗血友病的药物。一位分析师在评论此事时表示：“Bioverativ 治疗血友病的药物与赛诺菲的稀有疾病业务将会非常契合。另外，赛诺菲与生物技术公司奥尼兰姆制药（Alnylam Pharmaceuticals）合作，利用一种名为 RNA 干扰的新兴技术开发新型血友病治疗药物。收购 Bioverativ 将会为该合作添砖加瓦。”在这些例子中，收购和被收购公司的创新能力将被部分整合，以便继续与第三家公司合作开发创新的医疗产品。

这些公司为获得创新成果以及创新能力所支付的溢价是巨大的。尽管如此，这与当时制药行业89%的平均溢价水平相符——这一溢价水平几乎是2010年制药行业平均溢价水平的两倍。支付的溢价反映了制药公司需要收购其他公司以填补产品线上的漏洞，同时获得有前途的产品和创新。推动收购的另一个原因是，公司通过内部创新未能成功开发新产品。例如，2018年，辉瑞公司宣布将“停止研发治疗阿尔茨海默病和帕金森病的新药，并放弃为寻找这些疾病的有效治疗方法所做的昂贵且徒劳的努力”。未来，辉瑞可能会试图收购那些已经拥有或者有能力成功开发药物的公司。

当然，除了制药行业以外，其他行业的公司也在通过收购获取创新。网飞最近通过收购流媒体公司 Millarworld 完成了它的第一次收购。“Millarworld 是一家由马克·米勒（Mark Millar）创立的独立漫画出版公司。马克·米勒是著名漫画家，他创作了一系列标志性人物和漫画，包括《海扁王》(*Kick-Ass*) 和《王牌特工》(*Kingsman*)，同时他还参与了漫威公司一些代表作的创作，包括《终极战队》(*The Ultimates*) 和《暮狼罗根》(*Old Man Logan*)。”实际上，网飞希望在未来能像 Millarworld 一样创作出富有新意的故事。短期内，该公司打算通过电影、电视剧和儿童节目将 Millarworld 的作品搬上银幕。

在被许多人称为“痴迷创新”的科技产业中，博通 CEO 陈福阳（Hock Tan）表示，公司将“坚定地倾向于那些能够确保高利润的项目而非有潜力的项目”。陈福阳通过分析人士所认为的日益大胆的收购战略，使得博通成为业内最引人注目的公司。在创建自己的公司时，陈福阳显然更喜欢直接获取创新，而不是通过内部或合作战略来发展创新。

资料来源：C. Grant, 2018, High prices won't deter biotech deals, *Wall Street Journal*, www.wsj.com, January 22; T. Greenwald, 2018, Is Broadcom's CEO, a champion deal maker, innovative enough? *Wall Street Journal*, www.wsj.com, January 25; C. Lombardo, 2018, Celgene to buy Juno Therapeutics for $9 billion, *Wall Street Journal*, www.wsj.com, January 22; J. D. Rockoff, 2018, Big drugmakers pay big prices for promising biotechs, *Wall Street Journal*, www.wsj.com, January 22; J. D. Rockoff, 2018, Pfizer ends hunt for drugs to treat Alzheimer's and Parkinson's, *Wall Street Journal*, www.wsj.com, January 6; J. D. Rockoff, D. Cimilluca, & B. Dummett, 2018, Celgene nears deal to buy Impact Biomedicines for as much as $7 billion, *Wall Street Journal*, www.wsj.com, January 7; A. Bylund, 2017, Netflix, Inc. just made its first-ever acquisition, *Motley Fool*, www.fool.com, August 7.

通过收购获得创新

正如“战略聚焦”专栏中所指出的，公司选择收购作为创新手段[112]的原因之一是，收购可以使资本市场的价值得到增长，使公司快速扩展一个或多个产品线并增加收入。[113]收购通常以获得所购公司创新的所有权和创新能力为目的。很多大型科技公司的收购行为在很大程度上是出于这种目的。网飞收购 Millarworld 是为了获得该公司目前不断创新的作品，以及未来构建和讲述创新故事的能力。

与公司内部创业和战略联盟类似，用收购来获得创新也是有风险的，其中最关键的风险是，公司可能会用购买创新的能力取代从内部进行创新的能力。一些分析师担心，博通的情况就是如此，因为该公司几乎专注于收购其他公司以获取它们的创新。被收购公司的职员有时表示，作为博通整合过程的一部分，给予研发部门的经费有所减少。[114] 当公司聚焦于采用财务控制的手段来识别、评估和管理收购时，对研发的拨款可能会减少。当然，战略控制是指公司为发展创新而进行的收购是以战略为基础的。维持财务控制和战略控制之间适当的平衡将会提高公司在创新方面成功的可能性。

尽管存在风险，选择去收购具有能力和知识互补性的公司将有助于创新的成功。当收购是出于战略目的并且被收购公司毫无困难地被整合进收购公司之中时尤其如此。[115] 对于创新能力不足的公司来说，如果有充足的资金，它们更倾向于收购拥有技术能力或者潜在创新价值的公司。[116]

对于收购方来说，从被收购的公司那里学习推动创新活动的能力是大有裨益的。另外，重视创新并且谨慎对待收购的公司更容易保持创新性，收购方通常选择收购同样重视创新和拥有以创新为基础的技术能力的公司。[117] 可见，一些公司在内部进行创新，一些公司通过合作战略进行创新，另一些公司则借助外部知识和外部资源进行创新。毫不意外，大型公司会同时使用这三种方法进行创新。然而，能否有效地实施每种方法决定着创新是否成功。[118]

通过战略性创业创造价值

在识别创业机会时，年轻的创业公司往往比规模大的早已成立的公司表现得更有成效。[119] 因此，相比于更大更成熟的公司，年轻公司能够有更多的突破式创新。此外，年轻公司的战略灵活性和承担风险的意愿，在一定程度上也有利于公司识别机会并进行突破式创新。但是，正因为这种创新是突破式的，所以其中蕴含着风险。这类创新有时会失败，这通常意味着创业公司的失败，因为这些公司缺乏弹性。[120] 与此相对的是，根基深厚的大公司则拥有更多的资源和能力去利用已经识别的机会，但是它们一般来说会进行渐进式创新而非突破式创新。

在战略性创业中，年轻公司通常善于采取创业行动，多数已成立的大公司则善于进行战略考量。也就是说，年轻公司一般善于寻找机会（也就是进行创业），大公司善于寻求优势（战略考量）。然而，正如本章中所讨论的那样，在竞争中取得成功或者获得高绩效的关键在于公司有能力识别和利用机会，并以此建立竞争优势。如果能够做到这一点，那么公司相对于其竞争对手就建立了一种竞争优势。[121] 相对而言，年轻公司必须学习如何更加具有战略性，早已成立的公司需要学会如何更加具有创业性。

试图同时具有创业性和战略性（也就是进行战略性创业）的公司意识到，在识别机会后，年轻公司和大公司的创业者必须帮助公司发展有价值的、稀缺的、难以模仿的和不可替代的能力（见第 3 章）。当能力能够满足这四个标准时，公司就可以在此基础上通过战略行动开拓市场创新并发展竞争优势。

正如我们在第 1 章中提到的，不具有竞争优势，公司的成功只会是昙花一现。[122]

从市场的角度来看创新的发展，我们会发现，创新在早期可能是有价值的、罕见的，但是创新本身并不会带来竞争优势。事实上，公司还需采取竞争性行动将新产品引入市场，并保护它的市场地位，以获得竞争优势。所有这些行动（认识到可行机会并通过战略行动在市场中开发它们）结合在一起就构成了战略性创业。

如今，许多公司正在努力提高能够有效利用战略性创业的能力。例如，包括温迪国际、古驰、星巴克和佩里埃利斯国际（Perry Ellis International）等在内的越来越多的知名大公司，都创设了一个新的高层管理职位，通常称作新兴品牌总裁或执行副总裁。包括可口可乐、通用电气、惠而浦（Whirlpool）以及胡玛纳（Humana）在内的公司则在高层管理团队内设立了一个专门负责创新的职位。[123]这个职位上的人通常称为首席创新官。

关注新兴品牌和创新的高层经理的基本职责是确保公司在不断地寻找创业机会。他们必须有效地管理公司的创新项目组合，并决定哪些项目需要更多投资，哪些项目应该停止。[124]他们明白有些创新项目会失败，但他们从中吸取教训，以使未来的项目成功。[125]首席创新官必须与首席战略官合作，共同促进新产品和公司战略方针的结合，并实施战略。从这个意义上来说，负责为公司识别机会的人和负责为把握此机会而选择和实施战略的人有着共同的责任，即确保公司正在以战略为基础开展创业活动。同时，为了更好地把握机会，这些人还帮助公司决定进行创新的途径，是通过内部创新、合作战略，还是通过完成一次收购。归根结底，高层经理的目标是帮助公司识别机会，并通过成功的渐进式创新或者突破式创新以及相应的战略来开发这些机会。

当进行战略性创业时，公司需要规划一个创新项目组合。在某种程度上，这种创新项目组合有助于确定在市场竞争中取得成功的现有产品所需的渐进式创新数量。同时，创新项目组合还包括开发突破式创新所做的努力（突破式创新会在未来帮助公司开发出独特的产品）。如引例中所介绍的，这就是全球汽车制造商面对的情况。例如，我们注意到，福特汽车所赚取利润的一个重要部分来自销售大型卡车和SUV。因此，该公司“计划扩大其在美国销售的SUV和多功能跨界车的阵容，从目前的7个车型扩展到2020年的13个，以应对SUV销售的快速增长”[126]。向美国客户销售SUV已成为福特的潜在竞争优势，渐进式创新对于能否利用该竞争优势并持续获得利润至关重要。与此同时，福特还认识到了进行突破式创新的机会，即开发包括混合动力车、电动汽车和氢燃料电池车等面向未来的产品。[127]企业在寻找创业机会的同时进行战略性创业，福特似乎就是这么做的。它们的战略是改进现有产品和开发面向未来的产品，从而获得成功。

本章重点讨论了创新与企业成功的关系。在整本书中，我们研究了公司在实施战略管理时所采取的决策和行动。这两种能力（创新的能力和在市场竞争中实施战略的能力）对企业的成功至关重要。例如，能够创新但无法通过采取适当战略行动利用该创新在市场中取得成功的公司并不能按照预期的形式进行创新。与此同时，如果无法坚持创新，即使拥有卓越战略考量的企业也不可能达到预期的成功水平。因此，今天的企业必须学会如何同时寻找机会和寻求优势。通过不断寻找机会，企业可以认识到能够满足未来客户需求的产品属性。通过寻求优势的行为，公司可以向顾客介绍新产品，从而为公司带来竞争优势。战略性创业是机会寻找行为和优势寻求行为的结合。因此，最具“创业性”和最具“战略性”的公司已经准备好，在竞争对手缺乏同时进行机会寻找和优势寻求行为能力的情况下在市场上取得成功。

本章小结

战略性创业是从战略的角度进行创业活动。使用战略性创业的公司寻找机会和寻求竞争优势，目的是不断发现新机会并迅速开展创新来利用这些机会。

创业是个人、团队和组织用来识别创业机会的过程，并且这些机会不会直接受到自己当前所拥有的资源的限制。公司创业是正在建立的和已经建立的公司对创业的应用（包括识别创业机会）。创业机会是指新产品和新服务能够满足某种市场需求的情形。创业在提高公司业绩和刺激国家经济发展方面起着越来越积极的作用。

公司可以参与三种类型的创业活动：（1）发明，创造新产品或新流程的行为；（2）创新，利用通过发明来创造商业化产品的过程；（3）模仿，不同公司进行相似的创新。发明使一些新东西的出现成为可能，创新则使一些新东西投入应用。

创业者能够看到或预想到创业机会，然后采取行动发展创新，以利用这些机会。最成功的创业者（无论是正在筹建自己的公司还是服务于一家正在创建的公司）都具有创业意识，这是一种由于市场的不确定性而重视潜在可行机会的思维导向。

国际化创业或者公司在本国以外的市场上识别和利用创业机会，对全球的公司来说都非常重要。证据显示，能够有效地参与国际化创业的公司往往能战胜只在本土市场上竞争的公司。

有三种产生创新的基本途径：（1）内部创新，包括研发和内部创业活动；（2）合作战略，如战略联盟；（3）收购。

自发性战略行为和引导性战略行为是公司内部创业活动的两种形式。自发性战略行为是一个自下而上的过程，通过这个过程，产品倡议者可以促进创新的商业化。引导性战略行为是一个自上而下的过程，在这个过程中，公司当前的战略和结构促进了产品或流程创新的开发和实施。因此，引导性战略行为是由公司当前的战略和结构驱动的，自发性战略行为则可以带来公司当前战略和结构的变化。

公司通过自发性战略行为和引导性战略行为可以创造两种类型的创新：渐进式创新和突破式创新。总的来说，渐进式创新更多一些，但突破式创新可以为公司创造更多的销售收入和利润。跨职能整合对公司开发和实施内部创业活动以及创新的商业化都是至关重要的。如今，跨职能团队中经常包括来自组织外部的代表，如供应商。另外，共享价值观以及有效地利用战略领导力可以促进整合和创新。

为了获得在复杂的全球经济中进行创新所需的特殊知识，公司之间，甚至是竞争对手之间，都可以建立合作关系，如战略联盟。

收购是公司获得创新的另一种途径。公司可以通过直接收购来获得创新，也可以从收购中学到新的能力，从而增强自己的内部创新能力。

在所有类型的公司中，无论是大公司还是小公司，新公司还是老公司，战略性创业的实践都可以为利益相关者（尤其是股东和顾客）创造价值。战略性创业还可以促进国家经济的发展。

关键术语

公司创业（corporate entrepreneurship）　　创业（entrepreneurship）

创业机会（entrepreneurial opportunities）
创业者（entrepreneurs）
创业意识（entrepreneurial mind-set）
发明（invention）
创新（innovation）
模仿（imitation）
国际化创业（international entrepreneurship）
战略性创业（strategic entrepreneurship）

复习题

1. 什么是战略性创业？什么是公司创业？
2. 什么是创业和创业机会？为什么它们是战略管理过程的重要方面？
3. 什么是发明、创新和模仿？这些概念是如何相互关联的？
4. 什么是创业者？什么是创业意识？
5. 什么是国际化创业？为什么它如此重要？
6. 公司如何发展内部创新？
7. 公司如何利用合作战略进行创新以及获得创新能力？
8. 公司是如何收购其他公司来增加创新，提高创新能力的？
9. 战略性创业是如何帮助公司创造价值的？

微案例

美国运通公司为何缺乏创新？是因为傲慢、惯性还是能力不足？

美国运通公司缺乏创新的原因可能是傲慢、惯性和能力不足。该公司在 2014 年的业绩表现绝不是股东乐于见到的。由于糟糕的财务业绩在内的诸多原因，美国运通计划进行最多 4 000 人的裁员。

美国运通 2014 年表现糟糕的原因之一是公司失去了两个主要的合作伙伴——开市客和捷蓝航空。与开市客合作伙伴关系的终结对公司来说是一个巨大的损失，两家公司曾联合推出独家合作信用卡。巅峰时期，该合作伙伴关系带来的收入约占美国运通总收入的 8%。有趣的是，合作信用卡的大部分消费产生于开市客之外的其他渠道，这部分消费占该卡收入的 70%。

同年，捷蓝航空也终止了与美国运通的合作关系。此外，美国运通还输掉了一场重要的官司。当顾客使用其信用卡进行消费时，与其他主流信用卡公司如维萨（Visa）和万事达（MasterCard）相比，美国运通对各个零售商收取了较高的手续费，并且美国运通还与各个零售商签订合同，禁止零售商向顾客推荐其他信用卡，或者给予其他信用卡折扣优惠。一位联邦法官对此做出了判决，宣布美国运通的这种要求无异于进行“贸易管制”，因此违反了反垄断法。这个判决的影响是巨大的，因为美国运通不得不降低对零售商收取的手续费，也不得不降低对顾客的奖励金额。如果美国运通的奖励金额与其他公司相同或者不如其他公司，则它很有可能会失去一部分顾客。

另外，美国运通已经很久没有改进其支付技术了，例如增加汽车出租和酒店预订服务。美国运通卡曾被认为是最负盛名的信用卡，并以此建立了品牌形象，同时，它还因为赢得了最富有的客户而受到尊敬。然而，最近这些高收入客户选择离开美国运通，转而使用其他公司的信用卡。例如，有一位顾客是美国运通卡的长期使用者，他决定更换另一家信用卡公司的信用卡，因为其他信用卡的奖励金额优于美国运通卡。在研究了其他信用卡的奖励金额计划后，这位顾客得出结论，如果换一张卡，他将获得数千美元的额外奖励。事实上，因为他几乎都是持卡消费，因此更换一张奖励金额更高的信用卡非常重要。

作为对2014年糟糕业绩的回应，美国运通宣布将焦点重新放到富裕的顾客上，并为持有金卡的顾客提供更多便利。公司将提供餐厅消费的双倍积分以及个性化的旅行服务。

2015年及以后进行更多创新似乎是扭转公司命运的基础。创造性地使用数据分析是提高公司业绩的一个创新例子。一位商业作家在评论该举措时说："美国运通正在利用其所拥有的数据的力量，将许多传统流程从遗留的大型机系统迁移到大数据处理环境，从而大大提高了速度和性能。"美国运通还努力提高其持卡人所能获得的权限和福利。下面的例子说明了这一情况："如果消费者忘记了美国运通是一家金融服务公司，而不是一家活动策划公司，这是可以原谅的。从在阿波罗剧院举办演唱会，设计以NBA比赛为主题的互动视频体验，到为美国网球公开赛的球迷提供专业的挥拍分析，该公司为其持卡人提供的活动触及了他们生活方方面面。"因此，虽然未能持续创新导致美国运通在2014年表现不佳，但现在该公司似乎正在强调，创新是能够带来利益相关者所期望结果的重要手段。

资料来源：2017, American Express serves up new, innovative experiences and benefits to help card members and fans ace the 2017 US Open Tennis Championships, American Express Homepage, www.americanexpress .com, August 16; C. Manglani, 2017, American Express: Using data analytics to redefine traditional banking, *Digital Innovation and Transformation*, www.digit.hbs.org, April 2; E. Dexheimer, 2015, AmEx is losing its millionaires, *BloombergBusiness*, www.bloomberg.com, February 12; J. Davidson, 2015, Why American Express users should be worried about their rewards, *Money*, www.money.com, February 20; H. Stout, 2015, With revamped gold cards, bruised American Express returns focus to affluent, *New York Times*, www.nytimes.com, February 26; J. Kell, 2015, Visa replaces American Express as Costco's credit card, *Fortune*, www.fortune.com, March 2; H. Tabuchi, 2015, Amex to ask for stay of ruling prohibiting merchants from promoting other cards, *New York Times*, www.nytimes.com, March 25; J. Carney, 2015, American Express struggles to keep up, *Wall Street Journal*, www.wsj.com, April 6; 2015, Stronger dollar drives revenue down at American Express, *New York Times*, www.nytimes.com, April 16.

案例讨论题

1. 本微案例表明，美国运通在2014年表现不佳的原因是缺乏持续创新。假设这是真的，那什么因素会阻止像美国运通这样规模的公司进行不断创新呢？

2. 使用第4章的内容来说明美国运通所使用的业务层战略。你认为如果美国运通想要长期成功运用你所提出的业务层战略，应该强调哪些方面呢？

3. 你认为美国运通应该采取什么行动使全公司员工都具有创业意识？

4. 本微案例介绍了美国运通最近的创新。你认为这些创新是源于自发性战略行为还是引导性战略行为？为什么？

第4篇

案例研究

案例 1

自动驾驶汽车的未来：宝马的战略

奥拉夫・格罗斯（Olaf J. Groth）
埃莉奥诺拉・弗雷罗（Eleonora Ferrero）
阿列克谢・马利舍夫（Aleksey Malyshev）

宝马的未来汽车（Future Car）团队（从属于宝马的全球战略、市场营销和研发部门）负责人诺伯特・里德海姆（Norbert Riedheim）刚刚获悉，有 3 家汽车制造商已获得加利福尼亚州的许可，可以对自动驾驶汽车进行道路测试：谷歌将测试丰田汽车（Toyota）、大众奥迪（Volkswagen's Audi）和梅赛德斯－奔驰（Mercedes-Benz）。宝马没有提出申请，因为该公司正与百度（一家中国互联网公司）建立合作关系，将在上海和北京开始测试。与此同时，苹果披露了其自动驾驶电动车 iCar 的概念。不过，宝马一直大力投资自动驾驶领域，在最近的股东大会上再次确认了要在这一领域占据领导地位的意图。

考虑到宝马的创新历程、自动驾驶汽车生态系统的现状以及一系列影响重大的不确定性因素，里德海姆思考了这一正处于变革的领域充满各种可能性的未来。驱使他开始思考的是，他需要在即将召开的重要会议上向宝马董事会提出战略规划。未来 10 ～ 15 年，宝马应该聚焦于哪一类业务？宝马的期望是什么？公司应该采取什么战略以及为什么要采取该战略？

引　言[1]

里德海姆一直在硅谷工作，对上述几家公司都非常了解。他与它们的管理层保持着友好的关系，甚至与谷歌有选择性的合作关系。他知道，在“竞合”中，新技术和新联盟可以飞快地改变“创新”这一棋局。为了使公司在未来 20 年中处于前沿，他和他的同事需要保持谨慎，并持续关注自动驾驶生态系统的最新发展。宝马专注并致力于开发自动驾驶汽车，正如 CEO 哈拉尔德・克鲁格（Harald Krueger）在最近的宝马股东大会上所表明的那样，该公司正为在 2021 年推出首款自动驾驶汽车做准备：“……我们新的创新驱动产品——宝马 iNEXT，拥有自动驾驶技术、数字连接功能、智能轻量化设计和全新内饰，并将最终开启下一代电动汽车时代。”

里德海姆为这个大胆的愿景感到兴奋。他在这家公司已经很长时间了，曾担任不同职务。他刚从工程系毕业就与宝马签约，在生产 3 系轿车的工厂担任了 3 年总经理助理，先后在 i3 系列供应链、市场营销和产品管理等部门短期任职。i3 系列是公司在电动汽车领域的首次尝试。在了解了宝马的工程技术和营销能力后，他相信宝马也能够应对自动驾驶领域的挑战。然而，里德海姆清楚自动驾驶汽车的发展仍处于起步阶段。这个新世界将如何演变，宝马将如何发展其地位？在即将与宝马董事会重要成员进行的简要报告会上，他将如何介绍宝马的新兴战略？

里德海姆回到办公桌前，再次审视现实。

宝马简史

宝马于 1916 年 3 月在德国慕尼黑以飞机发动机制造商起家，1928 年，转型为摩托车和汽车公司。[2] 从那之后，宝马开始制造摩托车和汽车。它以其为高端市场打造高品质汽车闻名。二战后，宝马亟须恢复其生产和声誉。开创宝马新纪元的第一辆车是 501 车型，这是一款著名经典车型，它很快为宝马确立了高品质、技术先进的汽车生产商的地位。在其卓越的工程能力中，最突出的是发动机，许多专家将其归功于公司的早期遗产航空涡轮机（“涡轮机”仍然是其 6 缸汽车发动机的绰号）。1973 年，慕尼黑工厂开始生产宝马 2002 涡轮发动机。同年，第一次石油危机侵袭西方世界，后者开始依赖于便宜的天然气。耗油量大的汽车销量大幅下滑，宝马开始开发更省油的涡轮柴油发动机。

1990 年，巴伐利亚人利用他们开发高敏捷和精确转向技术的能力，推出了一种新型的后桥，使后轮能够与前轮在同一方向上转动。这改善了汽车在高速转弯时的稳定性，增加了宝马司机驾驶体验的乐趣，这对于宝马的价值主张至关重要。从那时起，几乎没有其他制造商能够与这种充满活力的操作体验相匹配，而如今，这已成为宝马品牌的标志。

2001 年，宝马开发了另一项能力，成为尖端电子产品的先驱：一种新型的“主机”（位于仪表板中央的总控和娱乐控制台）。它被称为“iDrive”，可以使用一个类似操纵杆的旋钮轻松地操作装置，给驾驶员提供触觉反馈，而不必把眼睛从路上移开。iDrive 是与位于硅谷中心帕洛阿尔托的宝马技术办公室合作开发的。在驾驶员对新技术和用户界面进行了初期适应之后，iDrive 和各种类似 iDrive 的衍生产品迅速成为许多品牌豪华车和高性能车的共同特点。

2014 年 1 月 8 日，在拉斯维加斯举行的消费电子展期间，宝马首次推出了基于其常规车型的全自动汽车模型。[3] 该车采用 360 度雷达技术，以及另外一套传感器，包括摄像头和超声波，无须驾驶员干预即可加速、转向和制动。该公司还展示了一个名为“紧急停车助手”的功能，该功能可将车辆开到路边，停车并启动紧急呼叫功能，以防驾驶员遇到意想不到的健康状况，例如晕倒、心脏病发作或中风。[4] 这些进步证明了宝马在新技术上保持领先的能力。

一连串的荣誉和奖项证明了宝马的优势：

- 品牌声誉：宝马是全球公认的成功汽车制造商。2012 年，《福布斯》评选宝马为全球最具声誉的企业；2016 年，宝马以 264 亿美元的市值成为汽车行业第二大最具价值品牌。[5]

● 操纵、发动机和牵引电动机：宝马有能力成为发动机生产领域的市场领导者，这使得公司赢得了几项“年度发动机”大奖。在这个行业，技术是重中之重，竞争也非常激烈。

● 信息技术集成：宝马能够将技术创新整合到其车辆中，这使它赢得了不少国际奖项。例如激光技术为它赢得了2014年的Berthold Leibinger创新奖，宝马i8的整体技术协调套件为它赢得了2014年Autoblog的年度技术奖。[6]

● 环保汽车：宝马研究了双燃料发动机、氢驱动汽车和混合动力汽车。此外，其80%的汽车由已回收利用的或可回收利用的材料制成。[7]该品牌于2015年在纽约国际车展上获得了“年度全球绿色汽车奖”[8]，在2014年洛杉矶车展上，宝马因i3车系被《绿色汽车》杂志授予“年度绿色汽车奖”[9]。

目前的自动驾驶生态系统

汽车自己就能行驶，这个想法已经存在了几十年，最初是由1977年初成立的日本筑波实验室（Tsukuba Lab）和1987年的欧洲EUREKA Prometheus项目提出的。但是直到最近，随着计算机技术的发展，它才成为现实。美国国防部高级研究计划局（Defense Advanced Research Projects Agency，DARPA）在2004年、2005年和2007年举办的美国城市挑战赛（Urban Challenges）使自动驾驶汽车取得了重大进展。在2005年的比赛中，获胜者斯坦福大学的大众途锐（VW Touareg）“斯坦利”（Stanley）最终成功跑完了132英里的赛道，这是自动驾驶汽车成为现实的例证。

自动驾驶领域有着令人瞩目的广阔前景，也有一些不可避免的不确定因素。在一系列未来趋势面前，由巨大机遇和不确定性组成的十字路口可能会影响该领域朝着某一个或与其相反的方向转变。根据Navigant Research的研究，到2035年，自动驾驶汽车的年销量可能达到近9 500万辆。[10]摩根士丹利的分析师还认为，自动驾驶汽车将改变汽车行业（部分汽车制造商自动驾驶汽车的竞争定位见图1）。[11]

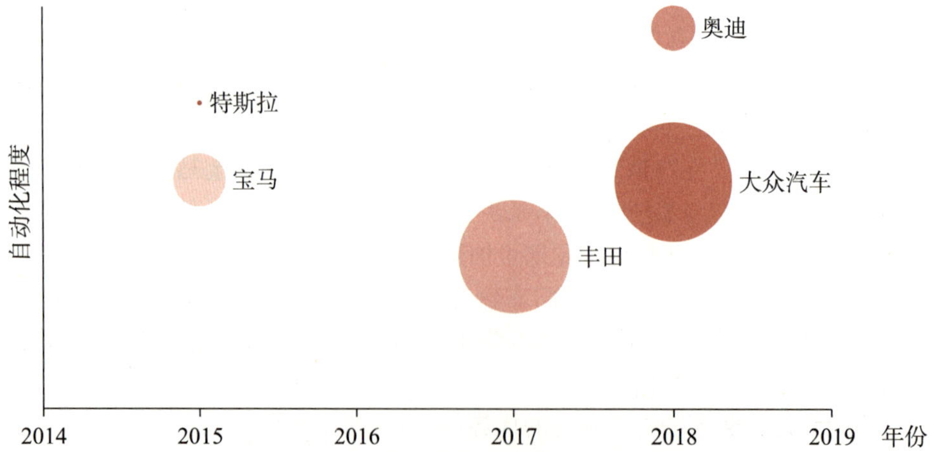

图1 汽车制造商关于自动驾驶汽车的竞争定位

说明：该图展现了部分汽车制造商自动驾驶汽车的预计发布年份。圆圈的大小对应2013年该公司的汽车生产总量，横轴表示汽车制造商所生产的自动驾驶汽车预计投入市场的年份，纵轴表示自动化程度。

自动驾驶汽车的核心是最先进的微处理器，即被称为中央处理器（CPU）或图形处理器（GPU）的计算机芯片。GPU 是具有处理图像或图形的特殊能力的 CPU。微处理器技术市场的两个主要参与者——CPU 生产商英特尔[12]和 GPU 生产商英伟达（NVIDIA），正致力于为自动驾驶汽车开发硬件。最近，通过与这些硅谷明星企业的合作，全球的汽车制造商已经获得了为关键零部件提供动力的加工技术，以制造自动驾驶汽车。几家公司和研究中心[13]正在研究一种功能更强大的处理器——量子计算机（Quantum Computer），该计算机将具备同时处理大量计算任务的能力，这对于自动驾驶所需的人工智能至关重要。最近，随着谷歌加入这个领域[14]，量子计算机的出现将变得更加现实。

自动驾驶的程度有不同层级，这意味着"自动驾驶汽车"对不同的人而言可能意味着有不同的作用。为了使宝马制定出更精准的战略，公司需要对汽车不同的自动驾驶辅助模式进行区分：

自动停车：具有此功能的汽车无须驾驶员干预即可自行停车。这对大多数驾驶员而言是一项便利功能，也可以帮助身体残障的驾驶员。它可以帮助驾驶员避免可能增加汽车保险成本的轻微事故。

车道控制：帮助驾驶员在弯曲的高速公路上行驶。这主要是一项可帮助驾驶员避免潜在危险事故的功能，例如汽车驶入迎面而来的车流或偏离道路。

堵车时的速度控制：该功能更为深入一些，它允许驾驶员在汽车驶入拥堵路段时让汽车导航系统加速和减速。这使司机可以在艰难的交通条件下缓解旅途的疲劳。

全自动汽车：这是自动化的最高层级，该功能可以使汽车在任何条件下行驶，包括在十字路口和人行横道上过交通信号灯、转弯、改变车道、与其他车辆保持距离以及对任何紧急情况做出反应。在这种情形下，驾驶员将目的地输入导航系统中并允许汽车自动驾驶。这一特性已作为机动车的未来被广泛讨论。未来，大多数司机可以把时间花在车内娱乐、社交或工作上。

全自动汽车：竞争格局

在宝马[15]和奥迪[16]已经展示了全自动汽车模型（见图 2、图 3）的同时，其他汽车制造商也在开发和测试半自动汽车。丰田 / 雷克萨斯正在研究辅助驾驶的概念。特斯拉最近宣布，已经在其汽车上安装了导航硬件[17]，该系统无法完全控制汽车，只是为驾驶员提供帮助，以提高安全性。通用汽车则向拼车公司 Lyft 投资了 5 亿英镑，然后两家公司宣布一年内将在公路上测试一批雪佛兰 Bolt 自动驾驶电动出租车的计划。[18]

其他参与者则持怀疑态度：沃尔沃的研发负责人彼得·梅滕斯（Peter Mertens）非常直接地说，驾驶员在开车时阅读报纸或回复电子邮件的场景将"是一个非常非常长期的愿景"[19]。相反，汽车制造商则更专注于安全性，例如避开物体，或提供更传统的保护，例如提高材料强度。然而，令人惊讶的是，优步创始人兼联合 CEO 特拉维斯·卡兰尼克（Travis Kalanick）开始雇用数十名来自领先技术机构的自动驾驶汽车专家，而沃尔沃凭借其在市场中制造最安全汽车的良好声誉，响应了合作伙伴的号召。[20]

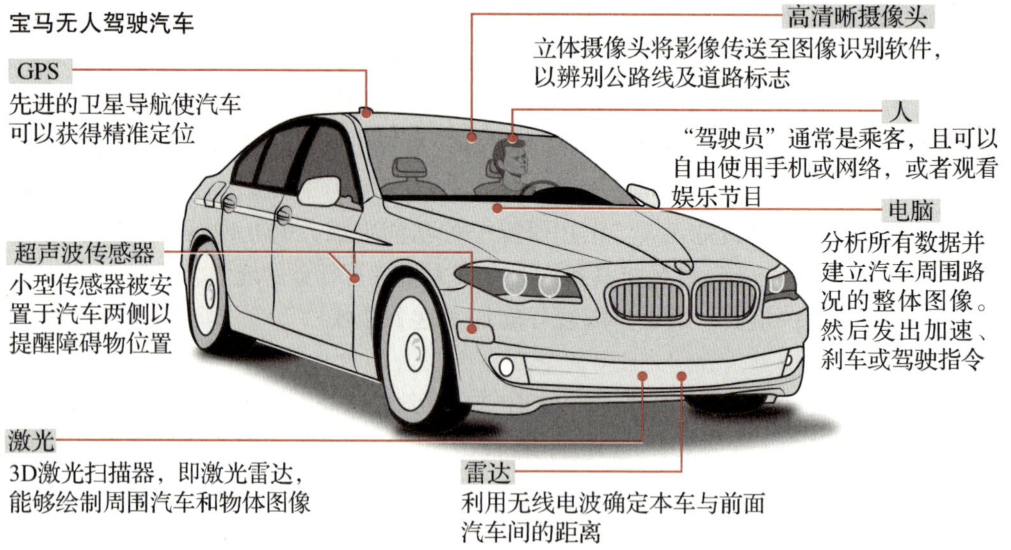

图 2　宝马自动驾驶汽车

资料来源：Brad Plumer, *Here's what it would take for selfdriving cars to catch on*, The Washington Post, October 23rd 2013, Retrieved from http://www.washingtonpost.com/blogs/wonkblog/wp/2013/10/23/heres-what-it-would-take-for-self-driving-cars-to-catch-on/.

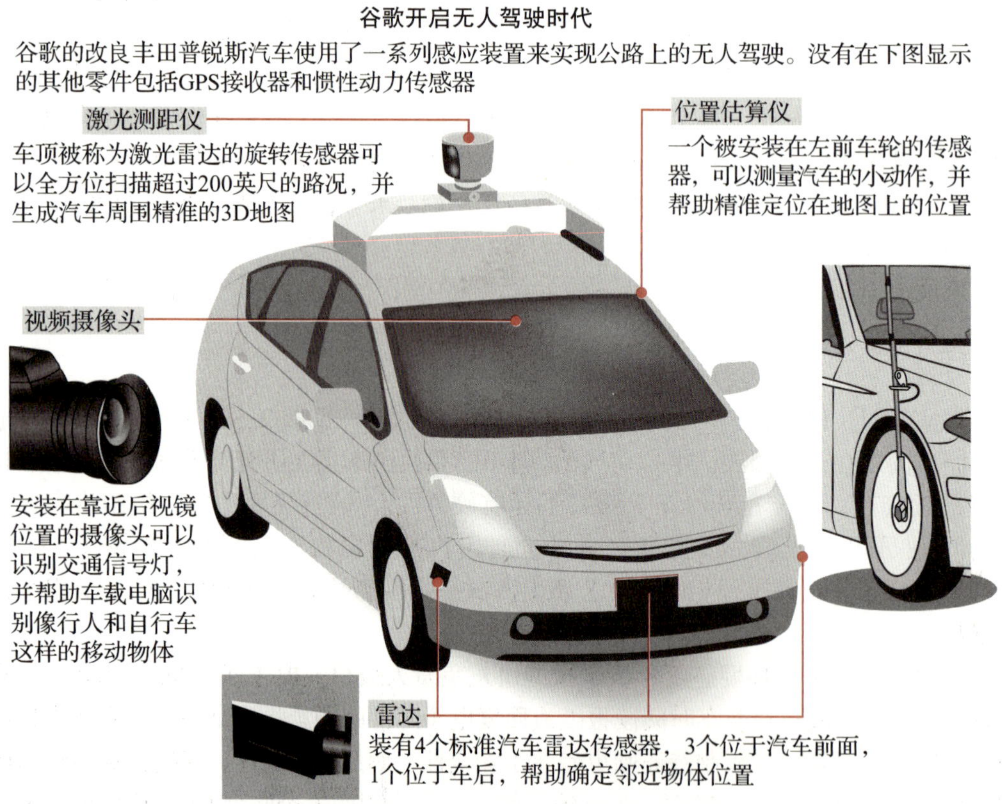

图 3　谷歌自动驾驶汽车

资料来源：The New York Times.

同样，福特工程师托斯滕·韦伊（Torsten Wey）表示，他不相信汽车能够完全自动驾驶，他说："我对能达到这个目标表示怀疑。"[21]根据韦伊的说法，在某些情况下，汽车的自动驾驶仪不够智能，无法做出判断。人类驾驶员不仅需要考虑自己汽车的表现，而且需要考虑其他人。经验丰富的驾驶员可以凭直觉预测道路上其他车辆的行驶状况并采取相应的行动，通过自己的经验增加当下的可衡量数据。例如，当驾驶员看到前方的汽车减速，转向餐厅停车场时，驾驶员会根据细微的线索和自己生活中的经验，判断该汽车很可能不会停在道路中间。然而，计算机系统还没有这种直觉，而且在很长一段时间内不会获得这种直觉（公众对自动驾驶技术的担忧主要集中在九个方面，详见图 4）。但是早些时候，福特将其自动驾驶汽车开发团队扩大了两倍，并加快了道路软件和传感器测试的速度。[22]

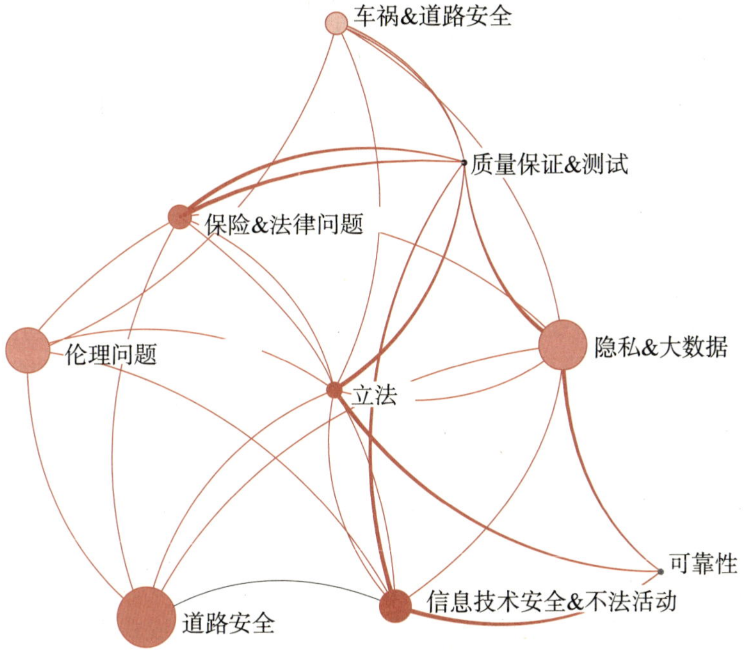

图 4　公众关注的与自动驾驶相关的"热点话题"

说明：该图展示了一些通过新闻和其他互联网报道表达的来自公众的主要担忧。图中的很多话题都是互相关联的，表明自动驾驶领域是一个可能会产生不良次生效应和三阶效应的复杂系统，且这些担忧萦绕在消费者及立法者心中。

显然，汽车制造商正处于一种令人不安的状态，对人们抱有的期望表示谨慎，但仍在全力以赴。但是，汽车制造商之间传达的不同信号、观点和做法仅仅是未来复杂状况的开端。作为一位经验丰富、精通技术的战略家，里德海姆知道，竞争可能不仅来自成熟的参与者，而且来自该市场的新进入者，因此，宝马需要预见未来。

该市场的新进入者之一是互联网巨头谷歌，该公司于 2014 年夏天公布了它的自动驾驶汽车。谷歌汽车的核心技术计划称为 Google Chauffeur。[23]这是一款真正的无人驾驶汽车，该车使用先进的传感器收集并分析所处环境的数据，然后以预先设定的方式从 A 点定向移动到 B 点。这是通过谷歌的多种技术所实现的，包括地图导航技术。谷歌使用丰田的汽车来测试其自动驾驶系统，但它并未与该公司正式组建合资企业，仍然可以选择其他汽车制造商作为合作伙伴。[24]由于资金充裕，谷歌还可以开发自己的汽车，特斯拉已经成功证明了这一点。

另外，就像特斯拉一样，谷歌可以与老牌汽车制造商合作（在特斯拉的案例中，是与英国路特斯合作进行设计）。沿着这个思路，谷歌于2016年5月宣布了其位于密歇根州诺维市新的自动驾驶技术研发中心。该工厂的首批项目之一将会是自主研发的克莱斯勒（Chrysler）自动驾驶Pacifica混合动力小型货车。[25]

但考虑到其雄厚的资金，谷歌也可能收购一家境况不佳的汽车制造商，例如萨博（Saab）。后者在被瑞典国家电动汽车公司（NEVS）收购后仍在努力复苏。或者，谷歌还可能会与大众汽车接触，以接管大众的子公司西雅特（Seat）或斯柯达（Skoda），二者在大众品牌家族中的定位似乎过于相似。

更为复杂的情况是，像谷歌这样正在研发自动驾驶汽车并突飞猛进的知名公司不仅仅出现在科技领域。在全球的初创企业、大学和研发中心中，领先的技术专家正在进行商用前的试验。2013年初，有许多关于公司和个人正在开发价格合理的自动驾驶功能的传闻。牛津大学的保罗·纽曼（Paul Newman）教授就是其中之一，他致力于利用便宜的传感器开发自动驾驶技术。[26]此外，英特尔还将其Gordon E. Moore竞赛[27]的最高奖授予一位罗马尼亚青年，以表彰他利用人工智能为低成本的自动驾驶汽车设计了一个可行的模型。一家公司更进一步，设计了一种商用自动驾驶附件，该附件可安装在特定型号的可兼容车上（传感器安装在车顶）。这是一家名为Cruise[28]的初创公司，它诞生于硅谷孵化器Y-Combinator，并于2014年年中开始接受其辅助驾驶系统的预订。2016年3月，Cruise被通用汽车收购，通用汽车似乎有兴趣将该系统整合到自己的汽车设计中。

自动驾驶的另一个关键要素——地图和定位服务，也在全球蓬勃发展，特别是在欧洲。诺基亚（Nokia）以前的地图业务HERE位于柏林，为基于云的地图提供了开放平台。HERE不仅是谷歌地图的主要替代产品，还是内置汽车导航系统的市场领导者。根据诺基亚网站的数据[29]，北美和欧洲4/5的汽车配备了HERE集成式仪表板导航系统。不出所料，2015年8月，宝马、奥迪和戴姆勒宣布收购HERE。[30]这三家汽车公司将直接控制自动驾驶汽车价值链中的重要组成部分——地图和定位服务，同时确保在其汽车中提供关键的地理位置数据（自动驾驶领域技术生态系统及专利持有和申请情况见图5、图6）。

将该生态系统局限于传统地理区域的观点都是错误的，包括美国硅谷和研发中心（例如欧洲柏林或者数十年来在汽车和IT创新方面很强的日本研发实验室）。展望汽车行业的未来必须考虑到亚洲的发展。例如，自动驾驶出租车创业公司nuTonomy在新加坡宣布了一项测试，该公司可能成为首家在城市商业运营4级自动驾驶出租车的公司。[31]另外，如前所述，2014年秋天，当宝马需要一个高分辨率的GPS系统以在上海和北京这两个世界上驾驶要求最高、人口最密集、规模最大的汽车市场测试其自动驾驶汽车时，它选择了百度作为其在中国市场的合作伙伴。现在，百度宣称它正在开发自己的自动驾驶汽车，但与谷歌不同的是，它致力于驾驶员辅助功能，而非完全自动驾驶汽车。

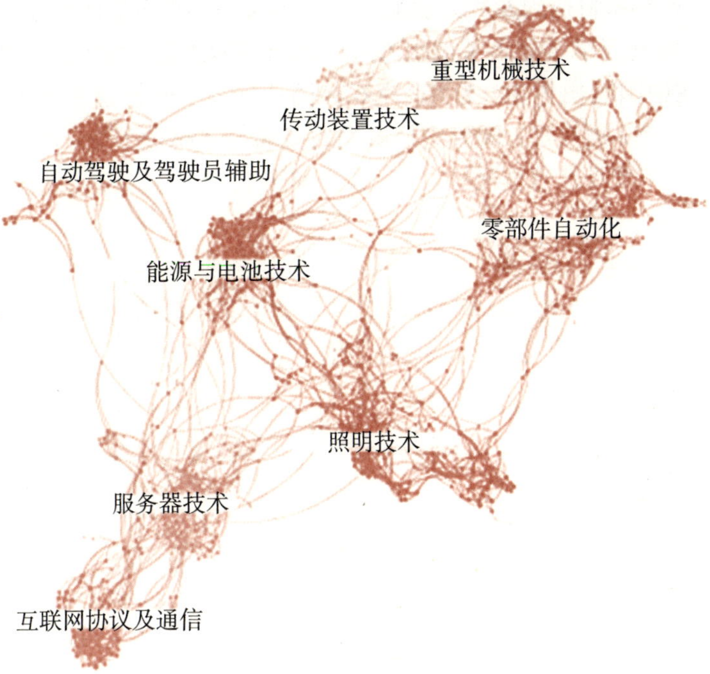

图 5　以与自动驾驶相关的关键技术专利增长衡量的投资与创新

说明：该图展示了构成自动驾驶领域知识产权及能力的广阔的技术生态系统。创新的数量是巨大的，暗示了创新在这个领域所拥有的商业前景。过去 5 年已注册的专利包括：208 项零部件自动化相关专利、168 项照明技术相关专利、119 项服务器技术相关专利、118 项传动装置技术相关专利、101 项能源与电池技术相关专利、94 项重型机械技术相关专利、87 项互联网协议及通信相关专利以及 81 项自动驾驶及驾驶员辅助相关专利。

被引证最多的专利持有者

- 谷歌
- GM Global Technology Operation
- Gen Motors Global Operation Technology
- 戴姆勒
- 现代汽车
- 韩国电子通信研究院
- Valeo Schalter Sensoren Gmbh
- 西门子
- 博世

被引证最多的专利申请者

美国
世界知识产权组织　　德国
中国　　韩国　　日本
欧洲专利局　　英国

图 6　被引证最多的专利持有者及申请者

中国是全球最大、增长最快的市场，2013 年售出 1 800 万辆汽车。[32] 2005—2012 年，其复合年增长率（compound annual growth rate，CAGR）达 18.1%。预计到 2020 年，

中国汽车年平均增长率将达到 6.3%，这使中国成为宝马极其重要的市场之一。

幸运的是，宝马很早就做出了大胆进入中国市场的决定，宝马的努力取得了成果。2013 年，宝马在中国售出了 390 713 辆汽车，同比增长 20%。这意味着中国已正式超过美国（售出 375 782 辆汽车）成为宝马最大的市场，并超过了整个公司 13.9% 的市场增长率。[33] 2013 年宝马经营概况见表 1、表 2 和图 7。

表 1　宝马 2013 年损益表　　单位：百万欧元

	2013 年	2012 年
收入	60 474	58805
销售成本	–47 067	–46 252
总利润	13 407	12 533
销售费用	–3 528	–3 684
管理费用	–2 141	–1 701
研发费用	–4 362	–3 573
其他营业收入及费用	542	703
投资回报	373	598
财务成果	–328	–99
经常性活动利润	3 963	4 797
收入所得税	–1 629	–1 635
其他税费	–45	–31
净利润	2 289	3 131
转入收入准备金	–582	–1 491
可供分配的未分配利润	1 707	1 640

资料来源：BMW, *Annual Report 2013*, Retrieved from https://www.bmwgroup.com/content/dam/bmw-group-websites/bmwgroup_com/ir/downloads/en/2013/report2013.pdf.

表 2　宝马 2013 年财务报表

	2013 年	2012 年	变动（%）
收入（百万欧元）	60 474	58 805	2.8
出口率（%）	81.5	79.6	
生产数			
汽车*（辆）	2 006 366	1 861 826	7.8
摩托车（辆）	110 127	113 811	3.2
销售数			
汽车*（辆）	1 995 903	1 868 158	6.8
摩托车（辆）	110 039	110 857	0.7
资本支出（百万欧元）	3 203	2 776	15.4
折旧、摊销及减值损失（百万欧元）	1 732	1 613	7.4

续表

	2013 年	2012 年	变动（%）
年底职工总数	77 110	74 571	3.4
有形、无形及投资损失（百万欧元）	12 833**	11 078	15.8
流动资产、预付款、养老金盈余及类似计划资产与负债比较（百万欧元）	20 932	20 887	0.2
认购资本（百万欧元）	656	656	—
准备金（百万欧元）	8 166	7 568	7.9
股本（百万欧元）	10 529	9 864	6.7
有形、无形及投资资本（%）	82.0	89.0	
资产负债表总额（百万欧元）	33 765	31 965	5.6
材料成本（百万欧元）	43 402	42 178	2.9
人事费用（百万欧元）	6 419	6 030	6.5
税费（百万欧元）	1 674	1 666	0.5
净利润（百万欧元）	2 289	3 131	26.9
分红（百万欧元）	1 707***	1 640	4.1
普通股每股价值 1 欧元的股票（欧元）	2.60***	2.50	
优先股每股价值 1 欧元的股票（欧元）	2.62***	2.52	

* 包含华晨宝马在内的系列零件提供。

** 包括与慕尼黑标致雪铁龙合并后的非流动资产转让。

*** 由管理委员会提供。

资料来源：BMW, *Annual Report 2013*, Retrieved from https://www.bmwgroup.com/content/dam/bmw-group-websites/bmwgroup_com/ir/downloads/en/2013/report2013.pdf.

2013年研发投入上涨了21.3%，达到4.792亿欧元，大部分用于旨在确保集团未来业务的项目上（2012年这一数字为3.952亿欧元）。研发比为6.3%，较上一年增长1.2个百分点（2012年为5.1%）。

资本化开发成本占本期研发总成本的比例（资本构成比率）为36.4%（2012年为27.6%）。资本化开发成本的摊销总额为1.069亿欧元。

研发支出总额，包括研发成本、未确认为资产的开发成本及资本化开发成本（不包括计划摊销的开发成本），详情如下：

	2013 年	2012 年
研发支出（百万欧元）	4 117	3 993
摊销（百万欧元）	−1 069	−1 130
用于资本化开发成本的新支出（百万欧元）	1 744	1 089
研发支出总额（百万欧元）	<u>4 792</u>	<u>3 952</u>

图 7　宝马 2013 年研发状况

资料来源：BMW, *Annual Report 2013*, Retrieved from https://www.bmwgroup.com/content/dam/bmw-group-websites/bmwgroup_com/ir/downloads/en/2013/report2013.pdf.

当里德海姆靠在光滑的宝马碳纤维座椅上时，他想知道，这个生态系统将如何发展以及宝马应该如何在其中定位，未来有哪些合理的可能性。里德海姆多年来一直在研究颠覆性创新和策略，他知道，由于影响市场预测的变量太多，大赌注往往不会有回报。因此，首先了解这些未来发展的可能性将有助于他制定出针对不同市场现状的稳健策略。

探索未来

通过多年来与设计咨询公司的合作，里德海姆了解到，这一探索首先需要对所有不确定性有清晰的认识，这些不确定性加在一起可能会使市场和生态系统朝着各自不同的方向发展。

关键不确定因素

与自动驾驶汽车相关的许多不确定性将促使企业高管和决策者采取各种行动。在这个复杂的生态系统中，出现了六个不同的领域：

- 社会：谁会使用自动驾驶汽车？那些因为年老、过于年轻、有身体或视力障碍而不能开车的人可以使用自动驾驶汽车。今天需要家庭成员来驾驶的汽车，在未来可能可以成为所有人的独立运输工具，甚至包括那些未满18岁而无法获得驾驶许可的年轻人。但是，目前尚不清楚大多数消费者是否会使用以及如何使用这项技术，他们的期待、担忧、焦虑和潜在错误将会是什么。此外，驾驶汽车时能被允许的行为将取决于汽车是否能够完全自动驾驶。例如，乘客/驾驶员可以在车上发信息、阅读或工作。饮酒也可能会被允许，因为完全自动驾驶的汽车将不需要乘客的任何干预。这真的会实现吗？如果系统出现故障，乘客/驾驶员需要主导驾驶吗？
- 技术：如今，现有的硬件和软件技术使自动驾驶汽车成为可能。但是，如前所述，既有预先安装完全自动驾驶功能的汽车（例如谷歌的汽车），还有诸如Cruise这样可以使其他汽车自动行驶的系统。这些技术的开发成本差异很大，并且会影响到消费者面对的价格，进而影响消费者的反应。例如，J. D. Power & Associates的一项调查发现，如果一辆自动驾驶汽车的价格是3万美元，目前只有20%的美国人“肯定”或“可能”购买。[34]
- 经济：首先，亚洲、美国和欧洲当然存在各种危机，这些危机在过去20年中抑制了消费者支出。全球和地区经济是否能够充分复苏，使消费者能够用未经验证的新型自动驾驶汽车取代现有的汽车？还是他们会购买更便宜、使用了更多成熟技术的二手汽车？其次，自动驾驶汽车将影响不同的市场参与者。保险公司可能会基于较低的事故发生率更改其业务模式。自动驾驶车辆可以使某些公司（例如出租车或公共汽车公司）在驾驶员开支上节省成本。在国家层次上，得克萨斯大学的研究[35]估计，如果只有10%的汽车是自动驾驶的，那么像美国这样的国家每年就可以节省约370亿美元的医疗和环境成本。出于同样的原因，英国政府宣布，承诺为自动驾驶汽车试验场投资1 000万英镑。[36] 最后，不同地区的成本和购买力将以不同方式影响市场经济，因为自动驾驶汽车将改变当前的生产流程，各国将以不同的方式和时间表促进消费者使用自动驾驶汽车。

● 环境：考虑到自动驾驶汽车产生的排放物可能低于目前汽车所产生的排放物，污染法规将发生变化。该假设基于两个主要因素。首先，自动驾驶汽车能够根据路况以及加速和刹车行为自行优化其消耗。其次，电动汽车和智能充电基础设施可能会在某个时间点融入自动驾驶汽车中，从而使淘汰汽油成为可能。

● 合法性：自动驾驶汽车必须明确合法并受到监管机构的认可，而不仅仅处于被容忍的“灰色地带”。立法不力或落后可能会减缓所需投资的速度，从而减慢技术的发展。此外，当局必须制定新的责任体系来回答以下问题：谁会通过什么类型的举动使自动驾驶汽车产生“不当行为”？谁将因此承担法律和经济责任？是驾驶员、软件，还是IT 硬件提供商、数据处理公司、无线连接汽车的电信公司，又或者是那些与驾驶无关但各种功能可能会干扰汽车驾驶的应用程序的提供者、汽车制造商，又或者是负责汽车维护的公司？

● 道德：有两个主要方面代表了该领域关键的不确定因素。第一个问题涉及隐私。自动驾驶汽车将收集哪些信息？谁可以访问这些信息？第二个问题是安全性。如何防止自动驾驶汽车被黑客入侵、感染病毒以及被用于远程犯罪活动（例如恐怖袭击或毒品输送）？社会如何处理精通电脑的未成年人入侵汽车系统并愉快地开始驾驶旅程呢？身体或视觉有障碍的乘客是否会受到自动驾驶智能系统故障的影响？

为了获得有关这些以及许多其他不确定性和假设的更多信息，政府和私营公司都已开始试验。在美国，加利福尼亚州、内华达州和佛罗里达州允许公司以测试为目的在路上使用自动驾驶汽车。[37] 与此同时，宝马已经在欧洲对其自动驾驶汽车进行了测试，最近还获得了中国政府的许可，允许其在上海和北京进行测试。

但是里德海姆知道，时间很关键。董事会认为，如果宝马要走在前列，即使缺少完美的信息，也必须立即做出战略投资、合作和定位决策。他需要准备回答的问题包括：

1. 战略挑战 / 抱负：鉴于不断变化的形势，未来 10 ～ 15 年，宝马应该致力于哪类业务？宝马的野心是什么？

2. 目标：哪些关键指标可表明宝马已迎接挑战并实现了目标？

3. 机会：宝马的机会有多大？

4. 竞争优势：鉴于宝马当前的能力（例如内部能力、市场地位），哪些能力在新兴的汽车行业生态系统（例如汽车制造商、互联网公司、技术初创公司、研发实验室、政府、保险公司、供应商等）中难以被复制？宝马仍然需要构建和开发哪些方面？为什么？

5. 举措：宝马现在应该立即采取哪些具体行动来建立外部地位和内部能力？哪些类型的障碍或失败是可能发生的，并应该作为创业道路上的一部分被接受？公司应该为自己设定什么样的学习里程碑？（宝马应急战略系统及工具见图 8。）

当里德海姆坐下来着手解决这些问题时，他知道自己肩上的担子是相当沉重的。这家标志性公司的未来将会如何？现在，正是关键时刻。

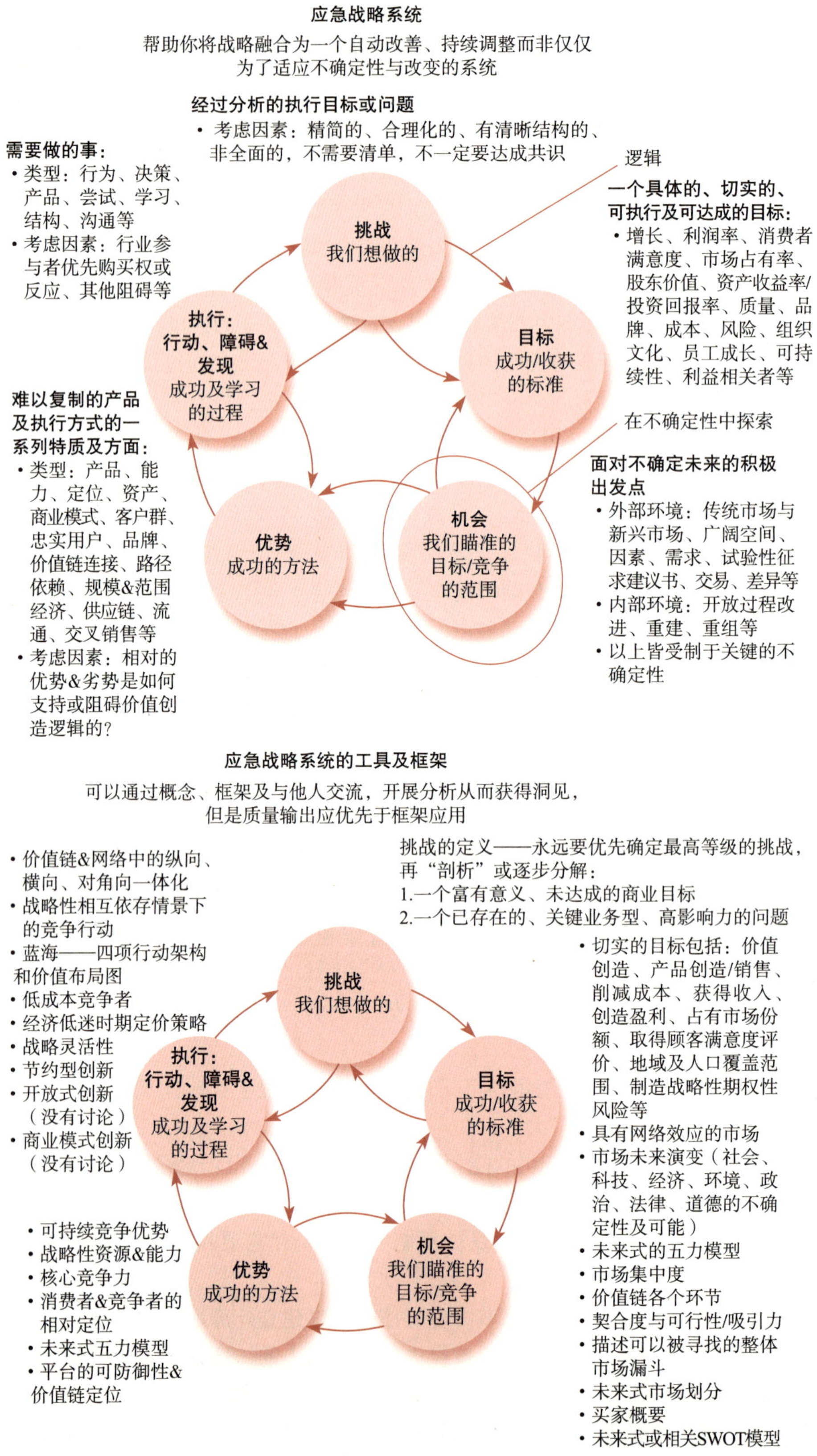

图 8 应急战略系统及工具

案例 2

对美国长期医疗保健行业的考察

大卫・桑布拉德（David Thornblad）
扎卡里・萨姆纳（Zachary Sumner）

根据美国人口普查局（United States Census）提供的《国家人口预测》（National Population Projections）的最新数据，美国预计将出现以下两种人口统计趋势：

1. 从 2015 年到 2060 年，年龄在 65 岁以上的人口比例将从 14.88% 增长到 23.55%。这是唯一一个人口占比增长的年龄组（见表 1）。

2. 从 2015 年到 2060 年，男性预期寿命将从 77.1 岁增加到 84 岁，女性预期寿命将从 81.7 岁增加到 87.1 岁（见表 2）。

表 1　按性别和特定年龄段划分的美国预计人口分布百分比（2015—2060 年）（%）

	2015 年	2020 年	2025 年	2030 年	2035 年	2040 年	2045 年	2050 年	2055 年	2060 年
小于 18 岁人口	22.91	22.16	21.60	21.22	20.91	20.56	20.26	20.06	19.90	19.75
18 ～ 64 岁人口	62.20	60.97	59.42	58.16	57.69	57.78	57.98	57.85	57.40	56.70
65 岁及以上人口	14.88	16.87	18.98	20.62	21.39	21.66	21.75	22.09	22.70	23.55

资料来源：U. S. Census Bureau, 2014a.

表 2　美国人均预期寿命（2015—2060 年）　单位：岁

	2015 年	2020 年	2030 年	2040 年	2050 年	2060 年
人均预期寿命	79.4	80.2	81.7	83.0	84.4	85.6
男性预期寿命	77.1	78.0	79.6	81.2	82.7	84.0
女性预期寿命	81.7	82.4	83.7	84.8	86.0	87.1

资料来源：U. S. Census Bureau, 2014a.

这些趋势表明，针对老龄化人口这一群体的服务需求将会增长，他们相比前几代人有着更长的寿命。随着人们年龄的增长，医疗保健的需求也随之增长。一项研究发现，处于 65 ～ 74 之间的人在医疗保健相关费用上的支出大约是 35 ～ 44 岁群体的 3 倍；75 岁及以上的人则是 35 ～ 44 岁群体的 5 倍以上（Reinhardt，2003）。据此推算，长期医疗保健行业的市场规模应为 2 109 亿～3 171 亿美元（Harris-Kojetin L，2016）。未来十年，医疗保健和社会救助行业将成为最大的就业部门（Bureau of Labor Statistics，2015）。这些医疗服务的需求孕育了市场机会，许多公司几乎迫不及待地想要把握住正在改变的人口结构所带来的市场机遇。

针对老年人健康的相关服务

这些公司提供的服务有一个总称，"长期"和"急性期后"医疗保健。"急性期后"医疗保健包括受伤、疾病或残疾后的一系列医疗保健服务。据估计，有 35% 的患者出院后需要进行后续护理（Genesis Healthcare，2016，p.3）。这些公司提供的一些常见服务有：

- 家庭保健：这项服务可以使患者待在家里，仍获得他们需要的医疗支持。医疗保健提供者来到患者家中进行生理指标（血压、体温）的测量，确保患者的饮食合理，及时服用药物（Medicare，2016）。通常这项服务会比医院或护理机构便宜。
- 康复服务：这项服务几乎可以在任何地方获得（如医院、护理中心、家中），以恢复或改善患者受伤后的独立行动能力。
- 专业护理设施：这些设施为不需要医院提供更高级别看护的病人提供 24 小时的专业护士。
- 辅助型 / 高级型生活设施：这些设施为不需要 24 小时护理的老年患者提供更简单的服务，主要提供膳食管理、药物管理、卫生支持以及穿衣和交通服务。
- 临终关怀：临终关怀设施适用于绝症患者，使他们尽可能舒适地度过生命的最后时光。临终病人不再接受试图治愈疾病的治疗，但临终关怀会为其家人和心爱之人提供丧亲服务。

从上面列出的服务类型可以推断，"急性期后"医疗保健的适用人群主要是老年人。这是因为随着人们年龄的增长，诸如跌倒这些比较简单的伤害就可能会对个人的健康产生长期的不利影响。此外，老年人的免疫系统往往较弱，可能难以与疾病做斗争（American Accreditation Health Commission，2014；Centers for Disease Control and Prevention，2016）。

行业参与者

创世纪医疗（Genesis Healthcare）、国家保健公司（National Healthcare Corporation，NHC）和恩赛因（The Ensign Group）是市场上主要的三家专注于老年人医疗保健的公司。对于如何满足老龄人口的需求，每家公司都有不同的策略。

创世纪医疗通过一系列的专业护理和辅助型 / 高级型生活设施提供住院服务。此外，它还为哥伦比亚特区以及 45 个州的共 1 700 多个地点提供康复和呼吸治疗，它的辅助型 / 高级型生活设施通常位于城市内或城市边缘。在战略方面，该公司表示，它寻求高于竞争对手的利润率。创世纪医疗认为，影响其市场表现的最重要因素是声誉、服务成本及质量、对患者 / 住院病人需求的响应能力，以及在其他领域提供支持的能力，例如第三方报销、信息管理和患者病情记录保存。该公司还表明某些竞争者可能不遵守禁止转介付款的《反回扣法》(Anti-Kickback Statute)，这种违法行为使得这些竞争者可以吸引更多的患者(Genesis Healthcare，2016，p.31)，因为在规模经济下，获得患者的回扣可能使得这些竞争者在较低的利润率下参与竞争。

NHC 成立于 1971 年，其主要业务包括专业护理设施、老年人辅助生活设施、老年人独立生活设施。2015 年底，NHC 在 9 个州运营着 74 个专业护理场所，床位超过 9 400 张。该公司拥有超过 13 000 名员工，并且为员工提供学费补贴，以招募、保留和维持合格的员工队伍。该公司在涉足的每个市场都面临竞争，并且认为除少数较小的农村市场外，没有公司有能力进行垄断。NHC 通过医院、医生以及社区服务组织的转诊吸引患者。它的年度报告指出，在为挚爱选择疗养院时，患者的家人通常起着至关重要的作用。因此，NHC 相信，它的竞争优势是良好的声誉和设施的外观，这些优势可以鼓励家庭成员将亲人带到 NHC (National Healthcare Corporation，2016)。

恩赛因成立于 1999 年，其愿景是为专业护理树立卓越的标准。在 2001 年的经济衰退期间，恩赛因收购了多个机构，为众多客户提供专业护理、个性化康复和技术先进的医疗保健服务。恩赛因致力于收购表现不佳的医疗机构并加以扭转，目前已在美国各地增设了医疗机构 (Ensign Group，2016)。恩赛因奉行差异化战略，最大限度地提高提供给客户的价值并适当收费。该公司提供最先进的设施，为无法出门的患者提供居家治疗服务以及量身定制的护理服务——重点是提供优质护理，受众是不介意为此类服务和设施付费的患者 (即使医疗保险会为患者支付一部分费用)。该公司也曾面临批评和诉讼，称它提出医疗保险虚假索赔，提供患者不需要的康复服务。最终，该公司于 2013 年达成了 4 800 万美元的诉讼和解 (Justice，2013)。

该行业所有公司在战略上的共同担忧是，尽管因为人口老龄化，医疗服务的需求在不断增长，但进入该行业相当容易(Genesis Healthcare，2016，p.31)。2016 年，美国疾病控制和预防中心(U.S.Centers for Disease Control and Prevention) 等联合发布的一份关于长期医疗保健行业的报告显示，美国大约有 6.7 万家受监管的医疗机构，它们为将近 900 万人提供医疗服务 (Harris-Kojetin L，2016)。

收入来源

在这个行业中，公司的大部分收入来自政府，特别是医疗保险(Medicare) 和医疗补助(Medicaid) 两部分。但是，这些收入来源仅涵盖这些公司提供的特定服务，因此了解医疗保险和医疗补助的类型非常重要。

医疗保险是联邦政府为 65 岁以上的老年人以及残疾人提供的。通常，医疗保险有以下几种类型 (或部分)，这对患者而言很重要。

- A 部分：涵盖住院病人的住院费用、专业护理设施、疗养院护理、临终关怀和家庭保健服务。
- B 部分：涵盖治疗慢性病所需的服务和供给，以及诸如流感预防针等预防性保健服务。它也涵盖从医生那里获得的第二医疗建议，以及实验室检查和救护车服务。患者需支付月费。

- C部分：医疗保险优势计划（Medicare Advantage Plans），有时也称为“C部分”，是由批准的私人公司提供的补充保险，用于支付A部分和B部分未涵盖的费用。
- D部分：通过与政府有合同的私人保险公司提供处方药承保。

医疗补助由州政府以及来自联邦政府的配比基金提供，接收对象为低收入或资源贫乏的患者或家庭。老年患者除了可以享受医疗保险之外，还可以享受医疗补助，但是患者只有在用尽其他资产后才有资格获得医疗补助。

医疗保险和医疗补助是高级和“急性期后”医疗保健行业的主要收入来源。如表3所示，2015年，创世纪医疗、恩赛因和NHC平均从医疗保险中获得32.93%的收入，从医疗补助中获得37.63%的收入，总计占政府相关收入来源的70.57%。行业面临的棘手问题是，医疗保险和医疗补助一直在稳步降低病人照料费用的报销率，或者以低于预期的比例增加报销（Genesis Healthcare，2016）。鉴于医疗保险和医疗补助的重要性，从长远来看，政府的收入来源是不稳定的。

表3 主要公司的收入来源（占总收入的百分比）（%）

	创世纪医疗			恩赛因			NHC			平均		
	2015年	2014年	2013年	2015年	2014年	2013年	2015年	2014年	2013年	2015年	2014年	2013年
医疗保险	26	27	28	32.8	34.9	35.8	40	39	40	32.93	33.63	34.60
医疗补助	53	53	52	34.9	35.5	36.4	25	26	25	37.63	38.17	37.80
第三者保险/管理式照护	11	10	9	15.4	14.2	13.1	11	11	10	12.47	11.73	10.70
私人资产及其他	10	10	11	16.9	15.4	14.7	24	24	25	16.97	16.47	16.90

注：每一年数据截至12月31日。

资料来源：Ensign Group,2016; Genesis Healthcare,2016; Healthcare Corporation,2016.

平价医疗法案

2010年3月23日，美国总统奥巴马签署了《平价医疗法案》（Affordable Care Act），该法律旨在转变医生和医院的职能，从而降低成本，同时使患者更好地恢复健康。为此，美国公民被要求购买健康保险。这一要求旨在降低医疗保险成本，因为消费者群体变大，这会降低保险公司的整体财务风险。此外，它还要求保险公司不能拒绝人们对已有疾病的承保。该法案签署一年后，国会预算办公室估计，相对于以前的法律，《平价医疗法案》将“显著降低医疗保险支出”（Elmendorf，2011，p.44）。法案的主要内容如下：

- 所有个人都必须通过某种途径获得医疗保险，这些途径可以是雇主医疗计划、政府医疗保险、政府医疗补助或其他公共保险计划。没有医疗保险的人将受到处罚。
- 制定医疗保险覆盖的最小范围。
- 在本法案生效后，保险公司不能拒绝向已有疾病的人提供保险（本法案生效前保险公司可以拒绝)。

- 政府建立医疗交易所，个人可以购买医疗保险。
- 受抚养人（通常是孩子）直到 26 岁生日前，都可以使用父母的医疗保险。

该法案备受争议，它对医院以及“长期”和“急性期后”医疗行业同时产生了影响，有积极的一面，也有消极的一面。从积极的一面看，当更多的人有保险时，有更多的病人可以为这些公司提供的服务付费。但是，如果人们有保险，他们可能会去看医生并进行预防保健。这样的护理可以预防破坏性疾病，这将减少需要“急性期后”医疗服务的患者数量。

特朗普上任后，他和由共和党控制的国会立刻致力于废除或取代奥巴马医改。废除或替换这项医改的理由包括：

- 个人每年支付保险的费用正在增加。
- 保险公司正在退出对它们而言利润并不高的地区；这可能是由于购买健康保险的年轻人和健康人群的比例较低且不断下降。
- 为了使低收入者能够负担保险，政府对其的补贴费用正在增加。

这些担忧表明，联邦政府在长期财政可行性上可能无法继续奥巴马医改。尽管备受争议，但在特朗普就任总统后的前六个月内，国会无法废除或替换这项法规。

医疗保险和医疗补助的未来

如案例开头所述，年龄在 65 岁以上的人将成为美国人口结构中增长最快的人群（见表 1），人们的寿命比以往更长（见表 2）。鉴于美国政府为该人群支付了大部分医院以及“急性期后”治疗的费用，因此了解作为该行业收入来源的医疗保险和医疗补助的稳定性非常重要。

如表 4 所示，美国国会预算办公室估计，从 2015 年到 2025 年，用于医疗保险的联邦政府支出将增长 20%，医疗保险以及与《平价医疗法案》相关的支出将增长 14%，而税收收入只会增加 3%。此外，社会保障金将支付给 65 岁以上的个人，与此相关的支出将增加 16%。在研究 2015—2060 年的变化率时，医疗保险费用将增加 123%，医疗补助和与《平价医疗法案》相关的费用将增加 55%，社会保障费用将增加 24%，但是据估计，税收收入仅会增长 20%，这可能是因为 18 ~ 64 岁的典型纳税人群的人口占比越来越小（见表 1）。这表明，从长远来看，如果不增加税收，政府可能无法维持医疗保险、医疗补助和社会保障支出。

表 4　税收收入和社会项目的成本占国内生产总值的百分比（%）

财政年度	税收收入	社会保障	医疗保险	医疗补助、CHIP 和交流补贴
2015	17.7	4.9	3.0	2.2
2020	18.1	5.2	3.1	2.4
2015	18.3	5.7	3.6	2.5

续表

财政年度	税收收入	社会保障	医疗保险	医疗补助、CHIP 和交流补贴
2030	18.6	6.1	4.2	2.6
2035	19.0	6.3	4.7	2.7
2040	19.4	6.2	5.1	2.9
2045	19.9	6.0	5.5	3.0
2050	20.3	5.9	5.9	3.2
2055	20.8	5.9	6.3	3.3
2060	21.2	6.1	6.7	3.4
与 2015 年相比的变化百分比（%）				
财政年度	税收收入	社会保障	医疗保险	医疗补助、CHIP 和交流补贴
2025	3	16	20	14
2060	20	24	123	55

资料来源：U.S. Congressional Budget Office, 2015.

医疗行业的未来

鉴于人口老龄化带来的医疗保健费用不断增加，当前医疗保健行业的运营模式可能无法长期持续。个人、公司和政府有哪些选择来解决这个问题呢？

案例 3

电影放映业：2018 年及未来

史蒂夫·戈夫（Steve Gove）

情境：在一个阴暗、寒冷、近乎不毛之地的地方，矗立着一个孤独的身影，这是最后一个哨兵。这个偏远的地方几乎没有什么改变，而世界其他地方却瞬息万变。这是一个哲学问题：过去的制度、结构和英雄是仍然有意义，还是已经过时？这也是一部动作片：史诗般的战斗，（剧透警告！）不是所有人都能活下来。这是 2017 年最成功的电影——《星球大战：最后的绝地武士》（*Star Wars: The Last Jedi*）中的情节吗？是的，但是该情景和电影放映商——电影院在 2018 年所面临的情况类似。该行业所经历的事件之曲折，即使与最揪心的科幻冒险片相比也不逊色（见表 1）。请考虑以下事实：

- 正如图 1 所示，2017 年美国国内票房收入高达 111 亿美元[1]，接近历史新高，但与 2016 年所创纪录相比下降了 2.5%。国内票房收入在过去的 10 年间有 5 年创下纪录，5 年有下滑。
- 从数据来看，美国 12.36 亿张的售票数令人印象深刻。然而，上座率与 2016 年相比下降了约 6%，长期上座率不容乐观，去电影院的人逐年减少。2017 年的售票量创下 1992 年以来的新低，比 2002 年的峰值下降了 21%。
- 人均观影趋势不甚乐观。2017 年，人均观影数为 3.7 部，而在 2006 年，这一数值为 4.7。[2] 这两个数字都远远低于 1946 年 40 亿张售票数的峰值，那时，普通人一年要看 28 部电影。
- 近年来，票价增长的速度超过了通货膨胀的速度，这体现出近年的定价能力。自 2007 年至今，平均票价已经上涨了 30%，达到 8.97 美元（见图 2）。目前，票价的增长与上座率的降低同时出现，人们越来越担心，对于大量潜在用户而言，当前电影票的价格超过了其实际价值。
- 放映商国内核心市场受众的年龄结构正在改变。电影公司的目标受众是 12 ～ 24 岁的观众。到 2035 年，这部分受众人数会增长 15%，但是人口增速最快的却是 60 岁及以上的老年人。到 2035 年，这部分人口将增长 36%。不幸的是，这一年龄段的观众当前以每年 2.5 场次的观影数排在最后（见表 2）。
- 现在，电影比任何时候都更加触手可及。崭新的替代选择大量涌现，观众可以在任何地点、任何时间以各种方式看电影。

表 1 2017 年美国和加拿大票房最高的 25 部电影

电影	2017 年国内票房总收入（百万美元）	国内排名	出品方	电影类型	美国电影协会评级	制作预算（百万美元）	国内市场		国际市场			全球			
							国内票房与预算比率	周末首映率（%）	票房收入（百万美元）	排名	国际票房与预算比率	票房收入（百万美元）	排名	美国以外票房收入占比（%）	全球票房与预算比率
星球大战：最后的绝地武士	620	1	BV	科幻 / 奇幻	PG-13	200	3.6	35	524	9	2.6	1 334*	1	74	2.6
美女与野兽（2017）	504	2	BV	奇幻	PG	160	7.9	35	760	3	4.7	1 264	2	60	4.7
神奇女侠	413	3	华纳兄弟	动作 / 冒险	PG-13	149	5.5	25	406	13	2.7	821	9	49	2.7
勇敢者游戏：决战丛林	405	4	索尼	动作	PG-13	90	10.7	14	557	6	6.2	962	5	58	6.2
银河护卫队 2	390	5	BV	动作 / 冒险	PG-13	200	4.3	38	474	11	2.4	864	7	55	2.4
蜘蛛侠：英雄归来	334	6	索尼	动作 / 冒险	PG-13	175	5.0	35	546	7	3.1	880	6	62	3.1
小丑回魂	327	7	华纳兄弟	恐怖	R	35	20.0	38	373	16	10.7	700	12	53	10.7
雷神 3：诸神黄昏	315	8	BV	动作 / 冒险	PG-13	180	4.7	39	539	8	3.0	854	8	63	3.0
神偷奶爸 3	265	9	环球影业	动画	PG	80	12.9	37	770	2	9.6	1 035	4	74	9.6
正义联盟	229	10	华纳兄弟	动作 / 冒险	PG-13	165	4.0	41	429	12	2.6	658	13	65	2.6
金刚狼 3：殊死一战	226	11	20 世纪福克斯	动作 / 冒险	R	97	6.4	39	393	15	4.0	619	14	63	4.0
速度与激情 8	226	11	环球影业	动作	PG-13	250	4.9	44	1 010	1	4.0	1 236	3	82	4.0
寻梦环游记	210	13	BV	动画	PG	100	8.1	24	597	5	6.0	807	10	74	6.0

敦刻尔克	188	14	华纳兄弟	战争	PG-13	100	5.3	27	337	19	3.4	527	18	64	3.4
逃出绝命镇	176	15	环球影业	恐怖	R	5	56.7	19	79	25	17.6	255	25	31	17.6
乐高蝙蝠侠大电影	176	15	华纳兄弟	动画	PG	80	3.9	30	136	24	1.7	312	22	44	1.7
宝贝老板	175	17	20 世纪福克斯	动画	PG	75	7.0	29	353	17	4.7	528	17	67	4.7
马戏之王	174	18	20 世纪福克斯	音乐	PG	84	5.2	8	259	20	3.1	433	20	60	3.1
加勒比海盗：死无对证	173	19	BV	冒险	PG-13	230	3.5	45	622	4	2.7	795	11	78	2.7
金刚：骷髅岛	168	20	华纳兄弟	动作 / 冒险	PG-13	185	3.1	36	399	14	2.2	567	16	70	2.2
赛车总动员 3：极速挑战	153	21	博伟	动画	G	100	3.8	35	231	21	2.3	384	21	60	2.3
猩球崛起：终极之战	147	22	20 世纪福克斯	科幻 / 动作	PG-13	150	3.3	38	344	18	2.3	491	19	70	2.3
分裂	138	23	环球影业	恐怖 / 惊悚	PG-13	9	30.9	29	140	23	15.6	278	24	50	15.6
奇迹男孩	132	24	狮门影业	戏剧	PG	70	4.3	21	168	22	2.4	301	23	56	2.4
变形金刚 5：最后的骑士	130	25	派拉蒙影业	科幻 / 动作	PG-13	217	2.8	34	475	10	2.2	605	15	79	2.2
前 25 名总和	6 394					3 186			10 921			15 509			
前 25 名均值	256					127	9.1	32	437		4.9	700		62	4.9

注：（1）票房收入是年内发行的所有电影的总收入；国内、国际和总票房包括整个影院上映周期；（2）出品方，BV 指迪士尼、博伟影片发行公司和皮克斯动画工作室；（3）部分制作预算是估计值；（4）国内指美国和加拿大，国际指美国与加拿大以外地区的市场；（5）国际排名和全球排名仅基于国内前 25 名电影中的国际和全球票房。

资料来源：Boxofficemojo.com，MPAA, Other sources and author estimates and calculations.

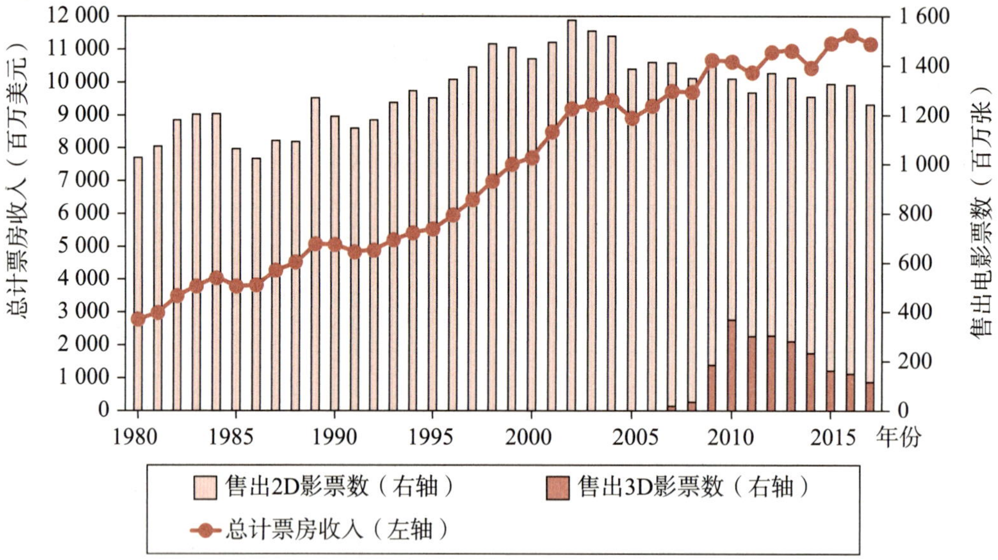

图1 1980—2017年国内票房收入与电影票销量

注：部分年份3D影票销售量为估算所得，估算依据为3D影票价格比2D影票价格溢价约30%。

资料来源：Boxofficemojo.com, MPAA Theatrical Statistics & Theatrical and Home Entertainment Market Environment (THEME) Reports, and author estimates.

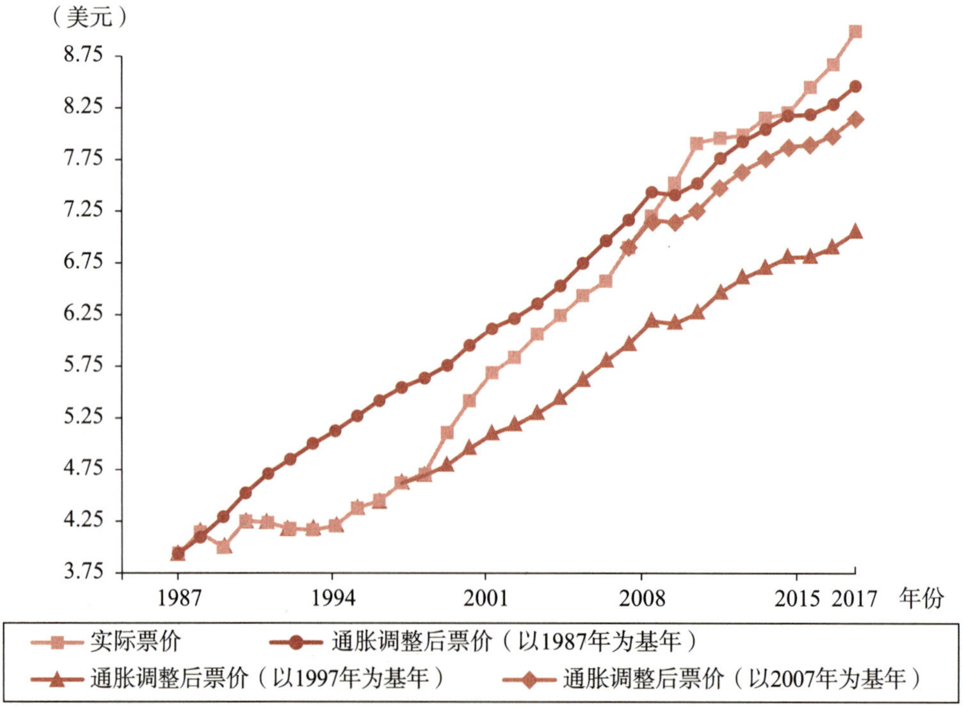

图2 1987—2017年电影票价与通货膨胀

资料来源：Inflation adjustments based on CPI values reported by Minneapolis Federal Reserve Bank, URL: https://www.minneapolisfed.org/community/financial-and-economic-education/cpi-calculator-information/consumer-price-index-and-inflation-rates-1913.

表 2　美国人口统计与人均观影数趋势

年龄段	2017 年观影数			2018 年人口		2035 年人口预计		2017—2035 年变化		变化预期影响			
	购票比例（%）	人均观影数	经常观影者占比（%）	数量（百万人）	占比（%）	数量（百万人）	占比（%）	数量（百万人）	占比	数量增长 / 银幕数（以 40 246 块为基础）	每块银幕每年新增观影人次（基于 2017 年的人均观影次数）	每周末每块银幕新增观影人次	新增占比（%）
2 ～ 11 岁	10	2.9	8	44.7	14	50.0	13	5.3	12	131.6	381.8	7.3	9
12 ～ 17 岁	11	4.9	13	26.6	8	30.6	8	4.0	15	99.5	487.7	9.4	11
18 ～ 24 岁	12	4.7	12	30.5	9	35.7	9	5.2	17	130.2	612.0	11.8	14
25 ～ 39 岁	26	4.4	26	67.9	21	73.3	19	5.5	8	136.5	600.8	11.6	14
40 ～ 49 岁	13	3.6	15	41.3	13	48.7	13	7.3	18	182.2	655.8	12.6	15
50 ～ 59 岁	12	3.0	13	43.3	13	43.8	12	0.5	1	12.3	36.8	0.7	1
60 岁及以上	16	2.5	14	71.7	22	97.3	26	25.6	36	637.1	1 592.7	30.6	36
合计	100	美国 2017 年平均值为 3.7	100	326.0	100	379.5	100	53.5	15	1 329.4	4 467.6	84.0	14

注：根据 MPAA 定义，经常观影者为每月前往电影院至少一次的人。

资料来源：U.S. Census (2014), https://www.census.gov/population/projections/data/national/2014/summarytables.html, author estimates, and MPAA Theatrical Statistics & Theatrical and Home Entertainment Market Environment (THEME) Reports.

● 电影业为降低成本和吸引顾客而采取的核心举措以失败告终：自2005年起，在数字放映领域高达上亿美元的投资（见表3）不仅没有降低成本，也没有产生和家庭影院相同的收益。观众对用数字化实现的3D电影的兴趣似乎很有限。3D电影占总票房的比例在2010年达到17%的峰值，在2017年逐步下降到11%（见图1和图3）。

● 放映商难以控制其成本中最高的部分：版权租赁费。由于电影内容高度差异化，享有高议价能力的供应商很少，电影成本居高不下（见表4、表6和表7）。

● 电影业逐渐划分为两大市场：国内市场（明显的成熟市场迹象，如国内电影银幕数降低、替代品威胁增大、难以创新以及合并迹象）和国际市场（成长中市场：影院数量快速增长、观影人次增加、收入增长）(见表1、图4和表5)。

就像《星球大战》中的绝地武士一样，电影放映商正在经历一场史诗般的斗争。放映商像绝地武士一般在社会中拥有几乎不容置疑的地位。长期以来，放映商一直是社区娱乐业的本地代表。电影院是否仍然重要？它们能否幸存？电影院是否会和绝地武士一样消失？当地的电影院是否会成为“最后的电影院”？

电影价值链

自20世纪20年代起，电影价值链的结构几乎不曾改变，它包括三大部分：出品方、发行方和放映方——放映电影的电影院。

出品方

出品方为电影业产出生命力：电影内容。出品方高度集中，排名前六位的出品方仅出品少数电影，但其收入占据国内[3]票房的绝大部分（见表4）。即使是在顶级出品方之间，由于大预算、全球号召力强的电影数量的减少，集中度也在不断提高。2017年，排名前六位的出品方制作了101部电影（约占据电影行业的14%），国内票房收入占比达到83.4%，相比于2000年前六位出品方71%的占比有了大幅上涨。2017年，出品方一共发行了738部电影，平均每周约有14部。对于放映方而言，这个数学问题是：有两部是由好莱坞主流出品方出品的，那就放映这些电影，否则观众不会来看电影。高度集中的出品方和高度差异化的内容为出品方提供了远高于放映方的强大的谈判和议价能力。

由于制作成本极高（见表1），出品方面临巨大的财务风险。出品方在2017年票房收入最高的25部影片上的总投资高达30多亿美元（平均每部投资1.27亿美元；范围在500万美元至2.5亿美元之间）。随着电影制作预算的猛增，风险也随之增大。1980年，票房收入最高的电影平均制作成本仅为1 100万美元。20世纪90年代，电影开始追求特效，成本达到1.02亿美元（增长827%）。时至今日，一部大型电影的制作成本中，仅特效一项就能达到1亿美元。然而，这些投资并不是成功的保证，看似可靠的模式依旧不存在，许多“一定成功的影片”在票房上遭遇滑铁卢，而一些鲜为人知的影片却取得了令人惊讶的票房成功。

表 3　2000—2017 年美国电影院银幕数

年份	总银幕数量（块）	较上年变化（%）	模拟银幕			非 3D 数字银幕				3D 数字银幕					数字化收入总额（百万美元）
			数量（块）	较上年变化（%）	总银幕占比（%）	数量（块）	较上年变化（%）	总银幕占比（%）	预计数字化收入（百万美元）	数量（块）	较上年变化（%）	总银幕占比（%）	数字化银幕占比（%）	预计 3D 收入（百万美元）	
2000	37 396		37 396		100										
2001	36 764	−1.7	36 764	−1.7	100										
2002	35 280	−4.0	35 280	−4.0	100										
2003	36 146	2.5	36 146	2.5	100										
2004	36 594	1.2	36 594	1.2	100										
2005	38 852	6.2	38 862	6.2	100	200		0.5	10						10
2006	38 415	−1.1	36 412	−6.3	94.8	2 003	901.5	5.2	90						90
2007	38 974	1.5	34 342	−5.7	88.1	3 646	82.0	9.4	82	986		2.5	21.3	74	156
2008	38 843	−0.3	33 319	−3.0	85.8	4 088	12.1	10.5	22	1 427	44.7	3.7	25.9	33	55
2009	39 233	1.0	31 815	−4.5	81.1	4 149	1.5	10.6	3	3 269	129.1	8.3	44.1	138	141
2010	39 547	0.8	23 773	−25.3	60.1	7 937	91.3	20.1	189	7 837	139.7	19.8	49.7	343	532
2011	39 641	0.2	14 020	−41.0	35.4	12 620	59.0	31.8	234	13 001	65.9	32.8	50.7	387	621
2012	42 803	8.0	6 426	−54.2	15.0	21 643	71.5	50.6	451	14 734	13.3	34.4	40.5	130	581
2013	42 184	−1.4	2 990	−53.5	7.1	24 042	11.1	57.0	120	15 782	7.1	37.4	39.6	79	199
2014	43 265	2.6	1 747	−41.6	4.0	25 372	5.5	58.6	67	16 146	2.3	37.3	38.9	27	94
2015	43 661	0.9	1 109	−36.5	2.5	26 111	2.9	59.8	37	16 441	1.8	37.7	38.6	22	59
2016	43 531	−0.3	872	−21.4	2.0	25 914	−0.8	59.5	0	16 745	1.8	38.5	39.3	23	23
2017	43 036	−1.1	0	−100	0.0	26 238	1.3	61.0	16	16 978	1.4	39.5	39.3	17	34
									1 322					**1 273**	**2 595**

注：预计累计投资基于对数字银幕（每块已安装银屏 5 万美元）和 3D 数字银幕（每块已安装银幕 7.5 万美元）的成本进行估计。

资料来源：Based on author estimates and MPAA Theatrical Statistics & Theatrical and Home Entertainment Market Environment (THEME) Report on # screens.

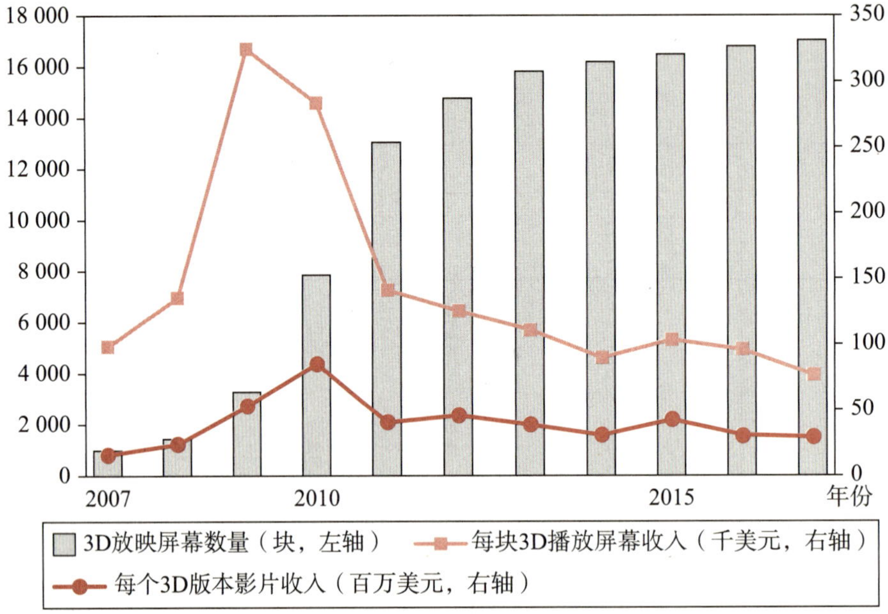

图3 国内3D电影情况——放映屏幕数量、收入、放映版本

资料来源：MPAA Theatrical Statistics & Theatrical and Home Entertainment Market Environment (THEME) Reports, NATO, boxofficemojo, and author estimates.

票房的大幅增长并不足以表明制作决定是明智的，盈利能力取决于票房收入与制作成本之比。尽管好莱坞一直无法对盈利能力进行评估，但在票房收入与制作成本之比为2.0时，片方基本可以收回成本。《星球大战：最后的绝地武士》的全球票房是其制作成本的2.6倍（成功），但并非大获成功。与此同时，一部鲜为人知的恐怖片《逃出绝命镇》（*Get Out*）的制作成本仅为500万美元，却获得了口碑和利润的双丰收。在放映周期结束时，该片在国内的票房收入为1.76亿美元，票房收入与制作成本之比为56.7。投资水平和风险导致出品方将投资回报摆在首要位置，当然也在放映商之前。

出品方主要关注12～24岁的年轻人，他们一直是电影的最大受众。这个仅占美国人口17%的群体购买了23%的电影票（人均每年4.8部电影）。具体而言，人口中有10%的群体是经常观影者，他们每个月至少看一部电影，贡献了一半的票房。而12～24岁的年轻人占这些经常观影者的35%。[4] 出品方以PG和PG-13的票价定位这些受众，其中包括2017年电影票房前25位中的20部。然而，人口增长趋势在其他年龄段更为明显（见表2）。美国人口到2035年将会增长15%，这些核心观众将会增长16%，即平均每块影院银幕仅增加229名观影者，或每个典型周末每块银幕平均增加21名观众。增长最快的（无论是百分比还是个体数量）是60岁以上的老年人。这个市场目前的人均观影率最低，每年只有2.5次，但该群体将增长2 560万人，增长36%，因此，这是一个潜在的利润丰厚的市场。按目前的人均观影数，这一年龄段观众的增加使每个周末每块银幕增加了30多名潜在观众。能否吸引这些观众很大程度上不受放映方的控制，而是取决于电影公司是否能制作出吸引他们的电影。

表 4　排名前六的出品 / 发行方

	2000 年				2017 年				2000—2017 年变化率	
出品 / 发行方	排名	份额（%）	总收入（美元）	电影数量（部）	排名	份额（%）	总收入（美元）	电影数量（部）	总收入	电影数量
博伟公司	1	15.5	1 176	21	1	21.8	2 410	8	105%	–62%
环球影业	2	14.1	1 069	13	3	13.8	1 529	14	111%	8%
华纳兄弟	3	11.9	905	22	2	18.4	2 035	20	125%	–9%
派拉蒙影业	4	10.4	791	12						
梦工厂	5	10.3	777	10						
20 世纪福克斯	6	9.5	723	13	4	12.0	1 326	14	24%	8%
索尼 / 哥伦比亚					5	9.6	1 060	26	55%	–10%
狮门影业					6	8.0	885	19	2 574%	6%
总计			5 441	91			9 245	101	70%	11%
行业占比			71.0%	19.0%			83.4	13.7	17%	
其他出品方			2 220 美元	387 部			1 846 美元	637 部	–17%	65%
其他出品方行业占比			29.0%	81.0%			16.6%	86.3%		
行业总计			7 661 美元	478 部			11 091 美元	738 部	45%	54%

资料来源：MPAA Theatrical Statistics & Theatrical and Home Entertainment Market Environment (THEME) Reports, boxofficemojo.com, and author estimates.

美国国内放映商曾经是电影产业的唯一分销渠道。这一点已经发生了戏剧性的改变。票房排名前 25 的美国影片中，有 62% 的票房来自国外市场。超过 73% 的总票房来自国外市场（见图 4）。由于票房收入和美元总量的飞速增长，电影出品方将国外市场视为收入增长的主要机会。2000—2017 年间，美国国内票房收入的年复合增长率低于 3%，而国际年复合增长率则接近 9%。在观影人次上，2015 年，印度观影人次达 20.2 亿，中国则为 12.6 亿，均超过了美国。与美国国内市场不同，这些市场的观影人次在逐年增长。出品方也在不断改变对巨大人口市场票价的看法。例如，在印度，观影者每部电影平均支付 0.78 美元，中国则是 5.10 美元。[5]

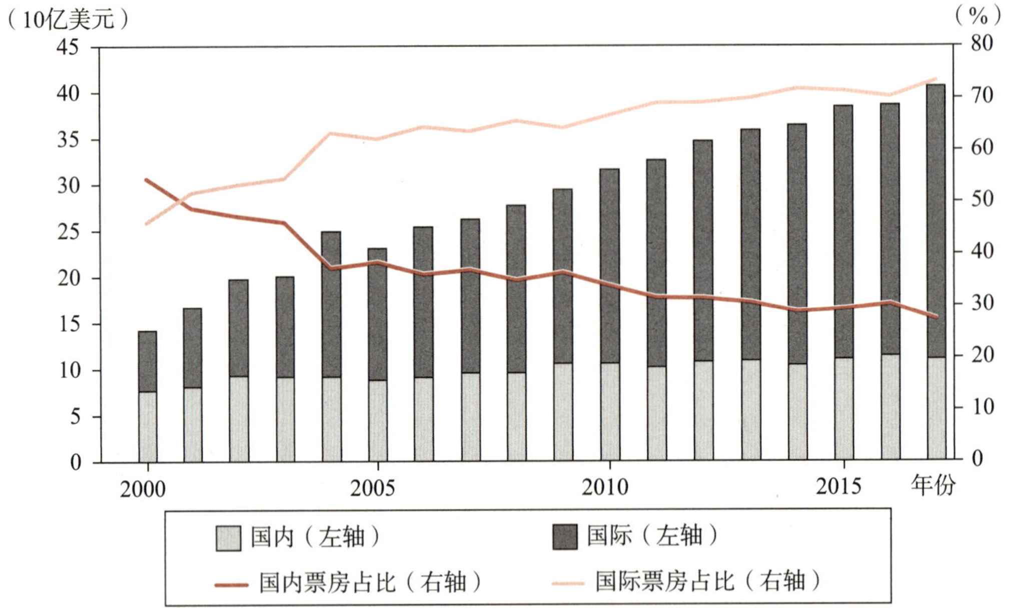

图 4 国内与国际票房情况

这一状况驱使主要出品方将它们的内容国际化。虽然像《逃出绝命镇》这样的恐怖片和《奇迹男孩》(*Wonder*) 这样的剧情片的制作预算要比科幻、动作和冒险电影少，但它们在国际市场上承受的风险更大。剧情片的细微内涵在跨文化背景中可能丢失，恐怖片的吸引力也依赖于文化。受众是儿童的动画片，例如《寻梦环游记》（*Coco*）、《赛车总动员》（*Cars*），以及拥有经典角色、对话精短、3D 制作、特效丰富的动作类系列片，例如《速度与激情》（*The Fate of the Furious*），这两类电影在跨文化吸引方面最有潜力。但是这些影片带来了两种风险：对于美国国内 60 岁以上人群缺乏吸引力以及成本巨大。动作类系列电影瞄准 12 ～ 24 岁人群，但是对于美国国内市场增长最快的人群，那些 60 岁以上的人是最不具有吸引力的。成本的高昂加大了电影滑铁卢带来的风险。在 2017 年全球票房最高的 10 部美国出品方出品的电影中，电影的平均制作预算为 1.58 亿美元，比票房排名前 25 位的电影平均预算高出 1/4。其中，只有两部动画电影的制作成本低于 1 亿美元，分别是《神偷奶爸 3》(*Despicable Me 3*) 和《勇敢者游戏：决战丛林》(*Jumanji: Welcome to the Jungle*)。

随着出品方将重点转向国际市场，它们对于国内市场的依赖性不断降低，这更加增强了其面对放映商时的议价能力，电影行业的国际化对出品方和放映方来说是截然不同的：出品方通过寻求产品授权、DVD、数字销售以及国际扩张来增加收入；国内放映商仍然完全依赖于向一成不变的核心市场观众收取观影费用。

发行方

发行方是出品方和放映商之间的桥梁。发行意味着电影艺术创作之后的所有步骤，包括营销、组织和管理。发行商以自己的发行服务为筹码进行谈判，按票房收入收取一定比例的费用，或者购买电影版权，直接从票房收入中获利。发行方选择影片，并将其推销给放映商的代理人，处理款项、审计上报的观影人次，并执行其他行政任务。尽管有 300 多个发行方，但是大部分工作由少数几个主要发行商垄断，它们通常是出品方的一个部门。改编自斯蒂芬·金（Stephen King）小说的《小丑回魂》(*It*) 是由新线影院（New Line Cinema）与另外四家制作公司的摄制人员共同制作的。华纳兄弟（Warner Brothers）在国内和国际市场发行了这部电影。

直到 2005 年，电影的发行都需要运送 35 毫米的实体胶片，这一过程自 20 世纪 40 年代以来基本没有改变。每家影院都会收到一大批装着“发行版”电影的大罐子。这些电影拷贝的预付成本为每部电影 2 万～ 3 万美元，外加每部 1 000 ～ 1 500 美元的印刷费用。在 3 500 块银幕上放映一部现代大片的印刷成本为 350 万～ 525 万美元。这些费用由发行商承担，但最终由电影观众支付。在市场上连续发行电影可以降低成本，它首先在国内发行，然后在实物胶片运输允许的情况下，逐步向各个外国市场输送。

从 2006 年开始，发行方和出品方鼓励放映商向数字放映技术过渡。数字放映技术使用高性能的 4K LCD 投影机将电影投射到专门的银幕上。为了防止盗版，加密文件从卫星、互联网或可重复使用的硬盘上下载。这种近乎即时的发行方式使得一部影片可以在全球多个市场上映。此外，因为电影没有物理损耗，数字投影可以提供稳定且高质量的图像，而且可以展映“其他内容”——包括体育赛事、音乐会、表演和电影公司价值链之外创造与发行的内容。这次国内产业的放映技术升级使传统电影放映向数字化放映转变。到 2017 年年底，几乎 100% 的美国商用银幕都使用数字投影，而 2006 年这一比例仅为 5%（见表 3）。每个数字投影系统服务于一块银幕，成本在 5 万～ 7.5 万美元之间，包括投影仪、电脑、硬件，以及一个专用银幕。这意味着仅在美国，累计资本投资上亿美元。虚拟拷贝费，以及发行商对每部数字放映电影提供的回扣，为这次转型提供了部分资金。截至 2013 年，这些费用占租赁成本的 17%。尽管数字发行节省了成本，但几十年来，包括发行成本在内的电影出租获利率平均仍占票房收入的 50% ～ 55%。这表明真正从降低的发行成本中受益的不是放映商，而是出品方。

放映方

放映商（当地电影院）为观众提供了观看电影的场所。其以电影为卖点，通过出售电影票来获利的基本商业模式从电影开始在市政大厅和教堂里巡回放映以来几乎没有改变。随着观看电影的流行，人们建立了专门的电影院。出品方很快意识到电影放映的潜在利润，并垂直整合，获得了放映电影的控制权和下游利润。这种做法在1948年以最高法院对美国政府诉派拉蒙影业（*United States v. Paramount Pictures*）的裁决而告终。出品方被迫从影院剥离，让剩余两者来谈判电影的使用权和租赁费。由于出品方在设定租金方面保持优势地位，单家影院和单银幕放映商表现不佳。放映商试图通过联合，以及将单家影院的议价力乘以所管理的银幕数量，来提高其议价能力和经济效益。20世纪80年代，随着多厅影院概念的大规模普及，这一想法达到了顶点。为了在多银幕的基础上最大限度地提高议价能力并降低劳动力和设施成本，放映商建造了大型娱乐场所，有时会有几十块银幕。大多数本地的单屏影院由于无法在成本和观影体验上与之竞争，纷纷倒闭。

如今，10家最大的连锁放映商经营着32%的影院，不成比例地控制54%的银幕（见表5）。在许多行业中，如此高的行业网点集中度将提供强大的购买力。较大的连锁放映商可以通过某些能力获益，因为大放映商可以在一些特许供应上协商到更好的价格，并从全国广告上获得收入。然而，电影的内容高度差异化，电影院却并非如此。如果一个放映商太过讨价还价，它可能会失去周末的电影首映权。因此，真正的议价能力被出品方和发行方掌控。

连锁放映商中的巨头是四个最大的全国连锁影院：AMC、Regal、服务于美国市场的Cinemark、服务于加拿大市场的Cineplex。这些连锁品牌经营大型多厅影院，平均每个影院有12块银幕。这些公司经营着美国和加拿大1/3的影院，却占了54%的银幕。下一级的连锁影院由区域运营商组成（Marcus、Harkins、Southern、B&B、National Amusements和Malco）。区域运营商控制着另外4.7%的影院和7.5%的银幕。剩下63%的影院控制着38%的银幕，从经营拥有2～7块银幕的多厅小型连锁影院到仅有一块银幕的影院。

电影放映业

放映商有三大收入来源：票房收入、特许经营收入、广告收入（见表6和表7）。放映商的自由裁量权很小，或者说影响收入和支出的能力有限。放映商的营业利润率平均仅有10%，其净收入可能随先前损失的税收优惠而产生大幅波动。

票房收入

票房收入几乎占据放映总收入的2/3。然而，因为出品方强大的议价能力，票房的回报相当低。在较大的放映商中，电影租赁费平均占票房总收入的54%。对于小型连锁影院而言，这些花销无疑相当巨大。电影租赁率计算的根据是：影院的规模、电影放映时间和上座承诺。尽管观众可能会为平均8.97美元的门票价格心疼，但大多数人没有意识到，其中的4.85美元进了出品方口袋。除非购买特许经营权，否则放映商不可能盈亏相抵。

表 5　2017 年美国和加拿大领先的连锁影院

全国连锁影院及其总部	美国电影院品牌（覆盖区域）	美国和加拿大					美国和加拿大以外地区			全球		
		电影院数量（家）	占美国电影院数量之比	银幕数量（块）	占美国银幕数量之比	平均每家电影院银幕数量（块）	电影院数量（家）	银幕数量（块）	占美国以外电影院数量之比	电影院数量（家）	银幕数量（块）	占全球银幕数量之比
AMC Theatres* 堪萨斯州堪萨斯城	AMC & Carmike（全国）	656	12.2%	8 218	20.4%	12.5	862	7 087	4.3%	1 802	15 380	9.0%
Regal Entertainment Group** 田纳西州诺克斯维尔	Regal, United Artist & Edwards（全国）	566	10.5%	7 379	18.3%	13.0	3	23	0.0%	561	7 402	4.3%
Cinemark*** 得克萨斯州普莱诺	Cinemark & Century（全国）	339	6.3%	4 561	11.3%	13.5	194	1 398	0.8%	533	5 959	3.5%
Cineplex Entertainment 加拿大多伦多	Cineplex Cinemas, VIP, Galaxy & Silver City（加拿大）	165	3.1%	1 683	4.2%	10.2	0	0	0.0%	165	1 683	1.0%
Marcus Theatres 威斯康星州密尔沃基	Marcus (WI, IL, IA, MN, MO, NE, ND, & OH)	68	1.3%	885	2.2%	13.0	0	0	0.0%	68	885	0.5%
Harkins Theatres 亚利桑那州斯科茨代尔	Harkins (AZ, CA, CO, OK, & TX)	33	0.6%	501	1.2%	15.2	0	0	0.0%	33	501	0.3%
Southern Theates 路易斯安那州新奥尔良	The Grand Theaters, AmStar Cinemas & Movie Tavern (LA, MS, NC, TX, & FL)	44	0.8%	499	1.2%	11.3	0	0	0.0%	44	499	0.3%

续表

全国连锁影院及其总部	美国电影院品牌（覆盖区域）	美国和加拿大					美国和加拿大以外地区			全球		
		电影院数量（家）	占美国电影院数量之比	银幕数量（块）	占美国银幕数量之比	平均每家电影院银幕数量（块）	电影院数量（家）	银幕数量（块）	占美国以外电影院数量之比	电影院数量（家）	银幕数量（块）	占全球银幕数量之比
National Amusements 马里兰州诺伍德	Showcase, Cinema de Lux, Multiplex, SuperLux and UCI (MA, NY, RI, CT, NJ & OH)	29	0.5%	392	1.0%	13.5	40	558	0.3%	69	950	0.6%
B&B Theatres 密苏里州自由市	B&B Theaters (MO, KS, OK, FL, TX, AR, & MS)	47	0.9%	377	0.9%	8.0	0	0	0.0%	47	377	0.2%
Malco Theatres Inc. 田纳西州孟菲斯	Malco & local names (TN, MS, AR, LA, MO, KY)	34	0.6%	353	0.9%	10.4	0	0	0.0%	34	353	0.2%
前 4 名合计		1 726	32.0%	21 841	54.3%	12.7	1 059	8 508	5.1%	3 061	30 424	17.7%
5 ~ 10 名合计		255	4.7%	3 007	7.5%	11.8	40	558	0.3%	295	3 565	2.1%
前 10 名合计		1 981	36.7%	24 848	61.7%	12.5	1 099	9 066	5.4%	3 356	33 989	19.8%
其他全国连锁影院合计		3 417	63.3%	15 398	38.3%	4.5		157 291	94.6%		137 766	80.2%
行业合计		5 398	100 0%	40 246	100.0%	7.5		166 357	100.0%		171 755	100.0%

* 根据 AMC：Odeon（欧洲（英国、西班牙、意大利和德国：242 家影院 / 2 243 块银幕）），北欧（斯堪的纳维亚 68/473）。同一共同母公司控制权：Hoyts（澳大利亚：52/424），万达（中国：447/3 947）。

** 关岛、塞班岛和美属萨摩亚。

*** 巴西（81 家影院 / 608 块银幕），哥伦比亚（35/193），阿根廷（21/184），中美洲（包括洪都拉斯、萨尔瓦多、尼加拉瓜、哥斯达黎加、巴拿马和危地马拉，16/120），智利（18/126），秘鲁（13/93），厄瓜多尔（7/45），玻利维亚（1/13），巴拉圭（1/10），以及库拉索（1/6）。

资料来源：# Domestic (US & Canadian) theaters and screens based on 2017 NATO data & 2017 MPAA 2017 Theatrical statistics; 171 755 global screens is per MPAA Theatrical and Home Entertainment Market Environment (THEME) Report, author estimates for international theaters and screens for some firms.

表 6　8 银幕电影院中每块银幕的典型收支

收入	年度收入（美元）	占比（%）	平均每周收入（美元）
票房收入	275 477	63	5 298
特许经营收入	146 491	33	2 817
广告收入	18 426	4	354
总收入（每位观众 13.34 美元）	440 394	100	8 469
支出			
固定成本			
设备	66 059	15	1 270
劳动力	39 635	9	762
公共设施	48 443	11	932
其他销售管理费用	79 271	18	1 524
总固定成本	233 409	53	4 489
可变费用			
电影租赁费用	148 758	54	2 861
特许经营支出	20 509	14	394
总可变成本	169 266	36	3 255
总支出	402 675	89	7 744
收益	37 719	8.6	725

注：（1）票房收入。2017 年的 1 236 000 000 名观影者 / 40 246 块银幕 = 每块银幕每年 30 711 名观影者，每块银幕每年 30 711 名观影者 × 每张票 8.97 美元 = 275 477 美元的年平均票房收入（参见图 1 和表 5 中的数据）。

（2）特许经营收入。每块银幕每年 30 711 名观影者 × 每次入场许可 4.77 美元（每次入场的平均特许销售，来自表 7（AMC、Regal 和 Cinemark））= 146 491 美元。

（3）广告收入。2017 年 7.5 亿美元（见图 5）/ 2017 年 12.36 亿观影者 = 每个观影者 0.60 美元，每个观影者 0.60 美元 × 每块银幕每年 30 711 观影者 = 每年 18 426 美元。

（4）固定费用。作者根据对大型参展商 SEC 文件、MPAA 和 NATO 数据的分析进行估算；缩放到 8 银幕电影院中每块银幕，估值可能会偏离行业平均值和单个公司费用。

（5）可变费用。电影租金根据 AMC、Regal 和 Cinemark 在国内市场的平均票房收入的 54% 计算。

（6）特许经营支出。特许权收益的 14%。

（7）平均每周按年 /52 计算。

电影院可以保有的票房收入比例会随着放映周数增长。在首映周末，放映商需要向发行方支付票房总收入的 80%～90% 用以租赁电影，自身只保留 10%～20%。在接下来的几周，放映商的份额会逐渐增加到 80%～90%。对于真正的大片，出品方有相当大的影响力，可以获得更高的票房分成。以《星球大战：最后的绝地武士》为例，标准的展映合同规定，电影租赁费用约为票房收入的 65%，并要求放映商在它们最大的银幕上放映 4 周，否则，比例将会提高到 70%。[6]

虽然非首映周末为放映商提供了更大的利润空间，但在首映周末，出品方会用大量资金进行宣传，以吸引观众。在首映周末吸引观众有助于降低每部电影的营销费用，保持电影发行渠道的畅通，避免电影对普通观众的竞争（例如，同一周末上映的两部喜剧）。在2017年票房排名前十的电影中，平均32%的国内票房总收入来源于首映周末。两部2017年的影片——《速度与激情》和《加勒比海盗：死无对证》（*Pirates of the Caribbean: Dead Men Tell No Tales*）的国内首映周末票房超过了总收入的40%。尽管这些电影非常吸引观众，但不如那些能在影院持续放映多周的电影赚钱。事实上，对后者，放映商可以保留更多电影票房收入，例如电影《马戏之王》（*The Greatest Showman*），其首映周末的票房收入仅占总收入的9%；《勇敢者游戏：决战丛林》和《逃出绝命镇》，首映周末的票房收入占比都不到20%。

然而，这样的电影是例外。周末首映票房表现不佳通常会导致更短的上映时间，因为上座率会随着出品方的营销活动向下一部电影转移而降低。以行业术语来说，"倍数"（首映周末之后的观影比例）一直在稳步下降，自2002年以来下降了25%。[7]这限制了放映商跳过首映周末以节省电影租赁费的可能。如果电影院在首映周末没有放映电影，观众就会转向另一家影院，影院必然会失去观众。

特许经营收入

经常看电影的人总是抱怨电影票价太高。在4.77美元的平均票价中，特许经营收入占放映商收入的1/3。低于15%的直接成本使特许经营收入成为放映商利润的主要来源。提高特许经营利润的三个因素包括：观影人次、价格和原料成本。其中最重要的是观影人次：观影人次越高，特许经营的利润就越多。因为销量影响价格。大杯苏打汽水和爆米花的价格分别为5美元和9美元，这不是偶然定价，而是大量市场研究和利润最大化计算的结果。电影院的投入主要在商品方面。批量采购可以降低成本，从爆米花和苏打汽水到杯子和餐巾，连锁影院可以协商出更优惠的价格。

过去，电影院大厅柜台售卖的商品只有盒装糖果、爆米花和软饮料，而现在的特许经营包括各种各样的食品、饮料以及座位选择。特许经营选择的增加，比如汉堡包、沙拉、热菜和酒精饮料等，增加了每个顾客的平均特许经营销售额。然而，这必须与厨房设备、劳动力和更高成本的食品配料结合起来考虑。由于食品成本上涨，一个15美元汉堡包的毛利率比一桶9美元的爆米花要低，但利润可能不一样。顾客可能会因为8美元的啤酒、葡萄酒或酒吧消费而忽略5美元的苏打水。

由于双重吸引力，放映商越来越重视特许经营：观众被影院就餐的新体验所吸引，而放映商则从更高的特许经营销售额中获益。放映商正积极地寻求各种方式来提高这一收入，包括提高柜台服务、大厅和电影院内的订购服务以及服务人员质量。这些方式的盈利能力需要仔细评估，以确保利润的提高。

广告收入

电影票的低利润导致放映商关注其他收入来源。利润率最高且最有吸引力的是广告，包括预告片、大厅广告和试映片。电影院的广告收入从 2002 年的 1.86 亿美元增加到 2017 年的 7.51 亿美元（见图 5）。[8] 更重要的是，在每次放映中，广告时间都有所增加。试映片的数量也从十年前的三四部增加到现在的六七部。以上三种形式通常会作为与出品方签订的电影租赁协议中的一部分。[9] 尽管广告收入只占放映商收入的 5%，但它的利润率很高，而且还在不断增长。在电影放映前，放映商不会付费播放电影精彩片段，而是播放广告，这样它们会得到收入。2017 年，放映商平均每块银幕播放广告的收入为 18 652 美元，平均每位观众 0.61 美元。[10] 但是观众表示不喜欢影院里的广告，如果不满情绪增加，它们可能会选择在家看电影。对放映商而言，平衡丰厚的广告收入和观众的容忍度是一项长久的挑战。

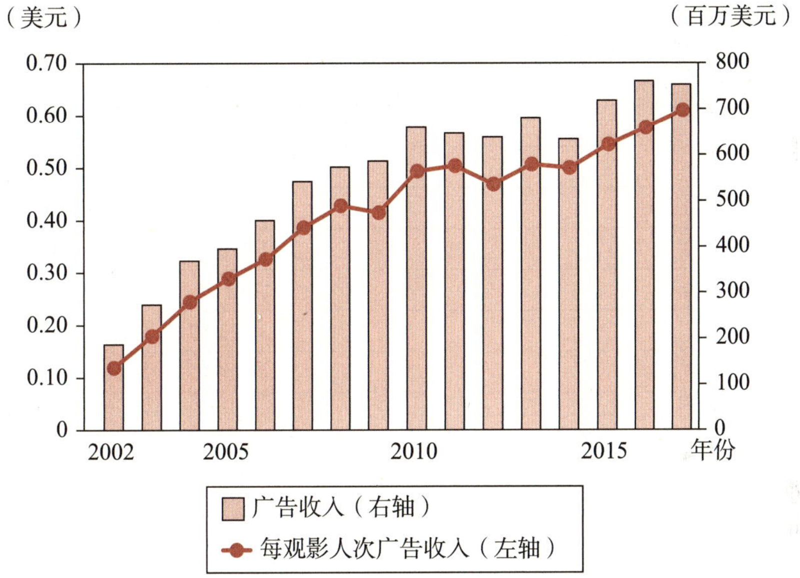

图 5　放映商广告收入（总收入与每观影人次收入）

资料来源：Author calculations based on data from Cinema Advertising Council, 2017, MPAA Theatrical Statistics & Theatrical and Home Entertainment Market Environment (THEME) Report, boxofficemojo.com.

大型连锁影院

四大连锁影院掌控了美国国内市场，总共控制了国内 34% 的影院和 55% 的银幕。四大连锁影院为不同地区提供服务，并且以不同的运营模式运作（见表 5）。[11] AMC 的 656 家电影院拥有 8 218 块银幕，是美国国内最大的放映商。在美国国内，AMC 和 Loews 连锁影院主要集中在人口密集的城市地区，如加利福尼亚、佛罗里达和得克萨斯等，这些地区的大型影院平均有 12.5 块银幕。通过提供 3D、IMAX 和其他优质的观影体验，AMC 的票价一直接近市场最高价。在主流影院中，AMC 观众的人均特许销售额也是最高的，每位顾客平均消费 5.06 美元（见表 7）。

表 7 2017 年 AMC、Cinemark 和 Regal 运营状况摘要

	AMC*	Cinemark**	Regal
影院及观众信息			
银幕（美国）（块）	8 224	4 559	7 322
影院（美国）（家）	649	339	560
平均每家影院银幕数（美国）（块）	12.7	13.4	13.1
美国观众总数（千人）	240 974	174 400	196 900
平均票价（美元）	9.67	7.78	10.20
平均特许经营收入（美元）	5.06	4.53	4.72
人均广告收入（美元）	0.72	0.43	1.14
人均收入（美元）	15.45	12.74	16.06
平均每块银幕观众数量（人）	29 301	38 254	26 892
平均每块银幕收入（美元）	283 344	297 616	274 294
收入情况			
收入			
观影收入（百万美元）	2 330.90	1 356.90	2 008.10
特许经营收入（百万美元）	1 220.10	790.10	930.20
其他收入（百万美元）	172.50	75.10	224.70
总收入（百万美元）	3 723.50	2 222.10	3 163.00
观影收入占比（%）	62.60	61.06	63.49
特许经营收入占比（%）	32.77	35.56	29.41
其他收入占比（%）	4.63	3.38	7.10
支出			
电影租赁及广告费用（百万美元）	1 224.70	756.40	1 067.80
特许经营支出（百万美元）	176.60	112.80	123.80
装潢费用、公共设施及其他运营成本（百万美元）	2 285.50	1 030.70	1 699.70
总营业成本（百万美元）	3 686.80	1 899.90	2 891.30
营业收入（百万美元）	36.70	322.20	271.70
人均营业收入（美元）	0.15	1.85	1.38
营业收入占总收入之比（%）	0.99	14.50	8.59
电影租赁占观众收入之比（%）	52.54	55.74	53.17
特许经营支出占特许经营收入之比（%）	14.47	14.28	13.31
装潢费用、公共设施及其他运营成本占总收入之比（%）	61.38	46.38	53.74
净收入（百万美元）	(530.70)	197.50	112.30
净利润率（%）	–14.25	8.89	3.55
人均净收入（美元）***	(2.20)	1.13	0.81

*AMC 财务业绩仅针对美国运营部门。净收入包括公司借款和非合并权益损失。

**Cinemark 影院和观影人次的信息与运营数据仅适用于国内运营。营业收入、总营业成本和净收入根据合并营业额估算。

***Cinemark 人均净收入是使用全球观影人次和总收入计算得出的。

资料来源：SEC filings & author estimates.

2016 年，AMC 收购了国内第四大影院 Carmike 影院，它的业务更加多元化。Carmike 专注于中小型市场，针对的是几乎没有其他娱乐选择、不到 100 000 人的群体。它为这个市场提供较为简单的服务，平均每家影院仅有 10 块银幕。票价比行业平均水平低 1 美元，反映出其低廉的成本。同时，其顾客人均特许经营销售额处于业内最低水平。Carmike 影院已更名为 AMC 和 AMC 经典影院。收购 Carmike 使 AMC 成为国内最大的连锁影院，控制了国内 20% 的银幕。两家公司的合并有望每年减少 3 500 万美元的成本。[12]

2012 年，掌握商业地产和文化产业的中国企业集团大连万达斥资 26 亿美元收购了 AMC。[13] 对许多行业观察者来说，此次收购预示着电影放映行业整合和全球化浪潮的开始。在收购时，万达在中国经营约 150 家影院以及一些重要的制作公司。此次收购使万达成为全球规模最大、地域分布最为多元化的放映商。自收购 AMC 以来，万达继续通过收购欧洲的 Odeon Circuit 和澳大利亚的 Hoyts 进行扩张。2017 年，万达 /AMC 宣布收购另一家在北欧运营的欧洲连锁影院 Nordic。一旦收购完成，万达 /AMC 将拥有超过 1 800 家影院和 15 000 块银幕，成为世界上最大的连锁影院。这样的规模是前所未有的：一家公司控制着全球所有主要电影市场近 10% 的银幕。这种规模可能导致其在谈判租金时拥有更多筹码。

不同于 AMC，美国国内第二大影院 Regal 几乎只在美国运营，和与其同名的 Regal、United Artists 和 Edwards 影院一样。该公司拥有 566 家影院和 7 379 块银幕。Regal 专注于中型市场，使用多屏和超大银幕，每个地区有 13 块银幕，平均票价为 10 美元。每个观影人的平均特许销售额为 4.72 美元。Cinemark 是国内第三大影院，拥有 339 家影院以及 4 559 块银幕，以 Cinemark 和 Century 品牌冠名。Cinemark 服务于较小的市场，在其 90% 的市场中只经营一家影院，其平均票价是 7.78 美元。Cinemark 是第一家拓展到国外市场的国内影院，目前在中美洲和南美洲 15 个国家的 194 家影院经营 1 398 块银幕。总部位于加拿大的 Cineplex 娱乐公司是第四大影院。[14] 经过几次合并和收购，该连锁影院经营着 165 家影院和 1 683 块银幕，遍布整个加拿大。

大型连锁影院之间的竞争通常基于地理位置，而非直接竞争。差异化影院在便于购物和用餐的高成本地点运营，例如购物中心内部或门口。成本领先公司将影院安排在人流较少、租金较低的地方，比如商业街或普通购物中心后面。除了地理位置之外，放映商提供的服务差异要比影院差异大得多。该行业曾推出过很多新服务，包括空调、数字投影和阶梯座位等。这些新服务通常会在连锁影院中的单家影院进行测试，然后在所有影院或有选择地在几家影院中推广。新服务一旦引入，竞争者们就会迅速复制创新，试图吸引顾客到其影院，或者至少使顾客不去其同市场的竞争影院。这样做的结果是，大多数电影院之间缺乏差异化：售票处、大厅、小吃吧，并且每家电影院都拥有放映机、银幕、音响系统和阶梯座位。由主流出品方之一制作、出品和发行的同一部电影在几乎相同的时间放映。观影者在当地选择低价影院或差异化影院观影，几乎支付相同的价格，票价仅差 1 ～ 2 美元。

尽管存在着明显的同质化和互相借鉴的倾向，但这些创新使电影放映商存活。是什么让顾客重返电影院？又是什么吸引了观众？

吸引观众

哥伦比亚广播公司最近的一项民意调查显示，电影院是目前看电影的观众最末位的选择，远低于电视和电脑屏幕。[15] 因此，对于放映者来说，理解人们为什么选择在电影院看电影，而非选择其他众多观看方式是很重要的。从传统意义上来讲，电影院的吸引力可能比电影放映的内容要重要得多。影院观影者将前往影院视为一种体验，其吸引力在于[16]：

- 观看巨大的银幕；
- 感受电影音响系统；
- 外出的机会；
- 不必等待观看一部特定的电影；
- 电影院是约会场所。

影院向观众提供在家无法获得的体验的能力正在减弱。在人们去看电影的原因之中，地点因素（例如，电影院是一个外出和约会的场所）似乎是最难以替代的。家门外可以聚集、见面、交谈和闲逛的“第三空间”变得越来越普遍，而影院为人们提供了一个独一无二的机会，可以使人们同时坐在一起，却不必说话。很少有年轻人想待在家中，在父母眼皮底下和约会对象看电影和吃爆米花。

影院提供的总体“体验”不足。市场调查公司 Mintel 报告称，人们不常去电影院的主要原因是观影体验下降。这种观影体验的下降是由高昂的成本、在家观看的选择、影院中的打扰（如电话和粗鲁的观众）、出门的麻烦和电影播放前的广告[17] 造成的。《华尔街日报》(*The Wall Street Journal*) 对观影体验进行了相当负面的报道，指出观影过程中会出现各种干扰，从邻近影厅的声音打扰，到手机铃声、售票机故障，再到似乎没完没了的放映前广告。[18]

将放映前的时间用于投放广告甚至招致了业内人士的批评。托比・艾默里奇（Toby Emmerich）是新线影院的制作总监，他面临着一个新奇的选择：是在电影院参加首映典礼还是在演员金・凯瑞（Jim Carrey）家中的私人放映室观看电影首映。因为他通常喜欢和一大群观众一起看电影，所以他选择了电影院。然而，在坐着看了 15 分钟的广告后，他向妻子哀叹道，也许他们最终还是应该选择私人放映。[19]

作为替代选择的家庭观影

家庭观影技术的迅速进步和成本的降低，以及即时、廉价内容的广泛普及，使得家庭观影成为影院观影的可行替代品。影院大银幕所提供的独特价值、音响系统的音质以及无须长时间等待电影放映等优势逐渐消失。

作为替代选择的家庭影院：银幕及声音 过去，电视机曾是体积小、价格高、音质差的电器，与当地影院提供的大银幕和音响系统相比效果很差。在过去的十年里，这种情况发生了巨大变化，电视变得更大，能提供更好的画面和音质，而且价格更加便宜。普通电视正逐渐变大，且清晰度越来越高，同时配有价格低廉却令人印象深刻的音响系统。与过去面对家庭设备的选择相比，即使是最普通的家庭设备，也越来越成为影院大银幕可行的视觉替代品。

1997 年，电视机的平均尺寸是 23 英寸。这一数字在 2010 年增至 32 英寸，在 2014 年增至 39 英寸。[20] 到了 2018 年，购买 55 英寸及以上的电视机是很常见的，领先的电视制造商夏普（Sharp）预计，在不久的将来，平均电视尺寸将超过 60 英寸。[21] 电视放映分辨率的提高使电视尺寸的增加变得可行，这是因为美国联邦通信委员会（U.S. Federal Communications Commission）要求所有广播公司在 2009 年之前转换成数字广播。这使分辨率从当时标准的 480P 分辨率转变为 1 080P 的高清晰度（HD）分辨率。[22] 截至 2017 年，超过 83% 的美国家庭至少拥有一台高清电视，大多数为 32 英寸或更大，可以播放相当高质量的视觉画面。

高清电视从 2000 年就出现了，但一开始价格过高。从 20 世纪 90 年代末到 2007 年，随着液晶显示屏制造业的兴起，电视的批发价格下降了 65%。[23] 2005 年，32 英寸高清电视的平均零售价为 1 566 美元。到 2009 年，也就是大规模普及的 5 年后，平均价格下降至 511 美元。到 2016 年，平均价格下降了 84%，降到 250 美元甚至更低。

附带的家庭影院系统包括 65 英寸的 3D 电视、环绕立体声音响和蓝光播放器，其所提供的电影体验可与许多影院相媲美，价格加起来不超过 1 000 美元。夏普的营销和传播主管迈克·加布里尔（Mike Gabriel）表示，过去，高科技家庭影院似乎只是富人的特权，如今却已成为大多数普通美国家庭的主流选择。[24] 总的来说，家庭电视正变得越来越大，并且能够提供高质量的图像，降低了放映商提供的“巨型”屏幕的独特吸引力。

对放映商来说，如果现在的家庭电视尺寸和分辨率是一个问题，那么下一代的家庭电视可能是一场灾难，下下一代则可能是世界末日。下一波电视浪潮——“超高清”（UHD）或 4K 技术——正从早期体验用户转向普通大众。一台 4K 电视的价格是一台 1 080P 分辨率电视的 4 倍。尽管 2018 年 4K 电视的平均售价为 1 250 美元，但超高清电视是销量增长最快的一类电视，并且占据了 60 英寸以上电视销量的大多数。

当然，电子公司已经在研发下一个产品：8K 电视[25]，更高的分辨率在 85 英寸及以上的大型电视机中最为明显。要理解图像质量的差异，特别是在大银幕尺寸下，从图像大小的角度进行思考是很有帮助的，比如从数码相机的角度。标准的 1 080P 分辨率中，每一帧画面相当于 200 万像素的图像。像数码照片一样，放大是受到限制的，否则可以通过眼睛识别出单个像素。当你近距离观看 50 英寸 1 080P 分辨率的电视时，这一点会变得很明显。4K 电视有 4 000 条水平线，相当于 800 万像素的图像。在下一代 8K 电视中，每一帧画面相当于 3 200 万像素的图像。[26] 这允许观众在 120 英寸以上的屏幕上观看，不会有任何明显的像素失真。第一台商用的 8K 电视（当地尚未提供 8K 内容）是由 LG 推出的，达 98 英寸。最初的价格是多少呢？ 55 000 美元。[27] 潜在购买者应该明白，电视机的价格会急剧下降。如果 8K 电视同液晶电视的价格趋势一样，那么 LG 推出的 98 英寸 8K 电视的价格将在几年内远低于 5 000 美元。

电视必须达到多大尺寸并提供多高的分辨率才能替代影院屏幕是非常主观的。对许多人来说，一个笔记本电脑的屏幕就足够了，对另一些人，只有当地放映商提供的墙壁大小的银幕才能满足需求。很明显，家庭电视和音响系统提供的独特价值正在迅速侵蚀放映商提供的独特价值主张。影院里最常见的放映标准是 4K，在这个数字化转型阶段放映商仅投资了 26 亿美元。追求视觉质量的技术革新的历史和放映行业本身一样古老。为了保持影院在提供视觉体验上的优势，放映商必须考虑下一代 8K 和 16K 放映机，否则将失去相较于家庭影院的视觉质量优势。

作为替代选择的家庭影院：内容及时间 即使是最好的家庭影院，如果没有内容，其价值也就不存在。不幸的是，对于放映商来说，家庭影院的内容正蓬勃发展，且远远超出了电影的范畴。2017 年消费者在家庭娱乐内容上的支出总计 470.8 亿美元[28]，包括购买碟片、数据下载和流媒体订阅。为这个市场服务的所有公司——工作室、放映商、电影租赁和点播公司、网络公司和流媒体公司——都在努力保持和增加其收入。

出品方通过在一系列窗口发行电影来实现利润最大化，在这些窗口中，电影在影院上映后越早被观看，观看的成本就越高。窗口开始于影院上映，每位观众为出品方贡献 4.85 美元。下一个窗口是消费者购买电影：DVD 或数字化销售。每销售一次，出品方盈利 12 ～ 15 美元。选择不在影院看电影的购买者越多，对放映商造成的损失就越大。[29] 出品方曾依靠 DVD 销售获取利润，但是实体 DVD 的销售额从 2006 年的 137 亿美元下降到 2016 年的 55 亿美元（下降了 60%）。[30] 数字销售额正在上升，但 2016 年 20 亿美元的总销售额表明，消费者更愿意选择观看或订阅电影，而不是购买电影。2016 年的销售收入只有巅峰时期的一半。[31] 为了刺激销售并收回影院放映的市场营销支出，出品方缩短了影院发行和 DVD 发行之间的时间。DVD 发行窗口从 2000 年的 23.7 周减少到 2017 年的 14.4 周。电影可以以数字文件或 DVD 的形式购买，大约每两年提前一周（见图 6）。

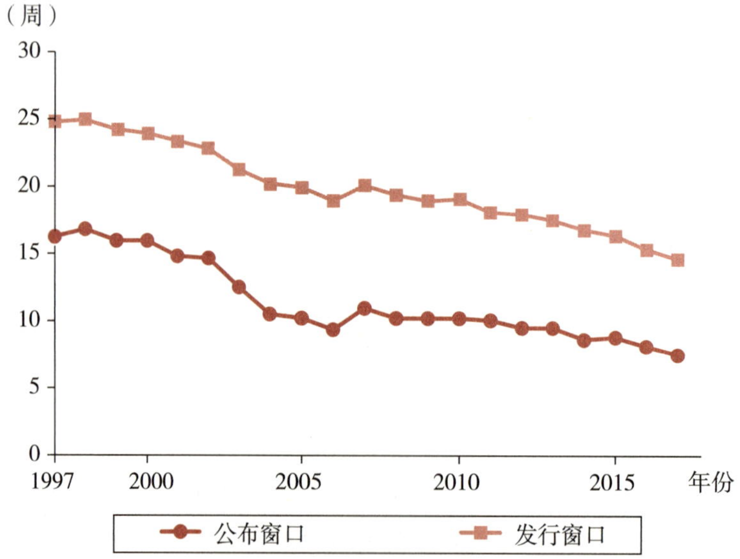

图 6 DVD 公布及发行窗口

资料来源：National Association of Theater Owners (NATO) press releases on Average video release window and Average video announcement. URL: http://www.natoonline.org/data/windows/.

数字视频点播（VOD）是一系列租赁选择中的首选。2017 年，有线电视、iTunes、亚马逊等公司提供的视频点播服务价值超过 20 亿美元，每购买一次 VOD 大约为出品方带来 3.50 美元的收入。[32] 点播的选择包括，在电影撤出影院不久后点播；当电影还在影院的时候点播；甚至与影院“同步上映”。虽然优质的视频点播会对放映商产生负面影响，但出品方的潜在收益（每次购买高达 59.99 美元）相当诱人。此前，电影放映商曾联合反对 VOD，威胁要抵制出品方的电影。一些出品方，尤其是迪士尼，似乎专注于当前的影院发行模式。[33]

曾经唯一的租赁选择——实体租赁，正在迅速减少。每卖一张 DVD 给实体租赁公司，出品方净赚约 1.25 美元。[34] 曾经的主要实体租赁方是以店面为通路的公司，如 Blockbuster Video，但现在变为由红盒为代表的基于门户的模式。从 2015 年到 2016 年，实体租赁市场缩水了 19%，降至 25 亿美元。[35] 行业领军企业红盒的报告称，2015 年，该公司在同一地点的租金下降了 4.9%，尽管每晚租金仅花费 1.25 美元。[36]

流媒体是租赁市场增长最快的部分，也是对观众来说最划算的形式。流媒体包括网飞、Amazon Prime Video、Hulu、HBONow 等。流媒体服务的许可费根据电影的受欢迎程度有很大差异；一些估计认为，出品方每次观看的平均净收入低于 0.5 美元，这是出品方利润最低的项目之一。[37] 流媒体的增长足以蚕食 DVD 和数字产品的销售，以至于出品方在 DVD 销售和流媒体发行之间加入了 28 天的延迟时间。当一些出品方表示希望推迟至 56 天以增加 DVD 销量时，放映商表示强烈支持。网飞和亚马逊都提供 SD 和 HD 格式，并开始提供 4K 格式的内容。与院线发行最不同，并给电影公司带来收入最少的是付费电影频道放映（如 HBO、Showtime 和 Cinemax）、有线电视频道订阅（如 TNT、FX 和 AMC）和主要的广播网络（如 ABC、CBS、NBC 和 Fox）放映。

除了不断增长的影院外观影机会，放映商还面临着人们对非电影内容感兴趣而导致的观影人次下降。电影不再是唯一吸引观众的东西，电影以外的内容越来越成为放映商的替代选择。电影一直是好莱坞最优秀人才的输出口。这种情况随着 1999 年 HBO 的《黑道家族》(*The Sopranos*) 的首映而改变。这部电视剧连续播出了六年，获得了包括编剧、演员和导演在内的多个奖项。该系列帮助人们将艺术目光向小屏幕转移。许多编剧都意识到：与电影不同，电影需要在大约 120 分钟的时间里推动角色和故事发展，而电视剧则可以用几季的时间去推动，每一季包括 10、20 甚至 30 小时，或者更多。其他热门电视剧包括《广告狂人》(*Mad Men*) 和《绝命毒师》(*Breaking Bad*)。如今的《行尸走肉》(*The Walking Dead*) 和《纸牌屋》(*House of Cards*) 的制作都源于《黑道家族》的成功。

人们观看流媒体内容就意味着他们不会出现在电影院。美国人平均每天花 2.8 小时收看电视。[38] 按照不同的比例，观众每年在影院的时间相当于两天的电视观看时间。对于放映商来说，他们花在追最后一季节目上的时间，或者只是在网飞和 chill 网站上闲逛的时间，都意味着赚钱机会的流失。

总体而言，一些人认为，优质内容的可得性以及家庭中可获得的视听体验正在迅速融合，一些人认为，这甚至超过了影院所提供的体验。Hollywood.com 的票房部门经理保罗 · 德加拉伯迪安（Paul Dergarabedian）称，这是人们对娱乐方式态度的“文化转变”[39]。人们对内容比以往任何时候都更感兴趣。遗憾的是，对于电影放映商来说，在值得观看的内容和方式上的竞争比以往任何时候都要激烈。

放映商的近期计划

每个人看一部电影要花费将近20美元，包括门票、一杯饮料和一份零食，与已经订阅网飞的沉没成本相比，放映商应该如何竞争呢？放映商应该在哪些领域进行投资，以继续提供独特的观影体验呢？放映商一直以来都是创新者。它们是空调的第一批商业用户，吸引了大批顾客前来避暑，这类顾客也许几乎和以娱乐为目的的人一样多。投影系统、屏幕和音响系统的进步都改善了观影体验。其他创新提高了体验质量，同时降低了成本。无处不在的体育馆式座椅曾是一种与众不同的体验，同时还带来另一个好处，减少了每个座位所需的面积。这减少了设施面积和成本。放映商还在继续追求一些战略举措，旨在增加观影人次，提高观众支付意愿，并降低成本。

自电影放映行业存在以来，从来没有面临现在这样的高风险。观影人次正在下降。电影在影院外上线的等待时间比以往任何时候都要短。电影以外的内容越来越受欢迎。在家中，优质的屏幕和音响系统变得常见。手机铃声、广告和黏糊糊的地板破坏了影院的整体体验。怎样做才能让观众回到影院呢？

市场研究公司Mintel的报告称，80%～90%的观影者愿意为各种各样的选择支付人均1～2美元的额外费用，以减少目前观影体验的负面影响，或者让观影体验变得更加豪华。[40]观众渴望改进的视频和声音质量、改善的座位（包括皮革等豪华的材料、沙发座位、脚踏板、更大的间距）、能够提前选定并预留座位、如4D般身临其境的观影体验、可供选择的高端食品饮料、能够在影院座位上订餐和仅供成人观看的影片等。放映商和其供应商正在开发、测试和推出一系列解决方案，有些针对单块银幕，有些则用于整合影院内的所有屏幕。影院将对这些战略计划进行投资，以吸引观众并获得超出成本的收入。

放映技术的创新

向数字放映转换和3D的推出并不是放映创新的终点。一些导演选择通过电影每秒的帧数来提高图像质量，从早已建立的24帧标准到48帧甚至更高。李安导演的《比利·林恩的中场战事》（*Billy Lynn's Long Halftime Walk*）采用了每秒120帧的4K 3D激光放映技术，放映人员用“无可挑剔的亮度”和“惊人的细节和清晰度”来描述这部影片的视觉体验。[41]从商业角度看，这部电影在大规模上映上表现不佳，部分原因是缺少有能力放映这部影片的影院。因此，这里出现了“两难困境”：一些观众愿意为视觉质量的提高支付溢价，但这需要放映商和出品方都承诺进行必要的投资。迄今为止，两者都没有进行投资。

大多数大型连锁影院都提供某种超大屏幕。[42]之前，IMAX电影只在科学博物馆专门建造的圆顶形影院中放映，最初IMAX格式使用的胶片大小是标准35毫米放映机所使用的10倍。目前，IMAX电影在600多块银幕上放映。这些基于连锁影院的IMAX数字银幕比最初的IMAX银幕要小得多，但比一般的影院银幕要大得多。在Regal和AMC影院内，银幕通常是独立的，由IMAX预订和播放。一般情况下，IMAX以3D形式拍摄的动作片为主。为了获得更多的差异化收入，几家连锁影院公司已经开始制造自己的超大屏和格式。IMAX每张票通常有3～7美元的溢价。从2013年到2017年，IMAX的收入增长了约30%。[43]

音频系统正在持续改进。在20世纪80年代，电影院用7.1音响系统给观众留下了深刻的印象——两个后环绕音箱（左、右）、两个后置环绕音箱、两个侧环绕音箱、一个中置音箱、一个低音炮。这样的设备早已可以在家中获得。为了让影院的声效与众不同，杜比实验室（Dolby Laboratories）发明了Atmos，这是一种完整的外绕立体声系统，一个影院里最多可以有64个独立的声道，包括多个天花板上的音箱，可以让观众真正沉浸在声音中。[44]虽然放映商可能会受益，但杜比已授权了家庭版，使家庭影院也可以拥有这样的体验。

另类内容／实况电影

放映商向数字放映的转型在技术上推动了另类内容，也被称为“实况电影”（Event Cinema），这是一个涵盖了几乎所有非电影内容的宽泛术语。实况电影包括现场音乐会和话剧、单口喜剧、体育赛事、电视连续剧首映式和闭幕式，甚至是虚拟的艺术画廊之旅。实况电影是票房增长最快的部分，从全球2010年的1.12亿美元[45]增长到2014年的2.77亿美元，预计到2019年将达到10亿美元[46]——约占总票房的5%，平均每场票价12.33美元。实况电影内容可以是单一的活动，如最近的音乐会或吸引回头客的系列剧，例如在70个国家的2 000个场馆中放映的纽约大都会歌剧院现场直播（Metropolitan Open Live）。[47]该系列于2017—2018演出季的周六下午进行了10场现场直播，并在周三进行了转播。

发行是由数字电影发行联盟（Digital Cinema Distribution Coalition，DCDC）等实体公司完成的，DCDC是拥有并运营属于自己的卫星发行网络的主流连锁影院联盟。目前已经出现了许多提供内容的公司，例如Fathom Events，该公司发行各种音乐、体育、电视和其他另类内容。Fathom Events的客户超过875家影院，已经售出1 800多万张门票。[48]对于放映商来说，有一个发行方中介是非常重要的，因为购买和授权内容的成本对于单个放映商来说非常高。这种跨放映商的合作向单个放映商提供了平时并不经济的营销机会。

另类内容是对电影内容的补充，特别是在非高峰时段，如周一到周四，这个时段最多只有5%的影院上座率。[49]在被Carmike收购之前，Digiplex数字影院的前任CEO巴迪·梅奥（Bud Mayo）表示：“这些（另类内容）的绩效是，单场演出的总票房肯定会超过当天票房最低的那部电影，平均是当天票房最低电影的10倍以上。”[50]从美元边际效应来看，在其他方面都运营不佳的夜晚，另类内容可能是一个福音。周三，在一家数字技术影院上映的百老汇歌剧《西区故事》（*West Side Story*）的平均票价为12.50美元，总票房为2 425美元。相比之下，当晚放映电影的银幕票房仅为每部56～73美元。另类内容还带来了近200名可能购买特许经营产品的额外消费者。[51]

实况电影的成功在很大程度上依赖于内置粉丝群或个别活动的营销能力。Fathom Events副总裁丹·戴蒙德（Dan Diamond）表示，他们最成功的活动更像是一个惊喜：2013年11月25日，为了庆祝英国广播公司（BBC）广受欢迎的系列剧《神秘博士》（*Doctor Who*）的50周年诞辰，该影院放映了《神秘博士：博士的一天》。其每块银幕的票房收入是当天最高的，每场票房收入超过1.7万美元。[52]对于习惯于通过出品方的营销活动促进每周票房增长的放映商而言，他们的挑战是如何发展以低成本向小众观众推广单晚活动的能力。

豪华影院

一些连锁影院和新进入者正试图用奢华体验承诺来吸引观众。AMC和Regal等老牌影院都在重新规划银幕和整个影院的位置，并提供优质座位。规模较小的连锁影院iPic在美国拥有17家分店，可能是除私人放映室外最豪华的影院。该影院放置了斜躺皮椅、枕头和毯子，大堂类似于时尚的高档酒店，并设有鸡尾酒廊和全套剧院内餐厅服务。这些影院采用会员制，运作方式更像是社交俱乐部，而不是传统的影院。每个座位对应的电影票价为16～27美元（不含食物），购票是在像接待处一样的地方，而不是售票厅。[53]

另一家连锁影院Cinépolis是墨西哥戏剧公司Cinépolis的子公司。Cinépolis于2011年在圣迭戈开设了一家分店，之后通过发展和收购将分店扩展到了20家。[54]该影院提供不同的位置，从标准影院的皮革摇椅到包含用餐服务与酒吧服务的全方位座位。豪华影院的平均票价接近20美元。该公司为每个人都提供服务：有些影院只对21岁以上的观众开放，而Cinépolis儿童影院则设有儿童乐园，在电影开始前，孩子们可以在里面玩上20分钟。[55]

沉浸式体验：4D电影及以上

第一波沉浸式体验是3D技术。十年前，3D电影在那时是下一个伟大的投影技术和收入创造者，但其吸引力已经减弱了。3D电影在美国国内的票房在2010年骤增7%达到顶峰，此后一直逐步下滑至2017年的11%。但它在国际市场上仍然具有吸引力。

第二波沉浸式体验结合3D技术，通过运用屏幕外的特殊效果和座椅与屏幕的同步运动，达到4D的体验[56]，吸引观众进一步参与其中。一些影院通过在影院中加入香味，使用屏幕外的灯光效果，甚至是水雾，来增加额外的沉浸感元素，把电影的动作从银幕带进影院。在一个漆黑的暴风雨之夜，人们在屏幕上看到了恐龙，通过音响系统听到了它的声音，还通过一个晃动的座椅感受到了它的存在。当水花飞溅，闪光灯闪烁时，这种感觉更加真实。整个体验可以真实到使你不小心洒掉饮料。免责条款、最低年龄限制和注意事项都是必须的。由于担心和3D技术的表现一样不如预期，4D被广泛吹捧，从而在影院体验中占据了一席之地，4D体验通常会比普通电影票价高8～12美元。

第三波沉浸式体验将会把电影和电视游戏融合在一起。放映商、制片商和设备公司在研究互动元素，从简单的互动，比如用激光在屏幕上对准目标，到更复杂的弹幕，你可以用文字表达你对场景和电影的想法，这些想法会实时投射到屏幕上。[57] 它们都在努力提供一种比被动坐着看电影更身临其境、更有互动感的体验。一些业内观察人士预计，沉浸式技术将包括反馈系统和故事的不同发展，即观众的行动和选择将导致情节的转折和每次观影不同的结局。最终，电影和视频游戏之间的界限可能会变得模糊。

特许经营项目

标准特许经营商品之外的扩张，为放映商提供了获取新收入来源的机会。它们主要以三种形式出现。

大厅的扩张 除了糖果、爆米花和苏打水，许多影院还增加了特许专柜。这种扩展的用餐选择使许多影院大厅变得像购物中心的美食广场。由放映商经营或许可的大厅内外餐馆允许观众在观影前就餐。借鉴餐厅的经验，酒吧往往是重要的利润中心。现在，一些影院在大堂周围配置了酒吧，提供升级和高档的票价、啤酒和酒精类饮料。

影院内用餐 许多影院都采用了院内用餐的方式，顾客在座位上点餐，由服务员送达。在新英格兰有四家分店的 Chunky’s Cinema and Pub 将影院设在成本较低、未被充分利用的前零售门店。这种模式将汉堡包、沙拉、三明治与包括啤酒在内的饮料结合在一起。此外，这种模式还包括带有宴会式桌子的平面影院。其座椅很独特，座位下有脚轮，便于清洗。Alamo Drafthouse 影院采用了类似的方法，它采用体育场式座位配置，每一排座位前都有一个吧台式的桌子供顾客点餐。与传统影院相比，这些影院的食品和饮料销售有了显著增长。

高端影院内用餐 几家连锁影院瞄准了高端餐饮市场，专注于豪华配置和高档食物的影院内体验。除了标准的影院外，AMC 还开发了拥有两种影院配置的用餐式影院。Fork & Screen 影院很像 Alamo Drafthouse 电影院，拥有升级的体育场式座位配置，并在菜单上增加了影院内的等候服务。而它的电影套间影院则使体验更佳。该影院为购买特定座位的 21 岁以上顾客在较小的放映厅配备了躺椅，完善了脚踏板，可以在座位上用计算机订购系统点餐。

广告计划

放映商热衷于播放能带来高利润的广告，同时希望这么做不会降低影院体验。银幕内外的广告都能带来收入。屏幕外的广告，如促销视频、游说活动和赞助优惠促销活动，占收入的 9%。而剩下的 91% 则来自银幕广告，主要是在电影开始之前播放的广告，包括即将上映的电影以及企业和产品的宣传。

放映商和广告商都在想方设法让银幕广告更受观众欢迎。许多广告都是 3D 的，制作质量可与出品方的电影媲美。影院还在广告中加入了观众游戏等创新技术，观众的动作或声音可以控制银幕上的动作。2015年，在100家配备了屏幕视觉设备的影院中，观众可以选择驾驶体验并虚拟驾驶一辆XC90，这是沃尔沃重新推出这款汽车广告的一部分。观众选择场景、驾驶汽车，并通过摆手控制车辆的速度。[58]至于所需的设备？银幕上方的无线摄像机、可以上网的笔记本电脑（将游戏连接到开发人员网站）和低价的动作感应技术，这些都与影院的数字投影仪相连。

广告商热衷于增加电影观众的参与度，从而增加广告的回报。[59]从屏幕上的二维码到蓝牙设备，这些技术可使观众在手机浏览器中直接连接到广告商的网站，互动是影院广告的下一个目标。使观众认为广告有趣且有用而不是产生厌恶，能够为放映商创造机会，增加这项微小但高利润的放映商收入。鉴于所有这些广告计划，放映商最终可能会从免费软件的页面中汲取经验：为无广告体验支付额外费用。

座位

电影院是少数出售门票，但并不保证购买者观看体验的娱乐场所之一。例如，体育比赛和音乐会的观众总是知道他们的座位和表演区的关系。电影院长期以来一直是先到先得的座位模式。然而，所有主要的连锁影院都把预订座位的元素带入影院，在特定放映期间购买一张特定座位的电影票。这需要多种形式，从完全预订座位的放映厅，到专门由预订座位组成的特定放映厅，再到混合开放和预订座位的放映厅。对于放映商来说，预订座位需要一个预订和选择座位的系统，以及强制安排座位和调解纠纷的能力，但这也会带来额外的收入。预订座位通常会在票价以外收取1～3美元的服务费。预订座位目前是豪华影院的一项内容，价格在15美元左右，是行业平均水平的两倍，但它也逐渐进入了经济型影院。

动态定价

预留座位所需的技术是动态定价系统的关键。妇女、青年和老年人折扣是主要的定价等级。大多数非电影活动都有基于座位、放映时间和工作日的多个定价级别。由于合同限制，电影院的灵活性有限。将需求纳入定价模型的“动态定价”是下一代的票价定价模式。[60]最简单的模式是在高预算大片上映的前几天收取附加费。AMC收购的两家欧洲连锁影院Odeon和UCI已经采用了这种定价方式。[61]

一种更先进的方法是实时跟踪观众的需求，调整每部电影的价格、每周的放映日期、放映时间，甚至是座位位置。[62]这可能意味着包括工作日和观看人数少的电影的票价降低，以及在高峰时段和首映周末提高黄金时段的票价等彻底的改变。对于影院来说，动态定价提供了一个填补未售出座位的机会，并根据需求在银幕之间切换放映。澳大利亚连锁影院Cineplex提供动态定价服务，但出品方对此持谨慎态度。例如，迪士尼已经为一些电影设定并要求支付最低平均票价。[63]对顾客来说，动态定价为他们提供了降低观影成本的机会。难道你不想花5美元以上去看某部电影吗？寻找符合你标准的位置和放映时间的App正在开发中。

超越内容

许多规模较小的放映商都在通过将影院重新规划为多功能娱乐场所来寻求电影之外的更高利润。通过增加游戏室、保龄球，甚至激光枪战游戏和桌游等活动，影院成为一个一站式家庭娱乐场所。例如，弗兰克影院（Frank Theaters）将电影、保龄球和家庭游戏与在影院就餐结合在一起，这样就有可能在不看电影的情况下度过一个愉快的夜晚。

你光顾的影院会是最后一家影院吗？

2017 年《星球大战：最后的绝地武士》中的绝地武士已经变为民间传说，很多人都听说过，但很少有人见过。当地影院会很快变得像绝地武士一样罕见吗？虽然影院尝试了各种方法来吸引观众，但时不我待。作为一种长期吸引观众的方式，之前的计划、最近的 3D 电影都未能发挥其潜力。

案例 4

辉　　瑞

2017年1月

2010年12月，当会计兼公司终身员工伊恩·里德（Ian Read）接任辉瑞（Pfizer）CEO一职时，这家制药公司正面临着立普妥（Lipitor）专利即将到期的问题，而立普妥是迄今为止最畅销的药物。此外，公司还面临着它斥巨资投入的研究实验室（可能是世界上研究资金最充足的实验室）完全无法开发出任何新产品的窘境。公司股价持续下跌，而里德的前任——律师出身、曾受雇于麦当劳的杰弗里·金德勒（Jeffrey Kindler），刚刚斥资680亿美元收购了作为竞争对手的制药公司惠氏（Wyeth），人们普遍认为，这是一次鲁莽的战略转型。而现在，是里德不得不想办法扭转辉瑞局面的时候了。[1]

公司及行业背景

1849 年，辉瑞制药在纽约布鲁克林诞生，它的创建者查尔斯·辉瑞（Charles Pfizer）和他的表兄弟查尔斯·埃哈特（Charles Erhart）一起从查尔斯·辉瑞的父亲那里借了 2 500 美元[2]成立了这家公司，故而命名为辉瑞。167 年后的今天，辉瑞以 490 亿美元的国际收入成为世界第二大制药商。[3]尽管辉瑞取得了成功，但它在过去几十年中仍面临许多挑战。制药行业深受法律、政治和技术力量的影响，目前的所有迹象表明，制药行业将继续经历巨大变革。

1906 年，《食品和药品法》（Food and Drug Act）颁布，食品和药品管理局（FDA）在美国拥有了对药品的监管权。起初，该监管权受到较多限制，然而，在 1938 年美国总统罗斯福签署《食品、药品和化妆品法》（FD&C）后，对于药品生产和营销的联邦监管权被大大扩展了。[4]《食品、药品和化妆品法》除了授权 FDA 对药品进行上市前的审查外，还允许它对药品标签和广告进行监管。1992 年，美国国会通过了《处方药使用者费用法》（Prescription Drug User Fee Act），FDA 自此能够向药品制造商收取费用，用于新药批准的上市前审查过程。[5]这些改革使得药品生产商向市场推出新药的时间和成本显著增加。

2006 年，相关研究表明，一个新药上市的成本在 8.02 亿～20 亿美元之间，具体数值取决于正在开发的药物类型和同时开发的药物数量。[6]研究发现，药品总成本的

60% 与 FDA 要求的上市前的临床试验有关。2012 年的另一项研究表明，随着通货膨胀、监管加强以及其他因素对制药行业的影响，对全球最大的制药巨头而言，每种药物的成本已经增加到 55 亿美元以上。[7] 对辉瑞公司来说，1997—2011 年，为获得 FDA 的批准，每种新药的总研发成本高达 77 亿美元。[8] 研发成本的急剧上升，迫使包括辉瑞在内的所有制药巨头削减研发预算，试图控制不断上涨的成本。[9]

研发资金的减少是为了应对不断增加的成本，这必然导致创新受到抑制，这就揭示出这个行业里许多大型制药企业即将面临的危机。近年来，许多制药公司的畅销药专利到期，但由于研发支出减少，药品生产线难以开发出有价值的产品。[10] 自 1950 年以来，每 10 亿美元的研发支出中，FDA 批准的新药数量每 9 年减少一半。[11] 药品开发成本的快速增长和重磅级药品审批通过率的降低，使得许多业内专家认为目前大型医药企业完全整合的商业模式（fully integrated business model）是不可持续的。[12]

业务和战略

与大多数大型制药企业一样，辉瑞追求的是一种“轰动一时”的商业模式，这种模式严重依赖其研发渠道持续开发和推出高产量药物，并且要求这些药物的预期年收入要达到 10 亿美元或更高。[13] 2012 年，辉瑞开始进行业务重组，向新的商业运作模式转变。辉瑞以 119 亿美元的价格剥离了婴儿营养业务，并拆分了动物保健部门 Zoetis。此外，辉瑞还将其业务重组为两个主要业务部门：创新药物和成熟药物。辉瑞的创新产品业务进一步分为全球创新制药（Global Innovative Pharma，GIP）和全球疫苗（Global Vaccine）、肿瘤和消费者健康（Oncology and Consumer Healthcare）业务部门。[14] 伊恩·里德曾就重组发表评论：“这代表着辉瑞的下一步行动：着力创新，发展核心力量。我们新的商业模式将为每一家企业提供更强的应对市场变化的能力，更高的知名度、专注度，以及脱颖而出的能力。”[15] 表 1 对辉瑞创新药物和成熟药物之间进行了一些财务比较。

表 1　辉瑞业务部门财务：创新药物部门与成熟药物部门

	2015 年		2014 年		2013 年	
	创新药物	成熟药物	创新药物	成熟药物	创新药物	成熟药物
收入（美元）	26 758	21 587	24 005	25 149	23 602	27 619
销售成本（美元）	3 650	4 486	3 848	4 570	3 675	4 732
利润率	13.60	20 80	16.00	18.20	15.60	17.10
销售、信息与管理费用（美元）	6 807	3 572	6 162	3 903	5 520	4 714
研发费用（美元）	3 030	758	2 549	657	2 154	737
无形资产摊销（美元）	94	36	69	85	58	100
重组费用和特定收购相关成本（美元）	—	—	—	—	6	—

续表

	2015年		2014年		2013年	
	创新药物	成熟药物	创新药物	成熟药物	创新药物	成熟药物
其他（收入）/扣除净额（美元）	(1.087)	(150)	(1.096)	(265)	(576)	(216)
持续经营所得（未计提所得税）（美元）	14 264	12 885	12 472	16 199	12 765	17 552

资料来源：2015 Pfizer Annual Report.

创新药物业务

全球创新制药（GIP）业务 此项业务致力于开发、注册并商业化可以创造价值的、改善患者生活的新型药物。治疗领域包括炎症、心血管 / 代谢问题、神经疼痛、罕见疾病和女性 / 男性健康问题等。该业务领域里有许多领先品牌，如 Xeljanz、Eliquis 和莱瑞卡（Lyrica）。全球创新制药业务拥有治疗炎症、心血管 / 代谢疾病、疼痛和罕见疾病的一系列药物。[16]

全球疫苗、肿瘤和消费者健康业务 该部门由三个业务组成，具有以下主要特点：（1）有望实现高速且健康的增长；（2）在科学、人才和市场方面具有高度专业性，运营模式良好；（3）有望帮助辉瑞公司成为全球市场领导者。[17] 消费健康产品包括 Advil、Centrum、Robitussin、Nexium 和 ChapStick。

成熟药物业务

全球成熟药物（GEP）业务 该领域包括三个主要产品部门：（1）正在丢失或即将丢失市场独占性的 Peri-LOE 产品；（2）在成熟市场中失去市场独占性和增长机会的遗留成熟产品；（3）具有增长机会的新兴市场产品，如有机倡议药物、伴用药、药物增强剂、无菌注射制剂和生物仿制药。[18] 成熟药物包括西乐葆（Celebrex）、肾上腺素笔（EpiPen）、唑洛夫（Zoloft）和立普妥等。

定价策略

在很大程度上，辉瑞和其他大型制药公司的收入增长依赖于较成熟药物价格的提高，特别是那些专利快到期的药品。过去三年，辉瑞 34% 的收入增长来自现有药品的价格上涨。[19] 在此期间，辉瑞公司将伟哥的价格提高了 57%，莱瑞卡提高了 51%，倍美力（Premarin）提高了 41%。2013 年，美国退休人员协会（AARP）的一项研究发现，立普妥的价格在专利到期的前一年上涨了 9.3%，在 2011 年，也就是专利到期的这一年，上涨了 17.5%。[20] 无独有偶，据报道，艾伯维公司（AbbVie）和百时美施贵宝公司大部分的收入增长都来自价格上涨。药品定价丑闻以及媒体和社会对药品定价的普遍关注，使得辉瑞依靠定价来推动收入增长的策略难以为继。这一点在 2015 年药品行业的净定价持平中表现得尤为明显。[21]

增长策略

辉瑞已经成为世界上最大的制药公司之一，这主要是由于它采取积极的并购（M&A）策略。辉瑞的收购重点主要集中在两大战略：提高自身能力和收购能带来强劲收入的品牌。辉瑞完成的收购大多为组织带来了新能力，如 2000 年收购华纳兰伯特（Warner-Lambert）为其带来了生物制剂能力，2015 年收购 Hospira 带来了生物仿制药能力。此外，辉瑞在 2000 年收购华纳兰伯特时获得了畅销药立普妥的所有权，在 2003 年收购法玛西亚公司（Pharmacia）时获得了西乐葆和百思得（Bextra）的所有权。根据辉瑞的新闻稿和公司历史，辉瑞主要收购（和剥离）的简要时间表如下[22]：

2000 年：辉瑞公司以 900 亿美元收购华纳兰伯特公司的生物制品和消费品组合，获得立普妥的专利权。

2003 年：辉瑞以 600 亿美元收购法玛西亚公司，获得西乐葆、百思得、托特罗（Detrol）和适利达（Xalatan）的专利权。

2005 年：辉瑞公司以 190 亿美元收购维库隆制药公司（Vicuron），用于抗生素研发。

2006 年：辉瑞将其消费品部门以 166 亿美元的价格出售给强生公司。

2007 年：辉瑞公司以 1.64 亿美元收购科利制药公司（Coley），购买生物技术、治疗癌症药物和疫苗药物。

2009 年：辉瑞以 680 亿美元收购惠氏，获得其生物技术药物组合。

2010 年：辉瑞公司以 36 亿美元收购了国王制药公司（King），获得肾上腺素笔的专利权。

2015 年：辉瑞公司以 160 亿美元收购 Hospira 公司，获得其仿制药和可注射药品组合与输液技术。[23]

2016 年：辉瑞公司以 51 亿美元收购安纳科尔制药公司（Anacor），获得其局部抗炎药技术和 Crisaborole 的专利权。[24]

2016 年：辉瑞以 140 亿美元收购 Medivation 公司，获得其前列腺癌药物 Xtandi 技术。[25]

辉瑞曾试图收购一家外国制药公司，从而将其总部迁往海外，但未能成功。CEO 伊恩·里德曾多次表示，该公司在面临国外竞争对手时存在明显劣势，因为竞争对手的税费明显更低。[26] 像这样的美国公司为了降低税费而将其纳税地址迁往外国的交易被称为公司倒置（corporate inversion）。[27] 2014 年，辉瑞试图与竞争对手阿斯利康（AstraZeneca）合并，但遭到双方国家相关机构的强烈反对。最终，在被阿斯利康董事会否决后，辉瑞放弃了这一价值 1 180 亿美元的交易。[28]

2016 年，辉瑞与艾尔建（Allergan）签订了合并协议。如果成功，这笔 1 600 亿美元的交易将创造出世界上最大的制药公司，并且辉瑞还能够将其总部迁至艾尔建的母国爱尔兰，从而能利用那里较低的企业税率。[29] 不过，2016 年 4 月 4 日，美国财政部采取措施限制企业倒置。[30]在此之前，只有当合并后外国公司占公司资产的20%或更多时，公司才会拥有企业倒置带来的税收优惠。新的规定在确定合并后外国公司的相对规模时，对公司在美国进行收购前三年的体量采取了忽视策略。这项新规定是导致辉瑞最后支付1.5亿美元违约金放弃与艾尔建交易的主要因素。[31]因为根据新的税收规定，艾尔建的相对规模低于20%，辉瑞将难以实现企业倒置带来的全部税收收益。

创新策略

辉瑞公司在研发重磅药物方面有着悠久的投资历史。不过，许多业内专家认为，重磅药时代已经结束，新的重磅药将非常罕见。[32]他们认为，具有革命意义的药物大多已被研发出来，几乎没有任何医学领域能够使某种药物产生突破性影响。为了在行业内保持领先，适应行业趋势，辉瑞已经转变了战略，从内部开发战略转变为更加依赖战略合作伙伴关系和并购。

为了支持其关于战略伙伴的战略转型，辉瑞于2004年成立了辉瑞风险投资公司（PVI）。其目标是在医疗科技前沿鉴别具有战略意义的领域和业务，并加以投资。PVI以5 000万美元的年度预算启动，这使得辉瑞能够居于行业趋势前沿，并对开发化合物和相关技术的公司进行投资，这些化合物和技术将增强辉瑞的药物研发渠道，并有助于推动制药行业的未来。[33]2016年1月，辉瑞宣布将扩大其投资战略，包括在免疫肿瘤学、基因治疗和其他前沿领域的早期科学创新方面进行投资。辉瑞在以下四家公司中投资了近4 600万美元，分别是：BioAtla、NextCure、Cortexyme和4D Molecular Therapists。辉瑞与这四家公司和其他公司的战略合作伙伴关系为初创企业提供了世界一流的资源，加速科学创新的步伐，并帮助它们发展药品开发渠道。[34]

➡ 辉瑞内部

管理团队

CEO伊恩·里德 伊恩·里德（Ian C. Read）于2010年12月任辉瑞CEO，并于2011年接替杰弗里·金德勒出任董事长。里德以运营审计员起步，在辉瑞度过了他的整个职业生涯。里德曾取得化学工程和会计学学士学位，这为他在制药行业成功的职业生涯奠定了基础。里德担任过的职务有：辉瑞在墨西哥的首席财务官、辉瑞在巴西的地区经理、辉瑞国际制药集团总裁，以及欧洲执行副总裁和公司副总裁等。里德还是美国制药研究制造商（Pharmaceutical Research and Manufacturers of America，PhRMA）的董事会成员，该研究机构代表着创新生物制药研究公司的领先水平。[35]

战略投资组合和商业运营执行副总裁劳里·奥斯陆 劳里·奥斯陆（Laurie Oslo）监督长期战略和商业目标的执行，并为研发投资战略提供投资组合建议。她于1987年开始在辉瑞的市场研究部门工作。奥斯陆毕业于纽约州立大学石溪分校（State University of New York at Stony Brook）经济学系，并拥有霍夫斯特拉大学（Hofstra University）的

MBA 学位，其足迹遍布国内外，在营销、商业发展、战略分析、企业社会责任和运营方面都担任过领导职位。她的上一个职务是投资组合管理和分析高级副总裁，在该职务中，她是“重新设计辉瑞的研发组织以加强研发渠道并提高效率”工作组的成员。[36]

执行副总裁兼首席开发官罗德·麦肯齐　罗德·麦肯齐（Rod Mackenzie）曾获格拉斯哥大学（University of Glasgow）的化学专业学位和伦敦帝国学院（Imperial College, London）博士学位。在担任现职之前，麦肯齐曾在辉瑞担任过各种职务[37]，他是达非那新（Darifenacin）的共同发明者，由于监管问题，该产品业务于 2003 年被出售。他的职责是监督“辉瑞在多个治疗领域的药品开发和升级”。另外，麦肯齐还是投资组合策略和投资委员会以及 ViiV Healthcare 董事会的成员。[38]

业务运营执行副总裁兼 CFO 弗兰克·德埃米欧　弗兰克·德埃米欧（Frank D'Amelio）于 2007 年 9 月加入公司，对财务、业务发展和业务运营进行监督。多年来，他一直被《机构投资者》（*Institutional Investor*）杂志评为顶级首席财务官。他领导了辉瑞的多次兼并、分拆和销售，例如辉瑞和惠氏的合并，营养业务的出售以及 Zoetis 业务的剥离。他的经验来自他在阿尔卡特朗讯（Alcatel-Lucent）担任过的众多领导职务，包括集成业务高级执行副总裁、首席行政官，以及朗讯科技（Lucent Technologies）的首席运营官。弗兰克获得了圣约翰大学（St. John's University）金融学的工商管理学硕士学位，并在圣皮特学院（St. Pete's College）取得会计学学士学位。目前他代表辉瑞在许多组织担任董事会成员。[39]

主要股东

辉瑞是一家公开上市公司，截至 2015 年 12 月 3 日，其流通股约为 62 亿股。[40] 据雅虎财经报道，辉瑞的主要股东包括机构投资公司先锋集团、黑石和摩根大通，分别拥有流通股总数的 6.32%、4.95% 和 1.89%。辉瑞唯一的主要非机构股东都是组织内部的高管。

人力资源

人力资源工作由查尔斯·希尔三世（Charles H. Hill Ⅲ）领导，希尔自 2010 年 12 月起担任辉瑞全球人力资源执行副总裁。在此之前，希尔曾于 2008 年至 2010 年 12 月担任全球生物制药业务人力资源高级副总裁。2015 年 12 月 31 日，辉瑞公司在全球雇用了约 97 900 名员工。[41]

2007 年，位于英国的全球制造基地辉瑞全球制药，因为探索者培训计划而获得肯定。探索者培训计划为期一年，涵盖团队动态，包括目标、领导力、内驱力、会议态度、环境保护及其他主题。培训分为四个部分，每一个都配有预热活动、为期两天的研讨会、后续作业和后续研讨会。[42]

辉瑞还利用传统手段培训员工。员工需要与其直接领导者协作以制订个人发展计划。他们还开发了一个名为“导师匹配”的工具，旨在允许员工自愿担任导师或寻找具有某些特征的导师，鼓励管理人员进行频繁且深入的绩效评估，以代替标准的年度审查流程。辉瑞还利用短期和中期的工作轮换或其他项目来帮助员工进一步发展。[43]

组织文化

在2010年掌管辉瑞后，里德很快发现辉瑞的许多流程都存在问题。公司向FDA提交的药品申请极为糟糕，以至于FDA有时甚至拒绝审查已提交的申请。里德百思不得其解，在不断寻求答案后，他最后发现，每个人都知道提交的药品申请不符合质量标准的要求，但是没人愿意说出来。对此，里德的解决办法是，给每位员工一枚金币，一面写着“Straight Talk”（实话实说），另一面写着“OWNIT !”（由own the business（拥有业绩）、win in the marketplace（赢得市场）、no jerks-let's discuss behaviors（以人为本）、impact results（结果导向）、trust in one another（信任彼此）这五个词组的首字母构成。）里德的这一办法给了员工质疑老板的权力，他们可以在认为老板做错时与老板直接交谈，最重要的是，这一方法建立了问责制。[44] 从此，“OWNIT !”成为辉瑞文化中根深蒂固的部分。[45]

使命、宗旨和价值观[46]

辉瑞公司的使命是：“成为一流的、创新的生物制药公司。”

辉瑞公司的宗旨是：“持续创新，以创新疗法显著改善患者生活。”

辉瑞的核心价值观是：“客户至上；秉持共同体态度；尊重他人；注重绩效；关注合作；致力于领导力培养；始终保持诚信；质量优先；保持创新。”

运营与供应链

每个创新药物和成熟药物业务均由一名经理单独领导，该经理负责商业生产和满足验收要求的研发活动。创新药物业务的任务是开发新药和疫苗并将其商业化。成熟药物业务专注于在短期内已经失去或即将失去市场独占性的品牌仿制药和传统品牌药物。两种业务均在成熟市场和新兴市场有所涉足。[47]

2015年，辉瑞拥有了真正的全球供应链网络，包括64个内部制造机构、超过200个供应链合作伙伴和134个物流中心。辉瑞称，它拥有850多个主要产品种类。为了满足可溯性的高要求，辉瑞在其供应链中采用了序列化程序。辉瑞还使用了高度协调的供应网络（HOSuN），将库存、运输、物流及安全性、法规遵从性、环境友好与安全及其他功能连接到一个真正的集成系统中。辉瑞还使用HOSuN进行业务连续性风险评估及解决。[48]

药物生产可能极其复杂。例如，被称为Prevenar 13的疫苗在2015年经历过10亿次的生产过程。据辉瑞称，生产Prevenar 13需要1 700名员工参与，通过678种质量测试，使用400种不同的原材料，历经580个生产步骤，时长超过2年。[49]

2015年，辉瑞收入的56%（271亿美元）来自美国以外的业务。日本是仅次于美国的第二大市场。[50]

营销与分销

在全球生物制药业务中，辉瑞的产品受众为医疗保健提供商和患者。辉瑞的营销组织负责对众多利益相关者提供指导，主要包括产品的批准用途、产品效益和风险。辉瑞在美国采用直接面向消费者的广告宣传活动，这些宣传活动会向消费者提供类似信息，并建议感兴趣的客户咨询医嘱。辉瑞“全球消费者健康业务部门使用自己的营销组织来推广产品，偶尔会在较小的市场中利用分销商”。电视、数字媒体、印刷媒体和店内媒体都是向消费者推销的渠道。[51]

在美国，产品都必须获得 FDA 的批准才能进行市场营销活动。FDA 的监督手段包括“产品测试、制造、安全性、功效、标签和储存、记录保存、广告和促销的各种监管法规”[52]。此外，还有一些联邦和州的法律用来防止欺诈和滥用，包括虚假索赔和反回扣法。辉瑞在“其他大多数国家 / 地区都遇到过类似的监管和立法问题”[53]。

辉瑞的一些国外营销做法曾受到批评。2012 年 8 月，美国证券交易委员会认为辉瑞违反了《美国反海外腐败法》（Foreign Corrupt Practices Act），并对其处以 4 500 万美元的罚款。为了获得监管部门的批准以销售和增加处方药，辉瑞的几家子公司一直在贿赂外国官员。这些贿赂金额被隐藏在会计报表的营销和促销费用中。2004 年，辉瑞自曝了这些违规行为，随后进行了反腐败培训。[54]

从分销的角度来看，处方药产品主要出售给了批发商。2015 年，根据辉瑞的报告，“来自排名前三位的生物制药批发商的收入约占我们总收入的 34%（占美国总收入的 74%）”[55]。辉瑞还直接向零售商、医院、药房和诊所发货，疫苗则“主要是直接卖给个别供应商办事处、疾病控制和预防中心（Centers for Disease Control and Prevention）以及批发商”[56]。

财务状况

在过去的五年中，辉瑞的收入一直在缓慢下滑，净收入降至 69.6 亿美元。收入减少的主要原因是持续经营收入的减少，Zoetis 的拆分对 2013 年后收入和销售成本的下降产生了复合效应。过去三年来，流动资产保持稳定，但是，短期投资有所下降。商誉有所增加，这反映了近年来收购的溢价效应。过去五年，辉瑞的短期借款增加了近两倍。总体而言，辉瑞的资产负债表在过去两年中一直保持稳定，但与 2014 年相比，辉瑞的总负债在 2015 年略高，总权益在 2014 年略有下降，两个年度均低于 Zoetis 分拆之前的水平。[57] 表 2 和表 3 反映了辉瑞的详细财务信息。

表 2　辉瑞收益表　　单位：百万美元

合并收益表					
	2015 年	**2014 年**	**2013 年**	**2012 年**	**2011 年**
损益表（摘要）					
收入	48 851	49 605	51 584	58 986	65 259

续表

合并收益表					
	2015年	**2014年**	**2013年**	**2012年**	**2011年**
费用和支出					
销售成本	9 648	9 577	9 586	11 334	14 076
销售、信息与管理费用	14 809	14 097	14 355	16 616	18 832
研发费用	7 690	8 393	6 678	7 870	9 074
无形资产摊销	3 728	4 039	4 599	5 175	5 544
重组费用和特定收购相关成本	1 152	250	1 182	1 880	2 930
其他（收入）/扣除净额	2 860	1 009	(532)	4 031	2 499
持续经营所得（未计提所得税）	8 965	12 240	15 716	12 080	12 304
所得税准备金	1 990	3 120	4 306	2 562	3 909
持续经营所得	6 975	9 119	11 410	9 518	8 395
终止经营产生的收益项目					
终止经营业务的收入：税后净额	17	(6)	308	297	350
处置已终止经营业务的收益/（损失）：税后净额	(6)	55	10 354	4 783	1 304
终止经营产生的收益：税后净额	11	48	10 662	5 080	1 654
分配给非控制性权益前的净收入	6 986	9 168	22 072	14 598	10 049
除去归属于少数股东部分的净收益	26	32	69	28	40
辉瑞公司应占净收入	6 960	9 135	22 003	14 570	10 009

资料来源：Pfizer Annual Reports.

表3　辉瑞公司资产负债表　　单位：百万美元

合并资产负债表					
	2015年	**2014年**	**2013年**	**2012年**	**2011年**
资产					
现金及现金等价物	3 641	3 343	2 183	10 081	3 182
短期投资	19 649	32 779	30 225	22 318	23 270
应收账款，减去坏账准备金	8 176	8 401	9 357	10 675	13 058
存货	7 513	5 663	6 166	6 076	6 610
当期税收资产	2 662	2 566	4 624	6 170	9 380
其他流动资产	2 163	2 843	3 613	3 567	5 317
已终止经营业务资产及其他待售资产	—	—	76	5 944	—
流动资产总额	43 804	55 595	56 244	64 831	60 817
长期投资	15 999	17 518	16 406	14 149	9 814

续表

合并资产负债表					
	2015 年	**2014 年**	**2013 年**	**2012 年**	**2011 年**
财产、工厂和设备，减去累计折旧	13 766	11 762	12 397	13 213	15 921
可辩认无形资产，减去累计摊销	40 356	35 166	39 385	45 146	51 184
商誉	48 242	42 069	42 519	43 661	44 569
非流动递延税项资产及其他非流动税项资产	1 794	1 944	1 554	1 565	5 697
其他非流动资产	3 499	3 513	3 596	3 233	—
总资产	167 460	167 566	172 101	185 798	188 002
负债与所有者权益					
短期负债，包括长期债务的流动部分	10 160	5 141	6 027	6 424	4 016
应付账款	3 620	3 210	3 234	2 921	3 678
应付股息	1 852	1 711	1 663	1 733	1 796
应付所得税	418	531	678	979	1009
应计补偿金及相关项目	2 359	1 841	1 792	1 875	2 120
其他流动负债	10 990	9 153	9 951	13 812	15 066
终止经营负债	—	—	21	1 442	1 224
流动负债总额	29 399	21 587	23 366	29 186	28 909
长期负债	28 818	31 541	30 462	31 036	34 926
应缴员工养老金，净额	6 310	7 885	4 635	7 782	6 355
应缴员工退休金，净额	1 809	2 379	2 668	3 491	3 344
非流动递延税项负债	26 877	23 317	25 590	21 193	18 861
其他应纳税额	3 992	4 353	3 993	6 581	6 886
其他非流动负债	5 257	4 883	4 767	4 851	6 100
负债总计	102 463	95 944	95 481	104 120	105 381
所有者权益					
按规定价值计算的无面值优先股	26	29	33	39	45
普通股	459	455	453	448	445
资本溢价	81 016	78 977	77 823	72 608	71 423
员工福利信托	—	—	—	—	(3)
库存股，按成本股	(79 252)	(73 021)	(67 923)	(40 122)	(31 801)
留存收益	71 993	72 176	69 732	54 240	46 210
累计其他综合损失	(9 522)	(7 316)	(3 271)	(5 953)	(4 129)
辉瑞公司总股东权益	64 720	71 301	76 307	81 260	82 190
非控制性权益	278	321	313	418	431
总权益	64 998	71 622	76 620	81 678	82 621
负债和权益总额	167 460	167 566	172 101	185 798	188 002

资料来源：Pfizer Annual Reports.

竞争格局

主要竞争对手

制药行业在研究和临床试验上投入大量资金，利润获得则依赖于获得 FDA 的药物批准及专利保护，同时研究下一个“奇迹”药物。一旦一个药物被成功推向市场，制药公司将会获得很高的回报，一旦失败，则会浪费大量时间和金钱。辉瑞最大的竞争对手是默克、诺华、百时美施贵宝和强生。[58] 表 4 反映了这些竞争对手的部分比较财务比率。

表 4 比较财务比率

	辉瑞	默克	诺华	百时美施贵宝	强生
研究占收入的百分比（%）	15.74	16.97	17.73	35.79	12.91
收益（INR（印度卢比），百万）	48 851	39 498	50 387	16 560	70 074
毛利率（%）	80.3	62.2	65.5	76.4	69.3
营业收入（INR，百万）	11 824	6 928	8 977	1 890	18 065
营业利润率（%）	24.2	17.5	17.8	11.4	25.8
净利润（INR，百万）	6 960	4 442	17 783	1 565	15 409
每股收益（INR）	1.11	1.56	7.29	0.93	5.48
股息（INR）	1.12	1.81	2.67	1.49	2.95
支付比率（%）	82.7	48.4	77.7	139.6	55.6
股票（百万）	6 527	2 841	2 403	1 679	2 813
每股账面价值（INR）	10.82	16.39	32.31	9.08	25.86
经营性现金流（INR，百万）	14 512	12 421	11 897	1 832	19 279
资本支出（INR，百万）	–1 496	–1 283	–3 505	–820	–3 463
自由现金流（INR，百万）	13 016	11 138	8 392	1 012	15 816
每股自由现金流（INR）	2.22	1.65	3.97	0.64	5.3
营运资金（INR，百万）	14 405	10 561	–863	2 398	32 463
税率（%）	22.2	17.44	13.6	21.47	19.73
净利率（%）	14.25	11.25	35.29	9.45	21.99
资产周转率（平均）	0.29	0.39	0.39	0.51	0.53
资产收益率（%）	4.13	4.44	13.84	4.78	11.65
财务杠杆（平均）	2.59	2.28	1.71	2.23	1.88
股本回报率（%）	10.24	9.52	24.06	10.75	21.87
投资资本回报率（%）	7.11	6.74	19.28	7.83	17.55
利息保障倍数	8.48	9.04	13.16	12.29	35.78

资料来源：Morningstar.com.

默克　默克成立于1891年。2015年，其收入达到395亿美元，这使其成为当今世界上最大的制药公司之一。降胆固醇药品牌益适纯（Zetia）是默克公司的第二大收入来源，是辉瑞立普妥（专利于2011年到期）的直接竞争对手。益适纯的销售额达到每年近30亿美元，立普妥则为18.6亿美元。[59]

主要的收购[60]：

1993年：默克收购了Medco Containment Services（60亿美元）；

2009年：先灵葆雅（Schering-Plough）与默克合并（410亿美元）；

2014年：默克收购Cubist Pharmaceuticals（84亿美元）。

诺华　诺华于1996年在瑞士成立，是制药行业的全球销售领导者，2015年的收入达504亿美元。诺华正在开发的多种治疗肿瘤的产品将直接与辉瑞竞争。目前，其畅销产品是针对癌症、多发性硬化症和黄斑病变的处方药。[61]

主要的收购[62]：

1999年：与汽巴－嘉基（Ciba-Geigy）和山德士（Sandoz Laboratories）合并；

2005年：收购赫素（Hexal）和永世实验室（Eon Labs)(82.9亿美元)；

2006年：收购奇隆（Chiron Corp.)(51亿美元)；

2010年：收购爱尔康（Alcon)(393亿美元)；

2012年：收购Fougera Pharmaceuticals（15亿美元）。

百时美施贵宝　百时美施贵宝于1887年在纽约成立，2015年的收入为188亿美元。它生产的抗精神病药物阿立哌唑（Abilify）处于市场领先地位，该药物被广泛用于治疗精神分裂症。像大多数制药公司一样，百时美施贵宝的主要利润来自有限数量的昂贵特种药物和市场广阔的廉价药物。[63]

主要的收购[64]：

2009年：收购Medarex；

2015年：收购Flexus Biosciences（12.5亿美元）和Cardioxyl（20亿美元）；

2016年：收购Padlock Therapeutics（6亿美元）和Cormorant Pharmaceuticals（5.2亿美元）。

强生　强生成立于1886年，是美国跨国医疗器械、药品（占收入的40%）和消费品包装的制造商。除了用于自我治疗和家庭用药的非处方产品外，强生还生产用于治疗自身免疫性疾病、前列腺癌和艾滋病的高价特种药物。[65]

主要的收购[66]：

2006年：收购辉瑞的消费者医疗保健业务（166亿美元）；

2013年：收购Aragon Pharma（10亿美元）；

2014年：收购Alios Biopharma（17.5亿美元）。

外部环境

法律、政治和科技力量会给制药行业带来巨大影响。药品定价和逃税等社会问题则使得人们要求政府进行更严厉的监管。

法规

在美国，制药公司受FDA的监管。FDA主要通过两项行动对药品质量进行监督：审查药品申请和检查工厂的生产规范是否良好。为了减少公认的失误，例如高水平产品的召回、关键药物的短缺和检查工作的缺少，FDA在2015年1月成立了药品质量办公室（Office of Pharmaceutical Quality，OPQ）。OPQ的成立是为了加强对所有药品的质量监督。[67]其任务是确保向美国市场供应优质药品，使用更为科学和基于风险的方法，利用量化评估和专家评估对产品进行监督，鼓励开发和采用新技术，并“在整个产品生命周期中提供审查、抽查、监控、相关政策和研究的无缝化集成监管”[68]。

FDA的监督会影响价值链的多个方面。例如，当《美国联邦法规汇编》（Code of Federal Regulations，CFR）第21卷第11部分生效时，FDA提高了制造业信息审计追踪的重要性。这次修正的内容要求任何参与设计、制造与测试药品的人都必须遵守准则。这鼓励制造商对电子记录进行更好的保存，包括记录时间戳、验证和签名。《美国联邦法规汇编》第21卷第11部分是在2007年通过的国家药品编码（National Drug Code，NDC）的基础上制定的。NDC要求制造商在产品上使用序列化代码，以提高整个出厂后供应链的可追溯性。[69]

《平价医疗法》

2014年，美国国税局（Internal Revenue Service）发布了针对品牌处方药费（Branded Prescription Drug Fee，BPD）的最终规定，这是对品牌处方药制造商征收年度非税收抵扣费用的规定，并已纳入患者保护与《平价医疗法》。新法规要求政府资助的药品计划向财政部报告年度处方药销售数据。报告计划包括：医疗保险、医疗补助、卫生保健计划和退伍军人事务部（Department of Veterans Affairs）。品牌处方药费用是根据制造商在报告处方药销售总额中的相对百分比分配的。[70]根据美国国税局的收费表，2014年品牌处方药费用总计为30亿美元，辉瑞约为2.2亿美元，该费用于2015年支付。[71]

《平价医疗法》还对《公共卫生服务法》（Public Health Service Act，PHS）中的内容进行了更正，以加快FDA对生物仿制药的批准——生物仿制药是FDA批准的生物制品的通用版本，制造商必须出示临床证据，证明新产品的功效与FDA批准的参考生物制剂高度相似。FDA收到生物仿制药的试验数据后，可以根据《平价医疗法》进行快速批准程序。在2010年之前，没有任何生物仿制药产品被FDA批准[72]，截至2016年8月，有三种仿制药产品得到批准。[73]

药品定价问题

最近，公众对药品价格上涨的愤怒达到了顶点，许多丑闻登上了全国报纸的头条。图灵制药（Turing）将主要由艾滋病患者和孕妇使用的药物Daraprim的价格从每片13.5美元提高到750美元，涨幅超过5 000%。[74]另一起类似事件与迈兰（Mylan）有关，该公司生产注射器肾上腺素笔，其中包含一种用于治疗危及生命的过敏反应的药物（辉瑞制药生产）。迈兰在不到三年的时间内将肾上腺素笔的价格从 265 美元提高到 600 美元以上。[75] 许多人认为价格上涨是对 2012 年达成的和解协议的回应，根据该协议，迈兰允许仿制药竞争对手在 2015 年进入市场。

美国医疗保健成本的上涨日益受到选民的关注，社会压力使医疗保健改革和对药品价格的监管问题呈现在全国性政治平台，甚至是选票上。双方的政治游说者正在花费数百万美元以影响此类倡议的结果。加利福尼亚州的第 61 号提案（Proposition 61）就是其中一项举措，它将州政府机构购买处方药的金额限制在美国退伍军人事务部的范围内，该部门通常会享受处方药价格 20% ～ 25% 的折扣。辉瑞向反对第 61 号提案的政治行动团体捐赠了超过 940 万美元，制药公司总共捐赠了 1.09 亿美元（其中，默克 940 万美元，强生 930 万美元）。[76]

展　望

过去六年来，伊恩・里德一直是辉瑞的掌舵人。立普妥的专利权到期之后，这一历史上最畅销的药物将不再对辉瑞的利润有太大贡献。辉瑞是否仍然有能力开发可持续的盈利药物？还是必须对战略和运营进行重大改变？辉瑞是否有机会在阿斯利康和艾尔建的失败收购后实现大逆转？药品价格丑闻、医疗改革的政治环境、社会日益增加的对“大型制药公司”的不满情绪、医疗保健成本的不断上涨，辉瑞将如何面对这些挑战？这些挑战里是否还蕴藏着机遇？在这种充满挑战的商业环境中，辉瑞如何才能最好地定位，进而实现增长和盈利？

案例 5

Publix

2018年1月

2016年，托德·琼斯（Todd Jones）被任命为Publix超市公司的CEO，之后不久，董事会授权其在竞争激烈的弗吉尼亚州里士满市开设10家新店。[1] 到目前为止，Publix在本土市场佛罗里达州以外的扩张取得了极为可观的回报，在佐治亚州取得了排名第三的市场份额，在田纳西州也加入了竞争行列。[2] 琼斯强调服务和独特的购物体验，他认为Publix会使里士满市的购物者联想到目前已经关闭的以服务为导向的Ukrop超市，从而让Publix迅速获得其竞争对手沃尔玛和克罗格的市场份额。然而，向里士满市扩张也标志着Publix首次与韦格曼斯（Wegmans，这是一家与Publix具有类似背景并同样专注于服务的超市）以及另一家新的欧洲品牌利德尔进行直接竞争。[3] Publix的这次扩张会成功吗？

公司背景

1930 年 9 月 6 日，大萧条时期，乔治·詹金斯（George Jenkins）在佛罗里达州温特黑文市开设了第一家 Publix 超市。[4] 作为用来展示公司对员工“关爱”的轶事，Publix 的创立故事已成为公司的传奇。故事是这样的：在温特黑文市，詹金斯曾是 Piggly Wiggly 一名成功的经理。但是，当 Piggly Wiggly 的新老板拒绝一位开了 8 小时车想与他见面的詹金斯的客户时，詹金斯愤而离开，一回到佛罗里达，就开了一家与之竞争的商店。[5]

从那以后的几十年中，詹金斯的这家小型杂货店迅速发展。到 2016 年底，Publix 收入超过 340 亿美元，在美国东南部经营着 1 136 家超市，到 2017 年 11 月，这一数字达到 1 161 家（商店细分见图 1）。[6] 除商店外，Publix 还拥有 9 个配送中心（其中 7 个在佛罗里达州）和 11 个奶制品、新鲜食品和烘焙食品的制造厂（佛罗里达州 9 个，佐治亚州 2 个）。[7] 公司 85% 的收入来自传统的超市销售，包括乳制品、农产品、肉类和海鲜，其余的 15% 来自健康与美容保健、百货、药房、花卉和其他产品与服务。Publix 为客户提供国家认可的品牌及自有品牌，并依靠自己的分销中心供应大部分产品。[8]

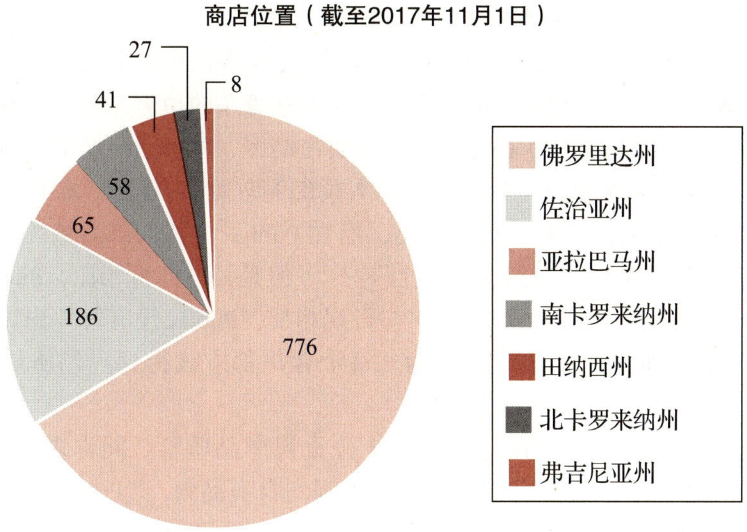

图 1　商店位置及数量

资料来源：Publix Super Markets, Inc. Locations. http://store.publix.com/publix, Accessed November 22, 2017.

Publix 的最大优势之一是客户服务——连续 14 年在美国消费者满意度指数中排名第一。[9] 长期以来，公司的座右铭强调了这一重点："哪里有购物，哪里就应该有快乐"。作为一家雇员参股的公司，Publix 也拥有极高的员工满意度，已连续 19 年进入《财富》杂志美国最适宜工作公司 100 强。[10] 在最近的哈里斯民意调查（Harris poll）中，Publix 还被公认为是美国最具社会责任感的公司之一，总排名第二（仅次于韦格曼斯），且在"千禧一代"中排名第二（仅次于特斯拉汽车）。[11]

商业与策略

Publix 所处的零售食品行业竞争激烈。它的 1 136 家超市位于美国的东南和大西洋中部地区——佛罗里达州、佐治亚州、亚拉巴马州、南卡罗来纳州、北卡罗来纳州、田纳西州，以及截至 2017 年的弗吉尼亚州。

运营策略

公司的核心战略侧重于客户服务、产品质量、购物环境、有竞争力的价格和便利的地理位置。Publix 认为，专注这些方面对公司的成功至关重要。此外，管理层认为，在竞争日益激烈的行业中，持续关注这几个方面是差异化、市场份额可持续提升以及财务增长的关键。[12]

客户服务　Publix 以"持之以恒提升顾客愉悦感"而闻名。[13] 该公司的创始人詹金斯呼吁每位 Publix 员工，"让每位客户的生活因为遇见你变得更加美好"[14]。即使在今天，这种口头禅仍持续影响着Publix员工的行为。员工实践着Publix的10英尺和10秒规则，即向每一个距自己10英尺内的人微笑并与之交谈，在顾客到达门店的10秒内向其致意。[15]而且，相比于提供给客户商品的位置编码，Publix员工接受的培训是为客户拿取商品。为了确保顾客能快速结账，Publix设定了“两行顾客并进结账的目标”，该目标通过公司专有的预测人员编制软件实现。[16]在几乎所有其他超市购物时，顾客都要自己拎着购得的物品，而在Publix，“我们以出色的客户服务而感到自豪，该服务包括将物品送到您的车上”[17]。但是，与同行相比，Publix提供的额外客户服务导致了较高的运营成本。[18]与行规相反，Publix没有客户忠诚度计划。公司一再表示，它回避忠诚度计划是因为“每个客户都应该得到我们所能提供的最好服务”[19]。

产品质量 为了使客户满意，Publix十分重视产品质量。同许多竞争对手一样，Publix也提供众多自有品牌产品，共有三个不同的自有品牌。“Publix”品牌是基本产品，“Publix Greenwise”专注于有机和天然产品，“Publix Premium”则定位于更高价位的产品。[20]

购物环境 Publix还专注于其商店的清洁和外观，不断翻新门店，仅在2016年就改造了156家超市。[21]这是公司近年来“每年翻新10%以上门店”战略的延续，2015年，公司完成了154家超市的翻新工作，2014年则翻新了138家。[22]Publix完成这些项目的同时，还优先考虑便利性和可持续性。除了Publix面包店和熟食店外，经过翻新的商店还设有药房、花店以及星巴克咖啡馆，2017年，至少20个商店设置了咖啡馆。[23]在商店外，Publix通过提供路边回收和设置电动汽车充电站向客户展示自己在保护环境上的承诺。[24]

有竞争力的价格 Publix非常轻松地承认，它专注于服务而不是价格。[25]但是，它并没有忽略价格，与一些竞争对手相比，它的价格实际上更低。Publix还提供许多省钱机会，例如数字优惠券，并且以“买一送一”促销活动而闻名。[26]人们认为，Publix用数字优惠券和“买一送一”促销相结合的方式，取代了许多大型竞争对手（例如克罗格）使用的会员计划。[27]

便利的位置 Publix的超市通常位于带状购物中心内，并且Publix是主要租户。有时，Publix与房地产开发商建立合资企业来开发这些购物中心。在1 136家门店中，有274家土地和建筑物均归Publix所有，有57家建筑物归公司所有，土地为租赁所得。其余的超市均为租赁，并计划在20年内续约。Publix超市的面积从28 000平方英尺到61 000平方英尺不等，这使公司相比于其他竞争对手拥有更多的空间进行运营。[28]

增长策略 有机增长在杂货业中很少见。通常，由于成熟的本地品牌带来的市场饱和和难以获得优质房地产资源，有机增长难以带来成功。[29]尽管如此，Publix还是通过有计划的有机增长战略取得了相当大的成功。首先在最初的发源地佛罗里达市场发家，再通过东南地区一路向北。2017年，公司正向它的第七个地区——弗吉尼亚州扩张。

创新策略 尽管有一些观察家批评Publix过分专注于实体店覆盖范围的持续扩张，但实际上Publix并没有忽略商品的网购与配送趋势。[30]2003年，Publix尝试杂货配送

（Publix Direct），但遭遇失败，2016 年，Publix 再一次通过 Instacart 测试杂货配送服务。如今，通过 Instacart，Publix 一半以上的商店为居住在商店周围地区的顾客提供两小时短时杂货配送服务。公司计划到 2020 年，所有的商店都可以提供 Instacart 服务。[31] 除帮助时间紧张的客户提供杂货配送服务外，Publix 还扩大了其线上轻松订购（Online Easy Ordering，OEO）服务。现在，有超过 200 种面包和熟食可通过 Publix 网站订购，比如在线定制好蛋糕再去附近商店提货。[32]

Publix 还对套餐和餐饮外卖进行了大量投资。其“围裙”（Aprons）产品线包括针对特定商店的、附带购物信息的定制食谱，在商店多个地点提供的烹饪课程，现在还在佛罗里达州 Publix 的几个商店内提供预制食材包服务。[33] 与某些竞争产品不同，Publix 针对产品使用者不同的烹饪经验定制了不同的食材包，还为更复杂的准备工作提供了简单的再加热选项。[34]

Publix 内部

主要管理者

CEO 托德·琼斯 埃德·克伦肖（Ed Crenshaw）在领导了 Publix 8 年后辞职，托德·琼斯被任命为 CEO。琼斯在 Publix 工作了 36 年，其职业生涯从店员开始。在担任 CEO 前，他在公司担任过多个不同岗位，最近一次是从 2008 年起担任 Publix 总裁。[35] 尽管琼斯是第一位领导 Publix 的非家族成员，但他知识渊博，在公司内部非常受人尊敬。[36]

主席威廉·克伦肖 威廉·克伦肖（William E. Crenshaw）是 Publix 创始人乔治·詹金斯（George Jenkins）的孙子。威廉在 Publix 工作了 42 年，在 2008 年至 2016 年期间担任 CEO。在辞去 CEO 一职之后，威廉开始担任 Publix 董事会主席。[37] 和琼斯一样，威廉在公司的职业生涯始于店员，他工作勤恳，可谓鞠躬尽瘁。威廉的高管生涯中，有一部分是在佛罗里达州以外的公司度过的。20 世纪 90 年代，威廉带领 Publix 进入了佐治亚州市场。[38]

执行副总裁兼首席财务官大卫·菲利普斯 与琼斯和威廉类似，大卫·菲利普斯（David R. Phillips）在 Publix 的职业生涯开始于 1984 年任职内部审计师。菲利普斯在 1999 年晋升为首席财务官（CFO）前，曾在 Publix 担任过多个财务职位，包括财务总监和财务主管。琼斯升任 CEO 后，Publix 董事会对菲利普斯委以重任，并将其提升为执行副总裁。[39]

高级副总裁艾莉森·史密斯 艾莉森·史密斯（Alison M. Smith），1995 年以兼职的身份加入 Publix，此后晋升为高级人力资源官，她从 1999 年开始担任就业和人员总监，2004 年担任组织发展总监。艾莉森·史密斯拥有工业 / 组织心理学博士学位，最近由琼斯提拔，对人力资源、客户服务与社交媒体以及媒体与社区关系进行战略监管。[40]

全渠道（Omnichannel）和应用程序开发副总裁埃里克·卡滕坎普 埃里克·卡滕

坎普（Erik Katenkamp）于 1995 年从航空业转行加入 Publix。卡滕坎普具有工业工程学背景，曾在 Publix 担任过许多与 IT 相关的角色，包括 IT 业务经理、应用交付总监和信息系统副总裁。[41] 卡滕坎普的职位是公司于 2017 年 8 月新设立的，因为 Publix 开始采取措施加强其数字产品，并在顾客购物体验中更全面地整合这些产品。[42] 全渠道是一种多渠道零售方法，可以帮助消费者感受无缝的购物体验，无论是线上购物还是从传统商店购物。

房地产资产副总裁威廉·雷本　威廉·雷本（William Rayburn）于 1993 年加入 Publix，担任业务分析师。2000 年，他转任资产经理，2003 年，成为房地产资产总监。2017 年，琼斯将雷本提升为副总裁[43]，反映出他对雷本的信心，以及 Publix 房地产业务的迅猛发展。在过去十年中，公司拥有的不动产总量增加了两倍。[44]

员工持股

Publix 是美国最大的员工持股公司，拥有超过 180 000 名员工[45]，公司股票公开发售对象仅为现有员工和公司董事会成员。员工持股计划（the employee stock ownership plan，ESOP）包含的规定有：禁止在所有者未首先向公司提供普通股的情况下进行任何价值转移。公司普通股的市场价格由董事会决定，主要根据竞争对手的财务数据、它们与 Publix 的关系，以及与竞争对手的普通股价格比较等得出。

截至 2017 年 2 月，共有 17.9 万名记录在案的 Publix 普通股持有人。[46] 随着时间的流逝，ESOP 取得了惊人的成功。自 1974 年实施以来，年平均回报率超过 15%。[47] 研究表明，除了给员工带来巨大好处之外，员工持股还可以使公司利润提高 4%。[48] 一些观察家指出，Publix 最大的优势可能是 ESOP 所有权结构及其以人为本的管理风格。[49]

人力资源

Publix 公司最重要的企业战略重点之一就是对其员工或合伙人进行投资，正如他们在公司中所说的那样。除了成为 ESOP 的一员，拥有投资所在公司的排他性选择权外，每个 Publix 合伙人每年都会接受一次调查，以获得关于领导力、业务工具、薪酬和政策的反馈。[50] 公司还鼓励员工利用教育计划帮助实现公司的业务目标，并提高自己的技能和知识。员工奉献，通常在公司中被称为“新鲜的流动血液”（bleeding green），也将获得加薪奖励和组织内发展晋升的机会。在组织内部，所有在一年中投入 1 000 个工时的员工都将额外获得价值总薪金 8.5% 的 Publix 股票。

Publix 采用内部晋升制度，在每个商店中都有一个晋升图，突出显示每个员工成为经理的路径。公司鼓励员工轮换到组织内的各个业务部门，包括但不限于房地产、杂货和分销。[51] 由于 Publix 对员工的看重，它在许多指标中都成为佼佼者，被全国关注。最近的一些指标成就显示在表 1 中。也许，最有说服力的是，Publix 的年度员工流动率为 5%，同行的流动率则高达 65%。[52]

表 1　2016 年奖项与殊荣

•《财富》："千禧一代"选择的百佳工作场所之一
•《财富》《最佳工作机构》：零售业 15 个最佳工作场所之一
•《财富》：最重要的私营公司
•《财富》：美国百佳公司；连续 19 年入选
•《财富》：最受赞赏的公司；连续 23 年入选
• J. D. Power & Associates：超市部门整体满意度最高的药房；过去 10 年中 8 年入选

资料来源：Publix Super Markets, Inc. Company Overview: Awards and Achievements. http://corporate-publix.com/about-publix/company-overview/awards-achievements, Accessed November 22, 2017.

组织文化

Publix 采用利益相关者理论的思想进行管理。公司结构将"合作伙伴"(员工) 提升到所有者和股东的地位。公司使命和商业策略遵循客户优先、以客户为中心的原则，公司的慈善机构 Publix Charities 一直回馈当地社区。此外，像温室气体盘查清册、智能灌溉系统、路边回收和电动汽车充电站这样的可持续实践在 Publix 变得随处可见。[53]

Publix 在各个方面运用持续质量改进 (Continuous Quality Improvement，CQI) 理念，包括运营、工作环境、生产率、产品、服务等。实现 CQI 目标的方法有即刻工作改进 (Work Improvement Now，WIN) ——期望员工立即改善自己的流程，以及质量改进过程 (Quality Improvement Process，QIP) ——在部门和公司设定相同的期望。[54]

Publix 的公司文化不仅限于鼓励反馈和持续改进。据悉，作为公司的所有者，每位员工都有责任改善超市的日常运营方式。公开政策和年度员工调查 (("员工之声调查" (Associate Voice Survey)) 只是 Publix 众多用来促进反馈和持续改进策略中的两种。[55]

使命、宗旨和价值观

Publix 的使命是"成为世界上最优质的食品零售商"，公司的承诺是：

- 专注于客户价值；
- 不容忍浪费；
- 致力于员工的尊严、价值和就业保障；
- 致力于为股东提供最高管理标准；
- 作为负责的公民参与 (其所在) 社区的活动。[56]

运营与供应链

截至 2016 年底，Publix 拥有 1 136 家超市，经营着 5 340 万平方英尺的超市。[57] 所有能在 Publix 购买到的产品中，总成本的约 74% 由其自己拥有和运营的 9 个分销中心和 11 个制造工厂提供并交付。[58] 由于有了这些基础设施，Publix 不再依赖单个供应商。Publix 目前正在扩大其供应链业务范围，因为其 9 个配送中心有 7 个位于佛罗里达州。任何进一步的地域扩张都将需要更多的分销中心，需要重新考量公司的运营和供应链战略。[59]

市场营销

Publix 拥有自己的营销团队，由担任着 50 个不同职位的大约 100 名员工组成。[60]当 Publix 进入新阶段时，其要传达的信息并没有突破性的内容，而只是试图将 Publix 的文化传递给新市场。2015 年，当 Publix 扩展到北卡罗来纳州时，一位发言人表示："我们一直以来都与现有和潜在客户共享信息、保持共情，但分享我们的企业文化变得更加重要。在新兴市场中，我们更加强调我们的'Publix 保证'（Publix Guarantee），并推广我们不采用忠诚度计划的理念——每个客户都应该得到我们提供的最好服务。"[61]"Publix 保证"中写道："我们永远不会故意让您失望。"Publix 营销团队专注于业务所在的地理区域，并在那里扩大其电视、广播和社交媒体的广告力度。截至 2017 年 11 月，Publix 的脸书账号拥有近 280 万关注者。[62]

财务状况

在过去的五年中，Publix 的收入从 2012 年的 277 亿美元增长到 2016 年的 343 亿美元，复合年增长率为 4.35%。同期，其净收入从 15.5 亿美元增加到 20.3 亿美元，复合年增长率为 5.48%。由于店内销售增长以及商店数量的增加，销售增加了，同时净收入也在增长，且增速更快。在过去三年中，销货成本（COGS）、毛利率以及销售、管理及行政费用（SG&A）占销售额的百分比一直保持相对稳定。Publix 在 2016 年发放了 4 次季度股息，总计每股 0.867 5 美元。一直以来，Publix 的债务极少，其负债权益比率在 2016 年低至 30%。[63]流动性方面，Publix 表现良好，同比流动比率一直在提高，于 2016 年达到 1.56。过去五年的 Publix 损益表和资产负债表见表 2 和表 3。

Publix 的财务业绩与同行相比更为良好。Publix 的产品价格略高于克罗格，但低于全食超市，这从销货成本和销售毛利率指标上可以看出。令人印象深刻的是，Publix 的净收入大约等于克罗格的净收入，尽管其收入仅是这个较大竞争对手的 31%。Publix 的营业利润率比克罗格高出近 2.5 倍，几乎是沃尔玛的两倍，这令同行羡慕不已。主要比较数据在表 4 中可以找到。

表 2 Publix 损益表 单位：百万美元

	2012 年	2013 年	2014 年	2015 年	2016 年
收入	27 707	29 148	30 802	32 619	34 274
收益成本	19 911	20 937	22 233	23 460	24 734
毛利	7 796	8 210	8 570	9 159	9 540
营业费用					
销售、管理及行政费用	5 631	5 890	6 169	6 481	6 788

续表

	2012 年	2013 年	2014 年	2015 年	2016 年
其他营业费用					
总营业费用	5 631	5 890	6 169	6 481	6 788
营业收入	2 165	2 320	2 401	2 678	2 752
其他收入（支出）	137	146	169	191	189
所得税前收入	2 303	2 466	2 570	2 869	2 940
所得税准备金	750	812	835	904	915
净收入	1 552	1 654	1 735	1 965	2 026
每股收益					
基本每股收益	1.98	2.12	2.23	2.54	2.63
稀释每股收益	1.98	2.12	2.23	2.54	2.63
加权平均流通股					
基本加权平均流通股	783	780	779	774	769
稀释加权平均流通股	783	780	779	774	769
EBITDA	2 796	2 821	2 914	3 260	3 376

资料来源：Company Annual Reports；Morningstar.

表 3　Publix 资产负债表　　单位：百万美元

	2012 年	2013 年	2014 年	2015 年	2016 年
资产					
当前资产					
现金及现金等价物	337	302	407	352	438
短期投资	797	830	999	1 377	1 592
现金总额	1 135	1 131	1 407	1 729	2 030
应收账款	519	540	549	724	715
存货	1 409	1 507	1 598	1 741	1 722
递延所得税	58	56	71	51	77
预付账款		26	109	70	50
其他流动资产	28				
流动资产总额	3 149	3 260	3 734	4 314	4 596
非流动资产					
土地	689	716	936	1 158	1 416
固定设备	4 588	3 759	4 102	4 303	4 582
其他资产	3 703	3 944	4 629	5 252	5 984

续表

	2012 年	2013 年	2014 年	2015 年	2016 年
财产和设备（按成本计）	8 979	8 419	9 667	10 712	11 982
累计折旧	4 289	3 614	3 944	4 325	4 695
房产、厂房及设备净额	4 691	4 805	5 723	6 387	7 287
股权及其他投资	4 236	5 162	5 232	5 226	5 147
其他长期资产	203	320	395	431	434
非流动资产总计	9 129	10 286	11 350	12 045	12 868
总资产	12 278	13 547	15 083	16 359	17 464
负债					
流动负债					
短期债务	5	38	25	57	114
应付账款	1 307	1 383	1 538	1 676	1 610
递延税项负债					
应付税款		20	13	10	13
预计负债	909	938	1 122	1 161	1 207
其他流动负债					
流动负债合计	2 221	2 379	2 698	2 903	2 944
非流动负债					
长期债务	153	125	193	180	137
递延税项负债	327	357	389	425	474
预计负债					
退休金及其他福利	117	103	107	102	103
少数权益	47	51	42	37	24
其他长期负债	331	316	353	319	310
非流动负债合计	975	951	1 083	1 062	1 047
负债总额	3 196	3 329	3 781	3 965	3 991
所有者权益					
普通股	776	777	774	770	763
其他权益	(2 273)				
资本公积	1 627	1 899	2 201	2 556	2 850
留存收益	6 641	7 454	8 218	9 041	9 837
累计其他综合收益	2 311	87	109	26	23
所有者权益总额	9 082	10 217	11 303	12 394	13 473
负债和所有者权益总额	12 278	13 547	15 083	16 359	17 464

资料来源：Company Annual Reports；Morningstar.

表 4 关键比率比较

	Publix			沃尔玛			克罗格			全食超市		
	2014 年	2015 年	2016 年	2014 年	2015 年	2016 年	2014 年	2015 年	2016 年	2014 年	2015 年	2016 年
财务												
收入（百万美元）	30 802	32 619	34 274	485 651	482 130	485 873	108 465	109 830	115 337	15 389	15 724	16 030
毛利率（%）	27.8	28.1	27.8	24.8	25.1	25.6	21.2	22.2	22.4	35.2	34.4	33.7
营业收入（百万美元）	2 401	2 678	2 752	27 147	24 105	22 764	3 137	3 576	3 436	861	857	459
营业利润率（%）	7.8	8.2	8	5.6	5	4.7	2.9	3.3	3	5.6	5.5	2.9
净收入（百万美元）	1 735	1 965	2 026	16 363	14 694	13 643	1 728	2 039	1 975	536	507	245
销售利润率												
销售成本（百万美元）	72.18	71.92	72.17	75.17	74.87	74.35	78.84	77.84	77.60	64.81	65.59	66.33
毛利（百万美元）	27.82	28.08	27.83	24.83	25.13	25.65	21.16	22.16	22 40	35.19	34.41	33.67
销售、管理及行政费用	20.03	19.87	19.81	19.24	20.13	20.96	16.47	17.00	17.39	29.60	28.96	29.83
营业利润率（%）	7.79	8.21	8.03	5.59	5.00	4.69	2.89	3.26	2.98	5.59	5.45	2.86
净利息收入及其他（百万美元）	0.55	0.59	0.55	(0.48)	(0.51)	(0.47)	(0.45)	(0.44)	(0.45)	0.11	(0.19)	(0.26)
税前利润率	8.34	8.80	8.58	5.11	4.49	4.22	2.44	2.82	2.53	5.71	5.26	2.60
盈利能力比率												
资产收益率（%）	12.12	12.5	11.98	8.01	7.29	6.85	5.78	6.33	5.57	9.33	8.39	3.76
财务杠杆（平均）	1.33	1.32	1.3	2.5	2.48	2.56	5.64	4.97	5.45	1.52	1.97	1.95
股本回报率（%）	16.13	16.58	15.66	20.76	18.15	17.23	32.01	33.34	28.98	14.14	14.5	7.36
投资资本回报率（%）	15.85	16.27	15.37	14.14	13.08	12.51	12.14	13.11	11.64	13.91	13.52	6.69
投资范围				11.08	9.49	9.66	6.43	7.42	6.58		21.17	9.51

续表

	Publix			沃尔玛			克罗格			全食超市		
	2014 年	2015 年	2016 年	2014 年	2015 年	2016 年	2014 年	2015 年	2016 年	2014 年	2015 年	2016 年
收益（%）												
年同比	5.68	5.90	5.07	1.96	(0.73)	0.78	10.26	1.26	5.01	8.42	2.18	1.95
3 年平均值	4.26	5.59	5.55	2.81	0.91	0.67	6.27	4.32	5.45	9.57	6.77	4.14
5 年平均值	4.67	5.19	4.75	3.54	2.71	1.68	7.17	5.97	5.00	11.31	9.24	6.50
净收入（%）												
年同比	4.92	13.24	3.09	2.13	(10.20)	(7.15)	13.76	18.00	(3.14)	(7.43)	(5.41)	(51.68)
3 年平均值	5.17	8.18	6.99	1.39	(4.74)	(5.22)	42.12	10.85	9.14	4.81	(2.74)	(24.92)
5 年平均值	8.36	7.99	6.31	2.68	(2.16)	(2.77)	89.88	12.81	26.82	16.87	8.15	(12.05)
效率比												
应付款周期	23.98	25	24.24	37.9	38.88	40.37	21.2	23.01	23.54	10.44	10.65	11.64
应收账款周转率	56.54	51.24	47.64	72.19	77.75	84.8	91.07	73.22	68.19	73.99	68.37	66.24
存货周转率	14.32	14.06	14.29	8.11	8.06	8.26	15.08	14.42	14.06	21.2	20.28	21.52

行 业

Publix 是一家传统超市，在美国所有超市（不包括沃尔玛）中占有第三大市场份额。[64] 从历史上看，杂货业由许多较小的公司组成，但是近年来，随着竞争压力的不断加大，许多公司出现了合并和破产。[65] 由于经济反弹，消费者可支配收入增加，顾客转而购买优质、有机和纯天然的食品品牌，这一变化推动了整个行业的收入增长。[66] 正如一位观察家所指出的，“杂货业已经不再像过去那样”是市场力量的汇聚，它对像 Publix 这样的传统超市造成了压力。[67] 越来越多的竞争对手现在开始追求杂货的价格，消费者购买和消费食品方式的变化也隐约可见。

里士满市场的主要竞争对手

克罗格 克罗格成立于 1883 年，是美国最大的杂货连锁店[68]，也是世界第三大零售商。[69] 克罗格经营着自己的同名品牌以及 33 个州的 20 多个区域品牌。2016 年，克罗格拥有卡罗来纳州经营的区域性品牌——哈里斯·泰特（Harris Teeter）的第一年，该公司就创造了超过 1 150 亿美元的收入。[70] 一直以来，克罗格的财务表现出色，但它最近的表现却令人失望。2017 年，其股价下跌了 40% 以上。[71] 尽管克罗格在削减新店的支出[72]，但它仍在大力投资技术改进、经营自己的数据分析部门并大量投入资金使用，诸如红外线系统之类的工具，使它可以监视结账等待时间并自动部署其他店员以应对需求。[73] 克罗格最近还在许多市场上推出了“ClickList”服务，客户可以在这里在线订购杂货，然后在路边的超市取货。[74]

克罗格还是利用会员卡数据的市场领导者——超过 97% 的购买是由持有会员卡的购物者进行的。[75] 克罗格会使用数据来构建目标报价，通常是通过将优惠券邮寄给特定客户来完成的。公司报告称，其中一些优惠实现了高达 65% 的回购率，而行业平均水平约为 5%。[76] 除了提高客户忠诚度外，克罗格还在新店提供其他服务，例如银行、花店或星巴克柜台。研究数据表明，这有助于公司抵御新的市场进入者，并可能使整体销售损失减少 8%。[77]

雄狮 雄狮（Food Lion）总部位于北卡罗来纳州的索尔兹伯里，在美国东南部和中部的 10 个州拥有 1 000 多家超市。它拥有 63 000 多名员工，每周服务大约 1 000 万客户。公司成立于 1957 年并运营至今，最初它的名字是 Food Town。1974 年，雄狮被比利时的德尔海兹集团收购，随后又与荷兰的皇家阿霍德合并。雄狮现在是皇家阿霍德德尔海兹（Ahold Delhaize）的一部分，该公司在 11 个国家 / 地区拥有 6 556 家商店。

雄狮的口号是“信赖我”（Count on me），如果食物不新鲜，它会提供双倍的退款保证。像克罗格一样，它也有会员卡计划。雄狮的每个超市大约有 28 000 种产品，包括约 7 000 个商店品牌。[78] 雄狮的营销策略主打低价和高质量，但实际上，它们的价格并不是特别低，商品质量不比其他商店高，服务质量也不高于平均水平，而且许多门店已经过时。基本上，雄狮与它经营所在地区的其他超市没有什么区别。尽管根据家庭传统，有一定比例的客户忠于公司——也就是说，在雄狮购物伴随着他们成长。

沃尔玛 没有任何零售商可以忽略沃尔玛。2016年，沃尔玛创造了超过4 860亿美元的收入[79]，使其成为全球最大的零售商。[80]沃尔玛在美国经营着4 600多家超市[81]，其低价模式与Publix形成鲜明对比。[82]尽管一直以来，Publix的杂货利润比沃尔玛高出40%[83]，但在除佛罗里达州（Publix的诞生地）以外的所有美国市场中，沃尔玛持续占据着相比其他超市更高的市场份额。[84]沃尔玛利用其巨大的规模向供应商施加定价压力，将节省下来的费用让利于消费者。[85]

尽管沃尔玛可能是杂货市场的早期颠覆者，但沃尔玛高管承认："零售历史上从来没有比现在更具破坏性的时期。"[86]与克罗格一样，沃尔玛并没有止步不前，它在线上领域进行了许多收购（包括收购在线市场jet.com），以增强其数字业务。[87]沃尔玛最近还与谷歌建立了合作伙伴关系，通过该合作伙伴，谷歌在线购物门户网站的访问者可以从沃尔玛购买商品。[88]与克罗格的ClickList一样，沃尔玛购物者现在可以在线购买杂货，并在数百个取货点取货。[89]出于其庞大的商店覆盖范围和糟糕的物流能力，沃尔玛现在向愿意在附近沃尔玛商店提货的在线购物者提供"提货折扣"。[90]为了进一步扩大城市地区的规模，沃尔玛还持续对其邻里市场的超市进行投资。这些超市比传统的购物中心要小得多，现在已在全国开设了735个营业点。[91]然而，迄今为止，在"歌利亚式的沃尔玛袭击"中，Publix已成功在其诞生地佛罗里达州的市场中幸存下来。[92]

阿尔迪/利德尔 阿尔迪在第二次世界大战后不久在德国埃森市附近开始营业。它仅提供250种基本食品杂货，并迅速成为德国食品杂货市场的领导者。[93]如今，在一个购物中心里，沃尔玛可能会售卖120 000种物品，而阿尔迪的存货仅为1 300～1 600种。[94]这极大地降低了复杂性和成本，使阿尔迪在30种基本家用物品上比沃尔玛便宜了17%。[95]阿尔迪从20世纪70年代开始在美国开展业务，在35个州无声无息地建立了1 600家门店网络。最近，它宣布，将在未来五年内再建立900家超市。[96]这延续了其投资超16亿美元以翻新现有超市的决定。[97]

几十年后的1973年，利德尔成立，并且在食品杂货行业也采取了与阿尔迪同样无情的有效方法。[98]1994年，利德尔进入英国市场时颠覆了杂货业。[99]如今，利德尔占领了英国市场份额的5.2%（并且还在不断增长）。[100]利德尔在弗吉尼亚州、北卡罗来纳州和南卡罗来纳州开设了美国超市，并承诺其在美国的价格将比竞争对手（不包括阿尔迪）低50%。[101]

尽管在德国和英国的本土市场上是强有力的竞争对手，但阿尔迪和利德尔至少有一个共同点——它们"几乎完全"忽略了互联网。[102]两者都将在线销售视为自我蚕食，认为这是在从公认的高利润渠道（实体店）向未经证实的、较低利润渠道（在线）转变。英国观察家估计，其传统杂货店（例如特易购）的利润已不足本已很低的线上销售基本利润率的1/5。[103]确实，摩根士丹利估计，对于传统零售商而言，其电子商务销售额每增加一个百分点，相当于该零售商利润率下降0.5个百分点。[104]

两家公司还热衷于自有品牌商品，避开知名品牌而选择自己的产品。一般的阿尔迪或利德尔超市包含多达90%的自有品牌商品。[105]通过限制名牌产品的库存，德国竞争对手可以获得比沃尔玛更大的供应商优惠，沃尔玛在与供应商议价时以咄咄逼人而闻名。[106] 尽管如此，它们还是对质量做出了巨大努力，尤其是阿尔迪已成功地将自己定位为提供高质量、高价位的自有品牌产品。[107]

全食超市 如果阿尔迪和利德尔是构成实体食品杂货市场的一个支架，那么全食超市则构成了另一个市场。全食超市因其定价结构而被戏称为“全额支票”（Whole Paycheck）[108]，但自 1980 年在得克萨斯州成立以来，全食超市发展迅速。[109] 它以天然和有机食品的供应商身份赢得了广泛的追捧，这些产品和独特的购物体验在愿意为之付钱的富裕城市居民中建立了声誉。[110] 全食超市拥有训练有素的员工，并提供许多服务，包括准备好的餐点、酒吧和其他类似设施。然而，像低价的德国连锁店一样，全食超市开发了一个强大的自有品牌（365 Everyday Value），消费者认为该品牌提供了高质量的产品。[111]

尽管如此，最近，全食面临来自沃尔玛、克罗格、Publix 和其他公司的压力。尤其是克罗格开始积极扩大有机产品的供应，这家大型连锁超市在 2016 年出售的有机和天然产品（160 亿美元）[112] 超过了全食超市的总销售额[113]。随着全食超市的疲软，此举被视为颠覆了美国食品杂货市场，亚马逊介入并于 2017 年收购了这家连锁超市。[114] 亚马逊立即降低了许多全食超市商品的价格，并通过其强大的网站使消费者更容易买到全食超市的 365 Everyday Value 产品。[115] 全食超市的门店为亚马逊提供了一个现有的供应链和 450 多个实体店，在那里它可以销售亚马逊的产品，并提供网上杂货订单的提货服务。[116] 亚马逊给全食超市提供了 1 400 亿美元 / 年零售商的支持，同时还有一位致力于将亚马逊完全融入其客户生活的 CEO。[117]

韦格曼斯 关于 Publix 的任何讨论几乎都不可避免地要与位于纽约州罗切斯特附近的东北巨头韦格曼斯进行比较。与 Publix 一样，韦格曼斯也是《财富》杂志“最适宜工作公司”的成员，并已连续 20 年入榜。[118] 韦格曼斯是一家私有公司，专注于服务，并向其员工支付远远超过食品杂货行业标准的薪酬。[119] 两者在另一个关键方面相似——它们都持续前行，扩大其地理覆盖范围，并在弗吉尼亚市场发生冲突。[120] 但是，与 Publix 不同，韦格曼斯依赖的商店数量要少得多，但是其典型的商店规模为 120 000 平方英尺，几乎是最大的 Publix 超市的 2 倍。[121] 韦格曼斯每年仅开设 3 ～ 4 家新店[122]，单店平均销售额近 9 000 万美元，是 Publix 单店平均销售额的 3 倍。[123]

外部环境 / 趋势

商店太多？ 除了市场上许多强大的竞争者外，影响更大的市场趋势正在打击食品杂货市场。现在，只有不到一半的杂货购物者会在一个主要的超市购物。[124] 2016 年，便利店销售了 730 亿美元的半熟食品、饮料和其他食品服务，较 2010 年增长了 72%。[125] 一元店（Dollar General，Family Dollar 等）销售额的 2/3 是食品、饮料和其他消耗品。[126] 杂货购物者还前往诸如农贸市场之类的替代场所，并且每次出行购买的物品更少。[127] 考虑到这些可供选择的实体购物地点，巴克莱现在表示，美国前 50 大杂货市场中，有 38 个市场的人均食品零售量过于饱和，这不足为奇。[128] 拥有众多大型竞争者的里士满可能是这些过度饱和的市场之一。

做饭还是不做饭？ 对于传统的食品超市而言，不幸的是如今许多消费者都不在家做饭。“千禧一代”是最大的消费人群，他们将每月食物预算的42%用于家庭以外准备的食物。[129]“千禧一代”每年的杂货支出比其父母在1990年的支出少了1 000美元（经通胀调整后）。[130]不再需要准备大量家庭用餐的老年消费者正在追随“千禧一代”寻找现成食物。[131] Blue Apron和Plated等提供在线食材的公司一直保持着强劲的增长，约24%的“千禧一代”在某个时刻订阅了食材配送服务，预计未来五年的年增长率将超过25%。[132]总部位于爱达荷州的大型私人连锁超市Albertsons最近宣布收购Plated，亚马逊也已经启动了自己的食材配送服务，并计划提供全食品牌的食材，作为其收购有机食品超市的一部分。[133]

全渠道/在线 超市的在线销售额在过去五年中增长了10.1%，预计在未来五年将以6.7%的速度增长，2017年的总销售额预计将达到135亿美元。[134]亚马逊收购全食超市的举动并不是数字化对传统杂货店的唯一影响。尽管人们认为亚马逊破坏市场的潜力很高（几乎所有超市都在亚马逊宣布这笔交易之日经历了股价下跌，克罗格以9.2%的跌幅领跌）。[135]潜在的破坏性是将在线订购和移动应用程序融入超市购物中。克罗格的内部分析团队正在构建一个移动应用程序，将根据用户的食谱填充购物清单以及商店中的摆放位置。[136]沃尔玛（通过其山姆会员店）和克罗格都在试用其移动应用程序，该程序允许购物者在逛店时扫描物品，并在离开时通过该应用程序付款。[137]如上所述，两家公司都在增加提供路边提货点的数量，这是一个潜在的明智举动，因为市场研究表明，有76%的在线购物者有兴趣对网购物品自主提货。[138]

除了网上购物、线下传统门店取货外，还有许多在线平台和送货服务。荷兰食品杂货巨头Ahold Delhaize旗下的Peapod在23个主要的大都市市场中拥有350 000名客户。[139]在线杂货送货服务商Instacart最近同意与克罗格、开市客以及一些较小的连锁店建立合作伙伴关系。[140]另一家最后一英里在线提供商Shipt宣布，其计划在今年年底之前进入100多个市场，业务集中在南部和中西部，为开市客和Meijer等公司等提供配送服务。[141]

美国经济 到2017年12月，经济从大萧条中反弹，股市每周都创下历史新高。实际人均可支配个人收入（以2009年美元计算）从2013年1月的36 235美元增加到2017年5月的539 368美元。[142]美国正经历着多年来未见的持续经济增长，国内生产总值在过去八年中平均增长率达到2.1%，这使得这段时间成为美国历史上第三长的经济扩张期。[143]尽管许多经济学家和金融分析师对经济发展趋势持乐观态度，但越来越多的人开始担心这种持续增长是不可持续的。越来越多的分析师开始质疑经济基本面，并且由于目前股票的市盈率仅在1929年和2000年出现过，一些人认为市场调整即将到来。[144]

健康/对您更好 全食的成功以及有机食品和天然食品在其他连锁超市日益增长的重要性，凸显出消费者对食品杂货的偏好正在朝更健康的方向转变（克罗格的报告称，其2016年总销售额的14%源于有机和天然产品的“Simple Truth”系列）。[145]以健康为导向的超市，例如全食超市、Trader Joe’s、Earth Fare和Sprouts Farmers Market已经进入了佛罗里达州的杂货市场，很大程度上侵蚀了Publix的市场。[146]调查数据表明，客户对更多种类的全天然和有机产品的需求不减，2016年，有82%的家庭购买有机产品。[147]仅 2016 年，有机产品的销售就增长了 8.4%。[148]也许更重要的是，随着消费者愿意为此类产品支付高价，它们（至少在亚马逊对全食超市降价之前）为零售商提供了更高的利润率。[149]

展 望

Publix 持续保持销售的增长、稳健的毛利率和强劲的财务回报。公司有信心，其稳步向北的地理扩张将继续支持 Publix 的长期增长。但是，该公司目前在弗吉尼亚州里士满面临着高度竞争的形势，这可能预示着即将发生的糟糕状况。韦格曼斯、利德尔、阿尔迪最近进入了这个市场，而克罗格、沃尔玛、雄狮和全食超市已经占有重要地位。阿尔迪和利德尔的持续扩张将给东南部杂货市场的所有商家带来巨大的价格压力。因此，从某种意义上说，Publix 在里士满面临的过饱和竞争是一个很好的考验，可以测试出该公司今后在许多或大部分市场可能会经历什么。

面对这些挑战，公司的劳动密集型、服务至上、房地产密集型模式能否在未来继续支持增长？消费者是否会转移到他们发现的能够节省成本的地方，比如其他实体竞争者或在线竞争者？ Publix 与 Instacart 的合作策略是否可以使其应对在线购物的挑战？公司是否需要增加在 Aprons 食材配送和预制食品方面的投资，还是应该更多地专注于扩大利润更高的自有品牌产品和有机产品？ Publix 是否应该改变长期以来不接受忠诚度计划的态度？总而言之，当面对这种充满挑战的商业环境时，Publix 应该如何定位以实现持续增长？

案例 6

大众虚假废气排放丑闻

2015 年 10 月，马蒂亚斯·穆勒（Mathias Muller）担任大众汽车——拥有 78 年历史的、点缀在德国经济之上的一颗明珠——CEO。他的前任马丁·温特科恩（Martin Winterkorn）领导大众八年之后，在突遭大众汽车甚至是汽车行业有史以来最大的丑闻之一后不得不辞职。2015 年 9 月，大众向美国监管机构承认，它故意在其多种柴油汽车中安装了“欺骗装置”，它使汽车能够瞒过联邦和各州的废气排放测试，不仅能通过测试，还能展现出色的里程和性能指标。而实际上，这些车辆排放到大气中的有害气体比法律允许的多出 40 倍。这一欺骗行为的曝光促使美国环境保护署（US Environmental Protection Agency，EPA）暂停了对大众 2016 年柴油车型的终审认证，大众也停止了 2015 年车型的销售。随着“欺骗装置”负面影响的持续扩大，大众宣布了公司近 15 年来的首个季度亏损，股价暴跌。受丑闻影响，温特科恩和其他几位高管相继离职，大众不得不放弃成为世界最大汽车制造商的目标。此外，除了重大的财务影响，大众还迅速失去了原先拥有的良好商誉，人们不再认为它是一家具有出色工程技术且值得信赖的公司。

大众背景：德国工程的力量[1]

1937 年，大众公司在甲壳虫汽车发明者费迪南德·保时捷（Ferdinand Porsche）的帮助下在德国成立。大众的目标是制造一款所有消费者都能负担得起的汽车。1945 年，它的旗舰车型，车身紧凑且富有标志性的甲壳虫汽车从制造车间首次下线。截止到 1949 年，在联邦德国生产的所有乘用车，有一半是由大众制造的。20 世纪 40 年代后期，大众开始出口汽车，到 1955 年，该公司已在全球销售了超过 100 万辆甲壳虫，到 1972 年，甲壳虫销量超过 1 500 万辆，超过福特的 T 型车，成为有史以来销量最高的车型。20 世纪 70 年代后期，甲壳虫的销量开始下降，大众开始涉足其他车型，包括帕萨特（Passat）、捷达（Jetta）、高尔夫（Golf）和 Polo。大众品牌最终被更大型的公众控股公司大众公司（Volkswagen AG）收购。截止到 2014 年，该公司拥有 12 家子公司，其中包括大众乘用车（VW passenger cars）、奥迪（Audi）、保时捷（Porsche）和宾利（Bentley）。

2014年，大众成为全球最大的汽车制造商（见表1）。它在全球31个国家/地区设有工厂，拥有近60万名员工，并在全球范围内销售汽车。2014年，该公司销售了超过1 020万辆汽车，比2013年增长了5%，并顺利完成了从丰田汽车手中夺取“世界最大汽车制造商”称号的目标。2014年，公司销售收入为2 000多亿欧元，营业利润为120多亿欧元（见表2）。[2]

表1　标志性事件时间表

2007年

马丁·温特科恩成为大众的CEO，起草“2018战略”（Strategy 2018），为汽车销售设定宏伟目标。

2008年

在取消与BlueTec的交易后，大众宣布了一种新的清洁柴油技术，旨在满足法规要求。

2009年

大众的捷达赢得年度绿色汽车奖。

2011年

为了回应公众日益增长的关注，美国环境保护署宣布了一项计划，通过向使用混合动力或电动汽车等新技术的公司提供“信贷”，以改善汽车所造成的环境影响，从而进一步规范美国的废气排放。这些“信贷”不会提供给柴油汽车制造商。

2013年

一个非营利组织ICCT注意到，同款车型的大众汽车在美国使用的柴油技术似乎更加清洁，并开始对柴油车辆进行道路测试。

2014年

研究人员将研究结果移交给美国环境保护署。美国环境保护署展开调查并就调查结果质询大众。大众否认不当行为的指控。

大众实现了其“2018战略”中的销售目标，汽车销量超过1 000万辆，超过丰田成为世界上最大的汽车制造商。

2015年

美国环境保护署和加利福尼亚州准备进行进一步的测试，并确认与初始测试结果一致。

2015年9月18日

大众公开承认，自2009年以来，大众在美国销售的14款车型中，有近50万辆柴油车安装了“欺骗装置”。

2015年9月23—25日

马丁·温特科恩辞去CEO职务，马蒂亚斯·穆勒成为新任CEO。

资料来源：根据大众大事件顺序整理。

表2　大众集团主要财务状况（丑闻爆出前）

年份	售出汽车数量（辆）	收入（百万欧元）	营业利润（百万欧元）
2007	6 191 618	108 897	6 151
2008	6 271 724	113 808	6 333
2009	6 309 743	105 187	1 855
2010	7 278 440	126 875	7 141

续表

年份	售出汽车数量（辆）	收入（百万欧元）	营业利润（百万欧元）
2011	8 361 294	159 337	11 271
2012	9 344 559	192 676	11 498
2013	9 728 250	197 007	11 671
2014	10 217 003	202 458	12 697

资料来源：Volkswagen AG annual reports.

大众汽车的股东主要由费迪南德·保时捷的后裔（拥有 50% 的股份）组成。此外，德国下萨克森州拥有 20% 的股份，卡塔尔主权财富基金拥有 17% 的股份，另外还有拥有 10% 所有权的独立股东。[3] 根据德国公司法，大众汽车有一个由 20 人组成的监事会负责公司治理，而非董事会。根据法律规定，有 50% 的席位分配给大众的劳工（工会代表和被选为工会代表的员工），其余 10 个席位则由股东分配。截至 2015 年，其中只有 1 个席位由外部人士（瑞典银行的 CEO 安尼卡·法尔肯格伦（Annika Falkengren））担任；其他 9 个如下：5 个费迪南德·保时捷和皮希（Piëch）家族的成员，2 个下萨克森州派出的代表，2 个卡塔尔主权财富基金派出的代表。[4]

在欧洲从全球金融危机中复苏的过程中，大众可以被称作德国经济中最重要的引擎之一。2015 年 5 月，它被《福布斯》列为德国最大的上市公司，收入超过其最接近的竞争对手戴姆勒近 1 000 亿美元。[5] 它也是德国最大的雇主之一。[6] 大众汽车总部位于德国下萨克森州的沃尔夫斯堡市，这座城市的形成归功于大众汽车：大众甲壳虫的原始生产基地是一片农田，而该城市就脱胎于此。到 2005 年左右，该公司已拥有城市专业足球队、城市的主要酒店，甚至还有一个汽车主题公园，每年吸引数百万游客。[7]

公司官方发表的价值观包括“以客户为中心，追求卓越，持续创造价值，不断更新，保持尊重、责任感和可持续性”[8]。当整个公司的员工做决策时，这些价值观旨在给予相应指导，同时附有一份长达 25 页的行为准则，每个员工都在加入大众汽车后接受了相关培训。该行为准则于 2009 年制定，并于 2010 年有计划地向全球员工推广。该准则涉及管理文化与协作、反腐败和公平竞争等主题，旨在成为“指引路标”，“结合基本活动准则，支持和帮助员工在日常工作中应对法律和道德挑战”[9]。此外，所有大众员工均接受了合规培训；截止到 2014 年，共有 185 000 人接受了合规培训。[10]

纵观其历史，大众在设计和工程方面的创新一直广受赞誉。它是最早引入三元催化转化器的公司之一，基于此，大众在其网站上标榜自己是“低排放监测的先驱”[11]。该公司首次没有达到美国排放标准是在 20 世纪 70 年代，当时美国环境保护署发现该公司安装了可使其在新颁布的排放标准上作弊的“欺骗装置”。为此，大众在当时支付了 120 000 美元的罚款。[12]

大众也以其富有匠心的广告闻名于世。这些广告往往强调其独特的产品和一流的工程设计。20 世纪 50 年代，该公司在美国开展了一场“Think Small”的广告宣传活动，鼓励美国人在购车时考虑像甲壳虫这样的小型汽车，这场活动在广告史上非常著名。近年来，它通过宣传“德国工程的力量”的广告来强调自己的优势，广告中的工程师长出了天使般的翅膀。在大多数美国主要汽车制造商仍在努力从全球金融危机中复苏的时候，在丰田和通用汽车都在重大安全召回事件中步履蹒跚之际，大众被认为是可靠的、成功的和创新的。CEO 马丁·温特科恩在 2014 年致股东的年度信函中写道：“即使在不太有利的条件下，我们也代表着实力、可靠性和长期成功。”[13]

“德国工程的力量”不仅仅是大众的营销标语，也是一个座右铭，一种经营方式，一种民族自豪感的象征。德国已成为“以世界一流的工程技术和精密制造商”为荣的国家[14]，这一定程度上得益于德国的工程技术水平，汽车工业已成为德国经济的支柱，而大众汽车已成为该行业的领军者。制造业的这种主导地位帮助德国度过了 2008 年的全球金融危机，并使其失业率保持在较低水平。德国通过出口产品极大地促进了就业和经济，而汽车则占了出口市场的 1/5。大众的实力和德国大部分经济实力取决于其工业产品的出口，这使得德国工业技术不再仅仅是民族自豪感的一部分，而是成为经济上的必需品。[15]

大众公司的领导力和“2018 战略”

温特科恩于 2007 年接任 CEO，他专注于通过“2018 战略”领导公司。这是一项雄心勃勃的计划，旨在将该公司定位为注重环境保护的全球行业领军者。该战略的总目标是使大众成为全球最大的汽车制造商。温特科恩说：“我们对创新和完美的追求和负责任的态度将帮助我们在经济和生态方面拥有杰出表现，在 2018 年前使我们成为全球最大的汽车制造商。”“2018 战略”有四个主要目标：（1）每年销售超过 1 000 万辆汽车（从而使大众成为全球最大的汽车制造商）；（2）在客户满意度和质量方面成为世界领导者；（3）实现 8% 的销售回报率；（4）成为汽车行业最具吸引力的雇主。[16] 在温特科恩任职期间，大众在上述每个目标上均取得了稳步进展。

在温特科恩和其导师皮希（大众创始人费迪南德·保时捷的孙子，1993—2002 年期间担任大众的 CEO）的领导下，大众成为一家控制严格、高度集权的公司。大众的企业文化是关于指挥和控制的文化，由领导层设定激进的目标，甚至高管们也只能参与相对较小的决策。[17] 这家公司因努力进取和残酷竞争而闻名。前员工描述了这样一个环境：下属害怕承认失败或是与上级发生矛盾。

皮希和温特科恩都具有工科背景，并且二者都密切关注产品开发。皮希于 1981 年将温特科恩招募到奥迪，并担任其导师长达 25 年。他标榜自己通过“吓坏工程师”[18] 这样的严格要求而获得卓越表现。众所周知，大众的高管和工程师们“在皮希面前做报告会紧张不安，如果知道他不高兴，他们可能会被立即解雇”[19]。当温特科恩于 2007 年成为 CEO 时，他被认为是“一个冷漠、疏远的人物……以对细节的痴迷著称”[20]。其他现代汽车行业的 CEO 大多是财务管理和周转方面的专家，而温特科恩则被认为是“典型的汽车爱好者”[21]。他有一个非常著名的习惯：在任何时候都随身携带量规，用来测量车辆下线时是否有缺陷。一位行业分析师说："他不喜欢坏消息。在向他报告之前，要确保自己报告的是好消息。"[22]

温特科恩坚持不懈地追求"将大众打造为世界最大的汽车制造商"的目标。2011年，在大众于田纳西州查塔努加开设新工厂的讲话中，他承诺，"到2018年，我们希望将我们的团队带到全球汽车业的最顶端"[23]。尽管大众在不断成长和扩张，但这个承诺仍然被认为是野心过度，尤其是在美国，这个大众此前一直忽略的市场。在该市场上，大众汽车的声誉并不好，人们认为大众汽车性能不良又昂贵。[24]为了实现温特科恩的目标，美国市场是制胜的关键。该公司每年将需要在美国售出100万辆汽车（80万辆大众和20万辆奥迪），这是其2007年销量的三倍。[25]

遵守法规与实现远大目标[26]

温特科恩担任CEO一职后，宣布大众汽车计划在未来十年内成为全球最大汽车制造商。当时，美国及世界各地的汽车行业都面临着严峻的挑战。持续高价的气泵和严格的里程标准给汽车制造商施加了巨大的压力，迫使它们设计更节油的汽车。而随着人们对气候变化的担忧日益加剧，排放法规日益严格。为了提高销量，汽车制造商需要找到优化燃油效率和排放的方法，同时还要保证汽车的高性能，因为美国人已经习惯驾驶高性能汽车。而在混合动力汽车市场，丰田普锐斯（Prius）发展迅速。[27]

大众没有在混合动力汽车市场上与丰田和其他汽车制造商竞争，而是选择了柴油汽车战略，认为它在美国汽车市场是个巨大的增长机会和可行的环保替代方案。尽管柴油汽车占欧洲新车销售的一半左右，但在2007年，它仅占美国汽车市场的5%。[28]然而温特科恩认为，现在是扩大美国柴油汽车销量的好时机。相比于混合动力汽车，柴油汽车是一种更便宜、功能更强大的替代品，有望在不牺牲强劲性能的情况下实现高燃油效率。但是，大众在美国销售节油柴油汽车之前，必须解决一个大问题：与汽油发动机相比，柴油汽车产生的氮氧化物明显更多，在不牺牲燃料效率或性能的情况下，柴油汽车很难达到美国排放标准。为了在美国市场上销售汽车，实现该公司成为全球最大汽车制造商的目标，大众必须找到一种方法来清除汽车排放的这些污染物，以满足美国的法规要求（见表3）。

2005年，大众品牌负责人沃尔夫冈·伯纳德（Wolfgang Bernard）负责为消费类汽车设计下一代柴油发动机，要求该发动机既可提高燃油效率，又要达到美国的低排放标准。伯纳德选择了大众汽车管理团队中有争议的战略，他没有开发内部解决方案，而是采用了竞争对手的技术，由戴姆勒发明的BlueTec技术。BlueTec使用一种尿素来中和氮氧化物，这要求大众在每辆车上额外安装一个泵以及尿素箱，每辆车的费用为300欧元。但是在2007年，仅仅两年后，大众内部的董事会争执导致温特科恩被任命为CEO，后者迅速罢免了伯纳德并取消了关于BlueTec的交易。大众领导层强调说，

BlueTec 价格昂贵，在小型汽车中占用太多空间，会降低燃油效率，并且大众汽车无须与竞争对手合作即可实现其工程目标。

表 3 美国排放法规背景

美国环境保护署为车辆设定了最低燃油效率标准，又根据《清洁空气法》（The Clean Air Act）对排放进行了规定。1970 年，美国国会通过《清洁空气法》，旨在解决一系列威胁环境安全和公共卫生的空气污染问题。随着美国工业化程度和城市化程度的提高，全国许多城市都能看见浓烟，公众强烈要求政府采取行动。《清洁空气法》要求美国环境保护署“根据最新科学技术为某些常见和广泛的污染物建立国家环境空气质量标准”。关键条款之一是最大限度地减少机动车污染，重点是一氧化碳、挥发性有机化合物和氮氧化物的排放。随着时间的推移，排放标准逐渐严格。 《清洁空气法》要求美国环境保护署证明，在美国销售的所有机动车辆均符合联邦排放标准。没有此认证，车辆将无法在美国销售。几十年来，与在道路上进行实际驾驶测试相反，对于要在美国发布的新车型的测试是在室内实验室进行的。测试使用测功机（实际是汽车跑步机）来模拟行驶并测量静止汽车的废气排放。测试是在实验室而不是在道路上进行的，以实现成本效益并确保车队内车辆之间的测试标准化。

资料来源：Most of the information in this section is from the EPA’s “ Clean Air Act Overview,” https://www.epa.gov/clean-air-act-overview; “ Clean Air Act Text, ” https://www.epa.gov/clean-air-act-overview/clean-air-act-text; “ Clean Air Act Requirements and History, ” https://www.epa.gov/clean-air-act-overview/clean-air-act-requirements-and-history; and “ Progress Cleaning the Air and Improving People’s Health, ” https://www.epa.gov/clean-air-act-overview/progress-cleaning-air-and-improving-peoples-health (all accessed Jan. 16, 2015); as well as http://www.bloomberg.com/news/ articles/2015-10-21/how-could-volkswagen-s-top-engineers-not-have-known. https://www.epa.gov/clean-air-act-overview/clean-air-act-requirements-and-history. “ EPA Should Do More Road Emissions Tests, Critics Say,” *Automotive News*, September 29, 2015, http://www.autonews.com/article/20150929/OEM11/150929807/epa-should-do-more-road-emissions-tests-critics-say (accessed Jun. 20, 2016).

在此情形下，大众汽车工程师突然被要求独立且迅速地开发出能够在不牺牲行驶里程或性能的前提下达到美国严格的柴油排放标准的技术。事实上，由于难以想出解决方案，大众被迫将新柴油汽车捷达的发布推迟了六个月，而新捷达是大众汽车新的市场推广活动的核心。

无论设计什么解决方案，软件都是核心。现代汽车包含大约 1 亿行软件代码，这些代码控制着从基本操作到媒体甚至是安全方面的各种活动。该软件还可以通过监测一氧化碳和氮氧化物的排放，将污染物转移到能将其危害变小的特殊系统中，来帮助汽车控制排放的污染物数量。就在大众工程师努力寻找正确解决方案时，汽车工业供应商博世为大众提供了柴油发动机管理软件，供测试期间使用。该软件可以检测车辆何时处于测试环境中并激活排放控制设备。博世认为大众仅会在内部测试中使用该软件，并在大众知悉在公开销售的车辆中使用该软件为非法的情况下将该软件出售给了大众。[29]

清洁柴油汽车销售腾飞

到2008年，“德国工程技术的力量”似乎又一次出现了。大众宣布推出一种名为“精益氮氧化物捕集器”的新型清洁柴油技术，该技术可以在满足排放标准的同时提高燃油效率，这项新技术为大众赢得了广泛关注。2009年，清洁柴油汽车捷达TDI击败混合动力车和电动汽车，赢得了年度绿色汽车奖。大众还举办了为期数周的“柴油机解决方案之旅”，以“改变任何认为柴油技术过时的观念”，并证明其环保优势。[30]据报道，大众某些车辆的时速接近60英里，这是非电动或混合动力汽车难以企及的。在同年的一次柴油排放会议上，大众高管表示，“您不必为了环保意识而牺牲动力”[31]。清洁柴油成为大众在美国市场营销策略的核心，销量开始上升。柴油汽车的销量在2010年增长了20%，2011年增长了26%，2012年增长了25%。尽管在2013年和2014年略有下降[32]，但到2014年，大众的柴油汽车已经占该公司在美国销量的21%。[33]

2011年，大众在美国销售100万辆汽车的目标似乎已经可以实现。而此时，美国国内的公司疲于应对经济危机，正在政府救助下苦苦挣扎，丰田和本田尚未从2011年日本地震对生产的影响中恢复。2012年，大众在美国的市场份额为3%[34]，高于2011年的2.5%和2010年的2.2%。[35]2014年，大众在美国的销量达到了44万辆，是2009年的2倍多。[36]

到2014年，大众顺利实现了“2018战略”的四个目标。温特科恩接任CEO的2007—2014年间，全球销售一直以7.2%的复合年增长率稳定增长。[37]最值得注意的是，该公司在2014年销售了超过1 000万辆汽车，销量超过了丰田，从而成为世界上最大的汽车制造商，比设定的最后期限提前了4年（见图1）。[38]

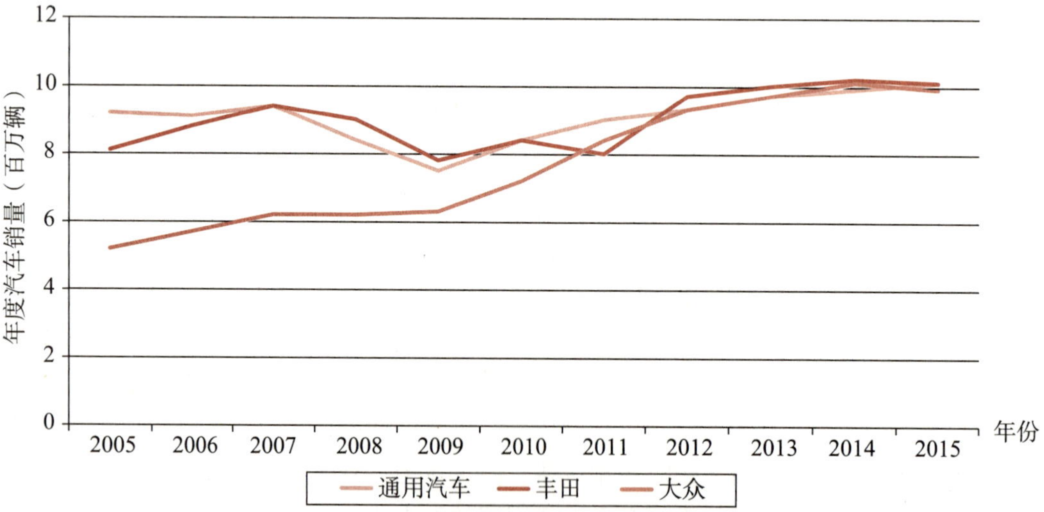

图1 2005—2015年全球汽车和轻卡制造商年度销售额

资料来源：Created by author using data obtained from Bloomberg.

大众汽车在中国的销售尤其强劲，自2013年以来增长了10%。[39]然而，在美国的销售情况却令人担忧，美国消费者的偏好已经转向中型 SUV，而大众在该领域几乎没有涉足。到 2014 年，大众在美国的市场份额仅为 2.2%[40]，销量下降到 37 万辆，远低于预期的 80 万辆，仅略高于公司 2011 年的数字。

在大众投资美国柴油战略的同时，奥巴马政府的美国环境保护署官员在 2011 年宣布了一项计划，要求汽车制造商在 2025 年之前将全车型的燃油效率从平均 35.5 英里 / 加仑提高到 54.5 英里 / 加仑，同时还要进一步减少排放。为了帮助汽车制造商抵消这些新标准所带来的业务影响，利用突破性技术改善其车辆对环境影响的公司将会得到信贷，例如开发混合动力汽车和电动汽车的公司。信贷只能用于降低车队的每加仑平均里程数或制造商的排放评级，否则将超出美国环境保护署的规定。但是，由于柴油技术并未被视为环保汽车制造的未来，因此没有向柴油汽车制造商提供信贷。曾投资于柴油汽车的制造商，如大众和梅赛德斯 – 奔驰，对柴油汽车享有获得信贷的资格展开游说，因为这项技术的燃油效率更高。这些公司之所以决定投资柴油汽车，是因为柴油汽车具有环境保护属性，但美国环境保护署认为，传统上柴油排放的氮氧化物水平远远高于汽油动力汽车，因此不允许柴油汽车获得信贷。这使大众拥有的车型不符合美国环境保护署的新标准。另外，与竞争对手不同，大众没有能够获得信贷的混合动力车。

丑闻曝光[41]

2013 年，一个名为国际清洁运输理事会（International Council on Clean Transportation，ICCT）的非营利组织注意到了一件奇怪的事情：柴油技术在美国比在欧洲更清洁高效。ICCT 希望找出是什么使柴油技术在美国更有效，进而可以改善欧洲的排放。传统的实验室排放测试没有提供任何工程差异的线索，因为在美国生产的车辆排放量较低，因此研究人员建议对柴油汽车进行公路（而不是实验室内）测试，以便更好地理解这些差异。他们与西弗吉尼亚大学（West Virginia University）的替代燃料、发动机和排放中心以及加利福尼亚州的环境监管机构合作，对几种类型的柴油车辆进行了测试，从宝马 X5、大众捷达和大众帕萨特开始（这三者都是偶然选择的；它们是研究人员容易获得的车型）。研究人员比较了汽车在实验室内和道路上的排放量和行驶里程性能。

两辆大众汽车立刻脱颖而出。如表 4 所示，它们在实验室中表现完美，但是一旦在开阔的道路上，它们的排放量就会大大增加。研究人员意外地发现，这些差异可能不是高级工程技术的成果，而是专门利用测试环境对车辆精心设计的结果。

表 4　排放测试结果

	美国环境保护署标准	2015 捷达汽车实验室测试结果	2015 捷达汽车公路测试结果
排放水平（每英里排放的氮氧化物克数）	0.07	0.07	2.45 （是法律规定的 35 倍）

资料来源：Bloomberg Businessweek, http://www.bloomberg.com/news/articles/2015-10-21/how-could-volkwagens-top-engineers-not-have-known; EPA, https://www3.epa.dov/otaq/consumer/f99017.pdf.

2014年初，研究人员将这项令人惊讶的研究结果提交给美国环境保护署，后者就这一发现向大众提出了质疑，大众断然否认任何不当行为的指控。负责测试的西弗吉尼亚大学研究员说，大众“试图在我们的研究和方法上钻空子，说不知道自己在做什么”[42]。研究人员最终对大众的软件进行了深入检查，审查了数百万行代码，以解释排放中的奇怪差异。他们发现了一套不寻常的指令集，每当车辆仅使用四个车轮中的两个车轮时，该指令就会发送到排放控制系统（就像在实验室测试中那样）。从本质上讲，车辆可以识别出它是在实验室还是在路上进行测试。“欺骗装置”限制了在实验室测试时的排放量（此时车辆性能会下降），但是一旦上路，排放又回到远高于联邦法律规定的水平，性能则不会受到影响。

掌握了这些信息后，美国环境保护署的官员威胁要扣留大众和奥迪2016柴油车型的认证，这迫使大众出面回应。2015年9月18日，即被评为全球“最可持续发展的汽车制造商”一周后[43]，该公司公开承认，自2009年清洁柴油技术推出以来，该公司在全美销售的14款车型中为近50万辆柴油车辆安装了“欺骗装置”（见表5）。这个数字后来扩大到了全球范围的1 100万辆。据调查，这些车辆向大气排放的污染物最高可以达到美国法律规定的40倍。[44]

表5 配备“欺骗装置”的在美销售汽车型号

受影响的2.0升柴油汽车型号：
捷达（2009—2015）
美版捷达（Jetta Sportwagen）（2009—2014）
甲壳虫（2012—2015）
甲壳虫敞篷车（2012—2015）
奥迪A3（2010—2015）
高尔夫（2010—2015）
高尔夫跑车（2015）
帕萨特（2012—2015）
受影响的3.0升柴油汽车型号：
大众途锐（2014）
保时捷卡宴（2015）
奥迪A6 Quattro（2016）
奥迪A7 Quattro（2016）
奥迪A8（2016）
奥迪A8L（2016）
奥迪Q5（2016）

资料来源：EPA, “Volkswagen Light Duty Diesel Vehicle Violations for Model Years 2009-2016,” https://www.epa.gov/vw (accessed Feb. 28, 2016).

大众官员对此表示歉意，但强烈否认公司内部了解“欺骗装置”，并将错误归咎于几名工程师，并声称高级管理层对不当行为并不知情。他们声称，数百万行的软件代码过于庞大，不可能有人能够知道每行的内容，尤其是高层管理人员，这意味着工程师可能会在管理人员不知情的情况下将排放控制方案隐藏在代码中。[45]大众美国业务 CEO 迈克尔·霍恩（Michael Horn）于 2015 年 10 月在美国国会作证，强调“欺骗装置”“不是公司的决定”，而是“几个软件工程师的操作”[46]。国会议员表示不相信大众的高级领导层毫不知情，霍恩承认，对此“我表示同意，这的确很难令人相信”[47]。

尽管否认有任何不当行为，但 CEO 马丁·温特科恩在丑闻曝光 5 天后辞职，他说：“我很惊讶，大众集团会发生如此大规模的不当行为。作为 CEO，我对柴油发动机中发现的违规行为承担责任……即使我对此毫不知情。”（有关温特科恩的完整陈述，请参见表 6。）

表 6　马丁·温特科恩在丑闻曝光后的声明（2015 年 9 月 23 日）

过去几天的事件令我惊讶。总而言之，我对大众集团如此大规模的不当行为表示震惊。

作为 CEO，我对柴油发动机中的行为承担责任，因此要求监事会同意终止我作为大众集团 CEO 的职务。我这样做是为了公司的利益，即使我认为自己没有任何不当行为。

大众需要一个新的起点，在人员方面也是如此。我的辞职将为新的开始扫清道路。我一直渴望为这家公司服务，尤其是我们的客户和员工。大众曾经是，现在是，并将永远是我生命中的一部分。

澄清和透明的过程必须继续。这是赢得信任的唯一途径。我坚信大众集团及其团队将克服这一重大危机。

资料来源：“Statement by Prof. Dr. Winterkorn,” Volkswagen US Media Newsroom, September 23, 2015, http://media.vw.com/release/1070/ (accessed Jun. 20, 2016).

严重后果[48]

丑闻造成的严重后果是迅速而深远的。美国乃至全球的监管机构都展开了调查。在美国，美国环境保护署表示，大众汽车可能面临高达 180 亿美元的罚款，在受影响的 50 万辆汽车中，每辆汽车的罚款为 37 500 美元。[49] 美国联邦调查局以及 50 个州的检察长都展开了刑事调查，司法部针对该公司的欺诈行为提起了民事诉讼。丑闻曝光后几天，德国和欧盟也开始了刑事调查，德国官员突袭了大众总部。[50]

丑闻对大众的业务产生相当大的影响。在大众承认丑闻以后，美国环境保护署扣留了大众 2016 柴油车型的最终认证，大众自动停止了仍在库存中的 2015 车型的销售。由于柴油汽车约占大众在美国销售的 20%，这极大地影响了大众的业绩。10 月份，大众宣布了近 15 年来的首次季度亏损。此外，在丑闻公开后的一个月内，其市值缩水了 1/3（见图 2），该公司迅速放弃了继续保持全球最大汽车制造商的目标。[51] 除了温特科恩辞职外，至少有 9 名高级经理被停职或被迫休假，而前保时捷品牌负责人马蒂亚斯·穆勒被任命为大众的新 CEO。

大众汽车声称对该丑闻一无所知，而其在美国的业务和经销商则受到了严重影响。美国大众在给美国客户的一份声明中说：“最近的 TDI（Turbocharged Direct Injection，涡轮增压直喷）消息令整个美国大众家族失望。我们诚挚地道歉，并且意识到此事已经损害了我们忠实的汽车拥有者与我们品牌之间的牢固关系。”[52] 这一丑闻对大众的独立经销商产生了相当大的影响，它们因销量突然下降而陷入困境。大众向经销商支付了每辆车 1 000 美元的赔偿，并向经销商支付了现金以解决危机。[53] 11 月，购买了受影响车辆的美国消费者在邮箱中收到了一个友好包裹，其中包括 1 000 美元和 24 小时路边援助，并且不要求消费者对大众承担任何责任。

大众的排放门事件将使德国经济发生重大改变。以大众为首的德国汽车工业占德国出口的 20%，占德国 GDP 的 3%，有 1/7 的工作与该行业直接或间接相关，且该国正准备应对潜在的失业情况。[54] 大众总部所在地，德国沃尔夫斯堡市立即发布了预算和招聘冻结令，并叫停了所有基础设施项目，因为预计该公司将大幅降低企业所得税的上缴。[55] 德国 ING-DiBa 银行首席经济学家卡斯滕·布热斯基（Carsten Brzeski）写道："德国经济没有受希腊债务危机、欧元危机和中国经济增长放缓的影响，但现在可能将面临很长时间以来最大的下行风险"，"具有讽刺意味的是，现在威胁可能来自内部，而不是外部"[56]。

2016 年 6 月，大众汽车同意就排放丑闻达成 147 亿美元的和解。这项和解预计提供 100 亿美元，用于从约 475 000 名车主手中回购车辆，27 亿美元的现金将作为补偿用于环境清理，另外 20 亿美元将用于资助美国环境保护署和加利福尼亚州针对清洁车辆的计划。但该公司在其他国家 / 地区仍将面临其他民事处罚或指控，该公司及其部分高管也可能面临刑事指控。[57]

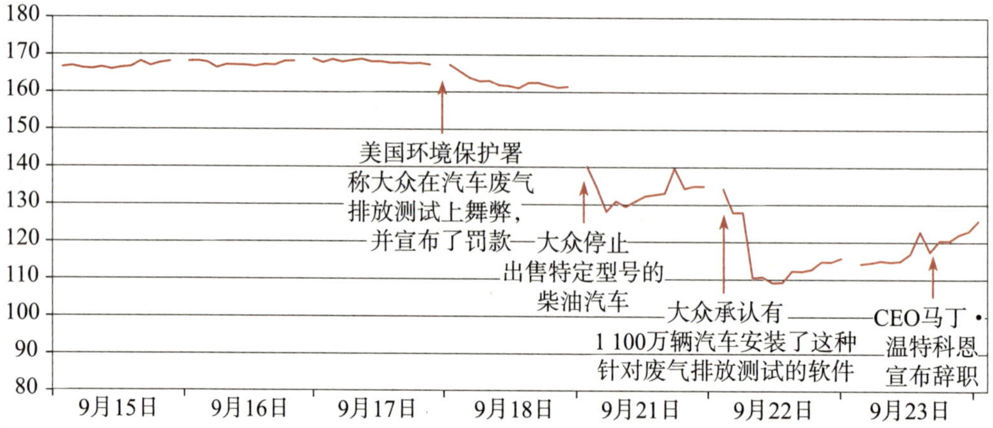

图 2 2015 年 9 月 15 日至 23 日大众股价（丑闻前后）

资料来源：Created by author with stock price data from Bloomberg. Source for announcements: *New York Times*.